HISTOIRE DU QUÉBEC
CONTEMPORAIN

Histoire du Québec contemporain – De la confédération à la crise (1867-1929), Boréal, coll. « Boréal compact », Montréal, 1989.

Paul-André Linteau — René Durocher
Jean-Claude Robert — François Ricard

HISTOIRE DU QUÉBEC CONTEMPORAIN

Tome II
Le Québec
depuis 1930

Nouvelle édition révisée

Boréal

Les Éditions du Boréal remercient le Conseil des Arts du Canada
ainsi que le ministère du Patrimoine canadien et la SODEC
pour leur soutien financier.

Photographie de la couverture : Gilles Savoie

© 1989 Les Éditions du Boréal

Dépôt légal : 3ᵉ trimestre 1989
Bibliothèque nationale du Québec

Diffusion au Canada : Dimedia
Diffusion et distribution en Europe : Les Éditions du Seuil

Données de catalogage avant publication (Canada)

    Linteau, Paul-André, 1946-

    Histoire du Québec contemporain

    Nouv. éd. rev. –

    (Boréal compact; nᵒˢ 14, 15)

    Comprend des références bibliographiques.

    Sommaire : v. 1 : De la Confédération à la crise – v. 2 : Le Québec depuis 1930.

    ISBN 2-89052-297-0 (v. 1) – ISBN 2-89052-298-9 (v. 2)

    1. Québec (Province) – Histoire 1867- . I. Durocher, René, 1938- . II. Robert,
Jean-Claude, 1943- . III. Titre. IV. Collection.

FC2911.L56   1989   971.4'03 C89-096399-1
F1052.95.L56   1989

PRÉSENTATION

Histoire du Québec contemporain présente, en deux tomes, une synthèse de l'évolution du Québec depuis la Confédération de 1867. Il importe de préciser d'abord les grandes orientations qui ont guidé sa rédaction et de présenter la structure de l'ouvrage.

Les grandes orientations

Trois pôles principaux justifient à la fois le titre et l'œuvre: l'histoire, le Québec, le temps présent.

Nous cherchons à comprendre et à expliquer les grands phénomènes et les transformations majeures qui ont marqué la société québécoise en mettant l'accent sur l'évolution à long terme plutôt que sur la narration chronologique des événements, sur les structures plutôt que sur les conjonctures. Cette histoire se veut ouverte sur l'apport de l'ensemble des sciences humaines et, en l'écrivant, nous avons cherché à tenir compte des divergences d'interprétation entre les auteurs.

Le Québec que nous étudions ici est défini comme un territoire plutôt que d'après l'appartenance ethnique. Nous nous intéressons aux phénomènes survenus sur le territoire du Québec, aux hommes et aux femmes qui l'ont habité. Tout au long, le mot Québécois est donc employé dans un sens très précis. Il désigne tous les résidants du Québec, que leur ancêtre soit venu du nord-ouest, il y a quelques milliers d'années, qu'il soit arrivé de France à l'époque de Jean Talon, qu'il soit un Écossais ayant traversé l'Atlantique en 1780, un Irlandais fuyant la Grande Famine, un Juif tentant d'échapper aux persécutions de certains pays d'Europe de l'Est ou encore un Italien voulant sortir d'un Mezzogiorno qui a peu à lui offrir... Nous n'écrivons donc pas l'histoire des Canadiens français, bien qu'ils tiennent tout naturellement une grande place dans cette étude. Nous n'écrivons pas non plus une histoire du Canada. Certes, les événements canadiens influencent constamment le cours de l'histoire québécoise. Mais nous nous contenterons de les décrire brièvement et d'en souligner ici les effets sur le Québec;

les lecteurs intéressés trouveront dans les nombreux livres d'histoire du Canada des informations plus complètes sur le contexte canadien.

L'un de nos objectifs est de comprendre comment s'est formé le Québec actuel, de fournir un éclairage pour le temps présent. Or ce Québec contemporain plonge ses racines loin dans le passé. Nous estimons qu'il n'est pas né soudainement avec la Révolution tranquille ou avec la Deuxième Guerre mondiale: il est le produit d'une évolution séculaire. Pour nous, il n'y a pas de coupure nette entre une société qui serait déclarée ancienne et traditionnelle et une autre qui serait étiquetée nouvelle et moderne. La modernisation est vue ici comme un processus, fait à la fois de continuités et de ruptures, d'adaptation aux défis qui se posent à chaque génération, aux pressions du changement technologique, à la venue de l'étranger d'hommes et de femmes, d'idées et de capitaux. Ce processus n'est pas linéaire: il intègre les remises en question, les crans d'arrêt et même les régressions; il est façonné à la fois par des phénomènes qui n'évoluent que très lentement et par des mouvements brusques ou accélérés.

Il s'agit ici d'un travail de synthèse et non d'une étude encyclopédique. Il a donc fallu faire des choix, conditionnés par l'ampleur de la documentation et l'état de l'historiographie mais aussi par la nécessité de faire tenir en deux volumes une période aussi fertile en événements de toutes sortes. De nombreux sujets n'apparaissent pas ou ne peuvent qu'être mentionnés; des milliers d'individus, pendant un temps vedettes de l'actualité, paraîtront relégués aux oubliettes de l'histoire. En ce sens, cette synthèse ne constitue qu'un point de départ et, à la fin de chaque chapitre, une courte bibliographie, très sélective, indique des pistes qui permettront d'aller plus loin.

La structure de l'ouvrage

Chacun des deux tomes est divisé en grandes périodes. Le premier s'ouvre sur des chapitres consacrés aux phénomènes d'espace et de population. Vient ensuite une première partie portant sur la période qui va de la Confédération de 1867 jusqu'à 1896; dans plusieurs chapitres, de brefs rappels historiques font le lien avec l'époque antérieure. L'année 1896 représente un point tournant sur plusieurs plans; elle amorce une nouvelle période qui se prolonge jusqu'à la veille de la grande crise des années 1930. Le deuxième tome compte trois grandes périodes: celle de 1930 à 1945, profondément perturbée par la crise et la guerre ;

celle de l'après-guerre, de 1945 à 1960, qui se déroule à l'ombre de Duplessis; celle, enfin, qui s'ouvre en 1960 et qui porte l'empreinte de la Révolution tranquille.

Chacun des chapitres est bâti autour d'un thème. Cette méthode a l'avantage de permettre un examen beaucoup plus systématique et cohérent de chaque dimension de la vie en société. Elle facilite la tâche du lecteur qui s'intéresse plus spécifiquement à certaines questions. De nombreux événements sont multidimensionnels et doivent être signalés dans plus d'un chapitre; leur analyse détaillée est cependant faite une seule fois. L'ampleur de la matière et l'état des recherches en certains domaines font que tous les sujets ne pouvaient pas être abordés de façon distincte pour toutes les périodes. La longueur des chapitres est donc variable et la dernière période a une ampleur plus considérable.

L'ordre des chapitres est semblable pour chacune des périodes, avec de légères variantes entre le premier et le deuxième tome. Sont d'abord présentés les phénomènes démographiques et économiques : industrie, richesses naturelles, agriculture et secteur tertiaire mais aussi les problèmes de dépendance et les politiques économiques. Après l'examen du développement urbain viennent des chapitres consacrés aux groupes sociaux et au monde du travail, aux conditions de vie et aux politiques sociales, et à certains mouvements sociaux. Les questions ethniques et linguistiques, évoquées dans plusieurs chapitres, sont examinées plus spécifiquement au début du premier tome et dans la troisième partie du deuxième. Sont ensuite étudiées deux institutions d'encadrement, l'Église et l'école, ainsi que les courants de pensée (présentés un peu plus loin dans le premier tome). Puis viennent les chapitres relatifs au monde politique: l'État et ses institutions, les partis, les élections et les gouvernements de même que les relations intergouvernementales. Chaque partie se termine par l'examen de l'univers culturel, tant celui de la culture de grande diffusion (pour les périodes plus récentes) que le monde des arts et des lettres.

La mesure des phénomènes pose des problèmes d'homogénéité et de continuité. Dans plusieurs cas, il s'avère impossible de présenter des séries statistiques parfaitement comparables d'un bout à l'autre. Les organismes de cueillette des données, tel Statistique Canada, ont en cours de route raffiné leurs méthodes d'enquête, modifiant les questions posées, les définitions, les regroupements d'informations, ou l'ampleur de la couverture. En outre, plusieurs des données présentées sont tirées d'études spécialisées ne couvrant qu'une période limitée et qui n'ont pas d'équivalent pour les années antérieures ou postérieures.

Quant aux illustrations, nous les considérons comme des témoignages qui aident à comprendre une époque. Elles éclairent le texte et en constituent souvent un précieux complément.

Rappelons en terminant que cet ouvrage est le fruit d'un véritable travail collectif. Le plan de l'ouvrage a été conçu et élaboré en équipe. La répartition des textes à écrire s'est faite en tenant compte des goûts, des spécialités et de la disponibilité de chacun; la participation au travail de rédaction a donc été variable d'un auteur à l'autre. Mais tous les textes ont ensuite été revus, discutés et corrigés en équipe. Cette collaboration a été fructueuse et stimulante pour chacun de nous. Aux trois auteurs initiaux s'est ajouté, pour le deuxième tome, François Ricard, qui a également participé à la révision du premier. En outre, les pages du premier tome consacrées à la peinture et à la sculpture sont l'œuvre de François-Marc Gagnon alors que Sylvain Simard a signé celles qui portent sur la littérature.

Remerciements

Nous tenons à exprimer notre gratitude aux nombreuses personnes qui nous ont appuyés, à un moment ou à un autre, au cours du long cheminement de ce projet. Nous remercions en particulier Antoine Del Busso qui, à titre d'éditeur, a secondé nos efforts pendant douze ans, ainsi que toute l'équipe des éditions du Boréal. Des collègues ont accepté de lire plusieurs chapitres et ont fait de précieux commentaires; ce sont, pour le premier tome, Fernand Harvey, Normand Séguin, Jean-Paul Bernard et la regrettée Marta Danylewycz et, pour le deuxième, Fernand Harvey, Gilles Marcotte, Fernande Roy, Normand Séguin, Esther Trépanier et François Vaillancourt. Soulignons également, pour le deuxième tome, la contribution de Lucien Régimbald, celle des recherchistes Danielle Noiseux, Wendy Johnston, Christine Lemaire et Lucia Ferretti et l'appui financier du Secrétariat d'État du Canada. Mentionnons enfin la précieuse collaboration d'un grand nombre de bibliothécaires et d'archivistes.

Paul-André Linteau
René Durocher
Jean-Claude Robert
François Ricard

PREMIÈRE PARTIE

LA CRISE ET LA GUERRE
1930-1945

INTRODUCTION

De 1930 à 1945, le Québec vit une période extrêmement troublée. Deux phénomènes de dimension internationale, la crise économique et la Deuxième Guerre mondiale, y ont de fortes répercussions. L'économie, le monde du travail, l'action politique, les courants d'idées, la culture, la vie quotidienne, il n'est pas un aspect de l'évolution de la société qui n'en soit profondément affecté, il n'est pas un Québécois qui n'en subisse les contrecoups.

Le Québec en 1929

À la veille de la crise, le Québec se présente sous les traits d'une société urbaine et industrielle. Cette situation, on le sait, est le résultat de transformations amorcées au siècle précédent. L'industrialisation du Québec a véritablement démarré au milieu du 19e siècle et elle a progressé par étapes, touchant un nombre croissant de secteurs et de régions. Elle a donné une forte impulsion au processus d'urbanisation, a entraîné la formation d'une classe ouvrière et l'émergence du syndicalisme, tout en renforçant la bourgeoisie. Au cours des années 1920, les nouveaux investissements industriels ont atteint un sommet inégalé jusque-là.

Le monde rural qui rassemble encore 40 % de la population reste toutefois très important. Touchée dès le 19e siècle par la spécialisation, l'agriculture québécoise a été de plus en plus intégrée à l'économie de marché. Elle a perdu en cours de route une partie appréciable de ses effectifs, absorbés par l'exode rural et particulièrement par l'émigration aux États-Unis. Elle a dû céder le pas à l'industrie comme activité économique principale. Le monde rural conserve néanmoins un poids politique considérable et représente un facteur de stabilité dans un Québec en transformation rapide.

La scène politique québécoise est marquée par la forte emprise du Parti libéral, au pouvoir depuis 1897. Le premier ministre Louis-Alexandre Taschereau occupe ce poste depuis 1920 et il a poursuivi la politique de ses prédécesseurs: favoriser la création d'emplois par le développement industriel lié à l'exploitation des richesses naturelles; ajuster le système scolaire aux nouvelles réalités économiques sans froisser le clergé qui a la main haute sur l'éducation; défendre l'autonomie de la province au sein de la fédération canadienne.

La politique économique des libéraux a suscité l'opposition des intellectuels nationalistes qui, craignant une industrialisation trop rapide, demandaient des efforts accrus pour développer l'agriculture et la colonisation, tout en dénonçant la vente des ressources aux «étrangers», c'est-à-dire aux Canadiens anglais et aux Américains. La question nationale, qui est ainsi soulevée, reste une affaire délicate. Les dirigeants libéraux prêchent la bonne entente, voulant éviter de soulever les passions des Canadiens anglais du reste du pays. Ils reconnaissent la diversité ethnique du Québec, accentuée depuis le début du siècle. La crise économique, qui semble consacrer la faillite du modèle libéral de développement, viendra donner une dimension nouvelle à ces oppositions.

La crise économique

La décennie 1930 est marquée par la grande crise économique qui s'abat sur le monde. Les économies capitalistes connaissent régulièrement, depuis le milieu du 19e siècle, des crises de surproduction, qui succèdent à des périodes de prospérité. Ces secousses violentes entraînent des chutes de prix, une baisse de la production et un chômage élevé, provoquant chaque fois un ajustement qui ne se fait pas en douceur. La crise des années 1930 dépasse les précédentes par son ampleur et sa gravité. Elle affecte l'économie mondiale, désorganise les échanges internationaux et il faudra plusieurs années pour en venir à bout. Tous les pays sont atteints mais à des degrés divers, selon la nature de leurs structures économiques. Le Canada est l'un des plus durement touchés et l'un de ceux qui auront le plus de difficultés à s'en sortir.

Le krach qui s'abat sur la Bourse de New York en octobre 1929 marque traditionnellement le point de départ de la crise. Il faut toutefois constater que celle-ci n'est pas que boursière ou financière: elle a des racines beaucoup plus profondes et se prépare dans la prospérité des années 1920. Dans de nombreux secteurs, la croissance de la demande a entraîné de substantiels investissements, provoquant une surproduction à l'échelle mondiale. L'agriculture en fournit un bon exemple. La Première Guerre mondiale et les années qui l'ont suivie avaient stimulé une augmentation considérable de la production agricole dans les pays extra-européens qui trouvaient, dans l'Europe d'après-guerre, un marché d'exportation facile d'accès. Mais, au cours des années 1920, l'Europe a entrepris sa reconstruction et la plupart des pays ont cherché à protéger leur agriculture et à lui redonner sa vigueur d'antan. De sorte qu'à la fin de la décennie, les investissements dans l'agriculture atteignent, à l'échelle mondiale, un niveau trop élevé pour la capacité d'absorption des marchés internationaux. Il en résulte une surproduction: les stocks de produits agricoles s'accumulent et, à partir de 1928, les prix commencent à chuter. La baisse s'accélère au début des années 1930.

Les pays qui, comme l'Australie, l'Argentine et le Canada, se sont spécialisés dans la production de denrées agricoles pour le marché mondial, en subissent fortement les effets. Ils doivent assumer les frais élevés des investissements dans l'équipement tout en retirant des revenus considérablement amoindris. Plusieurs gouvernements, dans le but de protéger leurs agriculteurs, élèvent les droits de douane sur les denrées importées et tentent de s'en sortir par des politiques d'autarcie. Très rapidement, la désorganisation du commerce international et l'extension du protectionnisme affectent également les autres matières premières et les produits manufacturés.

La crise commerciale dégénère en crise financière et monétaire. Disposant de revenus moindres, de nombreux pays arrivent mal à rembourser les lourdes dettes extérieures contractées en période d'inflation. Il devient difficile d'obtenir de nouveaux capitaux. Tout le système des échanges financiers internationaux est compromis. La plupart des pays abandonnent graduellement l'étalon-or et plusieurs doivent dévaluer leur monnaie.

La dépression, à l'échelle mondiale, se poursuit jusqu'en 1932. Les mesures protectionnistes prises par tous les pays rendent très difficile le rétablissement du commerce international et ce n'est que graduellement, à partir de 1932 et 1933, que s'effectue la reprise. En 1937, l'économie mondiale retrouve à peu près son niveau de 1929 sans toutefois que cette relance se manifeste avec autant de vigueur dans les échanges internationaux.

La dépression est particulièrement marquée au Canada et la reprise s'y fait à un rythme beaucoup plus lent qu'ailleurs. De 1929 à 1933, l'économie canadienne subit une véritable dégringolade, et il faut attendre l'année 1940 pour que le produit national brut dépasse celui de 1929. Le taux de chômage qui n'était que de 2,9% en 1929 atteint près de 25% en 1933. Avec le quart de sa main-d'œuvre active sans emploi, le Canada est aux prises avec des problèmes économiques et sociaux d'une ampleur inconnue jusque-là.

Le pays est d'abord touché comme producteur de blé, puisque cette denrée représente, à la fin des années 1920, 32% de ses exportations. Les provinces des Prairies sont alors plongées dans un marasme profond. Au Québec, les effets s'en font sentir à Montréal, dont une partie de l'activité économique est reliée au développement de l'Ouest, à l'exportation vers l'Europe de la production agricole des Prairies et à la fourniture de biens manufacturés aux agriculteurs.

L'autre grand secteur lié au commerce international est celui des pâtes et papiers. Le Canada y assure 65% des exportations mondiales et le Québec est la principale province productrice. Là aussi, le surinvestissement des années 1920 entraîne dès 1927 une crise qui va s'approfondissant. C'est un pan névralgique de l'économie québécoise qui est affecté et des régions entières, spécialisées dans l'exploitation des ressources naturelles, en souffrent.

La débandade des divers secteurs d'exportation, en abaissant le revenu des producteurs, a pour effet de réduire substantiellement leurs achats de biens manufacturés, et d'entraîner à son tour la production industrielle dans la crise. Des usines doivent fermer leurs portes pour de plus ou moins longues périodes, accroissant ainsi le chômage urbain. L'adoption de mesures douanières protectionnistes permet de ralentir la dégringolade dans certaines industries, sans l'arrêter toutefois.

L'ampleur du chômage réduit les revenus disponibles et conséquemment la consommation. Le commerce et les services sont eux aussi entraînés dans la spirale du chômage. Le marasme s'installe dans la construction, où la presque-totalité des ouvriers se retrouvent sans emploi.

À la chute de la consommation s'ajoute l'arrêt des investissements des entreprises qui doivent digérer les substantielles dépenses en capital engagées dans les années 1920. La fièvre spéculative qui avait caractérisé la fin de la décennie précédente s'appuyait sur l'expansion du crédit. Le krach boursier met en péril des institutions financières aux prises avec un grand nombre de débiteurs incapables de rembourser leurs dettes. On assiste alors à une contraction du crédit qui affecte non

LE QUÉBEC

Source: Le Québec statistique 1985 - 1986

Cartographie: Yves Brousseau

seulement les activités boursières mais l'ensemble des marchés de consommation.

Ainsi, la crise au Canada est liée à un dérèglement du système capitaliste à l'échelle internationale. Mais sa gravité est accentuée par des conditions spécifiques, en particulier la forte dépendance envers les exportations et l'importante poussée d'investissement et même de surinvestissement qui avait été réalisée dans les années 1920.

Mais la crise n'affecte pas tout le monde également. Les disparités régionales et sectorielles sont très nettes: les provinces de l'Ouest et les producteurs de matières premières sont les plus gravement atteints. Au Québec, Montréal, dont l'économie est liée au commerce international, écope davantage que les régions agricoles, moins spécialisées que celles de l'Ouest.

Les individus et les groupes sont aussi diversement affectés. Dans les centres industriels, ce sont les chômeurs qui supportent le plus lourd fardeau de la crise. Travaillant majoritairement dans des industries à bas salaires, les ouvriers québécois n'ont guère pu accumuler les épargnes qui leur permettraient de tenir le coup. Il n'existe alors aucun programme d'assurance-chômage ou d'assistance sociale, de sorte qu'à bout de ressources les sans-emploi doivent se tourner vers les organismes de charité. Peu à peu les gouvernements mettent sur pied des programmes d'aide financière, qui restent malgré tout assez minces.

Les personnes qui disposent de revenus fixes et celles qui conservent leur emploi s'en tirent beaucoup mieux, malgré les fortes baisses de salaires imposées par les employeurs. Elles tirent avantage des chutes de prix substantielles des denrées alimentaires et des biens manufacturés.

Les gouvernements du Canada se trouvent tout à fait démunis devant l'ampleur de la crise économique. Leur première réaction est de la considérer comme n'importe laquelle des autres crises que le pays avait connues antérieurement et d'attendre que le système se replace de lui-même. Rapidement, cependant, on se rend compte que la dépression durera longtemps et les gouvernements sont amenés à intervenir plus activement. Mais il manque à ces interventions une politique d'ensemble cohérente. On assiste plutôt à l'adoption de mesures temporaires, de palliatifs dont les effets restent limités et ne permettent pas une véritable reprise de l'activité économique.

La situation oblige toutefois les gouvernements à entreprendre une réflexion en profondeur, à remettre en question certaines idées reçues, et amène une redéfinition du rôle de l'État dans l'économie.

Ainsi, ce qui est perçu au départ comme une dépression un peu plus grave que les autres, destinée à se résorber d'elle-même, s'avère une crise fondamentale du capitalisme dont elle remet en question les fondements tant économiques qu'idéologiques. Les coûts humains et économiques sont considérables; les souffrances et la misère de ces années laisseront une empreinte indélébile dans la mémoire collective.

Une période troublée

Les effets de la crise débordent le champ économique et provoquent une instabilité sociale et politique qui se manifeste tout au long de la décennie.

C'est l'époque des rêves brisés: études interrompues, projets de mariage remis à plus tard, incapacité d'acquérir des biens pourtant essentiels. Par milliers, des petits propriétaires sont dépossédés de leur maison, des locataires expulsés de leur logement. Partout s'installe un climat d'insécurité qui atteint même les comportements démographiques. Entre 1931 et 1941, la population du Québec n'augmente que de 15,9%, contre 21,8% pendant la décennie précédente. La natalité est en baisse ; les immigrants ne viennent plus; les familles rurales, habituées depuis des décennies à prendre le chemin de la ville, restent sur la terre qui peut au moins les nourrir. Les familles doivent modifier leur alimentation et utiliser au maximum leurs ressources en faisant «du neuf avec du vieux». Il faut apprendre à vivre au jour le jour, dans l'incertitude du lendemain, à recourir à des expédients, à faire preuve d'ingéniosité.

La religion offre une échappatoire à la misère quotidienne et un espoir. Les années 1930 sont marquées par un regain de ferveur religieuse. Les foules nombreuses qui se massent à l'Oratoire Saint-Joseph, en quête d'un miracle, ou qui participent aux neuvaines, aux processions, aux fêtes du Sacré-Cœur, en témoignent.

Si les années 1930 sont celles de la résignation, elles sont aussi celles de la recherche de solutions nouvelles. C'est une période de contestation, de revendications à la fois idéologiques, sociales et politiques. De l'extrême droite à l'extrême gauche, une variété d'organisations proposent des trains de réformes qui devraient amener une transformation en profondeur du système capitaliste et, dans certains cas, son renversement. La société est traversée par de forts courants d'anti-communisme, de xénophobie et même d'antisémitisme.

Influencé par des phénomènes internationaux comme la montée du fascisme, l'évolution du communisme, la guerre civile espagnole (1936-1939), le foisonnement idéologique s'exprime dans un contexte souvent teinté de violence. Les gouvernements en place sont contestés; leur incapacité de régler les problèmes soulevés par la crise les mène à la défaite électorale. À Ottawa, les libéraux de Mackenzie King perdent le pouvoir en 1930. Leurs successeurs conservateurs n'arrivent pas à faire mieux et le gouvernement Bennett est défait à son tour en 1935. À Québec, les libéraux d'Alexandre Taschereau résistent à la poussée conservatrice en 1931, mais ils tombent ensuite sous la pression conjuguée de l'Action libérale nationale et des conservateurs. Élu à la tête de la nouvelle Union nationale en 1936, Maurice Duplessis déçoit en ne réalisant pas ses promesses de réforme et est à son tour défait en 1939 dans un contexte marqué par le déclenchement de la guerre.

La Deuxième Guerre mondiale

La guerre de 1939-1945 prend en partie sa source dans la crise qui affaiblit les démocraties occidentales et permet la montée du fascisme. La prise du pouvoir par Adolf Hitler en Allemagne (1933) amorce un processus de militarisation et d'expansionnisme territorial. L'invasion de la Pologne amène la Grande-Bretagne et la France à déclarer la guerre à l'Allemagne le 3 septembre 1939. Le Canada fait de même dès le 10 septembre. Parallèlement, le Japon amorce au cours des années 1930 son expansionnisme en Asie.

Le conflit, qui s'étend à l'échelle planétaire, oppose deux grands blocs. D'un côté les puissances de l'Axe: principalement l'Allemagne, l'Italie et le Japon. De l'autre, les Alliés: d'abord la France et la Grande-Bretagne ainsi que les pays du Commonwealth puis, à compter de 1941, l'URSS et les ÉtatsUnis.

Pendant les deux premières années, les pays de l'Axe sont victorieux sur tous les fronts. Dès 1940, l'Allemagne écrase les troupes anglo-françaises, provoquant la déroute de Dunkerque et la capitulation de la France. Elle envahit le Danemark et la Norvège, puis les Balkans et, en 1941, l'URSS. De son côté, le Japon lance des offensives qui lui donnent le contrôle du Pacifique et attaque les États-Unis à Pearl Harbour.

En 1940, l'Angleterre se retrouve isolée face à une Europe sous la coupe de l'Allemagne. Elle compte sur l'appui du Canada pour lui fournir des hommes, des denrées et du matériel militaire. L'entrée en guerre des États-Unis en 1941 vient modifier l'équilibre des forces. Les Américains jettent dans la bataille des ressources humaines et matérielles considérables. Dès 1942, les Alliés sont en mesure de prendre l'offensive. Ils débarquent en Afrique du Nord puis, l'année suivante, en Sicile, d'où ils entreprennent la reconquête de l'Italie. En juin 1944, le débarquement de Normandie amorce la libération de l'Europe de l'Ouest et, en mai 1945, l'Allemagne capitule. La reconquête des possessions japonaises du Pacifique par les Américains se fait entre 1942 et 1945, mais la capitulation japonaise n'est acquise qu'après l'explosion de bombes nucléaires à Hiroshima et à Nagasaki.

La Deuxième Guerre mondiale est le plus important conflit militaire de l'histoire; les coûts en vies humaines s'élèvent à plus de 50 millions de morts, dont près de la moitié sont des civils parmi lesquels se retrouvent les 6 millions de Juifs européens victimes de «l'Holocauste». Elle modifie les rapports de force à l'échelle internationale en permettant aux États-Unis et à l'URSS d'agrandir considérablement leurs zones d'influence respectives.

Le Québec, tout comme le reste du Canada, est relativement épargné. Certes, des milliers de militaires québécois paient de leur vie la reconquête de l'Europe ou reviennent des champs de bataille handicapés. Le pays n'a cependant pas à subir les destructions massives ni les massacres de populations civiles.

Pour les Québécois, la guerre est même synonyme de retour à la prospérité, après les années noires de la crise. L'enrôlement dans l'armée et les besoins de l'industrie de guerre assurent de l'emploi à tous les hommes valides et attirent sur le marché du travail un nombre considérable de femmes. Ils doivent cependant accepter d'en payer le prix: militarisation, dirigisme d'État, contraintes à la liberté d'action et privations de toutes sortes.

Les hommes sont contraints au service militaire pour la défense du Canada. Certains s'enrôlent avec enthousiasme, d'autres doivent être conscrits. La grande majorité des Québécois s'opposent toutefois à la conscription pour service outre-mer et l'expriment avec force lors du plébiscite de 1942. Sans succès toutefois, puisque la majorité anglophone du Canada y est largement favorable.

Pour pousser au maximum l'effort de guerre, le gouvernement fédéral se dote de pouvoirs extraordinaires: gestion de la main-d'œuvre, allocation des ressources, fixation des prix, rationnement, mais aussi censure de l'information et internement de milliers de personnes. Il obtient l'accord des provinces pour centraliser à Ottawa les pouvoirs étatiques et les ressources fiscales. Le libéral Adélard Godbout, qui devient premier ministre du Québec en 1939, collabore pleinement à l'effort de guerre. Son attitude conciliante lui vaut d'être répudié par l'électorat qui, en 1944, porte au pouvoir l'Union nationale de Maurice Duplessis.

Le centralisme fédéral modifie en profondeur les rapports de force au sein de la fédération canadienne et surtout permet la mise en place des mécanismes de l'État keynésien. La création des grands programmes sociaux que sont l'assurance-chômage et les allocations familiales prépare le retour à une économie de paix qui serait mieux protégée des fluctuations trop violentes.

La guerre fournit aussi l'occasion d'une modernisation des structures économiques et sociales et des mentalités. Les forts investissements dans la production permettent de renforcer considérablement la structure industrielle du Québec. La syndicalisation fait des pas de géant et entraîne une amélioration notable des conditions de travail. Les femmes sont appelées à jouer un rôle nouveau dans plusieurs sphères d'activité. La situation internationale provoque une plus grande ouverture sur le monde, appuyée par l'usage massif de la radio et par le repli sur Montréal d'une partie de la production culturelle de la France.

Après les reculs et les privations de la crise, la guerre accentue au Québec la quête de la modernité. Le climat intellectuel et les réformes socio-économiques qui sont alors entreprises constituent un prélude lointain à la Révolution tranquille.

CHAPITRE 1

UNE INDUSTRIE SECOUÉE

L'industrie québécoise est, depuis les débuts, spécialisée dans la production manufacturière légère, centrée sur les biens de consommation. Les industries liées à l'habillement (le textile, le vêtement, la chaussure) y sont particulièrement importantes, de même que le secteur alimentaire. Une deuxième spécialisation se manifeste dans l'industrie lourde (produits du fer et de l'acier et matériel de transport); elle est cependant beaucoup moins importante quantitativement que la première. Enfin, une troisième spécialisation se dessine depuis le début du vingtième siècle. Il s'agit d'industries liées à l'exploitation des richesses naturelles et à l'utilisation de l'hydro-électricité comme source d'énergie: pâtes et papier, électro-chimie et électro-métallurgie. En 1929 ces nouvelles industries assurent le quart de la production totale.

L'exploitation des richesses naturelles implique également des activités d'extraction: coupe du bois et exploitation minière. Cette dernière, encore peu importante dans l'ensemble de l'économie, n'a pas entraîné de développement industriel. Le minerai est souvent expédié hors du Québec après avoir subi tout au plus une concentration ou un premier affinage sur place.

La crise et la guerre secouent sérieusement cette structure mise en place graduellement depuis le milieu du 19e siècle. S'en ressentent aussi bien le niveau de la production manufacturière que chacun des principaux secteurs.

L'évolution de la production

L'industrie reste le moteur de l'activité économique pendant toute la période. Le secteur manufacturier fournit près de la moitié de la valeur nette de la production au Québec en 1920 et les trois cinquièmes en 1945. C'est dire que les baisses et les hausses de la production dans ce secteur se répercutent inévitablement sur l'ensemble de l'économie.

L'emploi industriel et la valeur de la production connaissent des variations notables (tableau 1): d'abord une baisse substantielle au début de la crise, le creux de la vague étant atteint en 1932 et 1933, puis une hausse spectaculaire pendant la guerre, avec un sommet en 1943 et 1944.

TABLEAU 1

STATISTIQUES MANUFACTURIÈRES DU QUÉBEC, 1929-1946

Année	Établissements	Employés	Valeur brute de la production (en millions $)
1929	6 948	206 580	1 109,0
1930	7 195	197 207	973,2
1931	7 287	173 605	801,6
1932	7 630	155 025	619,1
1933	7 856	157 481	604,5
1934	7 952	175 248	715,5
1935	7 727	182 987	769,1
1936	7 969	194 876	863,7
1937	8 518	219 033	1 046,0
1938	8 655	214 397	983,1
1939	8 373	220 321	1 046,0
1940	8 381	252 492	1 357,0
1941	8 711	327 591	1 841,0
1942	9 342	399 017	2 333,0
1943	9 372	437 247	2 851,0
1944	9 657	424 115	2 930,0
1945	10 038	384 031	2 532,0
1946	10 818	357 276	2 498,0

Source: F.-A. ANGERS et R. PARENTEAU, *Statistiques manufacturières du Québec*, p. 56, 76, 156.

De 1930 à 1932, la valeur de la production manufacturière s'effondre brutalement. Le nombre d'employés tombe de 25% entre 1929 et 1933; le montant global versé en salaires chute de 40%. Le chômage total ou partiel affecte donc durement ce secteur. Quand leurs profits baissent ou que leurs stocks invendus s'accumulent, les dirigeants d'entreprises ont toujours comme première solution de mettre à pied des travailleurs et de faire tourner leurs usines au ralenti, quand ils ne les ferment pas carrément. Ce sont donc ces ouvriers mis au chômage qui absorbent le choc initial de la crise et ceux qui conservent leur emploi doivent souvent accepter des réduction de salaires.

Par ailleurs il n'y a pas, pendant ces années les plus sombres de la crise, de nouveaux investissements qui pourraient contribuer à relancer l'emploi et la production. L'économiste Safarian constate même, pour l'ensemble du Canada, un désinvestissement de 1932 à 1936. Dans plusieurs cas on ne s'occupe pas de remplacer l'équipement devenu désuet ou on reporte cette décision à plus tard.

À compter de 1934 le niveau de l'emploi et de la production remonte, mais cette reprise est lente et s'arrête à nouveau en 1938. Quant au nombre d'établissements, il a tendance à augmenter, indice de l'apparition, dans des secteurs comme le vêtement ou les scieries, de petites entreprises pouvant fonctionner à des coûts de production assez bas. La relance de la production industrielle ne survient finalement que pendant la guerre. L'effet commence à se faire sentir en 1940, alors qu'on dépasse pour la première fois les niveaux de production de 1929. En quatre ans seulement, de 1939 à 1943, l'emploi industriel double; la valeur de la production et les salaires triplent. C'est un indice certain de l'amélioration des conditions de travail pendant la guerre.

Cette reprise ne touche pas également tous les secteurs, comme nous le verrons plus loin, et ses répercussions les plus spectaculaires se manifestent dans les industries liées à l'armement. La guerre n'a pas seulement pour effet de faire tourner à plein régime des usines qui étaient au ralenti depuis dix ans. Elle entraîne d'importantes additions à l'équipement industriel du Québec: construction ou agrandissement d'usines, installation de nouvelle machinerie. Les nouveaux investissements dans le capital fixe des manufactures, qui avaient été très faibles tout au cours des années 1930, dépassent dès 1940 le niveau record établi en 1929 et restent élevés tout au cours de la guerre. Une partie de ces investissements sont évidemment liés à des besoins militaires spécifiques et cette demande exceptionnelle risque d'être réduite à la fin du conflit mondial, ce qui pose d'ores et déjà le problème de la reconversion des usines.

L'industrie canadienne fait face à un problème de main-d'œuvre pendant la guerre. L'enrôlement d'un nombre croissant de travailleurs dans les forces armées crée des difficultés de gestion du personnel. Pour les remplacer, on fait de plus en plus appel à la main-d'œuvre féminine. Cette situation, prévue par les autorités de l'époque comme provisoire, amène néanmoins la participation d'un nombre accru de femmes au marché du travail. Malgré cet apport, le nombre total de travailleurs industriels baisse après 1943. Certaines industries ont également des difficultés d'approvisionnement en matières premières que le gouvernement canadien répartit en accordant la priorité aux besoins militaires. De leur côté, les sociétés papetières manquent de bois, car le service militaire réduit le nombre de bûcherons disponibles. Par contre, les entreprises jouissant de commandes de l'armée vivent une période faste.

Les hauts et les bas de la production manufacturière québécoise entre 1929 et 1945 n'affectent pas également chaque industrie. Mais, avant d'examiner le comportement des principaux secteurs, il importe de préciser la place du Québec dans l'ensemble canadien. Globalement, l'Ontario assure la moitié de la production manufacturière canadienne et le Québec les trois dixièmes. Au début de la crise, la part du Québec augmente, car sa structure industrielle, centrée sur les biens de consommation, résiste mieux à l'affaissement de la demande que celle de l'Ontario où dominent l'industrie lourde et les biens d'équipement. Par contre, la reprise semble profiter plus à la province voisine, qui accroît quelque peu son pourcentage à compter de 1934. Pendant la guerre l'écart s'amenuise à nouveau, alors que la part du Québec augmente, atteignant un sommet de 32,7% du total canadien en 1943. Cet accroissement s'explique par la place plus considérable qu'occupe alors le Québec dans certaines industries répondant aux besoins militaires.

La crise et les richesses naturelles

L'exploitation des richesses naturelles est durement touchée par la dépression. La demande mondiale pour les matières premières est en chute libre et les prix s'effondrent. Au Québec, les principales ressources affectées sont celles que l'on tire de la forêt et des mines.

Le phénomène est particulièrement visible dans l'industrie des pâtes et papiers. De 1929 à 1933, la valeur de la production tombe de 129 à 56 millions de dollars; le nombre d'emplois baisse de 15 890 à 9850. Cette industrie avait connu, dans les années 1920, une croissance anarchique, alors que de nombreuses entreprises, attirées par la perspective de profits rapides et substantiels, avaient réalisé de forts investissements, ce qui avait mené à la surproduction et à la baisse des prix. Dès 1927 il avait fallu fermer des usines et réduire la production. La situation s'aggrave pendant les années 1930 avec la réduction du volume et du tirage des journaux aux États-Unis. La plupart des sociétés papetières canadiennes sont au bord de la faillite et doivent procéder à une réorganisation financière. Seules l'International Paper et sa filiale canadienne (CIP) sont en mesure de mieux résister car leurs activités sont plus diversifiées. Les fermetures d'usines de pâtes et papiers créent un chômage important dans les petites villes et les régions qui en dépendent.

Liée également à la forêt, l'industrie du sciage connaît d'aussi graves difficultés. L'emploi tombe de 9676 à 2937; la valeur de la production passe de 23,3 à 6,6 millions de dollars. Comme la construction, tant résidentielle que commerciale, est à toutes fins utiles arrêtée, la demande de bois scié est en chute libre. Les problèmes de ces deux industries ont des effets désastreux sur la production primaire, l'abattage en forêt. Des milliers d'agriculteurs, habitués à compléter leur maigre revenu en travaillant comme bûcherons l'hiver, sont réduits au chômage ou doivent accepter des baisses de salaire.

Si l'ensemble de la production forestière et de ses dérivés est affecté, la situation est plus complexe dans le cas des mines. La valeur de la production minérale tombe de 46 millions en 1929 à 26 millions en 1932. Elle remonte toutefois assez rapidement pour dépasser dès 1936 son niveau de 1929. Ce qui change fondamentalement pendant cette période est la composition de cette production, avec l'ouverture de nouvelles mines en Abitibi.

Pendant les années 1920, les carrières fournissant les matériaux de construction comptaient pour au moins la moitié de la valeur de la production minérale au Québec. Elles subissent, elles aussi, les contre-coups de l'arrêt de la construction et leur part tombe à 13% en 1936. L'amiante d'Asbestos, de Thetford et de Black Lake subit également une dégringolade quoique, dans ce cas, après un plancher atteint en 1932, la reprise soit plus vigoureuse et se manifeste dès le milieu de la décennie.

L'extraction des métaux connaît une évolution différente. Presque négligeable avant 1927, elle s'accroît par la suite et, à compter de 1933, représente environ 60% de la valeur de la production minérale du Québec. Cela s'explique par la découverte et la mise en exploitation, au cours des années 1920 et 1930, de mines de cuivre, d'or, de zinc et d'argent en Abitibi, dans les secteurs de Rouyn, Malartic et Val-d'Or-Bourlamaque. L'or représente un cas particulier car, contrairement aux autres matières premières, il est très en demande en période de crise économique; c'est la valeur refuge par excellence. La production d'or augmente donc de façon substantielle au Québec et sa valeur, qui était

était de moins de 2 millions en 1929, atteint 34 millions dix ans plus tard. À proximité de ce métal précieux on trouve le cuivre, extrait principalement par la compagnie Noranda, dont la production est en hausse, malgré un prix très bas tout au cours de la période. La production des autres métaux reste plus marginale.

La crise, enfin, affecte les compagnies privées produisant et distribuant de l'électricité, qui voient chuter leurs revenus. L'heure n'est pas à la construction de nouvelles centrales. Il faut néanmoins terminer les projets en cours, lancés dans l'euphorie des années 1920. C'est ainsi que Montreal Light Heat and Power met en service en 1930 sa centrale de la Rivière-des-Prairies. Le chantier le plus imposant est cependant celui de la première phase du barrage et de la centrale de Beauharnois, sur le Saint-Laurent ; amorcée en 1929, là construction est terminée en 1932. Du côté de la Mauricie, Shawinigan Water and Power termine les travaux du Rapide Blanc, amorcés avant la crise, mais doit retarder ceux de la centrale de La Tuque qui n'est mise en exploitation qu'en 1940. Il faut attendre l'après-guerre pour que de grands projets hydroélectriques soient à nouveau lancés au Québec.

Les autres secteurs industriels

En période de crise, le ralentissement est plus marqué dans l'industrie lourde ou de biens d'équipement, directement touchée par la chute des investissements. Or, la structure industrielle du Québec a une moins forte composante que celle de l'Ontario en ce domaine. La plus importante industrie, celle du matériel roulant de chemin de fer, localisée à Montréal, est affectée par la fin des grands investissements ferroviaires. La crise du commerce international et la difficulté qu'éprouvent les agriculteurs de l'Ouest à vendre leur blé aggravent la situation en réduisant le transport par chemin de fer. C'est ainsi que la production de matériel roulant qui, au Québec, atteignait une valeur de 70 millions de dollars en 1929 tombe à 11 millions en 1933 et que près de la moitié des 12 000 ouvriers sont mis à pied. D'autres industries lourdes sont durement touchées elles aussi: la valeur de la production de machines passe de 17 à 5 millions; celle de la sidérurgie, de 10 à 2 millions.

À l'inverse, l'industrie manufacturière légère résiste habituellement un peu mieux à la baisse, surtout quand elle fabrique des produits de première nécessité. Dans les usines de coton, la valeur des produits dégringole d'abord en un an (de 1929 à 1930) de 59 à 34 millions de dollars et atteint son niveau le plus bas en 1932 (27 millions), mais la reprise s'amorce dès 1933. Dans la confection pour dames, de 1929 à 1933 on enregistre une baisse de la valeur de 27 à 23 millions, mais elle ne reflète probablement que les chutes de prix car l'emploi se maintient même dans les premières années de la crise, sauf en 1932, alors que le nombre d'ouvriers est légèrement inférieur à celui de 1929. On assiste d'ailleurs pendant la décennie à une concentration accrue de l'industrie canadienne du vêtement pour dames à Montréal, où le nombre des travailleurs est très nettement en croissance après 1932. Dans la confection pour hommes, une baisse plus marquée est suivie d'une remontée régulière à compter de 1933. Enfin, l'affaissement des prix des denrées agricoles entraîne une chute de la valeur des produits des industries alimentaires, mais l'emploi baisse assez peu dans les abattoirs et salaisons, les beurreries et fromageries, les brasseries.

Ainsi la crise perturbe beaucoup plus sérieusement les industries liées à l'exploitation des richesses naturelles et à la fabrication des biens d'équipement que celles qui produisent des biens de consommation d'usage courant.

L'impact de la guerre

L'une des conséquences de l'entrée du Canada en guerre est d'orienter vers une production militaire des usines qui jusque-là répondaient essentiellement à des besoins civils. Les filatures tissent maintenant du tissu kaki, les ateliers de confection cousent des uniformes, les fabriques de chaussures font des bottes pour les soldats, les distilleries font moins de whisky et plus d'alcool industriel destiné aux usines de caoutchouc synthétique et d'explosifs, etc. Mais l'impact le plus spectaculaire de la guerre sur l'industrie manufacturière est de provoquer la hausse phénoménale de la production d'armements: bateaux de guerre, avions, tanks, canons, fusils, obus, explosifs et autres munitions. La guerre, enfin, stimule la production de matières premières, surtout celles qui présentent un intérêt stratégique, et des usines qui les transforment.

Au Québec, les industries qui montent alors en flèche sont celles des produits chimiques, de la réduction et de l'affinage des métaux non ferreux, de la construction aéronautique et navale, des produits du fer et de l'acier, des appareils électriques. En première place on trouve les produits chimiques, dont les explosifs. La valeur des produits n'y

Fabrication de bottes pour les militaires à la manufacture Corbeil, Montréal, 1939. (*The Gazette*, ANC, PA-137211)

atteint que 7,4 millions de dollars en 1933 et 13,7 millions en 1939, mais elle monte à 278 millions en 1943; pendant la même période le nombre d'ouvriers passe de 1344 à 39 386. Dans ce domaine, il faut distinguer la fabrication des produits chimiques de base de leur transformation en engrais, en explosifs, etc. Dans le premier cas, le grand centre de production au Québec est situé depuis le début du siècle à Shawinigan. La guerre de 1914-1918 avait donné une forte impulsion à l'industrie chimique de cette ville, mais l'effet de la Deuxième Guerre mondiale est plus considérable encore. Le principal producteur, la société Shawinigan Chemicals, agrandit ses installations; elle possède une des plus importantes usines de produits chimiques de tout le Commonwealth britannique. D'autres producteurs s'implantent également dans la ville, dont Canadian Industries Limited (CIL). Outre Shawinigan, l'industrie chimique primaire se retrouve dans la région de Beauharnois-Valleyfield, à Arvida pour la production chimique liée à l'aluminium, à McMasterville, à Buckingham et à Montréal. Quant aux industries qui assurent la transformation des produits chimiques, elles touchent des domaines divers: charbon de bois, peinture, médicaments, parfums, savons, produits de nettoyage, engrais, explosifs et munitions. C'est évidemment dans ce dernier domaine que la demande de guerre fait le plus sentir ses effets, mais c'est aussi là que l'expansion rapide est la plus fragile: plusieurs de ces usines devront être fermées à la fin du conflit.

La réduction et l'affinage des métaux non ferreux connaît aussi une forte croissance. De 1933 à 1943 la valeur de cette production passe de 35 à 260 millions et le nombre d'ouvriers de 964 à 12 739. L'une des composantes principales de cette industrie est l'aluminium. La guerre permet à Alcan de réaliser une importante expansion de ses installations à Arvida en profitant de l'appui de l'État. Selon l'historien Robert Rumilly, «les usines d'Arvida produisent plus d'aluminium, en 1942, qu'il ne s'en produisait dans le monde entier en 1939».

La concentration de l'industrie automobile en Ontario fait de cette province le principal producteur de tanks, jeeps et autres véhicules motorisés. Dans le cas des avions et des navires, le Québec réussit à accaparer une part plus substantielle de la production. Les avionneries et les chantiers navals avaient connu des jours difficiles pendant la crise. Encore en 1939, la valeur de leurs productions respectives ne dépasse pas 4 millions et ils n'emploient que quelques centaines d'ouvriers. En 1943, le nombre d'ouvriers grimpe respectivement à 27 093 pour les premières et à 23 225 pour les seconds; on produit alors pour 95 millions de dollars d'avions (160 millions en 1944) et pour 130 millions de dollars de navires. Dans l'industrie des produits du fer et de l'acier, la valeur de la production passe de 0,5 million en 1933 à 166,7 millions en 1943; celle des produits électriques de 6,5 à 73 millions.

Mais la guerre stimule aussi la plupart des autres secteurs, même ceux qui sont moins directement liés aux besoins militaires. La prospérité et le plein emploi permettent en effet une relance de la consommation malgré le rationnement. Des industries comme les pâtes et papiers, le textile et la confection voient alors augmenter leur production de façon significative, même si le rythme d'accroissement est moins rapide que dans les cas cités précédemment.

La structure industrielle

Ainsi, l'un des effets de la guerre est en apparence de renforcer la part de l'industrie lourde dans la structure industrielle du Québec. La

TABLEAU 2

POURCENTAGE DE LA VALEUR BRUTE DE LA PRODUCTION DES GROUPES
D'INDUSTRIES PAR RAPPORT À LA VALEUR BRUTE TOTALE DU QUÉBEC,
1929-1945

Rang en 1945	Rang en 1929	Groupe	1929	1939	1943	1945
1	1	Aliments et boissons	18,3	19,3	11,4	15,5
4	2	Produits du papier	12,5	11,6	7,1	9,6
2	3	Vêtements	9,7	11,5	8,5	10,7
6	4	Textiles	7,7	9,3	7,3	8,1
5	5	Outillage de transport	7,4	3,3	11,0	9,4
3	6	Produits du fer et de l'acier	7,1	6,4	12,7	10,0
11	7	Tabac et produits du tabac	6,7	3,9	2,0	3,0
9	8	Produits du bois	5,4	3,8	3,4	4,9
7	9	Produits chimiques	4,1	4,9	13,2	7,6
10	10	Articles en cuir	3,5	3,2	2,4	3,1
8	11	Produits des métaux autres que le fer	3,3	9,8	11,8	7,4
14	12	Impression, édition, etc.	2,9	2,7	1,3	1,8
16	13	Divers	2,6	1,1	0,8	1,1
13	14	Appareils et fournitures électriques	2,5	1,9	2,6	2,5
15	15	Produits des minéraux non métalliques	2,3	1,8	1,5	1,6
12	16	Dérivés du pétrole et du charbon	2,2	4,1	2,1	2,5
17	17	Articles en caoutchouc	1,8	1,4	1,0	1,1

Source: Marc VALLIÈRES, *Les industries manufacturières du Québec 1900-1959*, p. 171, 173.

répartition de la production selon les grands groupes d'industries pour 1943 (tableau 2) confirme ce fait. Les produits chimiques dominent, suivis du fer et de l'acier et des métaux autres que le fer. Mais ces modifications sont-elles là pour durer? En examinant les données pour 1945 on constate que les nouveaux investissements ont laissé leur marque et que les trois groupes qui dominaient en 1943 ont une part de la production plus considérable qu'avant la crise. Mais dans les six premiers rangs, on retrouve encore les industries qui étaient les plus importantes en 1929: les aliments et boissons, les produits du papier, les vêtements et les textiles. Ainsi, même si sa composante d'industrie lourde s'est renforcée, la structure industrielle du Québec n'a pas été fondamentalement modifiée. L'industrie manufacturière légère, notamment, y occupe encore une place très importante.

ORIENTATIONS BIBLIOGRAPHIQUES

ANGERS, François-Albert et Roland PARENTEAU. *Statistiques manufacturières du Québec*. Montréal, École des hautes études commerciales, 1966, 166 p.

BOLDUC, André, Clarence HOGUE et Daniel LAROUCHE. *Québec. Un siècle d'électricité*. Montréal, Libre Expression, 1984. 430 p.

MINVILLE, Esdras, dir. *Notre milieu. Aperçu général sur la province de Québec*. Montréal, Fides et École des hautes études commerciales, 1946. 443 p.

SAFARIAN, A.E. *The Canadian Economy in the Great Depression*. Toronto, McClelland and Stewart, 1970. 258 p.

VALLIÈRES, Marc. *Les industries manufacturières du Québec 1900-1959*. Mémoire de M.A. (histoire), Université Laval, 1973, 243 p.

CHAPITRE 2

UNE AGRICULTURE-REFUGE

Durant la soixantaine d'années qui précèdent la crise de 1929, l'agriculture a vu sans cesse sa position relative diminuer au profit des autres activités, notamment l'industrie. Cependant, elle n'en a pas moins profondément évolué. Les bases de la production, les techniques se sont modifiées. Les cultures céréalières et les pratiques d'auto-suffisance ont fait place à un régime de productions variées où domine l'exploitation laitière.

La crise exerce un effet direct mais temporaire. L'évolution lente et continue qu'on observe depuis la fin du 19e siècle s'interrompt. Le mouvement d'exode rural est freiné, la production diminue, le nombre de fermes se met à augmenter, même l'agriculture de subsistance, qui était en régression, obtient un sursis. Puis, le déclenchement des hostilités en 1939 marque à la fois une reprise de l'exode avec les départs vers l'usine ou l'armée et une augmentation très rapide de la demande et de la production. L'agriculture bénéficie alors d'une période de prospérité intense qui touche tous les secteurs.

Les producteurs

La proportion de la population québécoise vivant sur les fermes subit une constante diminution; de 27% en 1931, elle passe à 25,2% en 1941, pour finalement atteindre 19,5% en 1951. De même, la proportion de la main-d'œuvre travaillant dans le domaine agricole, qui était de 22,5% en 1931 et de 20,8% en 1941, n'est plus que de 13,3% en 1951. Même si son importance relative diminue, la main-d'œuvre augmente en nombre absolu de façon constante jusqu'en 1939, pour amorcer en 1940 une baisse rapide. Le graphique 1 illustre très bien le rôle de réservoir de main-d'œuvre que joue le secteur agricole, se gonflant en temps de crise, et se vidant aux premiers signes de reprise. Précisons qu'il s'agit encore essentiellement d'une main-d'œuvre familiale

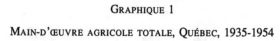

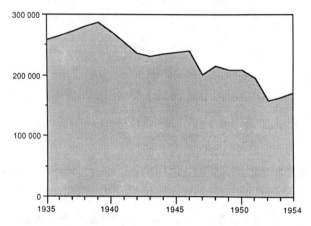

Source: Commission royale d'enquête sur les perspectives économiques du Canada. *Les progrès et les perspectives de l'agriculture canadienne*, 422.

puisqu'en 1931, seulement un peu plus du dixième des travailleurs agricoles sont des salariés.

À l'époque, l'agriculture apparaît comme un secteur relativement à l'abri de la misère urbaine. L'essentiel, nourriture et logement, est à tout le moins assuré. C'est ce qui fait dire à un personnage de Ringuet dans *Trente arpents*: «C'est vrai, su' la terre, y a pas de dépression.» Toutefois ce trop-plein de main-d'œuvre exerce une pression à la baisse sur le revenu agricole moyen.

En 1931, la population agricole se concentre dans les basses terres du Saint-Laurent, qui rassemblent plus de 42% des effectifs. Les Cantons-de-l'Est et la région du Bas-Saint-Laurent-Gaspésie comptent respectivement pour environ 20% et le reste se répartit dans les zones périphériques. L'ouverture des nouvelles zones de colonisation modifiera assez peu cette répartition.

La production

L'agriculture, qui comptait encore pour près de 20% de l'ensemble de la production québécoise en 1929, en fournit à peine le dixième vers la fin de la guerre. Les trois secteurs principaux sont les grandes cultures — essentiellement le foin et l'avoine utilisés pour nourrir le bétail —, le lait et l'élevage des veaux, vaches et porcs. À côté de ces grandes productions, on trouve un bon nombre de spécialisations plus limitées mais qui conservent une certaine importance régionale. Ce sont, dans l'ordre, la culture maraîchère en plein essor vers 1941, la culture des fruits, en particulier les pommes et les fraises ; enfin, la pomme de terre et, dans une moindre mesure, le lin, les pois et le tabac.

L'éventail des productions régionales est illustré grâce au travail du géographe Raoul Blanchard, élaboré entre 1929 et 1948. Le Bas-Saint-Laurent et la Gaspésie ont une agriculture marquée par l'insuffisance des marchés. Si, dans le premier cas, les vieilles paroisses semblent en meilleure posture, surtout quand on se rapproche de Québec, dans le second cas, le recul de la pêche et l'extension des activités forestières font qu'on ne produit que pour la subsistance. Même situation sur la Côte-Nord où les activités dominantes sont la forêt et le tourisme. Dans Charlevoix, on retrouve une agriculture traditionnelle d'où émergent trois productions: la pomme de terre, l'élevage de la dinde et celui du renard argenté. Au Saguenay-Lac-Saint-Jean, on remarque surtout la production des grains, dont l'avoine, l'élevage laitier et la cueillette des bleuets.

Remontant le Saint-Laurent, voici l'île d'Orléans, véritable jardin de la capitale où dominent la pomme de terre, les vergers, les petits fruits ainsi que les fleurs. On y fait aussi l'élevage du bétail. Les paroisses riveraines, entre Québec et Trois-Rivières, forment une zone de prospérité fondée sur la production laitière et maraîchère. À l'intérieur des terres, la situation est différente ; dans les Bois-Francs, par exemple, le lait et la pomme de terre dominent dans les anciennes paroisses, alors que dans la partie récemment colonisée, on pratique une maigre agriculture de subsistance.

Dans la plaine de Montréal, qui va s'élargissant depuis Trois-Rivières jusqu'à Montréal, Raoul Blanchard trouve la meilleure agriculture du Québec. On y compte comme productions principales le foin et les grains, le lait, les produits horticoles, le tabac et enfin les fruits. Au cœur de la région, dans l'archipel de Montréal, deux productions dominent: les légumes et le lait. Dans les Cantons-de-l'Est, la spécialisation est équilibrée entre l'élevage et la production laitière pour le marché montréalais.

Sur la rive nord du Saint-Laurent, entre l'Outaouais et Trois-

Rivières, les productions principales sont la pomme de terre, les grains et le lait. On y retrouve un certain nombre de paroisses qui se spécialisent, comme celle de Saint-Félix où l'aviculture se développe depuis les années 1920. Mais la forêt n'est jamais loin et dans beaucoup de paroisses des Laurentides, une bonne proportion des cultivateurs fréquentent les chantiers. La dernière région, l'Abitibi-Témiscamingue, est devenue une «vaste usine à lait». On y cultive également des grains et du foin, à quoi s'ajoute la cueillette des framboises et des bleuets pour les marchés torontois et américain.

Au-delà de cette vision de diversité régionale telle que la rapporte Blanchard, il faut ajouter que, dans l'ensemble, seuls quelques secteurs de production sont importants en termes monétaires. Si l'on examine la structure du revenu agricole, trois éléments, le bétail, les œufs et le lait, comptent pour plus des deux tiers. Par ailleurs, les ventes de bois constituent toujours un apport significatif, représentant environ le dixième des entrées de fonds. Précisons que ce revenu agricole ne constitue qu'une partie du revenu total. Il faut y ajouter les denrées consommées directement par le cultivateur et sa famille ainsi que le salaire provenant d'un emploi saisonnier ou occasionnel, à l'extérieur de l'exploitation.

Cependant, les sommes d'argent touchées par les cultivateurs ne sont pas constantes durant la période. Dans un premier temps, la chute des prix et la baisse générale de la production réduisent les revenus de près du tiers entre 1926 et 1935. Par contre, la guerre exerce l'effet opposé. Non seulement les prix se relèvent, mais la production augmente rapidement, de sorte que le revenu fait plus que tripler entre 1935 et 1945. Les conditions générales sont alors tout à fait propices, les divers marchés étant prêts à absorber la totalité de la production. Certains agriculteurs sont même amenés, pour la première fois, à augmenter leur production dans le but de la vendre.

Les marchés

Dans l'ensemble, les marchés de l'agriculture demeurent stables: d'abord les villes du Québec puis, pour certaines productions, la Grande-Bretagne et les États-Unis. Toutefois, les villes représentent un débouché qui est loin d'être pleinement exploité. En effet, le rapport du ministère de l'Agriculture de 1930 précise que Montréal importe de l'extérieur du Québec près des trois quarts de ses œufs ainsi que des

Propagande gouvernementale visant une amélioration de la production agricole. (*La Terre de chez nous*)

quantités substantielles de légumes, de bœuf, de porc et de cheval. Par ailleurs, un nouveau phénomène apparaît, celui de la montée des conserveries, stimulé par les besoins de la guerre et aussi sans doute par les transformations dans les habitudes alimentaires.

Les marchés étrangers traditionnels sont la Grande-Bretagne et les États-Unis, mais ils deviennent plus difficiles d'accès au moment de la crise. Durant la guerre, le Québec, qui expédiait depuis longtemps du fromage en Grande-Bretagne, voit augmenter la demande pour ce produit. La grande nouveauté, cependant, est l'essor de l'exportation de bacon vers ce pays, que l'invasion nazie a coupé de son approvisionnement traditionnel en Hollande et au Danemark. Vers les États-Unis, on note des exportations de moutons, de bœufs ainsi que de chevaux.

Les exploitations et les techniques

Le mouvement de concentration des exploitations, se traduisant par une réduction du nombre de fermes et une hausse de leur superficie moyenne, est ralenti pendant la crise mais il reprend par la suite (tableau 1). Tous les observateurs, Blanchard en tête, s'accordent pour constater que, dans les régions agricoles bien établies, les cultivateurs cherchent à agrandir leur exploitation, n'hésitant pas à s'endetter s'il le faut. L'instauration du crédit agricole leur facilite la tâche.

TABLEAU 1

SUPERFICIE ET ÉTAT DES TERRES AGRICOLES, 1921-1951

	1921	1931	1941	1951
Nombre de fermes	137 619	135 957	154 669	134 336*
Superficie totale				
en culture (acres)	5 964 154	6 140 299	6 137 521	5 790 359
Superficie totale (acres)	17 257 012	17 304 164	18 062 564	16 786 405
Superficie moyenne (acres)	125,4	127,3	116,8	124,9

* La définition de la ferme change au recensement de 1951; on estime que la baisse réelle ne serait que de 10 000.

Source : Recensements

La mécanisation des fermes ne progresse que lentement. Ainsi en 1941 on ne recense que 5788 tracteurs, soit en moyenne un pour 27 fermes; cependant, la proportion a augmenté car dix ans auparavant elle n'était pas d'un sur 56. Évidemment, la crise ralentit très sérieusement le mouvement; la baisse des revenus et la disponibilité de la main-d'œuvre rendent moins pressante la nécessité de se mécaniser. L'action des agronomes, épaulée par des périodiques et l'enseignement agricole, est importante pour la diffusion de nouveaux procédés. Cependant, elle est ralentie par la méfiance du milieu. Quant à l'enseignement, il ne touche qu'une partie des fils de cultivateurs.

Malgré des progrès réels dans certains secteurs et certaines régions, l'agriculture du Québec, entre 1929 et 1945, se transforme lentement. Elle repose sur l'exploitation familiale, dont une bonne partie ne vise encore que la subsistance. Paul-H. Vézina précise, dans un texte du début des années 1940, que c'est le cas pour la presque-totalité des régions de colonisation ainsi que pour les régions où le revenu en argent provient du travail forestier ou des pêcheries. Du côté des fermes pratiquant une agriculture plus commerciale, on est aux prises avec le vieux problème de l'épuisement des sols, que ne parvient pas encore à contrer le trop lent progrès de l'utilisation des engrais chimiques. Par ailleurs, la spécialisation laitière du Québec n'est pas non plus sans problèmes. Raoul Blanchard signale, dans sa visite des régions, beaucoup de cas de vaches mal nourries, ne produisant qu'une fraction de ce qu'elles pourraient donner en lait. Toutefois, les exigences de la guerre accélèrent les transformations et ont des effets à long terme.

L'intervention de l'État

Depuis le 19e siècle, l'État québécois vise, par ses politiques, à développer une agriculture diversifiée reposant sur la production laitière. Toutefois, les moyens changent à la faveur de la crise. Outre l'aide accordée à la colonisation agricole, on décide de s'attaquer à deux problèmes chroniques: celui de la productivité, par la création de subventions au drainage des terres, et celui des finances, par le crédit agricole provincial instauré en 1936 et plus accessible que le programme fédéral qui existe depuis 1929. Mais dans les deux cas, il s'agit de mesures dont l'effet ne deviendra sensible qu'à moyen terme, après la guerre.

Au niveau fédéral, la période est marquée par une intervention accrue et soutenue. En 1934, Ottawa vient en aide aux cultivateurs endettés. C'est cependant avec la déclaration de guerre que l'intervention prend plus d'ampleur et devient plus directe. Ainsi en 1942, Ottawa adopte des mesures retardant le service militaire obligatoire des travailleurs agricoles. Mais surtout il établit le contrôle des prix agricoles pour éviter à la fois l'inflation et le surdéveloppement de certains secteurs de la production, allant même jusqu'au plafonnement des prix en 1941. Au moyen de primes versées aux producteurs, le gouvernement cherche à stimuler la production de certaines denrées. Par exemple, en 1942, on accorde des primes aux producteurs de tomates, de maïs, de pois et de haricots, pour la mise en conserve. En 1944, on adopte une loi de soutien des prix agricoles pour éviter qu'ils ne chutent au-dessous des coûts de production.

Pour administrer toutes ces lois et ces mesures, le gouvernement fédéral se dote d'une série d'organismes: Commission des prix et du commerce en temps de guerre, Office du ravitaillement en produits agricoles, Commission du bacon, Commission des produits laitiers,

Commission des produits spéciaux. Ces trois dernières jouent un rôle très actif en achetant et en exportant des denrées.

La remontée de la colonisation

Durant les années 1920, le mouvement de colonisation agricole s'était ralenti considérablement, mais la crise provoque un renversement complet de la tendance. Pour beaucoup la colonisation apparaît comme la panacée au chômage et à la misère des villes: sur la terre, au moins, la subsistance est assurée. Pressés d'agir, les deux niveaux de gouvernement mettent sur pied, durant les années 1930, des programmes spécifiques, entraînant ainsi la reprise d'une activité qui semblait en voie

Préparation du potager sur une terre de colonisation de l'Abitibi, en 1935. (ANC, PA-27509)

de disparaître. Cette colonisation permet d'occuper certaines régions du Québec, en particulier l'Abitibi, mais aussi l'arrière-pays de la Gaspésie, du Bas-du-fleuve et du Lac-Saint-Jean.

Ce mouvement d'occupation du sol présente des différences marquées par rapport aux expériences antérieures. Il est relativement encadré par les gouvernements et les sociétés de colonisation et subventionné à des degrés divers. Le premier programme, organisé par le gouvernement fédéral en 1932, le plan Gordon, propose aux chômeurs urbains recevant les secours directs une prime de 600$ pour aller s'établir sur une terre. Quelques années plus tard, en 1935, le gouvernement du Québec élabore un projet plus systématique: le plan Vautrin. Allant au-delà de la prime unique, ce programme repose plutôt sur une série de subventions rattachées à tous les éléments de l'installation sur une terre: primes au défrichement, à la construction de l'habitation, à la mise en culture, etc. De plus, le gouvernement subventionne les sociétés diocésaines de colonisation qui jouent ainsi le rôle de maître d'œuvre, et prend à ses frais la construction des routes et des églises. Enfin, en 1936, un programme fédéral-provincial (Rogers-Auger) est adopté; calqué sur le plan Gordon, il porte la prime à 1000$. Par ailleurs, le gouvernement du Québec dispose de certains autres moyens pour aider la colonisation. En particulier, il augmente graduellement les primes au défrichement instaurées en 1923 et adopte en 1933 un projet pour l'établisssssement des fils de cultivateurs.

Ces programmes ont un impact certain sur le monde rural. On estime entre 42 000 et 54 000 le nombre total des personnes touchées. Presque tous les diocèses du Québec envoient des colons dans les nouvelles paroisses. Cependant, et là-dessus tous les observateurs s'entendent, cette colonisation est précaire: après quelques années, les colons trouvent plus rentable d'abandonner ce mode de vie pour retourner en ville ou pour travailler dans les mines ou en forêt. Selon Raoul Blanchard, ce sera le cas des deux tiers de ces nouveaux colons.

Le bilan de cette dernière poussée de colonisation est contradictoire. D'une part, on atteint le maximum de l'espace habité au Québec: même si beaucoup de colons en repartent, les 147 paroisses qu'ils ont contribué à ouvrir entre 1930 et 1941 demeurent un témoignage de leur activité. D'autre part, cette solution n'est que transitoire: conçue pour vider les villes des chômeurs, elle ne tient pas compte des contraintes posées par le climat, l'éloignement, la préparation insuffisante des colons et les difficultés de rentabiliser les exploitations.

ORIENTATIONS BIBLIOGRAPHIQUES

BLANCHARD, Raoul. *L'Est du Canada français; Le Centre du canada français; L'Ouest du Canada français*. 5 volumes, Montréal, Beauchemin, 1935-1954.

Canada, Commission royale d'enquête sur les perspectives économiques du Canada. *Les progrès et les perspectives de l'agriculture canadienne*. Ottawa, 1957. 445 p.

GENDREAU, Louis. *La politique agricole du Québec sous trois gouvernements (1920-1966)*. Mémoire de M. A. (sciences politiques), Université de Montréal, 1971. Chap. 1 et 2.

HAYTHORNE, C.V. et L.C. MARSH. *Land and Labour. A social survey of agriculture and the farm labour market in Central Canada*. Toronto, Oxford University Press, 1941. 568 p.

KESTEMAN, Jean-Pierre, en collaboration avec Guy BOISCLAIR et Jean-Marc KIROUAC. *Histoire du syndicalisme agricole au Québec UCC-UPA, 1924-1984*. Montréal, Boréal Express, 1984. Deuxième partie, p. 97-175.

LEMELIN, Charles. «Transformations économiques et problèmes agricoles», *Culture*, XIX, 2 (juin 1958), p. 129-152.

LÉTOURNEAU, Firmin. *Histoire de l'agriculture (Canada français)*, s.l., s.é., 1968, p. 253-317.

MINVILLE, Esdras, dir. *L'agriculture*. Montréal, Fides, 1943. 555 p.

RIOUX, Albert. *Le problème rural*. Annexe 7 du rapport de la Commission d'enquête sur les problèmes constitutionnels, Québec, 1955, 166 p.

CHAPITRE 3

NOUVEAU RÔLE ÉCONOMIQUE DE L'ÉTAT

L'un des changements les plus spectaculaires de la période 1930-1945 est certainement le rôle attribué à l'État dans la gestion de l'économie. La crise provoque une remise en question des politiques traditionnelles s'appuyant sur les principes du laissez-faire. Elle amène une redéfinition du rôle de l'État comme régulateur de l'économie. La guerre fournit une première occasion d'appliquer ces nouvelles orientations et permet la mise en place de mécanismes qui se maintiendront après la fin du conflit. L'État fédéral est au centre de ces transformations, alors que le gouvernement québécois a un rôle assez marginal.

La situation avant 1930

Il faut se rappeler que la constitution attribue au gouvernement fédéral les principaux pouvoirs en matière économique, en particulier le contrôle des banques, de la monnaie et du commerce extérieur. Au cœur des politiques fédérales se trouve la «Politique nationale», mise au point dans les premières années de la Confédération, et qui comporte trois volets. Un tarif douanier protecteur (1879) doit stimuler l'industrie manufacturière canadienne en la mettant à l'abri de la concurrence étrangère. Une politique d'aide à la construction de grandes lignes de chemin de fer doit permettre de relier les provinces du Canada et d'assurer leur complémentarité en créant un marché intérieur intégré. Enfin, une politique d'encouragement à l'immigration doit favoriser le peuplement agricole des Prairies, où l'État fédéral s'est réservé, jusqu'en 1930, la propriété des terres publiques afin de les distribuer aux colons et aux sociétés ferroviaires.

Le gouvernement québécois a aussi des politiques à dimension économique, quoique leur portée soit plus limitée. Son principal moyen d'intervention lui vient de la propriété des immenses terres publiques. Le mode de concession et de gestion de celles-ci marque l'orientation du développement économique. Le Parti libéral, au pouvoir depuis 1897, a résolument choisi une politique favorisant l'exploitation des richesses naturelles, axée surtout sur l'électricité et la forêt, qui vise le développement industriel et la création d'emplois, en s'appuyant sur la grande entreprise, souvent américaine. Le gouvernement québécois poursuit également une politique de modernisation qui porte principalement sur deux points. Dans le cas des infrastructures il poursuit, depuis le début du siècle, un programme de construction routière visant à améliorer les communications intérieures et à les adapter à l'automobile. Pour la gestion des ressources humaines, il mise sur le développement de l'éducation professionnelle et technique afin de mieux répondre aux besoins de l'économie.

Ces interventions se font dans le respect des principes du libéralisme économique: l'entreprise privée est le maître d'œuvre du développement économique. Les gouvernements n'hésitent pas à la subventionner mais ne veulent pas la remplacer. Dans certains cas, ils doivent intervenir plus directement en prenant en main un secteur particulier: les canaux, certains chemins de fer déficitaires, certains services publics. Le poids de l'ensemble des gouvernements dans l'économie reste faible; en 1928, ils n'assurent que 9,3% de la dépense nationale brute et plus de la moitié du montant est payée par les municipalités.

Le gouvernement fédéral et l'impact initial de la crise

On peut donc dire qu'au moment où s'amorce la grande dépression, les gouvernements ont surtout des politiques visant à favoriser l'expansion économique à long terme. Ils sont démunis pour faire face aux crises cycliques. Ils ont tendance à recourir aux mesures traditionnelles et à considérer que les forces du marché permettront à l'économie de se rétablir d'elle-même.

L'une des premières réactions du gouvernement fédéral, à l'instar de celui de nombreux autres pays, est de hausser de façon radicale, en 1930, les droits de douane. Il s'agit toutefois d'un remède fort partiel. Certes, les industries qui produisent pour le marché intérieur — notamment celle des textiles — sont encore mieux protégées des importations. Mais celles qui produisent pour l'exportation se heurtent aux barrières douanières élevées par les autres pays. Le regain de protectionnisme accentue l'effondrement du commerce international dont l'économie canadienne est très dépendante.

Pour sortir de l'impasse, le gouvernement tente de négocier avec d'autres pays des ententes permettant la réduction mutelle des droits de douane. Après de laborieuses négociations, il y parvient avec la Grande-Bretagne et les autres grands pays du Commonwealth. Lors de la conférence d'Ottawa, en 1932, on s'entend sur des listes de produits auxquels on appliquera des drois réduits. Il en résulte une augmentation de la part des exportations canadiennes en direction de la Grande-Bretagne et des pays du Commonwealth. Le gouvernement canadien en arrive également à une entente semblable avec les États-Unis en 1935. En 1937 et 1938 de nouvelles ententes permettent au Canada d'étendre les concessions réciproques avec ses deux principaux partenaires commerciaux, contribuant ainsi à la relance du commerce international.

Mais les mesures douanières ne donnent pas aux consommateurs plus d'argent pour acheter des produits. Le gouvernement fédéral doit aider, par ses subventions, des secteurs entiers qui sont en difficulté, comme les chemins de fer, le blé ou le charbon. Il doit surtout venir au secours des provinces et des municipalités qui, selon la constitution, ont la responsabilité de l'aide aux chômeurs, mais dont les ressources financières sont insuffisantes. Il le fait en concluant annuellement des ententes temporaires par lesquelles il verse des subventions permettant de payer une partie des mesures d'aide. Entre 1930 et 1937 les subventions ainsi versées aux provinces représentent 46% des frais encourus. La part est plus élevée dans les provinces de l'Ouest; au Québec elle atteint 29%. Pour financer ces mesures temporaires, le gouvernement fédéral, tout comme ceux des provinces et des municipalités, doit assumer des déficits budgétaires, emprunter fortement et créer de nouveaux impôts.

Le gouvernement québécois face à la crise

Au Québec, si l'on excepte les nouvelles mines d'or de l'Abitibi, le secteur des richesses naturelles est l'un des plus touchés par la débâcle du commerce international. Ainsi, la politique sur laquelle le gouvernement libéral a jusque-là fondé tous ses espoirs devient inopérante. Sans moyens pour relancer l'activité économique, le gouvernement doit parer au plus pressé: aider les dizaines de milliers de chômeurs dans les villes.

La première mesure à laquelle on a recours est la mise en marche de travaux publics permettant d'offrir du travail à un certain nombre de

Travaux de chômage: la rénovation de la Citadelle de Québec, 1936. (ANC, PA-34657)

chômeurs. Dès 1932, cette solution se révèle nettement insuffisante et l'on se tourne de plus en plus vers les «secours directs», soit le versement de prestations aux familles dans le besoin, sans exiger de travail en retour. Mais dès 1937, on donne à nouveau une priorité aux travaux publics, tout en maintenant les secours directs. Nous reviendrons plus loin sur la nature de ces mesures et sur leur signification sociale et idéologique. Ensemble, les divers paliers de gouvernement dépensent au Québec plus de 24,8 millions de dollars à ces fins pendant la décennie.

Tout en profitant de l'aide fédérale, le gouvernement québécois refile une partie importante de la note aux municipalités. La commission Rowell-Sirois constate que le Québec demande à ses administrations municipales un effort proportionnellement beaucoup plus important que dans les autres provinces. Montréal est particulièrement éprouvée à cet égard. Au total, c'est toutefois le gouvernement du Québec qui fournit la contribution la plus forte (tableau 1).

En outre, le Québec a recours, plus que les autres provinces, à des programmes d'aide à la colonisation ; certains résultent d'ententes fédérales-provinciales, d'autres sont mis sur pied par le gouvernement québécois. De 1930 à 1937, ce dernier dépense 26 millions pour l'établissement de colons, en plus de subventionner la voirie rurale.

TABLEAU 1

SOMMES AFFECTÉES À L'AIDE AUX CHÔMEURS, QUÉBEC 1930-1940
(EN MILLIONS DE DOLLARS)

Palier de gouvernement	Secours directs	Travaux publics	Total
Fédéral	45,9	17,1	63,0
Provincial	59,6	56,4	116,0
Municipal	39,4	9,7	49,1
Total	145,0	83,2	248,1

Source: Yves VAILLANCOURT, *Les politiques sociales et les travailleurs*, II: *Les années 30*, p. 198-199; *Annuaire statistique du Québec, 1942-1943*, p. 442.

L'ensemble des mesures d'aide oblige l'État québécois et les municipalités à s'endetter très fortement. La commission Rowell-Sirois constate que «de 1930 à 1937 la dette absolue par habitant des municipalités et de la province, jadis la plus faible, devint la plus élevée de tout le pays».

Vers une nouvelle orientation

L'augmentation des dépenses publiques dans le cadre des mesures temporaires n'arrive pas à relancer l'économie de façon satisfaisante. Dès le milieu de la décennie, les gouvernements sont amenés à remettre en question certains dogmes du libéralisme économique et à concevoir des mécanismes permanents d'intervention. Les dirigeants canadiens ne font que suivre, avec un certain retard, les nouvelles orientations qui se font jour dans d'autres pays capitalistes. Aux États-Unis, le président F.D. Roosevelt lance son *New Deal* qui se concrétisera dans un ensemble de lois et de programmes à portée économique et sociale. En Grande-Bretagne, l'économiste J.M. Keynes propose une nouvelle stratégie de régulation de l'économie s'appuyant sur une intervention accrue de l'État au moyen de politiques monétaires et budgéraires.

Dès 1934, à la suite du rapport de la commission Macmillan déposé l'année précédente, le gouvernement Bennett fait adopter une loi créant une banque centrale, afin d'assurer un meilleur contrôle du système monétaire et financier. La Banque du Canada entre en activité en 1935. Elle agit comme banquier des banques à charte qui doivent y déposer leurs réserves et à qui elle peut prêter en dernier ressort. Elle est également le banquier ou l'agent financier du gouvernement fédéral, rôle dévolu jusqu'alors à la Banque de Montréal. Elle émet la monnaie, remplaçant graduellemnet les banques à charte et le ministère des Finances à cet égard, et surtout elle contrôle le volume de monnaie et de crédit au Canada en orientant le niveau des taux d'intérêt.

En 1934, aussi, la commission Stevens, qui enquête sur les écarts de prix, révèle les pratiques discriminatoires des monopoles en vue d'éliminer la concurrence et montre la nécessité d'une réglementation gouvernementale des activités des entreprises. Sensible aux diverses pressions et voyant venir l'échéance électorale, le premier ministre Bennett amorce un changement de cap au début de 1935 et propose son propre *New Deal*. Il insiste sur la nécessité de réformer le capitalisme en établissant un contrôle et une réglementation étatiques. Il fait adopter par le Parlement une série de lois : création d'un régime d'assurance-chômage pour remplacer les secours directs; lois du travail visant à assurer un salaire minimum, une journée hebdomadaire de repos et une semaine de travail de 48 heures; contrôle plus serré des monopoles par un amendement au code criminel et la création d'une Commission du commerce et des prix; améliorations aux régimes de crédit agricole et de mise en marché des produits de la ferme. Il crée en outre un conseil économique consultatif. Mais les lois du *New Deal* conservateur seront déclarées inconstitutionnelles par le Conseil privé.

Ainsi la crise provoque une réorientation de la conception des politiques économiques et du rôle de l'État. De nombreux obstacles en empêchent l'application pendant les années 1930. Même si des hommes d'affaires importants la perçoivent comme le seul moyen de sauver le capitalisme, cette nouvelle orientation se heurte à l'opposition d'une partie des milieux d'affaires et du Parti libéral qui ne sont pas encore convaincus de la nécessité d'une intervention étatique et à celle de plusieurs gouvernements provinciaux. Le déclenchement de la Deuxième Guerre mondiale amène les libéraux à réviser leur position et fournit au gouvernement fédéral l'occasion de changer les règles du jeu.

Gagner la guerre

La constitution accorde au gouvernement fédéral des pouvoirs exceptionnels d'intervention en temps de guerre. Ceux-ci ont été précisés dans la loi des mesures de guerre, adoptée pendant le premier conflit mondial et que l'on remet en vigueur dès 1939. Elle donne au cabinet fédéral des pouvoirs extrêmement étendus qu'il peut exercer par simple arrêté-en-conseil, sans passer par le Parlement.

L'intervention fédérale touche alors les Québécois dans toutes les dimensions de leur vie quotidienne. Nous nous en tiendrons ici aux aspects relatifs aux politiques économiques. L'objectif du gouvernement est de contribuer à gagner la guerre et d'orienter dans ce sens toute l'économie du pays. La loi de mobilisation des ressources nationale adoptée en 1940 vise précisément à placer toutes les ressources humaines et matérielles au service de cet objectif.

On crée le ministère des Munitions et des Approvisionnements chargé d'organiser la production militaire; il est confié à C. D. Howe, l'homme fort du cabinet King. On assigne un rôle prépondérant à l'entreprise privée qui reçoit non seulement de nombreux contrats de fournitures militaires mais également l'aide de l'État pour convertir et agrandir ses usines à cette fin. En outre, l'État devient lui-même producteur en mettant sur pied des sociétés de la couronne. Le Canada est ainsi transformé en un immense arsenal, dont les deux tiers de la production sont destinés aux armées alliées.

Mais l'effort de guerre ne se limite pas à l'équipement militaire. Il affecte tous les secteurs de l'économie, depuis la production agricole jusqu'à la fabrication du papier. Le gouvernement fédéral intervient en instituant un grand nombre de régies d'État, pour contrôler l'ensemble de la production et décider de l'allocation des ressources. La production à des fins civiles est ainsi systématiquement subordonnée aux besoins militaires et priorité est donnée aux industries considérées comme essentielles.

Pour que le système fonctionne, il faut des contrôles serrés: on interdit la production et la consommation de certains produits ou on les limite par les quotas et le rationnement. Pour éviter l'inflation et le marché noir qui pourraient résulter d'un tel contexte de rareté, on impose un contrôle des prix et des salaires et on effectue d'importantes ponctions sur les revenus en élevant les impôts et en drainant l'épargne vers les «bons de la victoire».

Propagande gouvernementale pendant la guerre. (ANC, C-91437)

Le gouvernement fédéral opère donc une centralisation poussée des décisions économiques que les gouvernements provinciaux acceptent de bonne grâce. Ils cèdent même, contre compensation partielle, pour la durée de la guerre, tous les revenus provenant de l'impôt sur le revenu des particuliers et des sociétés. Le Canada se retrouve soumis, pendant quelques années, à un véritable dirigisme économique. L'État canadien acquiert ainsi une précieuse expérience de gestion de l'économie qu'il pourra mettre à profit après la guerre. Il devient aussi, pour un temps, le principal acheteur de biens et de services, sa part de la dépense nationale brute atteignant un sommet de 37,7% en 1944 (tableau 2).

TABLEAU 2

PART DES GOUVERNEMENTS DANS LA DÉPENSE NATIONALE BRUTE
AU CANADA, 1929-1946 (EN POURCENTAGE)

Années	Fédéral	Provinciaux	Municipaux	Total
1929	2,6	2,2	5,6	10,4
1930	3,0	2,8	6,8	12,6
1931	3,1	3,3	8,2	14,6
1932	3,1	3,3	8,8	15,2
1933	3,3	2,8	7,1	13,2
1934	3,2	3,2	6,2	12,6
1935	3,7	3,2	5,7	12,6
1936	3,3	3,0	5,4	11,7
1937	2,9	3,8	5,1	11,8
1938	3,3	4,1	5,2	12,6
1939	3,7	3,4	5,0	12,1
1940	10,1	2,3	4,2	16,6
1941	14,2	2,0	3,4	19,6
1942	31,3	1,5	2,8	35,6
1943	33,6	1,4	2,7	37,7
1944	37,7	1,5	2,8	42,0
1945	26,1	1,7	3,1	30,9
1946	9,1	2,4	3,7	15,2

Source: Bureau fédéral de la Statistique, *Comptes nationaux. Revenus et dépenses. 1926-1956.*

Préparer l'après-guerre

Longtemps avant la fin du conflit mondial, le gouvernement fédéral amorce une réflexion sur les politiques économiques de l'après-guerre. Un comité consultatif de politique économique est mis sur pied et coordonne les études à ce sujet. Il s'agit, d'une part, d'organiser une transition harmonieuse vers une économie de temps de paix et, d'autre part, d'éviter le retour aux conditions de crise qui ont affligé l'avant-guerre.

C'est ainsi qu'on prévoit un décontrôle graduel: au fur et à mesure qu'un produit deviendra disponible en quantité suffisante, son prix et sa répartition cesseront de relever d'une régie d'État. Les usines d'armement seront liquidées et les entreprises privées pourront se convertir à la production civile grâce à l'aide gouvernementale. Les centaines de milliers de soldats démobilisés seront aidés de multiples façons: primes de licenciement, réintégration dans l'emploi antérieur, aide à ceux qui veulent poursuivre leurs études, etc.

Au-delà de ces mesures de nature temporaire, le gouvernement songe à des instruments permanents et à plus long terme. C'est au cours de la guerre que le cabinet fédéral se convertit de façon non équivoque aux principes du keynésianisme. Désormais l'État interviendra de façon constante pour régulariser l'activité économique. Au cœur de ces nouvelles politiques, les mesures de sécurité sociale. À l'assurance-chômage (1940) s'ajouteront les allocations familiales en 1945. On insiste en particulier sur la dimension économique de ces mesures qui, en redistribuant d'importantes sommes dans la population, contribueront à stimuler la demande. Le rapport Marsh de 1943 propose un programme cohérent de sécurité sociale qui marque la naissance de l'État-providence au Canada. La loi nationale de l'habitation de 1945 va dans le même sens et vise à relancer toute l'activité de construction.

En prenant ainsi l'initiative de préparer l'après-guerre, le gouvernement fédéral s'assure une position déterminante non seulement dans le champ des politiques économiques mais aussi dans celui des politiques sociales. Ce faisant, il s'inscrit dans l'orientation proposée par le rapport Rowell-Sirois et amorce un processus de centralisation aux conséquences politiques considérables, sur lesquelles nous reviendrons.

Les politiques québécoises pendant la guerre

Au Québec, le gouvernement libéral d'Adélard Godbout, élu en 1939, accepte assez facilement la primauté fédérale, justifiée par le contexte exceptionnel de la guerre. Il acquiesce au transfert de l'impôt sur le revenu. Cette attitude conciliante face à Ottawa lui vaudra l'hostilité des milieux nationalistes. Le retour au pouvoir de l'Union nationale et de Duplessis en 1944 marque un changement de cap: celui-ci résistera aux politiques économiques centralisatrices.

Sur le plan intérieur, le gouvernement Godbout dispose néanmoins d'une certaine marge de manœuvre qui lui permet d'élaborer quelques politiques économiques à portée québécoise. De façon générale, il se distingue par sa volonté de moderniser les institutions économiques et sociales et s'inscrit dans le courant de réorientation des politiques économiques qui prévaut à Ottawa. En 1943, il crée un Conseil d'orientation économique ayant «pour mission de faire enquête sur les ressources agricoles, forestières, minérales et industrielles de la province et de suggérer les mesures voulues pour en assurer une utilisation aussi rationnelle et aussi complète que possible».

La mesure la plus spectaculaire est toutefois la création d'Hydro-Québec en 1944. Au cours des années 1930, la pression pour obtenir la nationalisation des compagnies privées d'électricité se fait de plus en plus forte. Un dentiste de Québec, le docteur Philippe Hamel, lance une véritable croisade contre «le trust de l'électricité». Le gouvernement Taschereau crée en 1934 une commission d'enquête (la commission Lapointe) qui, constatant les abus des compagnies privées au détriment des consommateurs, recommande l'établissement d'un contrôle par l'État. C'est ainsi qu'est mise sur pied la Commission de l'électricité, qui deviendra la Régie provinciale de l'électricité; elle a pour mission de fixer les tarifs et de réglementer la production et la distribution d'électricité.

Mais les dirigeants de l'Action libérale nationale veulent aller plus loin et réclament la nationalisation. Maurice Duplessis déçoit de nombreux partisans en refusant cette mesure au cours de son premier mandat et c'est finalement Adélard Godbout qui la réalise. La nationalisation ne touche toutefois que Montreal Light Heat and Power et ses filiales, soit l'entreprise qui a le plus exploité — dans tous les sens du terme — les consommateurs. Même partielle, la nationalisation n'en représente pas moins une politique économique extrêmement importante. Dans un premier temps, elle permet une réduction des tarifs sur le marché montréalais, aussi bien pour l'usage résidentiel que pour des fins commerciales ou industrielles. À long terme, elle ouvrira un débouché aux ingénieurs, comptables et autres cadres supérieurs francophones et préparera le terrain pour l'expansion phénoménale de la production d'électricité dans les décennnies suivantes.

Qu'il s'agisse du nouveau code du travail, adopté en 1944 ou encore de la volonté de revoir les politiques en matière de santé et de bien-être, les signes d'un vent nouveau à Québec sont nombreux. La défaite de Godbout brise net cet élan, que son successeur n'a pas l'intention de poursuivre.

ORIENTATIONS BIBLIOGRAPHIQUES

Bureau fédéral de la Statistique. *Comptes nationaux. Revenus et dépenses 1926-1956.* Ottawa, Imprimeur de la Reine, 1962. 213 p.

BOLDUC, André, Clarence HOGUE et Daniel LAROUCHE. *Québec. Un siècle d'électricité.* Montréal, Libre Expression, 1984, Chap. 7.

CANADA. *Rapport de la Commission royale des relations entre le Dominion et les provinces.* Volume I. *Canada : 1867-1939.* Ottawa, 1940, 285 p. (Rapport Rowell-Sirois).

FINKEL, Alvin. *Business and Social Reform in the Thirties.* Toronto, Lorimer, 1979, 244 p.

MCINNIS, Edgar. *Canada: a Political and Social History.* New York, Holt, Rinehart and Winston, 1964. Chap. 18 à 20.

PELLETIER, Michel et Yves VAILLANCOURT. *Les politiques sociales et les travailleurs. Cahier II: Les années 30.* Montréal, 1975. Chap. III.

QUÉBEC. *Rapport de la Commission royale d'enquête sur les problèmes constitutionnels.* Québec, 1956. (Rapport Tremblay).

SAFARIAN, A.E. *The Canadian Economy in the Great Depression.* Toronto, McClelland and Stewart, 1970. 258 p.

STRUTHERS, James. *No Fault of Their Own. Unemployment and the Canadian Welfare State 1914-1941.* Toronto, University of Toronto Press, 1983. 268 p.

Chapitre 4

L'URBANISATION EN SUSPENS

Depuis le milieu du 19e siècle, le Québec connaissait un processus continu d'urbanisation; chaque recensement voyait s'accroître de façon significative la proportion de la population vivant dans les villes. Depuis le début du siècle en particulier, de nombreuses villes québécoises avaient connu de fortes poussées de croissance. La crise économique vient perturber sérieusement cette évolution: les villes deviennent des lieux de chômage et de misère. On essaie même de renverser l'orientation antérieure en incitant les citadins à retourner à la campagne. La guerre, avec l'expansion de la production qu'elle entraîne, stoppe ce mouvement, mais les circonstances particulières qui prévalent alors limitent les possiblilités de croissance physique des villes.

Une urbanisation contenue

Pendant les années 1930, le Québec semble presque cesser de s'urbaniser. Le recensement de 1921 avait permis de constater que déjà plus de la moitié de la population du Québec (51,8%) était urbaine. Une nouvelle progression au cours des années 1920 amène le taux à 59,5% au recensement de 1931. Or, dix ans plus tard, le pourcentage de la population urbaine n'atteint que 61,2%. En chiffres absolus, le Québec qui avait gagné près d'un demi-million de citadins pendant les années 1920 en gagne à peine 300 000 pendant la décennie suivante. La population urbaine continue donc de s'accroître, mais à un rythme beaucoup plus modeste. Les villes elles-mêmes semblent figées et la construction résidentielle tombe à un niveau très bas au milieu des années 1930.

Il est facile d'identifier les principales composantes de ce retournement de la tendance. Depuis le début du siècle, la croissance urbaine s'alimentait principalement de l'arrivée en ville de gens qui n'en étaient pas originaires. Or avec la crise, l'immigration et l'exode rural sont presque entièrement arrêtés. Les fils et les filles de cultivateurs, en

Scène d'éviction de locataires à Montréal. (ANC, C-30811)

surnombre dans les campagnes, ne peuvent venir à la ville où il n'y a plus d'emplois pour eux. Au contraire, on assiste même à un mouvement de retour à la campagne de citadins récemment arrivés, sans compter ceux que le gouvernement réussit à convaincre de s'installer dans les régions de colonisation. Quoiqu'il soit difficile de mesurer l'ampleur du phénomène, il est manifeste que le chômage urbain met un frein radical aux différents mouvements migratoires qui avaient les villes pour aboutissement. L'augmentation de la population urbaine pendant les années 1930 provient de l'accroissement naturel plutôt que d'apports extérieurs. Les administrations publiques y contribuent à leur façon. Pour éviter que les chômeurs n'affluent vers les villes en quête d'aide publique, on réserve les prestations à ceux qui habitent le territoire d'une municipalité depuis plusieurs mois et même parfois quelques années.

La crise place d'ailleurs les administrations municipales dans une situation difficile. D'une part, elles voient leurs revenus menacés par l'effondrement des valeurs foncières et l'incapacité de nombreux contribuables à payer leurs taxes. D'autre part, elles sont tenues d'augmenter leurs dépenses afin de venir en aide aux chômeurs. Les villes sont, en effet, sur la ligne de feu dans l'application des nouveaux programmes sociaux. Elles ont la responsabilité de distribuer localement les sommes accordées en secours directs par les gouvernements fédéral et provincial et de réaliser les projets de travaux publics. Elles sont en outre obligées d'y contribuer financièrement dans une proportion (généralement entre le quart et le tiers) définie par les gouvernements supérieurs. Les villes sortent de la crise fortement endettées et ne parviendront à rétablir leur situation financière qu'à la fin de la guerre. Elles voient en outre s'appesantir le contrôle gouvernemental qui réduit leur degré d'autonomie.

Les besoins de la production de guerre amènent un renforcement considérable de la structure industrielle de nombreuses villes du Québec. De nouvelles usines, souvent de taille importante, sont construites, comme l'avionnerie Canadair à Saint-Laurent en banlieue de Montréal, ou considérablement agrandies, comme l'aluminerie d'Alcan à Arvida.

On s'attendrait à ce que ces nouvelles conditions génèrent une importante croissance urbaine alimentée par un afflux de population nouvelle. Or tel n'est pas le cas. Les villes québécoises dans leur ensemble ne connaissent pas une croissance aussi prononcée que le laisseraient croire les statistiques de l'industrie. Un certain nombre de facteurs peuvent expliquer cette situation. Les villes perdent une partie de leurs effectifs masculins au profit de l'armée et la demande de main-d'œuvre civile paraît satisfaite par la présence accrue des femmes au sein de la population active plus que par un afflux de population rurale. Autre facteur de stagnation: la crise du logement. Le gouvernement réserve en priorité les matériaux de construction aux besoins militaires, de sorte qu'on ne peut répondre adéquatement à la demande de nouveaux logements. La population doit s'entasser dans les habitations existantes dont le taux d'occupation atteint près de 100%. Pour résoudre en partie le problème, le gouvernement lance une campagne de publicité incitant les familles à accepter de loger des chambreurs. Il se construit néanmoins un certain nombre de nouveaux logements, en particulier dans les petits centres où ils sont bien insuffisants pour répondre à la demande suscitée par l'implantation des nouvelles usines de guerre. Le gouvernement fédéral crée d'ailleurs en 1941 une société de la Couronne, la War Time Housing Limited, qui, dans les six années suivantes, construira plus de 30 000 maisons au Canada, dont 4172 au

Bicoque sans eau courante abritant la famille d'un travailleur d'usine de guerre, 1942. (ANC, PA-108315)

Québec. Celles-ci sont d'abord destinées aux ouvriers des usines de guerre, puis aux anciens combattants. Ces efforts ne permettent de répondre que partiellement aux besoins et la période reste caractérisée par un manque chronique de logements. Le problème est d'ailleurs un des thèmes importants de la campagne électorale québécoise de 1944. Il sera aussi au cœur des politiques urbaines de l'après-guerre.

Le Québec urbain

Malgré le ralentissement de son rythme de croissance, le Québec urbain continue à rassembler la majorité de la population. Il conserve aussi certaines caractéristiques acquises au cours des décennies précédentes.

Le Québec reste l'une des provinces les plus urbanisées du Canada, continuant à dépasser la moyenne, mais il vient derrière l'Ontario et la Colombie-Britannique. L'écart le séparant de l'Ontario s'élargit toutefois, passant de 3,6 points de pourcentage en 1931 à 6,3 dix ans plus tard. Les deux provinces ont d'ailleurs des structures urbaines fort différentes. En Ontario, l'urbanisation du 19e siècle a donné naissance à un grand nombre de villes moyennes, pôles à la fois commerciaux et industriels de zones rurales bien articulées. Ces villes n'ont pas été écrasées par la montée de Toronto, dont le poids relatif dans le réseau urbain reste inférieur à celui de Montréal. Au Québec, le réseau urbain est, depuis fort longtemps, très centralisé, avec Montréal comme pôle dominant et Québec comme foyer secondaire.

Déjà en 1931, l'agglomération montréalaise avec ses nombreuses villes de banlieue rassemble 36% de la population totale du Québec et 61% de la population urbaine. Le ralentissement des années de crise entraîne un léger recul de ce poids relatif, mais n'ébranle pas la position dominante de la métropole. Autour d'elle, dans un rayon d'une cinquantaine de kilomètres, six petites villes, ayant chacune une dizaine de milliers d'habitants en 1931, forment une couronne satellite: Saint-Jérôme, Joliette, Sorel, Saint-Hyacinthe, Saint-Jean et Valleyfield.

Les autres composantes du réseau urbain québécois viennent loin derrière Montréal. La seule autre agglomération d'importance est celle de Québec. Trois autres centres ont un rôle significatif comme métropoles régionales, rôle accentué depuis le début du siècle par l'urbanisation accélérée liée à l'exploitation des richesses naturelles. Il s'agit de Sherbrooke en Estrie, de Trois-Rivières en Mauricie et de Chicoutimi au Saguenay. Le réseau urbain québécois a presque atteint en 1930 son extension maximale. La seule nouveauté au cours de la décennie est l'urbanisation plus marquée de l'Abitibi. Dans le Québec méridional, seul l'Est, sur les deux rives du Saint-Laurent, reste encore peu urbanisé.

L'urbanisation déborde les aspects démographiques et économiques. C'est aussi un phénomène de civilisation qui se reflète dans les modes de vie et la culture. Le Québec urbain est le moteur des transformations sociales même si le monde rural pèse encore d'un poids considérable sur le plan politique. Les villes, et singulièrement Montréal, sont le lieu de création et d'expression d'une culture urbaine francophone, marquée par l'influence américaine et diffusée par la presse à grand tirage et la radio.

Montréal

Entre 1931 et 1941, la population de la ville de Montréal passe de 818 577 à 903 007; celle de la région métropolitaine de recensement, de 1 023 158 à 1 139 921. C'est un accroissement nettement plus faible que celui de la décennie précédente. À cause de sa forte base industrielle et de son rôle dans les échanges, Montréal est frappée de plein fouet par le ralentissement de la production et par le chômage. Ces difficultés se reflètent, par exemple, dans l'activité portuaire qui est depuis toujours une fonction clé de l'économie montréalaise. Les changements les plus notables se produisent dans le commerce du blé où les exportations passent de 171 millions de boisseaux en 1928 à seulement 31 millions en 1935. Les difficultés de l'agriculture de l'Ouest ne sont cependant pas les seules en cause. En effet, Montréal subit à ce moment une concurrence accrue pour l'exportation des céréales canadiennes. Le port de Vancouver, puis ceux de Québec, Sorel et Trois-Rivières, ont été successivement dotés d'installations pour la manipulation des grains et accaparent une partie des exportations. Ainsi, en 1939, Québec, Sorel et Trois-Rivières expédient près de la moitié du blé acheminé depuis les ports du Saint-Laurent. L'activité portuaire montréalaise se transforme aussi parce que, malgré la crise, les importations sont en hausse, en particulier le pétrole, le charbon et les autres matières premières utilisées par l'industrie montréalaise.

Ville portuaire, Montréal est également le plus grand centre industriel du Canada et accapare près des deux tiers de la valeur de la production manufacturière du Québec. Sa structure industrielle s'est façonnée au 19e siècle autour de deux pôles: d'une part, l'industrie manufacturière légère (vêtements, textiles, chaussures, tabac et aliments) et, d'autre part, l'industrie lourde (fer et acier, matériel roulant de chemin de fer). Elle s'est diversifiée au cours du 20e siècle avec le développement de secteurs comme les appareils électriques, l'avionnerie et le pétrole. La crise ébranle plusieurs entreprises et ralentit la production, mais elle ne remet pas en cause cette structure d'ensemble. La production montréalaise des années 1930 et 1940 reste dominée par l'industrie manufacturière légère. Le vêtement y occupe une place extrêmement importante, employant plusieurs milliers de travailleurs et de travailleuses payés à très bas salaires. Dans ce secteur, Montréal émerge comme le grand centre de la confection pour dames, avec 67% de la production canadienne en 1938. Au vêtement s'ajoute le tabac dont la production canadienne est concentrée à 73% dans la métropole. Enfin, les textiles et les nombreuses industries alimentaires (abattoirs et salaisons, brasseries, biscuiteries et boulangeries,...) restent solidement implantés à Montréal et emploient une part significative de la main-d'œuvre.

Pendant la guerre, le secteur de l'industrie lourde voit sa production augmenter de façon notable. Le fer et l'acier ainsi que le matériel de transport profitent pleinement des commandes militaires. En 1942, par exemple, les chantiers navals de Canadian Vickers, les usines Angus du Canadien Pacifique avec leurs 9700 employés et la toute nouvelle avionnerie de Canadair employant 7500 personnes la même année, témoignent de ce regain d'activité. Raoul Blanchard constate alors que les industries liées à la métallurgie et au transport emploient 38,3% de la main-d'œuvre manufacturière de l'agglomération. Ainsi, la production industrielle reste une composante fondamentale de l'économie montréalaise. À côté des milliers de petits établissements n'employant que quelques travailleurs, ou travailleuses, comme dans l'industrie du vêtement, on trouve plusieurs grandes usines fournissant du travail à des milliers de personnes.

Montréal reste, en outre, le centre financier le plus important du Canada, même si elle doit de plus en plus partager ce rôle avec Toronto. Ainsi, c'est au cours des années 1930 que, pour la première fois, la valeur des transactions à la bourse de Toronto dépasse celle des bourses montréalaises. Pendant cette période aussi la valeur des chèques compensés à Toronto est presque toujours plus élevée qu'à Montréal. La métropole conserve néanmoins les sièges sociaux des plus grandes entreprises canadiennes, telles la Banque de Montréal, la Banque royale, Sun Life, Canadien Pacifique, Canadien National, Bell Canada, avec tout ce que cela implique de rayonnement financier. La croissance de Toronto s'appuie beaucoup plus sur les filiales canadiennes d'entreprises américaines.

Centre commercial, industriel et fiancier, Montréal est une ville ouverte sur l'extérieur: vers l'hinterland canadien, d'une part, et vers les États-Unis et la Grande-Bretagne, d'autre part. Cette ouverture se reflète dans ses caractéristiques démographiques. Depuis plus d'un siècle, en effet, la croissance de la ville a dépendu essentiellement des migrations: immigration internationale, exode rural des Canadiens français et des Canadiens anglais du Québec. En mettant un frein à la croissance démographique, la crise bouleverse cette tendance séculaire.

L'arrêt de l'immigration a d'ailleurs d'importants effets sur la composition ethnique de la ville. Les Canadiens français qui, depuis 1911, représentaient environ 63% de la population, voient leur part grimper à 66,3% en 1941. À l'inverse, la proportion des Montréalais d'origine britannique et d'autres origines ethniques décline quelque peu. Ces tendances se poursuivent pendant la guerre alors que l'immigration reste faible.

Quant au territoire, il ne connaît pas de transformations aussi radicales que pendant les périodes précédentes, ce qui s'explique par l'arrêt ou le ralentissement de la construction résidentielle. Néanmoins, pendant la guerre, certains secteurs nouveaux se développent autour des usines d'armement, notamment à Saint-Laurent, en banlieue de Montréal, où l'implantation d'une avionnerie provoque une augmentation notable de la population. Dans l'ensemble, cependant, on peut dire que la croissance de la banlieue est fortement ralentie jusqu'à la fin du conflit.

Le paysage montréalais continue de se modifier par l'addition de quelques édifices à caractère public. Les années 1920 ont vu s'ériger, au centre-ville, un certain nombre de gratte-ciel modernes, dont le plus imposant était celui de la compagnie Sun Life. Au début des années 1930, on termine l'édifice Aldred sur la Place d'Armes. Les nouveaux ouvrages les plus spectaculaires pendant cette période se situent cependant sur le Mont-Royal: d'abord l'Université de Montréal, avec sa tour imposante, puis l'Oratoire Saint-Joseph. Autre réalisation d'envergure: le pont Jacques-Cartier, terminé au début de la période. C'est un lien de plus avec la rive sud, qui facilite les communications et stimule le développement de Longueuil, devenue banlieue de la grande ville. Quant aux travaux publics entrepris pendant la crise afin d'occuper les chômeurs, ils permettent d'améliorer le paysage urbain: divers aménagements au parc du Mont-Royal, construction du Jardin botanique et d'un certain nombre de viaducs ferroviaires facilitant la circulation.

Les charges financières découlant du chômage alourdissent le budget municipal et rendent précaire la situation de Montréal. Mais les problèmes financiers de la métropole ont leurs racines dans un mode de gestion et de financement inadéquat, hérité des décennies antérieures. Montréal souffre d'une insuffisance chronique de revenus pour répondre aux besoins d'une ville ayant connu une croissance très rapide. Le niveau de taxation est beaucoup trop bas et nettement inférieur à celui de Toronto, par exemple: les grands propriétaires, en particulier les contribuables anglophones et les dirigeants des grandes entreprises, se sont toujours opposés au relèvement de l'impôt foncier; l'exemption des propriétés religieuses prive aussi la ville d'un revenu important.

La municipalité souffre également de maladministration: la corruption, le patronage et l'inefficacité administrative sont toujours présents, même si leur ampleur a probablement diminué depuis le début du siècle. En outre, l'autonomie de la métropole est continuellement menacée par le gouvernement provincial, où les Montréalais sont sous-représentés, et qui se montre surtout sensible aux pressions des intérêts financiers souhaitant une administration municipale au moindre coût possible. Camillien Houde, maire en 1928-1932, 1934-1936 et 1938-1940, se fait le défenseur acharné des petites gens contre l'establishment du Board of Trade, et de l'autonomie municipale contre les politiques de Québec. Sa gestion populiste fait de lui la cible des attaques des groupes dominants.

Pour résoudre ses problèmes, Montréal doit trouver de nouvelles sources de revenus, en particulier créer une taxe de vente de 2%, et emprunter massivement. Surendettée, elle est mise en tutelle par le gouvernement du Québec en 1940. La Commission municipale est alors chargée de mettre en route un rigoureux plan d'assainissement des finances publiques. Une réforme politique d'envergure est également imposée à la ville. Désormais, le maire se retrouve sans pouvoirs réels face à un conseil municipal formé de trois groupes de conseillers, disposant chacun du tiers des sièges : le premier, élu seulement par les propriétaires; le deuxième, par l'ensemble des électeurs; le troisième, désigné par de grands corps constitués tels le Board of Trade, la Chambre de commerce, les syndicats, les universités, etc.

Québec

Québec vient loin derrière Montréal quant à la population. La ville proprement dite passe de 130 000 habitants en 1931 à 150 000 en 1941 ; l'ensemble de la zone métropolitaine de recensement, qui compte 200 000 habitants en 1941, représente 9,5% de la population urbaine du Québec. Son importance est cependant plus grande que son poids démographique. Capitale du Québec, elle est un centre de décisions politiques important. Elle agit en outre comme véritable métropole pour l'Est du Québec et les régions de la Beauce et du Saguenay-Lac-Saint-Jean.

Siège du gouvernement, Québec compte quelques milliers de fonctionnaires qui donnent un trait distinctif à la société et à la culture de la ville. C'est là une dimension non négligeable de l'économie urbaine. Québec est aussi un important centre industriel. Au premier rang des productions vient la chaussure qui, selon Raoul Blanchard, emploie entre 6000 et 7000 personnes en 1933; cette industrie relativement ancienne connaît cependant des difficultés depuis la fin des années 1920. Parmi les autres industries de la ville, on note la fabrication des corsets, la tannerie, les produits du tabac, la confection, les pâtes et papiers.

Québec est également touchée par la baisse du trafic portuaire pendant la crise. Mais les problèmes du port ne sont pas seulement de nature conjoncturelle; comme le souligne Blanchard, «faute d'un arrière-pays vaste et actif, le port n'a pas assez de marchandises à recevoir ni à exporter». La construction d'élévateurs à grain améliore la situation, mais sans la modifier en profondeur. L'activité commerciale de Québec va toutefois au-delà du trafic maritime. La ville est fort active dans le commerce de gros pour le bois, les aliments et la quincaillerie. C'est dans ce domaine que son rôle de métropole se manifeste de la façon la plus évidente.

Le rayonnement de Québec s'exerce aussi par son université et ses collèges, son archevêché et ses institutions religieuses, à quoi s'ajoute la dimension touristique qui draine vers la capitale des voyageurs venus de tout l'Est nord-américian.

Les autres villes

Parmi les autres villes, l'ensemble le plus populeux est formé de Trois-Rivières et du Cap-de-la-Madeleine, qui comptent au total 54 000 habitants en 1941. Ville industrielle, commerciale et administrative, Trois-Rivières est la métropole d'un réseau urbain régional, axé sur la Mauricie, et dont le développement est lié à l'exploitation des richesses naturelles. Le marasme qui affecte l'industrie des pâtes et papiers frappe durement ces petites villes industrielles. La guerre relance les industries liées aux richesses naturelles et replace la plupart des villes sur le sentier de la croissance. Les besoins militaires entraînent de nouveaux investissements dans l'industrie chimique de Shawinigan. Celle-ci forme avec Grand-Mère le second pôle de la Mauricie, regroupant 31 000 habitants en 1941.

La rue principale de Rouyn en 1945. (B. Glunz, ONF, ANC, PA-151648)

Les villes du Saguenay dépendent elles aussi de l'exploitation des richesses naturelles. Elles connaissent donc le marasme de la crise alors que les années 1940 sont synonymes de croissance rapide. L'essor le plus spectaculaire survient dans la ville de l'aluminium, Arvida, où l'agrandissement des installations d'Alcan pour répondre à la demande militaire fait grimper la population de 4600 en 1941 à 11 100 en 1951. La vaste zone urbanisée allant de Chicoutimi à Jonquière, qui ne compte que 26 000 habitants en 1931, en affiche 40 969 dix ans plus tard et 69 668 en 1951. En Abitibi, la production minière provoque la formation d'un réseau urbain régional, stimulée par la forte demande pour l'or. À Rouyn et Noranda, créées à la fin des années 1920 et qui ont déjà ensemble 5700 habitants en 1931 (13 400 en 1941), s'ajoutent Duparquet (1933), Bourlamaque (1934), Val-d'Or (1935) et Malartic (1939). Les régions de la Mauricie, du Saguenay et de l'Abitibi ont en commun leur dépendance de l'exploitation des richesses naturelles. La période 1930-1945 illustre bien les fortes fluctuations, tant à la hausse qu'à la baisse, auxquelles peuvent être soumises des villes ayant une base économique aussi spécialisée.

L'autre région assez fortement urbanisée est celle de l'Estrie, polarisée par Sherbrooke. La structure économique y est plus diversifiée, s'appuyant à la fois sur l'industrie manufacturière légère, les produits forestiers et les mines. On y retrouve une dizaine de petites villes aux destins fort variés. Situées aux confins de ce territoire régional, Drummondville et Granby voient leur population augmenter de façon appréciable.

Ainsi, la crise impose un cran d'arrêt à la croissance urbaine du Québec, puis la guerre met en place des éléments de reprise qui feront pleinement sentir leurs effets après 1945.

ORIENTATIONS BIBLIOGRAPHIQUES

BLANCHARD, Raoul. *L'Ouest du Canada français. Montréal et sa région.* Montréal, Beauchemin, 1954, p. 297-382.

— *L'Est du Canada français.* Montréal, Beauchemin, 1935. 2 vol.

COPP, Terry. «Montreal's municipal government and the crisis of the 1930s», A.F.J. ARTIBISE et G.A. STELTER, dir. *The Usable Urban Past. Planning and Politics in the Modern Canadian City,* Toronto, Macmillan, 1979, p. 112-129.

MINVILLE, Esdras, dir. *Montréal économique.* Montréal, Fides et École des hautes études commerciales, 1943. 430 p.

NADER, George A. *Cities of Canada. Volume one: Theoretical, Historical and Planning Perspectives.* S.l., Macmillan, 1975. Chap. 7

STONE, Leroy O. *Urban Development in Canada.* Ottawa, Dominion Bureau of Statistics, 1967. 293 p.

Chapitre 5

LE MONDE DU TRAVAIL

La classe ouvrière est durement touchée par la crise; avec les agriculteurs de l'Ouest, elle est le groupe social qui en supporte le poids. Cependant, il ne s'agit pas d'un groupe homogène: les clivages ethniques, linguistiques, culturels et religieux sont autant d'éléments de diversité qui s'ajoutent aux différences de qualifications, de revenus et de statuts. Cette classe s'est dotée d'un instrument de défense, le syndicalisme. Tout en ne regroupant qu'une minorité des travailleurs, les syndicats ont cependant réussi à obtenir des améliorations dans leurs conditions de travail et de vie, que ce soit par négociations auprès de leurs employeurs ou par suite de pressions pour amener les gouvernements à légiférer pour corriger les pires abus. D'après l'historien Bryan Palmer, vers 1928, un ouvrier du secteur manufacturier peut espérer faire vivre une famille de son seul salaire. Mais il ajoute également que plus de la moitié de la main-d'œuvre a un revenu sous le seuil de 1000$ par année. Tous ces gains sont mis en cause après 1929: les employeurs sont en position de force et ils en profitent. Cependant, la guerre change la situation en amenant une syndicalisation accrue ainsi que des gains substantiels du côté des salaires et des conditions de travail.

La main-d'œuvre

Depuis le début du siècle, la main-d'œuvre est soumise à une double transformation: d'une part, le développement des services amène l'apparition de nouveaux types d'emploi et voit l'essor du travail de bureau; d'autre part, les transformations technologiques dans l'industrie manufacturière exigent désormais une main-d'œuvre plus qualifiée. La guerre vient ralentir la croissance du tertiaire et accentuer le poids du secteur manufacturier ainsi que les besoins de qualification. En 1931, environ 20% de la population active est constituée par les femmes et cette proportion augmente durant la guerre, atteignant 22% en 1941.

Travaux de chômage à Lachine, 1938. (Fonds Conrad Poirier, ANQM)

Les effets de la crise et de la guerre sur la main-d'œuvre sont diamétralement opposés: si la première signifie l'apparition massive du chômage, la seconde marque le début d'une période de plein-emploi. Les différentes mesures du chômage pendant la crise varient selon les sources, mais une chose est certaine, jamais le phénomène n'a eu une telle ampleur. Dès 1930, on dépasse le niveau de 10% et, au plus profond de la crise, en 1933, plus du quart de la main-d'œuvre canadienne est sans emploi. Ces chiffres n'étant que des moyennes, dans certains quartiers urbains ou dans certaines villes industrielles la proportion peut s'avérer beaucoup plus élevée. Ce chômage se résorbe lentement mais connaît une nouvelle remontée après 1937. Le sous-emploi se manifeste aussi par la réduction des heures et des semaines travaillées. Dans l'ensemble du Canada, de juin 1930 à juin 1931, le nombre moyen de semaines travaillées n'est que de 44,3. La crise provoque en outre une réduction des salaires de 40% en moyenne, cependant compensée en partie par la chute des prix.

La guerre, par contre, entraîne de nombreux changements. Pour la première fois de son histoire, la main-d'œuvre est enregistrée et ses mouvements sont contrôlés par le gouvernement. Ce dernier vise trois objectifs: accroître les effectifs militaires qui passent d'environ 9000 en 1939 à près de 800 000 en 1944; ensuite, augmenter la main-d'œuvre

Ouvrières inspectant des pièces d'obus, Montréal, 1941. (ANC, PA-112912)

industrielle pour répondre à la production de guerre ; enfin, maintenir un niveau suffisant de travailleurs agricoles pour répondre aux besoins alimentaires des Alliés. Si bien qu'en deux ans on passe d'un surplus de main-d'œuvre à une relative pénurie, ce qui oblige à faire appel de plus en plus aux femmes. Le gouvernement, grâce à la loi de mobilisation des ressources nationales de 1940 et au Service national sélectif à compter de 1942, est en mesure de contrôler tous les mouvements de main-d'œuvre: les plus jeunes sont mobilisés sauf exemption, les cultivateurs ne peuvent pas occuper d'emplois dans l'industrie, on ne peut ni mettre un travailleur à pied ni changer d'emploi sans autorisation officielle, il est interdit d'offrir du travail autrement que par l'intermédiaire de l'agence officielle, tout chômeur doit s'enregistrer, etc.

Un autre effet direct de la guerre est l'amélioration de la qualité de la formation. Au début du conflit, comme le signale l'historien Desmond Morton, beaucoup d'entreprises canadiennes ne sont guère efficaces. Aussi, la nécessité de fabriquer des produits de haute qualité dont certains exigent un savoir-faire qui n'existait pas auparavant impose-t-elle un recyclage et un apprentissage accéléré d'une partie de la main-d'œuvre.

Les conditions de travail varient beaucoup d'un secteur à l'autre. Il n'y a pas de commune mesure entre les ateliers de couture et la grande industrie. Dans les domaines du textile ou de la chaussure, qui sont très importants au Québec, les conditions sont encore très pénibles: surchauffe des ateliers, mauvaise ventilation, absence d'aménagements minimaux pour les employés, etc. Globalement, la norme est encore aux longues heures de travail et à la semaine de six jours. La crise amène à cet égard une dégradation dont rendent compte les grandes enquêtes de la période. Les salaires chutent également. À Montréal, dans la construction, un charpentier voit son salaire horaire passer de 0,83$ en 1929 à 0,45$ en 1933; le manœuvre, qui reçoit 0,38$ en 1929, touche 0,25$ quatre ans plus tard; et encore faut-il trouver du travail. Dans le textile, les salaires sont plus bas encore: en 1934, dans une usine de Louiseville, la moyenne des salaires, pour une semaine de 55 heures, se situe à 13,43$ pour les hommes et à 9,73$ pour les femmes.

La guerre, par contre, permet une amélioration sensible. Les salaires augmentent substantiellement; les avantages sociaux commencent à se répandre, comme les caisses de retraite et les vacances payées. La semaine de travail a été réduite à environ 45 heures à la fin de la guerre, mais le temps supplémentaire est également très important durant la période et permet une augmentation des revenus. Dans la construction, à Montréal, le salaire horaire du charpentier, remonté à 0,70$ en 1939, passe à 0,96$ en 1945, tandis que celui du manœuvre passe de 0,40$ à 0,61$. La moyenne des salaires et traitements hebdomadaires passe de 21,26$ en 1939 à 30,88$ en 1945.

Le travail des femmes

Depuis la fin du 19e siècle, la participation des femmes au marché du travail a progressé régulièrement. Le travail féminin présente toutefois des caractéristiques bien particulières. D'abord, il se concentre dans quelques secteurs d'emploi: manufactures, travail de bureau, services (domestiques surtout). Une minorité toutefois s'oriente vers la profession d'infirmière et surtout d'enseignante. D'une manière générale, la différence de traitement salarial reste très marquée entre hommes et femmes. La main-d'œuvre féminine est davantage formée de jeunes célibataires, peu d'entre elles demeurant au travail après le mariage.

Le travail féminin n'est pas bien vu partout; il est toléré et considéré comme inévitable dans certains cas. L'Église catholique, tout comme les milieux traditionalistes, y voit une menace pour les valeurs fami-

Mécaniciennes dans un atelier des forces armées, 1942. (ANC, PA-108273)

liales et la stabilité de la société. Durant la crise, d'autres réticences viennent renforcer ce courant: les femmes au travail ne risquent-elles pas de priver un père de famille de son gagne-pain? Cette question inquiète les milieux politiques et même certains syndicats y sont sensibles.

Cependant, durant la guerre, un appel spécifique est lancé à toutes les femmes afin qu'elles prennent la relève des hommes requis pour le service militaire. La campagne de mobilisation des femmes se déploie sur plusieurs fronts. D'abord, on crée dans les trois armes des compagnies féminines. Ces militaires, considérées au début comme auxiliaires, se voient confier surtout le travail de bureau. Dans le domaine civil, les femmes se retrouvent en grand nombre dans des tâches traditionnelles, mais aussi, à un moindre degré, dans des emplois auparavant réservés aux hommes: mécaniciennes, chauffeurs de camions, etc. Enfin, on mobilise les femmes au foyer pour qu'elles participent aussi à l'effort de guerre. On leur demande de contrôler la consommation familiale en évitant soigneusement le gaspillage, on leur suggère d'aider à résorber la crise du logement en prenant des chambreurs.

Cependant, les problèmes de fond demeurent. Les femmes ne reçoivent pas le même salaire que les hommes et ce, même dans l'armée. De

plus, les carrières offertes par la vie militaire ne donnent guère l'occasion de sortir des emplois traditionnels. Certes, l'industrie de guerre
permet d'autres apprentissages mais, dès la fin des hostilités, on ne
cache pas que le devoir des femmes est de céder la place aux soldats
démobilisés. D'après l'historienne Ruth Pierson, une fois passé le
climat d'urgence, «les attitudes traditionnelles à l'égard du rôle des
femmes ont une fois de plus triomphé». Néanmoins, il demeure que la
part des femmes sur le marché de l'emploi augmente durant cette
période et que, contrairement aux attentes, elle continue de croître par
la suite. Le travail féminin répond à un besoin qui n'est pas uniquement
lié à la conjoncture et il fait maintenant partie intégrante du monde du
travail.

Les organisations ouvrières

L'implantation des syndicats est relativement ancienne, les premières
centrales remontant aux années 1880. Cependant, la pénétration du
mouvement syndical se fait très lentement et tend à se concentrer
d'abord dans les secteurs où la formation plus poussée des ouvriers leur
accorde un certain monopole. Ainsi les travailleurs de métiers, parce
que difficilement remplaçables, sont syndiqués bien avant les manœuvres. Le taux de syndicalisation a atteint un plateau en 1921 avec
17,4% de la population active non agricole. Mais, en 1931, il chute à
9%, pour remonter par la suite, atteignant presque 17% en 1941. À la
fin de la guerre, environ le quart de la main-d'œuvre est syndiqué.

Les années 1930 sont difficiles pour le syndicalisme alors que la
guerre permet d'accroître le recrutement et d'obtenir une plus large
reconnaissance syndicale. Cependant, la faiblesse du mouvement,
perceptible dans les effectifs de 1931, est encore accrue par sa division
en quatre tendances distinctes qui se disputent l'allégeance des
travailleurs. La principale, celle des syndicats internationaux affiliés au
Congrès des métiers et du travail du Canada (CMTC), regroupe près
des deux tiers des syndiqués québécois; viennent ensuite la Confédération des travailleurs catholiques du Canada (CTCC), les syndicats
nationaux du Congrès pancanadien du travail (CPT), puis enfin, entre
1929 et 1935, une petite centrale liée au Parti communiste, la Ligue
d'unité ouvrière.

Ces divisions tiennent à plusieurs facteurs. Le premier concerne la
base de l'organisation ouvrière: doit-on regrouper les ouvriers en

fonction de leur métier ou de leur entreprise? Ce débat, qui remonte à la fin du siècle dernier, prend une nouvelle acuité avec l'introduction des techniques de production de masse. En effet, les grandes entreprises emploient non seulement des travailleurs appartenant à plusieurs métiers, mais aussi un grand nombre de travailleurs sans qualification. Plutôt que de les morceler en plusieurs unités, le syndicalisme industriel, qui se développe durant la période, propose de les regrouper en un seul syndicat, heurtant de front les intérêts du syndicalisme traditionnel de métiers. Autre cause de division: le rejet de l'inféodation aux syndicats dits internationaux, en réalité américains. Une partie de l'opinion croit que les intérêts des travailleurs sont mieux défendus par des organisations canadiennes indépendantes, d'où la présence des syndicats nationaux. Un troisième facteur de division propre au Québec, la religion, donne naissance à un type de syndicalisme à la fois national et catholique qui tente de s'adapter tant bien que mal aux impératifs du clergé et d'une partie des élites, ainsi qu'aux spécificités des ouvriers canadiens-français. Enfin, les années 1930 correspondent à une certaine radicalisation perceptible dans la poussée de militantisme qui touche plusieurs syndicats.

Le Congrès des métiers et du travail du Canada est surtout bien implanté à Montréal. Ses syndicats de métiers, forts de leur ancienneté et de leur expérience, se retrouvent au sein de la grande industrie et sont liés à l'American Federation of Labor (AFL), dont la centrale canadienne suit généralement les directives. Comme la fédération américaine, elle est secouée par le développement du syndicalisme de type industriel qui domine les années 1930 à l'échelle de l'Amérique du Nord. Son insensibilité aux besoins nouveaux des travailleurs l'amène d'abord à ne pas s'occuper de ce type de syndicalisme, ce qui profite aux autres centrales. Mais à partir de 1935, à l'exemple de l'AFL, le CMTC laisse se développer les syndicats industriels et bénéficie de l'arrivée des militants expérimentés provenant de la Ligue d'unité ouvrière, dissoute la même année. La coexistence s'avère cependant malaisée et, comme cela s'est produit deux ans auparavant aux États-Unis, le CMTC expulse certains syndicats industriels en 1939. Cela n'empêche cependant pas la croissance des effectifs de la centrale durant la guerre. D'ailleurs, plusieurs syndicats industriels ou semi-industriels lui restent fidèles et contribuent à son expansion. Vers la même époque, les syndicats québécois affiliés au CMTC se dotent d'un nouvel organisme, la Fédération provinciale du travail du Québec

(FPTQ), qui va surtout agir comme groupe de pression et de liaison.

Avant leur expulsion, certains syndicats industriels se regroupent en 1938 à l'intérieur du comité canadien du Congress of Industrial Organizations (CIO) américain. Au Québec cependant, ces syndicats sont mal organisés et suscitent l'hostilité des patrons et du gouvernement, inquiets du caractère novateur et militant de ce type de syndicalisme qu'ils croient dominé par les communistes. C'est ainsi que, dès 1938, la police provinciale du Québec, invoquant la loi dite du cadenas, saisit les dossiers du syndicat des Métallos en voie de formation. En 1940, le comité canadien de la CIO s'allie avec les syndicats nationaux membres du Congrès pancanadien du travail pour former une nouvelle centrale, le Congrès canadien du travail (CCT). Il profite lui aussi de l'essor de la syndicalisation pendant la guerre. Cependant, il ne regroupe qu'une faible fraction des travailleurs syndiqués du Québec.

La Confédération des travailleurs catholiques du Canada (CTCC) existe depuis 1921 et concentre ses effectifs au Québec, où ils représentent un peu moins du quart des syndiqués; elle est plus solidement enracinée à l'extérieur de Montréal. D'après l'historien Jacques Rouillard, le principal problème de la centrale est le déchirement entre les pratiques syndicales et les principes de la doctrine sociale de l'Église. Graduellement, la pratique tend à se rapprocher de celles des autres syndicats. Mais durant les années 1930, la CTCC reprend, dans son discours officiel, les objectifs du corporatisme qu'elle n'abandonnera qu'après la guerre. L'appui actif de l'Église est important dans certains secteurs comme l'imprimerie et surtout la construction, où les contrats pour les édifices religieux obligent l'entrepreneur à traiter avec des syndiqués de la CTCC. Enfin, celle-ci s'occupe aussi de syndiquer des milieux qui ne l'étaient pas auparavant, ce qui explique que sa croissance ne se fait pas au détriment des syndicats internationaux ; d'ailleurs sa structure décentralisée lui permet de faire une place au syndicalisme industriel. Toutefois, sa faiblesse financière, son manque de combativité et des échecs comme celui de la grève du textile de 1937 entraînent des désaffections dont profitent les syndicats internationaux.

La guerre amène la CTCC à se transformer devant la concurrence des autres centrales. Mal vue par les fonctionnaires du ministère fédéral du Travail, qui sont souvent d'anciens membres des centrales rivales, elle est considérée avec méfiance, à cause de sa réputation de collaboration avec les patrons et de son caractère confessionnel. Pour obtenir la pleine reconnaissance, elle doit s'ouvrir sans restriction de religion à tous les ouvriers d'une entreprise. En 1943, à la suite de la grève de la compagnie Price au Saguenay, elle modifie ses règlements en ce sens. À la fin des hostilités, la CTCC est devenue une centrale dont les pratiques se sont alignées sur celles des autres.

La Ligue d'unité ouvrière se démarque nettement, tant par sa courte vie que par son allégeance communiste et son obéissance aux directives du Komintern. Elle naît en 1929 quand cet organisme lance la lutte « classe contre classe » et ordonne à ses membres de combattre d'abord les organismes perçus comme pratiquant la collaboration de classe et en particulier tout ce qui comporte une coloration social-démocrate. En 1935 elle disparaît, sur l'ordre du Parti communiste soviétique qui impose la formation de fronts communs contre le fascisme.

Au Québec, ses effectifs ne sont jamais très importants, ne dépassant pas quelques centaines de membres. Elle est loin d'atteindre son objectif de mobiliser les masses canadiennes-françaises et, d'après certains historiens, même son action lors des grèves est souvent plus spectaculaire qu'efficace. Après 1935, la présence des syndicalistes communistes prend une forme nouvelle, en se faisant sentir à l'intérieur des centrales existantes, en particulier dans le syndicalisme industriel.

À l'extérieur des centrales subsistent des syndicats indépendants, tel celui des Cheminots, ou des syndicats internationaux n'appartenant pas aux centrales canadiennes. De plus, durant les années 1930, et en marge des centrales existantes, le syndicalisme des enseignants est créé et se développe rapidement pendant la guerre. Le mouvement prend son origine chez les institutrices rurales dont les conditions de travail et de vie se dégradent pendant la crise et qui, de plus, ne gagnent que la moitié du salaire de leurs collègues masculins. En 1936, Laure Gaudreault fonde le premier syndicat d'institutrices rurales dans la région de Charlevoix. L'année suivante le mouvement prend de l'ampleur avec la création de la Fédération catholique des institutrices rurales, bientôt suivie de celle des instituteurs ruraux. Les enseignants des villes emboîtent le pas dès le début des années 1940. L'adoption de la nouvelle loi des relations ouvrières de 1944 permet à ces syndicats d'être pleinement accrédités.

Grèves et législation du travail

Le mouvement des grèves est très différent durant la crise et la guerre. Dans le premier cas, les ouvriers sont en position de faiblesse relative, tandis que dans l'autre, l'équilibre des forces penche plutôt de leur côté. La crise est marquée par de véritables grèves de la misère, menées par des travailleurs et des travailleuses poussés à bout par les mauvaises conditions de travail, la faiblesse des salaires et l'arrogance des employeurs, sûrs de pouvoir remplacer facilement la main-d'œuvre récalcitrante. En 1934, des mineurs d'Abitibi et des travailleuses de la confection de Montréal font des grèves, dont l'organisation dépend des militants de la Ligue d'unité ouvrière. Dans les deux cas, les travailleurs ne gagnent pas grand-chose dans l'immédiat, mais l'expérience du militantisme n'est pas perdue, en particulier chez les travailleuses de la confection, qui obtiennent des gains trois ans plus tard. L'année 1937 voit deux grèves très dures menées par des syndicats affiliés à la CTCC. La première débute dans les chantiers maritimes de Sorel et paralyse bientôt toute la ville. La seconde s'en prend aux différentes usines de Dominion Textile où le travail est particulièrement pénible et mal payé. Mais ces conflits tournent au désavantage des syndiqués. Par ailleurs, l'arrivée au pouvoir de Maurice Duplessis marque un raidissement de l'attitude gouvernementale vis-à-vis de toute action syndicale.

L'entrée du Canada en guerre provoque un revirement important. Pour obtenir une paix sociale permettant un essor continu de la production, le gouvernement fédéral souhaite minimiser les conflits ouvriers en se montrant favorable à la syndicalisation. Mais deux problèmes subsistent: d'une part, les ouvriers veulent défendre leurs salaires menacés par l'inflation et, d'autre part, les employeurs se montrent réticents à accorder la reconnaissance syndicale. Le mouvement de grève va s'amplifiant et connaît un sommet en 1943, ce qui amène le gouvernement fédéral à légiférer de manière à mieux préciser les conditions de syndicalisation.

L'action étatique devient ainsi plus importante. Déjà on a réglementé certains aspects du travail: les heures de travail pour les femmes et les enfants, l'âge minimum pour travailler, les accidents du travail ainsi que la conciliation en cas de différend ouvrier. Les deux niveaux de gouvernement exercent une juridiction concurrente, encore que les relations de travail soient plutôt de compétence provinciale.

Avant la guerre, le gouvernement du Québec introduit des lois importantes. En 1934, s'inspirant des exemples belge et français, et à la suite de pressions de la Confédération des travailleurs catholiques du Canada, la loi de l'extension juridique des conventions collectives est adoptée. Cette loi permet d'étendre à l'ensemble d'un secteur les conditions négociées entre un employeur et un syndicat. Boudée par les autres centrales, qui lui trouvent une saveur par trop corporatiste et y voient une incitation à éviter la syndicalisation, cette loi permet à la CTCC de faire des gains. En 1937, le gouvernement Duplessis adopte la loi des salaires raisonnables, qui deviendra plus tard la loi du salaire minimum. Cette loi est cependant une arme à deux tranchants puisqu'on peut l'employer pour fixer arbitrairement les salaires à l'occasion d'un conflit. La «loi du cadenas», qui autorise la fermeture de tout lieu susceptible de permettre la propagande communiste, est adoptée la même année; elle sera utilisée contre certains militants syndicaux.

Durant la guerre, le gouvernement fédéral exerce la prééminence et sa politique syndicale est assez claire: il veut la paix industrielle. Devant la persistance des problèmes, il adopte en 1944 un décret qui fixe, d'une manière plus claire et plus contraignante, les conditions de reconnaissance des syndicats et qui oblige les parties à négocier de bonne foi. Cette mesure s'inspire largement des principes de la loi Wagner de 1935 aux États-Unis, considérée comme la grande charte du mouvement ouvrier américain; elle joue un peu le même rôle au Canada. Quelques semaines auparavant, le Québec s'empresse de se doter d'un premier code du travail calqué sur ces mêmes principes. Il adopte aussi une loi sur les différends entre les entreprises de services publics et leurs salariés.

* * *

À la fin de la guerre, le monde du travail est transformé. La main-d'œuvre est plus nombreuse, plus diversifiée et mieux formée; de plus, elle a l'expérience de la gestion gouvernementale serrée. Le mouvement syndical, avec des effectifs accrus, obtient par son action l'amélioration des conditions de travail de ses membres. Enfin, la question de la reconnaissance syndicale, source de bien des conflits, commence à être réglementée.

ORIENTATIONS BIBLIOGRAPHIQUES

ABELLA, Irving M. *Nationalism, Communism and Canadian Labour*. Toronto, University of Toronto Press, 1973, p. 1-65.

AUGER, Geneviève et Raymonde LAMOTHE. *De la poêle à frire à la ligne de feu*. Montréal, Boréal Express, 1981. 232 p.

CANADA. *Rapport de la commission d'enquête sur l'écart des prix*. Ottawa, 1935.

DIONNE, Bernard. *Les «unions internationales» et le Conseil des métiers et du travail de Montréal, de 1938 à 1958*. Thèse de Ph.D (histoire), Université du Québec à Montréal, 1988. 834 p.

DUMAS, Evelyn. *Dans le sommeil de nos os*. Montréal, Leméac, 1971. 170 p.

GÉRIN-LAJOIE, Jean. *Les métallos 1936-1981*. Montréal, Boréal Express, 1982, p. 15-62.

HARVEY, Fernand. *Le mouvement ouvrier au Québec*. Montréal, Boréal Express, 1980, p. 288-289.

Histoire du mouvement ouvrier au Québec. 150 ans de luttes. 2ᵉ édition. Montréal, CSN / CEQ, 1984. p. 119-164.

LÉVESQUE, Andrée. *Virage à gauche interdit*. Montréal, Boréal Express, 1984. 186 p.

MORTON, Desmond. *Canada and War*. Toronto, Butterworths, 1981, p. 104-149.

MORTON, Desmond et Terry COPP. *Working People*. Ottawa, Deneau & Greenberg, 1980, p. 139-186.

PALMER, Bryan D. *Working-Class Experience*. Toronto, Butterworth, 1983, p. 185-228.

PIERSON, Ruth Roach. *Les Canadiennes et la Seconde Guerre mondiale*. Ottawa, Société historique du Canada, 1983. 32 p.

ROUILLARD, Jacques. *Histoire de la CSN, 1921-1981*. Montréal, Boréal Express/CSN, 1981, p. 61-164.

— *Histoire du syndicalisme québécois*. Montréal, Boréal, 1989, p. 153-197.

ROUILLARD, Jacques. «Le militantisme des travailleurs au Québec et en Ontario, niveau de syndicalisation et mouvement de grève», RHAF, 37, 2 (septembre 1983), p. 201-225.

STACEY, C.P. *Armes, hommes et gouvernements. Les politiques de guerre du Canada, 1939-1945*. Ottawa, Ministère de la Défense nationale, 1970.

THOMPSON, John H. et Allen SEAGER. *Canada 1922-1939*. Toronto, McClelland and Stewart, 1985, p. 350-351.

WEBBER, Jeremy. «The Malaise of Compulsory Conciliation: Strike Prevention in Canada during World War II», *Labour / Le travail*, 15 (1985), p. 57-88.

WEISBORD, Merrily. *The Strangest Dream*. Toronto, Lester & Orpen Dennys, 1983, p. 10-121.

CHAPITRE 6

LE SECOURS DIRECT

La crise et son cortège de misères démontrent avec force l'impuissance des institutions et des politiques traditionnelles. La société est confrontée à un triple problème: soulager rapidement et par des moyens de fortune l'indigence d'une partie importante de sa population, réfléchir au problème du chômage dans des termes nouveaux, et tenter d'empêcher tout retour de cette situation de cauchemar. La guerre amène le plein emploi et fournit l'occasion de mettre en place les éléments d'un véritable système de sécurité sociale.

Les conditions de vie pendant la crise

Le chômage a toujours fait partie de la vie des travailleurs. Sa forme la plus connue est le chômage saisonnier qui, à chaque année, touche pour quelques mois les activités portuaires ou la construction. Lorsque le chômage devient plus persistant, il ne reste pas d'autre choix que d'aller ailleurs à la recherche d'un emploi. Les États-Unis ont longtemps joué ce rôle d'exutoire pour la population du Québec, absorbant facilement une partie du trop-plein de main-d'œuvre. À l'automne 1929, cette habitude du chômage saisonnier peut faire illusion. Mais une fois le printemps venu, il faut se rendre à l'évidence : le chômage persiste et les solutions traditionnelles ne tiennent plus. Dès lors, le chômage, qui avait toujours été considéré comme un problème à la fois temporaire et individuel, prend une dimension sociale. Il se maintient à un niveau élevé durant toute la décennie. Comme il n'existe pas à l'époque de relevé systématique, on doit, pour mesurer le phénomène, se rabattre sur des estimés. Ainsi, selon l'historien John Thompson, le taux de chômage pour l'ensemble du Canada passe de 4,2% en 1929 à 12,9% en 1930, pour atteindre presque 27% en 1933. Par la suite, il se résorbe très lentement, connaissant même une remontée en 1938; au moment de la déclaration de guerre, il est encore à 14,1%. Quant au taux québécois, on l'estime généralement un peu plus élevé.

Le chômage atteint davantage certains groupes, en particulier les manœuvres et les travailleurs de la construction. Dans le domaine industriel, le ralentissement est général, mais il est plus marqué dans les secteurs liés aux richesses naturelles et aux biens d'équipement.

L'impact varie également selon les régions. Montréal, à cause de sa position stratégique dans l'économie canadienne, est durement touchée; autant elle a bénéficié de la prospérité des années 1920, autant elle connaît plus que toute autre grande ville canadienne les problèmes de la crise. En 1933, elle aurait plus de 60 000 chômeurs; si l'on tient compte de leurs dépendants, on estime à 250 000, soit 30% de sa population, le nombre de personnes qui reçoivent de l'aide de la municipalité. Il en résulte un manque à gagner considérable pour l'économie locale: des petits commerçants, des professionnels sont touchés à leur tour et il semble que la spirale ne s'arrêtera jamais. La situation est encore aggravée par l'afflux de chômeurs en provenance des autres régions du Québec, de l'Ontario et même des ÉtatsUnis, d'où reviennent d'anciens émigrés. Les répercussions se font sentir sur la santé publique: de nombreux enfants des écoles présentent des symptômes évidents de malnutrition et l'incidence de la tuberculose demeure élevée. Ailleurs au Québec, les villes les plus touchées sont celles dont l'économie repose sur l'exploitation des matières premières ou sur une seule entreprise, comme Shawinigan ou Chandler. Les villes qui ont une structure industrielle plus diversifiée, comme Saint-Hyacinthe, s'en tirent un peu mieux.

Il reste cependant que tous ne sont pas victimes du chômage; la majorité des Québécois occupent un emploi durant la crise. Une partie de ceux-ci doivent par contre accepter de voir leur revenu diminuer, à cause d'une réduction des salaires ou des heures travaillées. Au Canada, le salaire annuel moyen dans l'industrie manufacturière passe de 1045$ à 785$ entre 1929 et 1933. Cependant, l'abaissement des prix compense dans une certaine mesure: une douzaine d'œufs, qui se vendait 47 cents en 1929, n'en vaut plus que 28 quatre ans plus tard; le loyer mensuel moyen à Montréal passe de 27,92$ à 23,04$ durant la même période.

Certaines catégories de la population, tout en profitant de la déflation, ne subissent pas de baisse radicale de revenu et voient par conséquent leur situation s'améliorer. C'est le cas des fonctionnaires, dont les salaires sont moins réduits, des rentiers et d'une partie de la bourgeoisie. La prospérité de quelques-uns, qui possèdent voiture et

Une famille démunie à Montréal, 1938. (*The Gazette*, ANC, PA-129182)

serviteurs et qui mènent parfois grand train, contraste avec la misère des chômeurs.

Ce contraste est encore accentué par les progrès du niveau de vie que la fin des années 1920 a fait miroiter aux yeux des gens et qui demeurent accessibles à ceux qui en ont les moyens. Ainsi, le nombre de voitures particulières augmente du tiers entre 1927 et 1929, passant de 100 128 à 132 839. La crise amène d'abord une faible réduction du parc automobile, qui dure jusqu'en 1933, mais dès l'année suivante la tendance retourne à la hausse. Le téléphone a lui aussi connu une croissance importante, atteignant près de 300 000 postes en 1929, mais ici la crise provoque un recul de 12% entre 1929 et 1933.

En réaction à cette situation de privation, des associations de chômeurs se forment ici et là, organisant des manifestations dans les rues et devant les hôtels de ville, des grèves sur les chantiers de travaux publics ou encore des pèlerinages comme celui de 1933 à l'Oratoire Saint-Joseph. Ces associations constituent un lieu d'action privilégié pour les militants, tant de droite que de gauche. Elles représentent néanmoins un phénomène minoritaire, et ce qui frappe surtout, c'est l'absence d'action collective massive de la part des chômeurs.

Les réactions à la crise se font surtout sur le plan individuel et à travers les réseaux de solidarité de base: famille, rue, paroisse. Les chômeurs déploient des trésors d'ingéniosité pour tirer parti de tout ce qui passe. C'est l'ère de la débrouille, et les femmes jouent à cet égard un rôle fondamental dans l'économie domestique, par exemple en adaptant l'alimentation ou en retaillant les vêtements. Dans certains cas, on assiste presque à la création d'une économie parallèle où le troc, les paiements en nature et les échanges de services se multiplient. Devant les coupures de courant électrique à Montréal, certains électriciens se font une spécialité de «jumper» les compteurs en échange d'autres services. Pour le loyer, on essaie de s'entendre avec le propriétaire afin d'obtenir des délais; si l'on n'y parvient pas, on déménage en catimini, la nuit. L'entraide entre voisins et parents devient essentielle. On cite des cas de saisies rendues difficiles sinon impossibles à cause de l'intervention des voisins. Lors des ventes aux enchères, on s'entend pour racheter le mobilier à un prix dérisoire pour le remettre ensuite à son ancien propriétaire.

Les conditions de logement subissent une détérioration marquée. À Montréal, la situation est plutôt causée par un manque de loyers à prix modique, beaucoup de logements plus chers demeurant inoccupés en 1933 et en 1934. En conséquence, des familles s'entassent à plusieurs. De nombreux propriétaires louent à perte, ne faisant alors ni entretien, ni amélioration. On note également l'apparition de véritables bidonvilles, dernier recours des sans-logis: Montréal a les siens, mais aussi Valleyfield et Hull.

La ville n'a pas le monopole de la misère; le monde rural la connaît aussi, même si elle semble moins aiguë ou désespérée, puisque l'alimentation, le logement et le chauffage sont généralement assurés. De nombreux cultivateurs sont aux prises avec des dettes à un moment où leurs revenus s'effondrent, le prix des denrées agricoles baissant plus vite que celui des produits manufacturés; certains sont même acculés à la faillite. Le malaise est accentué par le ralentissement de la coupe forestière qui fournissait traditionnellement aux cultivateurs un complément de revenu. Même les bûcherons qui trouvent encore de l'embauche voient leur salaire et leurs conditions de travail se détériorer. Enfin, même si l'on vante les mérites de la colonisation comme solution à la misère urbaine, la vie de colon est loin d'être de tout repos. Il est difficile de s'improviser agriculteur, et pour beaucoup, c'est une vie de misère et de privations.

Les politiques sociales

Au moment où éclate la crise, la société est prise au dépourvu: elle n'a aucun système de sécurité sociale. En cette matière, la conception traditionnelle prévaut. L'individu est le seul responsable de son bien-être et de celui de ses dépendants. Si, pour une raison ou pour une autre, il s'avère incapable de s'en charger, la famille doit prendre le relais. Les organismes de charité viennent surtout en aide aux pauvres «méritants», c'est-à-dire ceux qu'on ne juge pas responsables de leur malheur à cause de leur comportement. Bien entendu, cette charité s'accompagne d'une entreprise de moralisation dont l'intensité varie selon les religions. En tout dernier recours, la responsabilité des indigents relève de la municipalité.

La montée des problèmes liés à l'urbanisation avait nécessité l'intervention timide du gouvernement pour s'occuper des personnes sans famille et inaptes au travail. La loi de l'assistance publique de 1921 pourvoyait à l'entretien des indigents placés en institution, les coûts étant partagés également entre le gouvernement provincial, la municipalité et l'institution. Les conditions d'accès sont cependant très contraignantes: être sans soutien familial, inapte au travail et hospitalisé. Cette première loi avait soulevé à l'époque une polémique, les milieux traditionalistes craignant que l'intrusion de l'État ne fasse disparaître la charité privée et ne mine le rôle de la famille.

Moins de dix ans plus tard, la crise pose un autre problème: celui des personnes aptes au travail, mais incapables de trouver un emploi pour des raisons clairement hors de leur volonté. Pour leur venir en aide, on a le choix entre deux mesures principales: des dons ou du travail. Idéalement, cette dernière solution est jugée préférable car, ici comme ailleurs en Amérique du Nord, on répugne à l'idée d'accorder de l'aide à un travailleur valide. Les projets de travaux publics pour soulager le chômage sont donc rapidement perçus comme le meilleur remède à l'urgence de la situation.

Après une période initiale de flottement, on adopte les premières mesures à l'automne de 1930. Les gouvernements et les municipalités se partagent les frais de certains travaux publics. Très rapidement cependant, cette solution s'avère insuffisante. D'abord, il s'agit surtout de travaux de terrassement qui ne conviennent pas à tous les chômeurs. Ensuite, on ne peut faire travailler tout le monde. Dans la logique des idées de l'époque, il importe de donner priorité aux pères des familles plus nombreuses; les célibataires, qui se retrouvent en fin de liste, sont de ce fait pratiquement exclus de ces emplois. En outre, ces travaux ne s'adressent pas aux femmes. Enfin, ces projets drainent les finances des villes qui doivent en assumer 50% des coûts.

À partir de 1932 et jusqu'en 1936, les programmes gouverne-mentaux s'orientent vers les «secours directs». On se résigne ainsi au fait que, pour la première fois, l'État doit donner de l'aide à des citoyens valides sans exiger de travail en retour. Le partage des coûts se fait par tiers entre le fédéral, le provincial et la municipalité, ce qui permet aux gouvernements de contrôler ce qui est donné. Cependant, les programmes mis en place prévoient des contraintes quant aux dépenses admissibles, au montant de l'allocation, aux catégories de bénéficiaires et au mode de fonctionnement.

Au début, l'aide ne doit pas servir à payer autre chose que la nourriture et le chauffage; graduellement, on élargit la couverture au vêtement, à l'électricité, au gaz et à une partie du loyer. De plus, la quantité prévue est plutôt chiche : les allocations sont calculées à partir de menus types qui s'alignent sur un minimum vital. À Verdun, vers 1933, on attribue 3,16$ par semaine à une famille de deux personnes et 6,43$ à une famille de neuf. À Montréal, un peu plus tard, une famille de cinq membres reçoit durant l'hiver 5,05$ pour la nourriture, 1,35$ pour le chauffage, 0,75$ pour le vêtement; à cela s'ajoutent des allocations mensuelles de loyer de 10,50$ et d'électricité de 0,90$. Quant aux célibataires ne vivant pas chez leurs parents, ils reçoivent vers 1935, à Montréal, 1,80$ par semaine pour leur nourriture, plus une allocation de logement. Initialement, l'aide n'est pas distribuée en argent mais sous forme de bons échangeables chez les commerçants et quelquefois chez des commerçants bien précis. Par la suite, devant la rigidité du système et les pressions des commerçants, on remplace les bons dans certains endroits par des coupons de valeur nominale ou des chèques. Les personnes secourues peuvent alors acheter où elles

Chômeurs du camp de Valcartier construisant un entrepôt, 1933. (Ministère de la Défense, ANC, PA-35440)

veulent et surtout éviter d'être identifiées à coup sûr comme vivant «sur les secours directs».

Ces deux mesures, travaux de chômage et secours directs, sont employées, parfois en alternance, parfois en conjonction, durant toute la période. Cependant, on note trois phases bien marquées: une première, qui va de 1930 à 1932, dominée par les travaux publics; une seconde, entre 1932 et 1936, où prédominent les secours directs; et une dernière, après 1936, où l'on revient aux travaux publics. Notons enfin que certaines municipalités, comme Saint-Hyacinthe, exigent toujours du travail en retour des secours directs.

Les gouvernements prévoient également des mesures complémentaires s'adressant à des catégories particulières de chômeurs. Outre les programmes de colonisation, déjà évoqués dans le chapitre sur l'agriculture, le gouvernement fédéral crée en 1932 à l'intention des jeunes célibataires masculins, qui sont très mobiles et dont le nombre est une source d'inquiétude pour les autorités, un réseau de camps de travail confiés à l'armée. Employés à divers travaux de foresterie et de voirie, ils sont nourris et logés et reçoivent un «salaire» de 20 cents par jour d'où leur surnom de «vincennes». Au Québec, on organise le camp de Valcartier où Jean-Louis Gagnon recense 1700 pensionnaires plus ou moins satisfaits au printemps de 1935. Ces camps deviennent vite impopulaires auprès de leurs occupants et l'armée, comme le gouvernement, craint qu'ils ne deviennent des foyers de propagande et de subversion. On les ferme donc en 1936. Enfin, pour une aide à très court terme, il y a dans les villes des refuges pour les sans-abri; mais les quelque 700 lits du refuge Meurling de Montréal sont pris d'assaut à chaque soir et on doit refuser des gens qui, quelquefois, se contentent de l'hospitalité du poste de police voisin, lorsqu'ils ne sont pas contraints de coucher à la belle étoile dans un parc.

À ces mesures publiques, il faut ajouter l'ensemble des services ponctuels rendus par les organismes de charité privés qui financent toute une série d'institutions destinées à venir en aide aux démunis. Chaque confession religieuse possède un éventail d'œuvres différentes, qu'il s'agisse du Family Welfare chez les juifs, de l'Oeuvre de la soupe des Sœurs de la Providence, et de la Société de Saint-Vincent-de-Paul chez les catholiques, ou du Diet Dispensary des protestants. L'action de ces organismes va de l'animation de terrains de jeux et de colonies de vacances, à l'administration d'hospices, en passant par les visites aux pauvres, et dans certains cas à la mise sur pied de véritables agences de service social. L'aide accordée par ces associations est essentielle. Cependant, les clivages ethniques et religieux, l'absence de coordination, et leurs perspectives étroitement religieuses et communautaires en limitent sérieusement l'efficacité. Certaines sont mieux financées que d'autres, d'où des différences entre les secours distribués par chacune.

À cause de leur connaissance du milieu et de leur expérience de l'aide aux démunis, c'est d'abord à ces organismes de charité privés que l'on confie la gestion des programmes de secours direct. La majorité des municipalités n'ont pas alors de service de bien-être social. Pour les catholiques, on fait appel à la Saint-Vincent-de-Paul à cause de sa structure bien articulée comprenant des conseils centraux diocésains et des conférences qui regroupent les membres de chacune des paroisses. Ceux-ci ont l'expérience de l'aide à domicile, ce qu'aucune administration municipale ne possède à ce moment-là. Chez les protestants et les juifs, on recourt à des organismes similaires. Mais rapidement, cette solution doit être abandonnée. D'abord, les organismes sont débordés et leur gestion fait frémir d'horreur les vérificateurs gouvernementaux, tandis que les marchands, de leur côté, se plaignent de la lenteur avec laquelle les bons sont remboursés. Ensuite, ces organismes demeurent religieux et distribuent les secours directs comme «la charité», «en suivant leurs règlements et leurs méthodes». Cela ouvre la porte à beaucoup d'arbitraire. Par exemple, un curé de Montréal distribue les bons de secours directs à l'église, le vendredi soir, après le Salut au Saint-Sacrement; les familles absentes doivent attendre le vendredi suivant.

Les municipalités décident donc d'assumer elles-mêmes cette responsabilité et se dotent d'un service à cette fin à partir de 1933. La situation n'est pas toujours meilleure pour autant : on cite des cas de favoritisme et on retrouve la même mentalité puisque plusieurs des responsables de ces services proviennent des organismes de charité.

Les implications de ces divers programmes sont très lourdes. D'abord, sur le strict plan financier, ils ont pour conséquence l'endettement des villes et, dans certains cas, leur quasi-faillite. Sur le plan social, pour la première fois l'État est acculé à aider directement des invidivus aptes au travail. En outre, la mobilité de la main-d'œuvre se trouve ralentie puisqu'on n'ose changer de ville au risque de perdre son droit aux secours, les règlements municipaux exigeant des bénéficiaires qu'ils aient résidé dans la municipalité depuis un nombre déterminé d'années. Sur le plan individuel, enfin, l'acceptation des secours porte en soi un certain poids d'humiliation: plus d'un travailleur se sent déchu de sa dignité d'homme et de père de famille, et les jeunes voient leur avenir sans issue.

Ce contexte amène des remises en question. Le Québec, dès 1930, charge la Commission des assurances sociales d'examiner le problème. Dans ses rapports, celle-ci propose diverses mesures concrètes, qui impliquent davantage le gouvernement, dont l'intervention demeure toutefois timide et ponctuelle, le rôle de l'État étant encore perçu comme supplétif. Au fur et à mesure que progresse la décennie, on se rend bien compte que les problèmes ne sont pas temporaires et qu'ils exigent de nouvelles solutions, qui tournent toutes autour du même principe: la reconnaissance de la responsabilité de l'État. En 1935, le gouvernement fédéral s'engage résolument dans cette voie, alors que le premier ministre Bennett fait du système d'assurance-chômage et d'assurance-santé la pièce maîtresse de son «New Deal». Plutôt improvisées, ces propositions ignorent les responsabilités constitutionnelles, d'où finalement leur peu d'impact concret. Néanmoins, l'idée est lancée et elle inspire une partie des recommandations de la commission Rowell-Sirois, mise sur pied en 1937.

Le Québec, quant à lui, n'adopte que des mesures ponctuelles, ce qui indique bien le retard des solutions politiques sur la reflexion sociale. Outre l'acceptation du programme fédéral des pensions de vieillesse en 1936, il faut signaler l'adoption, l'année suivante, des pensions aux aveugles et aux mères nécessiteuses. Malgré certains traits nouveaux, ces deux mesures participent encore de l'approche traditionnelle de l'aide aux seuls indigents.

Les conditions de vie pendant la guerre

Avec le début des hostilités, vient la relance de l'emploi qui soulage enfin bien des misères. Cependant, la guerre signifie également une intrusion brutale et sans précédent de l'État dans tous les aspects de la vie quotidienne. Le gouvernement cherche, par des campagnes massives de publicité, à infléchir le comportement des gens. On mobilise la population aussi bien pour lui vendre les «bons de la victoire» que pour récupérer les vieux métaux. La censure contrôle l'information et l'on invite les citoyens à se montrer vigilants à l'égard des espions. On régit même la mode vestimentaire afin d'économiser le tissu: poches appliquées, larges collets et ceintures décoratives sont éliminés.

Le gouvernement tente de mobiliser au maximum les femmes. Non seulement on les appelle en plus grand nombre sur le marché du travail, mais surtout on essaie d'embrigader dans l'effort de guerre les femmes au foyer. Il faut en effet des bénévoles pour organiser les grandes campagnes de récupération ou de vente d'obligations, pour préparer des colis destinés aux soldats, pour surveiller les prix, etc. On veut convaincre les femmes que leur engagement individuel est indispensable à l'effort de guerre. La propagande leur attribue la responsabilité de soutenir le moral des hommes et même du pays. Ainsi émerge, du moins pour un temps, l'image d'une femme polyvalente et dynamique dont le rôle social dépasse le cadre traditionnel du foyer. Après la guerre, on cherchera cependant à revenir aux anciens modèles.

La vie quotidienne est également affectée par le contrôle gouvernemental de la consommation. Les produits stratégiques, dont on a besoin pour des fins militaires, caoutchouc, essence, certains métaux, deviennent moins accessibles. En outre, le contrôle de l'allocation des matières premières aux industries a des effets sur la consommation: par exemple, dès 1942, les constructeurs automobiles cessent toute production de véhicules civils. On observe le même phénomène dans la cons-

Campagne contre le gaspillage et la surconsommation pendant la guerre. (ANC, C-87526)

truction: l'accès aux matériaux est restreint, de sorte qu'il se fait peu de construction résidentielle, ce qui entraîne une pénurie de logements dans certaines villes où la main-d'œuvre recommence à affluer.

Les consommateurs sont également soumis au rationnement. Les ménagères reçoivent des livrets de coupons détachables ou des jetons qu'elles doivent présenter aux fournisseurs pour acheter viande, beurre ou sucre, par exemple. Les automobilistes en reçoivent également pour l'essence. S'il est beaucoup moins contraignant que celui qui prévaut en Europe, le rationnement amène les gens à consommer moins. Cependant, nombreux sont les commerçants qui contournent le règlement. De plus, un certain marché noir permet à celui qui en a les moyens de faire fi des restrictions, mais ce phénomène ne se développe pas sur une grande échelle.

Une partie des jeunes Québécois s'initie aux conditions de la vie militaire. Que ce soit dans les forces d'outre-mer ou dans les régiments stationnés au pays, la routine de la vie de camp ou de garnison suscite un ennui généralisé qu'on essaie de tromper de toutes les façons possibles. Le débarquement allié amène un changement de rythme de vie mais aussi une augmentation des risques.

Vers l'État-providence

Durant la guerre, l'État apparaît de plus en plus comme le maître d'œuvre des politiques sociales, même si au Québec une partie de l'opinion n'y est pas favorable. Dès 1940, le fédéral fait adopter la loi de l'assurance-chômage, qui consacre la responsabilité collective face au problème du chômage. Le fardeau est maintenant partagé entre l'individu, l'employeur et le gouvernement. Même si le champ d'application de la loi est encore restreint par une foule de conditions et qu'à peine 42% de la main-d'œuvre est éligible, on reconnaît que les travailleurs doivent être protégés du chômage sans pour autant être considérés comme indigents.

Le rapport Marsh, commandé par le gouvernement fédéral et déposé en 1943, marque un point tournant et sa philosophie imprègne toute la pensée gouvernementale en matière de politique sociale. C'est un peu l'acte de naissance de l'État-providence. L'inspiration vient de Grande-Bretagne, où le célèbre rapport Beveridge, paru en 1942, propose les objectifs de la politique sociale de l'après-guerre. Pour Beveridge, il existe des risques et des besoins sociaux qui doivent être couverts par une assurance sociale. Marsh reprend ces grands principes et son rapport propose au gouvernement fédéral de doter le Canada d'un système intégré de sécurité sociale, où la notion d'assurance sociale remplacerait celle d'assistance sociale. Il prévoit donc toute une série de mesures articulées autour du programme d'assurance-chômage, comme les allocations familiales et l'assurance-santé. Mais l'essentiel des propositions n'est pas réalisé dans l'immédiat. En 1945, on adopte tout de même la loi des allocations familiales, ainsi que la loi fédérale sur l'habitation, qui vise à améliorer, à moyen terme, les conditions de logement et l'accès à la propriété.

Enfin, le gouvernement se préoccupe de la réinsertion sociale des anciens combattants. Diverses mesures facilitent le retour à la vie civile: allocations de licenciement, accès à l'assurance-chômage, programme de formation professionnelle, subventions aux études universitaires, etc. En plus, un régime de pensions est prévu pour les invalides de guerre.

Le gouvernement du Québec n'est pas insensible à cette évolution. Il élargit l'application de la vieille loi de l'assistance publique, qui devient moins exclusivement centrée sur les indigents hospitalisés, et prépare une intervention dans le domaine de la santé. Cependant, le retour au pouvoir de Duplessis en 1944 ralentit le mouvement.

* * *

En l'espace d'une quinzaine d'année, les politiques sociales connaissent une véritable révolution. D'un laisser-faire presque absolu, on passe à une intervention d'abord ponctuelle de l'État au moment de la crise, puis à l'acceptation de son rôle déterminant dans l'économie et la société, avec la guerre.

ORIENTATIONS BIBLIOGRAPHIQUES

AUGER, Geneviève et Raymonde LAMOTHE. *De la poêle à frire à la ligne de feu.* Montréal, Boréal Express, 1981. 232 p.

CLAVETTE, Suzanne. *Des bons aux chèques: aide aux chômeurs et crise des années 1930 à Verdun.* Mémoire de maîtrise en histoire, Université du Québec à Montréal, 1986. Chap. 3-5.

COPP, Terry. «Montreal's Municipal Government and the Crisis of the 1930s», A.F.J. ARTIBISE et G.A. STELTER, dir. *The Usable Urban Past.* Toronto, Macmillan, 1979, p. 112-129.

GAGNON, Jean-Louis. *Les apostasies.* Tome 1. Montréal, La Presse, 1985, p. 261-279.

GRAVEL, Jean-Yves. «Le Québec militaire, 1939-1945», J.-Y. GRAVEL, dir. *Le Québec et la guerre.* Montréal, Boréal Express, 1974, p. 77-108.

Histoire du mouvement ouvrier au Québec. 150 ans de luttes. 2ᵉ édition. Montréal, CSN / CEQ, 1984, p. 121-164.

JOHNSTON, Wendy. «Keeping Children in School: The Response of the Montreal Roman Catholic School Commission to the Depression in the 1930s». Canadian Historical Association / Société historique du Canada, *Historical Papers / Communications historiques. Montréal, 1985,* p. 193-217.

LARIVIÈRE, Claude. *Crise économique et contrôle social : le cas de Montréal (1929-1937).* Montréal, Éditions coopératives Albert Saint-Martin, 1977, p. 121-238.

League for social reconstruction. *Social Planning for Canada.* Réimpression: Toronto, University of Toronto Press, 1975. 528 p.

MARSH, Leonard. *Canadians In and Out of Work*. Toronto, Oxford University Press, 1940. Chap. 13-15.

— *Report on Social Security for Canada*. Réimpression: Toronto, University of Toronto Press, 1975. 333 p.

MINVILLE, Esdras. *La législation ouvrière et le régime social dans la province de Québec. Étude préparée pour la Commission royale sur les relations entre le Dominion et les provinces*. Appendice 5. Ottawa, 1939.

RUMILLY, Robert. *Histoire de Montréal*. Tome 4. Montréal, Fides, 1974. Chap. 11-20.

— *La plus riche aumône*. Montréal, Éditions de l'Arbre, 1946, chap. 7-8.

SAUTTER, Udo. «Government and Unemployment: The Use of Public Works Before the New Deal», *The Journal of American History*, 73,1 (Juin 1986), p. 59-86.

THOMPSON, John H. et Allen SEAGER. *Canada 1922-1939*. Toronto, McClelland and Stewart, 1985, p. 193-302, 350-351.

VAILLANCOURT, Yves. *L'évolution des politiques sociales au Québec 1940-1960*. Montréal, Presses de l'Université de Montréal, 1988. 513 p.

VAILLANCOURT, Yves. *Les politiques sociales et le travailleur. Cahier II. Les années 1930*. Montréal, l'auteur, 1975. Chap. 3.

CHAPITRE 7

RELIGION ET ÉDUCATION

Deux institutions d'encadrement jouent un rôle fondamental dans la société québécoise: l'Église et l'école. Elles exercent une influence profonde qui va au-delà de leurs objectifs immédiats d'ordre spirituel ou intellectuel. Ce sont d'abord des lieux de transmission des valeurs collectives, de nature tant religieuse que sociale, civique ou culturelle. En elles s'élaborent également certains des grands objectifs qui guident l'action de la collectivité. Elles assurent en outre en grande partie le processus de socialisation des individus. Puissants instruments de contrôle social, voire de censure, en raison de l'autorité morale dont elles jouissent, ces institutions ne sont cependant pas monolithiques et elles doivent tant bien que mal s'adapter aux besoins de la société, subissant, elles aussi, les contrecoups de la crise et de la guerre.

RELIGIONS ET ÉGLISES

Depuis le début du siècle, l'équilibre entre les diverses confessions religieuses demeure plutôt stable. Les catholiques forment toujours l'écrasante majorité avec environ 86% de la population; les deux autres groupes importants sont les protestants (11%) et les juifs (2%). Il s'agit là des confessions déclarées aux recensements; elles ne reflètent pas nécessairement la réalité de la pratique religieuse.

Les religions minoritaires

Majoritairement composé de Québécois d'origine anglo-écossaise, le groupe protestant se répartit en plusieurs confessions différentes. Trois d'entre elles représentent 90% des protestants québécois: les anglicans, avec presque la moitié des effectifs, suivis des fidèles de l'Église unie et des presbytériens. Au cours de la période, on note un léger gain des deux premiers groupes. Rappelons que l'événement marquant de la période antérieure, la formation de l'Église unie en 1925, avait intégré les méthodistes et une partie des presbytériens. Le déclin relatif des presbytériens encore autonomes s'explique probablement par la poursuite des transferts vers l'Église unie.

Au sein du protestantisme canadien, les années 1920 ont vu le recul du réformisme social incarné par le mouvement du *social gospel*. La crise ravive ces préoccupations. En 1932, par exemple, le conseil général de l'Église unie exprime sa volonté de trouver une nouvelle manière d'aborder la question sociale. Cependant, les fidèles semblent se résigner à la déchristianisation de la classe ouvrière et préfèrent que leurs pasteurs évitent de flirter avec des idées à saveur trop radicale. Durant la guerre enfin, les églises protestantes se montrent plus critiques qu'en 1914 et hésitent à considérer le conflit exclusivement comme une croisade pour la défense de la civilisation chrétienne.

Le groupe juif, même s'il paraît peu nombreux à l'échelle du Québec, est néanmoins important à cause de sa concentration géographique dans certaines parties de Montréal, où il est en mesure de développer ses propres institutions. L'immigration récente introduit des tensions dans la collectivité, car les derniers arrivés, ceux d'après 1914, sont davantage marqués par un certain laïcisme et un certain radicalisme politique. La pratique religieuse semble se limiter de plus en plus aux grandes fêtes et les synagogues deviennent aussi bien des lieux de contacts sociaux que des endroits de prière. Dans ce sens, l'évolution des juifs montréalais est un peu parallèle à celle qu'on observe aux États-Unis. Le processus d'acculturation qu'ils vivent est accentué par l'école, qui met leurs enfants en contact avec le système de valeurs anglo-protestant.

L'Église catholique

L'Église catholique représente toujours une force majeure au Québec. Elle est omniprésente et son action déborde largement le domaine religieux. Sa puissance plonge ses racines dans le 19e siècle. Elle a particulièrement profité du fait que la Confédération lui laissait une liberté d'action beaucoup plus grande dans un territoire à majorité catholique. Les bases de son pouvoir et de son poids social et culturel tiennent à trois facteurs principaux. Le premier, la foi, fonde le prestige de l'institution et impose l'adhésion et le respect. Le second est son rôle de

Une première communion. (Fonds Conrad Poirier, ANQM)

dispensateur de services: par son réseau de maisons d'enseignement et d'hôpitaux, par ses organisations charitables et culturelles, elle s'est rendue indispensable à la population, d'autant plus que l'État n'était pas très présent dans ces domaines. Enfin, l'Église s'affirme comme une force d'encadrement et de définition idéologiques.

Ce pouvoir n'est pas sans limites cependant. À vrai dire, il est miné depuis un certain temps par l'industrialisation et l'urbanisation. L'Église doit malgré elle reconnaître le rôle croissant de l'État. Déjà, à la fin du 19e siècle, elle avait dû imposer certaines balises à sa volonté de contrôler les partis politiques.

La crise secoue l'Église de diverses manières. Sur le plan financier,

Mariages collectifs organisés par la Jeunesse ouvrière catholique en 1939. (*The Gazette*, ANC, PA-137214)

elle doit s'accommoder d'une sérieuse baisse de revenus, certaines institutions frôlant la faillite. En 1932, la fabrique d'une paroisse montréalaise doit déposer son bilan, ce qui inquiète fortement les milieux financiers. Au cours des années suivantes, l'assemblée législative doit même venir à la rescousse de communautés religieuses en difficulté. Il en résulte pour l'Église un certain ralentissement dans le développement de son réseau institutionnel et ses organisations charitables sont débordées. Même sur le plan idéologique, l'effervescence des années de crise menace sa prééminence.

Pour assurer toutes ses activités, l'Église a besoin d'un personnel nombreux. En 1930, on compte quelque 4000 prêtres et ce nombre dépasse les 5000 à la fin de la guerre. À côté des prêtres, les effectifs des diverses communautés religieuses dépassent 25 000 en 1931 et probablement 35 000 en 1945. Ces mesures ne sont pas précises car un certain nombre de prêtres sont aussi membres de communautés; elles donnent cependant une bonne idée de la taille du personnel sur lequel repose le fonctionnement de toutes les institutions de l'Église. Les femmes sont majoritaires, puisqu'elles forment plus de 75% des effectifs des communautés religieuses; elles ne jouent cependant qu'un rôle de support et de service. Il est difficile d'établir si la crise provoque un recrutement plus élevé que la normale. Quoi qu'il en soit, la capacité d'encadrement est considérable: en 1941, on compte un religieux, homme ou femme, pour 87 fidèles catholiques, ce qui représente un sommet.

La stratégie d'encadrement repose d'abord sur la paroisse. L'urbanisation incite cependant à modifier ses structures d'organisation. Dans les villes, en effet, certaines tâches exigent un champ d'application plus vaste que l'étroit territoire paroissial; on renforce donc les organismes de type diocésain, qui viennent soit chapeauter un ensemble d'organismes paroissiaux, soit remplir une nouvelle fonction. Ainsi, les mouvements d'action catholique spécialisés se dotent d'une structure qui ignore à peu près le réseau des paroisses et privilégie plutôt le lieu de l'activité professionnelle. Il en résulte une multiplication et une diversification des organismes d'encadrement. Le renforcement de l'influence diocésaine ne va pas sans créer des tensions et des malaises dans les paroisses où les curés défendent leur autonomie. Le monde rural reste moins touché par ces développements.

L'Église doit aussi combattre une certaine désaffection religieuse que l'on a commencé à percevoir au milieu des années 1920. On cherche alors à adapter l'enseignement religieux. Ainsi, on procède à la révision de l'austère Petit Catéchisme et on commence à utiliser la radio: «L'heure catholique» prend l'antenne à CKAC.

Sur le plan idéologique, on entreprend pendant la crise une véritable croisade contre l'influence communiste. Inquiète des sympathies communistes manifestées dans les milieux d'immigration récente à Montréal, l'Église cherche à limiter les dégâts en confiant à l'École sociale populaire le soin de mener une contre-propagande dans tous les milieux, et en particulier auprès des clubs ouvriers de Montréal.

L'Église réagit aussi à la crise en réactivant son vieux projet de colonisation. Avec l'appui de l'État, elle propose aux chômeurs des villes le retour à la terre. Tous les diocèses auront leur société de colonisation et leur propre colonie; mais le mouvement ne prend pas l'ampleur espérée. De son côté, l'École sociale populaire prépare un programme de restauration sociale qui débouche sur la vision d'un État corporatiste et catholique. L'arrivée de la guerre mettra plus ou moins au rencart tous ces projets.

À l'intérieur de l'Église, des forces de contestation commencent à se manifester. Certes, cette opposition se fait pour l'heure avec déférence, mais elle laisse présager la fin d'un certain monolithisme. Sur le plan spirituel, il y a d'abord les idées du père Lacouture dont le projet de retour à la pureté et à la pauvreté évangéliques sera finalement condamné, mais non sans exercer une influence profonde sur les fidèles et les clercs. L'austérité et le détachement qu'il prêche ont tout pour séduire en cette période d'insécurité. D'un autre côté, les dominicains mettent en place des institutions qui deviendront des foyers de renouveau et de changement. Ainsi, la fondation de l'Institut d'études médiévales amène une nouvelle conception de la critique des textes et des exigences de la connaissance scientifique. Une autre institution qui fera sentir son influence est l'École de sciences sociales, fondée par le père Georges-Henri Lévesque à l'Université Laval en 1938. Enfin, à l'intérieur des mouvements dits d'action catholique, les années 1930 sont marquées par la tension qui se crée entre l'action catholique spécialisée, qui défend des valeurs sociales, et les mouvements comme l'Association catholique de la jeunesse canadienne-française (ACJC), davantage orientés vers les valeurs nationales. L'action catholique spécialisée défend aussi une nouvelle conception plus dynamique de l'insertion dans le milieu, qui contraste avec les modes d'intervention traditionnels de l'ACJC, des Ligues du Sacré-Cœur ou de la Ligue catholique féminine, qui limitent leur activité aux campagnes classiques de moralité publique.

Au sein de la hiérarchie, le leadership du cardinal Villeneuve et le conservatisme général commencent à subir unr certaine contestation. La quiétude de l'épiscopat québécois est dérangée par la nomination du premier évêque ouvriériste, Mgr Desranleau, à Sherbrooke en 1937. Puis, vient la nomination de Joseph Charbonneau à l'évêché de Montréal en 1940. Ce dernier veut adapter l'Église aux défis de la vie urbaine. Très rapidement, il se heurte à ses collègues plus traditionalistes.

À partir de 1939, la hiérarchie québécoise appuie prudemment l'effort de guerre. Les évêques sont divisés. Le cardinal Villeneuve est partisan d'un appui vigoureux et acceptera même de se faire photographier au volant d'un véhicule militaire. D'autres, comme Mgr Charbonneau, sont plus modérés, alors que certains sont carrément hostiles à tout ce qui ressemble à la propagande de guerre. Par exemple, Mgr Ross, de Gaspé, interdit même que les curés lisent en chaire les communiqués sur les «bons de la victoire». L'Église réalise quand même un consensus minimal pour appuyer l'effort de guerre. Mais, tout comme l'ensemble de ses fidèles, elle sera secouée par la conscription.

Cette période en est donc une de réflexion, et de réaménagement. L'Église doit apprendre à vivre avec les nouvelles contraintes d'une société industrialisée et urbanisée. Elle émerge en 1945 toujours aussi visible et puissante, mais des ferments de renouveau ont commencé à se développer.

L'ÉCOLE EN DÉTRESSE

Au cours des années 1920, le Québec a réalisé certains progrès en matière d'éducation. Mais de graves lacunes subsistent. Seule une minorité de jeunes peut poursuivre des études au-delà de l'école primaire. La crise non seulement freine l'élan amorcé, mais aggrave les problèmes chroniques qui affligent le système d'éducation. Dans un contexte où beaucoup de Québécois arrivent difficilement à satisfaire leurs besoins les plus élémentaires, l'éducation n'est pas une priorité collective ou familiale. Et le rattrapage amorcé pendant la guerre sera très limité.

Les structures pédagogiques

Trois caractéristiques distinguent le système d'enseignement québécois au début des années 1930. D'abord, le système public est confessionnel et repose sur la coexistence de deux réseaux autonomes: l'un catholique, l'autre protestant. Seules quelques écoles spécialisées relevant de divers ministères échappent à cette règle. En second lieu, on y relève un foisonnement d'institutions privées, parallèles ou concurrentes aux institutions publiques. Certaines d'entre elles, tels les collèges classiques et les universités, exercent un monopole sur certains niveaux d'enseignement. Enfin, le système souffre d'une absence de coordination entre ses composantes et d'un morcellement de l'autorité. Le fouillis des structures et des programmes qui en résulte entretient de profondes inégalités sociales.

Au niveau primaire, les écoles catholiques dispensent depuis 1923 un cours de base de six années, porté à sept en 1937 et suivi de deux années de cours primaire complémentaire. À compter de 1937 des examens officiels et un diplôme couronnent chacun de ces deux cours. L'innovation la plus importante de la période est sans doute le cours primaire supérieur, introduit à Montréal en 1921 et implanté officiellement à l'échelle du Québec en 1929. Ce cours de trois années au-delà du primaire complémentaire offre enfin aux catholiques des milieux populaires un enseignement analogue à celui du *high school* protestant, sans toutefois leur permettre l'accès à toutes les facultés universitaires.

Outre le primaire complémentaire et le primaire supérieur, plusieurs possibilités s'offrent à ceux qui sont désireux et capables financièrement de poursuivre leurs études. Le collège classique, qui dispense un cours de huit ans de scolarité, demeure la voie prestigieuse réservée à une minorité et ouvre l'accès à l'ensemble des facultés de l'université. Sans changer fondamentalement l'orientation humaniste des études, les collèges, vivement contestés en certains milieux, doivent graduellement faire une place plus importante aux sciences et aux mathématiques. Par ailleurs, les écoles d'arts et métiers, les écoles techniques, les écoles normales et les écoles d'agriculture offrent une formation pratique d'inégale valeur. Après une période de stagnation imposée par la crise, l'enseignement technique connaît un nouvel essor à partir de 1937 grâce à une entente fédérale-provinciale. L'expansion de ces écoles se poursuit pendant la guerre lorsque la demande pour une main-d'œuvre qualifiée augmente.

Pour les jeunes filles, le choix offert après le primaire est fortement conditionné par l'idéologie qui définit le rôle de la femme comme «reine du foyer» et responsable du soin de la famille. C'est ainsi que d'une manière générale les cours primaire complémentaire et primaire supérieur publics leur sont moins accessibles. De même, on les encourage à s'inscrire dans les écoles ménagères régionales qui prennent un nouvel essor à partir de 1937 sous la direction de l'abbé Albert Tessier: on vise à y préparer des «femmes dépareillées» pour exercer leur vocation de «maîtresses de maisons». Pour une minorité de jeunes filles cependant, il existe le pensionnat privé, l'école normale ou le cours classique.

Moins morcelé et mieux articulé, le système protestant comprend l'école élémentaire de sept années, le cours intermédiaire (8e et 9e années) et le *high school* pour garçons et filles, qui va jusqu'en 11e année, puis, à compter de 1935, jusqu'en 12e année. Les diplômés du *high school* ont accès à toutes les facultés universitaires. Les jeunes anglophones peuvent ainsi compléter leur premier cycle universitaire à peu près à l'âge où les francophones obtiennent leur diplôme du cours classique.

La fréquentation scolaire

Dans l'ensemble du système scolaire québécois, catholiques et protestants réunis, de l'école primaire à l'université, les effectifs passent de 653 351 élèves en 1930 à 728 755 en 1945, une augmentation somme toute modeste. Il en est de même pour le taux de scolarisation, qui ne s'améliore guère, passant de 67% des jeunes âgés de 5 à 19 ans en 1930 à 69% en 1945.

À la veille de la crise, la grande majorité des élèves catholiques, surtout ceux des milieux ruraux, ne parviennent pas à compléter le cours primaire, quittant massivement vers l'âge de 12 ans, après la communion dite solennelle. Cette situation s'améliore dans les années 1930, puisque la proportion de ceux qui complètent leur cours primaire passe de 24% en 1929 à 48% en 1939. Néanmoins, on décèle toujours chez les enfants catholiques de 7 à 13 ans un fléchissement considérable des effectifs après la 4e année et une fréquentation très irrégulière de l'école. Durant la crise, il est vrai, plusieurs parents éprouvent des difficultés à payer les frais de scolarité, les livres, les chaussures, les vêtements, une alimentation suffisante et des soins de santé adéquats qui permettraient aux enfants de fréquenter l'école de façon assidue. En 1940, le nouveau surintendant de l'Instruction publique, Victor Doré, qualifie la situation d'angoissante.

La reprise économique amenée par la guerre, si elle améliore la condition matérielle des familles, a aussi pour effet d'entraîner très tôt un certain nombre de jeunes sur le marché du travail; la fréquentation scolaire demeure donc très courte pour la grande majorité de la population. En effet, au lendemain de la guerre, seulement 46% des élèves catholiques se rendent jusqu'en 7e année, 25% atteignent la 8e année, 17% la 9e année et 2% seulement la 12e année. Les écoles protestantes, par contre, retiennent 80 % de leurs élèves jusqu'en 8e année, 34% jusqu'en 11e année et même 7% jusqu'en 12e année.

Le problème de l'abandon scolaire précoce est aggravé par le fait que rien n'oblige les parents à envoyer leurs enfants à l'école. Cette question a d'ailleurs donné lieu à de nombreux débats depuis la fin du 19e siècle, car la hiérarchie catholique s'est toujours farouchement opposée à l'adoption d'une loi en ce sens. L'Église doit cependant réviser ses positions lorsque le pape lui-même impose l'instruction obligatoire dans la Cité du Vatican en 1931. Il faudra, malgré cela, encore dix ans de débats, les enquêtes révélatrices du Département de l'Instruction publique et la détermination du gouvernement Godbout pour que l'instruction devienne obligatoire au Québec. La loi de 1942, qui entre en vigueur en septembre 1943, impose, sous peine d'amende pour les parents, la fréquentation scolaire des enfants de 6 à 14 ans et abolit les frais de scolarité à l'école primaire publique. En 1944, la gratuité est étendue au cours primaire complémentaire en même temps qu'est établie celle des manuels scolaires.

Les ressources

La crise est désastreuse pour le financement du système d'enseignement, en particulier pour les commissions scolaires dont environ 80% des revenus proviennent de l'impôt foncier réparti d'après la religion des propriétaires contribuables. Les inégalités inhérentes à ce système s'accentuent lorsque l'évaluation de la propriété foncière chute et que s'accroissent les difficultés de percevoir les taxes. Malgré le recours à des mesures d'économie comme la réduction des salaires du personnel enseignant, l'arrêt de la construction d'écoles, la majoration des frais de scolarité, plus de 40% des 1828 commissions scolaires accusent des déficits. Cependant, les commissions scolaires protestantes, qui obtiennent une plus large part du gâteau fiscal en raison de leur clientèle mieux nantie, s'en tirent généralement mieux.

Les subventions de l'État aux commissions scolaires ne représentent qu'une faible partie des coûts du système d'éducation public. Cette contribution augmente pendant la guerre, passant de 20% à 27% des dépenses des commissions. Mais elle reste insuffisante pour effacer l'endettement hérité de la crise et répondre aux besoins.

Le corps enseignant des écoles primaires et secondaires, dont les effectifs passent de 22 318 en 1930 à 26 764 en 1945, ne change guère dans sa composition. L'enseignement est toujours une profession dominée à 80% par les femmes. La répartition entre laïques et religieux se maintient aussi dans des proportions relativement stables: environ 55% de laïques et 45% de religieux et religieuses.

Dans l'ensemble, les effectifs ne sont pas assez nombreux. La pénurie relative d'enseignants se fait sentir chaque année dans le secteur catholique, où les nouvelles recrues ne suffisent pas à combler les départs, surtout ceux des institutrices, qui quittent la profession pour se marier. La situation s'aggrave pendant la guerre lorsque de nombreux instituteurs et même certaines institutrices abandonnent les écoles pour s'enrôler ou pour travailler dans les industries de guerre qui offrent des salaires plus intéressants. En 1945, le surintendant rapporte qu'une centaine d'écoles restent fermées, faute d'institutrices.

La formation des enseignants laisse souvent à désirer. Seule une minorité passe par les écoles normales. En 1930, près de 80% des institutrices catholiques n'ont aucune préparation pédagogique et ne détiennent qu'un brevet d'enseignement du Bureau central des examinateurs pour lequel une connaissance minimale des matières enseignées à l'école primaire suffit. La suppression du Bureau en 1939 oblige tous les futurs enseignants, sauf les religieux et les religieuses, à s'inscrire dans une école normale. Cependant, de nombreux candidats se contentent du brevet élémentaire qui exige seulement une année d'études après la 11e année pour les garçons ou la 9e année pour les filles.

Il est vrai que les salaires et les conditions de travail offerts n'incitent guère les futurs enseignants à entreprendre de longues études. Soucieuses de réduire les dépenses, de nombreuses commissions scolaires diminuent radicalement, surtout à partir de 1932, les salaires déjà dérisoires de leur personnel (tableau 1). À cela s'ajoutent des conditions de travail pénibles: absence de sécurité d'emploi, écoles souvent peu confortables, classes surpeuplées, etc. Par ailleurs, l'écart est considérable entre les échelles salariales des hommes et des femmes, des religieux et des laïques, des protestants et des catholiques. Comme

TABLEAU 1

SALAIRES ANNUELS MOYENS DU PERSONNEL ENSEIGNANT (EN $)

	1930-31	1932-33	1934-35	1936-37	1938-39
Religieux	585	584	565	565	589
Religieuses	386	379	359	360	389
Instituteurs catholiques	1 647	1 603	1 459	1 666	1 752
Instituteurs protestants	2 596	2 543	2 034	2 008	2 169
Institutrices catholiques	402	361	315	337	409
Institutrices protestantes	1 127	1 125	980	980	1 060

Source: *Rapport du surintendant de l'Instruction publique*, 1931-32 et 1939-40.

l'affirme le surintendant en 1943, «c'est en vain qu'on s'efforcera d'enrôler et de retenir dans la rude carrière de l'enseignement les sujets d'élite désirables tant qu'il n'y aura pas équation entre la rémunération offerte et la tâche à remplir». La situation la plus dramatique est celle des institutrices rurales. En 1938, on doit décréter en leur faveur un salaire annuel minimum de 300$, qui sera porté à 600$ en 1945. C'est dans ce milieu d'ailleurs, comme on l'a vu, qu'émerge le syndicalisme enseignant.

L'enseignement universitaire et le mouvement scientifique

Les années 1920 ont marqué un tournant pour les universités et la vie scientifique, qui ont pris un essor important: l'Université de Montréal s'est détachée de l'Université Laval, de nombreuses facultés et écoles nouvelles ont été ouvertes, les ressources financières se sont accrues grâce à de fructueuses campagnes de souscription publiques, et on a créé l'Association canadienne-française pour l'avancement des sciences (ACFAS) et l'Institut scientifique franco-canadien.

La crise vient freiner brutalement ce début de modernisation, surtout dans les deux universités francophones. Le cas de l'Université de Montréal est révélateur. Le somptueux édifice qu'on a entrepris d'ériger au flanc du Mont-Royal en 1928, pour remplacer les installations trop étroites et vétustes de la rue Saint-Denis, reste en plan et ne sera achevé qu'en 1942: la «tour de la faim» symbolisera la grande misère des universités pendant la crise. Les salaires des professeurs sont réduits et même interrompus pendant un certain temps, alors qu'on parle de fermer l'institution. La situation n'est guère plus reluisante à Laval. Même la riche Université McGill, dont le fonds de dotation atteint pourtant 332 millions de dollars à la fin de la décennie, doit prendre des décisions difficiles et controversées, comme de fermer en pleine crise son école de service social.

La guerre crée une demande pressante pour des médecins, des ingénieurs, des scientifiques et un personnel hautement qualifié dans tous les domaines. Les universités en sont d'autant valorisées, et les gouvernements leur consentent des ressources plus importantes. En retour, elles participent activement à l'effort de guerre. Ainsi, on accélère la formation des médecins, les étudiants sont tenus à des exercices militaires et ceux qui échouent dans leurs études sont renvoyés et dès lors susceptibles d'être conscrits.

Même si la guerre amène une légère augmentation du nombre d'étudiants, l'université reste le privilège d'une élite. Entre 1936 et 1945, à peine 10 000 étudiants reçoivent un diplôme de premier cycle, moins de 1700 complètent un deuxième cycle et un peu plus de 400 obtiennent un doctorat (tableau 2). À cet égard, une nette différence sépare les francophones et les anglophones: proportionnellement à leur population, ceux-ci décrochent plus de diplômes et s'orientent davantage vers les sciences et le génie que vers la médecine, le droit ou la prêtrise, qui continuent d'attirer un grand nombre de francophones.

TABLEAU 2

NOMBRE TOTAL DE DIPLÔMES CONFÉRÉS PAR L'UNIVERSITÉ LAVAL, L'UNIVERSITÉ DE MONTRÉAL ET L'UNIVERSITÉ MCGILL, SELON LE CYCLE, 1936-1945

	1er cycle	2e cycle	3e cycle (doctorat)	Total
Laval	2 250	350	59	2 662
Montréal	3 079	816	83	3 978
McGill	4 137	440	275	4 852

Source: R. DUCHESNE, *La science et le pouvoir au Québec*, p. 104.

Malgré ces retards et en dépit des difficultés économiques de l'époque, le mouvement scientifique amorcé pendant les années 1920 en milieu francophone se poursuit. Il repose largement sur la détermination et le rayonnement de quelques individus qui font œuvre de pionniers, comme le frère Marie-Victorin en botanique, Adrien Pouliot en mathématiques, Armand Frappier en microbiologie ou l'abbé Alexandre Vachon en physique. Les scientifiques jouent un rôle important au sein de l'ACFAS, qui tient son premier congrès en 1933, et mettent sur pied des institutions comme le Jardin botanique ou l'Institut de microbiologie de Montréal. Les sciences sociales prennent également un nouvel essor, grâce notamment à Édouard Montpetit et à Esdras Minville à l'Université de Montréal, au père Georges-Henri Lévesque à l'Université Laval, ou à Leonard Marsh à l'Université McGill.

* * *

Dans l'ensemble du monde de l'éducation au Québec, la crise a pour effet d'interrompre l'amorce de modernisation entreprise durant les années 1920 et d'aggraver ainsi les retards aussi bien au niveau des ressources humaines et matérielles qu'à celui de l'accessibilité et de la scolarisation. La guerre met en branle une certaine relance du processus de développement et de mise à jour du système d'enseignement qui va se poursuivre et s'intensifier dans les décennies suivantes.

ORIENTATIONS BIBLIOGRAPHIQUES

ANCTIL, Pierre et Gary CALDWELL, dir. *Juifs et réalités juives au Québec*. Québec, IQRC, 1984. Chap. 2 et 5.

AUDET, Louis-Philippe. *Histoire de l'enseignement au Québec, 1608-1971*. Montréal, Holt, Rinehart and Winston, 1971. Tome 2. 496 p.

CHARLAND, Jean-Pierre. *Histoire de l'enseignement technique et professionnel*. Québec, IQRC, 1982. 482 p.

DENAULT, Bernard et Benoît LÉVESQUE. *Éléments pour une sociologie des communautés religieuses au Québec*. Montréal et Sherbrooke, Presses de l'Université de Montréal, 1975, p. 34-108.

DUCHESNE, Raymond. *La science et le pouvoir au Québec (1920-1965)*. Québec, Éditeur officiel, 1978. 126 p.

FRANDRICH, René. *L'école primaire supérieure*. Montréal, Éd. Albert Lévesque, 1934. 181 p.

FROST, Stanley. *McGill University*. Vol. II. Montreal, McGill-Queen's University Press, 1984. 493 p.

GALARNEAU, Claude. *Les collèges classiques au Canada français 1620-1970*. Montréal, Fides, 1978. 287 p.

HAMELIN, Jean et Nicole GAGNON. *Histoire du catholicisme québécois*. Vol. III: *Le XXe siècle*. 2 tomes. Montréal, Boréal Express, 1984, tome 1, p. 504; tome 2, p. 11-102.

JOHNSTON, Wendy. «Keeping Children in School: The Response of the Montreal Roman Catholic School Commission to the Depression in the 1930s». Canadian Historical Association / Société historique du Canada, *Historical Papers / Communications historiques. Montréal, 1985*, p. 193-217.

ROUSSEAU, Louis. «L'évolution des associations volontaires dans les paroisses montréalaises, 1940-1970», communication au Symposium sur le renouveau communautaire, Montréal, 1973. 8 p.

THIVIERGE, Nicole. *Écoles ménagères et instituts familiaux*. Québec, IQRC, 1982. 475 p.

VOISINE, Nive, André BEAULIEU et Jean HAMELIN. *Histoire de l'Église catholique au Québec (1608-1970)*. Montréal, Fides, 1971, p. 55-79.

Chapitre 8

LE LIBÉRALISME CONTESTÉ

Au point de vue idéologique, les années 1930 sont une période mouvementée. Il est impossible de rendre compte, dans le détail avec toutes les nuances qui les caractérisent, des nombreux courants qui parviennent alors à s'exprimer. Tous, en effet, n'ont pas la même importance ni ne rallient le même nombre de partisans. De plus, à l'intérieur de chaque courant, des différences et même des oppositions se manifestent souvent, tout comme il arrive que des grands courants apparemment antagonistes s'interpénètrent ou se rejoignent sur des points particuliers. Devant tant de complexité, il faut s'en tenir à l'essentiel. Nous retiendrons donc les courants majeurs et plus ou moins unifiés que sont le libéralisme, les idéologies de gauche, le nationalisme traditionaliste et le renouveau catholique. Quant aux années de guerre, elles sont marquées par l'imposition de l'état d'urgence et par la polarisation de l'opinion autour du problème de la participation canadienne au conflit mondial.

Le contexte de la crise.

Les répercussions de la crise se font sentir dans le camp idéologique par une ébullition rarement observée jusqu'alors. Dans les milieux intellectuels, politiques, journalistiques ou cléricaux, la gravité de la situation et l'inquiétude qu'elle provoque incitent à chercher des explications au désordre ambiant et à proposer des solutions pour y mettre fin.

Le contexte international, alors extrêmement tendu, contribue à cette effervescence. En Europe continentale, deux grandes idéologies totalitaires et anti-libérales se livrent une lutte dont les épisodes défraient constamment la chronique du Québec: le communisme et le facisme.Le premier, incarné par l'Union soviétique depuis la révolution d'octobre 1917 et propagé par des organisations comme la IIIᵉ Internationale socialiste (Komintern), reçoit l'appui d'une partie des forces de gauche syndicales et intellectuelles et réalise des progrès appréciables dans certains pays comme la France de Léon Blum et l'Espagne du *Frente popular*. Quant au facisme, il se traduit par la montée des nationalismes autoritaires en Autriche, au Portugal et bientôt dans l'Espagne franquiste mais surtout par le régime de Mussolini en Italie, puis, à partir de 1933, par le nazisme antisémite de l'Allemagne hitlérienne. À travers des événements politiques et militaires comme l'invasion de l'Éthiopie et surtout la guerre civile espagnole, cette opposition idéologique prend de plus en plus le sens d'un affrontement majeur à l'approche de la Deuxième Guerre mondiale.

Le Québec est également touché par des phénomènes plus proches. Au Canada anglais, s'affirment des courants restés jusqu'alors tout à fait marginaux, tels le communisme, le socialisme (défendu par le nouveau parti CCF) ou la doctrine du crédit social (qui remporte des succès spectaculaires en Alberta). Aux États-Unis et en Grande-Bretagne, le mouvement syndical se radicalise, tandis qu'émerge un important courant de réforme du libéralisme économique. Enfin, le Vatican, dont l'influence est considérable sur la scène internationale, précise sa doctrine sociale dans deux encycliques majeures, *Quadragesimo anno* (1931) et *Divini redemptoris* (1937).

Un peu partout, la crise s'accompagne donc d'une intensification des luttes idéologiques, que colore, au Québec, la poursuite de débats déjà anciens, exacerbés par les difficultés et le désarroi de l'époque. Pour comprendre un tel bouillonnement, le mieux est probablement de le voir avant tout comme une crise du libéralisme, dont le prestige est en effet mis à rude épreuve. D'une part, sa contestation ponctuelle ou globale permet l'affirmation de diverses idéologies de remplacement ; d'autre part et simultanément, il se renforce pourtant en se transformant de lui-même sous la pression des événements et des critiques dont il est l'objet.

Le libéralisme en difficulté

Au Québec et au Canada comme dans l'ensemble des pays capitalistes industrialisés, le libéralisme a occupé depuis le 19e siècle une position dominante dans le champ idéologique. C'est lui, essentiellement, qui a inspiré les institutions politiques, les lois et les modèles de développement depuis la Confédération; la prospérité de la fin des années 1920 l'a encore consolidé. Défendu principalement par les hommes politiques des deux grands partis, par les milieux d'affaires et par la presse, il fonde le progrès économique et social sur la liberté individuelle et la propriété privée. La société est conçue comme un lieu de libre concurrence, où chacun a la possibilité d'atteindre au succès, sans être gêné par des contraintes venues de la collectivité ou de l'État. De la somme des efforts et des profits individuels doivent provenir l'équilibre social et la richesse commune. Le libéralisme voit donc d'un bon œil l'industrialisation, l'urbanisation et la transformation des modes de vie, et il favorise le développement aussi large que possible des moyens de communication. En matière sociale, deux courants s'y expriment: un courant conservateur, qui met l'accent sur la responsabilité individuelle, et un courant qualifié de progressiste ou de réformiste, qui souhaite que des interventions étatiques corrigent certaines inégalités engendrées par la société industrielle.

Tout influente qu'elle soit, la pensée libérale ne se présente guère, au Québec, comme un ensemble doctrinal articulé. Idéologie du pouvoir et des institutions en place, elle est diffuse et tend à être vue comme allant largement de soi. De plus, le libéralisme canadien et québécois n'a rien de vraiment original, puisqu'il s'inspire essentiellement de celui de la Grande-Bretagne et des États-Unis. Depuis les années 1920, ces derniers exercent d'ailleurs au Québec une influence croissante, aussi bien par leurs investissements que par la diffusion de leurs modèles culturels dans toutes les couches de la population grâce à la radio, au cinéma et à la presse à grand tirage.

Mais la crise porte un dur coup au libéralisme, en révélant la fragilité du système capitaliste et son incapacité d'opérer de lui-même les redressements nécessaires. D'un peu partout, on se met à attaquer la pensée et les institutions libérales, auxquelles on attribue la responsabilité du désastre. Anciens héros de *success stories,* l'homme d'affaires, le grand patron, le spéculateur apparaissent maintenant comme des personnages dangereux, âpres au gain, insensibles aux malheurs publics. Comme l'écrit l'historien Blair Neatby, «c'étaient [eux] qui fermaient les usines, qui saisissaient les biens hypothéqués, qui sacrifiaient impitoyablement sur l'autel du profit le sort des misérables et des infortunés». Les monopoles exercés par les empires financiers, les grandes sociétés, les «trusts», font aussi l'objet de dénonciations virulentes. De façon générale, on remet sérieusement en cause la vision libérale de la société et le modèle de développement qu'elle propose.

Cet anti-libéralisme se répand rapidement dès le début des années 1930. Il prend parfois la forme d'un certain populisme, dont les tenants, sans proposer de programme articulé, prennent le parti des petites gens, chômeurs, petits salariés, cultivateurs, contre les magnats de la finance, de la politique ou de l'intelligentsia. Bien qu'on trouve des traces de cette attitude dans presque toutes les idéologies d'opposition qui ont cours à l'époque, elle se manifeste plus clairement dans certains cas: les discours et la popularité d'un Camillien Houde, d'un Maurice Duplessis à ses débuts ou d'un Mitch Hepburn, le premier ministre ontarien, en seraient des exemples, de même que la faveur dont jouissent des figures comme le Frère André ou la Bolduc.

Mais la vraie critique du libéralisme, c'est plutôt dans les idéologies «programmatiques» qu'il faut la chercher, c'est-à-dire celles qui, en plus de le contester, proposent des solutions de rechange. On peut, à cet égard, distinguer deux tendances. D'un côté, l'anti-libéralisme d'inspiration marxiste ou socialiste s'en prend aux fondements mêmes du libéralisme et du capitalisme, qu'il voudrait remplacer par un système fondé sur la propriété collective de l'économie et sur un fort interventionnisme d'État. D'un autre côté, plusieurs groupes, où se rencontrent progressistes et traditionalistes, préconisent plutôt diverses réformes ou réaménagements qui permettraient de corriger ou d'éviter les abus du capitalisme, mais sans l'abolir ni en détruire les valeurs essentielles. Au Québec, cette seconde tendance l'emporte nettement sur la première.

Marginalité des courants de gauche

Quoique les conditions socio-économiques créent en principe un terrain favorable à leur diffusion, les courants de gauche ne parviennent guère à s'imposer dans le Québec des années de crise. Par rapport à la période antérieure, toutefois, leur présence et leur influence s'accroissent quelque peu, dans le prolongement de ce qui se passe alors au Canada anglais, où la gauche réalise des progrès significatifs.

Le courant le plus radical est le marxisme, représenté par le Parti communiste canadien depuis 1921 et par diverses organisations affiliées comme la Ligue d'unité ouvrière ou l'Association des sans-travail, fondée en 1930. Très actifs malgré les répressions dont ils sont l'objet, les communistes voient dans la crise et ses séquelles l'illustration par excellence des méfaits du système capitaliste, qu'il faut donc renverser pour instaurer un «Canada soviétique» fondé sur la dictature du prolétariat et la nationalisation intégrale de l'économie. Dans l'immédiat, ils réclament de meilleures conditions de travail et de vie pour les ouvriers, le droit à la syndicalisation et diverses mesures sociales comme l'assurance-chômage sans cotisation des travailleurs et l'augmentation des dépenses de l'État pour les secours directs et les travaux publics. Fidèles aux directives du communisme international, ils prônent d'abord une stratégie rigoureuse de «classe contre classe», farouchement anticapitaliste, pour adopter ensuite, après 1935, une politique de «Front populaire», en modérant leurs revendications et en essayant de s'associer aux autres groupes antifascistes moins radicaux.

Les socialistes canadiens se regroupent en 1932 dans un nouveau parti, le Cooperative Commonwealth Federation (CCF) et exposent leurs idées dans le «Manifeste de Regina» publié en 1933, ainsi que dans les travaux de la League for Social Reconstruction où des intellectuels anglophones de Montréal sont particulièrement actifs. Il s'agit d'un socialisme d'inspiration travailliste, qui conteste le capitalisme en faveur de la «reconstruction» d'un «nouvel ordre social» axé sur le bien commun et la satisfaction des besoins du grand nombre plutôt que sur le profit. Il préconise la planification de l'économie, la nationalisation de certains secteurs de production et une forte intervention de l'État, notamment en matière de sécurité sociale. À la différence des commu-

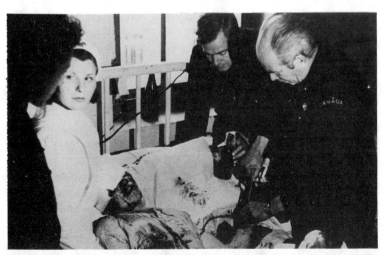

Le docteur Bethune pratiquant une transfusion durant la guerre civile espagnole, 1936-1938. (Geza Karphati, ANC, C-67451)

Saisie de publications communistes, 1938. (Fonds Conrad Poirier, ANQM)

nistes, dont ils cherchent à se démarquer, les socialistes croient en la possibilité d'obtenir un changement de la société par des voies pacifiques et à l'intérieur du régime parlementaire établi.

Ces deux mouvements essaient de s'implanter au Québec, en appuyant le syndicalisme industriel, en participant aux grèves, en s'intéressant aux chômeurs, en organisant des manifestations et en formant des groupes de militants. Ces efforts obtiennent des succès variables selon les milieux. Chez les immigrants montréalais de condition modeste, les idées de gauche sont assez bien accueillies, en particulier dans le milieu juif, dont le passé européen comporte une importante tradition liée à l'élaboration et à la diffusion du socialisme et du marxisme. Un autre milieu sensible aux idéologies égalitaires comprend des intellectuels, des jeunes bourgeois et certains membres des classes moyennes du Montréal anglophone, dont les plus connus sont Frank R. Scott, professeur à l'Université McGill et sympathisant actif du CCF, et le docteur Norman Bethune qui, après un voyage en URSS, devient militant communiste et se joint aux combattants de gauche en Espagne puis en Chine. C'est de ces milieux que proviennent en 1937 la plupart des recrues québécoises du bataillon McKenzie-Papineau, formé par les communistes canadiens pour aller au secours des républicains espagnols.

Dans la population canadienne-française, cependant, ni le communisme ni le socialisme ne réussissent à percer. Le PCC a beau considérer les Canadiens français comme «les masses les plus exploitées au Canada» et assigner à la Ligue d'unité ouvrière l'objectif de recruter 200 000 travailleurs dans les industries du Québec, ses membres et sympathisants, tous montréalais, ne dépassent jamais les quelques centaines. De même, l'Université ouvrière, fondée par Albert Saint-Martin en 1925, a beau poursuivre ses activités de propagande marxiste, son rayonnement reste extrêmement limité dans le milieu francophone. En fait, des travailleurs et des chômeurs sont touchés par les campagnes, les slogans et l'infiltration des organisations de gauche, mais c'est presque toujours à leur insu et sans adhérer aux idéologies globales que celles-ci proposent.

Cette marginalité de la gauche chez les Québécois francophones tient à trois facteurs principaux. Le premier, et l'un des plus décisifs, est l'opposition de l'Église. Attachée au maintien de l'ordre et au respect des autorités constituées, elle rejette le «bolchevisme», qui fomente, comme le déclare un prédicateur devant 100 000 fidèles réunis à Montréal en 1936, «le grand soir de la débauche antichrétienne et la grande orgie sacrilège». Même le socialisme CCF, pourtant influencé par le christianisme social, est rejeté parce qu'il n'offre lui aussi «qu'une conception matérialiste de l'ordre social». À la propagande anticommuniste de l'Église s'ajoute, deuxième facteur, celle des pouvoirs publics, qui pratiquent en outre une forte répression policière, judiciaire et législative, venue d'abord surtout d'Ottawa, sous le gouvernement Bennett, puis, à partir de 1936, de Québec, où le gouvernement Duplessis se livre à une véritable chasse aux communistes et aux dissidents grâce à la «loi du cadenas», adoptée en 1937, qui permet de forcer la fermeture de tout lieu où des personnes sont soupçonnées de propager les idées communistes. Après le pacte germano-soviétique de 1939, le PCC est frappé d'interdit par le gouvernement canadien. Enfin, des éléments culturels et politiques jouent également: non seulement le PCC ou le CCF ne réussissent pas à se donner des leaders canadiens-français, mais leur image d'ensemble est celle de mouvements étrangers au milieu francophone. Ils ont peine à comprendre le nationalisme canadien-français et défendent une vision centralisatrice du fédéralisme, heurtant de front la conception traditionnelle de l'autonomie provinciale et le sentiment national des Québécois francophones.

Forte poussée du nationalisme traditionaliste et du corporatisme

Si le libéralisme a façonné les institutions politiques et le système économique depuis le 19e siècle, au Québec un autre grand courant d'idées s'est développé parallèlement, qui privilégie les aspects sociaux et culturels de la vie collective. Il s'agit du nationalisme, dont les valeurs fondamentales sont l'exaltation de la spécificité du peuple canadien-français et la volonté d'assurer sa survivance et son épanouissement. Toutefois, le nationalisme peut être entendu de diverses manières. Plusieurs groupes, en effet, ont des conceptions parfois fort différentes de la nation et des moyens, politiques ou autres, les plus aptes à promouvoir ses intérêts. Des préoccupations nationalistes sont inscrites à quelque degré dans toutes les idéologies québécoises depuis le milieu du 19e siècle, si bien qu'il n'y a pas un, mais plusieurs nationalismes: libéral, réformiste, conservateur, ultramontain, etc.

De toutes ces tendances, qui souvent s'opposent les unes aux autres, la plus importante depuis le tournant du siècle environ est la tendance qu'on peut appeler traditionaliste. Là encore, plusieurs formulations en ont été proposées qui peuvent varier sensiblement d'un groupe, d'une génération ou d'une école de pensée à l'autre. Mais en substance, le nationalisme traditionaliste tend à voir les Canadiens français comme un peuple — une «race», dit-on alors — dont la spécificité, voire la supériorité, provient d'abord, sinon exclusivement, de leur attachement aux traditions reçues du passé: leur origine française paysanne, leur langue, leur religion, ainsi qu'aux institutions vouées à la conservation de cet héritage: la famille, la paroisse, la vie rurale. Tout ce qui risque de porter atteinte à ces valeurs, qu'il s'agisse de l'urbanisation, de l'intervention de l'État ou des nouveaux modèles culturels en provenance des États-Unis, est perçu comme une menace qui doit être combattue.

Le prestige et l'influence de ce nationalisme reposent sur le fait qu'il a été largement pris en charge par l'Église catholique, qui en a fait à toutes fins utiles sa doctrine officielle et une façon de justifier ses propres positions de pouvoir et d'autorité au sein de la société québécoise. C'est pourquoi maints auteurs utilisent à son sujet l'expression de clérico-nationalisme. Celui-ci, en effet, est transmis non seulement par la prédication et les œuvres pastorales, mais par tous les appareils et institutions que contrôle directement ou indirectement le clergé: enseignement, services sociaux privés, édition, «bonne presse», syndi-

Le Grand Evènement ?
de la Saison... ◆ ◆◆

Les "Jeune-Canada"

à Sainte-Philomène de Rosemont

Peuple patriote de Ste-Philomène, venez entendre
l'examen de conscience des trusts de la Gasoline
et de l'Electricité, fait par vos jeunes frères patriotes:

Les "Jeune-Canada"

Ils ausculteront ces corps sans âme, pour leur trouver
de l'or à la place du coeur!

QUATRE discours pathétiques donnés par les
"Jeune-Canada", sous le haut patronage des
PATRIOTES DE STE-PHILOMENE, à la Salle Parois-
siale, coin Masson et 5ième Ave., à 8.15 heures p.m.

LUNDI, LE 19 FEVRIER 1934

ENTREE LIBRE ET BIENVENUE A TOUS

Circulaire des Jeune-Canada. (Fondation Lionel-Groulx)

calisme catholique, mouvements de jeunesse, etc., auxquels la littérature et l'art bien pensants joignent leurs voix pour répéter inlassable-
ment la leçon de *Maria Chapdelaine*: «Au pays de Québec rien ne doit
mourir et rien ne doit changer.» Enfin, depuis le début du siècle, grâce
aux écrits de certains penseurs et hommes d'action prestigieux comme
Henri Bourassa, directeur du *Devoir*, ou Lionel Groulx, directeur de
L'Action française, c'est une idéologie fortement explicitée, étayée par
une abondante historiographie, et qui a l'aspect d'une doctrine claire,
complète et très articulée.

   Si une bonne partie de la petite bourgeoisie, proche du clergé,
accueille et défend cette doctrine, il est difficile de mesurer sa faveur

auprès des autres couches de la population. Au cours des années 1920, en particulier, le climat d'euphorie moderniste et l'irruption dans les villes de la culture de masse américaine ont rendu le message traditionaliste de plus en plus malaisé à défendre. Réduits pratiquement à un rôle d'opposition au pouvoir politique incarné par le Parti libéral de Taschereau, les nationalistes font alors figure d'une arrière-garde passéiste et réactionnaire, dont les idées sont systématiquement contredites par la réalité.

Mais la crise va tout changer. Devant la gravité de la situation et le désarroi idéologique ambiant, les milieux cléricaux et les élites traditionnelles se lancent dans une vaste campagne de réactivation et de mise à jour du nationalisme traditionaliste, à laquelle se rallient bientôt une majorité d'intellectuels, d'étudiants, de penseurs politiques et de spécialistes des sciences humaines ayant quelque influence dans le Québec francophone. Tracts, programmes et déclarations se multiplient, surtout à compter de 1932. Outre le quotidien *L'Action catholique* de Québec, les groupes les plus actifs se trouvent à Montréal: l'École sociale populaire animée depuis 1911 par les jésuites, la revue *L'Action nationale* fondée en 1933 sous l'égide de Lionel Groulx, le journal *Le Devoir*, l'École des hautes études commerciales où enseignent les Édouard Montpetit, Esdras Minville et Victor Barbeau, la Société Saint-Jean-Baptiste, et enfin le mouvement des Jeune-Canada, créé en 1932 autour du *Manifeste de la jeune génération* rédigé par André Laurendeau. Mais les thèmes et le discours élaborés dans ces milieux où le degré de conviction et de militantisme est particulièrement élevé se répandent largement au dehors. On les retrouve dans la presse régionale, dans les syndicats de la CTCC, à l'UCC (Union catholique des cultivateurs), dans le monde des coopératives et des caisses populaires, c'est-à-dire partout où le clergé et la petite bourgeoisie exercent une influence prépondérante.

Si ses valeurs de base restent essentiellement les mêmes que celles qu'il s'est données depuis le tournant du siècle — primauté de la religion, de la langue et de l'agriculture, méfiance envers le monde moderne, valorisation de l'ordre et de l'autorité —, le nationalisme des années 1930 connaît par ailleurs certains développements notables sous la pression des événements et du contexte de la crise.

On soumet d'abord le libéralisme et le capitalisme à la critique. Dans la foulée de *Quadragesimo anno*, cette critique est avant tout morale. On reproche à la société libérale son manque de charité et de justice, son matérialisme et les plaies dont elle s'accompagne, en particulier dans les villes: corruption des mœurs, désunion des familles, chômage, misère. Mais la critique obéit aussi à des motifs nationalistes: les grands monopoles industriels et financiers sont «étrangers», c'est-à-dire non canadiens-français, ils exploitent les ressources locales au mépris des intérêts nationaux, bafouent la langue et la religion, et sont largement responsables de l'infériorité économique dont souffrent les Canadiens français. Jamais, toutefois, ne sont remis en cause les fondements du capitalisme que sont la propriété privée et la liberté d'entreprise. Seuls ses abus et son visage étranger sont pris à partie.

La critique très partielle que les nationalistes adressent au libéralisme est donc loin de rejoindre celle des communistes et des socialistes. Au contraire, ceux-ci représentent pour les nationalistes un danger pire encore que le capitalisme sauvage. Le communisme, hautement condamné par le pape, est l'ennemi par excellence, celui qui tente de profiter de la crise pour renverser l'ordre social et instaurer le règne du paganisme, de la haine et du totalitarisme d'État. Il faut donc lui livrer une guerre totale, ce à quoi s'emploie notamment l'École sociale populaire, qui publie des tracts, organise pétitions et manifestations et réclame l'intervention des pouvoirs publics et de la police pour enrayer les menées subversives des «Sans-Dieu». Loin d'être exclusif au nationalisme, l'anti-communisme devient ainsi l'un des thèmes idéologiques majeurs de la décennie.

Il ne suffit pas cependant de dénoncer. L'urgence de la situation commande aux nationalistes de proposer eux aussi des remèdes à la crise. L'effort le plus marquant en ce sens est la préparation et la publication en 1933, sous les auspices de l'École sociale populaire, du Programme de restauration sociale, qui connaîtra une ample diffusion et restera une référence majeure pour l'ensemble du mouvement nationaliste durant une douzaine d'années. En premier lieu, ce programme vise à réactualiser les thèmes déjà anciens du traditionalisme: les causes de la crise étant d'abord morales, on ne sortira du marasme qu'en renouant avec les traditions et en retrouvant les vertus chrétiennes et la fierté patriotique dont l'oubli a causé le désordre présent. Les mots «renaissance», «redressement», «restauration», «ressaisie», qu'on répète à satiété, expriment tous l'idée d'un retour à des valeurs et à des formes sociales que l'évolution moderne aurait bafouées ou négligées.

En même temps, devant la nécessité de proposer des solutions plus concrètes, le programme emprunte à un courant apparu au cours des deux décennies précédentes au sein de l'intelligentsia nationaliste mais resté minoritaire jusqu'alors. Ce courant, que l'historien Yves Saint-Germain appelle celui des «progressistes ambivalents», se distinguait du traditionalisme pur par trois aspects principaux: au lieu de les dénoncer simplement, il prenait acte de l'urbanisation et de l'industrialisation et cherchait des moyens pour les Canadiens français de s'y adapter tout en préservant leurs valeurs traditionnelles; il affirmait la nécessité de l'éducation et du développement économiques pour la survie de la collectivité; enfin, il reconnaissait l'importance du progrès scientifique, défendu notamment par le frère Marie-Victorin et l'ACFAS (Association canadienne-française pour l'avancement des sciences) fondée en 1923. Avec la crise, ce message trouve plus d'écho et constitue, notamment, l'une des inspirations du Programme de restauration sociale.

Au nombre des mesures que le programme préconise, certaines ont une saveur réformiste, comme l'aide aux chômeurs et le contrôle ou la nationalisation des monopoles œuvrant dans les services publics et la finance. D'autres, par contre, favorisent une sorte de repli socio-économique: restriction de l'immigration, retour des femmes au foyer, «restauration rurale» par le soutien prioritaire à l'agriculture et à la colonisation, encouragement de l'artisanat et des petites entreprises canadiennes-françaises, «achat chez nous», développement des coopératives locales. Enfin, pour couronner ces solutions particulières, l'idée-maîtresse, qui permettrait l'instauration d'un «ordre nouveau» et une réorganisation globale de la société et des institutions, est la doctrine dite du corporatisme.

Présenté comme une «troisième voie» entre libéralisme et communisme, le corporatisme jouit de l'appui officiel du Saint-Siège qui, dans *Quadragesimo anno*, en prône l'implantation comme remède à la crise. Déjà, des modèles étrangers existent, que l'on cite volontiers: l'Italie mussolinienne, le Portugal de Salazar, quelques pays d'Amérique latine. Le Programme de restauration sociale en fait donc une de ses propositions majeures, reprise par la plupart des idéologues et des groupes de pression nationalistes tout au long de la décennie.

Il est difficile de résumer la pensée corporatiste. Essentiellement, elle vise à assurer l'ordre et la paix sociale par le moyen de la concertation harmonieuse de tous les groupes sociaux, réunis dans autant de «corporations» ou de «corps intermédiaires» voués à la poursuite du bien commun. Ainsi, aux luttes de classes succéderait leur «collaboration», puisque patrons et ouvriers d'un même secteur seraient rassemblés dans une même corporation et travailleraient ensemble à l'épanouissement de leur secteur comme à celui de toute la nation. Celle-ci constituerait en quelque sorte la corporation des corporations, représentée par un «Conseil économique et social» dont les membres seraient à l'abri de tout esprit partisan comme de toute forme de corruption. À la démocratie parlementaire, source de dissensions, le corporatisme substituerait ainsi une société unanime, où chaque individu, imprégné de la mystique nationale, se préoccuperait et en même temps profiterait de l'harmonie et de la prospérité générales.

À travers le corporatisme s'expriment deux traits fondamentaux du nationalisme traditionaliste. Le premier est le besoin d'ordre, la volonté de gommer ou d'empêcher les conflits au nom de l'unité de la nation, et la croyance en l'autorité comme principe organisateur. Dans le Québec tel que rêvé par les nationalistes, tous seraient catholiques, Canadiens français de sang et de langue, et respectueux des élites religieuses et intellectuelles. Cette vision se traduit, chez beaucoup, par le culte du Chef, l'attente d'un Mussolini ou d'un Dolfuss canadien-français qui incarnerait l'essence de la nation et lui dicterait les voies de son avenir. Le mythe de Dollard des Ormeaux, dont Groulx et ses disciples se font les ardents propagateurs, répond symboliquement à ce besoin.

L'autre trait significatif est la méfiance envers l'État tel que le néo-libéralisme en émergence commence à le concevoir et tel que l'État fédéral canadien est alors en train de le devenir, c'est-à-dire de plus en plus interventionniste. Pour les nationalistes, cet État représente une triple menace: il est anglophone et religieusement neutre, il porte atteinte au rôle traditionnel de l'Église dans la société, et surtout son «paternalisme» risque d'enlever aux individus et aux familles leur liberté en même temps que leurs responsabilités «naturelles». Le corporatisme social, par contre, que l'on prend bien soin de dissocier du corporatisme d'État, permettrait la planification sociale et économique de façon organique, en s'appuyant non sur l'État mais sur les «corps» locaux, dont le premier en importance serait l'Église elle-même.

En somme, le modèle proposé par le corporatisme nationaliste est celui d'une société fortement structurée, élitiste, fermée sur elle-même, toute tournée vers la défense de son identité ethnique, linguistique et religieuse, et seule maîtresse de son économie. Comme l'ont montré plusieurs auteurs, ce modèle exprime surtout les intérêts des élites traditionnelles, Église et petite bourgeoisie, qui tentent ainsi de résister à la montée du capitalisme monopolistique, à la modernisation sociale et culturelle et à l'interventionnisme croissant de l'État, toutes choses qui menacent leur prestige et leurs positions dans la société.

Un autre aspect par lequel le nationalisme traditionaliste des années 1930 se distingue de ses formes antérieures est sa dimension politique. Quoiqu'on ait parlé à son propos d'«apolitisme», il réussit provisoirement à s'incarner dans un parti relativement cohérent, l'Action libérale nationale, dont le programme à saveur réformiste s'inspire beaucoup du corporatisme social et de la thématique nationaliste. Même l'Union nationale, au début, est vue comme une incarnation du nationalisme traditionaliste, qui se trouve ainsi, vers le milieu de la décennie, à jouer un rôle plus important que jamais sur la scène politique et électorale.

Politiquement, le nationalisme clarifie aussi quelque peu ses objectifs. La vieille hésitation entre un nationalisme canadien, à la Henri Bourassa, et un nationalisme davantage centré sur le Québec, comme avait commencé à le concevoir *L'Action française* durant les années 1920, tend à se résoudre en faveur de ce dernier. Quelques groupes, dont les Jeunesses patriotes, les Jeunes Laurentiens, les intellectuels de la revue *Vivre* (1934-1935) et du journal *La Nation* (1936-1938), vont jusqu'à prôner la séparation du Québec et sa constitution en un État indépendant de droite, qu'ils se plaisent à nommer la Laurentie. Sans pousser aussi loin, la plupart des nationalistes, toutefois, acordent peu à peu la prépondérance au Québec, qu'ils voient comme l'État national des Canadiens français. Ils préconisent donc une décentralisation du régime fédéral et se montrent farouchement attachés au principe de l'autonomie provinciale. Tout en demeurant loyaux envers la «grande patrie» canadienne, écrit Lionel Groulx, nous devons nous consacrer d'abord à notre «petite patrie», le Québec.

Enfin, au nationalisme traditionaliste sont associés d'autres thèmes caractéristiques de la droite de l'époque, comme l'éloge du fascisme et de ses représentations, une admiration pour des «chefs» comme Mussolini, Franco ou Pétain, ainsi qu'un antisémitisme assez largement répandu. On voit dans les commerçants, financiers, syndicalistes ou intellectuels juifs une menace, et même, aux yeux de certains, les agents d'un vaste complot mondial anticatholique et antinational. Symbolisant par excellence l'étranger, les Juifs deviennent des boucs émissaires, à qui l'on attribue la responsabilité de tous les maux, tout en

Affiche antisémite à Sainte-Agathe, 1939. (*The Gazette*, ANC, PA-107943)

enviant leur énergie, leur détermination et leur sens de la solidarité. Mais cette méfiance tourne rarement à la haine ouverte ou à l'invocation de mesures comme l'expulsion ou la discrimination systématique. Cela se produit néanmoins chez quelques individus et groupes d'extrême-droite, comme Adrien Arcand et son groupe d'obédience nazie, qui publient *Le Fasciste canadien* de 1935 à 1938.

On a parlé du nationalisme traditionaliste des années 1930 comme d'une idéologie «dominante». En fait, elle a dans la réalité politique et économique un effet mitigé, que l'on a surestimé par rapport à celui du libéralisme, répandu par la presse à grand tirage, ou du néo-libéralisme en train de prendre forme au même moment. Cependant, à cause de ses formulations nombreuses et variées, des manifestations auxquelles elle a donné lieu, et à cause aussi de l'aventure de l'ALN, c'est probablement l'idéologie la plus visible et la plus explicite, celle qui exerce l'influence la plus large dans les milieux intellectuels et une partie des milieux politiques.

Une nouvelle façon d'être catholique?

Si le nationalisme traditionaliste est le prolongement et la systématisation d'un courant d'idées déjà ancien au Québec, un autre mouvement, nettement minoritaire, prend forme au cours des années 1930 dans les milieux catholiques et deviendra après la guerre beaucoup plus important. Inspiré notamment par le renouveau catholique français, ce mouvement, auquel se rallient surtout des jeunes issus des collèges classiques, ne rompt pas avec la religion, loin de là, ni ne conteste de front l'autorité cléricale. Il cherche plutôt à rénover la pensée et l'action religieuses, en critiquant leur conservatisme et en tâchant de mieux les adapter aux réalités contemporaines.

Deux groupes, apparus l'un et l'autre en 1934, se signalent à cet égard: la revue *La Relève*, fondée par d'anciens élèves des jésuites, et les mouvements d'action catholique spécialisée, en particulier la JEC (Jeunesse étudiante catholique). Ces deux groupes refusent l'un et l'autre l'association étroite du nationalisme et de la religion. Pour *La Relève*, la solution à la crise passe d'abord par une révolution spirituelle et par l'instauration d'un «humanisme intégral», selon l'expression du philosophe français Jacques Maritain. «L'ordre nouveau, écrit le jeune Guy Frégault en 1938, doit restaurer la personne dans sa dignité... L'ordre nouveau est personnaliste, c'est dire qu'il se situe d'un seul coup aux antipodes de toute forme d'impérialisme: celui de la race, de la nation et de l'État (fascisme de droite); celui de la classe et de l'État productiviste (fascisme de gauche); celui du tube digestif et des banquiers (exemple typique: l'impérialisme britannique).»

Si les positions universalistes de *La Relève* demeurent plutôt abstraites, celles de la JEC se veulent en contact étroit avec le réel. C'est pourquoi celle-ci se déclare apolitique et réfractaire au nationalisme qui avait inspiré jusque-là l'action catholique pratiquée par l'ACJC (Association catholique de la jeunesse canadienne), pour privilégier les réalités sociales et l'engagement dans les milieux concrets. Au mépris religieux du monde, la JEC oppose sa valorisation, sa connaissance approfondie et sa transformation par le moyen d'une action bien adaptée aux problèmes visés.

Soutenu par des éléments progressistes au sein du clergé, ce nouveau courant représente une rupture par rapport aux positions traditionnelles du catholicisme québécois. Il met l'accent sur les responsabilités des laïcs dans l'Église, il revalorise l'individu face à l'autorité, il plaide en faveur d'une pratique religieuse plus authentique, moins triomphaliste et plus ouverte aux dimensions profanes, et enfin il fait confiance à la modernisation sous ses diverses formes.

Vers le néo-libéralisme

Attaquée de toutes parts, la pensée libérale connaît durant les années 1930 une phase de transformation décisive. Les principes du libéralisme pur deviennent de plus en plus difficiles à défendre, et on n'y recourt désormais que de manière défensive, pour faire échec à la menace que représentent le socialisme, le communisme ou le fascisme. Mais pendant ce temps, des tendances apparues au début du siècle et demeurées marginales, comme le réformisme urbain ou même le *social gospel*, s'affirment avec plus de force et plaident pour une certaine «humanisation» du libéralisme, c'est-à-dire pour son ouverture accrue aux problèmes des inégalités socio-économiques, du chômage, des monopoles.

Visant à préserver les valeurs libérales essentielles en les adaptant aux données nouvelles révélées par la crise, ce courant de réforme prendra bientôt le nom de néo-libéralisme. Il se traduit principalement par une redéfinition du rôle de l'État, ainsi qu'il en a été question dans un chapitre précédent. Se plaçant au-dessus des groupes et des intérêts particuliers, cet État, tout en continuant d'assurer la liberté des individus, veillerait, par ses interventions socio-économiques, à empêcher les déséquilibres trop marqués.

Les théories inspirant cette réorientation du libéralisme s'élaborent surtout dans les grandes puissances capitalistes que sont la Grande-Bretagne, où émerge alors le keynésianisme, et les États-Unis, où le président Roosevelt lance son *New Deal* en 1933. Au Canada, la conversion est plus lente. L'intervention gouvernementale dans l'économie et les affaires sociales est vue comme strictement temporaire par les milieux d'affaires et les politiciens eux-mêmes. Qu'ils soient du Parti libéral ou du Parti conservateur, ceux-ci restent attachés au libéralisme intégral, c'est-à-dire partisans du «laisser faire» et conservateurs en matière sociale. Seule une minorité éclairée, qui se recrute principalement parmi les universitaires, la haute fonction publique et les syndicalistes réformistes du CMTC (Congrès des métiers et du travail du Canada), se montre prête à accueillir les conceptions du néo-libéralisme.

Au Québec, ce courant ne touche guère la société francophone. L'État québécois, sous Duplessis comme sous Taschereau, non seulement résiste au virage, mais s'oppose à toute initiative interventionniste d'Ottawa. Il le fait au nom de l'autonomie provinciale, mais aussi afin de contrer ce qu'on considère comme une ingérence qui menace la liberté d'entreprise et la morale familiale. Les politiciens québécois ont d'ailleurs, à cet égard, l'appui de la bourgeoisie anglophone et des journaux anglais de la métropole, celui des libéraux de stricte obédience, comme l'hebdomadaire *Le Jour* dirigé par Jean-Charles Harvey ou le quotidien *L'Ordre* d'Olivar Asselin, ainsi que celui des traditionalistes et de l'Église.

L'intermède de la guerre

Même si la rupture n'est pas absolue, le climat idéologique des années de guerre contraste assez fortement avec celui des années 1930. D'abord, le contexte économique change brusquement: à la crise succède une prospérité nouvelle, qui entraîne la diminution radicale du chômage et la modernisation des modes de vie. Bien des débats engendrés par les problèmes de la dépression perdent ainsi de leur pertinence. Par ailleurs, à partir de 1939, le Canada est un pays en guerre, où règne l'état d'urgence et où le pouvoir s'affirme avec une force qui dépasse nettement ses attributions ordinaires. Dans le domaine idéologique, le gouvernement fédéral veille à ce que l'«effort de guerre» soit encouragé; il utilise pour cela une propagande massive et recourt à la censure. Il en résulte, d'une part, un rétrécissement de l'éventail idéologique, et, d'autre part, une influence directe de l'état de guerre sur tous les débats locaux. Les deux courants principaux sont les plus touchés: le libéralisme connaît une nette remontée et accélère sa transformation, tandis que le nationalisme se cristallise autour du problème de la participation et de l'autonomie provinciale. Quant aux courants de gauche, leur emprise au Québec change assez peu.

Quoique les mesures de guerre et l'intervention massive du gouvernement fédéral dans tous les secteurs de la vie collective soient en principe contraires à l'idéologie libérale, celle-ci, après les années dures de la crise, profite de la guerre pour retrouver toute sa vigueur. La propagande gouvernementale, en effet, mise à fond sur les valeurs libérales: démocratie, liberté, antifascisme. En même temps, au nom de la sauvegarde de ces mêmes valeurs, et dans le but de préparer l'après-guerre, les idées néo-libérales s'affirment de plus en plus. Malgré leurs réticences passées, les milieux d'affaires et les hommes politiques acceptent la vision keynésienne de l'État et le rôle de ce dernier en matière de sécurité sociale. Au Québec, ce réformisme libéral inspire en bonne partie l'action du gouvernement Godbout (1939-1944).

Pour le nationalisme, la guerre est une période de transition. Son contenu traditionaliste des années 1930 tend à s'atténuer, pour diverses raisons. D'abord, la reprise de l'industrialisation, le retour de la prospérité, la mobilisation des jeunes gens et des chefs de familles, le travail des femmes, ainsi que l'ouverture sur le monde grâce à l'actualité internationale omniprésente, transforment les façons de vivre et de penser dans le sens de la modernisation et du pluralisme, affaiblissant du même coup certaines des bases sur lesquelles reposait l'influence des idéologies de repli et de conservation. Par ailleurs, les sympathies pro-fascistes que les nationalistes ont manifestées durant les années 1930, sympathies qui s'expriment encore largement à l'endroit de la France de Vichy au début de la guerre, deviennent de plus en plus suspectes. Corporatisme et anticommunisme, par exemple, peuvent apparaître maintenant comme des positions favorables à l'ennemi.

S'il tend à se départir de son orientation traditionaliste, le nationalisme connaît pourtant une véritable flambée dans les premières années de la guerre. La perspective de voir le Canada participer de nouveau à un conflit qui ne le concerne pas directement ravive au Québec le nationalisme canadien anti-impérialiste du début du siècle, toujours symbolisé par Henri Bourassa, dont le prestige connaît un regain temporaire. Recevant un large appui dans toutes les couches de la population francophone, cet anti-participationnisme se manifeste avec force autour du débat provoqué par le plébiscite de 1942 sur la conscription. Ainsi s'accélèrent la politisation du nationalisme et son évolution vers des positions toujours plus autonomistes. Sans aller jusqu'au séparatisme, les élites traditionnelles et une forte proportion de la population favorisent l'expression d'un nationalisme de plus en plus tourné vers le Québec et opposé au fédéralisme centralisateur d'Ottawa. Cet autonomisme aura d'ailleurs raison, en 1944, du gouvernement Godbout, trop identifié aux positions des libéraux fédéraux.

Le contenu du nationalisme reste plutôt vague. Quoiqu'ils aient encore cours, les anciens thèmes — corporatisme, anticommunisme, défense des petites entreprises et des coopératives — suscitent beaucoup moins d'enthousiasme que pendant la décennie précédente. Mais les thèmes nouveaux qui auraient pu remplacer les anciens, comme la promotion de l'État-providence ou la modernisation institutionnelle, sont identifiés au camp adverse, c'est-à-dire à l'idéologie centralisatrice des libéraux canadiens et québécois. Ainsi se perpétue l'inaptitude du nationalisme à mettre à jour sa vision de la société, et notamment à se doter d'une pensée sociale adaptée aux nouvelles réalités. Au nom d'une conception traditionnelle de la famille, par exemple, les nationalistes s'opposent à plusieurs des réformes sociales de l'époque. Au total, le nationalisme des années de guerre continue d'apparaître comme une pensée conservatrice, engoncée dans des mots d'ordre avant tout défensifs, sans projet novateur pour l'avenir de la collectivité.

Pour les mouvements de gauche, enfin, la guerre est l'occasion de certaines percées. Le contexte international de même que le fort mouvement de syndicalisation qui se produit au Canada favorisent leur plus large diffusion dans les milieux ouvriers. Au Québec, les communistes augmentent quelque peu leur influence, réussissant même à faire élire deux fois un des leurs, Fred Rose, dans un quartier où l'électorat juif pèse d'un poids considérable. Ils s'attirent aussi des sympathies dans certains cercles d'intellectuels et d'artistes montréalais influencés par l'Europe et en rupture de ban avec le traditionalisme clérical.

Toujours très limitée, la présence des communistes en milieu francophone s'accroît tout de même, en raison notamment de la position anti-participationniste qu'ils adoptent dès 1939, pour se conformer à l'esprit du pacte germano-soviétique. Mais dès l'entrée en guerre de l'URSS en 1941, leur attitude change du tout au tout. Le parti, interdit en 1939, renaît bientôt sous le nom de POP (Parti ouvrier progressiste), et devient à toutes fins utiles l'allié du gouvernement King. Mettant en veilleuse ses objectifs révolutionnaires, il prêche la participation, dénonce les anti-conscriptionnistes qualifiés de «pro-fascistes», et se fait, écrivent Robert Comeau et Bernard Dionne, le «fervent propagandiste de l'unité nationale pancanadienne comme condition préalable à un effort de guerre total». De nouveau, il s'aliène ainsi le Québec, faute de saisir toute l'importance qu'y revêt la problématique nationale.

Cette incompréhension affaiblit également le CCF. Celui-ci devient après 1940 une force politique majeure au Canada anglais, prenant même le pouvoir en Saskatchewan (1944). Mais au Québec, où l'attitude négative de l'Église à son endroit s'est quelque peu atténuée, il offre toujours le visage d'une formation et d'une doctrine centralisa-

trices et participationnistes, donc fermées aux aspirations des francophones.

* * *

La crise et la guerre créent tour à tour un climat de tension idéologique.
Sans négliger la complexité et la diversité des tendances et des courants
qui s'expriment au cours de ces quinze années, on peut en ramener
l'évolution à deux axes principaux. Le premier concerne le libéralisme
qui, après avoir traversé une crise de confiance profonde, parvient à se
redéfinir sous la forme du néo-libéralisme et, grâce à la victoire des
Alliés contre le fascisme, à regagner son prestige et son efficacité.
L'autre axe, c'est le cheminement du nationalisme traditionaliste, que
la crise vivifie comme rarement auparavant, l'amenant à se politiser
davantage et à s'ouvrir quelque peu, quoique maladroitement, aux
préoccupations d'ordre social et économique. Avec la guerre, toutefois,
ce nationalisme, exacerbé par la crise de la conscription, tend à se
dépouiller de son contenu traditionaliste, sans parvenir pourtant à se
donner de nouvelles orientations positives.

ORIENTATIONS BIBLIOGRAPHIQUES

ARCHIBALD, Clinton. *Un Québec corporatiste?* Hull, Asticou, 1983. Première partie:
«L'Avant-Révolution tranquille», p. 53-144.

BÉLANGER, André-J. *L'apolitisme des idéologies québécoises. Le grand tournant de
1934-1936.* Québec, PUL, 1974. 392 p.

— *Ruptures et constantes* — *Quatre idéologies du Québec en éclatement.* Montréal,
Hurtubise HMH, 1977. Chapitre I : «Les idéologies pionnières: la Relève et la JEC»,
p. 13-61.

«Cinquante années de nationalisme positif». Numéro spécial de *L'Action nationale*, LII,
7-8 (mars-avril 1963), p. 641-903.

COMEAU, Robert et Bernard DIONNE. *Les communistes au Québec 1936-1956.* Montréal,
Presses de l'Unité, 1980. Chap. I, p. 1-31.

DUMONT, Fernand, Jean HAMELIN et Jean-Paul MONTMINY, dir. *Idéologies au Canada
français 1930-1939.* Québec, PUL, 1978. 361 p.

— *Idéologies au Canada français 1940-1976,* 3 tomes. Québec, PUL, 1981.

FOURNIER, Marcel. *Communisme et anticommunisme au Québec (1920-1950).* Montréal,
Albert Saint-Martin, 1979. 165 p.

GAUVIN, Bernard. *Les communistes et la question nationale au Québec.* Montréal,
Presses de l'Unité, 1981. Chap. III et IV, p. 77-128.

HAMELIN, Jean et Nicole GAGNON. *Histoire du catholicisme québécois*. Vol. III: Le XXe siècle, 2 tomes. Montréal, Boréal Express, 1984. Tome I, p. 357-451; tome II, p. 11-108.

League for social reconstruction. *Social Planning for Canada*. (1935). Nouvelle édition. Toronto, University of Toronto Press, 1975. 528 p.

LÉVESQUE, Andrée. *Virage à gauche interdit. Les communistes, les socialistes et leurs ennemis au Québec 1929-1939*. Montréal, Boréal Express, 1984. 187 p.

NEATBY, Blair. *La grande dépression des années 30*. Montréal, La Presse, 1975. 202 p.

PELLETIER, Michel et Yves VAILLANCOURT. *Les politiques sociales et les travailleurs*. Cahier II: *Les années 30*. Montréal, 1975. Chapitre II: «Le contexte politique et idéologique», p. 51-174.

SAINT-GERMAIN, Yves. «La société québécoise et la vie économique: quelques échos de la décennie de la grande ambivalence 1920-1929». *Économie québécoise*, Montréal, PUQ, 1969, p. 433-464.

CHAPITRE 9

GÉRER LA CRISE

La vaste ébullition idéologique suscitée par la crise se répercute directement sur la scène politique. Diverses formations plus ou moins importantes voient le jour, les vieux partis sont en proie aux dissensions, et l'instabilité affecte les gouvernements aussi bien à Ottawa qu'à Québec. Mais cette effervescence ne bouleverse pas en profondeur la vie politique, qui reste caractérisée par la continuité de ses institutions et sa fidélité à la tradition démocratique libérale.

Les nouveaux partis

De l'extrême-droite à l'extrême-gauche, des groupes et des partis nouveaux s'organisent, dont quelques-uns arrivent à se donner une certaine base dans la population. C'est le cas, en particulier, du CCF, qui obtient des succès dans les provinces de l'Ouest dès les élections fédérales de 1935. La même année, un autre parti nouvellement fondé, le Crédit social, prend le pouvoir en Alberta sous la direction de William Aberhart et fait aussi élire 17 députés à la Chambre des communes.

Au Québec, ces formations n'ont toutefois que peu de partisans. Le CCF reste tout à fait marginal chez les francophones, tandis que la Ligue du crédit social de la province de Québec, fondée en 1936 par le journaliste Louis Even, se tient à l'écart de la scène électorale. Son programme cherche à concilier le créditisme économique, qui voudrait augmenter le pouvoir d'achat des citoyens en leur distribuant un «dividende social», avec la doctrine sociale de l'Église, et en particulier le corporatisme. Le groupe, auquel se joint bientôt Gilberte Côté, reçoit l'approbation des autorités religieuses et l'appui de quelques personnalités comme le maire de Québec, Ernest Grégoire, mais se cantonne à l'éducation politique et à la propagande, sans présenter de candidats aux élections.

Saisie de matériel du Parti national social chrétien à Montréal en 1940. (*The Gazette*, ANC, PA-108054)

Marginal aussi, le Parti national social chrétien, dirigé par le fasciste Adrien Arcand, s'identifie ouvertement à l'hitlérisme: chemises bleues, croix gammées, démonstrations paramilitaires, antisémitisme virulent. En 1938, il fusionne aux autres groupes nazis du pays et devient le Parti de l'unité nationale. La guerre mettra fin à ses activités, quand Arcand et ses adjoints seront internés.

En fait, la principale manifestation de l'effervescence politique des années de crise au Québec est la formulation d'un programme s'appuyant à la fois sur la doctrine sociale de l'Église et sur les revendications des intellectuels nationalistes. D'abord définies dans le Programme de restauration sociale et soutenues par divers groupes de pression et mouvements de jeunes, ces positions sont prises en charge par une formation politique dissidente: l'Action libérale nationale, qui pave la voie à un nouveau parti majeur, l'Union nationale de Maurice Duplessis.

De l'Action libérale nationale à l'Union nationale

La crise, en effet, secoue également les grands partis traditionnels. Le Parti libéral, au pouvoir depuis 1897, apparaît de plus en plus comme une formation sclérosée et vieillie, incapable d'adapter ses politiques aux difficultés du temps. Aussi certains de ses militants plus jeunes demandent-ils bientôt un renouveau du parti et de ses orientations. Rassemblé autour de Paul Gouin, ce groupe s'organise publiquement en 1934 sous le nom d'Action libérale nationale et veut amener le parti à s'inspirer des idées du Programme de restauration sociale. Il réclame notamment qu'on mette davantage l'accent sur l'agriculture et la colonisation, qu'on engage sérieusement la lutte contre les trusts étrangers, en particulier celui de l'électricité, que le gouvernement améliore ses politiques sociales, et que le Conseil législatif soit remplacé par un Conseil d'orientation économique et sociale. Cet organisme non partisan d'inspiration corporatiste serait formé d'experts et de représentants des divers corps sociaux et se chargerait de suggérer des solutions concrètes à la crise. Enfin, le groupe désire un assainissement des mœurs électorales et politiques.

Devant l'immobilisme du premier ministre Louis-Alexandre Taschereau, la rupture avec le Parti libéral est consommée à la veille des élections de 1935, alors que l'ALN, qui se sait incapable à elle seule de vaincre les libéraux, négocie sans enthousiasme un pacte avec les conservateurs.

Confiné dans l'opposition depuis le tournant du siècle, le Parti conservateur connaît un bref regain quand le maire de Montréal, Camillien Houde, en devient le chef en 1929, mais ces espoirs sont vite déçus lors des élections de 1931. Après des luttes intestines, le parti se donne un nouveau chef en 1933: Maurice Duplessis. Mais, n'arrivant guère à ébranler le gouvernement Taschereau, et défavorisé par l'impopularité croissante du gouvernement conservateur fédéral de R.B. Bennett, le parti continue de végéter. Il n'a d'autre choix, à l'approche des élections de 1935, que de s'allier aux libéraux dissidents de l'ALN.

Cette alliance Gouin-Duplessis est d'abord purement tactique, mais ses succès aux élections de 1935 sont remarquables. Par la suite, profitant de la faiblesse du leadership de Gouin, Duplessis réussit par son habileté parlementaire et diverses manœuvres à s'imposer comme le seul chef d'une nouvelle formation, l'Union nationale, dont il annonce la création avant les élections de 1936. Très vite, Duplessis parvient à réduire l'influence des éléments radicaux venus de l'ALN et à imprimer à l'UN une orientation de plus en plus conservatrice. Dans les années suivantes, toutes les tentatives pour relancer l'ALN échoueront.

Quant au Parti libéral, il est mis à rude épreuve par la scission de 1934, par sa mauvaise performance aux élections de 1935, par les scandales qui éclatent autour de Taschereau et par sa défaite aux élections de 1936. Le nouveau chef, Adélard Godbout, profite cependant du séjour dans l'opposition pour éliminer certains éléments de la vieille garde, se rapprocher des libéraux fédéraux alors au pouvoir, et reformuler le programme du parti dans un sens plus novateur.

La vie politique

Après une période de réalignement, la vie politique québécoise est donc de nouveau, vers la fin de la décennie, polarisée autour de deux grands partis. Pour la première fois, cependant, l'un d'eux est une formation exclusivement québécoise, l'Union nationale, tandis que l'autre, le Parti libéral, demeure encore étroitement lié à l'organisation fédérale correspondante.

La crise a bien d'autres effets sur la vie politique. Le climat général étant aux remises en question et au désir de changement, les débats, qui avaient un côté plus ou moins routinier sous le long règne des libéraux provinciaux, prennent une orientation et une intensité nouvelles. Leur dimension idéologique s'accentue, et la politique devient une préoccupation plus centrale pour un plus grand nombre de personnes et de groupes. On réclame, à travers elle, des réaménagements majeurs de l'organisation économique et sociale, qu'il s'agisse de la lutte contre les trusts, de la nationalisation de l'électricité, du crédit agricole, de la sécurité sociale, de la législation du travail ou des programmes de colonisation. L'exacerbation des débats remet en cause des fidélités partisanes solidement ancrées, transmises parfois d'une génération à l'autre. Des gens qui votaient «rouge» depuis toujours appuient les dissidents de l'ALN, puis s'allient même à des «bleus» en votant pour l'Union nationale. Celle-ci brise, dans une large mesure, la vieille opposition conservateurs-libéraux qui dominait la vie politique depuis des décennies.

Si la composition du personnel politique ne se modifie pas radicalement, elle tend du moins à se diversifier, faisant place à quelques ouvriers, à des ruraux, à des petits commerçants ou à des industriels. Un certain rajeunissement s'y fait aussi sentir, notamment grâce aux députés venus de l'ALN. Par ailleurs, la politique n'est plus laissée aux seuls politiciens: d'autres groupes sociaux, comme le clergé, les syndicats, les mouvements de jeunesse, les organisations féministes, y interviennent plus activement.

Les pratiques politiques commencent aussi à changer. Pour la première fois au Québec, des partis organisent des congrès pour choisir leur chef ou élaborer leur programme : les conservateurs le font en 1933, et les libéraux en 1938. La propagande électorale, tout en continuant de recourir aux moyens traditionnels que sont les brochures, la publicité dans les journaux ou les assemblées publiques, se fait de plus en plus à travers la radio, utilisée en particulier par les conservateurs lors des élections fédérales de 1935 et par l'ALN, qui sait en tirer largement profit pour convaincre plus d'électeurs en leur parlant directement. Enfin, la corruption paraît encore plus inéquitable en temps de crise et soulève de plus en plus de réprobation. Elle est loin de disparaître, toutefois, se traduisant toujours par un favoritisme endémique et des mœurs électorales qui font largement usage de la fraude et de la violence.

Élections et gouvernements

Les premières élections québécoises de la période, celles de 1931, sont déjà marquées par les effets de la crise. Sous la direction de Camillien Houde, le Parti conservateur attaque l'inertie du gouvernement Taschereau, propose de collaborer avec Ottawa pour la lutte au chômage et à la misère, et s'en prend à la corruption des libéraux. Ceux-ci rappellent leurs réalisations passées et présentent la crise naissante comme un phénomène passager, qu'il faut gérer avec prudence et économie. Quoique défait dans son propre comté, Camillien Houde réussit à faire augmenter sensiblement le vote conservateur, sans toutefois que cela se reflète dans la proportion de sièges obtenus (tableau 1). Le Parti libéral, fortement implanté à travers tout le Québec, servi par une machine puissante et le patronage, conserve son écrasante majorité à l'Assemblée législative.

Tant bien que mal, le gouvernement Taschereau essaie de s'adapter aux difficultés persistantes de l'économie. Il adopte des mesures comme le Plan Vautrin affectant 10 millions de dollars à la colonisation, l'accroissement de l'aide aux municipalités pour les secours directs, un plan de relance de l'industrie papetière ou la création d'une Régie de l'électricité pour contrôler timidement les trusts œuvrant dans ce secteur. Cependant, la situation continue de se dégrader et l'insatisfaction ne cesse de s'étendre.

Aux élections de 1935, les libéraux font face à l'union Gouin-Duplessis, qui mène une campagne bien organisée, marquée notamment par la publication d'un *Catéchisme des électeurs* mettant au jour la mauvaise gestion et la corruption du régime Taschereau. Bien qu'il conserve le pouvoir avec une mince majorité, le Parti libéral en sort profondément ébranlé. Les véritables vainqueurs sont les deux partis d'opposition coalisés, et surtout l'ALN qui, à sa première tentative, fait élire 26 députés, contre 16 pour les conservateurs.

TABLEAU 1

Résultats des élections québécoises, 1927-1939

Élections	Parti	% du vote obtenu	Nombre de sièges
1927	Parti libéral	62,7	75
	Parti conservateur	36,6	9
	Autres	0,7	1
1931	Parti libéral	55,6	79
	Parti conservateur	44,2	11
	Autres	0,2	—
1935	Parti libéral	50,2	48
	Union Gouin-Duplessis	48,7	42
	Autres	1,1	—
1936	Union nationale	57,5	76
	Parti libéral	41,8	14
	Autres	0,7	—
1939	Parti libéral	54,2	70
	Union nationale	39,2	15
	Autres	6,6	1

Source: J. Hamelin, J. Letarte et M. Hamelin, «Les élections provinciales dans le Québec, 1867-1956».

Les neuf mois séparant les élections de novembre 1935 de celles d'août 1936 sont marqués, d'une part, par la liquidation du gouvernement Taschereau, qui passe près d'un an sans convoquer l'Assemblée, tandis que l'opposition, d'autre part, sentant son accession au pouvoir imminente, poursuit sa campagne électorale, harcèle le gouvernement et se réorganise autour de Duplessis. Celui-ci réussit à faire convoquer le Comité des comptes publics, inactif depuis dix ans, et à y dévoiler jour après jour la corruption du régime, qu'illustre par exemple le fait que le frère du premier ministre s'approprie personnellement les intérêts versés sur les fonds de l'Assemblée, dont il a la responsabilité. Taschereau n'a alors d'autre choix que de démissionner, laissant sa place à Adélard Godbout. Mais le discrédit des libéraux, joint au fait que l'opposition est maintenant fortement unifiée, se traduit aussitôt par la victoire éclatante de l'Union nationale aux élections de 1936.

Duplessis s'est engagé, durant la campagne électorale, à lutter contre la corruption et à mettre en œuvre les changements prônés par les réformistes pour résoudre les problèmes de la crise. Mais les réalisations du nouveau gouvernement ne sont guère à la hauteur de ces promesses. Le patronage ne fait que changer de couleur et les réformes se font attendre. Sur le plan économique, reniant les propositions de l'ALN comme la nationalisation de l'électricité ou la création d'un Conseil économique et social, Duplessis pratique la même politique que son prédécesseur, axée sur la coopération avec les entreprises étrangères et l'exploitation privée des richesses naturelles. Il affecte toutefois des sommes importantes à l'agriculture et à la colonisation, et met sur pied le crédit agricole en 1936. Sur le plan social, outre quelques efforts timides comme la loi des salaires raisonnables ou l'aide aux mères nécessiteuses et aux aveugles, on se contente d'investir dans les travaux publics à l'intention des chômeurs. En fait, le gouvernement de l'Union nationale se distingue surtout par son conservatisme de plus en plus affirmé, qui se traduit notamment par un anticommunisme virulent, des luttes très dures contre les syndicats ouvriers et des efforts pour s'allier les autorités religieuses en défendant l'ordre, l'autorité et les valeurs traditionnelles. Par ailleurs, Duplessis commence à s'afficher comme le champion de l'autonomie provinciale, rejoignant ainsi l'une des principales préoccupations des milieux nationalistes. En somme, ce premier gouvernement Duplessis donne l'image d'un gouvernement brouillon, désordonné, incapable d'articuler des politiques cohérentes et de combler les attentes qu'on avait fondées sur lui, ce qui ne l'aidera guère lors des élections de 1939.

La politique fédérale

Le climat de la crise influe également sur les résultats des deux élections fédérales des années 1930, qui aboutissent l'une et l'autre au renversement du gouvernement en place (tableau 2).

TABLEAU 2

RÉSULTATS DES ÉLECTIONS FÉDÉRALES AU QUÉBEC ET AU CANADA, 1926-1940

Élections	Parti	Québec		Autres provinces		Canada	
		% vote obtenu	Sièges	% vote obtenu	Sièges	% vote obtenu	Sièges
1926	Libéral	62,3	60	40,7	68	46,1	128
	Conservateur	34,1	4	48,9	87	45,3	91
	Progressiste	—	—	7,0	20	5,3	20
	Autres	3,6	1	3,4	5	3,4	6
1930	Conservateur	44,7	24	50,3	113	48,8	137
	Libéral	53,2	40	42,3	51	45,2	91
	Progressiste	—	—	3,8	12	2,8	12
	Autres	2,1	1	3,5	4	3,2	5
1935	Libéral	54,4	55	41,5	118	44,8	173
	Conservateur	28,2	5	30,1	35	29,6	40
	CCF	0,6	—	11,6	7	8,8	7
	Crédit social	—	—	5,5	17	4,1	17
	Reconstruction	8,7	—	8,7	1	8,7	1
	Autres	8,1	5	2,5	2	3,9	7
1940	Libéral	63,3	61	47,5	120	51,5	181
	Conservateur	19,8	1	34,3	39	30,7	40
	CCF	0,6	—	11,2	8	8,5	8
	Crédit social	0,9	—	3,3	10	2,7	10
	Autres	15,3	3	3,3	3	6,6	6

Source: J.M. BECK, Pendulum of Power. Canada's Federal Elections.

Le gouvernement libéral de King se présente aux élections de 1930 sans avoir conscience de la gravité de la situation. Peu de temps auparavant, le premier ministre déclarait qu'il ne donnerait pas «cinq cents» à l'Ontario qui prétendait avoir besoin de l'aide fédérale pour secourir les chômeurs. Il confirme ainsi l'image d'un régime peu sensible aux besoins de la population et mal préparé pour faire face à une conjoncture de plus en plus difficile. R.B. Bennett, le nouveau chef du

Parti conservateur, considère pour sa part que la situation est dramatique. Il promet, s'il est élu, que l'État fédéral mettra tout en œuvre pour soulager rapidement et efficacement les chômeurs et pour accroître les exportations tout en protégeant le marché local.

Cette stratégie permet aux conservateurs non seulement de prendre le pouvoir à Ottawa, mais de réaliser une importante percée au Québec, où les électeurs se montrent plus préoccupés par les effets de la crise que fidèles à leur méfiance envers les conservateurs, identifiés jusqu'alors à l'impérialisme et à la conscription de 1917.

Richard Bedford Bennett, premier ministre du Canada (1930-1943). (ANC, PA-37914)

Mais la crise, après l'avoir aidé à se porter au pouvoir, a bientôt raison du gouvernement Bennett, qui n'arrive pas à assurer la reprise économique ni à soulager la misère, décevant ainsi les espoirs qu'il avait suscités. Identifié aux difficultés de l'époque, il devient de plus en plus impopulaire. À la veille des élections de 1935, le premier ministre a beau proposer un *New Deal* à la manière du président américain Roosevelt, le mécontentement général entraîne son parti dans une défaite cuisante. Déçus par les vieux partis, beaucoup d'électeurs reportent alors leur confiance sur de nouvelles formations, comme le

CCF, le Crédit social ou le Parti de la reconstruction de l'ex-ministre Stevens, voué à la lutte contre les trusts. Ces tiers partis recueillent ainsi un appui substantiel, mais sans pouvoir faire élire beaucoup de députés. C'est finalement aux libéraux de King que profite surtout l'insatisfaction à l'endroit du régime Bennett, en particulier au Québec, où les tiers partis ont moins de succès. Bien qu'il n'ait aucune politique de rechange précise à proposer, le Parti libéral se retrouve donc avec une imposante majorité à la Chambre des communes.

Deux préoccupations surtout requièrent les énergies du nouveau gouvernement. D'une part, il faut continuer à gérer la crise persistante et ses effets sur la population: le cabinet King maintient et intensifie donc les programmes déjà mis en place depuis le début de la décennie, et il conclut un accord commercial avec les États-Unis afin de favoriser une reprise des exportations. D'autre part, le contexte international de plus en plus tendu exige que beaucoup d'attention soit portée à la politique extérieure. À cet égard, le gouvernement cherche surtout à éviter les affrontements. Ainsi, lors de la guerre d'Espagne, il refuse de prendre position et interdit officiellement à ses citoyens de s'engager dans l'un ou l'autre des camps en présence. Cette politique de la prudence est particulièrement mise en relief au Québec, où les porte-parole libéraux assurent la population que le Canada n'entend pas se laisser entraîner dans des conflits extérieurs. Des précautions s'imposent néanmoins: on accroît modestement les budgets de la défense, et on resserre les alliances avec les États-Unis et la Grande-Bretagne.

L'État et la crise

Comme nous l'avons vu, la crise investit l'État d'un rôle plus étendu. Quel effet cette évolution a-t-elle sur les moyens dont il dispose de même que sur son fonctionnement et ses structures? À cet égard, il faudra attendre la guerre et l'après-guerre pour que des transformations décisives s'accomplissent.

Pour l'instant, l'État se contente de parer au plus pressé sans remettre en question son rôle et ses pratiques traditionnels. La contribution du gouvernement fédéral aux programmes d'aide est essentiellement financière et n'entraîne pas de réorganisation de sa fonction publique, dont les effectifs se maintiennent autour de 40 000 jusqu'en 1939. Ses budgets non plus n'augmentent guère: les dépenses sont encore de 553 millions de dollars en 1938, contre 442 millions en 1930.

Toutefois, leur répartition se modifie quelque peu : l'aide aux chômeurs, qui ne représentait aucun déboursé en 1928 et 1929, compte pour 8,5% des dépenses totales en 1931, pour 14,9% en 1935 et pour 7,7% en 1938.

Pour l'État québécois, la crise met en péril la règle traditionnelle de l'équilibre budgétaire. Malgré ses réticences, le gouvernement est forcé, dès 1932, d'encourir des déficits qui se maintiennent au cours des années suivantes. C'est que les dépenses grimpent en flèche, passant de 49 millions de dollars en 1929-1930 à 108 millions en 1939-1940. En particulier, les dépenses d'aide aux chômeurs comptent pour 11,3% en 1933 et pour 25,7% en 1939. Québec doit donc couper dans d'autres secteurs, comme les transports et les communications, l'éducation ou la santé. Au total, sa dette double entre 1930 et 1936, puis de nouveau entre 1936 et 1939, pour s'établir cette année-là à près de 265 millions de dollars.

En plus de déstabiliser les finances publiques, effet qui ne cesse de s'accentuer d'une année à l'autre, la crise commence lentement à bouleverser l'équilibre entre les divers paliers de l'État. Notamment, la répartition des dépenses et des responsabilités entre le provincial et les municipalités subit un changement substantiel. Chargées traditionnellement de l'aide sociale, les municipalités sont débordées et doivent s'en remettre à l'État québécois pour une part grandissante du financement des secours directs et de l'assistance aux chômeurs. Par contre, le palier fédéral conserve à peu près la même part des dépenses jusqu'en 1939, même si l'idée se fait jour dans plusieurs milieux que son rôle devrait être accru par des mesures d'envergure vraiment «nationale», c'est-à-dire pancanadienne. La commission Rowell-Sirois, instituée en 1937, débat de ces questions jusqu'au début de la guerre.

En somme, la crise entraîne pour l'État quelques changements notables, l'obligeant à intervenir davantage, à dépenser davantage, et donc à taxer et à s'endetter plus qu'il ne l'a fait jusque-là. Mais ces changements sont avant tout quantitatifs et ne modifient pas fondamentalement les conceptions et les pratiques traditionnelles concernant le rôle et les attributions de l'État dans l'économie et la société. Du côté fédéral, on pressent de plus en plus, toutefois, que des réaménagements majeurs sont nécessaires si l'on veut éviter que d'autres crises semblables ne se reproduisent dans l'avenir.

ORIENTATIONS BIBLIOGRAPHIQUES

BECK, J.M. *Pendulum of Power. Canada's Federal Elections.* Scarborough, Prentice-Hall, 1968. 442 p.

BLACK, Conrad. *Duplessis.* Montréal, Éditions de l'Homme, 1977. Vol. I.

CANADA. *Rapport de la Commission royale d'enquête sur les relations entre le Dominion et les provinces.* Vol. I. Ottawa, Imprimeur du Roi, 1940. 259 p. (Rapport Rowell-Sirois)

DUPONT, Antonin. *Les relations entre l'Église et l'État sous Louis-Alexandre Taschereau, 1920-1936.* Montréal, Guérin, 1972. 366 p.

DUROCHER, René. «*Le Fasciste canadien*, 1935-1938», F. DUMONT, J. HAMELIN et J.-P. MONTMINY, dir. *Idéologies au Canada français 1930-1939.* Québec, Presses de l'Université Laval, 1978, p. 257-271.

HAMELIN, Jean, Jean LETARTE et Marcel HAMELIN. «Les élections provinciales dans le Québec 1867-1956». Numéro spécial des *Cahiers de géographie de Québec*, 4, 7 (octobre 1959 – mars 1960).

LAMONTAGNE, Maurice. *Le fédéralisme canadien.* Québec, Presses de l'Université Laval, 1954. 298 p.

LATERREUR, Marc. *Les tribulations des conservateurs au Québec, de Bennett à Diefenbaker.* Québec, Presses de l'Université Laval, 1973. 265 p.

LÉVESQUE, Andrée. *Virage à gauche interdit. Les communistes, les socialistes et leurs ennemis au Québec 1929-1939.* Montréal, Boréal Express, 1984. 186 p.

NEATBY, H.B. *William Lyon Mackenzie King.* 2 vol. Toronto, University of Toronto Press, 1963.

QUÉBEC. *Rapport de la Commission royale d'enquête sur les problèmes constitutionnels.* 4 vol. Québec, Province de Québec, 1956. (Rapport Tremblay)

QUINN, H.F. *The Union Nationale.* Toronto, University of Toronto Press, 1963. 247 p. Deuxième édition, 1977. 342 p.

RUMILLY, Robert. *Maurice Duplessis et son temps.* Montréal, Fides, 1973. Tome I.

VIGOD, Bernard L. *Québec Before Duplessis. The Political Career of Louis-Alexandre Taschereau.* Montréal et Kingston, McGill-Queen's University Press, 1986. 312 p.

YOUNG, Walter D. *The Anatomy of a Party : The National CCF, 1932-1961.* Toronto, University of Toronto Press, 1969. 328 p.

Chapitre 10

GAGNER LA GUERRE

Le 10 septembre 1939, le Parlement du Canada, après un bref débat, déclare la guerre à l'Allemagne. Mal préparé sur le plan militaire, le pays doit accepter en peu de temps une mobilisation générale de ses ressources humaines et matérielles. Le gouvernement fédéral, fort des pouvoirs d'urgence que lui confèrent la constitution et la Loi des mesures de guerre, centralise toutes les décisions importantes et impose son contrôle aux individus, aux entreprises et même aux gouvernements provinciaux.

La vie politique, dominée tant à Ottawa qu'à Québec par le Parti libéral, se déroule donc dans un climat particulier. La grande question qui agite alors le Québec est celle de la conscription pour service outremer que les dirigeants libéraux promettent en 1939 de ne pas imposer, promesse dont ils se font libérer en 1942, grâce au plébiscite, avant d'imposer la mesure en 1944. Cette question entraîne d'ailleurs la défaite du gouvernement réformiste d'Adélard Godbout en 1944.

Le phénomène militaire

Contrairement à ce qui se passe dans les pays européens, l'armée ne joue pas un grand rôle dans la société canadienne en temps de paix. Le service militaire obligatoire n'existe pas, les effectifs de l'armée régulière sont réduits et on dépense peu pour la défense du pays. On maintient une milice volontaire qui a plutôt les allures d'un club social. En 1935, le chef d'état-major constate que le Canada a un équipement de défense navale et aérienne complètement désuet et que «les stocks disponibles de munitions pour l'artillerie de campagne seraient épuisés après 90 minutes de tir normal». La grande majorité des armes utilisées datent de la Première Guerre mondiale. Le Canada est donc mal préparé à faire face à un conflit armé d'envergure.

Mais, très tôt, la situation change radicalement. Les budgets et les effectifs montent en flèche, on crée de toutes pièces des usines de munitions et d'armement. Toutes les ressources du pays sont désormais tournées vers l'effort de guerre. Le sommet est atteint en 1943 et 1944 alors que les dépenses militaires oscillent autour de quatre milliards de dollars par année et que les effectifs atteignent près de 800 000 personnes (tableau 1).

TABLEAU 1

L'EFFORT DE GUERRE DU CANADA

	Main-d'œuvre dans les forces armées (en milliers)	Dépenses budgétaires pour la défense (en millions de dollars)
1931	5	18
1932	5	14
1933	5	13
1934	5	14
1935	5	17
1936	6	23
1937	6	33
1938	7	35
1939	9	126
1940	107	730
1941	296	1 268
1942	392	2 563
1943	716	4 242
1944	779	4 000
1945	736	2 942
1946	213	388

Source: *Statistiques historiques du Canada*, séries D-125 et 14-19.

La participation du Canada au conflit mondial prend des formes très variées. Trois aspects méritent d'être signalés. Premièrement, le rôle de soutien logistique pour les Alliés, qui s'accentue après l'invasion de la France et la déroute de Dunkerque en 1940. Protégé par son éloignement des zones principales de combat, le Canada est en mesure de produire, en quantités considérables, les aliments et les munitions dont ont besoin les armées alliées, ce qui par ricochet donne une forte impulsion à son agriculture et à son industrie. Il accepte en outre le mandat de former les aviateurs du Commonwealth: environ 50 000 d'entre eux recevront ainsi leur entraînement au Canada. Un deuxième aspect de

Kiosque à journaux montréalais le jour de la déclaration de guerre de l'Angleterre à l'Allemagne, 1939. (*The Gazette*, ANC, PA-115129)

l'intervention canadienne est son rôle d'intermédiaire entre les États-Unis, officiellement neutres jusqu'en 1941, et la Grande-Bretagne. Cette relation privilégiée avec les deux grandes puissances se poursuit après 1941, comme en témoignent les conférences de Québec de 1943 et 1944 et la collaboration militaro-industrielle en Amérique du Nord.

Le troisième volet de l'intervention canadienne est la participation active sur les champs de bataille. Près de 600 000 Canadiens sont envoyés outre-mer; on compte près de 42 000 morts et 53 000 blessés, portés disparus ou non rapatriés. La première intervention importante des troupes canadiennes est la tentative de débarquement ratée à Dieppe en 1942. Par la suite, les forces canadiennes participent à la campagne d'Italie, au débarquement de Normandie et à la libération de l'Europe, intervenant principalement dans le nord de la France, en Belgique, dans les Pays-Bas et en Allemagne.

Le renforcement de l'État

L'état de guerre provoque un renforcement exceptionnel du pouvoir étatique dans le but de mobiliser les ressources humaines et matérielles

Soldats des Fusiliers Mont-Royal après la capture d'une position allemande, France, 1944. (Ken Bell, Ministère de la Défense, ANC, PA-129143)

du pays. La loi des mesures de guerre, datant du premier conflit mondial, est réactivée. Une première caractéristique de l'intervention étatique est son autoritarisme: le cabinet fédéral peut gouverner par décret, sans passer par le Parlement, il peut réquisitionner tous produits ou services dont l'armée a besoin, faire interner des gens sans procès, établir la censure, limiter les déplacements des personnes. Un deuxième aspect est son caractère très centralisateur: les décisions importantes sont prises à Ottawa par un groupe restreint de personnes, s'appuyant sur des comités spécialisés et une bureaucratie considérable. En outre, les ressources financières du pays sont massivement canalisées vers le gouvernement fédéral: au plus fort de la guerre, ce dernier assure à lui seul plus du tiers de la dépense nationale brute.

Un tel renforcement du rôle de l'État entraîne inévitablement un bouleversement de ses structures administratives. Pour gérer l'effort de guerre, on crée de nouveaux ministères, en particulier ceux des Munitions et des Approvisionnements, de l'Air, du Service naval, et on met sur pied un grand nombre de nouveaux services ou régies. Au sein du

Affiche de propagande durant la guerre. (ANC, C-87432)

cabinet fédéral, on crée un comité de défense dont les membres ont la main haute sur la plupart des décisions relatives à la conduite de la guerre. En outre, le gouvernement fédéral crée une trentaine de nouvelles sociétés d'État, appelées sociétés de la Couronne, ayant chacune des objectifs spécifiques et jouissant d'une plus grande autonomie d'action que les ministères. Au total, le nombre de fonctionnaires fédéraux passe de 46 000 en 1939 à 115 000 en 1945. Cet effort massif entraîne un endettement considérable. La dette de l'État fédéral, qui est de 5 milliards de dollars en 1939, atteint 18 milliards en 1945.

Une nouvelle rationalité s'installe dans l'appareil gouvernemental. On fait appel aux plus brillants cerveaux du pays. Les spécialistes des sciences pures et appliquées sont mis à contribution pour inventer de nouveaux produits ou améliorer ceux qui existent, tant pour les munitions, les médicaments que pour les aliments. Fait nouveau toutefois, on recourt aux spécialistes des sciences humaines: économistes, psychologues, communicateurs, etc., dans le but de rendre plus «scientifiques» et efficaces l'intervention étatique et la poursuite des objectifs du nouvel État-providence. La planification économique et sociale est à l'ordre du jour et touche tout autant la gestion financière que celle des ressources humaines et matérielles.

Pour faire accepter ses objectifs et ses politiques, le gouvernement a recours systématiquement à la propagande. L'Office national du film et la radio d'État sont mis au service de la guerre, les médias sont utilisés comme instruments de publicité et mènent des campagnes pour le recrutement, le bénévolat, l'économie des ressources, la participation des femmes à l'effort de guerre, la vente des obligations de la victoire, etc. En contrepartie, il faut éviter toute manifestation défavorable à la politique officielle. C'est le rôle de la censure, imposée à tous les médias. Par exemple, les hommes politiques du Québec, comme ceux des autres provinces, sont obligés de soumettre aux censeurs les textes des discours qu'ils veulent prononcer à la radio. Désormais, «tenir des propos défaitistes, nuire au recrutement et aux succès des forces de Sa Majesté» est passible d'emprisonnement. C'est ainsi que le maire de Montréal, Camillien Houde, sera interné dans un camp de détention pendant la plus grande partie de la guerre. Il n'est pas le seul. Des milliers de Canadiens d'origine allemande, italienne et surtout japonaise sont emprisonnés sous prétexte qu'ils sont originaires d'un pays ennemi.

La conscription

Le gouvernement doit-il pousser les mesures coercitives jusqu'à l'enrôlement militaire obligatoire pour service outre-mer? Comme pendant la Première Guerre, la question est à nouveau soulevée et fait l'objet

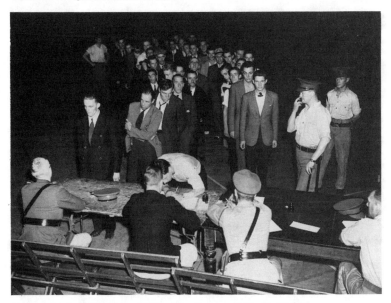

Enrôlement de volontaires en 1939. (*The Gazette*, ANC, PA-137215)

d'âpres débats. Même si les opposants à la conscription se retrouvent un peu partout au Canada, c'est au Québec que le problème prend une ampleur particulière.

Il faut dire qu'aux élections provinciales de 1939, les chefs libéraux fédéraux, désireux d'assurer la défaite de Duplessis, prennent solennellement l'engagement de s'opposer à la conscription. Celle-ci sera néanmoins décrétée, mais on y parviendra par étapes. En 1940 est adoptée la loi de la mobilisation des ressources nationales qui permet le recrutement obligatoire pour la défense du territoire canadien. Tous les hommes et les femmes de 16 à 60 ans sont tenus de s'enregistrer. À partir de ces listes, le gouvernement appelle par étapes des groupes d'hommes, d'abord les célibataires et les plus jeunes, puis les hommes mariés. Ceux-ci sont d'abord mobilisés pour trente jours, puis pour quatre mois et, en 1941, le service militaire obligatoire devient permanent pour certaines classes d'âge.

Pour le service outre-mer, on recourt au volontariat, tout en exerçant de fortes pressions sur les conscrits pour qu'ils se portent volontaires. Cependant, des groupes canadiens-anglais et l'opposition conservatrice

Une manifestation contre la conscription à Montréal. (*The Gazette*, ANC, PA-107910)

au Parlement réclament que ce service devienne obligatoire, alléguant que les Canadiens français ne font pas leur part. La question soulève des passions et le gouvernement fédéral décide de tenir un plébiscite en 1942; il veut être libéré de son engagement antérieur. Il aurait ainsi les mains libres au cas où la situation en Europe se détériorerait. Le premier ministre Mackenzie King définit sa position en ces termes: «la conscription si nécessaire, mais pas nécessairement la conscription».

La Première Guerre mondiale avait bien montré l'ampleur de l'opposition des francophones du Québec à la conscription. Dès l'annonce du plébiscite, les chefs de file nationalistes forment la Ligue pour la défense du Canada qui rejette la conscription pour service à l'extérieur du pays. La campagne référendaire donne lieu à des débats passionnés et le résultat est sans équivoque. Au Québec, 71,2% de la population et 85% des francophones refusent de libérer le gouvernement de sa promesse, alors que, dans le reste du pays, 80% acceptent. Ainsi l'opposition entre francophones et anglophones est mise à nu et les Canadiens français doivent se soumettre à la volonté de la majorité. Le gouvernement King, cependant, attend jusqu'en 1944 avant d'imposer une telle mesure. Cette année-là, les chefs militaires estiment qu'il n'y aura pas assez de volontaires pour remplacer les soldats qui seront tués ou blessés dans les unités de combat. King cède finalement aux nombreuses pressions et autorise la conscription de 16 000 hommes pour service outre-mer. Bien qu'un ministre démissionne et que quelques députés libéraux s'opposent à leur propre parti, les francophones doivent s'incliner.

L'attitude des Québécois face à la guerre ne se résume pas à leur rejet de l'enrôlement obligatoire. Ils sont peu sensibilisés et mal informés sur les motifs du conflit et sur la situation en Europe. Ils sont néanmoins beaucoup plus nombreux à s'enrôler que pendant la Première Guerre, formant 19% des effectifs (contre 12% en 1914-1918). Le désir d'échapper au chômage et le goût de l'aventure sont certainement des facteurs incitatifs, comme le sont également la propagande officielle et les chansons du «soldat Lebrun».

Les forces armées restent néanmoins peu accueillantes pour les francophones. La haute direction est massivement anglophone: dans l'armée, seulement trois commandants de brigade stationnés en Europe et 7 des 73 hauts gradés au Canada sont de langue française; la situation est encore pire dans l'aviation et la marine, qui comptent respectivement deux et un seul hauts gradés francophones. Dans l'aviation et la marine, la seule langue de travail est l'anglais et l'usage du français est même souvent carrément interdit, ce qui élimine la plupart des candidats francophones, même aux échelons inférieurs. C'est ainsi qu'en 1944 les Canadiens français ne comptent que pour 8% des effectifs de l'aviation. La situation est quelque peu différente dans l'armée où il existe des régiments francophones, tels le Royal 22e, le régiment Maisonneuve, les Fusiliers Mont-Royal ou le régiment de la Chaudière. Leur nombre est cependant insuffisant pour absorber les recrues francophones et plusieurs sont placées dans des unités de langue anglaise, en particulier lorsqu'il s'agit d'unités spécialisées. L'historien Jean-Yves Gravel conclut que «avant et pendant la Deuxième Guerre mondiale, les Forces armées n'ont pas donné aux Canadiens français une égalité de chance; en conséquence, il ne fallait pas s'attendre de leur part à l'égalité de sacrifice tant réclamée par le Canada anglais. L'initiative pour améliorer le sort des militaires francophones est venue des hommes politiques qui, plus d'une fois, durent ordonner aux autorités militaires de donner suite aux décisions gouvernementales.»

La politique fédérale

Tout au long du conflit, la scène politique fédérale est incontestablement dominée par le Parti libéral, dirigé par William Lyon Mackenzie King. De retour au pouvoir depuis 1935, celui-ci remporte aux élections de 1940 une victoire éclatante qui lui laisse les mains libres pour la durée de la guerre (tableau 2).

TABLEAU 2

RÉSULTATS DES ÉLECTIONS FÉDÉRALES
AU QUÉBEC ET AU CANADA, 1940-1945

Élections	Parti	Québec		Autres provinces		Canada	
		% vote obtenu	Sièges	% vote obtenu	Sièges	% vote obtenu	Sièges
1940	Libéral	63,3	61	47,5	120	51,5	181
	Conservateur	19,8	1	34,3	39	30,7	40
	CCF	0,6	-	11,2	8	8,5	8
	Crédit social	0,9	-	3,3	10	2,7	10
	Autres	15,3	3	3,3	3	6,6	6
1945	Libéral	50,8	53	37,3	72	40,9	125
	Conservateur	8,4	2	34,3	65	27,4	67
	CCF	2,4	-	20,4	28	15,6	28
	Crédit social	4,5	-	4,0	13	4,1	13
	Bloc populaire	12,8	2	0,2	-	3,6	2
	Autres	21,1	8	3,7	2	8,5	10

Source : J.M. BECK, *Pendulum of Power. Canada's Federal Elections.*

Quelques grandes préoccupations caractérisent la gestion de la politique de guerre de King. Tout en assurant une participation active du Canada, celui-ci défend l'indépendance du pays face aux décisions prises par la Grande-Bretagne et les États-Unis. King, qui n'est guère militariste, insiste tout au long du conflit pour assurer fermement l'autorité du pouvoir civil sur l'organisation militaire. Afin de maintenir la cohésion du parti et du gouvernement, il conserve personnellement la main haute sur les décisions ultimes, n'hésitant pas au besoin à se défaire de ministres dissidents. Cela ne l'empêche pas de déléguer beaucoup de pouvoirs à certains ministres, en particulier à C.D. Howe, qui coordonne l'ensemble de l'économie de guerre. King, enfin, se montre soucieux de préserver l'unité nationale en tenant compte des Canadiens français; il retarde le plus longtemps possible la décision de recourir à la conscription; il intervient personnellement pour qu'une place plus grande soit faite aux francophones dans les forces armées.

Le gouvernement libéral jouit d'un solide appui au Québec, y obtenant en 1940 le tiers de sa députation canadienne. Cette situation explique l'attitude de King qui veut éviter les affrontements avec les Canadiens français. Mais si la députation québécoise est nombreuse, cela ne se reflète pas au cabinet, qui compte peu de ministres francophones. King s'en remet à un «lieutenant québécois» disposant d'une très grande influence pour tout ce qui concerne le Québec. Ce rôle est assuré par Ernest Lapointe, jusqu'à sa mort en 1941, puis par Louis Saint-Laurent.

La question de la conscription vient cependant ébranler l'emprise libérale sur le Québec. À la suite du plébiscite de 1942, des libéraux dissidents, ayant à leur tête Maxime Raymond, créent un nouveau parti, le Bloc populaire canadien. Celui-ci n'arrive cependant pas à faire l'unanimité des dissidents, plusieurs députés préférant siéger comme indépendants. Aux élections de 1945, le Bloc ne fait élire que deux députés et disparaît rapidement par la suite.

De son côté, l'opposition officielle représentée par le Parti conservateur est désorganisée. De 1940 à 1945, elle a successivement trois chefs dont aucun ne siège au Parlement. Elle n'arrive pas à proposer un programme qui soit une solution de rechange à celui des libéraux, si ce n'est de promettre la conscription et un effort de guerre encore plus poussé. La dégringolade des conservateurs au Québec, où leur part du vote tombe de 19,4% à 8,4%, n'étonne donc pas.

Les libéraux s'inquiètent davantage de la montée du CCF qui les talonne de près dans les sondages d'opinion publique et qui prend le pouvoir en Saskatchewan en 1944. Le gouvernement libéral réagit efficacement et lui coupe l'herbe sous le pied en proposant un vaste programme de reconstruction et des politiques sociales d'inspiration socialiste. Ne jouissant que de peu d'appuis au Québec, le CCF n'arrive pas à s'imposer face aux conservateurs et aux libéraux.

Aux élections de 1945, King remporte une victoire plus serrée qu'en 1940, grâce à l'appui du Québec, malgré la crise de la conscription qui draine une partie de l'électorat vers le Bloc populaire et les candidats indépendants. L'attitude conciliante de King pendant le conflit et sa politique sociale novatrice aident son parti à survivre aux tensions de la guerre et le placent en bonne position pour profiter de la prospérité de l'après-guerre.

La politique québécoise

Le déclenchement de la Deuxième Guerre mondiale provoque un affrontement entre le gouvernement de Maurice Duplessis et celui de Mackenzie King. Duplessis fait appel à l'électorat en dénonçant les libéraux fédéraux qui, selon lui, profitent du contexte exceptionnel de la guerre pour limiter sévèrement l'autonomie du Québec. Il agite le spectre de la conscription. Les ministres québécois à Ottawa réagissent habilement en se présentant comme les «remparts» contre la conscription. Ils ajoutent qu'un vote pour Duplessis serait un vote de non-confiance à leur endroit, les obligeant à démissionner, ce qui ouvrirait la porte à un gouvernement d'union, conscriptionniste. Ils prennent l'engagement que tant qu'ils feront partie du gouvernement fédéral, il n'y aura pas de conscription pour service outre-mer.

TABLEAU 3

RÉSULTATS DES ÉLECTIONS QUÉBÉCOISES, 1939-1944

Élections	Parti	% du vote obtenu	Nombre de sièges
1939	Parti libéral	54,2	70
	Union nationale	39,2	15
	Autres	6,6	1
1944	Union nationale	38,2	48
	Parti libéral	40,0	37
	Bloc populaire	15,2	4
	CCF	0,8	1
	Autres	5,8	1

Source: J. HAMELIN, J. LETARTE et M. HAMELIN, «Les élections provinciales dans le Québec».

Les libéraux provinciaux, dirigés par Adélard Godbout, sont ainsi placés à la remorque de la stratégie de leurs homologues fédéraux et la question de la conscription, qui ne relève pourtant pas du gouvernement du Québec, joue un rôle déterminant dans les élections de 1939. Ils profitent aussi de la désillusion de la population face au gouvernement Duplessis, qui n'a pas répondu aux espoirs suscités en 1936, qui a déçu bon nombre de nationalistes, et qui a dû faire face aux dernières années de la crise en endettant considérablement le Québec. Les élections de 1939 se soldent ainsi par une éclatante victoire libérale.

Adélard Godbout, premier ministre du Québec (1936 et 1939-1944). (Collection Jacques Lacoursière)

Le gouvernement Godbout imprime au Québec un net virage réformiste. Pour échapper au stigmate du patronage qui avait été accolé au régime Taschereau, il entreprend une réforme de la fonction publique qui vise à faire du service de l'État une véritable carrière. Cette réorganisation de l'appareil étatique coïncide avec une sensibilité plus grande aux responsabilités nouvelles dévolues à un État-providence en voie d'élaboration. C'est ainsi que Godbout accepte d'emblée l'amendement constitutionnel permettant au gouvernement fédéral de mettre sur pied un programme d'assurance-chômage. Par la suite, il tente de placer le gouvernement québécois à l'heure de l'État-providence en créant une Commission d'étude sur l'assurance-santé et un Conseil d'orientation économique.

Le réformisme du gouvernement Godbout s'affiche aussi dans les choix qu'il fait à propos de deux questions qui, depuis le début du siècle, divisent profondément l'opinion publique. Malgré les résistances de la hiérarchie catholique et des milieux conservateurs, il fait voter par l'Assemblée une loi accordant le droit de vote aux femmes (1940) et une loi rendant la fréquentation scolaire obligatoire jusqu'à 14 ans (1942). Il réalise un projet cher aux nationalistes en étatisant partiellement l'électricité et en créant Hydro-Québec. Agronome de formation, Godbout s'intéresse de près à l'agriculture dont il a une vision économique plutôt qu'idéologique. Enfin, dans le monde du travail, s'inspirant du modèle américain et des politiques fédérales, Godbout fait adopter un code du travail qui reconnaît les syndicats et vise à encadrer les mécanismes de la négociation collective.

Par son réformisme, le régime Godbout, aux yeux de plusieurs historiens, préfigure la Révolution tranquille. Il se révèle toutefois incapable de concilier ce réformisme avec la défense ferme des droits du Québec, sérieusement battus en brèche pendant la guerre. Par son zèle à soutenir l'effort de guerre et par son attitude lors du plébiscite, le premier ministre paraît inféodé à Ottawa et s'aliène une partie de l'électorat francophone.

Les nationalistes qui mènent la bataille du plébiscite sous l'égide de la Ligue pour la défense du Canada mettent ensuite sur pied, dès 1942, un parti politique, le Bloc populaire canadien, qui a une aile provinciale dirigée par André Laurendeau. Mettant l'accent sur la lutte à la conscription, ce parti propose également un programme de réformes sociales, qui insiste notamment sur la nécessité d'une politique de la famille et d'une politique de l'habitation.

Désorganisée après sa défaite de 1939, l'Union nationale est remise sur pied par Maurice Duplessis. Tout au long de la guerre, celui-ci louvoie habilement pour éviter de prendre des positions trop tranchées, mais il s'affiche comme un constant et vigoureux défenseur de l'autonomie provinciale. Malgré cela, son conservatisme profond éloigne de lui une partie des nationalistes qui se reconnaissent mieux dans le Bloc populaire. Cependant, l'Union nationale dispose d'une solide organisation et d'un bon enracinement dans les campagnes et les petites villes.

Ces tendances divergentes s'affrontent aux élections de 1944. Le Parti libéral obtient le plus de votes mais ceux-ci sont concentrés dans les villes et dans les secteurs anglophones. Or la carte électorale accorde une représentation plus forte aux régions rurales, ce qui favorise l'Union nationale qui, avec seulement 38,2% des votes, obtient la majorité absolue des sièges. Le Bloc populaire obtient 15,2% des voix mais ne réussit à faire élire que 4 députés.

Ainsi, le gouvernement Godbout tombe victime des circonstances particulières de la guerre et surtout de la crise de la conscription. De son côté, le mouvement des intellectuels nationalistes, qui a déjà échoué avec l'Action libérale nationale, n'arrive pas, avec le Bloc populaire, à tirer pleinement profit du sentiment nationaliste et à s'imposer sur la scène politique. La voie est donc ouverte à l'Union nationale de Maurice Duplessis.

ORIENTATIONS BIBLIOGRAPHIQUES

Auger, Geneviève et Raymonde Lamothe. *De la poêle à frire à la ligne de feu. La vie quotidienne des Québécoises pendant la Guerre '39-'45.* Montréal, Boréal Express, 1981. 232 p.

Beck, J.M. *Pendulum of Power. Canada's Federal Elections.* Scarborough, Prentice-Hall, 1968.

Black, Conrad. *Duplessis.* Montréal, Éditions de l'Homme, 1977. Vol. I: «L'ascension».

Comeau, Paul-André. *Le Bloc populaire 1942-1948.* Montréal, Québec-Amérique, 1982. 478 p.

Genest, Jean-Guy. *La vie et l'œuvre d'Adélard Godbout, 1892-1956.* Thèse de doctorat (histoire), Université Laval, 1971.

Gravel, Jean-Yves. *Le Québec et la Guerre.* Montréal, Boréal Express, 1974. 173 p.

Hamelin, Jean, Jean Letarte et Marcel Hamelin. «Les élections provinciales dans le Québec 1867-1956». Numéro spécial des *Cahiers de géographie de Québec,* 4, 7 (octobre 1959 - mars 1960).

Laurendeau, André. *La crise de la conscription, 1942.* Montréal, Éditions du Jour, 1962. 157 p.

Morton, Desmond. *A Military History of Canada.* Edmonton, Hurtig, 1985. 305 p.

Pierson, Ruth Roach. *Les Canadiennes et la Seconde Guerre mondiale.* «Brochure historique» n° 37. Ottawa, Société historique du Canada, 1983. 32 p.

Quinn, H.F. *The Union Nationale.* 2e édition. Toronto, University of Toronto Press, 1979.

Rumilly, Robert. *Maurice Duplessis et son temps.* Tome I. *1890-1944.* Montréal, Fides, 1973.

Stacey, Charles. *Armes, hommes et gouvernements. Les politiques de guerre du Canada, 1939-1945.* Ottawa, Ministère de la Défense nationale, 1970.

CHAPITRE 11

LA MUTATION DU FÉDÉRALISME

Autant les années 1920 ont été relativement harmonieuses au point de vue des relations fédérales-provinciales, autant la période 1930-1945 est troublée. La dépression, la guerre et la révolution keynésienne ont à cet égard des effets décisifs. Après les tâtonnements et les mesures ponctuelles des années de crise, le gouvernement fédéral, à la faveur de la mobilisation du temps de guerre, impose son leadership et oriente le fonctionnement du système canadien dans un sens extrêmement centralisateur. Le Québec, de son côté, tente sans beaucoup de succès de résister à cette vague. Mais l'autonomisme traditionnel est dépassé par les événements et écrasé par les puissants moyens dont dispose Ottawa, grâce aux circonstances de la guerre et à l'appui qu'il reçoit de la majorité anglophone du pays.

Les effets de la crise

La nécessité d'une intervention accrue de l'État pose, dans un régime fédéral, un problème particulier: lequel des deux niveaux de gouvernement interviendra, et selon quelles modalités? Le gouvernement fédéral et les provinces continueront-ils à se partager comme par le passé les ressources, les pouvoirs et les responsabilités? Quelle marge d'autonomie les États provinciaux pourront-ils conserver? Tels sont les grands enjeux de cette période.

Au début de la crise, les relations fédérales-provinciales, sauf en ce qui concerne la question du chômage, ne sont pas perturbées outre mesure. En 1930, par exemple, le fédéral, avec l'accord des autres gouvernements, remet aux provinces des Prairies l'administration de leurs ressources naturelles et leur verse même une compensation financière pour le manque à gagner antérieur. Cette même année, les premiers ministres du Québec et de l'Ontario n'ont pas de difficulté à convaincre leur homologue fédéral que l'Acte de l'Amérique du Nord britannique constitue un pacte entre les provinces, et que rien ne doit porter atteinte à leurs droits dans le Statut de Westminster que Londres s'apprête à adopter.

Le Statut de Westminster (1931) proclame officiellement l'indépendance du Canada; tout en maintenant l'allégeance officielle à la couronne britannique, il stipule en effet que le Dominion possède tous les pouvoirs pour édicter des lois à portée intérieure ou extérieure sans nécessiter l'assentiment de la Grande-Bretagne, dont la législation ne peut non plus être imposée au Canada. Ainsi celui-ci devient-il un pays formellement souverain. Cependant, faute d'entente entre les provinces et le gouvernement fédéral sur une formule d'amendement, sa constitution, qui demeure l'AANB, ne peut alors être rapatriée et reste une loi du Parlement britannique. De plus, le comité judiciaire du Conseil privé de Londres conserve son rôle de tribunal de dernière instance.

Le Statut de Westminster ne change donc rien au partage des pouvoirs entre les deux niveaux de gouvernement. Ce partage est cependant remis en question par la crise. Le domaine de l'aide sociale prend en effet une importance nouvelle, qui commande une action urgente des gouvernements. Or la constitution réserve ce domaine aux provinces, qui y exercent leur responsabilité avec l'aide des municipalités. Devant l'ampleur de la crise, toutefois, provinces et municipalités sont vite débordées et réclament l'aide financière d'Ottawa, en alléguant l'envergure «nationale du chômage». Ainsi le gouvernement fédéral, dont les ressources fiscales sont plus importantes, est-il forcé d'intervenir. Il le fait en mettant au point des programmes à frais partagés pour les travaux publics, l'aide à la colonisation ou les secours directs aux sans emploi.

Par ailleurs, la crise pose de manière aiguë le problème des inégalités régionales, puisqu'elle affecte beaucoup plus durement certaines provinces dont la structure économique est moins diversifiée et le potentiel fiscal plus limité. C'est le cas en particulier des provinces de l'Ouest, dont les gouvernements sont même menacés de faillite. Là encore, Ottawa doit agir: il les rescape en prenant sur lui d'acquitter les intérêts sur leur dette.

Insatisfait de devoir intervenir de manière aussi ponctuelle, et débordé par les demandes d'aide qui lui sont adressées de toutes parts, le gouvernement fédéral en vient à concevoir la nécessité de repenser et de rationaliser l'ensemble de ses interventions en s'attaquant directement aux sources de la crise. C'est dans cette perspective que se situe le *New Deal* proposé par le premier ministre Bennett en 1935. Mais cette initiative est aussitôt dénoncée comme inconstitutionnelle par les gouvernements du Québec et de l'Ontario, qui y voient un empiètement sur leurs propres domaines de compétence, notamment en matière d'aide sociale, de droit civil et de contrôle des richesses naturelles. D'ailleurs, le Conseil privé de Londres leur donne raison peu après en désavouant les propositions Bennett.

Le gouvernement fédéral réussit à étendre l'intervention étatique dans les champs d'activité qui lui sont reconnus par la constitution, comme la monnaie et les banques (création de la Banque du Canada) ou le transport interprovincial (Trans-Canada Airlines). Mais dès qu'il tente d'aller au-delà, soit, par exemple, pour contrôler les dépenses et les emprunts des provinces, soit pour créer un programme pancanadien d'assurance-chômage, il se bute aux principes du partage des pouvoirs et de l'autonomie provinciale auxquels sont fermement attachées certaines provinces, en particulier le Québec et l'Ontario.

Remise en question du fédéralisme

Pour sortir de l'impasse, Ottawa décide de mettre sur pied une Commission royale d'enquête des relations entre le Dominion et les provinces. Connue sous le nom de commission Rowell-Sirois, elle a pour mandat d'examiner «les bases sur lesquelles repose le Pacte confédéral du point de vue financier et économique, ainsi que l'attribution des pouvoirs législatifs à la lumière des développements économiques et sociaux des derniers soixante-dix ans».

Ses travaux débutent en 1937. Au même moment, dans la population, et en particulier au Canada anglais, un nouveau courant de pensée se montre de plus en plus critique envers le concept d'autonomie provinciale. On y voit un obstacle à la justice sociale, qui risque de détruire le pays en empêchant le gouvernement fédéral d'agir. Le temps est venu, croit-on, de permettre à ce dernier d'assumer pleinement son rôle «national». La théorie du pacte confédératif, selon laquelle la constitution serait une entente entre les provinces et donc ne pourrait être modifiée sans leur accord unanime, est scrutée à la loupe et rejetée par plusieurs. On soutient que l'esprit et la lettre de l'AANB sont en fait centralisateurs, et que ce sont les jugements du Conseil privé qui en ont perverti le sens en faveur des provinces.

Ce mouvement intellectuel, qui coïncide avec un regain du nationalisme anglo-canadien, est appuyé par les provinces les plus démunies, qui n'ont cure de l'autonomisme, et par les progressistes du nouveau parti CCF, pour qui planification, nationalisations et justice sociale ne sont guère compatibles avec un fédéralisme décentralisé.

Cet état d'esprit n'est pas sans marquer les conclusions de la commission Rowell-Sirois, qui dépose son rapport en 1940. Elle propose notamment que le gouvernement fédéral institue et prenne à sa charge un programme d'assurance-chômage, et qu'il assume entièrement le coût des pensions de vieillesse, partagé jusqu'alors avec les provinces. Par ailleurs, le gouvernement central devrait avoir le monopole des impôts sur le revenu des particuliers, sur les profits des compagnies et sur les successions. En retour, il prendrait sur lui la dette des provinces et leur verserait une subvention annuelle inconditionnelle déterminée par la «norme nationale». Au dire des commissaires, en effet, seul le gouvernement fédéral est en mesure d'ajuster les politiques fiscales aux variations de la conjoncture et à la diversité des régions, et donc d'assurer à tous les citoyens de chacune des provinces des services sociaux décents, tout en sauvegardant la productivité de l'économie. Pour la commission, ces recommandations sont conformes au véritable esprit de la Confédération de 1867, et permettraient même de mieux assurer l'autonomie bien comprise des provinces, puisque celles-ci, bon an mal an, auraient ainsi tous les revenus nécessaires pour s'administrer.

Les effets de la guerre

Le débat des années 1930 à propos du fédéralisme, de même que les travaux de la commission Rowell-Sirois, ont mis en circulation de nouvelles conceptions et préparé les esprits à un réaménagement éventuel du système fédéral. Mais c'est la guerre, en fait, qui vient à la fois régler la crise économique et donner à Ottawa l'occasion et les moyens de réaliser un changement en profondeur du fédéralisme. Elle permet au gouvernement fédéral de prendre en main tous les leviers du pouvoir. La loi des mesures de guerre de 1914 est remise en vigueur et devient pour ainsi dire la constitution du pays. Elle accorde au gouvernement central une prééminence incontestée sur les provinces.

Voulant profiter de ces circonstances exceptionnelles, Ottawa convoque en 1941 une conférence fédérale-provinciale pour étudier le rapport Rowell-Sirois. L'Ontario, l'Alberta et la Colombie-Britannique

Séance d'inauguration de la conférence fédérale-provinciale de 1941, à Ottawa. (ANC, C-26112)

s'opposent alors vigoureusement aux recommandations de la commission, qu'elles estiment trop centralisatrices, tandis que le Québec, par la voix du premier ministre Godbout, se dit prêt à en discuter. Faute de consensus, la conférence se termine abruptement, ce qui n'empêche pas le premier ministre King de chercher à appliquer par étapes plusieurs des propositions du rapport Rowell-Sirois. Déjà, en 1940, il avait obtenu l'accord de toutes les provinces pour amender la constitution afin d'instituer l'assurance-chômage. En 1942, il conclut des ententes avec chacun des gouvernements provinciaux accordant au fédéral le droit exclusif de lever les impôts sur le revenu des particuliers et sur les profits des entreprises pendant toute la durée de la guerre, en retour de quoi les provinces recevront une subvention annuelle d'Ottawa.

L'expérience de la guerre et sa conversion au keynésianisme convainquent le gouvernement fédéral qu'il doit faire en sorte de garder le contrôle des grands impôts directs et de la législation sociale après la fin du conflit. C'est pourquoi il crée un ministère fédéral de la Santé et du Bien-être, met sur pied un programme d'allocations familiales et fait adopter la loi nationale de l'habitation, autant de mesures qui touchent des secteurs pouvant être considérés de compétence provinciale. Même si certaines provinces s'objectent à l'une ou l'autre de ces initiatives, elles ne font pas l'unanimité entre elles et ne peuvent empêcher l'intervention du gouvernement fédéral. Celui-ci profite du fait que ces mesures sont très populaires auprès de larges secteurs de la population. Cependant, Ottawa n'arrive pas à imposer ce qu'il voit comme la condition financière de ces politiques, soit le maintien entre ses mains du contrôle des grands impôts directs.

Le Québec

Si, au début de la crise, le fédéral semble désemparé, à la fin de la guerre c'est le Québec qui l'est, et profondément, car ces quinze années bouleversent complètement l'équilibre des forces fédérales-provinciales. Après avoir résisté jusqu'en 1939, l'autonomisme traditionnel du Québec est mis à rude épreuve par l'offensive centralisatrice d'Ottawa. Cet autonomisme repose sur le postulat que chaque niveau de gouvernement est souverain dans sa sphère de compétence et que l'AANB est un pacte librement consenti entre les provinces. Cette vision, toutefois, reste plutôt théorique, car en pratique, le gouvernement fédéral dispose de moyens pour contourner efficacement la rigidité d'un tel fédéralisme, comme en témoigne la technique des programmes à frais partagés.

Le plus alléchant de ces programmes est celui des pensions de vieillesse, qu'Ottawa a institué en 1927 et dont il assume 50% puis 75% des coûts, pourvu que les provinces l'acceptent et payent leur part. Y voyant une atteinte à ses compétences en matière sociale, le gouvernement Taschereau refuse d'abord d'y adhérer, quitte à pénaliser ainsi ses propres citoyens. Mais sous la pression de l'opposition et de l'opinion publique, il s'incline finalement en 1936. Si par la suite il s'oppose avec succès au *New Deal* de Bennett, il n'en devra pas moins, malgré ses farouches résistances, reconnaître la compétence fédérale dans la radio comme dans plusieurs autres domaines majeurs.

En dépit de ses principes, le gouvernement québécois n'a d'autre choix, à mesure que s'amplifient la crise et les problèmes sociaux qu'elle engendre, que de s'allier aux autres provinces pour réclamer l'aide financière d'Ottawa. Il le fait toutefois en continuant de proclamer son attachement à l'autonomie. Le gouvernement de l'Ontario partage aussi ces inquiétudes: il craint la centralisation, qui risque de limiter ses pouvoirs et de l'obliger à payer une bonne partie de la note résultant des interventions d'Ottawa dans les autres provinces. Entre le

Affiche électorale de l'Union nationale. (ANC, C-87690)

Québec et l'Ontario se crée ainsi, à partir de 1936, une véritable alliance anti-Ottawa, qu'on a appelée l'alliance Duplessis-Hepburn, du nom de leurs premiers ministres respectifs. Les personnalités colorées et le populisme de ces derniers, ajoutés à la profonde animosité qui les oppose à King, donne à leur lutte un relief particulier, même si, quant au fond, ils reprennent les positions traditionnelles de leurs provinces.

Tout en demandant leur part de l'aide fédérale aux chômeurs, le Québec et l'Ontario s'opposent à la création d'un programme fédéral d'assurance-chômage, préconisant plutôt une politique financée par le gouvernement central mais dont la gestion relèverait des provinces, ce que refuse Ottawa. Les deux premiers ministres résistent de concert à toute tentative de contrôle par Ottawa des dépenses et des emprunts de leurs gouvernements, et déclarent la guerre à la commission Rowell-Sirois, niant au gouvernement fédéral le droit d'enquêter sur les provinces et le pouvoir de modifier la constitution sans leur accord. Contrairement aux commissaires fédéraux, ils estiment que les provinces doivent avoir des revenus suffisants pour exercer leurs responsabilités, ce qui devrait leur donner la priorité dans le champ des impôts directs. L'Ontario et le Québec, soutiennent-ils, n'ont pas à payer pour les extravagances de l'Ouest qui se plaint, à tort d'après eux, d'être exploité par l'Est. C'est à chaque province de vivre selon ses moyens, et avant de développer des services sociaux à travers le pays, disent-ils, il importe d'abord de développer l'économie.

Ainsi, le Québec et l'Ontario prônent un fédéralisme décentralisé, au nom d'une conception de la constitution dont plusieurs, à l'époque, contestent la validité. De plus, la philosophie économique et sociale qui inspire les positions des deux provinces «riches» face à la commission Rowell-Sirois s'appuie sur un libéralisme hérité du 19e siècle et peu apte à répondre aux besoins de la population canadienne victime de la crise.

Le gouvernement fédéral ne pouvant se dispenser à la fois de l'appui du Québec et de celui de l'Ontario, la stratégie de Duplessis et Hepburn réussit provisoirement à freiner le mouvement centralisateur. Mais la guerre, là encore, a un effet décisif, en modifiant complètement les règles du jeu fédéral-provincial.

Le nouveau premier ministre, Adélard Godbout, non seulement doit sa victoire à l'appui des libéraux fédéraux, mais il est intimement convaincu que le Canada et le Québec doivent participer massivement, et ensemble, à l'effort de guerre; il s'est néanmoins engagé à combattre la conscription. Dès lors s'installe entre Québec et Ottawa, au lieu de l'affrontement des années précédentes, un nouveau climat de collaboration. C'est ainsi qu'en 1940, par une simple lettre d'entente, et sans consulter l'Assemblée, le cabinet Godbout accepte de confier au fédéral l'entière compétence en matière d'assurance-chômage. De même, lors de la conférence fédérale-provinciale de 1941, il adopte une attitude conciliante, puis, en 1942, malgré les protestations de l'opposition, il se rend aux propositions d'Ottawa en lui remettant, pour la durée de la guerre et en retour d'une subvention annuelle, le droit exclusif de lever les grands impôts directs. En vertu de cette entente, de 1941 à 1947 le gouvernement fédéral perçoit au Québec 2,26 milliards de dollars, et ne lui en remet que 103 millions.

Malgré cette détente dans les relations entre les deux gouvernements, le sentiment autonomiste demeure toujours très vivace au sein de la population, et en particulier dans les milieux nationalistes. Il est exacerbé, notamment, par le centralisme agressif d'Ottawa, par la position subordonnée qu'occupent les Canadiens français dans la fonction publique et les forces armées, et surtout par la crise de la conscription qui éclate en 1942. C'est cet autonomisme, sur lequel misent à fond les partis d'opposition, qui aura finalement raison du régime Godbout en 1944.

* * *

Les années 1930-1945 marquent donc un renversement de l'ancien équilibre entre les pouvoirs fédéral et provincial. À la faveur de la crise, et surtout de la guerre, Ottawa ne cesse d'accroître son influence face à l'État québécois qui, malgré ses résistances, connaît alors un net recul, comme en témoigne l'évolution de la part des taxes perçues par les divers ordres de gouvernement (tableau 1).

TABLEAU 1

PROPORTION (EN POURCENTAGE) DES TAXES PERÇUES
PAR LES TROIS NIVEAUX DE GOUVERNEMENT
QUÉBEC, 1933-1945

	1933	1939	1945
Fédéral	47,7	51,0	82,8
Provincial	10,0	16,5	7,3
Municipal	42,3	32,5	9,9

Source: Rapport Tremblay, vol. IV, tableau 10, p. 34-35.

La guerre fait la preuve des aptitudes du gouvernement fédéral à planifier et gérer efficacement l'économie canadienne. Fort de cette expérience, et désireux de maintenir ses acquis, il convoque à la toute fin de la guerre une nouvelle conférence fédérale-provinciale, dite du Rétablissement, au cours de laquelle il dévoile un vaste programme d'action pour l'après-guerre et l'entrée dans l'ère de l'État-providence.

Depuis quelque temps, toutefois, les Québécois ont redonné le pouvoir à l'Union nationale de Maurice Duplessis, et ce nouveau gouvernement est farouchement déterminé à sauvegarder l'autonomie provinciale.

ORIENTATIONS BIBLIOGRAPHIQUES

Canada. *Rapport de la Commission royale d'enquête sur les relations entre le Dominion et les provinces*. Vol. I. Ottawa, Imprimeur du Roi, 1940. 259 p. (Rapport Rowell-Sirois)

«Cinquante années de nationalisme positif». Numéro spécial de *L'Action nationale*, LII, 7-8 (mars-avril 1963), p. 641-903.

Durocher, René. «Maurice Duplessis et sa conception de l'autonomie provinciale au début de sa carrière politique», *Revue d'histoire de l'Amérique française*, 23, 1 (juin 1969), p. 13-34.

Genest, Jean-Guy. *La vie et l'œuvre d'Adélard Godbout, 1892-1956*. Thèse de doctorat (histoire), Université Laval, 1971.

Lamontagne, Maurice. *Le fédéralisme canadien*. Québec, Presses de l'Université Laval, 1954. 298 p.

Québec. *Rapport de la Commission royale d'enquête sur les problèmes constitutionnels*. 4 vol. Québec, 1956. (Rapport Tremblay)

Rémillard, Gil. *Le fédéralisme canadien*. Montréal, Québec-Amérique, 1980. 553 p.

Sabourin, Louis. *Le système politique au Canada. Institutions fédérales et québécoises*. Ottawa, Éditions de l'Université d'Ottawa, 1970. 507 p.

Trudeau, Pierre Elliott. *Le fédéralisme et la société canadienne-française*. Montréal, HMH, 1967. 227 p.

Chapitre 12

LA NOUVELLE CULTURE
DE CONSOMMATION

Il n'est pas facile de décrire l'évolution culturelle d'une société comme celle du Québec contemporain. D'abord, le concept même de culture a subi récemment des redéfinitions qui le rendent à la fois plus riche et plus complexe, et qui font voir les interdépendances étroites liant l'activité culturelle aux autres dimensions de la vie sociale. Il convient donc de préciser dès le départ que ce n'est pas ce que le sociologue Fernand Dumont appelle la «culture première», au sens anthropologique du terme, que nous étudierons ici, c'est-à-dire les façons de vivre, de penser, de travailler, toutes choses qui sont abordées directement ou indirectement dans d'autres parties de cet ouvrage, mais bien les activités et phénomènes liés à la «culture seconde»: divertissements, massmédias, arts. Sans être exempts de rapports avec la «culture première», non plus qu'avec les autres aspects de la réalité sociale, économique et idéologique, ceux-ci forment en effet un domaine relativement autonome.

Pour la commodité de l'exposé, nous répartirons, dans chaque période, ce vaste domaine en deux chapitres. Le premier traitera de la culture de grande diffusion, celle qui est pratiquée par le grand nombre ou qui lui est destinée: presse, mass-médias, spectacles et musique populaires, etc. Le second portera sur le champ plus particulier de la création artistique et littéraire. Évidemment, cette division n'est pas absolue, et des chevauchements peuvent se produire. Enfin, il n'est pas possible, dans nos chapitres sur la culture, d'évoquer la totalité des activités impliquées; seront privilégiés les phénomènes qui, pour chaque période, semblent les plus significatifs.

Une autre difficulté que doit affronter l'histoire culturelle du Québec est l'état encore fragmentaire des connaissances. En ce qui touche, par exemple, la culture populaire, ou la vie culturelle des divers groupes ethniques et même de la communauté anglophone, ou encore les conditions matérielles dans lesquelles se développe la création littéraire, musicale ou picturale, les recherches sont soit inexistantes, soit à peine commencées.

Malgré ces réserves, on peut décrire globalement la période 1930-1945 comme une importante phase de transition, au cours de laquelle se poursuit un processus commencé depuis le tournant du siècle et qui sera pratiquement accompli avec la guerre et les années qui suivent: la généralisation progressive au Québec des formes, des conceptions et des pratiques nouvelles qui marquent alors la culture dans l'ensemble des sociétés libérales.

Cette modernisation transforme en profondeur tout le paysage culturel du Québec. Les changements les plus importants ont lieu dans la culture de grande diffusion, où les pratiques traditionnelles subissent un recul définitif et sont remplacées par des pratiques de type urbain, de plus en plus intégrées au circuit du commerce et de la consommation. Quant aux arts et à la littérature, la modernisation s'y manifeste par un renouveau esthétique et idéologique, c'est-à-dire par le délaissement du traditionalisme et une adhésion plus marquée à des conceptions et des styles privilégiant l'innovation formelle et l'expression subjective. Dans un cas comme dans l'autre, la guerre de 1939-1945 provoque un véritable déblocage, une accélération du processus de mise à jour et de transformation.

La culture traditionnelle en voie d'extinction

Fondée sur la transmission orale et sur une structure sociale de type rural, la culture traditionnelle, qui se composait de chansons, de contes et légendes, de rites et de fêtes, et où la religion tenait une place importante, ne peut vivre qu'aussi longtemps que se conserve le milieu qui la nourrit. Dans le Québec des années 1930, elle demeure donc assez vivace dans certaines régions encore fortement rurales, que ne rejoignent guère la radio, le cinéma, la presse ou la littérature commerciale, et dont les habitants restent peu influencés par la vie urbaine: Charlevoix, Haute-Mauricie, Beauce-Dorchester, Gaspésie. C'est d'ailleurs dans ces régions qu'on ira recueillir, auprès d'informateurs de plus en plus âgés, les derniers vestiges de cette culture en train de s'évanouir. Commencé depuis la fin du 19e siècle et illustré notamment par les travaux de Marius Barbeau autour de la Première Guerre mondiale, le mouvement de cueillette et de classement scientifique du fonds folklorique québécois s'intensifie en effet avec la création des Archives de folklore de l'Université Laval par Luc Lacourcière, en 1944. Autrefois culture vivante et largement partagée, la culture traditionnelle devient ainsi un objet figé, auquel ne s'intéressent bientôt que les ethnologues, les folkloristes et les collectionneurs.

L'un d'eux, Jean-Claude Dupont, a rencontré au cours de ses enquêtes le conteur Isaïe Jolin. Âgé d'une cinquantaine d'années en 1930, celui-ci possédait un répertoire de cinquante contes, mais son père, lui, en savait une centaine, tandis que le petit-fils, né vers 1950, aura à peine retenu les deux contes les plus courts d'Isaïe. Cet exemple illustre bien les effets de la modernisation sur la culture traditionnelle: un amenuisement, une déperdition radicale, qui affecte non seulement le contenu de cette culture, mais aussi le rôle qu'elle joue dans une société qui, en se transformant, la voue à une extinction aussi rapide que définitive.

Déjà, depuis la fin du 19e siècle, la majorité de la population du Québec, y compris dans les campagnes, était alphabétisée, ce qui atténuait le rôle culturel de l'oralité au profit de l'imprimé. Tirant avantage de ce changement, la presse à grand tirage avait d'ailleurs connu un essor rapide au tournant du siècle. Mais, par la suite, d'autres phénomènes mettent encore plus gravement en péril la survie de la culture traditionnelle. L'exode rural, ainsi que le développement des transports et des divers moyens de communication, brisent l'isolement relatif où elle subsistait jusque-là et lui font subir la concurrence des modèles et des pratiques culturels venus de la ville. La poste distribue partout journaux et catalogues des grandes maisons de commerce. Les projectionnistes ambulants, les cirques et les troupes de théâtre en tournée parcourent les villages et les petites localités de province. Le train et l'automobile ramènent de temps à autre les parents et amis qui ont quitté la campagne pour s'établir dans les villes du Québec ou de la Nouvelle-Angleterre. En sens inverse, villageois et cultivateurs se rendent de plus en plus souvent dans la ville voisine, ou même à Montréal, pour voir, comme dira la comédienne Rose Ouellette, «l'Oratoire Saint-Joseph, le Musée de cire, le Parc Belmont et La Poune». Enfin, la radio fait bientôt entendre jusque dans les villages les voix et les idées du monde moderne.

Ces transformations sont perçues, par les élites traditionnelles et le clergé, comme une menace directe à tout le système des valeurs transmises, y compris la langue et la foi, et donc au maintien de leur propre autorité. Aussi assiste-t-on à diverses tentatives pour défendre ce patrimoine et les valeurs qui y sont associées. On organise, par exemple, des festivals de la chanson folklorique et des métiers du terroir; on dénonce du haut de la chaire, à la suite de l'encyclique *Divini illius magistri* (1929), «les livres impies et licencieux, dont beaucoup, par une tactique diabolique, sont répandus à vil prix, les spectacles du cinéma, et maintenant aussi les auditions par radio».

Mais, en même temps, on tente d'utiliser ces nouveaux instruments culturels au profit de la tradition. Ainsi se répandent à partir de 1937 les albums de *La Bonne chanson* de l'abbé Charles-Émile Gadbois, qui visent à contrer l'influence de la chansonnette française ou américaine en faisant survivre par l'imprimé le fonds folklorique et les airs d'autrefois. Ainsi, pour faire échec aux journaux et à la littérature à sensation, on imprime des annales religieuses et on soutient officiellement la «bonne presse», c'est-à-dire les quotidiens d'inspiration catholique, souvent propriété de l'évêché ou d'une communauté religieuse, comme *L'Action catholique* de Québec, *Le Droit* d'Ottawa ou *Le Bien public* de Trois-Rivières. On diffuse aussi dans les écoles et les bibliothèques paroissiales les biographies édifiantes de Gérard Raymond (1932), de la petite Thérèse Gélinas (1936) ou de Marie-Rose Ferron, «la stigmatisée de Woonsocket» (1941), ouvrages qui connaissent des tirages exceptionnels pour l'époque. De la même manière, on se sert de la radio, puissant moyen de propagande, pour la défense des valeurs traditionnelles, par des causeries religieuses, la retransmission des grandes cérémonies comme le congrès eucharistique de Québec en 1938, ou la diffusion hebdomadaire d'une *Heure catholique* sur les ondes de CKAC. Le film, dénoncé comme «une école de corruption», sera lui aussi mis à contribution, qu'il s'agisse des documentaires de l'abbé Albert Tessier sur la nature, l'artisanat ou l'éducation des *Femmes dépareillées* (1941 et 1948), des productions didactiques de l'abbé Maurice Proulx sur l'agriculture et la colonisation (*En pays neufs*, 1934-1937; *Sainte-Anne-de-Roquemaure*, 1942), ou du film de propagande missionnaire de l'abbé Jean-Marie Poitevin, *À la croisée des chemins* (1943).

La nouvelle culture de consommation

Ces résistances ont sans doute un effet de ralentissement sur le processus de modernisation culturelle. La crise, avec le retour à la terre qui l'accompagne, permet au conservatisme de connaître un important regain de faveur et ainsi de se porter à la défense de la culture traditionnelle, du moins auprès de certains groupes de la population, en particulier dans les campagnes. Mais le ralentissement n'est que momentané, et ces groupes ne tarderont pas à rattraper le mouvement d'ensemble dès la prospérité revenue. Ce mouvement d'ensemble, on pourrait le décrire comme une urbanisation de la culture. Depuis les années 1920, en effet, et encore plus à partir des années 1930, c'est dans les villes — et surtout à Montréal — que s'élaborent les nouveaux modèles culturels, en particulier pour tout ce qui touche la culture de grande diffusion, qui tend à devenir rapidement ce qu'elle est dans les autres sociétés industrialisées: une culture de consommation.

Certes, des prolongements de la culture traditionnelle se rencontrent encore dans le contexte urbain, où l'on assiste à des phénomènes intéressants de «recyclage» ou d'adaptation des pratiques anciennes à la vie moderne. Les Canadiens français fraîchement arrivés à la ville conservent en effet de leur passé rural un imaginaire et des habitudes qu'ils réussissent tant bien que mal à ajuster à leur nouvel environnement. Danses traditionnelles, chansons à répondre, violoneux et gigueux continuent à égayer les veillées de familles dans les quartiers ouvriers de Montréal et de Québec; les processions de la Fête-Dieu ou des Rogations se rassemblent au stade De Lorimier ou près de la basilique de Québec comme autrefois autour des croix de chemins; les loups-garous et les diables danseurs reviennent hanter les émissions radiophoniques et les journaux à grand tirage, où leurs merveilles côtoient celles de Lindbergh ou des constructeurs de l'Empire State Building.

Mais ces survivances sont destinées elles aussi à s'éteindre, à mesure que se répandent les nouveaux produits culturels, venant principalement des États-Unis, et qui offrent par excellence l'image prestigieuse de la modernité. Dans ce nouveau contexte, et à la différence de ce qui se passait dans la culture traditionnelle où l'essentiel allait à la participation, les individus sont d'abord vus comme des consommateurs de culture, à qui sont offerts, pour occuper leurs loisirs, des produits variés, périssables, répondant aux goûts, aux désirs et aux moyens du plus grand nombre. Ainsi se développe une véritable industrie du divertissement de masse. Dominée par quelques grands producteurs, presque tous étrangers, cette industrie dépend de facteurs comme le revenu et le temps disponibles, l'accessibilité des marchés, les capacités de production et de diffusion des fabricants, toutes choses que favorisent éminemment l'urbanisation et le progrès de ce qui s'appellera plus tard les mass-médias.

Déjà, la presse quotidienne, avec ses feuilletons, ses chroniques et sa publicité, est bien implantée. La crise provoque une stagnation des tirages, qui se remettent toutefois à augmenter pendant la guerre. À Montréal, deux grands quotidiens, *La Presse* (fondée en 1884) et le *Montreal Star* (1869), ont des tirages dépassant les 125 000 exemplaires en 1940, et au moins quatre autres journaux se partagent des clientèles appréciables, soit, par ordre d'importance, *The Gazette* (1778), *La Patrie* (1879), *Le Devoir* (1910) et *Le Canada* (1903). À Québec, *Le Soleil* (1880) et *L'Action catholique* (1907) ont des tirages comparables, tandis que *L'Événement* (1867; devenu *L'Événement journal* en 1938) suit non loin derrière. Enfin, à peu près chaque région possède son journal: *Le Nouvelliste* (1920) à Trois-Rivières, *La Tribune* (1910) à Sherbrooke, *Le Progrès du Saguenay* (1887) à Chicoutimi. Au cours de la deuxième moitié des années 1930, ces journaux, généralement liés jusqu'alors aux grands partis politiques, profitent du changement de régime à Ottawa (1935) et à Québec (1936) et de l'augmentation de la publicité payée pour s'affranchir de cette tutelle et offrir une information plus neutre et plus abondante, destinée au plus large public possible. Le journalisme d'opinion se réfugie alors dans les nombreuses feuilles de combat nées parmi le bouillonnement idéologique de la crise, et qui disparaîtront presque toutes avec la guerre.

Celle-ci est également l'occasion pour les publications populaires de prendre un essor remarquable. Ensemble, la *Revue populaire* et la *Revue moderne* ont en 1945 un tirage d'environ 150 000 exemplaires. Quant aux trois grands hebdomadaires montréalais à diffusion provinciale que sont *Le Petit journal* (1926), *La Patrie du dimanche* (1935) et *Photo-Journal* (1937), leur journalisme à saveur populiste leur fait rapidement atteindre des tirages combinés approchant le demi-million d'exemplaires, et cette progression ne cessera pas jusqu'à la fin des années 1960.

Les manifestations les plus caractéristiques de la culture de grande diffusion, au cours de cette période, sont toutefois à chercher dans les deux nouveautés que sont alors la radio et le cinéma parlant.

La radio

Inventée au tournant du siècle, la radio ne commence à se répandre qu'après la Première Guerre mondiale. Mais la progression est lente. Encore en 1931, selon l'historien Elzéar Lavoie, il n'existe au Québec que trois stations émettrices, et seulement 27,8% des ménages possèdent un récepteur, soit 37,5% dans les villes et aussi peu que 8,4% dans les zones rurales, dont la plupart sont toujours sans électricité. Quoique beaucoup moins rapide au Québec qu'en Ontario ou aux États-Unis, l'évolution s'accélère pendant la décennie: en 1941, le Québec compte seize stations, dont quatorze francophones, et plus des deux tiers des foyers (70,6%) ont un appareil, les campagnes accusant toujours un retard significatif, avec 41% seulement, contre 85,1% dans les villes. Compte tenu de cette inégalité — qui ne se résorbera qu'avec le mouvement d'électrification rurale de l'après-guerre — E. Lavoie situe à 1936 environ le moment où la radio devient vraiment, à l'échelle du Québec, un moyen de communication privilégié, un « mass-média ».

Dès le début du siècle, l'État fédéral avait vu à assurer au moins en principe son contrôle sur la radiophonie canadienne. Mais jusqu'à la crise, il a laissé agir le secteur privé de manière plutôt anarchique, ce qui a favorisé une large pénétration de la radio américaine. En 1929, la commission Aird réagit à cette situation en proposant des mesures de canadianisation des ondes et une intervention vigoureuse du gouvernement fédéral. Trois ans plus tard, celui-ci crée donc, en dépit des fortes oppositions venues du secteur privé et des gouvernements provinciaux, la Commission canadienne de la radiodiffusion qui, au Québec, exploite des stations à Chicoutimi et à Montréal. Mais il faut attendre 1936 et la transformation de la CCR en un nouvel organisme plus puissant, la Société Radio-Canada, pour que le rôle de l'État fédéral en matière de radiophonie s'affirme avec force. Sans aller jusqu'à étatiser les radios indépendantes comme le suggérait la commission Aird, Ottawa les place virtuellement sous le contrôle de la nouvelle société, qui a pour rôle de réglementer la radiodiffusion à l'échelle du pays. En même temps, Radio-Canada est mandatée pour exploiter elle-même un vaste réseau national de production et de diffusion représentant, en 1936, 75% de la force émettrice du Canada. Au Québec, ce réseau — le *Quebec Regional Network* — comprend en 1945 des postes de base à Montréal, Québec et Chicoutimi, ainsi que des postes affiliés dans diverses régions, ce qui en fait le principal

Une émission de variétés à CKAC, en 1939. (*The Gazette*, ANC, PA-137220)

diffuseur, avec la station privée CKAC, fondée par *La Presse* en 1922 et qui continue d'occuper une position de tout premier plan. Par rapport à leur importance numérique, les anglophones sont mieux desservis que les francophones: à Montréal, par exemple, deux stations, CBM (CBC) et CFCF (Marconi), diffusent entièrement en anglais, tandis qu'à CKAC, officiellement francophone, 34% des émissions, encore en 1940, se font en langue anglaise. Cette situation s'explique par la plus grande proportion de récepteurs dans les quartiers anglophones, et par le fait que ceux-ci représentent pour les annonceurs un public cible privilégié.

Contrôlée soit par l'État soit par des entreprises de presse soucieuses de conserver leur marché publicitaire, la radio, se faisant presque toujours en direct, offre alors une programmation largement dominée par le divertissement, qui, à CKAC par exemple, occupe environ 75% du temps d'antenne et sert de support à la diffusion d'un grand nombre de messages commerciaux. À Radio-Canada la musique classique, avec une émission comme *L'heure symphonique* (1938) ou la retransmission

Un correspondant de guerre de Radio-Canada en Italie, 1943. (CBC, ANC, C-66238)

des opéras du «Met» de New York (1931), et le théâtre, avec des séries comme *Radio-théâtre* (1938) ou *Le théâtre chez soi* (1939), comptent pour une bonne part de cette programmation. Mais les meilleures cotes d'écoute vont à CKAC, où triomphent la chansonnette, et les sketches comiques comme *Nazaire et Barnabé* (1939) ou *Zézette* (1938). Dès 1935, avec *Le curé de village*, apparaît un genre promis au plus brillant avenir jusqu'aux années 1950: le radioroman, qui devient extrêmement populaire à partir de 1938-1940, alors que prennent l'affiche à CBF des feuilletons comme *La pension Velder* (1938), *Un homme et son péché* (1939) ou *Jeunesse dorée* (1940).

Dans le domaine des émissions éducatives, le gouvernement québécois, à partir de 1929, patronne une *Heure provinciale* bi-hebdomadaire à CKAC, et Radio-Canada, en 1941, inaugure *Radio-Collège*. La «causerie» radiophonique est aussi très prisée: s'y produisent de nombreux intellectuels et religieux, comme Lionel Groulx, les penseurs de l'Action libérale nationale ou le père Marcel-Marie Desmarais, qui pose sur les ondes la question: «L'amour est-il un péché?» Quant à l'information, elle ne compte durant les années 1930 que pour 10% de la programmation, et elle fait preuve de peu d'audace, les radiodiffuseurs se contentant le plus souvent de répéter le contenu des journaux dont ils sont également propriétaires. Cette situation change quand Radio-Canada, désireuse d'attirer le public acquis à CKAC, profite d'abord de la première visite d'un souverain britannique au pays en mai 1939, puis du déclenchement des hostilités en Europe, pour imposer une radio à forte teneur en information, où s'illustre notamment le commentateur Louis Francœur. Le Service des nouvelles est créé en 1941, et, grâce au contrôle fédéral de l'information en temps de guerre, la radio de Radio-Canada fait de plus en plus de place aux nouvelles et reportages sur l'actualité. Soumise à la censure depuis 1939, elle devient ouvertement un instrument de propagande patriotique et gouvernementale.

L'impact de la radio sur la vie culturelle ne saurait être surestimé. D'un côté, elle permet à de nouveaux groupes d'avoir un accès direct et régulier à des activités culturelles dont ils avaient été pratiquement coupés jusqu'alors en raison de l'éloignement ou du manque de moyens: théâtre, littérature, musique. De l'autre, elle offre aux créateurs professionnels — musiciens, dramaturges, comédiens, écrivains — un marché élargi, et donc une source de revenus appréciables. Cela est particulièrement vrai au Québec où, du fait de la langue, la pénétration de la radio américaine est moins forte qu'au Canada anglais, ce qui favorise une abondante production d'émissions locales. On peut dire que du milieu des années 1930 jusqu'à celui des années 1950 environ, la radio connaît un véritable âge d'or: rejoignant la quasi-totalité des foyers québécois (88% en 1947), elle représente le moyen de diffusion le plus puissant et son influence se fait sentir dans tous les secteurs de l'activité culturelle.

Le cinéma

Le cinéma muet jouissait d'une grande faveur dans le Québec des années 1920. Au début de la crise, on observe un certain recul de la fréquentation, mais dès 1934 l'expansion reprend et le cinéma devient

Le théâtre Saint-Denis à Montréal durant les années 1930. (Cinémathèque québécoise)

rapidement le divertissement le plus populaire. De 134 qu'il était en 1933, le nombre de salles commerciales au Québec atteint 190 en 1940, et 228 en 1945, la guerre marquant le début d'une véritable explosion qui s'accentuera une fois la paix revenue.

Le facteur le plus important de cette expansion est l'introduction, en 1928, du film parlant, qui a tôt fait de se généraliser à travers le Québec: dès 1931, plus de la moitié des salles en projettent. Cette nouveauté a aussi pour conséquence d'accroître la place du film venu de France dans la programmation. À l'époque du muet, en effet, la quasi-totalité des films projetés au Québec — avec ou sans traduction — étaient d'origine américaine, le problème de la langue ne se posant guère. Mais l'apparition du parlant modifie le marché et favorise l'importation de films français, à quoi se consacrent alors avec succès plusieurs sociétés canadiennes-françaises, principalement la Compagnie cinématographique canadienne et France-Film, créée en 1932, de qui dépendent un bon nombre de salles à travers le Québec. À Montréal, le Saint-Denis devient, à partir de 1930, le haut lieu du cinéma de langue française. En 1934, par exemple, le *Maria Chapdelaine* de

Duvivier y fait plus de 70 000 entrées. Certes, les distributeurs américains — Famous Players en tête — continuent d'occuper la grosse part du marché, et les cinémas du Québec, jusqu'après la guerre, présentent beaucoup plus de films en langue anglaise qu'en langue française. Néanmoins, les années 1930 restent fortement marquées, pour le public québécois, par la découverte des «vues françaises», de leurs réalisateurs, de leurs vedettes, de leur langage, phénomène dans lequel certains, à l'époque, et en particulier les dirigeants de France-Film, voient une contribution à la cause nationale et patriotique.

La guerre et l'occupation de la France à partir de 1940 compromettent cette percée du cinéma français, car les distributeurs éprouvent des difficultés d'approvisionnement. Ainsi, France-Film doit se recycler dans les concerts et le vaudeville. Plus de la moitié des salles présentant du film français ferment leurs portes ou se reconvertissent au cinéma américain, lequel connaît alors une importante remontée et multiplie les doublages en français de ses propres productions.

Se produisant à un moment où les salles sont plus fréquentées que jamais, cette éclipse du cinéma français a aussi pour conséquence de favoriser quelque peu la production locale. Jusqu'alors, celle-ci était quasi inexistante, ou de type artisanal. À l'Office national du film, créé par Ottawa en 1939, l'élément francophone est à peu près absent et la production, jusqu'à la fin de la guerre, est presque entièrement consacrée aux courts métrages de propagande. Pour le reste, il ne se produit au Québec que quelques rares films qui n'atteignent guère les salles commerciales et restent axés sur l'apostolat religieux et patriotique. Pendant la guerre, toutefois, le long métrage de fabrication québécoise fait son apparition, avec *Notre-Dame de la Mouïse* (1941), produit en France par la compagnie montréalaise France-Film, *À la croisée des chemins* (1943) de Jean-Marie Poitevin, et surtout *Le père Chopin* (1944): produit par la société Renaissance Films et offrant une distribution mi-française mi-québécoise, ce film, le premier long métrage professionnel tourné au Québec, connaît un succès notable auprès du public.

Le théâtre populaire

La popularité croissante du cinéma provoque un bouleversement en profondeur dans tout le domaine du divertissement urbain. Déjà, autour de la Première Guerre mondiale, la faveur dont jouissait le cinéma muet avait mis fin, à Montréal, à ce que John Hare appelle «l'âge d'or» du théâtre, et avait sérieusement compromis la situation faite aux autres formes de loisir telles que le cirque ou les «parcs d'amusement». Avec la généralisation du film parlant, ce mouvement va s'accentuer et même placer le théâtre, notamment, dans un véritable climat de crise.

Certaines formes de théâtre plus populaire réussissent toutefois à se maintenir et même à connaître une certaine floraison après 1930. Répondant aux goûts d'un vaste public, le mélodrame, le vaudeville, la comédie bouffe, le music-hall et le burlesque ont aussi l'avantage de pouvoir se combiner avec le cinéma à l'intérieur d'un même spectacle, habitude qui se répand largement au cours des années 1920 et se maintient jusqu'à la fin des années 1930.

De ces formes de théâtre populaire, c'est le burlesque qui domine la période. Introduit avant 1914 par des troupes américaines en tournée, il était demeuré essentiellement anglophone jusqu'en 1920, alors que la troupe de Ti-Zoune (Olivier Guimond père) a commencé à présenter des spectacles bilingues, puis en langue française seulement. Dès lors, le genre connaît un essor rapide, notamment quand le Théâtre national de Montréal, fondé en 1900 pour se consacrer aux pièces de répertoire, se convertit au nouveau genre et devient le haut lieu du burlesque et des variétés. Il conservera cette position jusqu'aux environs de 1950, surtout grâce à Rose Ouellette (La Poune) qui en assume la direction à partir de 1936. Spectacle où se mêlent l'improvisation, l'humour, la chanson, la danse et l'emploi d'une langue populaire colorée, le théâtre burlesque, méprisé par l'élite intellectuelle et soupçonné d'immoralité par les autorités, connaît entre 1930 et 1950 un succès qui s'étend bientôt à la grandeur du Québec, notamment par les tournées annuelles de Jean Grimaldi et de sa troupe. Il y a aussi le mélodrame, dont la faveur ne se dément pas tout au long de la période; en témoigne le succès ininterrompu, depuis sa création en 1921, d'*Aurore la petite enfant martyre*. Mélodrame, burlesque et leurs variantes représentent donc, en termes quantitatifs du moins, l'essentiel de la vie théâtrale de cette époque.

La chanson

La vie musicale a toujours été particulièrement active au Québec, que ce soit la musique populaire traditionnelle, la musique d'église ou même, dans les villes, les concerts et l'opéra. À partir des années 1930, avec la généralisation de la radio et les progrès de l'enregistrement sur disque, cette faveur ne fait que s'accroître.

Par exemple, le phénomène dit de la chanson canadienne perpétue dans le contexte urbain la popularité des airs traditionnels. Les voix des Lionel Daunais, Paul-Émile Corbeil ou du Quatuor Alouette reprennent les chansons d'autrefois à la radio ou dans des récitals comme les «Veillées du bon vieux temps» organisées au Monument national de Montréal entre 1921 et 1941. D'autres artistes, tout en s'inspirant de l'esprit folklorique, créent à l'intention d'un vaste public des chansons nouvelles évoquant les aléas et les misères de la vie citadine pendant la grande dépression. Tel est le cas, entre autres, d'Ovila Légaré, dont *La Bastringue* ou *Faut pas s'faire de bile* remportent un vif succès.

Mais la chanteuse la plus populaire du temps est sans contredit la Bolduc (née Marie Travers) qui, entre 1928 et 1941, compose près de trois cents chansons, dont plusieurs sont répandues par le disque, et

La Bolduc. (DOLQ)

donne d'innombrables récitals à travers le Québec, l'Ontario et la Nouvelle-Angleterre. Agrémentées de «turlutages» et écrites dans une langue alerte, proche de l'accent populaire, certaines de ses chansons s'inspirent de ses expériences personnelles: Gaspésienne transplantée à Montréal, elle a été servante, ouvrière de manufacture, puis mère de famille nombreuse. D'autres empruntent à l'actualité et à la vie de tous les jours: chômage (*Sans travail*), nouveautés technologiques (*Toujours l'R100*), politique (*Le nouveau gouvernement*), incidents divers (*Les cinq jumelles Dionne, As-tu vu l'éclipse*), etc. Au cours de la guerre, un autre chanteur populaire, le soldat (Roland) Lebrun, connaîtra lui aussi un immense succès en se faisant à nouveau, par ses complaintes western comme *Je suis loin de toi mignonne* ou *L'adieu du soldat*, «le chantre des petites gens aux prises avec les difficultés de la vie quotidienne» (Gilles Potvin).

*   *   *

La popularité de la Bolduc, de la Poune ou des vedettes radiophoniques locales ne doit pas faire oublier, cependant, deux traits caractérisant la culture de grande diffusion qui déferle sur le Québec des années 1930-1945. D'abord, l'accès à cette culture et aux produits nouveaux qu'elle propose reste très inégalement réparti: des groupes entiers de la population en sont largement ou complètement privés, pour des raisons économiques ou géographiques. Ensuite, cette culture est largement conçue et diffusée par des producteurs étrangers. Le rôle des agents québécois dans cette industrie du divertissement se borne le plus souvent, quand il existe, à l'exploitation, à la traduction ou à l'adaptation. Mais, sauf dans les milieux nationalistes et cléricaux, peu de gens alors s'inquiètent d'une telle situation. Ce qui compte aux yeux du public, c'est plutôt de participer à cette nouvelle culture et d'entrer de plain-pied dans le monde moderne dont elle est la manifestation la plus séduisante.

ORIENTATIONS BIBLIOGRAPHIQUES

BEAULIEU, André et Jean HAMELIN. «Aperçu du journalisme québécois d'expression française», *Recherches sociographiques*, VII, 3 (septembre-décembre 1966), p. 305-348.

DUMONT, Fernand. *Le lieu de l'homme; la culture comme distance et mémoire.* Montréal, HMH, 1969. 233 p.

DUPONT, Jean-Claude. *Contes de bûcherons.* Montréal, Quinze, 1976. 215 p.

HÉBERT, Chantal. *Le burlesque au Québec: un divertissement populaire.* Montréal, Hurtubise HMH, 1981. 302 p.

HOULE, Michel et Alain JULIEN. *Dictionnaire du cinéma québécois*. Montréal, Fides, 1978. 366 p.

LAMONDE, Yvan et Pierre-François HÉBERT. *Le cinéma au Québec : essai de statistique historique (1896 à nos jours)*. Québec, IQRC, 1981. 478 p.

LAURENCE, Gérard. «Dans un Québec réticent, la radio d'un pays directement impliqué», ECK, Hélène, dir. *La guerre des ondes: histoire des radios de langue française pendant la Deuxième Guerre mondiale*. Montréal, Hurtubise HMH, 1985, p. 283-366.

LAVOIE, Élzéar. «L'évolution de la radio au Canada français avant 1940», *Recherches sociographiques*, XII, 1 (janvier-avril 1971), p. 17-49.

— «La constitution d'une modernité culturelle populaire dans les médias au Québec (1895-1950)», LAMONDE, Yvan et Esther TRÉPANIER, dir. *L'avènement de la modernité culturelle au Québec*. Québec, IQRC, 1986, p. 253-298.

PAGÉ, Pierre. *Répertoire des œuvres de la littérature radiophonique québécoise 1930-1970*. Montréal, Fides, 1975. 826 p.

POTVIN, Gilles, Helmut KALLMANN et Kenneth WINTERS. *Encyclopédie de la musique au Canada*. Montréal, Fides, 1983. 1142 p.

PROULX, Gilles. *L'aventure de la radio au Québec*. Montréal, Éditions La Presse, 1979. 143 p.

Rapport de la Commission royale d'enquête sur la radio et la télévision. Ottawa, Imprimeur de la reine, 1957. (Commission Fowler).

VÉRONNEAU, Pierre. *Histoire du cinéma au Québec*. Tome I: *Le succès est au film parlant français*. Montréal, Cinémathèque québécoise, 1979. 164 p.

Chapitre 13

DE L'ORDRE ET DE L'AVENTURE

Littérature, arts visuels, théâtre de répertoire et musique classique s'adressent à un public que distinguent son niveau d'éducation élevé et son appartenance aux couches économiquement favorisées de la population. Tout comme dans la culture de grande diffusion, les contraintes économiques et commerciales ont ici leur importance, mais elles agissent d'une manière moins directe ou moins décisive, si bien que les questions idéologiques et esthétiques peuvent s'y poser avec plus de vigueur, et la création locale s'y affirmer de façon plus visible.

L'équipement culturel reste toutefois peu développé. L'État n'intervenant dans ce secteur que par des mesures ponctuelles dépourvues de coordination, tout est laissé à l'initiative privée. Du côté anglophone, les principales institutions sont soutenues par quelques grandes familles aisées de la métropole. Du côté francophone, c'est l'Église qui se charge en bonne partie de cette tâche, notamment à travers ses collèges et séminaires qui, en dehors de Montréal, sont à peu près les seuls foyers culturels actifs. Des institutions comme les collèges de Joliette, de Rimouski ou de Saint-Laurent jouent en effet un rôle clé dans l'animation et la diffusion de la littérature, du théâtre, de la musique ou des arts visuels. Mais ces quelques oasis n'empêchent pas l'ensemble des infrastructures culturelles d'être largement insuffisantes.

Quant au public cultivé, essentiellement urbain, il reste peu nombreux, et ne peut guère s'accroître en raison de la crise. Deux groupes y sont particulièrement influents: la bourgeoisie anglophone et, du côté francophone, le clergé, de qui relèvent l'enseignement et les principales institutions culturelles. Même si des dissidences s'y expriment, ces deux groupes ont en matière de culture des tendances conservatrices marquées. Une partie des créateurs s'y conforment, tandis que d'autres, s'inspirant des courants étrangers et réclamant plus d'autonomie, tentent d'affranchir leur art et de le faire évoluer dans le sens de la modernité. C'est ce que veut désigner le titre de ce chapitre, emprunté à un ouvrage du critique Jacques Blais sur la poésie québécoise de 1934 à 1944.

D'un côté, en effet, se maintient l'«ordre», c'est-à-dire un traditionalisme dont les sources remontent à la seconde moitié du 19e siècle et qui conserve jusqu'après la crise une prépondérance dans le discours et les institutions. Mais sa rigidité et son inadaptation aux nouvelles réalités font que ce traditionalisme est de plus en plus contesté. Les années 1930 voient s'affirmer en effet, sans qu'elle réussisse encore à s'imposer, une tendance elle aussi apparue plus tôt, mais dont les manifestations étaient toujours demeurées marginales ou épisodiques jusque-là: la tendance à l'«aventure», à la modernité intellectuelle et artistique. Nouvelles formes, nouveaux thèmes, nouvelles conceptions marquant la culture du 20e siècle émergent avec de plus en plus d'insistance.

Un point tournant, dans cette évolution, est la guerre de 1939-1945, tragédie pour l'Europe, mais occasion pour le Québec de s'ouvrir sur le monde et de devenir pendant quelques années l'un des centres artistiques et intellectuels les plus actifs de la francophonie. Les maisons d'édition, les revues, les manifestations culturelles se multiplient. Montréal voit arriver en grand nombre, soit pour s'y réfugier, soit en route vers New York, écrivains, musiciens, philosophes, peintres, gens de théâtre prestigieux qui fuient l'Europe et apportent avec eux les idées mêmes de la modernité, épaulant ainsi les forces de renouveau déjà actives dans le milieu. Dès lors, on peut dire que les tendances se renversent, et que c'est l'esprit d'«aventure», désormais, que valorisera une proportion croissante de la production littéraire et artistique du Québec.

Les créateurs

On sait peu de choses des conditions où œuvrent les artistes, musiciens, comédiens et écrivains du temps. Les anglophones, d'origine britannique ou juive, sont nombreux, en particulier dans la musique et les beaux-arts. Les francophones, formés dans les collèges classiques, appartiennent pour la plupart à la petite bourgeoisie: ils sont fonctionnaires, clercs, membres des professions libérales, et surtout journalistes. Comme l'aide gouvernementale n'existe guère et que le public cultivé préfère généralement aux œuvres locales celles qui viennent de Paris, de Londres ou de New York, très peu d'artistes vivent vraiment de leur création. Les peintres, par exemple, sont durement affectés par la crise, qui rend les collectionneurs et les acheteurs moins nombreux et plus prudents. Les écrivains, pour leur part, évoluent presque tous dans le sillage de mouvements d'idées, de revues, de maisons d'édition ou de journaux qui ne pourraient survivre sans le soutien de l'Église; les francs-tireurs sont donc rares. Quant aux comédiens et musiciens, ils vivent souvent d'expédients, parmi lesquels la radio devient vite une source de revenus appréciable. Beaucoup d'artistes, peintres et musiciens en particulier, élisent domicile en Europe, où ils trouvent un milieu mieux accordé aux exigences de leur métier. La guerre les force toutefois à rentrer au pays, où se crée pendant quelques années un nouveau climat favorable à l'innovation et au changement.

La littérature

Moyen d'expression privilégié pour certains groupes, le livre n'a à peu près aucun rayonnement dans l'ensemble de la population, faute de structures de diffusion le moindrement efficaces, telles que bibliothèques et librairies. Le retard du Québec francophone, à cet égard, est frappant. Une enquête de 1937 note que sur les 642 bibliothèques publiques existant au Canada, l'Ontario en compte 460, et le Québec 26 seulement, dont 17 anglophones. À Montréal, si la communauté de langue anglaise jouit de grandes bibliothèques de prêt comme la Westmount Public Library, le Fraser Institute (fermé pendant la crise) et le Mechanics' Institute, les francophones n'ont à leur disposition que la Bibliothèque Saint-Sulpice (qui ferme ses portes de 1931 à 1944) et la Bibliothèque municipale de la rue Sherbrooke. Celle-ci, dotée d'un édifice somptueux mais d'une collection qui, en 1933, ne dépasse pas les 70 000 volumes, exige en plus, jusqu'en 1943, un dépôt en argent de ses abonnés, ce qui limite leur nombre. Ailleurs, en dehors de Québec et de Montréal, n'existent que les bibliothèques paroissiales, pauvrement pourvues et pratiquement inactives. Si bien que les Québécois francophones n'ont guère l'occasion de s'intéresser à la lecture et que l'importante augmentation des prêts et de la fréquentation des bibliothèques observée ailleurs au Canada à la faveur de la crise ne peut pas se produire au Québec, aggravant ainsi le retard dû à la faible scolarisation de la population. Durant la guerre, cette situation commence à soulever des inquiétudes et inspire quelques timides efforts de correction qui font augmenter légèrement la fréquentation des bibliothèques à partir de 1941. Mais il faudra attendre les années 1960 avant que de véritables politiques voient le jour dans ce domaine.

L'équipement en librairies n'est guère meilleur. À la fin de la guerre, il n'y en a dans tout le Québec qu'une quarantaine, incluant celles qui exploitent le marché scolaire. À Montréal, quelques libraires indépendants attirent une petite clientèle d'étudiants, d'intellectuels et de membres des professions libérales, à qui ils vendent du livre français importé, comme chez Déom et Pony, ou du livre d'occasion, comme chez Ducharme ou à la Librairie Françoyse ouverte en 1937 par Henri Tranquille. Quant aux autres librairies importantes, elles sont toutes liées à des revues, des maisons d'édition ou des mouvements, surtout nationalistes, et sont généralement proches du clergé.

Le rôle de l'Église dans le monde du livre, et donc de la littérature, est d'ailleurs déterminant. Il confine au contrôle pur et simple. Important éditeur lui-même, le clergé est surtout le principal client des libraires et des éditeurs grâce à sa position dans le système scolaire aussi bien privé (collèges classiques, universités) que public (Comité catholique du Département de l'instruction publique). De plus, il détient une autorité morale pratiquement incontestée. D'une part, l'*Index* établi à Rome fournit une liste des ouvrages interdits dans l'ensemble de l'Église. D'autre part, dans les limites de chaque diocèse, l'évêque peut aussi intervenir: ainsi, en 1934, le cardinal Villeneuve, archevêque de Québec, prohibe «sous peine de faute grave» le roman *Les demi-civilisés* de Jean-Charles Harvey; pendant qu'à Montréal le livre connaît un succès de scandale, l'auteur est aussitôt congédié du journal *Le Soleil* dont il était le rédacteur en chef. Enfin, le clergé est également très actif dans les milieux intellectuels et les divers mouvements nationalistes d'où émane l'essentiel de la production éditoriale et littéraire pendant les années 1930.

Ces années sont celles, en effet, des véritables débuts de l'édition littéraire, dans l'orbite du mouvement nationaliste qui connaît alors un regain de vitalité et veut répandre plus largement ses vues parmi les groupes scolarisés. Ainsi, à côté des maisons desservant le marché scolaire et religieux, comme Beauchemin, Granger, Garneau, Fides (fondée en 1937) ou le Centre pédagogique (1940), apparaissent de nouveaux éditeurs qui, avec l'appui d'une librairie ou d'une revue, s'adressent plus directement au marché indépendant. C'est le cas, entre autres, de la Librairie d'Action française, créée en 1919 et acquise en 1926 par Albert Lévesque, des Éditions du Totem, fondées en 1933 par

Albert Pelletier, directeur de la revue *Les Idées*, et des Éditions du Zodiaque (1935).

Malgré des nuances parfois importantes, ce qui caractérise globalement les œuvres publiées par ces éditeurs, c'est le souci de créer et de propager une littérature proprement «canadienne», distincte par le fond et la forme de la littérature française contemporaine, que certains jugent décadente. Conçue comme l'expression des valeurs nationales, cette littérature se manifeste dans deux genres principaux: l'essai et le roman, qui se prêtent mieux que la poésie à la propagation de l'idéologie. L'essai, par exemple, permet de réaffirmer, en période de crise, les grands thèmes conservateurs et de chercher des voies nouvelles qui ne rompent pas radicalement avec la tradition. Ainsi, à Lionel Groulx (*Directives*, 1937) et Camille Roy (*Pour conserver notre héritage français*, 1937), qui demeurent parmi les principaux penseurs du nationalisme, se joignent des spécialistes des questions économiques et sociales comme Édouard Montpetit (*La conquête économique*, 1938) ou Esdras Minville (*Notre milieu*, 1942), des historiens comme Gustave Lanctot (*Le Canada d'hier et d'aujourd'hui*, 1934) ou Jean Bruchési (*L'épopée canadienne*, 1934), des polémistes comme Victor Barbeau (*Pour nous grandir*, 1937) ou Claude-Henri Grignon (*Les pamphlets de Valdombre*, 1936-1943), qui essaient d'adapter le nationalisme traditionnel aux réalités contemporaines. Dans le roman, les œuvres les mieux réussies s'inspirent des formes et des thématiques déjà anciennes du récit terrien (*Un homme et son péché* de Claude-Henri Grignon, *Trente arpents* de Ringuet, *Le Survenant* de Germaine Guèvremont) ou forestier (*Menaud maître-draveur* de Félix-Antoine Savard, *Les engagés du Grand Portage* de Léo-Paul Desrosiers), tandis que les textes un peu novateurs par leur contenu ou leur technique d'expression sont peu nombreux.

Ces œuvres, toutefois, ont beau s'inscrire dans une ligne plutôt traditionnelle, leur contenu symbolique — folie de Séraphin Poudrier et de Menaud, exil d'Euchariste Moisan, instabilité du «Grand dieu des routes» — démontre en même temps l'épuisement de la vision du monde liée au nationalisme conservateur. Certes, les nationalistes occupent l'avant-scène, et leur doctrine domine largement les institutions littéraires. Mais déjà, pendant les années 1930, une autre littérature se fait jour, en poésie surtout, auprès d'un public très restreint, où se trouvent cependant les meilleurs écrivains du temps. Le souffle universaliste de Robert Choquette (*Metropolitan Museum*, 1931), le lyrisme amoureux de Jovette Bernier (*Les masques déchirés*, 1932) et de Medjé Vézina (*Chaque heure a son visage*, 1934), ou les tableaux sociaux que la crise inspire à Jean Narrache (*J'parl' pour parler*, 1939) et Clément Marchand (*Les soirs rouges*, 1939) sont autant d'écarts par rapport au terroirisme des décennies précédentes. Mais la rupture la plus significative est celle qu'introduisent les écrivains et intellectuels qui fondent en 1934 *La Relève*, revue d'idées, de critique et de création. Plus préoccupés d'humanisme intégral que de questions nationales, ils conçoivent l'art et la littérature comme indépendants de l'idéologie et de la politique, rejettent le traditionalisme officiel et cherchent, en se rattachant à la littérature française contemporaine, des voies d'expression personnelles et modernes. Parmi eux émerge le poète Saint-Denys Garneau, auteur de *Regards et jeux dans l'espace*, publié à Montréal en 1937.

Je marche à côté d'une joie
D'une joie qui n'est pas à moi
D'une joie à moi que je ne puis pas prendre...

Cette versification qui rompt avec les conventions classiques, cette recherche de l'image à la fois simple et neuve, et surtout cette implication intime du poète dans sa poésie conçue comme une véritable aventure spirituelle, tout cela représente une percée importante, porteuse d'un renouveau que quelques lecteurs et critiques, à l'époque, savent discerner. Ce renouveau, d'autres poètes le préparent aussi, comme Alain Grandbois, qui édite en 1934 ses premiers poèmes à Hankéou, en Chine, ainsi que quelques critiques ou essayistes plus préoccupés d'esthétique que de propagande nationale, comme Louis Dantin, exilé aux États-Unis, René Garneau ou François Hertel.

Marginaux au cours des années 1930, ces nouveaux courants se manifestent avec un éclat subit à la faveur de la guerre, qui bouleverse le monde du livre et de la littérature au Québec. Prenant le relais de l'édition française paralysée par l'occupation nazie, l'édition québécoise, du jour au lendemain, jouit d'un essor et d'une diversification sans précédent. Les maisons laïques se multiplient: Valiquette (1939), L'Arbre (1940), Variétés (1941), Pascal (1943). Plusieurs revues vouées à l'art et aux idées modernes voient le jour : *Regards* (1940), *La Nouvelle Relève* (1941), *Amérique française* (1941), *Gants du ciel* (1943). Des livres peu accessibles jusque-là à cause du contrôle ecclésiastique sont publiés librement à Montréal, depuis les poésies de Rimbaud jusqu'aux romans «dangereux » de Gide ou de Bernanos, en

À gauche: Le poète Hector de Saint-Denys Garneau. À droite: Gabrielle Roy à l'époque de *Bonheur d'occasion*. (Basil Zarov)

passant par le *Discours de la méthode* de Descartes et les écrits des existentialistes français. La production éditoriale monte en flèche: de 82 en 1940, le nombre de titres publiés passe à 417 en 1944; au total, près de 21 millions de livres sont imprimés au Québec entre 1940 et 1947, dont une bonne partie est exportée vers l'Amérique du Sud, les États-Unis et même l'Australie. En même temps, le marché local s'étend, les journaux accordent plus de place aux livres et à la littérature, si bien que, de marginal qu'il a été jusqu'alors, le livre devient un objet de consommation plus présent et plus abondant que par le passé.

Cette explosion de l'activité éditoriale a pour effet de faire mieux découvrir aux lecteurs la littérature universelle contemporaine, et de favoriser par conséquent, au Québec même, l'émergence d'œuvres nouvelles, plus ouvertes à la modernité. Ce mouvement a commencé en poésie pendant les années 1930; il s'y poursuit donc, avec des publications comme «L'invention de la roue» de Gilles Hénault et les *Images et proses* de Rina Lasnier en 1941, *Les songes en équilibre* de Anne Hébert en 1942, ou, durant la seule année 1944, *Les îles de la nuit* d'Alain Grandbois, *Jazz vers l'infini* de Carl Dubuc, *La quête de l'existence* d'Edmond Labelle. De la poésie, domaine réservé, l'innovation se transporte bientôt dans la littérature destinée au grand public: le roman. Entre 1941 et 1945, en effet, paraissent quelques œuvres d'où sortira le nouveau roman québécois d'après-guerre: *Ils posséderont la terre* de Robert Charbonneau inaugure le roman psychologique, tandis que *Au pied de la pente douce* de Roger Lemelin et *Bonheur d'occasion* de Gabrielle Roy font entrer la ville — c'est-à-dire la réalité même que vivent la grande majorité des lecteurs — dans le monde de la littérature. À ces romans peuvent aussi être rattachés les *Contes pour un homme seul* d'Yves Thériault (1944), qui opposent à l'idéalisme agraire une vision de la nature plus païenne et plus sauvage.

Au même moment, un renouveau analogue se produit dans le roman de langue anglaise, grâce aux deux ouvrages de Hugh MacLennan, *Barometer Rising* (1941) et *Two Solitudes* (1945), qui marquent une rupture par leur réalisme et l'actualité des problèmes qu'ils abordent. Le roman canadien-anglais s'était plus ou moins confiné jusque-là à l'idylle régionaliste et à l'évocation historique, illustrée notamment par l'œuvre abondante du Montréalais Alan Sullivan. Mais c'est en poésie que les écrivains anglophones de Montréal jouent le rôle le plus dynamique, avec la formation, durant les années 1930, du «Montreal Group» composé de A.J.M. Smith, Frank R. Scott, Leo Kennedy et A.M. Klein, qui publient le recueil collectif *New Provinces* en 1936. Délaissant la tradition nationaliste et victorienne, ces poètes pratiquent un langage à la fois dépouillé et audacieux, et s'ouvrent aux thèmes cosmopolites puis, à mesure que la crise les leur impose, à des préoccupations d'ordre social et politique. Durant la guerre, cette activité poétique se poursuit, et même s'intensifie, avec la fondation de deux revues: *First Statement,* qui publie de jeunes poètes comme Raymond Souster, Irving Layton ou Louis Dudek, et *Preview,* où s'expriment les inquiétudes sociales de Patrick Anderson, P.K. Page et A.M. Klein. D'abord rivales, ces deux revues fusionnent en 1945 dans la *Northern Review,* qui existera jusqu'en 1956.

Les deux littératures, francophone et anglophone, ont toutefois peu de contacts. Leurs traditions respectives, leurs sources, leurs références étrangères — la France d'un côté, la Grande-Bretagne et les États-Unis de l'autre —, leurs réseaux d'écrivains, leurs publics, tout les sépare. De plus, dans la littérature canadienne-anglaise, Montréal est un centre parmi d'autres, encore important, certes, mais moins que Toronto, qui rassemble les principaux éditeurs et où se déroule l'essentiel de la vie littéraire.

En somme, la guerre — avec le «boom» momentané de l'édition

qu'elle entraîne — amorce un tournant décisif dans la littérature du Québec: le passage d'un conservatisme nationaliste, défenseur de l'«ordre» ancien, à un modernisme valorisant davantage la nouveauté et l'«aventure».

Les arts visuels

Ce choc de l'«ordre » et de l'«aventure» et la transition progressive de l'un à l'autre résument aussi l'évolution de la peinture au Québec entre 1930 et 1945. Les amateurs et collectionneurs, déjà peu enclins à parier sur la nouveauté, le sont encore moins dans le contexte de la crise. Ils restent attachés à la peinture consacrée, c'est-à-dire, d'abord et avant tout, au paysage. D'une part, le paysage «nordique» est répandu depuis les années 1920 par le Groupe des Sept de Toronto. D'autre part, on apprécie fort les scènes plus intimes de la nature québécoise, à la manière des paysagistes post-impressionnistes des premières décennies du siècle, comme Maurice Cullen, James Wilson Morrice, Marc-Aurèle de Foy Suzor-Côté ou Clarence Gagnon. Ces deux derniers sont d'ailleurs encore actifs après 1930 et leur influence se fait sentir chez quelques-uns de leurs cadets comme René Richard, le peintre-trappeur de Baie-Saint-Paul, ou Rodolphe Duguay, peintre et graveur de scènes rurales et traditionnelles de la région de Nicolet.

Soutenue par le regain du nationalisme traditionaliste qui veut faire face à la crise par le retour au passé, la thématique régionaliste reste donc vivace. Si elle donne lieu à beaucoup d'œuvres conventionnelles, elle fait aussi l'objet de traitements nouveaux chez quelques artistes qui, sans renoncer au pittoresque local, poursuivent des objectifs plus proprement plastiques. C'est le cas de Marc-Aurèle Fortin, qu'inspire une vision rude et exaltée du paysage, qu'il s'agisse des grands ormes de son Sainte-Rose natal ou des villages enserrés de montagnes qu'il peint dans Charlevoix ou en Gaspésie. Ses toiles, en particulier celles de la «manière noire» qu'il adopte au début des années 1930, donnent de la nature une interprétation hautement personnelle, aux lignes accusées et au coloris puissant. Fort appréciée de la bourgeoisie franco-phone jusqu'à la guerre, l'œuvre de Fortin est plus ou moins margina-lisée par la suite, avant de connaître un regain de faveur après la mort du peintre en 1970. Aussi prolifique que Fortin, Goodridge Roberts, qui s'installe à Montréal en 1936, peint à l'huile ou à l'aquarelle d'infinies variations inspirées par le décor de diverses régions du Québec, en

Marc-Aurèle Fortin, *Près de Sainte-Rose*, vers 1945. (Collection particulière, Musée Marc-Aurèle Fortin)

particulier les Cantons-de-l'Est. Son œuvre, qui se poursuit jusqu'aux années 1960, est une longue méditation sur la lumière, la couleur et les formes de la nature telles que filtrées par un regard et un tempérament particuliers.

Au cours de la période, le paysage demeure largement d'inspiration rurale, perpétuant une image plutôt traditionnelle du Québec et de ses modes de vie. Des artistes, toutefois, s'intéressent à la ville. Fortin lui-même donne une série de panoramas du quartier Hochelaga et du port de Montréal. Philip Surrey, vers la fin des années 1930, exécute ses premières toiles montréalaises. Mais c'est Adrien Hébert qui reste, pour cette époque, le peintre urbain par excellence, ne cessant de représenter dans ses toiles la diversité et la richesse du décor montréalais et de l'architecture fonctionnaliste moderne. La ville est également un thème privilégié par des artistes de la communauté juive, comme Louis Muhlstock, Jack Beder ou Sam Borenstein.

La représentation de la ville, qui rompt avec le primitivisme ou le ruralisme du paysage canadien ou québécois conventionnel, indique

Adrien Hébert, *Élévateur à grain n° 3*. (Musée du Québec)

déjà une volonté d'actualiser la pratique artistique en la rapprochant de la vie moderne. Mais, dans leur ensemble, ces expériences restent encore loin des tendances les plus novatrices qui n'ont cessé de transformer l'art en Europe depuis le début du siècle. Parmi celles-ci, la plus significative est la peinture abstraite ou non figurative, qui voit dans la toile un objet autonome, obéissant à ses propres lois formelles ou expressives, et non une représentation de la réalité extérieure. Or, à cette «aventure» de l'art moderne, le milieu artistique québécois demeure en large partie réfractaire, et il faudra attendre la fin des années 1940 avant que son acceptation n'y soit un fait accompli.

Pourtant, un mouvement en ce sens se dessine dès les années 1930-1945, alors que se produit, selon l'historienne de l'art Esther Trépanier, une véritable «crise des arts plastiques», caractérisée par la «lutte contre l'hégémonie du thème national... au nom de l'universalité de l'expérience humaine, de la primauté absolue de l'expression subjective, du droit à l'expérimentation formelle et d'une ouverture plus grande aux courants contemporains internationaux». Ce mouvement en faveur d'un art vivant, comme on dit alors, est appuyé par quelques critiques comme Henri Girard, au journal *Le Canada,* ou Robert Ayre, au *Montreal Standard.*

À cet égard, c'est principalement dans les milieux anglophones de Montréal que les choses se mettent à bouger, notamment autour de John Lyman qui, pour avoir longtemps vécu en Europe, est très au fait de l'ébullition théorique et stylistique qui s'y produit. Par ses œuvres, mais surtout par son action d'animateur et ses articles dans *The Montrealer,* il se fait le champion de la peinture nouvelle auprès des artistes et du public, qu'il initie aux divers courants qui ont nom expressionnisme, fauvisme, cubisme ou futurisme. Par ailleurs, d'autres artistes anglophones, influencés par ce qui se passe alors aux États-Unis, se préoccupent à la fois de recherches formelles et de questions comme la fonction sociale de l'art, sa démocratisation, et l'implication sociale ou même politique de l'artiste. Ainsi, les peintres Fritz Brandtner ou Marian Scott sont des proches du docteur Norman Bethune et pratiquent un art d'avant-garde tout en s'engageant dans diverses activités de type progressiste.

En 1939, Lyman et Brandtner sont parmi les fondateurs de la Contemporary Art Society, qui prépare aussitôt à l'Art Association de Montréal une exposition d'œuvres européennes contemporaines intitulée *Art of Our Day.* Puis, jusqu'à sa dissolution en 1948, cette société, à laquelle se joignent plusieurs francophones, organise chaque année une exposition des toiles de ses membres et différentes activités visant à promouvoir l'art moderne.

L'exposition Alfred Pellan à l'Art Association of Montréal, en 1940. (Collection particulière)

Mais «l'immense blague de l'art moderniste», selon les mots du peintre régionaliste Clarence Gagnon, est encore loin de recueillir la faveur générale. C'est la guerre, là encore, qui permet les véritables percées. En 1940, Alfred Pellan, qui vivait en France depuis 1926 et avait exposé en compagnie de Fernand Léger, Max Ernst et Picasso, rentre au pays. Il présente à Québec puis à Montréal une grande exposition de cent cinquante de ses toiles où, selon Guy Robert, «se déploie le panorama de ce qu'on peut appeler globalement l'art moderne»: une grande virtuosité du dessin et de la couleur, une imagination et une sensualité débordantes, et une absolue liberté par rapport aux thèmes et aux formes reçues. C'est une révélation. Aussitôt, Pellan devient le chef de file de l'avant-garde. L'École des beaux-arts de Montréal, qui avait refusé de l'embaucher en 1936, le nomme professeur en 1943. Autour de lui se rassemblent plusieurs jeunes artistes soucieux d'innovation, de spontanéité, et désireux de remplacer le conformisme ambiant par un art plus proche de la sensibilité contemporaine. En 1945, la démission forcée du directeur de l'École et farouche adversaire de Pellan, Charles Maillard, marque pour eux une première victoire.

Paul-Émile Borduas, *Abstraction 14* ou *Étude de torse*, gouache, 1942. (Collection Adrien Borduas)

Parallèlement à Pellan, un autre peintre exerce une influence décisive sur ce mouvement de modernisation. Il s'agit de Paul-Émile Borduas. Élève d'Ozias Leduc dans sa jeunesse, il s'intéresse d'abord à la peinture d'église et découvre en Europe l'œuvre de Maurice Denis, peintre français qui cherche à promouvoir un art sacré intégrant les données de l'art moderne. De retour au pays, il continue de s'ouvrir, par des lectures, par ses contacts avec John Lyman et d'autres tenants de la modernité, et grâce à ses expériences d'enseignant à l'École du meuble nouvellement fondée (1934), à tout le domaine de la peinture moderne. Dès lors, son évolution est rapide. Dès 1942, il expose des gouaches non figuratives, qui font une large part à l'improvisation. Puis il élabore une technique picturale s'apparentant à l'écriture automatique des surréalistes, qu'il voit comme un moyen d'exprimer librement les pulsions et la réalité intérieure de l'artiste. Bientôt, son rayonnement auprès des jeunes artistes est considérable, et fait de lui le maître à penser du mouvement automatiste jusqu'à la fin de la décennie.

L'art moderne devient ainsi, avant et pendant la guerre, une question de premier plan. Des expositions de groupe ont lieu, qui créent chaque fois un événement, comme celle des Indépendants à Québec et à Montréal en 1941 ou celle des Sagittaires à la Dominion Gallery en 1943. Des intellectuels interviennent, comme François Hertel qui publie en 1942 son «Plaidoyer en faveur de l'art abstrait», ou le dominicain français Marie-Alain Couturier, qui dénonce dans ses conférences et ses écrits «le divorce entre les artistes et le public». Toutes les conditions sont réunies pour que la peinture moderne, au lendemain de la guerre, connaisse une effervescence sans précédent.

Le théâtre de répertoire

Depuis la Première Guerre, le théâtre «sérieux» a presque disparu des scènes québécoises. Cette période sombre se poursuit tout au long des années de crise, comme l'illustrent les tribulations du Stella, créé en 1930 par Fred Barry et Albert Duquesne pour donner à Montréal des pièces du répertoire français. Après deux saisons, le Stella doit capituler devant la montée des nouveaux spectacles urbains et présenter lui aussi des revues et du mélodrame, avant de faire place, en 1935, à un écran de cinéma. Quelques autres tentatives ont lieu par la suite, comme la création de *Cocktail* d'Yvette Mercier-Gouin, mais elles restent isolées et ne débouchent pas.

Faute de rentabilité, le théâtre de répertoire ne peut se renouveler qu'à partir du milieu amateur. C'est ce qui se produit dans la seconde moitié des années 1930, avec la formation, dans le prolongement des mouvements d'action catholique, de troupes étudiantes qui se vouent à un théâtre considéré alors comme d'avant-garde. Tels sont, par exemple, les Paraboliers du roi, créés à Joliette par le père Gustave Lamarche en 1939, et surtout les Compagnons de Saint-Laurent, que le père Émile Legault fonde à Montréal en 1937. Sous l'influence du nouveau théâtre français et en réaction contre le réalisme des pièces bourgeoises et populaires de l'époque, les Compagnons proposent au public de la métropole et des collèges où ils se rendent en tournée un répertoire de grands auteurs français classiques et contemporains, qu'ils interprètent selon une esthétique théâtrale nouvelle, axée sur la poésie, la foi, l'élégance du jeu et de la diction. Des Compagnons sortira toute une génération de comédiens et metteurs en scène formés avec rigueur. Déjà, pendant la guerre, un ex-Compagnon, Pierre Dagenais, fonde l'Équipe, qui joue Cocteau, Bernard Shaw et même, en 1946, *Huis clos* de Jean-Paul Sartre.

La musique

Malgré la dureté des temps, la musique classique réussit, au cours des années 1930-1945, à améliorer ses institutions et à élargir son public. À Montréal, des groupements comme le Ladies' Morning Musical Club (fondé en 1892) ou la Société canadienne d'opérette (1925-1934), bientôt remplacée par les Variétés lyriques (1936-1955), poursuivent leurs activités. Plusieurs organismes nouveaux voient aussi le jour, en particulier dans la communauté francophone, moins bien pourvue jusque-là que le Montréal anglophone. Ainsi, en janvier 1935 a lieu à l'auditorium Le Plateau la première soirée de la nouvelle Société des concerts symphoniques, ancêtre de l'Orchestre symphonique de Montréal et alors dirigée par Wilfrid Pelletier. En 1940, sous le nouveau directeur, le Belge Désiré Defauw, commence une période particulièrement intense pour l'orchestre. Celui-ci, devenu le seul orchestre de Montréal depuis la disparition du Montreal Orchestra (1930-1941), reçoit pendant la guerre des chefs et des solistes du monde entier. De plus, il profite de la clientèle élargie qu'ont commencé à former depuis la fin des années 1930 diverses initiatives comme les matinées symphoniques (1935), les Festivals de Montréal (1936), ou les concerts d'été au chalet du Mont-Royal (1938).

Ailleurs au Québec, la musique de concert profite également de la création de divers organismes. À Québec, apparaît en 1936 un Cercle philharmonique, qui vise à l'éducation musicale d'un public aussi vaste que possible. De là naîtra en 1942, à la suite d'une fusion avec la Société symphonique (créée en 1903), le nouvel Orchestre symphonique de Québec, dirigé d'abord par Edwin Bélanger et, un peu plus tard, par Wilfrid Pelletier. Quant aux villes de plus petite taille, l'entre-deux-guerres y est l'époque des chorales, des fanfares et des harmonies, que la conscription décimera en bonne partie.

Dans le domaine de l'enseignement, le McGill Conservatorium of Music, fondé en 1904 et dirigé depuis 1929 par Douglas Clarke, jouit d'un rayonnement pancanadien. Du côté francophone, on cherche à combler le manque d'enseignement supérieur par la création en 1932 de l'École Vincent-d'Indy, bientôt affiliée à l'Université de Montréal, puis par la mise sur pied des conservatoires de Montréal (1943) et de Québec (1944). Entièrement financées par l'État québécois, ces deux dernières institutions sont dirigées par Wilfrid Pelletier. Le rôle et l'influence de celui-ci dans la vie musicale de l'époque sont considérables, tout comme ceux de Claude Champagne, compositeur et surtout pédagogue de premier plan.

Les compositeurs sont rares. Leurs intérêts vont surtout à la musique religieuse, de même qu'à la création d'œuvres proprement «canadiennes» à partir du fonds folklorique. Le nouveau langage sonore élaboré en Europe dans la décennie 1910 a bien quelques adeptes, mais les goûts du public et de l'ensemble du milieu musical restent axés sur le romantisme hérité du 19e siècle et sur l'esthétique néo-classique qui fleurit depuis la Première Guerre mondiale.

*   *   *

À la faveur de la crise, les influences conservatrices demeurent très présentes parmi les élites canadiennes-françaises, dans le monde de la culture comme dans celui de l'éducation ou de la politique. Extérieurement, l'autorité du clergé et la pensée traditionaliste semblent triompher partout. Mais, comme l'écrit le critique Gilles Marcotte, «le loup est dans la bergerie»: des contradictions, peu à peu, se font jour ; des écrivains, des peintres, des gens de théâtre, délaissant les vieux mots d'ordre, approfondissent les découvertes de l'art et de la littérature modernes, et ouvrent la voie au renouveau. Celui-ci, dans le brassage que provoque bientôt la guerre, trouve une première occasion de mieux s'exprimer, au moins momentanément. Les bouleversements les plus décisifs, les véritables remises en question auront beau se produire un peu plus tard, déjà leurs bases esthétiques et idéologiques sont jetées.

ORIENTATIONS BIBLIOGRAPHIQUES

BLAIS, Jacques. *De l'ordre et de l'aventure: la poésie au Québec de 1934 à 1944*. Québec, PUL, 1975. 410 p.

En collaboration. *Archives des lettres canadiennes*. Tome V: *Le Théâtre canadien-français*. Montréal, Fides, 1976, p. 169-318.

GAGNON, François-Marc. «La peinture des années trente au Québec». *Annales d'histoire de l'art canadien / The Journal of Canadian Art History*, III, 1-2 (automne 1976), p. 2-20.

GIGUÈRE, Richard. *Exil, révolte et dissidence: étude comparée des poésies québécoise et canadienne, 1925-1955*. Québec, PUL, 1984. 283 p.

GIGUÈRE, Richard et Jacques MICHON, dir. *L'édition littéraire au Québec de 1940 à 1960*. Sherbrooke, Université de Sherbrooke, 1985, p. 1-120.

HILL, Charles C. *Peinture canadienne des années trente*. Ottawa, Galerie nationale du Canada, 1975, 223 p.

KLINCK, Carl F., dir. *Histoire littéraire du Canada: littérature canadienne de langue anglaise*. Québec, PUL, 1970.

LAMONDE, Yvan, dir. *L'Imprimé au Québec : aspects historiques (18e-20e siècles)*. Québec, IQRC, 1981.

LAMONDE, Yvan et Esther TRÉPANIER, dir. *L'avènement de la modernité culturelle au Québec*. Québec, IQRC, 1986. 313 p.

LEMIRE, Maurice (dir.). *Dictionnaire des œuvres littéraires du Québec,* tomes II (1900 à 1939) et III (1940 à 1959). Montréal, Fides, 1980-1982.

MARCOTTE, Gilles. «Les années trente: de Monseigneur Camille à *la Relève*», *Voix et images*, V, 3 (printemps 1980), p. 515-524.

OSTIGUY, Jean-René. *Les esthétiques modernes au Québec, 1916-1946*. Ottawa, Galerie nationale du Canada, 1982.

POTVIN, Gilles, Helmut KALLMANN et Kenneth WINTERS, dir. *Encyclopédie de la musique au Canada*. Montréal, Fides, 1983.

ROBERT, Guy. *La peinture au Québec depuis ses origines*. Sainte-Adèle, Iconia, 1978. Chap. II et III.

TRÉPANIER, Esther. «Crise économique / crise artistique: parallèle ou convergence?», *Association for Canadian Studies / Association des études canadiennes, Canadian Issues / Thèmes canadiens*, VIII (1987), p. 177-192.

— *Peintres juifs et modernité/Jewish Painters and Modernity, Montréal, 1930-1945*. Montréal, Centre Saidye-Bronfman, 1987, 181 p.

DEUXIÈME PARTIE

À L'OMBRE DE DUPLESSIS
1945-1960

INTRODUCTION

La période 1945-1960 est incontestablement dominée par la figure du premier ministre Maurice Duplessis et par son emprise sur l'État et la vie politique québécoise. Son conservatisme affiché, que partage une partie du clergé et des élites traditionnelles, ne manque pas d'influencer l'évolution des institutions sociales dans des domaines comme l'éducation, la santé et les services sociaux. En même temps, ce conservatisme suscite des réactions d'opposition au sein des milieux réformistes qui préparent ce qui sera la Révolution tranquille.

Le duplessisme s'inscrit sur une toile de fond socio-économique en évolution dont il importe d'abord de tracer les grandes lignes. La croissance démographique et économique qui caractérise la période apporte au Québec une prospérité nouvelle. Celle-ci n'est cependant pas générale et d'importantes inégalités subsistent.

Une conjoncture favorable

Pendant tout l'après-guerre, le Québec, comme l'ensemble du Canada et les États-Unis, connaît une forte croissance économique marquée par une hausse substantielle des investissements et de la production. De nombreux facteurs y concourent dont, au premier chef, la demande de rattrapage des consommateurs. À cause des privations de la crise, puis du rationnement décrété pendant la guerre, ceux-ci ont dû reporter à plus tard l'achat de biens de toutes sortes, mais en particulier de biens durables comme les automobiles ou les appareils ménagers. Disposant d'épargnes accumulées pendant la guerre et de revenus plus élevés, les Québécois sont maintenant en mesure d'en faire l'acquisition et leur demande propulse à des niveaux inégalés la production industrielle. Le manque de logements, devenu chronique au cours des années 1940, stimule la construction résidentielle, alimentée en outre par la croissance démographique. L'économie québécoise profite aussi de la demande d'une Europe en pleine reconstruction et surtout des besoins croissants des États-Unis en matières premières. Des investissements substantiels sont réalisés dans les richesses naturelles et dans les infrastructures de transport qui y sont reliées.

La production nationale décolle à un rythme accéléré immédiatement après la guerre. Alors qu'un certain essoufflement se manifeste à la fin de la décennie, la guerre de Corée (1950-1953) pousse la production vers de nouveaux sommets. Après un bref ralentissement en 1954, la hausse reprend jusqu'à la crise de 1957 qui inaugure une période de stagnation relative et qui fait augmenter le chômage de façon significative.

Jusque-là, en effet, la croissance économique a permis de créer un nombre suffisant de nouveaux emplois. S'il est une période de son histoire où le Québec atteint le seuil théorique du plein emploi, c'est bien dans l'immédiat après-guerre. Le taux de chômage n'y est que de 2,7% en 1947 et 1948. Par la suite cependant, il augmente, atteignant 6% en 1957 et 9,1% en 1960.

L'expansion économique est jumelée à une forte croissance démographique. La population québécoise fait un bond de 26,7% entre 1951 et 1961, passant de quatre à cinq millions d'habitants. La natalité, qui a nettement chuté au cours des années 1930, connaît un véritable sursaut pendant les deux décennies suivantes. À l'image du reste de l'Amérique du Nord, le *baby boom* modifie la structure démographique du Québec, en faisant une société où les enfants tiennent une grande place. Par ailleurs, il y a reprise des mouvements migratoires, stoppés pendant la crise et la guerre. L'exode rural s'accélère et les campagnes québécoises, où les revenus sont plutôt stagnants, se vident : entre 1951 et 1961, la part de la population agricole tombe de 20% à 11%. L'immigration reprend elle aussi et, entre 1946 et 1960, le Québec reçoit plus de 400 000 immigrants.

Les Québécois jouissent alors d'un niveau de vie qui n'a rien de commun avec celui des années 1930. Le revenu personnel par habitant passe de 655$ en 1946 à 1455$ en 1961. Son rythme d'accroissement est bien supérieur à celui de l'inflation. La hausse des prix, en effet, est forte dans les premières années de l'après-guerre (l'indice des prix à la consommation à Montréal augmente en moyenne de 8,7% par année de 1946 à 1951), puis elle se stabilise à un niveau très bas tout au cours des années 1950 (0,4% de 1951 à 1956 et 1,8% de 1956 à 1961).

L'accès à un travail régulier, l'augmentation des salaires et les versements des nouveaux programmes sociaux (assurance-chômage, allocations familiales et pensions de vieillesse plus généreuses) permettent à la majorité des Québécois d'entrer dans la société de consommation et d'avoir accès au confort moderne. Avant la guerre, seule une minorité avait l'eau chaude, le téléphone, la radio ou une automobile. Tout cela devient monnaie courante dans les années 1950: les appareils électro-ménagers se répandent et la télévision fait une entrée rapide et foudroyante dans la vie quotidienne.

Inégalités et retards

La prospérité indéniable qui s'installe dans l'après-guerre ne doit cependant pas faire illusion: tous n'en profitent pas également. La société québécoise reste marquée par de profondes inégalités entre les groupes ethniques et sociaux, entre les sexes et entre les régions.

Les Canadiens français sont encore des citoyens de seconde zone sur leur propre territoire. En 1961, leur revenu moyen est nettement inférieur à celui de la plupart des autres groupes ethniques. Dans les entreprises, ils exercent des emplois subalternes et ont beaucoup de difficultés à obtenir des postes de cadres. À compétence et expérience égales, leur salaire est moindre que celui de leurs collègues anglophones. Dans le monde des affaires, les entreprises francophones sont généralement de petite taille et affichent une faible productivité. Une proportion importante des Canadiens français sont défavorisés par un niveau de scolarisation peu élevé et par une faible qualification professionnelle, ce qui les confine aux emplois les moins bien rémunérés. Un grand nombre d'entre eux travaillent dans un univers qui leur est étranger, où la langue est l'anglais, où les valeurs et la culture sont d'inspiration britannique ou américaine. Une discrimination subtile s'opère à tous les niveaux de l'activité économique.

À l'opposé, les Québécois d'origine britannique, même s'ils ne sont qu'une minorité, jouissent d'une position dominante dans l'économie et la société. Ils disposent de leur propre réseau d'écoles, d'hôpitaux, de services sociaux et d'institutions culturelles, ce qui leur permet de vivre à l'écart de la majorité francophone. Une forte proportion d'entre eux sont unilingues. Les autres groupes ethniques connaissent des situations diverses. Les plus importants numériquement sont les Italiens et les Juifs. Les premiers partagent avec les Canadiens français les emplois mal rémunérés. Quant aux seconds, malgré la discrimination ouverte dont ils sont l'objet depuis longtemps, ils connaissent dans l'après-guerre une ascension sociale rapide grâce à leur forte présence dans les affaires et à l'éducation poussée qu'ils donnent à leurs enfants. Au-delà des moyennes, chaque groupe affiche, quoique dans des proportions variées, des situations sociales diverses et on retrouve aussi bien des Canadiens français riches que des Canadiens anglais vivant sous le seuil de la pauvreté.

Une proportion importante de la classe ouvrière est encore nettement défavorisée. La structure économique québécoise, avec ses industries de biens de consommation, ses activités d'extraction et de transport, s'appuie sur le recours à une main-d'œuvre sans qualifications particulières et recevant une faible rémunération. Cette situation rend d'ailleurs plus difficile la syndicalisation massive des ouvriers. Le militantisme syndical se heurte aussi à l'attitude hostile du gouvernement Duplessis qui prend le parti des employeurs. Les syndiqués, en particulier chez les ouvriers qualifiés et dans les métiers de la construction, tirent néanmoins profit de la conjoncture économique favorable et arrivent à améliorer leur sort. Leur situation s'éloigne de plus en plus de celle du groupe de travailleurs qui doivent se contenter d'un salaire minimum maintenu à un bas niveau.

Les agriculteurs vivent également une période difficile. Les prix stagnent et plusieurs arrivent mal à joindre les deux bouts. Ils ne profitent pas autant que les autres de la prospérité générale, même si leurs conditions de vie s'améliorent, grâce en particulier à l'électrification rurale.

La prospérité d'après-guerre favorise le développement d'une classe moyenne dont les aspirations expriment un net désir de modernisation et d'ascension sociale. Chez les anglophones, la croissance des grandes entreprises et de leur appareil administratif ainsi que celle des services fournit une réponse à leurs aspirations. Les francophones doivent ronger leur frein: dans l'entreprise privée, ils sont défavorisés par le contrôle qu'exercent les anglophones; dans les services, ils se heurtent à l'emprise du clergé. Ce blocage social fera de la classe moyenne francophone le principal ferment de la Révolution tranquille.

Les femmes restent victimes d'une discrimination certaine. Après les avoir incitées pendant la guerre à sortir de leurs rôles traditionnels et à remplir des tâches très diversifiées, les élites n'ont maintenant qu'un objectif : les retourner à leur cuisine. Malgré ce recul, les Québécoises n'acceptent pas passivement la voie étroite qu'on leur trace. La participation féminine à la main-d'œuvre active s'accroît régulièrement tandis que de plus en plus de jeunes filles se donnent une formation plus poussée; les écoles d'enseignement ménager, même modernisées, attirent peu, alors que les collèges classiques féminins sont en pleine floraison. Juridiquement, toutefois, les femmes, et singulièrement les femmes mariées, se voient toujours imposer un statut d'infériorité par rapport aux hommes.

Les inégalités sont en outre enracinées dans l'espace. Si la région de Montréal vit à l'heure de la croissance rapide et de la modernisation, d'autres sont clairement défavorisées et même sous-développées. La Gaspésie et l'Abitibi, par exemple, dont l'économie dépend lourdement du secteur primaire, souffrent d'infrastructures insuffisantes et désuètes et leur population dispose d'un revenu très inférieur à celui des grands centres. Même dans l'espace montréalais, les disparités sont parfois considérables entre, d'une part, l'est, le centre et le sud-ouest où abondent les taudis et où logent la plupart des familles vivant sous le seuil de la pauvreté et, d'autre part, le nord et l'ouest où s'installent les nouvelles classes moyennes et la bourgeoisie.

Le Québec, en plus de ces disparités internes, souffre dans certains domaines de retards criants face à d'autres régions d'Amérique du Nord. Son infrastructure routière est nettement déficiente. Ses institutions sociales, en particulier dans les secteurs de l'éducation, de la santé et des services sociaux, auraient besoin d'investissements massifs et d'une modernisation. Mais la politique très conservatrice du gouvernement Duplessis retarde la mise à jour pourtant nécessaire des institutions.

Le duplessisme

La croissance économique favorise la stabilité des gouvernements et il faut attendre la fin de la période pour voir des changements se produire. À Ottawa, le Parti libéral, au pouvoir depuis 1935, est réélu sans trop de difficultés en 1945, 1949 et 1953, grâce à un solide appui de l'électorat québécois. Premier ministre depuis 1948, Louis Saint-Laurent conserve les rênes du pouvoir jusqu'en 1957, alors que les conservateurs de John G. Diefenbaker réussissent à former un gouvernement minoritaire, avant d'obtenir une éclatante victoire électorale en 1958.

À Québec, l'Union nationale, portée au pouvoir en 1944 à la suite d'élections vivement contestées, remporte ensuite des victoires faciles en 1948, 1952 et 1956. Le premier ministre Maurice Duplessis conserve le pouvoir jusqu'à sa mort en 1959. Paul Sauvé lui succède et tente d'amorcer des réformes, mais il meurt quelques mois plus tard. Le premier ministre Antonio Barrette n'a guère le temps de laisser sa marque puisque les élections de juin 1960 mettent fin au long règne unioniste.

Le gouvernement Duplessis affiche un profond conservatisme en matière économique, sociale et politique. Défendant l'entreprise privée, il appuie le grand capital, américain et canadien-anglais, auquel il laisse le soin de développer le Québec, en mettant surtout l'accent sur l'exploitation des richesses naturelles. Refusant les orientations nouvelles de l'État-providence, il s'oppose à l'accroissement de l'intervention étatique. Défenseur de l'ordre établi, Duplessis combat le militantisme syndical et affuble de l'étiquette «communiste» les agents de changement social. Il s'appuie sur les élites traditionnelles et le clergé pour encadrer la population. Ses discours chantent les valeurs traditionnelles et le monde rural.

Sur le plan politique, il exerce un pouvoir fortement personnalisé reposant sur la fidélité partisane et le patronage. Profitant d'une carte électorale désuète, il réussit à réduire le poids et l'influence de l'opposition libérale, ce qui, au cours des années 1950, favorise le développement d'une opposition extra-parlementaire de plus en plus impatiente. Sa gestion de l'État et des finances publiques, refusant la planification et le recours aux experts, apparaît nettement dépassée.

Duplessis joue habilement la corde nationaliste en défendant haut et fort l'autonomie provinciale contre les empiètements de la centralisation fédérale. Il a cependant peu à offrir en contrepartie et son nationalisme, fortement teinté de traditionalisme, reste purement défensif. La commission Tremblay (1952-1956) lui propose bien des idées nouvelles, mais il refuse d'en tenir compte, sauf pour la création de l'impôt provincial sur le revenu.

Le duplessisme ne peut cependant pas s'expliquer par la personnalité d'un seul homme. Les idées de Duplessis sont largement partagées par une partie des élites traditionnelles et du clergé, dont l'emprise sur la société québécoise est menacée par le processus de modernisation. L'Église catholique, avec son armée de prêtres, de sœurs et de frères, conserve la main haute sur l'éducation, la santé et les services sociaux. Mais, débordée par la demande consécutive au *baby boom,* à l'urbanisation et à la hausse du niveau de vie, elle doit de plus en plus faire appel à des laïcs qui veulent un nouveau partage du pouvoir. Au sein

Photo du haut: Maurice Duplessis et M⁹ʳ Charbonneau, à Sainte-Thérèse, 1946. (*The Gazette*, ANC, C-53641). Photo du bas: Manifestation lors de la grève d'Asbestos, 1949 (*Montreal Star*, ANC, PA-130357)

de l'Église, des éléments commencent à réclamer un meilleur ajustement à la société urbaine et aux valeurs nouvelles.

L'alliance des élites permet de résister, pour un temps, à la pression pour le changement. L'écart se creuse cependant de plus en plus entre des institutions trop figées et une réalité socio-économique qui évolue rapidement.

La montée du réformisme

La volonté de changement est pourtant bien réelle et s'exprime de plus en plus fermement au cours de la période. Au sein des populations urbaines, on dénote une soif de modernisation d'abord canalisée vers la consommation. Mais au fil des années, la demande pour des écoles plus nombreuses et de meilleure qualité, pour des services gouvernementaux plus diversifiés, ou tout simplement pour des routes modernes, se fait de plus en plus forte. La télévision, apparue en 1952 et qui, en 1960, rejoint près de 90% des foyers, ouvre sur le monde et véhicule des valeurs nouvelles.

La laïcisation croissante de la société est également un ferment de changement. Dès la fin de la guerre, les syndicats catholiques amorcent leur décléricalisation. Les enseignants laïcs, les infirmières, les travailleurs sociaux sont de plus en plus nombreux et perçoivent le contrôle clérical comme un poids. Les mouvements d'action catholique, dont l'influence grandit, surtout chez les jeunes, proposent de nouveaux rapports entre le chrétien et la société.

Des intellectuels, des artistes, des syndicalistes et des hommes politiques contestent ouvertement le duplessisme. Ils dénoncent le climat idéologique étouffant, qualifié de «grande noirceur». S'inspirant tantôt du personnalisme chrétien, tantôt du keynésianisme, tantôt de l'internationalisme qui fleurit après la guerre, ils réclament une modernisation de la société, de ses valeurs et de ses institutions. Ils veulent plus de justice sociale et une large ouverture sur le monde. Leur opposition à Duplessis conduit certains au rejet du nationalisme, alors que d'autres cherchent une nouvelle synthèse entre le «national et le social».

La grève de l'amiante (1949), durement réprimée par la Police provinciale et condamnée par Duplessis, prend valeur de symbole. Il en est de même d'autres conflits ouvriers de la période, en particulier les grèves de Dupuis frères (1952), de Louiseville (1952), de Murdochville (1957) et de Radio-Canada (1958-1959). Le mouvement syndical y prend une envergure nouvelle et, par les appuis qu'il obtient, s'affirme comme un intervenant de poids.

À la fin des années 1950, la société québécoise est mûre pour un changement de cap. Entre une population qui évolue rapidement au niveau socio-économique et des institutions trop lentes à s'ajuster, la tension est inévitable. La lave qui bouillonne fera éruption en 1960 et provoquera cette course à la modernisation que sera la Révolution tranquille.

CHAPITRE 14

LE *BABY BOOM*

Deux phénomènes majeurs marquent l'évolution de la population québécoise entre 1945 et 1960. Le premier est une forte poussée de natalité, le *baby boom*. Le second, non moins important, est la reprise et l'intensification de l'immigration. Ces deux mouvements modifient sensiblement le visage de la société québécoise. Ils sont d'autant plus frappants qu'ils contrastent avec les perturbations démographiques des quinze années précédentes. Les difficultés économiques du temps de la crise, en effet, ont freiné et la natalité et les migrations, tandis que la guerre, tout en amenant une augmentation des naissances, a continué à bloquer les mouvements migratoires permanents.

La population totale

Depuis le 19ᵉ siècle, la population du Québec doublait en moyenne à tous les vingt-cinq ans. Entre 1931 et 1961 (tableau 1), elle ne double pas tout à fait, s'accroissant globalement de 83%, mais à un rythme qui varie d'une décennie à l'autre. La crise ralentit d'abord fortement ce rythme, qui retrouve ensuite son niveau des années 1920 à la faveur de la guerre et surtout de l'immédiat après-guerre. Dans les années 1950, enfin, la croissance s'accélère de façon spectaculaire. La période se trouve ainsi, dans une large mesure, à combler le retard accumulé pendant la crise.

Jusqu'aux années 1940, le taux de croissance de la population du Québec dépasse nettement celui de l'ensemble du Canada, et encore plus celui des provinces et territoires majoritairement anglophones, ce qui a pour effet d'augmenter le poids du Québec dans l'ensemble du pays: de 26,9% qu'il représentait en 1921, il passe à 27,7% en 1931, puis à 29% en 1941. Comme cette tendance vaut également pour l'ensemble des Canadiens français à l'intérieur du Canada, des nationalistes vont jusqu'à imaginer, par des projections pour le moins

sommaires, le jour où, grâce à la «revanche des berceaux», les francophones catholiques seront majoritaires au pays. Ils doivent toutefois
déchanter dès le recensement de 1951, qui révèle que la population du
Canada anglais augmente désormais au même rythme que celle du
Québec, et que la part de celui-ci dans l'ensemble canadien reste sta-
tionnaire à 29%. Durant les années 1950, le taux de croissance québécois finit même par glisser sous la moyenne canadienne, et le Québec,
en 1961, compte pour 28,8% de la population du Canada.

TABLEAU 1

POPULATION DU QUÉBEC ET DU CANADA, 1931-1961

Année	Québec		Autres provinces et territoires		Canada	
	Population	Accroissement décennal (%)*	Population	Accroissement décennal (%)*	Population	Accroissement décennal (%)*
1931	2 874 662	21,8	7 502 124	16,7	10 376 785	18,1
1941	3 331 882	15,9	8 174 773	9,0	11 506 655	10,9
1951	4 055 681	21,7	9 953 748	21,7	14 009 429	21,7
1961	5 259 211	29,7	12 979 036	30,4	18 238 247	30,2

* Depuis le recensement précédent.

Source: Recensements du Canada.

Plus significative encore est la comparaison entre le Québec et
l'Ontario qui, à maints égards, sont des provinces concurrentes aux
points de vue économique, culturel ou politique. Depuis le début du
siècle, la différence entre leurs populations respectives se maintenait à
environ un demi-million d'habitants en faveur de l'Ontario. Au cours
des années 1950, toutefois, même si la croissance québécoise est forte,
celle de la province voisine l'est encore plus (35,6%), si bien qu'en
1961 l'avance ontarienne se chiffre déjà à près d'un million de
citoyens.

La natalité

Traditionnellement, l'accroissement naturel, c'est-à-dire la différence
entre les naissances et les décès, est le principal facteur de l'augmentation de la population québécoise. Cette règle se maintient jusqu'à la
fin des années 1950. Du côté de la natalité, la crise s'est traduite par

TABLEAU 2

NATALITÉ ET FÉCONDITÉ, 1926-1961

Année	Naissances vivantes	Taux de natalité*	Indice synthétique de fécondité**
1926	83 808	32,2	4,39
1931	85 278	29,7	4,08
1936	76 791	24,8	3,43
1941	90 993	27,3	3,45
1946	113 511	31,3	3,90
1951	123 196	30,4	3,84
1956	138 631	30,0	3,98
1961	139 857	26,6	3,77

* Nombre de naissances par 1000 habitants.
** Nombre moyen d'enfants par femme âgée de 15 à 49 ans.

Source: Bureau de la statistique du Québec, *Démographie québécoise*, p. 93.

une chute importante (tableau 2); même si l'idéologie traditionaliste continuait à insister sur le devoir de procréer, les couples québécois, contraints par les difficultés économiques de l'époque, ont retardé soit le mariage soit la venue des enfants. Pendant la guerre, une reprise s'est amorcée, qui se prolonge et s'accentue une fois la paix rétablie. Le nombre annuel des naissances atteint alors des niveaux records, qui se maintiennent pendant plus d'une décennie. C'est ce qu'on appelle le *baby boom,* phénomène qui se produit également dans d'autres sociétés, en particulier le Canada anglais, les États-Unis et l'Australie.

S'il se traduit par une hausse spectaculaire du nombre des naissances, le *baby boom* ne constitue pourtant pas un renversement radical des tendances démographiques à long terme, mais plutôt leur perturbation due aux chocs de la conjoncture. Ainsi, le taux de natalité, qui est le nombre de naissances pour 1000 habitants, diminuait régulièrement depuis le dernier tiers du 19e siècle. Or la crise accentue subitement cette baisse, qui sera ensuite compensée de manière aussi subite par la hausse de la guerre et de l'après-guerre. Mais ces mouvements n'empêchent pas la tendance de fond de se maintenir, même s'ils la ralentissent momentanément. Au plus fort du *baby boom,* en effet, le taux de natalité ne dépasse pas le niveau qu'il avait atteint au début des années 1930. L'indice synthétique de fécondité, obtenu par la combinaison du taux de fécondité propre aux femmes de chaque groupe d'âge entre 15 et 49 ans, présente lui aussi une évolution semblable.

Colonie de vacances au début des années 1950. (Collection particulière)

Le *baby boom* est donc d'abord un phénomène de rattrapage, et non pas le retour aux familles nombreuses d'autrefois. Durant l'après-guerre, plus de couples se marient et ont des enfants: non seulement les jeunes couples, mais aussi ceux que la crise et la guerre ont obligés à patienter. En d'autres mots, l'explosion de la natalité ne vient pas tant de ce que les femmes ont plus d'enfants, que du fait que plus de femmes ont des enfants. Ces comportements tiennent en bonne partie au contexte de ces années, caractérisé par la prospérité, par un accès plus facile au logement et aux biens de consommation, par un climat général d'optimisme et par la diffusion d'une nouvelle mystique féminine qui idéalise la jeune mère moderne et dynamique.

Quoi qu'il en soit, cet afflux d'enfants marque profondément la composition de la société québécoise, comme le montre l'évolution de la structure des âges (graphique 1). En 1941, 21% des Québécois avaient moins de 10 ans; cette proportion atteint 25% en 1951. Un tel rajeunissement fait des années 1950 une époque au cours de laquelle les enfants occupent une place centrale dans la vie sociale et économique. On doit développer des services d'obstétrique et de pédiatrie dans les

GRAPHIQUE 1

PYRAMIDE DES ÂGES, QUÉBEC, 1961

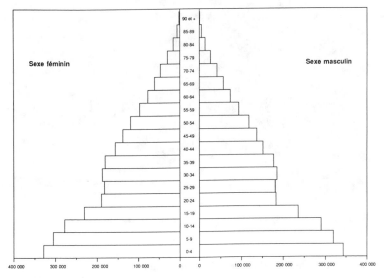

Source: Recensement du Canada, 1961.

hôpitaux et les cliniques. On doit aussi construire des écoles primaires et embaucher du personnel enseignant, puis, à mesure que cette vague d'enfants prend de l'âge, songer à ouvrir l'accès aux premières années du secondaire. Les albums de Tintin et les dessins animés de Walt Disney se répandent, tandis qu'une meilleure organisation des loisirs et des terrains de jeux s'impose. Pendant ce temps, le commerce axé sur les enfants connaît un essor considérable: vêtements, aliments, jouets, etc. À la télévision, c'est l'âge de *Lassie* et de *Pépinot et Capucine*.

La mortalité

Le *baby boom* tient aussi à un autre facteur décisif: la chute de la mortalité infantile, c'est-à-dire de la proportion de nouveau-nés décédant avant l'âge d'un an. Commencée depuis les années 1910, cette tendance se poursuit malgré la crise et fait de grands progrès au cours des années 1940 et 1950. Au total, le taux de mortalité infantile passe de 120 à 32 pour 1000 entre 1931 et 1961. L'amélioration de l'hygiène

Religieuses et enfants devant la vitrine d'un grand magasin de Montréal, 1961. (ANC, PA-133216)

publique, notamment de la qualité de l'eau et du lait, de même que celle des soins médicaux, jouent ici un rôle déterminant. Si les différences existant autrefois à cet égard entre les villes et les campagnes se résorbent, certains groupes continuent d'être nettement défavorisés: chez les Amérindiens, par exemple, encore pendant les années 1950, plus de 110 nouveau-nés sur 1000 meurent avant l'âge d'un an.

La mortalité juvénile, c'est-à-dire celle des jeunes de un à quinze ans, connaît aussi une baisse importante, en particulier grâce à un contrôle beaucoup plus efficace des maladies infectieuses et à la généralisation des vaccins. Au début des années 1930, elle affectait 5,4% des filles et 5,8% des garçons; trente ans plus tard, ces proportions ne sont plus que de 0,9% pour les filles et 1,3% pour les garçons. Chez les adultes, la mortalité ne recule guère pour les hommes de 16 ans et plus, à cause notamment des risques d'accidents. Pour les jeunes femmes, par contre, les accouchements, qui faisaient autrefois beaucoup de victimes, deviennent plus sûrs. D'ailleurs, dans l'ensemble de la population adulte, on note que si certaines causes de décès tendent à disparaître, d'autres, au contraire, ne cessent de se répandre et deviennent ainsi des préoccupations majeures pour la recherche médicale et pour les individus. C'est surtout le cas du cancer et des maladies du cœur,

Clinique de vaccination antipolio à l'hôtel de ville de Montréal, 1959. (*Montreal Star*, ANC, PA-137180)

qui, en 1961, sont responsables respectivement de 17,5% et de 34% des décès, contre seulement 7% et 10% en 1931.

Au total, le taux québécois de mortalité continue de régresser, passant de 13,5 pour 1000 en 1931 à 7 pour 1000 trente ans plus tard. En outre, l'espérance de vie à la naissance s'améliore sensiblement. Un garçon né en 1931 pouvait espérer vivre en moyenne 56,2 ans, une fille, 57,8 ans. En 1961, le gain à cet égard est très net: un garçon né cette année-là peut s'attendre à vivre 67,3 ans, et une fille, 72,8 ans. C'est dire que les Québécois et les Québécoises qui viennent au monde ont devant eux plus de chances, comme l'écrivent les démographes Desmond Dufour et Yves Péron, de «parcourir les différentes étapes du cycle normal d'une vie: enfance, jeunesse, maturité et vieillesse». Si le sort des enfants, des adolescents et des adultes s'améliore donc notablement, et s'ils ont ainsi plus de chances d'atteindre la soixantaine, au-delà de cette limite, par contre, l'espérance de vie n'augmente que peu. En 1961, en effet, les personnes de 60 ans peuvent encore espérer 19 années de vie pour les femmes et 16,3 années pour les hommes, ce qui ne représente qu'un gain modeste par rapport à la situation qui prévalait en 1931, alors qu'une sexagénaire avait devant elle, en moyenne, 16,4 ans, et un sexagénaire, 15,8 ans.

Le freinage des mouvements migratoires pendant la crise et la guerre

L'accroissement naturel de la population québécoise entre 1930 et 1960 est donc substantiel (tableau 3). Il provient à la fois d'une natalité qui, au total, demeure relativement élevée et d'une importante diminution de la mortalité. Quoique moins déterminant, un autre facteur intervient aussi: l'immigration, qui évolue en deux phases bien distinctes: stagnation pendant la crise et la guerre, suivie par une forte reprise dans l'après-guerre et les années 1950 en particulier.

Entre le dernier quart du 19e siècle et les années 1930, le Canada et le Québec ont vu arriver un grand nombre d'immigrants en provenance des pays étrangers. Mais les départs massifs de Québécois vers les États-Unis étant encore plus nombreux, au total les mouvements migratoires internationaux défavorisaient le Québec à chaque année. La crise met fin brusquement à ces échanges de population, et d'abord à l'exode vers les ÉtatsUnis qui, à toutes fins utiles, ferment leurs frontières aux étrangers. Le Canada, lui aussi, tente de réduire l'immigration : en période de chômage intense, les gouvernements, comme les syndicats et les milieux d'affaires, estiment qu'il faut protéger la population locale contre la concurrence que pourraient exercer les nouveaux venus. Le climat est propice à la xénophobie, et certains parlent même de renvoyer les étrangers dans leur pays. L'antisémitisme, qui fait rage en Europe, se répand aussi au Canada. À l'endroit des Juifs qui fuient l'Allemagne nazie, les services d'immigration du gouvernement fédéral se montrent extrêmement réticents, et au Québec des manifestations antisémites ont lieu. Pendant la guerre, la mobilisation des populations en Europe et les difficultés de transport sur l'Atlantique nord ont encore pour effet de réduire les arrivées d'immigrants et les départs permanents de Canadiens vers l'étranger. De 1930 à 1945, l'immigration connaît donc une chute marquée. Tandis qu'en moyenne, durant la décennie 1920, quelque 110 000 immigrants entraient au Canada chaque année, leur nombre n'est plus que de 12 000 environ pendant la crise et la guerre.

Quant à l'émigration vers d'autres pays, il est impossible de la mesurer avec précision, étant donné qu'elle n'est ni contrôlée ni enregistrée par les autorités; on ne peut la calculer que par déduction. Pour les années 1931-1941, on sait ainsi qu'environ 240 000 résidents canadiens quittent le pays. Il est vraisemblable qu'un très grand nombre d'entre eux sont des immigrants récents ou anciens que la crise incite à rentrer dans leur pays d'origine. Au total, les mouvements migratoires, au cours de cette décennie, se soldent pour le Canada par une perte nette de plus de 90 000 résidents.

Pour le Québec, le solde migratoire est légèrement négatif entre 1931 et 1941 (tableau 3). Il faut toutefois tenir compte non seulement des déplacements en provenance ou en direction des pays étrangers, mais aussi des migrations entre le Québec et les autres provinces du Canada. Là encore, les statistiques manquent à peu près complètement, mais des auteurs estiment que le solde négatif est dû à l'émigration internationale et que, contrairement à ce qui se passait depuis le 19e siècle, les mouvements interprovinciaux se font à l'avantage du Québec. On peut présumer que cette situation dépend, dans une bonne mesure, des Canadiens français qui étaient partis travailler en Ontario ou dans l'Ouest et que le chômage ramène auprès de leurs familles.

Ce freinage des mouvements de population se répercute sur la composition de la société québécoise, dont elle ralentit le processus de diversification ethnique et culturelle. En 1931, 8,7% des citoyens du Québec étaient nés à l'extérieur du Canada; dix ans plus tard, cette proportion n'est que de 6,7%. De même, les Québécois d'origine autre que française ou britannique, dont la proportion est passée de 4,9% à 6,1% entre 1921 et 1931, ne représentent plus que 5,5% de la population en 1941. Cette année-là, le Québec est plus homogène que dix ans plus tôt: les Canadiens français y comptent pour 80,9% de la population, contre 78,9% en 1931.

La vague d'immigration de l'après-guerre

Après l'interruption des années de crise et de guerre, le Canada rouvre ses frontières aux immigrants venus de l'Europe dévastée ou de pays en proie aux troubles politiques et désireux de refaire leur vie en Amérique. Dès 1948, plus de 125 000 nouveaux arrivants débarquent au pays, et des contingents aussi importants continuent d'affluer jusqu'en 1960. La seule année 1957 en voit arriver 282 000, ce qui est plus que

Immigrants italiens et grecs dans une manufacture de cabinets de télévision à Montréal. (R. Beauchamp, *La Presse*, ANC, PA-127037)

durant toute la période 1930-1945. Au total, entre 1946 et 1960, l'immigration étrangère au Canada se chiffre à près de deux millions de personnes. Tout en déployant des efforts pour recruter et accueillir ces nouveaux Canadiens, le gouvernement fédéral, de qui dépendent les politiques d'immigration, continue à considérer l'entrée au Canada comme un privilège accordé plus libéralement à certains étrangers qu'à d'autres; les Européens et les Américains sont les bienvenus, alors qu'on limite sévèrement l'immigration en provenance d'Asie, d'Afrique ou d'Amérique latine.

Le Québec reçoit sa part de cette vague d'immigrants. De 1946 à 1960, 403 934 d'entre eux s'y établissent, principalement à Montréal. Ce nombre, toutefois, représente seulement 21,6% de l'immigration étrangère totale au Canada, soit moins que le poids de la population québécoise dans le pays. C'est l'Ontario, en fait, qui profite surtout de l'immigration, puisqu'elle attire plus de 50% des nouveaux venus. En outre, le Québec a plus de difficulté que la province voisine à retenir ses immigrants, dont près de la moitié repartent au bout de quelques années, soit vers une autre province, soit vers les États-Unis, soit encore vers leur pays d'origine. Ce fait tient sans doute d'abord à des raisons d'ordre économique, bien qu'il ne faille pas sous-estimer les défis particuliers que pose l'intégration à une société bilingue.

Les pays d'origine de ces nouveaux Québécois sont beaucoup plus variés qu'avant la guerre, alors que 40% de tous les immigrants venaient des Îles britanniques; cette proportion n'est plus que de 18% dans l'après-guerre. Ce sont maintenant les Européens du Sud qui forment les contingents les plus importants: ils représentent 32% des étrangers qui s'installent au Québec entre 1946 et 1960, les Italiens comptant à eux seuls pour plus de la moitié de ce groupe. Le visage du Québec, et en particulier celui de Montréal, est fortement transformé par cette vague d'immigration, comme on le verra dans un chapitre ultérieur. Notons seulement, pour l'instant, que la proportion de Québécois nés à l'étranger passe de 5,6% en 1951 à 7,4% en 1961.

Ne voyant pas l'importance du phénomène et ne se sentant nullement concerné par l'intégration des immigrants, l'État québécois ne dispose d'aucune structure d'accueil officielle. Ce sont les communautés elles-mêmes qui se chargent de recevoir et d'aider les nouveaux venus. Les Juifs de Montréal, par exemple, ont des organismes communautaires et des associations bénévoles qui s'occupent de rapatrier les victimes du nazisme et de leur prêter main forte pour leur établissement au pays. Pour d'autres groupes, l'entraide repose souvent sur les réseaux de parenté ou sur les solidarités villageoises: parmi les immigrants italiens, par exemple, beaucoup viennent rejoindre des membres de leur famille ou de leur village d'origine déjà installés dans certains quartiers de Montréal, et qui les aident à se trouver un logement ou un emploi et à s'habituer à leur nouvel environnement. Les diverses communautés de Néo-Québécois ont aussi leurs paroisses nationales et leurs organisations.

Même s'ils ont tendance à vivre entre eux et à se regrouper dans certains quartiers de la métropole où ils conservent leur langue et leurs usages, les Néo-Québécois, de façon générale, choisissent de s'intégrer au groupe anglophone. Souvent mal informés de l'existence d'une majorité francophone au Québec avant leur départ pour le Canada, ils sont amenés, par leur désir de mobilité sociale et de réussite, à opter pour la langue la plus prestigieuse à leurs yeux, car elle est celle de la majorité du continent et du groupe qui, au Québec même, domine la vie économique. Pour les Italo-Montréalais qui envoient leurs enfants dans les écoles catholiques, l'après-guerre marque à cet égard un net renversement d'attitude, la grande majorité choisissant maintenant l'instruction en anglais, contrairement à ce qui se passait jusque-là. Il faut dire, toutefois, que le système d'enseignement francophone se montre peu ouvert aux immigrants, et même carrément hostile aux non-catholiques, même s'ils sont de langue française.

L'intégration massive des immigrants au milieu anglophone commence à inquiéter certains intellectuels nationalistes, mais la communauté canadienne-française dans son ensemble est plutôt indifférente au phénomène, se souciant peu de la présence des Néo-Québécois et ne cherchant guère à se rapprocher d'eux ou à les attirer vers elle.

TABLEAU 3

VARIATIONS DE LA POPULATION PROVENANT DE
L'ACCROISSEMENT NATUREL ET DES MIGRATIONS,
QUÉBEC, ONTARIO, CANADA, 1931-1961

Décennie		Québec	Ontario	Canada
1931-1941	Accroissement naturel	459 211	278 488	1 221 787
	Migration nette	− 1 991	+ 77 484	− 91 918
1941-1951	Accroissement naturel	736 058	505 034	1 972 394
	Migration nette	− 12 259	+ 304 853	+ 168 964
1951-1961	Accroissement naturel	998 300	953 493	3 148 198
	Migration nette	+ 205 230	+ 685 057	+ 1 080 620

Source: *Statistiques historiques du Canada*, 2e édition, séries A339-349.

Qu'en est-il, par ailleurs, des personnes qui émigrent hors du Québec au cours de ces années? À propos de celles qui partent s'établir dans d'autres pays, on ne dispose toujours d'aucune donnée précise, mais on peut présumer qu'elles sont beaucoup moins nombreuses que celles qui arrivent, vu le contexte général de prospérité et d'emploi élevé. D'ailleurs, l'ensemble du Canada présente entre 1951 et 1961 un solde migratoire positif qui s'élève à plus d'un million de personnes. En ce qui concerne les déplacements entre le Québec et les autres provinces, la plupart des estimés notent que le solde québécois, à cet égard, redevient négatif à partir de 1941, comme il l'a toujours été avant la crise. Au total, cependant, grâce à l'immigration étrangère, les mouvements migratoires se traduisent pour le Québec par un gain important entre 1951 et 1961 (tableau 3).

* * *

Le *baby boom* et une importante vague d'immigration étrangère font donc de l'après-guerre une période de croissance rapide pour la population du Québec. Toutefois, la tendance séculaire se maintient, selon laquelle cette croissance repose très fortement sur l'accroissement naturel plutôt que sur l'immigration, tandis que dans l'ensemble du Canada, et surtout en Ontario, celle-ci joue un rôle beaucoup plus marqué (tableau 3).

Ce fait n'est pas sans conséquences. L'immigration, en effet, constitue un apport précieux : non seulement elle enrichit le tissu social et culturel, mais elle fournit un grand nombre de citoyens adultes, déjà instruits et formés, et qui peuvent donc participer immédiatement à la production économique comme travailleurs ou consommateurs. L'accroissement naturel, en revanche, implique pour la collectivité des coûts importants, puisque les enfants doivent d'abord être soignés, encadrés et éduqués avant de s'intégrer au marché du travail. Il entraîne par contre un rajeunissement de la société et un potentiel considérable pour l'avenir. En 1961, plus de 44% de la population du Québec a 19 ans ou moins: cette jeunesse y sera pour beaucoup dans le climat de la Révolution tranquille.

ORIENTATIONS BIBLIOGRAPHIQUES

ABELLA, Irving et Harold TROPER. *None is Too Many. Canada and the Jews of Europe, 1943-1948*. Toronto, Lester & Orpen Dennys, 1982. 336 p.

BOILY, Robert *et al. Données sur le Québec*. Montréal, Presses de l'Université de Montréal, 1974. 270 p.

CHARBONNEAU, Hubert. *La population du Québec: études rétrospectives*. Montréal, Boréal Express, 1973. 110 p.

DESROSIERS, Denise *et al. La migration au Québec: synthèse et bilan bibliographique*. s.l., Gouvernement du Québec (Ministère de l'Immigration), 1978. 106 p.

DUFOUR, Desmond et Yves PÉRON. *Vingt ans de mortalité au Québec : les causes de décès, 1951-1971*. Montréal, Presses de l'Université de Montréal, 1979. 204 p.

GAUTHIER, Hervé. *Évolution démographique du Québec*. s.l., OPDQ, 1977. 168 p.

HENRIPIN, Jacques. *Tendances et facteurs de la fécondité au Canada*. Ottawa, Bureau fédéral de la statistique, 1968. 423 p.

KALBACH, Warren et Wayne McVEY. *The Demographic Basis of Canadian Society*. 2e édition. Toronto, Ryerson, 1979. 402 p.

KALBACH, Warren. *L'incidence de la migration sur la population*. Ottawa, Information Canada, 1974. 100 p.

QUÉBEC, Bureau de la statistique. *Démographie québécoise: passé, présent, perspectives*. Québec, Éditeur officiel, 1983. 457 p.

Chapitre 15

LA DÉPENDANCE ÉCONOMIQUE

Le Canada a toujours été, au long de son histoire, dans une situation de dépendance par rapport à des métropoles extérieures. Depuis la fin du 19e siècle, il dépendait à la fois de la Grande-Bretagne et des États-Unis, avec une part sans cesse grandissante pour ce dernier pays. Pendant un certain temps, la crise a desserré quelque peu l'emprise étrangère. Mais à la faveur de la guerre, le mouvement reprend, centré cette fois beaucoup plus nettement sur les États-Unis. Les circonstances favorisent en effet une coordination beaucoup plus étroite entre les gouvernements canadien et américain et une intégration beaucoup plus poussée de leurs économies. On assiste alors à la naissance de ce qu'on appelle le continentalisme, c'est-à-dire une politique concertée visant à assurer une certaine autonomie à l'Amérique du Nord face à une Europe continentale dominée par l'Allemagne.

L'intégration de l'économie canadienne à l'économie américaine ne s'arrête pas avec la fin du conflit mondial. Les rapports se transforment quelque peu mais vont dans le sens d'une dépendance de plus en plus poussée, qui s'étend à l'ensemble des relations économiques: capitaux, technologie, matières premières, produits finis, etc. Ils débordent d'ailleurs le cadre économique pour toucher de façon croissante le syndicalisme, les communications et la culture en général.

Pour bien comprendre ce phénomène, il faut l'examiner pour l'ensemble du Canada. Le Québec s'insère évidemment dans ce processus et devient lui aussi de plus en plus dépendant à l'égard des États-Unis. Cependant, comme les données disponibles concernent généralement l'ensemble du Canada, il n'est pas toujours possible d'indiquer de façon précise la place du Québec dans ces rapports.

Le continentalisme

Le Canada sort du conflit mondial avec une structure économique considérablement renforcée. En apparence, il est en bonne position pour se dégager de l'emprise étrangère et affirmer son autonomie. Cependant, le contexte international crée une pression en sens inverse et conduit à une dépendance accrue. Le facteur clé est le renforcement appréciable du poids de l'économie américaine et du rôle des États-Unis comme première puissance mondiale. Ceux-ci sont en mesure de réorganiser à leur profit les échanges internationaux et d'étendre leur influence politique et économique sur une grande partie du globe. Cette extension est favorisée par la désorganisation de l'Europe, saignée à blanc par la guerre. La Grande-Bretagne, partenaire économique traditionnel du Canada, en sort considérablement affaiblie.

La guerre froide entre les USA et l'URSS accentue l'importance des alliances stratégiques. Dans ce contexte, l'ancienneté des rapports entre le Canada et les États-Unis, leur proximité géographique ainsi que leur inégalité conduisent inexorablement à faire du premier un satellite gravitant dans l'orbite américaine. On peut mesurer ce phénomène au volume de ses échanges internationaux et au poids des investissements étrangers.

Le commerce international

Le commerce international canadien connaît, dans les premières années de l'après-guerre, une réorientation majeure qui accentue cette dépendance. Avant la guerre, le Canada entretenait un commerce de type triangulaire, orienté d'une part vers les États-Unis, d'autre part vers les pays européens, en particulier la Grande-Bretagne. Du côté américain, ce commerce était généralement déficitaire, le Canada important beaucoup plus qu'il n'exportait. Le déficit pouvait cependant être comblé grâce à la balance beaucoup plus positive qui existait dans ses relations avec la Grande-Bretagne et les autres pays européens.

Après la guerre, le gouvernement canadien veut maintenir ce système triangulaire et prône le développement à l'échelle mondiale de relations de commerce multilatérales. Cependant, la désorganisation économique de l'Europe empêche le Canada d'atteindre complètement ses objectifs. Les pays européens étant incapables de payer leurs achats à l'étranger, le Canada doit leur prêter de l'argent pour conserver leur clientèle. Entre 1945 et 1948, il leur verse plusieurs centaines de millions de dollars en crédits à l'exportation. La Grande-Bretagne, en particulier, se voit accorder des prêts importants, principalement pour l'achat de blé. S'y ajoutent des dons ainsi que l'effacement de certaines dettes.

Ce système de crédit a des conséquences très importantes sur la balance des paiements du Canada. Recevant moins de devises des pays européens pour ses exportations, il doit puiser dans ses réserves pour financer le niveau élevé des importations en provenance des États-Unis. Très rapidement, on en arrive à une situation de crise; les réserves canadiennes en dollars américains s'épuisent et, en 1947, le gouvernement doit imposer des restrictions aux importations.

Mais ce n'est là qu'une solution temporaire et il faut régler de façon permanente le déséquilibre qui s'est installé dans le commerce extérieur canadien. On compte beaucoup pour cela sur le plan Marshall, un vaste programme d'aide économique aux pays européens mis sur pied par les États-Unis, et dont les effets commencent à se faire sentir en 1948. La stratégie du gouvernement canadien est d'obtenir de l'administration américaine qu'une partie des dollars versés aux pays européens puissent être dépensés à l'extérieur des États-Unis. La loi américaine acceptera de tels transferts de fonds dans les cas où la demande des pays européens dépassera la capacité de production des États-Unis. Entre 1948 et 1950, une partie des fonds du plan Marshall se retrouve donc au Canada, lui apportant un certain répit et contribuant au rétablissement de sa balance des paiements. Mais c'est un programme d'une durée limitée et dont les effets s'avèrent plus lents et moins spectaculaires que prévu.

Pour atténuer le problème du déficit chronique du commerce extérieur avec son voisin du sud, le gouvernement canadien est forcé par les circonstances de mettre en veilleuse sa politique de développement du commerce multinational et d'intensifier les exportations vers les États-Unis. Ce faisant, il accentue sa dépendance.

Le Canada devient pour les États-Unis un important fournisseur de matières premières, parmi lesquelles les produits miniers prennent une part accrue. Face à une demande intérieure en forte croissance, les États-Unis, exportateurs de métaux avant la guerre, en deviennent importateurs. Le phénomène est accentué par les besoins militaires. Dans le contexte de la guerre froide, il devient essentiel pour le gouvernement américain de s'assurer un approvisionnement suffisant en matières premières en cas de conflit armé. On a commencé pendant la guerre à constituer des stocks stratégiques de certains produits. À la suite du déclenchement de la guerre de Corée, le gouvernement

Baie-Comeau, ville où sont implantées d'importantes entreprises étrangères, 1960. (Gar Lunney, ONF, ANC, PA-151637)

américain crée une importante commission d'enquête sur les matières premières. Le rapport Paley (*President's Report on Raw Materials*) constate que les réserves américaines, pour un grand nombre de produits de base, sont insuffisantes et qu'il faut accélérer le programme de constitution de stocks stratégiques. Il recommande donc que l'on fasse de plus en plus appel à la production de pays alliés. Le document justifie l'investissement massif de capitaux américains dans la production minière à l'extérieur des États-Unis, et l'entrée de ces matières premières dans des conditions douanières avantageuses.

Mais les Américains ne se contentent pas de demander les minéraux canadiens, ils viennent les exploiter eux-mêmes. Cela fait dire à l'économiste Aitken que le capital américain vient au Canada principalement pour accélérer le développement dans des secteurs qui vont servir les besoins en matières premières du marché américain. Il contribue

Voie maritime du Saint-Laurent, écluse du lac Saint-Louis, 1959. (Chris Lund, ONF, ANC, PA-151638)

ainsi au développement d'une économie canadienne complémentaire de celle des États-Unis, avec le risque de figer le Canada dans un rôle de fournisseur de produits bruts ou semi-finis.

Le Québec occupe une place importante dans ce système de dépendance. C'est l'une des provinces du Canada mieux à même de répondre aux besoins américains, compte tenu de ses ressources. Le Québec est le principal fournisseur de produits forestiers qui, malgré la croissance rapide de la production minière, occupent encore le premier rang des exportations canadiennes aux États-Unis. La production québécoise de bois de charpente est essentielle pour répondre aux nombreux besoins de l'économie américaine, à la demande de nouveaux logements, etc. Sa production de papier journal est, elle aussi, en forte hausse, et destinée principalement au marché américain.

Le Québec devient également intéressant pour ses ressources minières. La décision des Américains de venir exploiter les très riches dépôts de fer du Nouveau-Québec prend une importance stratégique. La nécessité de transporter le minerai jusqu'aux grandes aciéries américaines de la région des Grands Lacs accélère très certainement l'aménagement de la voie maritime du Saint-Laurent. Terminée à la fin de la décennie, celle-ci contribue à l'intégration plus poussée du Québec à l'économie américaine.

L'intégration économique ne se limite pas aux seules ressources naturelles. Les Américains voient dans le Canada un débouché naturel pour leur production industrielle. Ils doivent cependant contourner les barrières douanières et, pour ce faire, y installent des filiales qui assurent la production sur place ; plus souvent, il s'agit simplement de l'assemblage d'un produit qui a été conçu et élaboré aux États-Unis. Ce phénomène des filiales industrielles, des *branch plants,* était en marche depuis fort longtemps, mais il prend dans l'après-guerre une ampleur inconnue jusque-là. Les Américains achètent des usines existantes ou en construisent d'autres, et s'assurent la mainmise sur une part importante de l'industrie manufacturière canadienne. Or la tendance déjà manifeste avant 1930 se poursuit: c'est dans le sud de l'Ontario que se concentrent surtout ces filiales; le Québec vient loin derrière.

TABLEAU 1

RÉPARTITION DES EXPORTATIONS ET DES IMPORTATIONS DU CANADA, 1946-1960 (EN % DE LA VALEUR TOTALE)

	1946	1950	1955	1960
Exportations				
États-Unis	38,9	65,1	59,8	55,8
Grande-Bretagne	26,1	15,1	18,0	17,4
Autres pays	35,0	19,8	22,2	26,8
Importations				
États-Unis	75,3	66,9	72,9	67,2
Grande-Bretagne	7,5	12,8	8,6	10,8
Autres pays	17,2	20,3	18,5	22,0

Source: *Annuaire du Canada 1967,* p. 1045.

Malgré les tarifs douaniers, les importations en provenance des États-Unis sont en forte hausse. Les USA deviennent sans équivoque le principal client du Canada (tableau 1) et ils demeurent son principal fournisseur. Cette évolution des rapports économiques se fait au détriment des relations privilégiées qui avaient toujours existé avec la Grande-Bretagne. La part des exportations canadiennes vers ce dernier pays décline de façon significative.

L'investissement étranger

L'après-guerre est caractérisé par une hausse phénoménale des investissements étrangers. En 1946, ceux-ci représentent 7178 millions de dollars; en 1960, ils atteignent 22 214 millions. Tout au cours de la période, les Américains conservent la part du lion en ce domaine, assurant environ les trois quarts des investissements étrangers. Leur mainmise s'est donc solidement maintenue, grâce aux réserves énormes de capitaux dont disposent les grandes sociétés américaines qui les investissent un peu partout à travers le monde. En 1946, près de 40% des capitaux étrangers au Canada sont sous forme d'investissements directs; en 1960, leur part atteint près de 60%. C'est là un changement notable, quant au degré de contrôle sur l'économie canadienne.

La situation varie d'un secteur à l'autre. Le contrôle étranger est particulièrement concentré dans l'industrie manufacturière et dans l'exploitation des richesses naturelles: entre 1948 et 1960, il passe de 43% à 59% dans l'industrie manufacturière, de 40% à 61% dans les mines et l'affinage des métaux, et, à la fin de la période, il atteint 73% dans le secteur du pétrole et du gaz naturel. Dans chacun de ces cas, la très forte majorité des investissements est d'origine américaine. Par contre, dans le secteur des services publics, le contrôle étranger tombe, pour la même période, de 24% à 5%. Ceci s'explique probablement par les investissements considérables réalisés par des sociétés privées ou gouvernementales, à contrôle canadien, dans des domaines comme l'hydro-électricité.

Au Québec, même si le contrôle étranger est moins prononcé qu'en Ontario, il est néanmoins fortement présent. Ainsi, les établissements sous contrôle étranger dans l'industrie minière, en 1960, emploient 40,4% de la main-d'œuvre de ce secteur et accaparent 51,8% de la valeur ajoutée. Si l'on examine un peu plus en détail le cas de l'industrie manufacturière, on se rend compte que, vers 1960, les industries les plus anciennes, comme les aliments et boissons ou les textiles, implantées dès le 19e siècle, sont encore très majoritairement contrôlées par du capital canadien. Par contre, dans les groupes les plus récents, faisant appel à une technologie avancée, l'emprise étrangère est beaucoup plus nette. L'économiste André Raynauld a étudié, pour l'année 1960, la répartition du contrôle en fonction de la valeur ajoutée. Il constate qu'au Québec les établissements sous contrôle étranger sont dominants dans le pétrole et la houille, les métaux non ferreux, le matériel de transport, les produits chimiques, les instruments de précision, le tabac, la machinerie, le fer et l'acier, le caoutchouc.

La mainmise étrangère sur l'économie canadienne n'est cependant pas totale. Des secteurs comme la finance — en particulier les grandes banques à charte —, la construction, la promotion immobilière, le transport, sont généralement propriétés canadiennes. La croissance de tout le secteur public et parapublic contribue également au développement de certains champs qui, au sein de l'économie canadienne et québécoise, échappent à l'emprise américaine.

L'investissement étranger n'en reste pas moins important car il se concentre dans les secteurs stratégiques de l'industrie manufacturière et de l'exploitation des richesses naturelles. À court terme, l'apport de capitaux favorise la mise en exploitation de nouveaux gisements, la construction d'usines, la création de milliers d'emplois. Mais ces effets positifs peuvent être contrebalancés par d'autres qui le sont moins. Après l'investissement initial, l'entreprise-mère étrangère exporte du Canada des profits; elle a tendance à favoriser l'achat de biens et services à l'intérieur de sa propre entreprise, auprès de la société-mère étrangère; elle concentre la recherche à l'extérieur du pays, de sorte que les sociétés canadiennes à propriété étrangère sont véritablement, dans le plein sens du mot, des filiales ayant un pouvoir de décision limité sur leurs propres orientations et sur la conception même de toute leur production. Car c'est là que réside toute la conséquence de l'accroissement de ce type d'investissement, singulièrement de l'investissement direct: le contrôle des décisions qui affectent l'avenir économique du Canada et du Québec est à l'étranger. Certains intellectuels commencent, dans les années 1950, à poser ce problème, mais leur voix paraît encore discordante dans un contexte où l'on voit surtout la prospérité et le progrès qu'apportent les milliards de dollars investis au Canada par les étrangers.

La concentration

Le processus de concentration des entreprises amorcé depuis le début du siècle se poursuit dans l'après-guerre. Il est accentué par la présence du capital étranger. En effet, aux États-Unis la monopolisation est plus avancée qu'au Canada et les entreprises qui installent des filiales transposent au pays les effets de la concentration opérée aux États-Unis mêmes. En outre, ces grandes sociétés américaines possèdent des ressources considérables qui leur permettent d'acheter des entreprises canadiennes, de les regrouper ou d'étendre les activités de leurs propres filiales, poussant ainsi plus avant la concentration. Quant aux très grandes entreprises à propriété canadienne, elles sont également capables de drainer des ressources et d'étendre leurs activités.

Les très grandes sociétés ont aussi tendance à diversifier leurs champs d'intervention. Dans la plupart des cas, il s'agit d'assurer des tâches complémentaires à l'activité principale de l'entreprise. Mais on voit également apparaître un certain nombre de conglomérats, ayant des activités dans des secteurs divers qui ne sont pas nécessairement liés les uns aux autres.

Dans une étude célèbre, le sociologue John Porter examine les entreprises qui, au Canada, pendant la période 1948-1950, emploient au moins 500 travailleurs. Il en dégage une liste de 183 sociétés dominantes qui, ensemble, pèsent d'un poids très lourd sur l'économie canadienne, puisqu'elles assurent de 40% à 50% de la valeur brute de la production manufacturière, 60% de la valeur de la production des métaux, 90% du transport par rail, 88% des revenus bruts des services de câble et de télégraphe, 88% des revenus du transport aérien, 83% de ceux du téléphone et de 60% à 70% de l'hydro-électricité produite par des sociétés privées.

La concentration paraît encore plus poussée si on considère que plusieurs de ces grandes sociétés, bien que distinctes, entretiennent des liens très étroits. Un indice de ces relations est la présence d'un certain nombre d'individus qui détiennent simultanément des postes au conseil d'administration de plusieurs compagnies. Il faudrait aussi y ajouter le fait que plusieurs dirigeants des banques à charte canadiennes détiennent également des postes d'administrateurs au sein de nombreuses sociétés dominantes.

À l'exception des filiales étrangères à part entière, pour lesquelles les données n'étaient pas disponibles, Porter relève 18 de ces grandes sociétés qui ont en 1950 des actifs de plus de 100 millions de dollars. En 1960, leur nombre est passé à 54. Plusieurs des grandes sociétés sont devenues encore plus considérables, soit par l'expansion normale de leurs affaires, soit par l'acquisition d'autres entreprises. Les années 1950 représentent donc pour les sociétés dominantes une période où se poursuit un intense processus de prises de contrôle et de consolidations. Les principales fusions de la période, relevées par Porter, touchent les secteurs du fer et de l'acier, du matériel de transport, des pâtes et papier, de la brasserie, de la meunerie, du textile et de l'alimentation. Des entreprises papetières établies au Québec comme Price Brothers, Howard Smith Paper et Brown Corporation, sont impliquées dans ce processus.

Plusieurs de ces grandes sociétés ont leur siège social au Québec, surtout à Montréal. Mais la place des entreprises canadiennes-françaises est bien mince. Seule Marine Industries, propriété de la famille Simard, se retrouve dans la liste de Porter. Parmi les neuf banques à charte, les deux institutions canadiennes-françaises, la Banque canadienne nationale et la Banque provinciale du Canada, sont les moins importantes. Aucune entreprise canadienne-française ne se retrouve au sein des dix plus grandes compagnies canadiennes d'assurance-vie. Les sociétés à contrôle canadien-français sont donc pratiquement absentes du paysage, ce qui ne signifie pas une absence totale des investisseurs canadiens-français. Un certain nombre d'administrateurs de grandes sociétés canadiennes-anglaises sont francophones, et on retrouve des actionnaires canadiens-français dans plusieurs de ces entreprises, mais ils y occupent une place très minoritaire.

L'économie québécoise dans l'après-guerre est donc très nettement intégrée dans un ensemble économique canadien de plus en plus contrôlé par un nombre restreint de grandes sociétés et de plus en plus satellisé dans un espace économique dominé par les Américains.

ORIENTATIONS BIBLIOGRAPHIQUES

AITKEN, Hugh G.J., *et al. The American Economic Impact on Canada*. Durham, N.C., Duke University Press, 1959. 176 p.

BONIN, Bernard. *L'investissement étranger à long terme au Canada. Ses caractères et ses effets sur l'économie canadienne*. Montréal, Presses de l'École des Hautes Études commerciales, 1967. 462 p.

CLEMENT, Wallace. *The Canadian Corporate Elite. An Analysis of Economic Power*. Toronto, McClelland and Stewart, 1975. 478 p.

— *Continental Corporate Power. Economic Linkages Between Canada and the United States*. Toronto, McClelland and Stewart, 1977. 408 p.

CUFF, R.D. et J.L. GRANATSTEIN. *American Dollars — Canadian Prosperity. Canadian-American Economic Relations 1945-1950*. Toronto, Samuel Stevens, 1978. 286 p.

LEVITT, Kari. *La capitulation tranquille: la mainmise américaine sur le Canada*. Montréal, Réédition-Québec, 1972. 220 p.

PORTER, John. «Concentration of Economic Power and the Economic Elite in Canada», *Canadian Journal of Economics and Political Science*, XXII, 2 (mai 1956), p. 199-220.

— *The Vertical Mosaic. An Analysis of Social Class and Power in Canada*. Toronto, University of Toronto Press, 1965, chap. VIII.

RAYNAULD, André. *La propriété des entreprises au Québec. Les années 60*. Montréal, Presses de l'Université de Montréal, 1974. 160 p.

CHAPITRE 16

UN NOUVEL ESSOR INDUSTRIEL

La conversion de l'industrie à une production de temps de paix s'opère sans difficultés majeures, grâce à la conjonction d'un certain nombre de facteurs, comme l'élaboration d'une politique de plein emploi par le gouvernement fédéral, la forte demande de rattrapage de la part des consommateurs qui ont dû se priver pendant la crise et la guerre, et enfin la reconstruction de l'Europe. L'essor économique de l'après-guerre, qui se poursuit jusqu'à la récession de 1957, favorise donc la croissance de la production industrielle. Dans le secteur des richesses naturelles, la très forte demande des États-Unis provoque un essor important tant pour les matières premières à l'état brut que pour des produits transformés, comme le papier.

L'évolution du secteur manufacturier

Les statistiques manufacturières (tableau 1) montrent que, de 1946 à 1956, le Québec connaît une progression continue tant pour le nombre des établissements que pour le personnel employé et la valeur de la production. Pendant ces onze années, l'emploi augmente de 25% et la valeur de la production, de 165%. Un léger déclin se fait sentir à compter de 1957, alors que débute la récession qui frappera le Canada jusqu'au début de la décennie suivante. Pendant cette période de croissance, la fabrication représente environ le tiers du produit intérieur brut québécois et le quart de l'emploi total.

Le secteur manufacturier entre dans une phase de transformation profonde. La valeur de la production progresse beaucoup plus rapidement que les effectifs de la main-d'œuvre, ce qui indique une nette hausse de la productivité de chaque travailleur, résultat de la mécanisation plus poussée et de l'automatisation des machines. La Deuxième Guerre mondiale a aussi eu pour effet de stimuler l'effort de productivité. Les fabricants de machines sont maintenant en mesure d'offrir des instruments de plus en plus perfectionnés. Parce qu'elles sont en constante évolution, ces machines deviennent rapidement démodées et doivent être remplacées. Mais le phénomène de l'automatisation, déjà présent dans certains secteurs, en est encore à ses débuts et il faudra attendre les années 1960 et 1970 pour en voir pleinement les effets.

TABLEAU 1

STATISTIQUES DES INDUSTRIES MANUFACTURIÈRES DU QUÉBEC, 1945-1960

Année	Nombre d'établissements	Nombre d'employés	Valeur brute de la production en millions $
1945	10 038	384 031	2 531,9
1946	10 818	357 276	2 498,0
1947	11 223	379 449	3 017,0
1948	11 107	383 835	3 598,9
1949	11 579	390 275	3 788,5
1950	11 670	390 163	4 142,5
1951	11 861	417 182	4 916,2
1952	12 024	429 698	5 176,2
1953	12 132	441 555	5 386,8
1954	12 191	424 095	5 395,8
1955	12 194	429 575	5 922,4
1956	12 112	446 137	6 622,5
1957	11 295	444 962	6 419,3
1958	10 896	425 260	6 512,9
1959	10 672	427 280	6 802,2
1960	11 093	429 442	7 075,5

Source : *Annuaire du Québec 1966-1967*, p. 671.

Il en résulte d'ailleurs une transformation de la force de travail des entreprises manufacturières. Au cours des années 1950, l'automatisation commence à modifier le rapport entre les ouvriers de la production et les travailleurs de la gestion et de l'administration: comptabilité, service du personnel, service des achats, etc. Les emplois de type tertiaire deviennent proportionnellement plus nombreux dans le secteur secondaire. Cette évolution se fait en douceur et les contemporains en sont encore peu conscients.

L'activité manufacturière est distribuée très inégalement sur le territoire. La grande région administrative de Montréal accapare à elle seule 70% de l'emploi manufacturier et l'île de Montréal proprement dite, 55%. Suivent, très loin derrière, les régions de Québec (9 %), Trois-Rivières (8,5%), Sherbrooke (4,6%) et Saguenay-Lac-Saint-Jean (3,5%); les régions éloignées du Bas-Saint-Laurent-Gaspésie, du Nord-Ouest et de la Côte-Nord ne comptent chacune que pour 1% ou moins. Ce déséquilibre qui s'observe aussi pour la valeur de la production a des racines fort anciennes. Dans l'ensemble du Canada, la part du Québec reste stable: il fournit 30% de la valeur de la production manufacturière contre un peu moins de 50% pour l'Ontario.

La production manufacturière québécoise semble donc avoir atteint sa vitesse de croisière. Son rythme de croissance est comparable à celui du produit intérieur brut, sa répartition sur le territoire ne varie guère, sa part de la production canadienne ne bouge pas et, dans l'ensemble, la place de l'industrie dans l'économie québécoise semble relativement stabilisée. Mais les chiffres globaux peuvent être trompeurs et masquer des variations importantes d'une industrie à l'autre.

La structure industrielle

Certes, la répartition de la valeur de la production par grands groupes d'industries (tableau 2) indique une certaine stabilité. Les groupes qui se retrouvent en tête de liste sont sensiblement les mêmes en 1945 et en 1959: les aliments et boissons, les vêtements, les produits du fer et de l'acier, ceux du papier, les textiles, auxquels viennent s'ajouter les produits des métaux autres que le fer. Mais des transformations s'amorcent nettement et annoncent les difficultés que connaîtront certaines industries dans la période suivante.

Ce qu'on appelle le déclin des industries traditionnelles est déjà engagé. La part qu'assure la fabrication des vêtements, du textile, du cuir et du tabac est en effet en baisse, ce qui ne signifie pas nécessairement que la production de ces industries diminue en chiffres absolus ; au contraire, elle augmente mais à un rythme moins rapide que l'ensemble de l'industrie manufacturière. Dans le cas du cuir, le déclin est amorcé depuis fort longtemps. Quand on songe que la fabrication des chaussures avait été, pendant une trentaine d'années, à la fin du 19e siècle, la deuxième plus importante industrie du Québec et qu'en 1900 elle assurait encore 13,7% de la valeur de la production totale, on constate l'ampleur de la dégringolade. En 1959, les articles de cuir occupent l'avant-dernier rang avec moins de 2%. Même si la valeur de la production augmente à un rythme modeste, plusieurs usines sont fermées et le nombre d'ouvriers est en baisse.

TABLEAU 2

POURCENTAGE DE LA VALEUR BRUTE DE LA PRODUCTION DES GROUPES
D'INDUSTRIES PAR RAPPORT À LA VALEUR BRUTE TOTALE DU QUÉBEC,
1945-1959

Rang en 1959	Rang en 1945	Groupe	1945	1950	1955	1959
1	1	Aliments et boissons	15,5	18,5	16,0	17,8
4	2	Vêtements	10,7	10,1	8,5	8,5
5	3	Produits du fer et de l'acier	10,0	6,8	7,8	8,5
2	4	Produits du papier	9,6	12,4	11,6	10,8
9	5	Outillage de transport	9,4	3,8	4,8	4,9
6	6	Textiles	8,1	9,9	6,7	6,3
7	7	Produits chimiques	7,6	4,5	5,6	6,0
3	8	Produits des métaux autres que le fer	7,4	8,6	11,1	9,6
10	9	Produits du bois	4,9	5,1	4,8	4,6
16	10	Articles en cuir	3,1	2,2	1,7	1,8
14	11	Tabac et produits du tabac	3,0	2,8	2,6	2,7
8	12	Dérivés du pétrole et du charbon	2,5	5,0	6,5	5,5
11	13	Appareils et fournitures électriques	2,5	3,4	4,2	4,2
12	14	Impression, édition, etc.	1,8	2,7	2,9	3,3
13	15	Produits des minéraux non métalliques	1,6	2,0	2,6	2,8
15	16	Divers	1,1	1,1	1,4	1,8
17	17	Articles en caoutchouc	1,1	1,0	1,0	0,9

Source: Marc VALLIÈRES, *Les industries manufacturières du Québec 1900-1959*, p. 171 et 173.

Le secteur du tabac profite de la généralisation de la cigarette auprès d'une clientèle plus étendue et la valeur de sa production passe de 72 à 182 millions de dollars. Cependant, le nombre d'établissements tombe de 51 à 15 et les effectifs diminuent légèrement. C'est donc une industrie où l'introduction de machines plus perfectionnées permet d'augmenter de façon notable la productivité par travailleur, dans le cadre d'un processus de rationalisation et de concentration.

Le vêtement passe du 2e au 4e rang. Les industries de ce groupe,

Usine d'Imperial Tobacco à Montréal, 1948. (Lew McAllister, *The Gazette*, ANC, PA-151691)

fortement concentrées à Montréal, s'appuient sur le travail à bas salaire et, en partie, sur le travail à domicile ; elles emploient surtout des immigrants pauvres. Leur expansion semble avoir atteint une certaine limite et la valeur de la production s'y accroît beaucoup plus lentement que la moyenne de la production manufacturière québécoise. Le nombre d'ateliers, quoique en léger déclin, reste élevé, la concentration des entreprises étant beaucoup moins avancée dans ce secteur que dans d'autres. Les textiles sont également en perte de vitesse. Leur production ne représente plus que 6,3% du total québécois en 1959. La principale industrie de ce groupe est celle du coton qui, après une phase d'expansion se prolongeant jusqu'en 1951, amorce un net recul.

Les industries traditionnelles ne sont pas toutes en déclin. Le groupe fort composite des aliments et boissons maintient ses positions en première place. L'augmentation rapide de la population et l'amélioration du niveau de vie des Québécois dans l'après-guerre sont certainement des facteurs qui expliquent sa croissance. Les industries les plus importantes sont, dans l'ordre, les abattoirs et salaisons, la fabrication

Raffineries à Montréal-Est, 1957. (George Hunter, ONF, ANC, PA-151652)

du beurre et du fromage, liée à une vieille spécialité de l'agriculture québécoise, les produits alimentaires divers, le pain et autres produits de boulangerie, les eaux gazeuses, les brasseries et les distilleries. La valeur de toutes ces productions augmente de façon significative et, dans la plupart des cas, le nombre des travailleurs employés est en hausse.

Un autre secteur important depuis les années 1920 est celui des produits du papier qui, dans l'après-guerre, regagne le deuxième rang. L'industrie des pâtes et papiers est la plus importante du Québec pour le nombre de travailleurs qu'elle emploie. Ceux-ci passent de 21 695 à 27 239. Ces chiffres ne comprennent pas les effectifs engagés dans les opérations d'abattage forestier. La valeur de la production y est nettement en hausse, passant de 266 à 585 millions de dollars.

Mais qu'advient-il des groupes d'industries dont la guerre a favorisé l'expansion? Leur évolution est variable. La progression la plus remarquable est celle des produits des métaux autres que le fer où domine l'aluminium avec, comme premier producteur, Alcan. De forts investissements ont été réalisés dans cette industrie pendant la guerre pour répondre aux besoins militaires. Dans l'après-guerre, après une période d'ajustement difficile, elle profite d'une demande croissante pour l'aluminium, utilisé de plus en plus à des fins civiles, dans la construction, .

dans la fabrication d'avions et dans de multiples autres usages. Le groupe des produits du fer et de l'acier, tout comme celui des métaux non ferreux, connaît un déclin dans l'immédiat après-guerre puis une remontée graduelle; il représente 8,5% de la valeur totale de la production en 1959.

Dans le cas de l'outillage de transport, la fin du conflit mondial a des effets beaucoup plus nets. Avec des industries comme l'avionnerie ou la construction navale, ce groupe représente 9,4% de la production en 1945 et seulement 3,8% en 1950. Sa part monte ensuite à 4,9% en 1959. On y retrouve aussi l'une des plus anciennes industries québécoises, concentrée à Montréal: le matériel roulant de chemins de fer. Celle-ci est victime de la défaveur qui affecte graduellement le transport par rail, même si le programme de remplacement des locomotives à vapeur par des locomotives diesels, au cours des années 1950, stimule temporairement la production. L'emploi, qui atteint un sommet de 17 127 personnes en 1952, tombe à 9161 en 1959. L'industrie de l'aéronautique profite certainement du développement de l'aviation civile. Elle évolue par bonds : sa production tombe en flèche après 1945, mais elle est relancée par la guerre de Corée, qui fait tripler le nombre des travailleurs entre 1950 et 1953. Par la suite, elle connaît un nouveau ralentissement, suivi d'une reprise à compter de 1956. Quant à la construction navale, elle vient loin derrière et n'emploie plus que 6036 personnes en 1959.

Parmi les autres groupes industriels, il faut signaler deux domaines hautement spécialisés: celui des dérivés du pétrole et du charbon et celui des appareils et fournitures électriques. Le premier qui n'a que 2,5% de la valeur de la production en 1945 passe à 5,5% en 1959. Le raffinage du pétrole est surtout concentré à Montréal-Est. Comme c'est l'affaire de très grosses entreprises, les multinationales du pétrole, le nombre d'établissements est restreint, de 6 à 8 pendant la période. Les employés sont très peu nombreux, moins de 3000, mais ils commandent des salaires élevés. Entre 1946 et 1959, la valeur de la production se multiplie par 6, passant de 63 à 371 millions de dollars. L'industrie des appareils et fournitures électriques occupe elle aussi une place plus importante dans la structure industrielle, mais sa production, beaucoup plus soumise aux aléas de la conjoncture, connaît une succession de hausses et de baisses tout au cours de ces 15 ans. La valeur globale, cependant, augmente nettement, passant de 59 à 181 millions de dollars.

Ainsi l'industrie québécoise, tout en maintenant sa structure antérieure, connaît certains réaménagements impliquant, d'une part, le
début d'un déclin relatif des industries traditionnelles et, d'autre part,
le renforcement d'industries faisant appel à une technologie de pointe
et à un personnel beaucoup plus qualifié. Cela indique les réorientations
qui se dessineront dans les besoins de main-d'œuvre au cours des
années suivantes : moins de travailleurs sans qualification et beaucoup
plus de techniciens spécialisés.

Les richesses naturelles

L'après-guerre représente une période de forte expansion dans l'exploitation des richesses naturelles. Les besoins de l'industrie canadienne et
des consommateurs, liés à la forte demande américaine pour les matières premières, y contribuent.

Dans le secteur énergétique, la production hydro-électrique tient la
vedette. La demande d'électricité est en hausse rapide; à Montréal elle
augmente de 10% par année. La raison principale en est l'utilisation
beaucoup plus généralisée d'appareils électriques par les consommateurs : réfrigérateurs, cuisinières, téléviseurs, laveuses, sécheuses, etc.,
accentuée par l'urbanisation accrue et la hausse du niveau de vie. Par
ailleurs, la demande industrielle reste importante et il faut répondre aux
besoins des nouvelles exploitations minières. Plusieurs sites ayant un
potentiel hydro-électrique sont donc aménagés par Hydro-Québec :
deux nouvelles sections de la centrale de Beauharnois, sur le Saint-
Laurent, deux centrales sur la Bersimis et deux autres sur l'Outaouais
(Rapide 2 et Carillon). On entreprend même avant 1960 les études et
travaux préliminaires en vue de l'aménagement du complexe
Manicouagan-Outardes.

Dans l'exploitation des richesses naturelles, les développements les
plus spectaculaires viennent cependant du secteur minier, où la valeur
de la production passe de 91,5 millions de dollars en 1945 à 446,6
millions en 1960.

Aux minéraux déjà en exploitation s'ajoute une nouvelle production,
le fer. Depuis l'abandon graduel des gisements de la Mauricie au 19e
siècle, le Québec ne produisait plus de minerai de fer ; il y revient en
force dans l'après-guerre mais, cette fois, au Nouveau-Québec. L'existence de dépôts de fer y était connue depuis longtemps et les explorations menées dans les années 1930 et 1940 avaient permis de préciser

Usine de Quebec North Shore Paper à Baie-Comeau, 1960. (Gar Lunney, ONF, ANC, PA-151642)

leur localisation, à cheval sur la frontière Québec-Labrador. L'éloignement en rendait cependant l'exploitation difficile. Les conditions changent au début des années 1950. Le contexte de la guerre froide et le déclenchement de la guerre de Corée créent une forte demande de matières premières stratégiques et le rapport Paley de 1952 fait craindre un épuisement rapide des réserves américaines. Les dépôts du Nouveau-Québec deviennent alors très intéressants et la compagnie Iron Ore amorce les travaux en 1951. Elle fait construire une ligne ferroviaire de 574 km reliant la nouvelle ville de Schefferville au port de Sept-Îles. Ses premières expéditions de minerai se font en 1954. Par ailleurs, la compagnie Québec Cartier Mining aménage entre 1958 et 1961 une nouvelle mine au lac Jeannine, un nouveau port de mer à Port-Cartier et une voie ferrée de 310 km. La production de fer, inexistante avant 1954, atteint une valeur de 92 millions de dollars en 1959.

La hausse de la production minière québécoise touche d'ailleurs l'ensemble des minerais. La quantité du cuivre extrait triple; celle de l'amiante fait plus que doubler et sa valeur se multiplie par cinq. L'augmentation est également visible pour l'or, l'argent, le zinc et le molybdène; seul le plomb est en régression. Le Québec devient également producteur de titane avec l'ouverture en 1950 de la mine du lac Allard, près de Havre-Saint-Pierre. Le minerai québécois continue d'être massivement exporté sans être transformé sur place. C'est en particulier le cas pour le fer du Nouveau-Québec expédié directement aux États-Unis par bateau, depuis la Côte-Nord. L'ouverture de la Voie maritime du Saint-Laurent, en 1959, en facilite la livraison aux grandes aciéries américaines.

Dans l'autre grand secteur des richesses naturelles, celui de l'exploitation forestière, la reprise de l'économie et la demande accrue de produits du bois et du papier entraîne une augmentation de la coupe, dont la valeur nette passe de 121 millions de dollars en 1945 à 172 millions en 1960. En apparence, ce secteur ne connaît pas de développement aussi spectaculaire que celui de l'électricité et des mines. Il vit néanmoins, au cours des années 1950, les débuts d'un réaménagement en profondeur. D'une part, la coupe et le transport du bois deviennent beaucoup plus mécanisés, ce qui entraîne une hausse de la productivité. D'autre part, on assiste à la professionnalisation du travail en forêt: l'agriculteur-bûcheron cède la place au travailleur forestier salarié, ce qui entraîne la fin du système agro-forestier, après plus d'un siècle d'existence.

ORIENTATIONS BIBLIOGRAPHIQUES

BOISMENU, Gérard. *Le duplessisme. Politique économique et rapports de force, 1944-1960*. Montréal, Presses de l'Université de Montréal, 1981. 432 p.

BOLDUC, André, Clarence HOGUE et Daniel LAROUCHE. *Québec, un siècle d'électricité*. Montréal, Libre Expression, 1984, chap. 16.

LEBEL, Gilles. *Horizon 1980. Une étude sur l'évolution de l'économie du Québec de 1946 à 1968 et sur ses perspectives d'avenir*. Gouvernement du Québec, 1970. 263 p.

LE BOURDAIS, D.M. *Metals and Men. The Story of Canadian Mining*. Toronto, McClelland & Stewart, 1957, chap. XVIII.

RAYNAULD, André. *Croissance et structure économiques de la province de Québec*. Québec, Ministère de l'Industrie et du Commerce, 1961. 657 p.

Chapitre 17

LE POIDS DU TERTIAIRE

La place considérable occupée par le secteur tertiaire dans l'économie au cours des dernières décennies est maintenant un phénomène bien connu qui se manifeste non seulement au Québec mais dans l'ensemble des pays industrialisés. On oublie souvent, toutefois, que la montée du tertiaire a des racines historiques anciennes et que, depuis la fin du 19e siècle, elle a accompagné l'essor de l'urbanisation, l'apparition de la grande entreprise et la constitution de l'État moderne. Au Québec, les activités de type tertiaire constituent déjà, à la fin de la guerre, une part très importante de l'activité économique et les années 1946-1960 voient le phénomène s'accentuer.

Le tertiaire en expansion

Le tertiaire représente un pan très composite de l'économie et de la société. Il rassemble toutes les activités qui ne relèvent pas directement de l'agriculture ou de l'extraction de ressources naturelles (le primaire) ni de la fabrication ou de la construction (le secondaire). Les organismes statistiques y distinguent cinq grands secteurs: la finance, les assurances et les immeubles; le commerce de gros ou de détail; les transports et communications, y compris les activités d'entreposage et la distribution d'électricité, de gaz et d'eau; l'administration publique et les forces armées; enfin, les services, définis soit comme personnels soit comme professionnels. On voit souvent aussi le mot services utilisé pour désigner l'ensemble du tertiaire.

Dans l'après-guerre, le poids relatif du tertiaire dans l'économie s'accroît de façon significative. En 1946, il assure 51% du produit intérieur brut québécois (PIB) et, en 1960, près de 55%. L'effet sur l'emploi est encore plus visible. Au recensement de 1951, les cinq grands secteurs du tertiaire donnent ensemble du travail à 623 448 personnes, soit 42% de la main-d'œuvre âgée de 14 ans et plus; dix ans plus tard,

Standardiste à l'hôpital Royal Victoria, 1953. (ANC, PA-133210)

les effectifs atteignent 921 527 ou 52%, soit un taux annuel moyen de croissance de près de 4%. La plupart des activités tertiaires emploient en effet une main-d'œuvre abondante ayant une productivité moins élevée que celle des industries manufacturières.

Les années 1950 voient augmenter de façon appréciable les effectifs de nombreuses professions qui, tout en étant associées aux cols blancs, exigent peu de qualifications et sont faiblement rémunérées, comme celles de caissière de banque, de secrétaire et de commis de bureau, de vendeur et vendeuse de magasin, de téléphoniste. Les femmes se retrouvent en proportion croissante dans ce qu'on qualifie de ghettos d'emploi féminin, où elles travaillent sous la direction de cadres géné-ralement masculins.

Plusieurs facteurs concourent à la tertiarisation accrue. Les services étant associés beaucoup plus au monde urbain qu'au monde rural, la reprise de l'urbanisation ne peut qu'y avoir un effet à la hausse. La croissance du niveau de vie entraîne une augmentation de la demande de services. Le développement de l'État keynésien provoque l'expansion de l'appareil administratif. Le *baby boom* accroît les besoins dans l'enseignement et les soins de santé. Signalons également que le phénomène touche même les industries manufacturières où le personnel de gestion et de vente occupe une place plus importante.

Le secteur financier

Le secteur des finances, assurances et immeubles est, au Québec, celui qui connaît la plus forte hausse de la valeur de la production, avec un taux annuel moyen de 10,6% entre 1946 et 1960. La croissance de l'emploi y est moins spectaculaire, avec un taux annuel moyen de 4,8% entre 1951 et 1961, mais son rythme dépasse celui des quatre autres grands secteurs.

Le secteur financier est dominé par les banques à charte et les compagnies d'assurance-vie. Ensemble elles ont, en 1945, 83% des actifs détenus par les intermédiaires financiers du secteur privé au Canada. En 1960, cette part tombe à 63%, résultat de la croissance rapide d'autres types d'institutions comme les coopératives de crédit et les sociétés de prêts à la consommation. Malgré ce recul relatif, les banques à charte restent les poids lourds du secteur. Leurs actifs au Canada passent de 7 à 17 milliards de dollars entre 1946 et 1960. Encore surtout orientées vers le financement des entreprises, elles se tournent néanmoins de plus en plus vers les consommateurs, consacrant une part croissante de leurs fonds aux prêts personnels et aux prêts hypothécaires et comptant de façon plus marquée sur les dépôts d'épargne des particuliers pour leurs rentrées de fonds.

Après les vagues de fusions qui ont marqué les premières décennies du siècle, le système bancaire canadien s'est stabilisé depuis les années 1920. En 1946, on compte neuf institutions. Trois d'entre elles sont nettement dominantes: la Banque royale (actifs de 2 milliards de dollars), la Banque de Montréal (1,8 milliard) et la Banque canadienne de commerce (1,4 milliard). Vient ensuite un groupe d'institutions d'envergure moyenne, dont la Banque de la Nouvelle-Écosse (667 millions), suivie de quatre banques ayant entre 300 et 400 millions d'actifs, la Banque de Toronto, la Banque du Dominion, la Banque impériale du Canada et la Banque canadienne nationale, une institution francophone. Loin derrière viennent la Banque provinciale (137 millions), elle aussi propriété francophone, et la Barclays Bank (35 millions), filiale d'une société britannique.

Cette structure se modifie notablement au cours des années suivantes. En 1955, on assiste à la fusion des Banques de Toronto et du Dominion; en 1956, à celle de la Barclays et de l'Impériale; puis, en 1961, à celle de cette dernière avec la Banque canadienne de commerce. Le Canada se retrouve donc avec cinq grandes banques que l'on désignera sous le vocable de *Big Five* et deux institutions mineures, les deux banques canadiennes françaises, qui ensemble détiennent entre 6 et 7% de l'actif bancaire canadien. Une nouvelle venue, la Banque mercantile du Canada, fondée en 1953 par des intérêts néerlandais, est marginale.

Montréal est encore, en théorie, le principal centre financier canadien puisque les deux plus importantes banques y ont leur siège social, mais Toronto mine de plus en plus cette position. La présence de grandes banques à Montréal n'indique pas nécessairement que les intérêts du Québec sont bien servis. Pendant longtemps, ces institutions ont négligé le Québec francophone, concentrant leurs services dans les villes et quartiers anglophones et laissant le reste aux banques canadiennes-françaises. Au cours des années 1950 elles semblent adopter une attitude un peu plus ouverte et étendent leur réseau de succursales québécoises. Ce sont néanmoins les deux banques francophones qui assurent le quadrillage le plus complet, avec 60% de toutes les succursales bancaires établies au Québec en 1961.

Ainsi, la Banque canadienne nationale et la Banque provinciale, tout en occupant une position mineure à l'échelle canadienne, pèsent d'un poids considérable au Québec où se concentre le plus gros de leurs activités. Elles ne sont pas les seules à courtiser la clientèle francophone puisque deux autres types d'institutions leur disputent le marché: les banques d'épargne et les caisses populaires.

Les banques d'épargne du Québec ont été créées au 19e siècle, à une époque où les banques à charte se préoccupaient peu des petits épargnants. Elles ont des pouvoirs beaucoup plus limités et investissent la majorité de leurs fonds dans des obligations gouvernementales. L'accent étant mis sur la sécurité de l'épargne, la gestion de ces institutions reste très prudente. On compte deux banques de ce type, chacune possédant des succursales: la Banque d'épargne de la cité et du district de Montréal et la Banque d'économie de Québec. En 1960, elles ont ensemble 300 millions de dollars d'actif, dont 80% pour l'institution montréalaise.

Plus importantes, les caisses populaires connaissent une forte croissance pendant la guerre et l'après-guerre. Leur nombre passe de 549 en 1940 à 1227 en 1960. La plupart sont regroupées dans la Fédération de Québec et ses dix unions régionales ; quelques-unes appartiennent à un groupe dissident, la Fédération de Montréal. La Fédération de Québec voit ses actifs passer de 21 à 687 millions de dollars entre 1940 et 1960. Au cours de cette période les caisses, d'abord implantées surtout en milieu rural, effectuent une véritable percée en ville: en vingt ans, les caisses urbaines voient leur part du nombre de membres passer de 31% à 56%, et celle des actifs de 44% à 63%. Les caisses jouent un rôle fort actif dans le prêt hypothécaire et contribuent particulièrement à financer la vague de construction résidentielle.

Les années d'après-guerre sont en outre caractérisées par la montée très rapide des sociétés de prêts à la consommation, dont la plus célèbre est Household Finance (HFC). Accordant plus facilement des prêts que les banques tout en exigeant un taux d'intérêt beaucoup plus élevé, ces sociétés contribuent à étendre le crédit à la consommation et à accentuer l'endettement des familles ouvrières.

Dans le secteur financier, les compagnies d'assurance-vie jouent encore un rôle très important. Détenant entre le quart et le cinquième des actifs des intermédiaires financiers du secteur privé au Canada, elles constituent des réservoirs de capitaux considérables qui peuvent être investis à long terme soit dans des titres d'entreprises ou d'administrations publiques, soit dans le prêt hypothécaire. On compte dans l'après-guerre un grand nombre de sociétés d'assurance-vie, dont plusieurs n'ont qu'une pénétration régionale. Le marché est néanmoins dominé par un petit nombre de compagnies canadiennes-anglaises à la tête desquelles se trouve Sun Life de Montréal. Les compagnies étrangères, surtout américaines et britanniques, sont également fort actives. Les compagnies canadiennes-françaises sont peu nombreuses et ne pèsent pas lourd dans l'ensemble.

La plupart de ces sociétés, même anglophones, desservent le marché français du Québec grâce à des intermédiaires très actifs, les courtiers ou agents d'assurance, dont un grand nombre sont francophones. Déjà, en 1951, le Québec compte plus de 5500 courtiers d'assurance. À une époque où l'assurance-vie représente une voie privilégiée d'accumulation de l'épargne, le courtage permet l'ascension sociale d'un groupe de francophones qui joignent les rangs des élites locales.

Dans l'ensemble du monde financier, les Canadiens français occupent donc encore une place nettement minoritaire après la guerre. Ils contrôlent néanmoins des sociétés qui commencent à avoir un certain poids et qui croissent grâce à l'amélioration du niveau de vie des francophones. Après 1960, elles deviendront le tremplin à partir duquel s'affirmera une nouvelle élite financière québécoise.

Le commerce

La prospérité économique de l'après-guerre se reflète non seulement dans l'épargne mais aussi dans la consommation. Le commerce de gros et de détail connaît une forte croissance, dont le taux annuel moyen est de 9,3%. Il représente de 11% à 12% du PIB québécois. Ce secteur emploie 173 070 personnes en 1951 et 248 038 en 1961, une augmentation annuelle moyenne de 3,7%.

Dans le commerce de détail, les ventes passent de 1,3 à 4,2 milliards de dollars entre 1946 et 1960. L'essor le plus spectaculaire est celui de la vente de véhicules automobiles dont la valeur est multipliée par 7, ce qui entraîne à la hausse les ventes des garages et postes d'essence. Pour les articles de première nécessité comme les aliments, les

Magasin à Québec, 1947. (W.B. Edwards, ANC, PA-80679)

vêtements et les chaussures, les ventes de 1960 sont de trois à quatre fois plus élevées que celles de 1946.

La structure du commerce de détail reste marquée par la dispersion et le nombre élevé de points de vente, environ 45 000, la très grande majorité appartenant à de petits propriétaires indépendants. Les magasins à succursales s'approprient seulement 15% de la valeur des ventes en 1946 et 18% en 1960; ils représentent néanmoins la voie de l'avenir, avec leur pouvoir d'achat plus considérable et leur rentabilité plus élevée. La présence des chaînes de magasins est plus forte dans des secteurs comme l'alimentation, où s'affirment Steinberg et Dominion. En réaction, les commerçants indépendants commencent à mettre sur pied des chaînes d'un type différent permettant aux marchands-membres de bénéficier des économies que procurent les achats groupés tout en restant maîtres de leur entreprise.

Transports et communications

Dans le secteur des transports le phénomène le plus marquant est l'essor de l'automobile. Il faut dire que dans ce domaine le Québec affiche un retard important à la fin de la guerre. L'auto reste un luxe que seule une minorité peut se payer. Encore en 1953, seulement 36% des ménages en possèdent une alors qu'en Ontario la proportion atteint 65%. Le rattrapage se fait cependant à un rythme accéléré: 188 359 automobiles en 1946, 843 731 en 1960, un taux annuel moyen de croissance de 11,3%. En 1960, 56% des ménages québécois ont une auto. Le camionnage connaît un rythme de croissance semblable.

Les automobiles, les autobus et les camions sont nettement devenus les moyens de locomotion privilégiés pour le transport des personnes et des marchandises. Leur utilisation maximale se heurte toutefois aux graves insuffisances du réseau routier. Certes, on enregistre des progrès à ce chapitre: l'ouverture des chemins en hiver, l'asphaltage d'un grand nombre de routes, la construction du boulevard métropolitain à Montréal et de l'autoroute des Laurentides. Dans son ensemble, le réseau routier reste toutefois incapable d'absorber le fort accroissement du parc automobile et ce problème ne sera réglé qu'au cours des années 1960.

Le transport par rail est touché par la concurrence du camion, plus rapide et plus efficace. Complètement déclassé sur les courtes distances et pour la manipulation de nombreux produits manufacturés, le rail

Rue Sainte-Catherine, Montréal, 1952. (Gar Lunney, ONF, ANC, PA-111582)

reste cependant très important pour le transport en vrac des matières premières, en particulier le minerai, et de certaines productions comme le bois d'œuvre et le papier. Les principales additions au réseau de voies ferrées sont d'ailleurs des lignes desservant les nouveaux centres miniers.

Le chemin de fer n'est souvent qu'un jalon dans une chaîne de transport qui comprend aussi la navigation. Le minerai de fer du Nouveau-Québec, par exemple, est transporté en train jusqu'à Sept-Îles avant d'être chargé sur des cargos à destination des États-Unis. La voie maritime du Saint-Laurent, inaugurée en 1959, est l'investissement le plus important dans la navigation et touche en particulier le transport des matières premières.

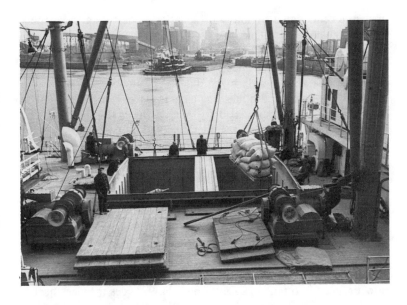

Chargement d'un navire au port de Montréal, 1952. (Frank Royal, ONF, ANC, PA-151650)

Le transport aérien, enfin, prend de plus en plus de place. Il a été considérablement stimulé par la guerre. On a construit de vastes avionneries, dont celle de Canadair à Saint-Laurent, en banlieue de Montréal, qui produit des dizaines de milliers d'avions. Il a fallu créer, agrandir ou moderniser un grand nombre d'aéroports. Une partie de ces équipements sera ensuite convertie à l'aviation civile, elle-même en plein essor. Tout au cours de l'aprèsguerre, les liaisons régulières tant nationales qu'internationales se multiplient. La principale entreprise reste Trans-Canada Airlines / Air Canada, créée en 1937 par le gouvernement fédéral, et dont le siège est à Montréal. Le nombre de ses passagers payants décuple au cours de la période. Plus modestes, les lignes aériennes du Canadien Pacifique, fondées en 1942, sont d'abord surtout actives dans l'Ouest canadien et dans la région du Pacifique. Au Québec, elles exploitent aussi certaines liaisons intérieures qu'elles abandonnent en 1953. Québecair, résultat de la fusion en 1953 de Rimouski Airlines et de Gulf Aviation, est surtout présente dans le Bas-Saint-Laurent, la Gaspésie et sur la Côte-Nord. Le développement minier de cette région stimule son expansion et en fait un transporteur régional bientôt relié à Québec et à Montréal.

De tous les domaines du transport, l'aviation est celui qui connaît les plus importants développements technologiques: accroissement de la capacité, de la vitesse et du rayon d'action des avions, apparition des turboréacteurs. Au DC-3 d'une vingtaine de places succède en 1948 le North Star qui en compte 40. Puis vient le Super-Constellation vers 1954, le Viscount en 1956 et surtout, en 1960, le DC-8 qui, avec ses 120 places et sa technologie nouvelle, marque une véritable percée et amorce l'ère du transport aérien de masse.

Dans le monde des communications, la révolution la plus spectaculaire est sans l'ombre d'un doute l'avènement du petit écran, en 1952. La télévision a sur la culture et le mode de vie une influence considérable. Son arrivée bouleverse toute l'industrie du spectacle et celle des communications et force les autres médias à se redéfinir. En 1960, les 9 stations de télévision du Québec génèrent des recettes de 4,4 millions de dollars; les 42 stations de radio (elles étaient 25 en 1948) en obtiennent 10,6 millions. Cette année-là, 97% des ménages québécois ont au moins un appareil de radio (le quart en ont deux ou plus) et 89% possèdent un téléviseur. Radio et télévision deviennent les véhicules privilégiés de la publicité et accélèrent l'intégration de la population à la société de consommation.

Quoique beaucoup plus ancien, le téléphone a eu un taux de pénétration plus lent: en 1960, 84% des ménages ont un appareil téléphonique, ce qui marque néanmoins un net progrès par rapport à la situation prévalant au début de la guerre (33%). Les compagnies de téléphone sont d'importants employeurs: 13 485 personnes en 1951; 17 446 en 1961. À côté de la puissante compagnie Bell, subsistent plusieurs petites entreprises régionales ou locales.

Administration publique et services

Le tertiaire, c'est finalement l'administration publique et l'ensemble des services, qui assurent de 16% à 17% du PIB. Le pourcentage de la main-d'œuvre qui y travaille passe de 19% à 25% en dix ans. Il y a là une telle diversité d'activités qu'il n'est pas possible de les examiner toutes. Certaines parmi les plus importantes — l'administration gouvernementale, l'éducation, les services sociaux — sont étudiées dans d'autres chapitres de sorte qu'elles ne seront qu'évoquées rapidement ici.

Selon les recensements, les trois paliers de gouvernement embauchent directement 61 723 personnes au Québec en 1951 et 99 194 en 1961; ces chiffres ne tiennent pas compte de ce qu'on appelle aujourd'hui le parapublic. Le gouvernement fédéral, surtout à cause des effectifs de la défense, est le plus important employeur, suivi des administrations municipales ou locales. Par ailleurs, le domaine de l'éducation et celui de la santé et des affaires sociales connaissent des hausses d'effectifs comparables: de 48 124 à 79 539 pour le premier et de 47 180 à 75 049 pour le second. Au total, ces groupes d'employeurs et les gouvernements ont donc à leur service moins de 11% de la main-d'œuvre en 1951 et plus de 14% en 1961.

Les services aux entreprises — bureaux de comptables, d'ingénieurs, d'avocats, agences de publicité — ont des effectifs plus modestes, qui passent de 15 956 à 25 601. Mais leur taux annuel moyen de croissance, 4,8%, est semblable à celui du public et du parapublic.

Dans les services personnels et autres, le taux de croissance est plus faible mais la masse des emplois assez imposante: 93 568 en 1951 et 137 032 dix ans plus tard. Avec près de la moitié de ces effectifs, l'hôtellerie et la restauration dominent. Des sous-secteurs comme les entreprises de nettoyage ou les salons de coiffure, services typiquement urbains, sont en croissance. Par contre, le nombre de domestiques n'augmente que de 1% par année, indice du recul relatif de ce type de travail, en déclin depuis le 19e siècle. En 1961, il n'emploie plus que 1,7% de la main-d'œuvre, quoique le recensement sous-estime certainement un type de travail au noir assez répandu, celui des femmes de ménage employées à la journée.

* * *

Le poids accru du tertiaire dans l'économie québécoise se vérifie donc tant globalement que dans l'examen de chacun de ses secteurs. La montée du tertiaire après la guerre s'articule à la fois à la forte croissance de la production primaire et secondaire, à laquelle il fournit des services, et à la hausse du revenu personnel des Québécois, qui se reflète dans la consommation et l'épargne. Il subsiste néanmoins des différences considérables entre les divers secteurs que l'on retrouve dans ce regroupement un peu artificiel qu'est le tertiaire. Entre la concentration des banques et la dispersion du petit commerce et des services personnels, il y a une distance considérable qu'il importe de prendre en compte.

ORIENTATIONS BIBLIOGRAPHIQUES

LEBEL, Gilles. *Horizon 1980. Une étude sur l'évolution de l'économie du Québec de 1946 à 1968 et sur ses perspectives d'avenir.* Québec, Ministère de l'Industrie et du Commerce, 1970. 263 p.

MAIN, J.R.K. «Évolution du transport aérien civil au Canada», *Annuaire du Canada,* 1967, p. 904-909.

La radiodiffusion au Canada depuis ses origines jusqu'à nos jours. Montréal, Institut canadien d'éducation des adultes, 1964. 262 p.

NEUFELD, E.P. *The Financial System of Canada.* Toronto, Macmillan, 1972. 645 p.

CHAPITRE 18

LA MODERNISATION AGRICOLE

Caractérisée au point de départ par un surplus de main-d'oeuvre et un certain retard dans la modernisation des techniques et de la gestion, l'agriculture amorce une période de transition. Elle se renouvelle grâce à une hausse généralisée de la productivité et une meilleure articulation aux autres secteurs de l'économie. Cette évolution vers l'agri-business ou l'agro-économie, que connaissent toutes les agricultures des pays industrialisés, revêt au Québec des caractéristiques particulières à cause de la persistance de l'agriculture de subsistance et du rôle assigné à l'agriculture dans la société.

Les producteurs

Le phénomène le plus visible est l'exode rural. Il ne s'agit pas là d'un fait nouveau car depuis le début du siècle, l'agriculture perd régulièrement de l'importance dans l'économie. Cependant, l'accélération subite de cet exode dans les années 1950 est frappante. Alors que la population totale augmente de plus de 20% entre 1941 et 1951 et à nouveau entre 1951 et 1961, la population agricole diminue de plus de 5% entre 1941 et 1951 pour ensuite chuter brutalement de 24% dans la seconde moitié de la décennie suivante. Alors qu'elle représentait près du cinquième de la population totale au recensement de 1951, elle n'en forme plus que 11% dix ans plus tard.

Une autre mesure du phénomène est la baisse encore plus marquée de la part du secteur agricole dans la main-d'oeuvre: elle passe de plus de 20% en 1946 à 7,5% en 1960. C'est la main-d'oeuvre familiale non rémunérée qui abandonne le plus rapidement la ferme. Elle diminue de 5,6 % par année, comparativement à 3,6% pour les chefs d'exploitation et 1,6% pour les travailleurs salariés. C'est donc la structure même de l'exploitation familiale traditionnelle qui se voit ainsi remise en cause.

Cette évolution rapide contredit directement le mythe de la vocation

Opération de battage du grain; la main-d'œuvre familiale joue encore un rôle important.
(Office du film du Québec, 96968-53)

agricole du Québec. Une première explication tient à la faiblesse du
revenu agricole qui, entre 1946 et 1960, n'atteint qu'environ 40% du
revenu non agricole. Le monde rural prend aussi une conscience beaucoup plus nette des disparités dans le niveau de vie entre la ville et la
campagne, grâce notamment à l'amélioration des moyens de communications et à la diffusion massive de la culture urbaine par la radio et la
télévision. Dans les zones périphériques, les modifications des conditions de travail en forêt amènent une rupture d'équilibre et une
réduction des besoins de main-d'oeuvre. Enfin, il y a un important
mouvement de reflux de ces colons qui se sont établis tant bien que mal
dans des conditions difficiles au cours de la crise. L'avenir paraît pour
eux peu reluisant et plusieurs choisissent de tout abandonner pour
revenir en ville. C'est plus globalement toutes les zones d'agriculture
marginale qui sont affectées par ce mouvement.

L'exode rural ne change toutefois pas profondément la répartition de
la population agricole, dont plus des trois cinquièmes se concentrent
dans la région de Montréal, l'Estrie et la plaine du Saint-Laurent entre
Sorel et Québec (64%). Le Bas du fleuve et les régions de la Gaspésie

et de la Côte-Nord en rassemblent 19,5% et l'Outaouais, le Lac-Saint-Jean et l'Abitibi-Témiscamingue, 16,5%.

La production

Quoiqu'en 1961 la production agricole ne compte plus que pour 4% du produit intérieur brut, il ne faut pas conclure trop rapidement à la marginalisation de l'agriculture dans l'économie. On doit prendre en compte les industries d'amont, celles qui fournissent l'agriculture en engrais, machinerie, etc., et les industries d'aval, celles qui achètent, transportent, transforment et distribuent ces produits. Entre ces trois composantes se tissent des liens d'interdépendance serrés, intégrant l'agriculture à l'économie capitaliste. En 1961, on calcule que près de 15% de la main-d'oeuvre totale travaille dans le secteur de l'agro-économie et qu'il compte pour plus de 14% du produit intérieur brut.

Dans l'agriculture proprement dite, cinq produits dominent de plus en plus: les produits laitiers, la volaille, le porc, le bétail à cornes et les oeufs représentent plus de 80% du revenu agricole en 1960 contre seulement 65% en 1946. Durant cette période, la production du bétail augmente de 30%, celle du porc de 80 % et celle de la volaille de plus de 700%. Les grandes cultures, qui servent à l'alimentation du bétail, restent très stables avec près de 90% de la surface consacrée au foin et

Mécanisation de l'exploitation laitière. (UPA)

à l'avoine. Quant au bois, qui avait toujours été important dans le revenu agricole, il recule de plus en plus. Les spécialisations régionales
subsistent: culture des légumes dans la région de Montréal pour le
marché et les conserveries, tabac dans la région de Joliette, vergers
dans les comtés de Rouville et de Deux-Montagnes, betterave à sucre
autour de Saint-Hyacinthe.

La période est marquée par une amélioration très sensible des rendements. Confrontés à une réduction de la main-d'oeuvre, les agriculteurs
intensifient l'utilisation des autres facteurs de production — machinerie, terres, bâtiments, etc. —, si bien que l'écart de rendements qui subsistait entre l'agriculture québécoise et celle du Canada tend à se résorber. L'écoulement de la production se fait d'abord au Québec et,
surtout pour les produits laitiers, dans le reste du Canada. La question
de la mise en marché des produits agricoles fait l'objet de beaucoup
d'attention durant l'après-guerre, les producteurs désirant mieux contrôler et protéger leur accès au marché intérieur. Du côté de l'étranger,
la fin de la guerre marque le retour à la concurrence internationale, en
particulier en Grande-Bretagne, qui absorbait durant le conflit une
bonne partie de la production canadienne.

L'intervention gouvernementale

Avec la fin de la guerre, le gouvernement fédéral réduit graduellement
les contrôles sur la production et les prix, tout en étant prêt à intervenir
pour soutenir les prix agricoles en cas de baisse trop abrupte. Il maintient également la subvention au transport des céréales de l'Ouest, qui
prennent ainsi une part importante dans la nourriture du bétail québécois. À la toute fin des années 1950, l'arrivée au pouvoir du gouvernement Diefenbaker amène une révision de la politique agricole du
gouvernement fédéral. Ainsi en 1958, il crée l'Office de stabilisation
des prix agricoles et en 1959 il modifie la loi sur le crédit agricole pour
l'adapter aux nouvelles conditions de l'agriculture canadienne. Enfin,
la même année, il adopte la loi d'assurance-récolte qui lui permet
d'aider les provinces à mettre en vigueur une telle assurance sur leur
territoire.

Le gouvernement du Québec conserve pour sa part ses axes privilégiés d'intervention: crédit agricole et subventions diverses. Selon le
politologue André Blais, l'effort gouvernemental vise surtout les
secteurs prospères de l'agriculture. Son action porte sur quatre points

principaux: le drainage des terres, l'amélioration des fermes, les écoles et le crédit. En 1945, le gouvernement lance la campagne pour l'électrification rurale, en favorisant la formation de coopératives pour la construction de réseaux de distribution. Il s'agit d'une initiative très importante car les grandes sociétés productrices d'électricité ne sont pas intéressées à desservir cette clientèle peu rentable.

Une des interventions les plus remarquées du gouvernement québécois est la mise sur pied en 1956 de l'Office des marchés agricoles, à la suite des recommandations de la Commission d'enquête pour la protection des agriculteurs et des consommateurs, formée en 1952 et présidée par le juge Héon. Le but de cet office est d'aider à la mise en marché des produits agricoles au moyen de programmes appelés plans conjoints. Il s'agit de conventions réglant les conditions de vente entre les producteurs et les acheteurs, garanties par la loi et qui s'étendent à tout un secteur de la production. En 1961, ils régissent les divers produits laitiers, ceux de l'érable, certains légumes, le tabac et les produits du bois.

Les exploitations et les techniques

Une bonne partie des transformations de l'après-guerre surviennent dans le domaine des exploitations et des techniques culturales. Le nombre de fermes tombe de 154 669 en 1941 à 95 777 en 1961, tandis que la superficie moyenne passe de 116,8 à 148,2 acres. On assiste à un mouvement d'élimination des exploitations marginales et à un essor de la productivité dans les fermes restantes. À ce sujet, l'économiste Jean-Pierre Wampach montre que l'augmentation de la productivité après 1945 est due pour une bonne part au fait que les exploitants acceptent d'investir plus dans l'achat de machinerie, d'engrais et de produits connexes, ce qui confirme l'intégration croissante de l'agriculture à l'économie capitaliste.

Les recensements commencent à classer les fermes par niveau, ce qui permet de distinguer mieux les exploitations dites commerciales des fermes de subsistance. Dans la première catégorie (ventes annuelles dépassant 1200$), on retrouve 65% des fermes en 1961. La seconde catégorie regroupe celles dont les ventes vont de 50$ à 1200$. Dans un bon nombre de cas, il s'agit d'exploitations dirigées le plus souvent (50% des cas) par un cultivateur à temps partiel, qui déclare travailler hors de la ferme.

Récolte de grains en Abitibi. (Office du film du Québec, 1073-54)

Il devient évident que l'économie de marché laisse de moins en moins de place à l'agriculteur exerçant concurremment un autre métier. Ajoutons à cela que la principale source de travail complémentaire, l'abattage forestier, se transforme, exigeant une plus grande spécialisation. Ainsi s'opposent, d'un côté, une agriculture beaucoup plus prospère et, de l'autre, une agriculture de plus en plus marginale qui s'enfonce dans la médiocrité.

Les progrès dans les techniques de culture sont à la base de la hausse de la productivité. Outre la disparition des fermes moins productives, les autres facteurs sont l'amélioration de la terre et des bâtiments, l'utilisation plus poussée des engrais et les progrès de la mécanisation. Dans le premier cas, on peut signaler l'importance des travaux subventionnés de drainage des terres, entrepris sur une vaste échelle. Dans le domaine de la mécanisation, rendue nécessaire par la décroissance de la main-d'oeuvre, on assiste à une véritable révolution qui contraste avec la lenteur de l'évolution antérieure. C'est le nombre de tracteurs qui montre l'accroissement le plus spectaculaire, passant de 5758 en 1941 à 60 481 en 1961. À cette date, 63% des fermes possèdent un tracteur alors qu'en 1951 cette proportion n'était que de 23% et de moins de 4% en 1941. Les véhicules automobiles connaissent également une forte augmentation. L'électrification rurale est une autre composante importante de cette mécanisation accélérée. Le moteur électrique, la réfrigération et l'éclairage se combinent pour modifier les conditions de production. En 1961, la quasi-totalité des fermes (97,3%) ont l'électricité.

Pour la diffusion des techniques nouvelles, on retrouve les deux piliers traditionnels, les journaux agricoles et l'action agronomique. Le journalisme agricole s'adapte aux nouveaux médias avec des émissions comme le *Réveil rural* à la radio ou *Les travaux et les jours* à la télévision. En plus, les ministères de l'agriculture, tant provincial que fédéral, fournissent aux cultivateurs de nombreuses publications, parfois très spécialisées, sur l'ensemble des sujets agricoles. Enfin l'apport des fermes modèles n'est pas à négliger; implantées dans le milieu, elles servent toujours de point de référence aux agronomes et aux cultivateurs.

L'enseignement constitue l'autre moyen de diffusion des connaissances en milieu rural. Les 17 écoles d'agriculture du Québec reçoivent en moyenne plus de 1600 étudiants par année entre 1945 et 1960, soit plus du double des effectifs de la période 1934-1944. C'est donc dire que le rayonnement de ces établissements et leur influence sur les pratiques agricoles augmentent.

L'organisation des producteurs

Les agriculteurs disposent de deux grands types d'organisation: les coopératives agricoles, dont l'origine remonte au début du siècle, et une association professionnelle, l'Union catholique des cultivateurs (UCC), fondée en 1924. Les tensions sont nombreuses entre les deux. Dès l'origine, le débat porte sur la place du mouvement coopératif: doit-il être autonome ou agir comme bras économique de l'UCC? Avec le temps, la divergence entre les deux se creuse: le premier ressemble de plus en plus à une grosse entreprise et le second devient davantage un syndicat d'agriculteurs.

Durant la crise, le mouvement coopératif n'était pas très vigoureux. Les organismes locaux étaient souvent de petite taille et seule la Coopérative fédérée du Québec, qui chapeautait le réseau, avait une certaine envergure. La croissance reprend pendant la guerre, le nombre de coopératives passant de 215 en 1938 à 645 en 1947. Le chiffre d'affaires progresse plus rapidement: de 7,5 millions de dollars en 1938 à 103 millions en 1948. Cette évolution s'accompagne d'une rationalisation et d'une concentration, si bien qu'en 1960, il n'en subsiste plus que 482, totalisant un chiffre d'affaires de 191 millions de dollars. Certaines deviennent très puissantes, comme la Coopérative agricole de Granby, qui contrôle une part importante de la production et de la transformation des produits laitiers. En fin de période, les coopératives tendent donc à devenir de très grosses entreprises et l'idéal coopératif de la démocratisation du fonctionnement recule devant les impératifs de l'efficacité de la gestion.

Déjà peu développée au début de la crise, l'UCC ne compte plus que 8320 membres en 1933, de 10 251 qu'ils étaient en 1930. La syndicalisation des bûcherons (à partir de 1934), puis la guerre sont cependant à l'origine d'une expansion importante: en 1945 elle regroupe plus de 32 000 membres, dont seulement 1000 bûcherons. Son action s'est cantonnée surtout aux débats idéologiques de l'époque, où elle s'est montrée préoccupée des valeurs familiales et rurales. Les années 1950 sont marquées par un malaise dont rend compte la baisse de ses adhérents qui passent de 40 017 en 1952 à 28 156 en 1960 ; elle est alors déchirée entre l'évolution de l'agriculture vers l'intégration au marché, et la défense de l'agriculture traditionnelle. Affectée par l'exode rural, concurrencée par les organisations autonomes de producteurs spécialisés, elle cherche à réorienter son action et adopte une attitude de type syndical, prônant la défense des intérêts des agriculteurs. Cette nouvelle orientation apparaît lors des discussions autour de la création de l'Office des marchés agricoles. L'UCC conteste alors la place accordée aux coopératives dans la gestion des plans conjoints, en les assimilant à des entreprises privées, éloignées des intérêts des producteurs, qu'elle s'estime plus apte à représenter.

À côté de ces organisations de producteurs, les femmes se regroupent dans les Cercles de fermières. Créés en 1915 et subventionnés par le gouvernement, ils jouent un rôle important dans la diffusion des connaissances et dans la stimulation des productions artisanales. En 1944, inquiète de l'influence de l'État, l'UCC décide de se doter d'une section féminine, l'Union catholique des fermières. Les tensions entre les deux organisations marquent le reste de la période.

La colonisation

Avec le retour de la prospérité, la colonisation cesse de constituer un phénomène important. Le gouvernement maintient certes ses primes diverses, mais on ne voit plus de véritables mouvements orchestrés comme durant la crise. Les paroisses de colonisation récemment ouvertes tentent tant bien que mal de survivre, mais la tendance est plutôt de quitter les zones de colonisation pour venir ou revenir dans les villes.

Une des raisons principales de cet état de chose est la modification profonde des rapports agriculture-forêt. Dès ses débuts au 19ᵉ siècle, la colonisation reposait sur la complémentarité des deux activités: la forêt apportait de l'emploi au cultivateur lors de la morte-saison et les chantiers d'abattage constituaient un marché pour ses quelques productions. Or voici qu'à partir des années 1950, s'introduisent des changements fondamentaux qu'ont signalés, parmi les premiers, les sociologues Gérald Fortin et Émile Gosselin dans leur étude sur «La professionnalisation du travail en forêt». La volonté de rentabiliser la coupe de bois amène les entrepreneurs à étaler leurs activités bien au-delà de la morte-saison ainsi qu'à utiliser des instruments de plus en plus complexes. Alors que le cultivateur travaillait dans le bois avec des outils familiers et avec des modes de transport traditionnels, essentiellement le cheval, on exige maintenant la scie mécanique, relativement coûteuse et de maniement délicat, et les diverses opérations d'ébranchage et de charroyage font appel à des machines perfectionnées.

Dans cette conjoncture, l'abattage devient de plus en plus une activité professionnelle qui s'étend sur la presque-totalité de l'année. D'un autre côté, la restructuration des opérations en forêt fait disparaître le marché des chantiers, enlevant ainsi à la colonisation agricole son principal support. Dorénavant il faudra que l'agriculture seule puisse faire vivre la ferme.

Dans certaines régions, cependant, le tourisme vient suppléer à la disparition du bois. Par exemple, de nombreuses paroisses des Laurentides au nord de Montréal voient leur prospérité liée à l'essor de la villégiature. Des colons et des cultivateurs se transforment alors en artisans, en marchands ou en petits entrepreneurs au service des vacanciers, abandonnant graduellement l'agriculture.

La période qui s'étend de 1945 à 1960 est donc cruciale. L'écart entre l'exploitation intégrée au marché et la ferme de subsistance s'accroît de plus en plus et les liens de complémentarité, qui permettaient à celle-ci de survivre, disparaissent. Ce n'est pourtant pas une réalité nouvelle, mais le mythe de la vocation agricole du Québec et les effets de la crise ont réussi à la masquer. Comme le conclut un mémoire de l'UCC, «l'agriculture de la province de Québec est en train de cesser d'être un mode de vie pour devenir une entreprise».

ORIENTATIONS BIBLIOGRAPHIQUES

BLAIS, André. «La politique agricole du gouvernement québécois, 1952-1973», *Recherches sociographiques*, XX, 2 (1979), p. 193-201.

DAGENAIS, Pierre. «Le mythe de la vocation agricole du Québec», *Cahiers de géographie du Québec*, 6 (avril-septembre 1959), p. 193-201.

FORTIN, Gérald. *La fin d'un règne*. Montréal, Hurtubise HMH, 1971, p. 17-55.

GENDREAU, Louis. *La politique agricole du Québec sous trois gouvernements (1920-1966)*. Mémoire de M.A. (sciences politiques), Université de Montréal, 1971. 210 p.

KESTEMAN, Jean-Pierre, en collaboration avec Guy BOISCLAIR et Jean-Marc KIROUAC. *Histoire du syndicalisme agricole au Québec UCC-UPA, 1924-1984*. Montréal, Boréal Express, 1984, p. 97-208.

KEYFITZ, Nathan. «L'exode rural dans la province de Québec, 1951-1961», *Recherches sociographiques*, III, 3 (1962), p. 303-316.

LAVIGNE, Benoît. «Changements récents dans la structure de notre industrie agricole», *Agriculture*, XV, 2 (mars-avril 1938), p. 53-60, 64.

LEBEL, Gilles. *Horizon 1980*. Québec, Ministère de l'Industrie et du Commerce, 1970. 263 p.

LEMELIN, Charles. «Social Impact of Industrialization on Agriculture in the Province of Quebec», *Culture*, XIV, 1 (mars 1953), p. 34-46.

— «Transformations économiques et problèmes agricoles», *Culture*, XIX, 2 (juin 1958), p. 129-152.

PERRON, Normand. «Genèse des activités laitières au Québec, 1850-1960», Normand SÉGUIN, dir., *Agriculture et colonisation au Québec*. Montréal, Boréal Express, 1980, p. 113-140.

QUÉBEC, Commission royale d'enquête sur l'agriculture au Québec. *L'évolution de l'agriculture et le développement économique du Québec, 1946-1976*. Québec, Gouvernement du Québec, 1967. 159 p.

QUÉBEC, *Rapport du Comité d'enquête pour la protection des agriculteurs et des consommateurs*. Québec, 1955. 455 p. (Rapport Héon).

ROY, Jean-Louis. *La marche des Québécois. Le temps des ruptures (1945-1960)*. Montréal, Leméac, 1976, chap. IV.

SÉGUIN, Normand. «L'histoire de l'agriculture et de la colonisation au Québec depuis 1850», N. SÉGUIN, dir., *Agriculture et colonisation au Québec, 1850-1960*. Montréal, Boréal Express, 1980, p. 9-37.

TRÉPANIER, René. «Modern Trends in Agriculture: a Glance at Rural Quebec / Coup d'œil sur le Québec agricole et son orientation», *Canadian Geographical Journal*, LVIII, 6 (juin 1959), p. 166-179.

WAMPACH, Jean-Pierre. «Les tendances de la productivité totale dans l'agriculture: Canada, Ontario, Québec, 1926-1964», *Canadian Journal of Agricultural Economics*, XV, 1 (1967), p. 119-130.

CHAPITRE 19

LES POLITIQUES ÉCONOMIQUES

L'après-guerre marque un point tournant dans l'histoire des politiques économiques de temps de paix au Québec. L'initiative vient du gouvernement fédéral qui, après l'expérience de la crise et de la guerre, applique des politiques de type keynésien et tente de gérer de façon globale l'économie canadienne. Le gouvernement québécois, de son côté, s'oppose à cette orientation et maintient ses politiques traditionnelles d'interventions ponctuelles et de faible contrôle étatique.

Les politiques du gouvernement fédéral

La grande crainte du gouvernement fédéral, à la fin de la guerre, est le retour au chômage massif des années 1930. Il se souvient aussi de la crise qui avait suivi la fin du premier conflit mondial et met donc en place des politiques visant à assurer le plein emploi et s'inspirant des théories de Keynes. C'est l'objectif premier énoncé dans le livre blanc sur le travail et les revenus d'avril 1945.

Comme l'économie canadienne dépend beaucoup de l'exportation des matières premières, le gouvernement fédéral se préoccupe de relancer le commerce international. Il espère se tailler un marché dans une Europe dont l'infrastructure économique a été sérieusement malmenée. Mais pour y parvenir, il doit lui-même financer les exportations canadiennes vers des pays saignés à blanc par le conflit mondial. Comme nous l'avons vu, il consent un prêt substantiel à la Grande-Bretagne, offre des crédits à l'exportation à la France, aux Pays-Bas et à la Belgique et obtient que les dollars américains versés par les États-Unis pour la reconstruction de l'Europe en vertu du plan Marshall (1948) puissent être utilisés pour des achats de produits canadiens. De plus, le gouvernement du Canada est un participant actif aux négociations visant à réduire les entraves au commerce international qui aboutissent, en 1947, à l'accord général sur le commerce et les tarifs (GATT).

Mais, malgré les efforts gouvernementaux du côté de l'Europe, la hausse spectaculaire des exportations de matières premières canadiennes se fait surtout en direction des États-Unis, dont la croissance économique est vigoureuse. Le moteur de cette évolution est d'abord le secteur privé; les politiques de l'État canadien ne sont pas un facteur déterminant. En 1951, la décision du gouvernement fédéral de mettre en chantier la voie maritime du Saint-Laurent vient néanmoins appuyer l'orientation croissante du commerce international canadien vers les États-Unis, tout en visant à faciliter l'exportation des céréales de l'Ouest vers l'Europe. D'abord peu intéressé à participer au projet, le gouvernement américain finit par s'y rallier lorsque la guerre froide et la guerre de Corée lui font voir l'importance stratégique des ressources canadiennes pour la défense des États-Unis. Un accord canado-américain permettant la réalisation conjointe du projet est signé en 1954.

Par l'ampleur des investissements requis et par ses conséquences à long terme, le projet de voie maritime du Saint-Laurent est l'une des plus importantes politiques économiques du gouvernement canadien dans l'après-guerre. Il facilite l'aménagement du Saint-Laurent à des fins hydro-électriques. Pour le Québec, il signifie la fin du rôle que jouait Montréal depuis le 17e siècle: celui de point de transbordement obligé des marchandises, de plaque tournante du transport maritime entre les Grands-Lacs et l'Atlantique. Par contre, il contribue à l'essor de l'exploitation des richesses naturelles et de l'activité portuaire sur la Côte-Nord.

Un autre volet des politiques économiques canadiennes de l'après-guerre concerne la relance de la consommation. La stratégie des décontrôles y pourvoit: en éliminant les quotas de production et en libérant les prix, on permet à la demande des particuliers, longtemps refrénée, de s'exprimer librement. Pour éviter qu'il ne s'agisse que d'un feu de paille, on compte sur des stimulants à plus long terme: les paiements de transfert. Aux yeux des administrateurs fédéraux, la politique d'allocations familiales, adoptée en 1944 et mise en vigueur l'année suivante, répond non seulement à des objectifs d'égalisation sociale, mais vise également à stimuler la consommation en redistribuant des sommes importantes aux familles. Quant à l'assurance-chômage, qui existe depuis 1940, elle se voit assigner des objectifs plus contra-cycliques: accumuler de fortes sommes en période de plein emploi pour les redistribuer en période de chômage.

D'autres mesures spécifiques complètent la stratégie fédérale. Il y a d'abord celles qui visent à la réinsertion dans la vie civile des militaires démobilisés: retour des anciens soldats dans leur emploi antérieur; subventions à ceux qui veulent retourner aux études; aide financière à l'acquisition d'une maison ou d'une exploitation agricole; pensions aux blessés de guerre et aux invalides, etc. Il y a aussi les mesures visant à stimuler la construction résidentielle avec la mise sur pied de la Société centrale d'hypothèques et de logement, le 1er janvier 1946.

Mais au-delà des mesures particulières, l'innovation la plus fondamentale qui caractérise la stratégie économique de l'après-guerre est l'utilisation de la politique budgétaire de l'État et de la politique monétaire de la Banque du Canada comme instruments de gestion de l'économie. Là aussi, on applique maintenant des politiques de type keynésien: le budget du gouvernement et la politique monétaire seront régulièrement ajustés pour tenir compte de la situation économique. En période de forte croissance, le gouvernement diminuera ses dépenses et la Banque du Canada tentera de réduire le crédit pour contrôler l'inflation ; en période de ralentissement le gouvernement baissera les taxes et accroîtra ses dépenses, encourant au besoin des déficits, et la Banque rendra le crédit plus accessible.

Pendant la décennie qui suit la fin de la Guerre, les politiques keynésiennes fonctionnent assez bien, grâce à la forte performance de l'économie. L'État fédéral accumule d'importants surplus budgétaires. Le léger ralentissement qui s'annonce en 1954 est vite contré: le gouvernement Saint-Laurent décrète des réductions d'impôt, stimule les investissements et affiche un premier déficit; la reprise qui s'amorce lui permet de revenir à des surplus budgétaires dès l'année suivante. Toutefois, après 1957, la politique keynésienne a des ratés, alors que survient la plus importante récession de l'après-guerre et que le chômage augmente de façon significative.

La gestion de l'économie par le gouvernement fédéral ne peut être que partielle car beaucoup d'éléments échappent à son contrôle. L'importance du commerce international pour l'économie canadienne et la dépendance accrue envers les États-Unis rendent le Canada vulnérable à des orientations et des décisions prises à l'étranger. Le gouvernement fédéral n'est pas en mesure de contrôler les dépenses des gouvernements provinciaux et municipaux. Or ceux-ci sont grandement sollicités et doivent s'engager dans la création d'infrastructures: construction d'écoles, d'hôpitaux, de routes, de réseaux d'aqueduc et d'égouts, etc. Enfin, on se rend compte que les mesures qui seraient les plus efficaces ne sont pas toujours les plus populaires, de sorte que les politiques économiques doivent s'ajuster aux réalités électorales. Ainsi, contrairement à ce que voudrait la théorie, il apparaît politiquement difficile de réduire brutalement certaines dépenses de l'État au moment où l'économie tourne à plein régime.

Tout en prônant une intervention étatique accrue, le Parti libéral, au pouvoir jusqu'en 1957, puis le Parti conservateur refusent l'idée d'une économie dirigée ou planifiée comme le souhaiteraient les socialistes du CCF. L'un et l'autre conçoivent leurs interventions comme des stimulants ou des incitatifs, mais le développement économique reste aux mains de l'entreprise privée. Le gouvernement canadien accueille à bras ouverts les investissements étrangers, essentiellement américains, dont l'emprise sur l'économie s'accroît de façon substantielle après 1945. Parallèlement, l'État se retire de la production directe et démantèle ou cède à l'entreprise privée la plupart des sociétés de la couronne qui avaient été mises sur pied pendant la guerre. La part du gouvernement fédéral dans la dépense nationale brute, qui avait atteint 37,7% en 1944, touche un plancher de 4,5% en 1948 pour osciller entre 9% et 10% à compter de 1952.

Les politiques économiques d'Ottawa posent un défi au fédéralisme canadien et remettent en cause l'équilibre qui s'était lentement défini depuis 1867. Les hommes politiques et les hauts fonctionnaires qui se font les promoteurs des nouveaux outils de gestion économique sont convaincus que, pour les utiliser de façon efficace, le gouvernement fédéral doit obtenir plus de pouvoirs face aux provinces. Ils tentent d'en arriver à une centralisation accrue des décisions économiques. C'est pourquoi ils obtiennent que soient renouvelés les accords de guerre transférant au gouvernement fédéral la perception de l'impôt sur le revenu. Nous reviendrons plus loin sur cette question.

Comme certaines provinces, en particulier le Québec et l'Ontario, résistent aux propositions de réaménagement constitutionnel, les stratèges fédéraux se rabattent sur une politique plus indirecte, impliquant une participation des gouvernements provinciaux. Le gouvernement fédéral est ainsi amené à formuler des objectifs dits nationaux et à proposer, pour les atteindre, un ensemble de programmes concrets dont les coûts de réalisation seront partagés entre les deux niveaux de gouvernement. De cette façon, l'État fédéral intervient dans des champs de compétence provinciale en définissant lui-même les règles du jeu. Cette stratégie s'exprime dans des programmes comme la construction de la route transcanadienne, les subventions aux universités ou l'assurance-hospitalisation.

Ottawa ne serait pas en mesure de poursuivre ses objectifs, ni même de les formuler de façon cohérente, sans la constitution d'une haute fonction publique d'un genre nouveau. Depuis la fin de la crise et surtout pendant la guerre, le gouvernement fédéral a recruté une brochette de jeunes et brillants hauts fonctionnaires, en particulier des économistes formés en Grande-Bretagne par les initiateurs de l'État-providence et du keynésianisme. Ces nouveaux mandarins agissent dans l'ombre mais n'en constituent pas moins un rouage déterminant du système politique canadien.

Dans ce milieu dominé par les Canadiens d'origine britannique, les Québécois ne font pas le poids face aux Ontariens. Certes, les citoyens du Québec profitent des avantages des nouvelles politiques fédérales mais ne participent guère à leur formulation. Ce sera la source d'un déchirement personnel pour nombre d'intellectuels francophones dans les années 1950, partagés entre leur appui à ce néo-libéralisme et leur désir de protéger la spécificité québécoise.

Les politiques du gouvernement québécois

Tout au cours de l'après-guerre, le gouvernement Duplessis s'oppose au néo-libéralisme et aux politiques keynésiennes du pouvoir central. Affichant un profond conservatisme en matière économique et sociale, il adopte le credo du libéralisme classique, prônant le respect de l'investissement privé, de façon à attirer au Québec de grandes entreprises et des capitaux importants. Le fait que beaucoup de ces grandes sociétés soient américaines importe peu, pourvu qu'elles apportent de nouveaux investissements.

Cette attitude se manifeste d'abord dans la politique face aux entreprises, en particulier celles qui œuvrent dans le secteur des richesses naturelles. Elles obtiennent de l'État québécois des statuts leur attribuant des pouvoirs étendus, se voient accorder à très bas prix des concessions forestières ou minières et sont assurées d'un niveau de taxation peu élevé. L'État prend à sa charge certains coûts d'infrastructure, particulièrement la voirie, et surtout, il laisse une grande liberté aux entreprises: la réglementation n'est guère contraignante et les obligations restent légères.

Le gouvernement se préoccupe également d'assurer un environnement social favorable aux entreprises. Le salaire minimum est maintenu
à un niveau très bas, les charges sociales sont faibles, les normes de
travail restent sommaires et surtout nettement inférieures à ce qu'obtiennent les ouvriers syndiqués. Le gouvernement Duplessis vise
d'ailleurs à contrer les revendications des syndicats en modifiant le
code du travail et en faisant intervenir la Police provinciale lors des
conflits ouvriers. Une telle stratégie contribue à maintenir au Québec
un abondant bassin de main-d'œuvre peu formée et mal payée.

Les politiques économiques spécifiques se concentrent dans les
champs traditionnels d'intervention privilégiées par le gouvernement
québécois depuis un demi-siècle: les richesses naturelles, la voirie et
l'agriculture. Dans le secteur des richesses naturelles, le gouvernement
Duplessis se distingue de ses prédécesseurs en mettant l'accent sur le
développement minier. Il favorise ainsi l'ouverture de nouvelles
régions minières: le Nouveau-Québec, Chibougamau et la Gaspésie. Le
ministère des Mines appuie cet effort en construisant des routes
d'accès, en faisant de l'exploration géologique et en développant ses
laboratoires. Le politologue Gérard Boismenu conclut que «la politique
d'appui de l'Union nationale au grand capital qui consiste à délivrer
systématiquement des droits exclusifs sur des concessions minières, à
participer aux coûts initiaux de l'exploitation minière et à se contenter
de prélever une rente, favorise la pénétration au Québec du capital des
grandes firmes monopolistes étatsuniennes, l'intégration continentale et
l'exportation du minerai non ouvré».

Duplessis n'apporte pas de modification sensible à la politique
forestière du Québec élaborée plusieurs décennies auparavant. Celle-ci
repose sur le système des concessions forestières et sur le paiement de
droits de coupe. Les revenus fiscaux de ce secteur sont cependant assez
modestes quand on les compare à ce qu'ils représentaient au début du
siècle.

Dans le cas de l'électricité, Duplessis hérite de l'étatisation partielle
réalisée par son prédécesseur. Après s'être opposé à cette mesure
comme chef de l'opposition, il doit l'accepter comme chef de gouvernement. Cependant, fidèle à ses orientations conservatrices, il hausse de
façon nette l'indemnité que les libéraux avaient prévu verser aux
anciens actionnaires de Montreal Light Heat & Power. Contrairement
à ses principes toutefois, Duplessis confie à Hydro-Québec la réalisation de l'aménagement hydro-électrique de deux ensembles situés loin

de son territoire montréalais: celui de la Bersimis puis de la Manicouagan. Il est cependant prévu qu'Hydro-Québec revendra aux compagnies privées qui desservent les autres régions du Québec une partie de l'électricité de ces deux complexes.

Depuis l'époque de Lomer Gouin, les dépenses de voirie représentent l'un des plus importants champs d'intervention économique du gouvernement québécois. C'est encore le cas dans l'après-guerre. Une étude de Gérard Boismenu montre toutefois que Duplessis utilise ce poste du budget de façon bien particulière: plutôt que d'en faire un véritable instrument de développement économique, ou même une mesure d'aide à l'emploi de type conjoncturel, il fait essentiellement servir la voirie à des fins partisanes et électorales. L'année précédant une élection, les dépenses de voirie atteignent un niveau record pour retomber ensuite à un niveau beaucoup plus modeste pendant les trois premières années du mandat suivant. Le manège se répète en 1948, 1952 et 1956. Par ailleurs, «les travaux de voirie sont un canal privilégié pour l'exercice du patronage». Dans ce contexte, on ne s'étonne guère de l'absence de politique cohérente de construction routière. La stratégie de l'Union nationale vise essentiellement l'amélioration des chemins ruraux et néglige l'équipement en autoroutes et l'amélioration du réseau routier péri-urbain, constamment engorgé, en particulier autour de Montréal; font exception la construction de l'autoroute des Laurentides et du boulevard Métropolitain.

Les politiques dans le secteur de l'agriculture ont déjà été présentées. Rappelons que l'intervention gouvernementale prend surtout la forme de construction de chemins ruraux et de subventions pour l'amélioration des terres (drainage) et des équipements. S'y ajoutent la politique d'électrification rurale et l'intervention pour rationaliser la mise en marché des produits agricoles. En définitive, ces actions visent surtout les secteurs les plus prospères de l'agriculture dont elles favorisent la consolidation même si, pour des raisons électorales, se manifeste un certain saupoudrage de subventions dans les zones marginales.

Dans l'ensemble, les politiques économiques de l'Union nationale se cantonnent dans les secteurs traditionnels d'intervention du gouvernement québécois; ponctuelles, sans véritable plan d'ensemble, elles sont orientées vers l'appui à l'entreprise privée. Le refus de Duplessis d'attribuer à l'État un rôle actif de planification et de coordination se reflète aussi dans la politique budgétaire. Rejetant les principes keynésiens, Duplessis affirme que le budget de l'État doit être administré comme celui d'une famille: il faut éviter que les dépenses ne dépassent les revenus. La recherche de l'équilibre budgétaire devient dès lors une priorité, sauf en période électorale, alors que l'augmentation des dépenses de patronage entraîne un déficit.

Duplessis affiche une attitude semblable face à la dette. Il est traumatisé par l'expérience de son premier mandat, au cours duquel il avait dû emprunter fortement pour faire face à la crise et s'était placé dans une situation de vulnérabilité devant les milieux financiers. De retour au pouvoir, il s'efforce de limiter l'endettement du Québec. Il le fait, d'une part, en payant les immobilisations avec les recettes courantes et, d'autre part, en remboursant une partie de la dette. C'est ainsi que de 1945 à 1960 la dette consolidée nette tombe de 341 à 305 millions de dollars. Un tel résultat n'est atteint qu'en limitant considérablement les nouvelles immobilisations et en imposant au Québec un retard considérable en fait d'équipement. En ne répondant que partiellement aux besoins en routes, en hôpitaux, en écoles et en universités, le gouvernement de l'Union nationale donne l'illusion d'une saine gestion financière mais provoque aussi des décalages économiques et sociaux, en particulier face à l'Ontario.

Ainsi, les politiques économiques de l'Union nationale, tout en favorisant un type de développement commandé de l'étranger et lié aux richesses naturelles, contribuent à un certain sous-développement socio-économique du Québec.

ORIENTATIONS BIBLIOGRAPHIQUES

BLAIS, André. «La politique agricole du gouvernement québécois, 1952-1973», *Recherches sociographiques*, XX, 2 (mai-août 1979), p. 173-203.

BOISMENU, Gérard. *Le duplessisme. Politique économique et rapports de force 1944-1960*. Montréal, Presses de l'Université de Montréal, 1981. 432 p.

BOTHWELL, Robert, Ian DRUMMOND et John ENGLISH. *Canada Since 1945. Power, Politics and Provincialism*. Toronto, University of Toronto Press, 1981. 489 p.

BOURQUE, Gilles et Jules DUCHASTEL. *Restons traditionnels et progressifs. Pour une nouvelle analyse du discours politique. Le cas du régime Duplessis au Québec*. Montréal, Boréal, 1988, 399 p.

BREWIS, T.N. *et al. Canadian Economic Policy*. Édition révisée. Toronto, Macmillan, 1965. 463 p.

CUFF, R.D. et J.L. GRANATSTEIN. *American Dollars — Canadian Prosperity. Canadian-American Economic Relations 1945-1950*. Toronto, Samuel-Stevens, 1978. 286 p.

CHAPITRE 20

LA CROISSANCE URBAINE

La croissance économique de l'après-guerre s'accompagne d'une forte poussée de l'urbanisation. Les villes abritent la grande majorité de la population et attirent les nouveaux venus en grand nombre. Leur aspect physique se transforme: modernisation des équipements, addition de dizaines de milliers de nouveaux logements, étalement urbain et croissance de la banlieue. Le phénomène est particulièrement visible dans la région métropolitaine de Montréal, mais il se manifeste aussi en plusieurs autres points du territoire. Les années 1950 voient par ailleurs l'émergence de plusieurs villes nouvelles, situées dans les régions d'exploitation des ressources naturelles.

La reprise de l'urbanisation de la population

Le taux d'urbanisation de la population québécoise connaît une montée rapide dans l'après-guerre. De 61,2% en 1941, il passe à 66,8% en 1951 et à 74,3% en 1961. Le taux québécois reste toujours plus élevé que la moyenne canadienne; il l'est cependant moins que celui de l'Ontario, mais l'écart entre les deux provinces tend à se réduire. En 1941 et 1951 le Québec vient au troisième rang des provinces canadiennes, après l'Ontario et la Colombie-Britannique; en 1961 il se classe au second rang.

La croissance de la population urbaine se manifeste de plusieurs façons. La natalité, et singulièrement celle des Canadiens français dans les villes, reste élevée tout au cours de l'après-guerre. Le rattrapage démographique que représente le *baby boom* y contribue. Les familles urbaines canadiennes-françaises ayant cinq ou six enfants ne sont pas rares. Par ailleurs, grâce aux progrès réalisés dans le domaine de la santé, le taux de mortalité a tendance à décliner de façon notable. La croissance urbaine s'alimente aussi aux migrations intérieures : l'exode rural, sérieusement ralenti pendant la crise, reprend après la guerre et s'accélère de façon nette dans la période 1956-1961. Finalement la reprise de l'immigration, qui atteint un niveau relativement élevé entre 1951 et 1957, contribue à l'addition de nouveaux effectifs. L'économie urbaine exprime une forte demande de main-d'œuvre à laquelle peuvent répondre les populations migrantes: dans le secteur manufacturier, mais surtout dans l'immense secteur tertiaire, essentiellement urbain, où la création de nouveaux emplois est particulièrement élevée.

Des villes en construction

Le secteur du bâtiment est lui aussi en croissance, avec la poussée de la construction résidentielle et commerciale et les importants travaux d'infrastruture urbaine qui sont réalisés. Plus de 400 000 logements sont mis en chantier au Québec entre 1948 et 1960, dont 78% dans les centres urbains de 5000 habitants et plus. Le recensement de 1961 permet de constater que 45% des logements existant alors ont été construits depuis la fin de la guerre.

Les politiques gouvernementales contribuent directement à cette reprise de la construction résidentielle. Le gouvernement fédéral crée en 1945 la Société centrale d'hypothèques et de logement dont le mandat sera étendu par la Loi nationale de l'habitation de 1954. L'activité

Bungalow à Saint-Léonard-de-Port-Maurice, construit à la fin des années 1950. (INRS-Urbanisation)

Ruelle Leduc avant la mise en chantier du Plan Dozois (Habitations Jeanne-Mance), Montréal, 1957. (Société centrale d'hypothèques et de logement, ANC, PA-123798)

principale de la SCHL consiste à assurer les prêts hypothécaires consentis par des institutions agréées; vers la fin de la période, la Société intervient aussi de plus en plus comme prêteur direct. Par ses politiques, la SCHL favorise surtout la construction de résidences unifamiliales destinées à la classe moyenne. Cette orientation correspond mal aux besoins de la société québécoise de l'époque; contrairement à ce qui se passe en Ontario, seulement une minorité des nouveaux logements sont financés avec l'aide de la SCHL. La majorité sont construits grâce à des prêts des caisses populaires, sous l'empire d'une loi québécoise adoptée en 1948, qui subventionne, à certaines conditions, une tranche de 3% de l'intérêt hypothécaire. On encourage ainsi la construction de logements moins coûteux destinés à des familles à revenus plus modestes.

Si la construction connaît au Québec un essor considérable, les changements sont néanmoins plus lents du côté de l'accès à la propriété. Les citadins forment un peuple de locataires: dans l'agglomération de Montréal, ils le sont encore à 67% en 1961, contrairement à ce qui se passe à Toronto (33 %). Même si la maison unifamiliale, de type nord-américain, prend une importance croissante à la fin de la période, la grande majorité des résidences construites sont bifamiliales (duplex) et surtout multifamiliales.

Au cours des années 1950, la rénovation urbaine devient une préoccupation et la SCHL est amenée à y consacrer des fonds. À Montréal, où l'existence d'un grand nombre de taudis est dénoncée par de nombreux observateurs, un projet fait l'objet d'âpres débats: le «plan Dozois», qui vise la démolition de nombreux logements vétustes situés au centre-ville et leur remplacement par des habitations à loyer modique. Finalement réalisé sous le nom des Habitations Jeanne-Mance, il constitue la seule intervention significative en matière de rénovation urbaine au cours de la période.

Caractéristiques générales

L'agglomération de Montréal est la principale bénéficiaire de la croissance de la population urbaine. De 1941 à 1961, elle gagne près de un million d'habitants et la tendance est plus marquée dans les années 1950 (tableau 1). En 1951 comme en 1941, c'est 34% de la population totale du Québec qui habite la zone métropolitaine de recensement de

LE RÉSEAU URBAIN QUÉBÉCOIS, 1961

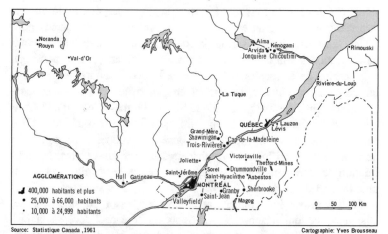

Source: Statistique Canada ,1961   Cartographie: Yves Brousseau

TABLEAU 1

POPULATION DES PRINCIPALES VILLES DE LA RÉGION DE MONTRÉAL,
1941-1961

	1941	1951	1956	1961
Montréal	903 007	1 021 520	1 109 439	1 191 062
Île de Montréal	1 116 800	1 320 232	1 507 653	1 747 696
Zone métropolitaine de recensement	1 139 921	1 395 400	1 620 758	2 109 509

Municipalités de la banlieue sur l'île de Montréal

	1941	1951	1956	1961
Beaconsfield	706	1 888	5 496	10 064
Côte-Saint-Luc	776	1 083	5 914	13 266
Dorval	2 048	5 293	14 055	18 592
Lachine	20 051	27 773	34 494	38 630
La Salle	4 651	11 633	18 973	30 904
Montréal-Nord	6 152	14 081	25 407	48 433
Mont-Royal	4 888	11 352	16 990	21 182
Outremont	30 751	30 057	29 990	30 753
Pierrefonds	—	1 436	2 444	12 171
Pointe-aux-Trembles	4 314	8 241	11 981	21 926
Pointe-Claire	4 536	8 753	15 208	22 709
Rivière-des-Prairies	912	4 072	6 806	10 054
Saint-Laurent	6 242	20 426	38 291	49 805
Verdun	67 349	77 391	78 262	78 317
Westmount	26 047	25 222	24 800	25 012

Autres municipalités dans la zone métropolitaine de recensement en 1961

	1941	1951	1956	1961
Chomedey	—	7 732	16 649	30 445
Duvernay	—	1 529	3 095	10 939
Laval-des-Rapides	3 242	4 998	11 248	19 227
Pont-Viau	1 132	5 129	8 218	16 077
Saint-Vincent-de-Paul	4 275	4 372	6 784	11 214
Jacques-Cartier	—	22 450	33 132	40 807
Longueuil	7 087	11 103	14 332	24 131
Saint-Hubert	2 457	6 294	10 764	14 380
Saint-Lambert	6 417	8 615	12 224	14 531
Sainte-Thérèse	4 659	7 038	8 266	11 771
Laflèche	—	6 494	9 958	10 984

Municipalités de la grande région de Montréal

	1941	1951	1956	1961
Saint-Jérôme	11 329	17 685	20 645	24 546
Joliette	12 749	16 064	16 940	18 088
Sorel	12 251	14 961	16 476	17 147
Saint-Hyacinthe	17 798	20 236	20 439	22 354
Saint-Jean	13 646	19 305	24 367	26 988
Valleyfield	17 052	22 414	23 584	27 297

Source: *Annuaire du Québec 1958* et *1963*.

Montréal. En 1961 la proportion passe à 40%. Le poids démographique considérable de Montréal, qui représentait depuis fort longtemps une caractéristique importante de l'urbanisation du Québec, s'en trouve ainsi accentué.

Cette situation crée d'ailleurs un déséquilibre accru entre les diverses composantes du réseau urbain. La deuxième agglomération en importance, celle de Québec, ne rassemble qu'entre 6% et 7% de la population. Les autres suivent loin derrière: on ne compte que sept agglomérations ayant plus de 30 000 habitants, dont deux, celles de Hull et de Chicoutimi-Jonquière, ont chacune environ 100 000 résidants en 1961. En cela le réseau urbain québécois diffère sensiblement de celui de l'Ontario. Les villes moyennes y sont beaucoup moins nombreuses et beaucoup moins peuplées que dans la province voisine.

Dans les villes relativement anciennes comme Québec, Trois-Rivières et Sherbrooke, la croissance de la population est beaucoup plus modeste que dans la métropole, ce qui accentue le déséquilibre en faveur de cette dernière. Hull constitue à cet égard une exception. Par ailleurs, le réseau urbain s'étend dans l'espace, avec l'urbanisation accélérée de la Côte-Nord.

La croissance moins prononcée de plusieurs villes s'explique en bonne partie par la fragilité de leur base économique. Dans plusieurs cas, ces villes ont dû leur essor antérieur à l'implantation d'un nombre restreint d'entreprises, représentant un éventail assez limité de secteurs industriels, et parfois même d'une seule entreprise dominante. Elles ont donc fait rapidement le plein de leur potentiel de croissance. En l'absence de diversification industrielle, elles ne peuvent plus compter sur une forte expansion, une fois l'élan initial donné. Qui plus est, elles sont très vulnérables face à la conjoncture économique qui affecte régulièrement leur produit principal. En période de ralentissement, c'est l'ensemble de l'économie de la ville qui est affecté. Cette faiblesse est cependant compensée dans l'après-guerre par la montée des services. Dans plusieurs cas, la vocation de métropole régionale ou de centre de services prend la relève comme facteur d'expansion. Mais avec un hinterland rural en déclin relatif, les possiblités de croissance restent, dans plusieurs cas, assez limitées.

Une autre caractéristique de la période est le développement des grandes agglomérations, c'est-à-dire du regroupement de populations urbaines autour d'une ville centrale. La population de ces grandes agglomérations augmente beaucoup plus rapidement que celle des villes centrales qui en sont le pivot. On note quelques cas de villes jumelles ou conurbations dont les activités sont de plus en plus interdépendantes et qui forment une véritable entité: Shawinigan et Grand-Mère, Rouyn et Noranda, et surtout l'ensemble Kénogami-Jonquière-Arvida-Chicoutimi. Mais l'explication principale du phénomène des grandes agglomérations est le développement important de la banlieue où se multiplient les petites municipalités, toutes dépendantes de l'activité de la ville centrale. Particulièrement marqué autour de Montréal et de Québec, où la croissance de la population vient surtout de la banlieue, il commence aussi à se manifester autour de la plupart des villes moyennes où s'agglutinent des populations sur des territoires périurbains. En témoigne d'ailleurs la hausse du nombre de cités et de villes qui, de 139 en 1945, passe à 227 en 1960.

Le système municipal québécois de l'après-guerre est également caractérisé par l'archaïsme de ses structures de gestion. Les institutions municipales remontent aux années 1870 et n'ont pas été modifiées en profondeur depuis. Elles sont de moins en moins adaptées à l'urbanisation massive de la population. La première difficulté vient du morcellement des unités administratives: une multiplication de petites municipalités, souvent en concurrence les unes avec les autres, et sans véritables structures de coordination. Cette situation donne lieu au type de développement anarchique qui caractérise la banlieue des grandes agglomérations où la réglementation varie considérablement d'une municipalité à l'autre.

Au foisonnement des municipalités correspond d'ailleurs le morcellement du secteur de la promotion foncière et de la construction résidentielle, au sein duquel s'activent un grand nombre de petites entreprises. Le fait que les villes québécoises se chargent de la viabilisation des terrains (construction des aqueducs, des égouts et des rues) permet à des entrepreneurs francophones ne disposant que de peu de capital d'être fort actifs dans le champ du développement urbain. Cette situation profite en particulier à une foule de petits promoteurs et constructeurs canadiens-français ou d'origine juive ou italienne. Par contraste, en Ontario émergent à la même époque de grandes entreprises de promotion qui accaparent de vastes territoires périurbains et y assurent elles-mêmes la viabilisation des terrains.

La gestion municipale est caractérisée par une démocratie tronquée où une partie importante de ceux et celles qui sont touchés par les décisions municipales ont peu de chances de faire entendre leur voix.

TABLEAU 2

POPULATION DES PRINCIPALES VILLES DU QUÉBEC À L'EXTÉRIEUR
DE LA RÉGION DE MONTRÉAL, 1941-1961

	1941	1951	1956	1961
Région de Québec				
Québec	150 757	164 016	170 703	171 979
Zone métropolitaine de recensement	200 814	274 827	309 959	357 568
Beauport	725	5 390	6 735	9 192
Charlesbourg	2 789	5 734	8 202	14 308
Giffard	4 909	8 097	9 964	10 129
Sainte-Foy	2 682	5 236	14 615	29 716
Sillery	4 214	10 376	13 154	14 109
Lauzon	7 877	9 643	10 255	11 533
Lévis	11 991	13 162	13 644	15 112
Estrie				
Sherbrooke	35 965	50 543	58 668	66 554
Magog	9 034	12 423	12 720	13 139
Thetford Mines	12 716	15 095	19 511	21 618
Victoriaville	8 516	13 124	16 031	18 720
Drummondville	10 555	14 341	26 284	27 709
Asbestos	5 711	8 190	8 969	11 083
Granby	14 197	21 989	27 095	31 463
Mauricie				
Trois-Rivières	42 007	46 074	50 483	53 477
Cap-de-la-Madeleine	11 961	18 667	22 943	26 925
Shawinigan	20 325	26 903	28 597	32 169

Les chefs de famille propriétaires ont un poids prépondérant dans le
processus politique municipal. Au sein des conseils municipaux on
retrouve un personnel politique traditionnel formé de notables locaux
qui gèrent l'espace urbain en étroite relation avec les promoteurs et qui
se caractérisent par leur conservatisme en matière sociale. Par ailleurs,
on relève un peu partout l'absence de personnel administratif qualifié.
Les mœurs politiques sont dominées par le régime du patronage et, sauf
dans les grandes villes, les employés municipaux ont rarement une
formation adéquate. Il en résulte un véritable laissez-faire municipal où
les objectifs de certains particuliers passent avant ceux de la collec-

TABLEAU 2

POPULATION DES PRINCIPALES VILLES DU QUÉBEC À L'EXTÉRIEUR
DE LA RÉGION DE MONTRÉAL, 1941-1961 (SUITE)

	1941	1951	1956	1961
Shawinigan-Sud	2 282	6 637	10 947	12 683
Grand-Mère	8 608	11 089	14 023	15 806
La Tuque	7 919	9 538	11 096	13 023
Saguenay-Lac-Saint-Jean				
Chicoutimi	16 040	23 111	24 878	31 657
Chicoutimi-Nord	—	3 966	6 446	11 229
Jonquière	13 769	21 618	25 550	28 588
Arvida	4 581	11 078	12 919	14 460
Kénogami	6 579	9 895	11 309	11 816
Alma	6 499	7 975	10 822	13 309
Est du Québec				
Rivière-du-Loup	8 713	9 425	9 964	10 835
Rimouski	7 009	11 565	14 630	17 739
Matane	4 633	6 435	8 069	9 190
Sept-Îles	1 305	1 866	5 592	14 196
Ouest du Québec				
Hull	32 947	43 483	49 243	56 929
Gatineau	2 822	5 771	8 423	13 022
Rouyn	8 808	14 633	17 076	18 716
Noranda	4 576	9 672	10 323	11 477
Val-d'Or	4 385	8 685	9 876	19 983

Source: *Annuaire du Québec.*

tivité, sans véritable planification publique de l'aménagement urbain. Celui-ci relève essentiellement des promoteurs qui n'ont aucun mal à faire accepter leurs projets par des conseils municipaux dépassés par l'ampleur et la rapidité des transformations.

Montréal

L'agglomération montréalaise avait mis près de trois siècles pour atteindre son premier million d'habitants, en 1931. Il ne lui faudra que trois décennies pour arriver au deuxième million. Le rythme s'accélère pendant les années 1950, alors que le taux annuel moyen de croissance atteint 4,21% (entre 1956 et 1961 il est même de 5,41%), soit l'un des plus élevés de l'histoire de Montréal. Il faut l'attribuer essentiellement à la croissance phénoménale de la banlieue, car la population de la ville elle-même ne connaît qu'un taux d'augmentation relativement modeste, même si elle compte près de 300 000 habitants de plus.

La croissance de Montréal s'appuie sur une activité économique très diversifiée et sur son rôle de métropole. L'industrie manufacturière y est encore une composante fondamentale et connaît une nouvelle poussée d'expansion dans les années 1950. On assiste à un début de déconcentration industrielle vers la banlieue, phénomène qui s'accentuera pendant la décennie suivante. Saint-Laurent, par exemple, qui avait accueilli l'avionnerie Canadair pendant la guerre, attire de nombreuses entreprises dans les secteurs de l'aviation, de l'électronique et des produits pharmaceutiques; en 1961, elle compte déjà 18 546 emplois industriels, soit plus que la ville de Québec.

Montréal est également un centre commercial et financier important, avec plus du cinquième de sa main-d'œuvre dans ces deux secteurs. Une autre tranche de 10% travaille dans les transports et les communications, mais le rôle de la ville comme plaque tournante des transports dans l'est du Canada est appelé à se modifier. Certes la montée du transport aérien se manifeste à Dorval, alors en pleine croissance, mais les points forts traditionnels de Montréal sont menacés. Le train est de plus en plus déclassé par le camion; la métropole souffre toutefois de sous-développement du réseau routier. En même temps, l'aménagement de la voie maritime du Saint-Laurent, terminé en 1959, remet en question la vocation séculaire du port. Pour la première fois de son histoire, Montréal n'est plus le lieu de transbordement obligé de la navigation fluviale.

Si on ajoute à ces activités l'ensemble des services socio-culturels, commerciaux et personnels, on constate que la structure professionnelle de Montréal est nettement dominée par le secteur tertiaire. En ce domaine, son rayonnement s'étend bien au-delà des limites de l'agglomération, ce qui fait de la fonction métropolitaine un facteur de sa croissance. Ce rôle de métropole, Montréal doit cependant de plus en plus le partager avec Toronto, dont la montée est inexorable.

Montréal se distingue des autres villes du Québec non seulement par sa structure économique complexe et diversifiée mais aussi par sa population. Tout en ayant une forte base de souche montréalaise, elle

Rue Sainte-Catherine à l'angle de la rue Peel, Montréal, 1955. (Paul Taillefer, *Montreal Star*, ANC, PA-137181)

compte un fort contingent de nouveaux venus: 16,8% de ses habitants en 1961 sont nés à l'étranger et 5% dans les autres provinces canadiennes; s'y ajoute le grand nombre de migrants venus du Québec. La reprise de l'immigration après la guerre accroît d'ailleurs le cosmopolitisme. Sur l'île de Montréal, les Canadiens français maintiennent leurs positions avec environ 62%, mais la part des Montréalais d'origine britannique tombe de 24,5% en 1941 à 18,1% en 1961. Les autres groupes ethniques voient leur part grimper de 13% à 20% et les effectifs d'origine italienne dépassent ceux d'origine juive à la fin de la période.

Les transformations de la métropole sont également visibles dans l'espace. Les limites de la zone urbanisée sont repoussées beaucoup plus loin qu'auparavant et dans toutes les directions émergent des villes champignons. Les nouveaux quartiers de l'immédiat après-guerre, comme Ahuntsic, conservent encore les caractéristiques de l'habitat montréalais: prédominance des maisons multifamiliales, terrains en longueur, logements aménagés dans l'axe d'un couloir, services regroupés dans les rues commerciales. Mais au cours des années 1950 le pés dans les rues commerciales. Mais au cours des années 1950 le nouveau type nord-américain de la banlieue dortoir s'implante de plus en plus: résidence unifamiliale de type bungalow ou split-level, terrains plus petits, centres commerciaux. On le retrouve aussi bien sur l'île de Montréal (Dorval, Saint-Laurent, le nouveau Bordeaux, le nouveau Rosemont,...) que sur l'île Jésus (Duvernay, Laval-des-Rapides, Chomedy) ou sur la rive sud (Saint-Lambert).

Les transformations de l'espace montréalais résultent essentiellement d'interventions privées. L'administration municipale n'arrive pas à élaborer de politique cohérente en matière d'aménagement. Sa seule intervention d'envergure est la construction du boulevard Dorchester, un projet controversé dont la réalisation provoque une véritable trouée dans le tissu urbain. Le conseil municipal est paralysé par les luttes incessantes que se livrent les différentes cliques ou factions qui le composent. La corruption entache la vie politique locale et l'administration publique. Une vaste campagne de moralité publique menée au début des années 1950 amène le maire Camillien Houde, «Monsieur Montréal», à se retirer de la vie politique. Le jeune avocat Jean Drapeau est élu à la mairie en 1954 à la tête d'un groupe réformiste, la Ligue d'action civique. Il est renversé en 1957 par Sarto Fournier et son Ralliement du Grand Montréal. Aucun des deux partis n'arrive cependant à obtenir de nette majorité dans l'un et l'autre cas. Les élus doivent en outre composer avec les conseillers de la classe «C» qui sont nommés par les principaux corps intermédiaires et qui détiennent un tiers des sièges. La présence de ceux-ci est de plus en plus dénoncée comme anti-démocratique et, lors d'un référendum tenu en 1960, les électeurs optent pour l'abolition de cette catégorie de conseillers. Les luttes incessantes au conseil municipal et les nombreuses interventions du premier ministre Duplessis dans les affaires montréalaises paralysent le conseil et l'empêchent de jouer un rôle actif dans l'orientation du développement de la métropole

Le développement de la banlieue pose en outre le problème de la coordination intermunicipale. La Commission métropolitaine de Montréal, qui existe depuis 1921, et à laquelle succède en 1959 la Corporation du Montréal métropolitain, n'a que des pouvoirs limités. Les principaux intervenants n'arrivent pas à s'entendre sur le rôle qu'elle devrait jouer. Sa seule action d'envergure est la construction du boulevard Métropolitain, un projet dont on discute depuis 1935. L'autre organisme de nature supra-municipale, la Commission de transport de dans la gestion du transport en commun dans la ville et sa banlieue immédiate.

Québec

À Québec les changements sont beaucoup moins spectaculaires. Le taux annuel moyen d'accroissement, pour la région métropolitaine de recensement, est de 2,67% au cours des années 1950. La ville elle-même atteint un plateau, gagnant moins de 8000 habitants pendant la décennie. Ici, encore plus qu'à Montréal, l'expansion se fait en banlieue.

La croissance relativement modeste s'explique par la structure économique. La production québécoise reste spécialisée dans la chaussure, le textile, les aliments, les corsets, le tabac, la construction navale et les pâtes et papiers et son marché est surtout local et régional. Or ces industries manufacturières traditionnelles ne connaissent pas d'expansion spectaculaire et la chaussure est même dans une phase de déclin. Les usines sont regroupées près du port et des voies ferrées; un début de décentralisation s'amorce avec le déménagement en banlieue de quelques entreprises.

Aucune modification fondamentale n'affecte les activités commerciales. Le port est toujours un élément important de l'économie de la ville. Le commerce de gros et de détail, concentré dans la basse ville, continue sur sa lancée traditionnelle et n'est guère marqué par les bouleversements qui se font jour ailleurs en Amérique du Nord. Les grands magasins du quartier Saint-Roch dominent ce secteur et leur suprématie n'est pas encore menacée par les centres commerciaux.

L'autre grand secteur, l'administration publique, ne représente pas non plus un facteur de dynamisme. Certes, les effectifs des fonctionnaires augmentent, mais l'attitude très conservatrice du gouvernement Duplessis en matière d'intervention publique et de gestion gouvernementale réduit les effets d'entraînement auxquels pourrait s'attendre une capitale. À Québec, dans les années d'après-guerre, la fonction publique reste synonyme d'inertie et de conservatisme.

Ville de fonctionnaires et d'ouvriers ne commandant que de faibles salaires, habitée à 95% par des Canadiens français catholiques, Québec est dominée par une élite de notables qui conservent jalousement leur pouvoir. Le traditionalisme qui la caractérise encore dans les années 1950 ne rendra que plus spectaculaires les transformations radicales que connaîtra la capitale dans les années 1960 et 1970.

Vue de Québec à l'embouchure de la Saint-Charles, 1953. (George Hunter, ONF, ANC, PA-151641)

Sur le plan de l'espace, Québec est une ville à l'étroit dans ses frontières, disposant d'un stock de logements relativement ancien et d'un réseau routier inadéquat. Certains des vieux quartiers voient leur population diminuer et le seul à connaître un accroisssement significatif est Limoilou. L'expansion de l'espace urbanisé se réalise à l'extérieur de la ville, vers Sainte-Foy à l'ouest, Charlesbourg au nord et Beauport à l'est. Un semblable débordement hors des vieux quartiers se manifeste également dans les autres villes importantes, comme Sherbrooke et Trois-Rivières.

Les villes nouvelles

L'un des phénomènes marquants de l'après-guerre, au chapitre de l'urbanisation, est certainement la multiplication des villes nouvelles, articulées à l'exploitation des richesses naturelles. Il s'agit soit de villes minières, soit de villes portuaires chargées de l'expédition du minerai. Les villes minières ne sont pas une nouveauté au Québec, comme en témoigne l'histoire des Cantons-de-l'Est (amiante) et de l'Abitibi (cuivre et or). Celles qui sont construites dans les années 1950 se

Une ville nouvelle: Sept-îles. (George Hunter, ONF, ANC, PA-151639)

distinguent par le fait qu'elles sont situées dans des régions isolées, sans arrière-pays rural et loin des grandes voies de communication. Elles sont étroitement contrôlées par la compagnie qui leur a donné naissance. Les plus importantes de la période sont Chibougamau, au nord-ouest du lac Saint-Jean, Schefferville au Nouveau-Québec et Murdochville en Gaspésie. Le développement minier du Labrador et du Nouveau-Québec stimule par ailleurs l'urbanisation de la Côte-Nord. Sept-Îles, petit village de pêcheurs dont la population est de moins de 2000 habitants en 1951, devient le port d'expédition du fer en provenance de Schefferville, Labrador City et Wabush. En dix ans, Sept-Îles connaît une croissance rapide et sa population dépasse les 14 000 habitants en 1961, soit autant que l'agglomération Baie-Comeau-Hauterive.

Le caractère spectaculaire de cette urbanisation périphérique ne modifie cependant pas en profondeur le réseau urbain québécois, fortement concentré dans la vallée du Saint-Laurent. Les villes plus anciennes créées autour de l'exploitation des richesses naturelles poursuivent elles aussi leur croissance, stimulée par la demande américaine pour les matières premières québécoises. Certains centres du Saguenay, de la Mauricie et de l'Abitibi voient alors leur population augmenter de façon notable.

Le réseau urbain québécois atteint ainsi dans l'après-guerre les limites de son expansion spatiale, tout en étant, de façon croissante, dominé par Montréal.

ORIENTATIONS BIBLIOGRAPHIQUES

BEAUREGARD, Ludger, dir. *Montréal, guide d'excursions / Field Guide*. Montréal, Presses de l'Université de Montréal, 1972. 197 p.

CHOKO, Marc H., Jean-Pierre COLLIN et Annick GERMAIN. «Le logement et les enjeux de la transformation de l'espace urbain: Montréal, 1940-1960», *Urban History Review / Revue d'histoire urbaine*, XV, 2 (octobre 1986), p. 127-136; 3 (février 1987), p. 243-253.

COLLIN, Jean-Pierre. *La cité coopérative canadienne-française. Saint-Léonard-de-Port-Maurice, 1955-1963*. Montréal et Québec, INRS-Urbanisation et Presses de l'Université du Québec, 1986. 184 p.

COUILLARD, Robert. *Marché immobilier et création d'un centre-ville: le cas de Québec*. «EZOP-Québec», cahier n° 2. Québec, 1972. 251 p.

DIVAY, Gérard et Jean-Pierre COLLIN. *La communauté urbaine de Montréal: de la ville centrale à l'île centrale*. Montréal, INRS-Urbanisation, 1977, p. 38-47.

DIVAY, Gérard et Louise RICHARD. *L'aide gouvernementale au logement et sa distribution sociale*. Montréal, INRS-Urbanisation, 1981. 95 p.

KAPLAN, Harold. *Reform, Planning and City Politics: Montreal, Winnipeg, Toronto*. Toronto, University of Toronto Press, 1982, chap. 7.

MATHEWS, Georges. *Évolution générale du marché du logement de la région de Montréal de 1951 à 1976: données synthétiques sur une réussite méconnue*. Montréal, INRS-Urbanisation, 1980. 69 p.

TROTIER, Louis. «Les sites industriels dans l'agglomération québécoise», *Cahiers de géographie de Québec*, 10 (avril-septembre 1961), p. 245-255.

CHAPITRE 21

LES DÉTENTEURS DU POUVOIR

La structure sociale peut se prêter facilement à des schématisations dichotomiques: bourgeoisie/prolétariat, dirigeants/dirigés, élite/masse. À l'analyse, toutefois, elle se révèle beaucoup plus complexe, laissant voir au sein des grands groupes qui la composent des clivages nombreux, des luttes de pouvoir et d'intérêts, auxquels se greffe la division ethnique. L'insuffisance des études ne permet pas de rendre compte, avec toutes les nuances voulues, d'une telle complexité. Il est néanmoins possible de tracer un portrait, même sommaire, de certains groupes clés.

Les groupes qui, dans la société, détiennent le pouvoir sont désignés, selon les écoles, sous les vocables de bourgeoisie, classe dominante, classe dirigeante, élite, décideurs... La composition et la nature de ces groupes varient selon le lieu principal où s'exerce le pouvoir : économique, politique, religieux, culturel, etc. Pour l'après-guerre, nous nous intéresserons d'abord à deux ensembles principaux : dans le champ économique, à la bourgeoisie, et dans le champ politique et culturel, à ce qu'on a appelé les élites traditionnelles. Nous examinerons ensuite les changements qui s'amorcent avec l'émergence de nouvelles élites issues de la classe moyenne.

La grande bourgeoisie

Au sein de la bourgeoisie, la couche supérieure se démarque nettement. On la désigne sous le nom de grande bourgeoisie, bien que de nombreux auteurs préfèrent parler à son sujet d'élite économique. Quelle que soit l'appelation, il s'agit de ce petit groupe d'individus très puissants qui dominent les grandes institutions économiques, ceux qui, encore au début du siècle, s'attribuaient fièrement le titre de «capitalistes» et faisaient étalage de leur richesse. Depuis la crise, ils ont abandonné ce vocable, mais s'ils affichent moins ouvertement leur puissance, celle-ci n'a pas diminué pour autant. Au Québec, cette grande bourgeoisie, très massivement anglophone, se concentre presque entièrement à Montréal. Les institutions qu'elle dirige ont une envergure canadienne et très souvent internationale et le Québec n'est pour elle qu'un champ d'activité parmi bien d'autres.

Le sociologue John Porter a réalisé en 1955 une étude sur les caractéristiques de l'élite économique du Canada pour les années 1948-1950. Il relève la présence de 985 individus qui occupent un poste d'administrateur dans une ou plusieurs des sociétés dominantes du Canada. Ces hommes — puisqu'on n'y trouve aucune femme — constituent, selon lui, l'élite économique. Il s'agit donc d'un groupe très concentré détenant un pouvoir économique considérable.

Les Canadiens français ne représentent que 6,7% de ce groupe, même si les francophones forment près de 30% de la population canadienne. À part de rares grands capitalistes, comme les frères Simard, il s'agit, dans la plupart des cas d'administrateurs des deux banques canadiennes-françaises et d'avocats d'affaires ou d'hommes politiques qui siègent au sein des conseils d'administration à cause de leurs connaissances techniques ou de leurs liens avec le milieu. Cela ne signifie pas qu'il n'y a pas de bourgeois francophones, mais plutôt qu'ils sont très peu nombreux au niveau supérieur. Il en est de même pour les Juifs, qui forment moins de 1% du groupe. Seule la famille Bronfman émerge de façon significative au sein des grandes sociétés dominantes, et en 1950 il n'y a encore aucun administrateur d'origine juive dans l'une ou l'autre des neuf banques à charte. La position marginale des hommes d'affaires juifs dans l'élite s'explique par le fait qu'ils sont généralement présents dans des secteurs peu concentrés, comme l'industrie du vêtement ou le commerce de détail. On pourrait évidemment invoquer, aussi bien pour les Juifs que pour les Canadiens français, des phénomènes de discrimination, réels mais bien difficiles à mesurer, surtout pour une époque passée.

En plus des origines ethniques, Porter relève un certain nombre de caractéristiques qui font de cette élite un groupe au recrutement très sélectif. Un grand nombre de ses membres ont une formation universitaire et sont passés par les collèges privés les plus sélects. Porter souligne en particulier l'importance des relations familiales: les fils des grands capitalistes se retrouvent rapidement au conseil d'administration des entreprises dont la famille est un important actionnaire. L'autre voie d'accès est la carrière au sein de l'entreprise, car il n'y a guère de cas de petit entrepreneur indépendant ayant mis sur pied au cours de sa vie une entreprise qui se retrouve parmi les sociétés dominantes. On a donc affaire à un noyau restreint d'individus possédant des profils de carrière bien déterminés et tendant à recruter leurs nouveaux collègues dans les mêmes milieux.

La moyenne bourgeoisie

Les travaux sur l'élite économique ne donnent cependant qu'une vue partielle de la réalité. Si ce groupe jouit d'une influence déterminante sur les grandes orientations de l'économie, le gros des effectifs de la bourgeoisie se retrouve à un autre niveau, celui de la moyenne bourgeoisie. On entre là dans tout le domaine de la petite et moyenne entreprise, souvent de type familial, qui est très importante au Québec, en particulier à l'extérieur de Montréal. On y retrouve des milliers d'hommes d'affaires à la fortune variable, ayant parfois une activité économique très diversifiée, mais à l'échelle locale ou régionale, et qui partagent ainsi une parcelle du pouvoir économique. Or c'est là un groupe très mal connu et l'on n'a pas à son sujet l'équivalent de l'enquête de Porter. Tentons tout de même d'en dégager quelques caractéristiques.

C'est à ce niveau que se manifeste avec le plus de force le phénomène des bourgeoisies régionales. Dans toutes les petites villes, on trouve de ces entrepreneurs qui emploient une part notable de la main-d'œuvre locale et qui étendent leur contrôle dans plusieurs champs d'activités économiques et extra-économiques. Un Jules-A. Brillant à Rimouski en est un bon exemple: propriétaire, entre autres, du principal journal local, d'une compagnie d'aviation et de l'entreprise de téléphone, sa présence marque tous les domaines de l'activité économique dans l'est du Québec. Des cas semblables se retrouvent dans toutes les régions et, à une échelle différente, dans les grandes villes comme Montréal ou Québec.

Dans l'après-guerre, cette moyenne bourgeoisie profite du contexte de prospérité mais aussi du poids beaucoup plus considérable de l'État dans l'ensemble de l'activité économique. Au cours des années 1950, la mise en chantier de ponts et de routes, d'écoles et d'autres édifices publics, de collèges classiques ou d'hôpitaux privés subventionnés par l'État, permet à de nombreux entrepreneurs généraux d'envergure moyenne d'asseoir solidement leurs affaires. Des industriels et des transporteurs profitent aussi des contrats du gouvernement. Celui-ci, en fait, se trouve à offrir un appui indirect à la petite et moyenne entreprise. Il n'y a pas ouvertement de politique d'achat visant à favoriser les entrepreneurs québécois, mais le système de patronage mis au point par l'Union nationale, et que révélera la commission d'enquête Salvas, aboutit à un résultat similaire. Les entrepreneurs et les petits industriels obtiennent des contrats d'achat du gouvernement et versent en retour une contribution à la caisse du parti au pouvoir. Ce système assure une relation beaucoup plus étroite entre le pouvoir économique et le pouvoir politique et il fonctionne d'autant mieux que l'entreprise est d'envergure moyenne.

Sur le plan ethnique, la composition de la moyenne bourgeoisie est beaucoup plus diversifiée que celle de la grande bourgeoisie. C'est à ce niveau en particulier que se retrouvent la grande majorité des hommes d'affaires canadiens-français ou juifs qui étaient presque absents de la couche supérieure.

Même si elle s'appuie sur le contrôle du pouvoir économique, la bourgeoisie exerce aussi une influence extra-économique. En étant propriétaires des médias d'information, par exemple, de nombreux hommes d'affaires sont en mesure d'infléchir les positions politiques ou idéologiques. De même, par leur action philanthropique, ils interviennent dans le champ de l'aide sociale. Ce pouvoir, ils doivent toutefois le partager avec les autres élites qu'ils essaient d'influencer.

Les associations d'hommes d'affaires jouent à cet égard un rôle important. Les plus anciennes sont les chambres de commerce, implantées à l'échelon local, et regroupées dans une fédération, la Chambre de commerce de la province de Québec. Celle-ci connaît une forte croissance entre 1945 et 1960, alors que le nombre de chambres locales passe de 82 à 180 et que les effectifs des membres doublent. Formées jusque-là en majorité d'hommes d'affaires et particulièrement de commerçants, les chambres se transforment en ouvrant davantage leurs rangs à d'autres groupes: membres des professions libérales, administrateurs, universitaires. Elles deviennent ainsi des points de rencontre entre la moyenne bourgeoisie et les autres élites, des lieux où sont examinés non seulement les questions économiques mais aussi l'ensemble des problèmes concernant la ville où elles sont implantées. Les chambres forment alors l'un des plus importants groupes de pression au sein de la société québécoise.

Il existe aussi plusieurs associations patronales, représentant souvent

Journée d'études sur les relations humaines en affaires, Association des hommes d'affaires du nord de Montréal, 1960. (Archives de l'Université du Québec à Montréal)

un secteur particulier d'activité, telle la section québécoise de l'Association des manufacturiers canadiens. Jean-Louis Roy en relève 47 en 1947 et d'autres sont créées au cours de la période. Leur membership et leur type d'intervention varient. L'une d'entre elles, l'Association professionnelle des industriels, fondée en 1943, regroupe des patrons catholiques, essentiellement francophones, et participe activement aux débats socio-politiques de la période. Très conservatrice et proche de l'Union nationale à ses débuts, elle défend farouchement l'entreprise privée, s'oppose à l'intervention de l'État et dénonce le militantisme syndical. Par la suite, elle évolue vers une ouverture plus grande au néo-libéralisme et au syndicalisme.

Les hommes d'affaires anglophones expriment leurs idées par l'intermédiaire de l'influent Montreal Board of Trade et au sein d'un certain nombre d'associations patronales. La période de l'après-guerre semble néanmoins marquée par une prise de parole beaucoup plus nette des hommes d'affaires francophones.

Les faiblesses de la bourgeoisie francophone

L'existence d'une bourgeoisie d'affaires francophone est indéniable. Cependant, son poids dans l'économie est bien inférieur au poids démographique des Canadiens français. L'économiste André Raynauld a calculé qu'en 1961 les entreprises et institutions à contrôle francophone n'assurent que 47% de l'emploi au Québec. La position minoritaire des Canadiens français dans le contrôle de l'économie québécoise n'est pas un phénomène nouveau. Dans l'après-guerre, un grand nombre de textes écrits par des sociologues, des économistes, des historiens, viennent relancer le débat au sujet de «l'infériorité économique des Canadiens français».

Les explications les plus fréquemment avancées mettent l'accent sur la culture et les mentalités. On prétend que le contexte culturel n'aurait pas facilité l'émergence d'hommes d'affaires canadiens-français. On met en question le contrôle de l'éducation par le clergé et le genre de formation donnée dans les collèges classiques. L'idéologie clériconationaliste, insistant sur la vocation agricole du Québec et son caractère catholique, aurait eu pour effet de dévaloriser le secteur des affaires. Le prestige considérable dont jouissent les avocats, les médecins et les prêtres aurait détourné les jeunes gens des carrières économiques. Par ailleurs, ceux qui, malgré ce contexte général peu favorable, choisissent de se lancer en affaires, seraient caractérisés par une mentalité très conservatrice: ils auraient tendance à valoriser l'entreprise de type familial, le contrôle direct par l'entrepreneur et les relations personnelles tout en affichant une attitude assez négative face aux formes modernes de gestion et d'organisation et face à la société par actions. Ayant peu le goût du risque, ils mettraient au contraire l'accent sur la sécurité.

Ces thèses, très populaires au cours des années 1950, ont été sérieusement critiquées depuis. On se rend compte que ce qui était présenté comme une cause pouvait tout aussi bien être un résultat. Les valeurs que l'on disait typiques des hommes d'affaires canadiens-français le seraient plutôt des petits entrepreneurs, quelle que soit leur origine. Pourquoi alors les entrepreneurs canadiens-français sont-ils cantonnés dans la petite entreprise, dans des secteurs moins productifs, et pourquoi sont-ils aussi peu présents dans la grande entreprise?

Les travaux des historiens de l'école de Montréal (Maurice Séguin, Guy Frégault et Michel Brunet) et de leurs disciples mettent en lumière l'importance du retard historique accumulé par la bourgeoisie canadienne-française. Après la conquête britannique de 1760, une bourgeoisie anglophone, avec l'aide et l'appui actif de la nouvelle métropole, aurait rapidement pris le contrôle de grands secteurs de l'économie et pu accumuler un capital important. Il serait dès lors devenu très difficile pour les hommes d'affaires canadiens-français de rattraper cette avance. L'évolution politique ultérieure, avec la mise en minorité des Canadiens français dans un État canadien dominé par les anglophones, aurait contribué à perpétuer cette situation.

Des travaux plus récents montrent que, malgré ces désavantages, une bourgeoisie canadienne-française avait continué d'exister et avait même connu un certain essor dans la seconde moitié du 19e siècle. Mais le mouvement de concentration des entreprises qui s'amorçait au début du 20e siècle aurait eu pour effet de marginaliser et parfois même d'éliminer la petite et moyenne entreprise dans de nombreux secteurs. Les Canadiens français devaient soit céder devant l'entreprise dominante et s'y intégrer en minoritaires, soit se cantonner dans des secteurs marginaux encore peu touchés par le mouvement de concentration.

Quelle que soit l'explication historique du phénomène, on peut dire que, dans l'après-guerre, la bourgeoisie canadienne-française est affectée par un triple handicap: le retard dans l'accumulation du capital, la mise en minorité politique dans l'ensemble canadien et les effets du processus de concentration et de monopolisation. Les hommes d'affaires canadiens-français ont alors deux avenues possibles: développer leur entreprise de façon à accroître son importance et sa part du marché ou se trouver une place dans la grande entreprise à contrôle canadien-anglais ou étranger.

L'entrepreneur qui choisit la première solution se heurte au manque de disponibilité de capital et d'accès à l'information. De façon générale, et non seulement au Québec, on peut dire que les petites et moyennes entreprises et celles qui sont situées loin des grands centres ont beaucoup plus de difficultés à trouver un financement adéquat que les grandes sociétés implantées à proximité des institutions financières importantes. C'est le cas pour la majorité des entreprises canadiennes-françaises, comme le soulignent de nombreux analystes. Ainsi, elles paraissent souvent limitées dans leur croissance et condamnées à rester de petite taille. Si, malgré tout, l'entrepreneur poursuit un projet d'expansion, il est souvent obligé d'accepter de se fondre dans un groupe plus puissant pour résoudre ses problèmes de croissance.

Par ailleurs, l'entrepreneur francophone est mal intégré aux grands circuits d'information, si importants dans l'entreprise contemporaine. Il n'a pas facilement accès aux découvertes technologiques, à la connaissance des marchés éloignés, qui seraient des facteurs de croissance. Le double problème d'accès au capital et à l'information sera précisément celui auquel s'attaquera en priorité le gouvernement québécois, à l'époque de la Révolution tranquille. Avant 1960, toutefois, la bourgeoisie francophone fonctionne dans un contexte relativement défavorable qui a tendance à perpétuer sa position de minoritaire dans le contrôle de l'économie.

Une autre voie d'accès au pouvoir économique pourrait être l'intégration dans la grande entreprise, comme actionnaire ou comme gestionnaire. Or, au Québec, la grande entreprise est dominée par une élite de gestionnaires anglophones qui a tendance à recruter des collaborateurs partageant les mêmes caractéristiques de culture et de formation qu'elle. Le Canadien français qui, dans l'après-guerre, choisit la grande entreprise doit travailler continuellement en anglais dans un milieu culturellement homogène. Cela signifie renoncer à certains traits culturels et à l'usage régulier de sa propre langue porur s'intégrer aux groupes dominants. Certains le font mais il ne faut pas s'étonner qu'ils restent une minorité. Le type de recrutement que pratique la grande entreprise conduit en outre à des formes subtiles de discrimination. Là encore, il faudra attendre la Révolution tranquille ainsi que les lois linguistiques des années 1970 pour voir les choses évoluer de façon significative.

Les élites traditionnelles

Un autre pôle de pouvoir est axé sur le politique et le culturel. Il appartient aux élites traditionnelles désignées, selon les auteurs, par des appellations variées: petite-bourgeoisie, petite-bourgeoisie professionnelle, l'élite, élites canadiennes-françaises, notables.

Les groupes composant les élites traditionnnelles se rassemblent autour de deux lieux de pouvoir principaux: l'État et l'Église. L'appareil politique est pratiquement dominé par les professions libérales et offre aux membres des élites traditionnelles des possibilités réelles de détention de pouvoir et d'influence ayant même des répercussions hors de la sphère politique. Il met à leur disposition des milliers de postes, électifs ou non, tant au palier fédéral que provincial, mais surtout à l'échelon local (municipalités ou commissions scolaires). Que l'on songe aux quelque 1600 municipalités, ayant chacune un maire et six conseillers (et même plus dans les grandes villes). L'accroissement du rôle de l'État et l'augmentation substantielle des sommes dont il dispose à tous les niveaux en font un lieu de pouvoir encore plus significatif et recherché, apportant à ceux qui le contrôlent d'intéressants avantages matériels et symboliques.

L'appareil religieux est évidemment contrôlé par le clergé mais il offre lui aussi aux laïcs des milliers de postes de prestige et d'influence: marguilliers, dirigeants d'associations paroissiales pieuses ou charitables. Son emprise s'étend également à l'extérieur du domaine religieux pour englober un grand nombre d'hôpitaux, d'institutions, de services sociaux et de maisons d'éducation. La paroisse sert en outre de cadre de référence à une institution à la fois sociale et économique, la caisse populaire, que contrôlent les notables locaux.

La scène locale — la ville ou le village, la paroisse, la commission scolaire — est donc le lieu premier d'exercice du pouvoir des élites traditionnelles dont les membres assurent un encadrement de la population, renforcé par le cumul des postes. Elle est aussi, pour certains d'entre eux, un tremplin vers un autre niveau: soit la politique provinciale ou fédérale, soit les fédérations diocésaines ou provinciales d'organismes religieux et para-religieux.

Qui sont les membres de ces élites traditionnelles? Le prototype est l'avocat, l'intermédiaire par excellence dont le prestige et l'influence débordent la cour de justice. De façon générale, les professions libérales classiques (avocats, notaires et médecins) représentent pour les Canadiens français de l'après-guerre la voie royale d'accession aux rangs de l'élite. Les prêtres sont également des participants de poids. Ils sont nombreux et ont leurs entrées partout quoique leur influence soit beaucoup moins forte dans les champs politique et économique. On y retrouve aussi des agents économiques: petits commerçants, entrepreneurs locaux, agents d'assurance. En milieu rural, se joignent à eux quelques gros cultivateurs. Aux niveaux supérieurs et dans les grandes villes les élites traditionnelles intègrent aussi des intellectuels — professeurs de collège ou d'université, journalistes —, des ingénieurs, des comptables.

C'est un milieu où la mobilité sociale est encore importante dans l'après-guerre. Il y a certes des lignées, comme celles des Faribault, notaires de pères en fils depuis plusieurs générations, mais un grand nombre de représentants des élites traditionnelles sont d'origine modeste, comme le montre une étude sur les notables du Saguenay.

Les élites traditionnelles témoignent néanmoins d'une grande cohésion sociale et idéologique, s'appuyant sur une formation commune et sur la vie associative. Au chapitre de la formation, le collège classique, lieu de passage obligé pour les futurs prêtres et membres des professions libérales, est un véritable creuset assurant une relative homogénéité. «Faire son cours classique, déclare Maurice Tremblay en 1953, est la première réalisation exigée de quiconque veut être admis dans la classe supérieure de la société.» Pendant huit ans, les élèves y reçoivent une formation appuyée essentiellement sur les humanités, la philosophie et la religion et laissant peu de place aux sciences ou aux questions pratiques. Étant internes, c'est-à-dire pensionnaires, ils passent donc la plus grande partie de leur vie d'adolescents à l'intérieur du collège, solidement encadrés par des prêtres. Au cours de l'après-guerre, les collèges se transforment : leur nombre augmente, la clientèle est en forte hausse, les externes sont de plus en plus nombreux, on modernise les programmes et des éléments de diversité apparaissent. Ces changements touchent peu les élites des années 1950, formées avant la guerre ; ils affecteront celles des années 1960 et 1970.

L'autre élément de cohésion des élites est la vie associative, très importante à l'époque. Parallèlement aux organisations paroissiales, telle la Société Saint-Vincent-de-Paul, professionnelles, tel le Barreau, ou économiques, telle la chambre de commerce, se développent les clubs sociaux (Kiwanis, Rotary, Optimistes) et les associations d'entraide au caractère plus secret tels les Chevaliers de Colomb ou l'Ordre de Jacques-Cartier, appelé «La Patente».

De façon générale, les membres de ces élites se caractérisent par leur traditionalisme. Résistant à la modernisation, ils prônent un nationalisme défensif, insistant sur le caractère catholique des institutions et partageant une vision élitiste de la société, qui fait peu de place à la démocratisation. Cette caractérisation globale appelle toutefois des nuances. La relative cohésion idéologique s'exprime dans une gamme de positions plus ou moins arrêtées. Les tensions sont nombreuses, résultant des appartenances partisanes opposées, des conflits de personnalités ou de générations, des origines régionales ou locales. Entre le pôle politique et le pôle religieux il n'y a pas osmose parfaite: les objectifs diffèrent et la sécularisation croissante de la société entraîne des oppositions. Il faudrait aussi éviter de confondre en un tout

Réunion d'un Rotary Club, 1945. (Fonds Conrad Poirier, ANQM)

uniforme les élites villageoises du milieu rural et celles des villes. Une distinction s'impose également dans le cas de Montréal: sa taille, son niveau de développement économique, son cosmopolitisme en font un milieu complexe où les élites, plus diversifiées, exercent un pouvoir plus diffus et doivent composer avec la bourgeoisie tant anglophone que francophone et avec les élites syndicales. C'est d'ailleurs à Montréal que se manifestent avec le plus de vigueur les éléments de changement.

Entre ces élites traditionnelles et la bourgeoisie francophone, il n'y a pas nécessairement de coupure nette. Les hommes d'affaires participent, à l'extérieur du champ économique, à la détention du pouvoir politique et culturel. Ils sont présents dans les organismes locaux et occupent des postes électifs. Leur prestige et leur influence paraissent cependant beaucoup plus faibles que ceux des professions libérales.

De nouvelles élites

Au cours de l'après-guerre, émergent des groupes nouveaux qui se distinguent des élites traditionnelles et parfois s'opposent à elles. On le perçoit déjà dans la diversification des cheminements professionnels. Les transformations économiques et sociales exigent une spécialisation et une professionnalisation accrues et sanctionnent la compétence. Face à ces généralistes que sont l'avocat et le prêtre se distinguent de nouveaux spécialistes tels l'économiste et le psychologue. Le phénomène se manifeste dans de nombreux secteurs. Au sein de l'entreprise privée, tant au niveau supérieur qu'intermédiaire, de nouvelles couches de cadres qui y ont fait toute leur carrière gravissent lentement les échelons. Ils ont reçu une formation plus poussée que leurs prédécesseurs, le plus souvent en sciences, en génie, ou en comptabilité. Dans le champ social, s'affirment de nouvelles professions: travail social ou relations industrielles, par exemple. La transformation est encore plus frappante dans le champ culturel et symbolique où de nouveaux intellectuels laïcs disputent aux clercs une portion de leur influence. Leur émergence est particulièrement significative dans les médias, où les journalistes et animateurs deviennent des vedettes, et dans les universités, où la croissance et la modernisation permettent l'embauche de toute une nouvelle génération de jeunes professeurs — historiens, géographes, sociologues, économistes, psychologues, éducateurs, chimistes, etc. — qui participent bientôt aux débats sur les orientations d'ensemble de la société québécoise, en valorisant une approche définie comme scientifique. Le mouvement syndical, enfin, est témoin de la montée de nouveaux leaders qui prennent leurs distances face aux pouvoirs politique et religieux.

Les transformations sont même visibles au sein des groupes qui forment les élites traditionnelles, quoique les contestataires ou réformistes de l'intérieur y soient marginalisés par le pouvoir. Au sein de l'Église, par exemple, Mgr Charbonneau, le père Georges-Henri Lévesque et de nombreux autres veulent un ajustement aux réalités sociales du monde urbain. Dans les professions libérales, les spécialistes deviennent plus nombreux et certains porte-parole s'attaquent à un régime coupé de l'évolution de la société.

Plusieurs éléments concourent à la formation et à l'élaboration de la pensée de ces nouvelles élites. Dans les collèges, la Jeunesse étudiante catholique (JEC) est souvent un instrument d'éveil au « social ». Dans les universités, le développement des programmes de sciences sociales représente un important ferment de changement. Les institutions fédérales — en particulier Radio-Canada et l'Office national du film — offrent à la fois une tribune et un lieu de formation relativement à l'abri de l'emprise des élites traditionnelles. Les influences étrangères — principalement françaises et américaines — deviennent plus visibles et plus diversifiées, contribuant à l'évolution de la pensée et des perceptions.

Plusieurs auteurs désignent collectivement ces nouvelles élites sous le vocable de nouvelle classe moyenne. Cette classe en expansion profite de la hausse du niveau de vie et du développement du tertiaire. Ses membres n'en bénéficient pas tous également. Les anglophones profitent au premier chef de la croissance des fonctions de gestion au sein de l'entreprise. Les francophones, quant à eux, se heurtent à divers blocages. Dans l'entreprise privée, la discrimination ne leur donne pas facilement accès aux promotions. Dans l'éducation et les services sociaux, ils se butent au contrôle du clergé. Dans les institutions publiques enfin, le régime Duplessis ne leur laisse guère de place et seuls les organismes fédéraux leur paraissent ouverts.

Les nouvelles élites francophones doivent donc ronger leur frein. Elles aspirent, elles aussi, à la détention du pouvoir et se posent en *challengers* des élites traditionnelles. À mesure que l'on avance dans la période, elles dénoncent avec de plus en plus de vigueur les pouvoirs en place, leur traditionalisme, leur incompétence et la faiblesse de leur politique. Elles seront, après 1960, le fer de lance de la Révolution tranquille.

ORIENTATIONS BIBLIOGRAPHIQUES

BÉDARD, Roger J., dir. *L'essor économique du Québec*. Montréal, Beauchemin, 1969. 524 p.

BEHIELS, Michael D. *Prelude to Quebec's Quiet Revolution: Liberalism versus Neo-Nationalism 1945-1960*. Kingston et Montréal, McGill-Queen's University Press, 1985, chap. 1.

BELLAVANCE, Claude. «Patronat et entreprise au XXᵉ siècle: l'exemple mauricien», *Revue d'histoire de l'Amérique française*, 38, 2 (automne 1984), p. 181-201.

BOISMENU, Gérard. *Le duplessisme. Politique économique et rapports de force, 1944-1960*. Montréal, Presses de l'Université de Montréal, 1981. 432 p.

BOUCHARD, Gérard, Yves OTIS et France MARKOVSKI. «Les notables du Saguenay au 20ᵉ siècle à travers deux corpus biographiques», *Revue d'histoire de l'Amérique française*, 39, 1 (été 1985), p. 3-23.

DUROCHER, René et Paul-André LINTEAU, dir. *Le retard du Québec et l'infériorité économique de Canadiens français*. Montréal, Boréal Express, 1971. 127 p.

FALARDEAU, Jean-Charles. «Des élites traditionnelles aux élites nouvelles», *Recherches sociographiques*, VII, 1-2 (janvier-août 1966), p. 131-145.

GALARNEAU, Claude. *Les collèges classiques au Canada français*. Montréal, Fides, 1978. 287 p.

«Les classes sociales au Canada français», numéro spécial de *Recherches sociographiques*, VI, 1 (janvier-avril 1965).

OUELLET, Fernand. *Histoire de la Chambre de commerce de Québec*. Québec, Faculté de commerce de l'Université Laval, s. d. 105 p.

PORTER, John. «Concentration of Economic Power and the Economic Elite in Canada», *Canadian Journal of Economics and Political Science*, XXII, 2 (mai 1956), p. 199-220.

— *The Vertical Mosaic. An Analysis of Social Class and Power in Canada*. Toronto, University of Toronto Press, 1965. 626 p.

RAYNAULD, André. *La propriété des entreprises au Québec. Les années 60*. Montréal, Presses de l'Université de Montréal, 1974. 160 p.

RIOUX, Marcel et Yves MARTIN, dir. *La société canadienne-française*. Montréal, Hurtubise HMH, 1971. 404 p.

ROCHER, Guy. «Multiplication des élites et changement social au Canada français», *Revue de l'Institut de sociologie*, 1968-1, p. 79-94.

ROY, Jean-Louis. *La marche des Québécois. Le temps des ruptures (1945-1960)*. Montréal, Leméac, 1976. 383 p.

CHAPITRE 22

PLEIN EMPLOI ET AFFIRMATION SYNDICALE

Pour les travailleurs, l'après-guerre est une période caractérisée par un niveau d'emploi élevé et une amélioration des salaires et des conditions de travail. Par ailleurs, la nature des emplois et la composition de la main-d'œuvre continuent à se transformer. Les syndicats, sortis renforcés de la guerre, rencontrent une résistance plus grande, tant de la part des employeurs que de l'État québécois, bien déterminés l'un et l'autre à reprendre les choses en main. Mais, au-delà des affrontements fréquents avec le gouvernement Duplessis, le mouvement syndical progresse dans sa recherche d'unité et prend la stature d'un intervenant social important.

La main-d'œuvre

Si la population active augmente en chiffres absolus, passant de 1 337 000 en 1946 à 1 768 000 en 1961, son poids dans la population en âge de travailler (taux de participation à la main-d'œuvre) reste stable, autour de 54%. Par contre, la composition de cette main-d'œuvre change. La part occupée par les femmes continue à progresser, plus vite même que celle des hommes: passant de 22% à 23% entre 1941 et 1951, elle atteint 27% en 1961. En outre, le prolongement des études chez les jeunes retarde leur entrée sur le marché du travail. C'est là un des facteurs qui expliquent le vieillissement relatif de la main-d'œuvre: si, en 1951 comme en 1941, près de 72% des travailleurs sont âgés de plus de 25 ans, en 1961 leur proportion atteint 76%. Le niveau de scolarisation augmente également.

La tendance à la tertiarisation, momentanément renversée pendant la guerre, reprend son cours: en 1951, 47,3% de la main-d'œuvre exerce une profession définie comme tertiaire et cette proportion atteint 55,7% en 1961. Les professions de type secondaire maintiennent leur impor-

Atelier de typographie, Montréal, 1949. (*The Gazette*, ANC, PA-151689)

tance relative autour de 28% tout en augmentant en chiffres absolus. Quant aux individus occupant une profession de type primaire, leur nombre total diminue et leur proportion passe de 24,4% en 1951 à 16,4% en 1961. Si on examine, comme on l'a fait dans un chapitre antérieur, la répartition des emplois par secteur d'activité économique, on obtient des proportions quelque peu différentes, car on retrouve des emplois de type tertiaire dans les autres secteurs; mais dans l'ensemble, la même tendance se confirme.

Les salaires font plus que doubler: pour le Québec, la moyenne des salaires et traitements hebdomadaires passe de 31,37$ en 1946 à 73,01$ en 1961. Dans l'industrie du coton, par exemple, le salaire horaire d'une fileuse passe pendant la même période de 0,46$ à 1,36$, celui d'un monteur, de 0,71$ à 1,63$. À Montréal, dans la construction, le manœuvre voit le sien augmenter de 0,67$ à 1,75$, le plombier de 1,11$ à 2,62$. Comme le coût de la vie progresse à un rythme plus lent, il en résulte une hausse du revenu global et, par conséquent, du niveau de vie. Les conditions de travail suivent à peu près la même évolution; généralisation des vacances payées et de la semaine de 40 heures, apparition des caisses de retraite. Cependant, tous les travailleurs ne bénéficient pas de ces améliorations au même degré. Des différences séparent les syndiqués et les non-syndiqués, les hommes et les femmes, les employés de bureau et les travailleurs d'usine.

Le spectre du chômage est encore très présent dans les mémoires même si, pendant quelques années, on atteint presque le seuil théorique du plein emploi. Le chômage en effet se maintient à un taux très bas entre 1946 et 1951, avec une moyenne de 3,3%. Par la suite le taux augmente, en particulier à la fin des années 1950, alors qu'il approche les 9%. Ce chômage est cependant réparti inégalement sur le territoire. En Gaspésie par exemple, il est deux fois plus élevé qu'à Montréal.

L'automatisation devient une question préoccupante. Les nouvelles machines sont capables d'exécuter seules, sans intervention humaine, des opérations de plus en plus nombreuses et diversifiées, faisant ainsi disparaître certains types d'emplois. Les syndicats craignent beaucoup les effets de ces changements et, dans de nombreuses négociations collectives, réclament la réaffectation des travailleurs touchés.

Les cols blancs forment un groupe en croissance rapide. Le travail de bureau demeurant peu mécanisé ou automatisé, les besoins de main-d'œuvre y vont croissant, d'autant plus que les fonctions administratives prennent beaucoup d'ampleur dans toute l'économie, non seulement dans l'entreprise privée, mais aussi dans l'appareil gouvernemental. On assiste à une hiérarchisation accrue du travail de bureau: cadres, personnel de comptabilité, commis, secrétaires, etc. Ainsi, derrière l'étiquette de col blanc, synonyme depuis le début du siècle d'un statut supérieur à celui de l'ouvrier, se profile un ensemble très divers de travailleurs et de travailleuses, qui reproduit à sa façon les distinctions entre ouvriers qualifiés et non qualifiés et perpétue la hiérarchie des sexes.

Le travail des femmes

Avec la fermeture graduelle des usines de guerre, la participation des femmes à la main-d'œuvre recule nettement, retrouvant à peu près son niveau de 1941. Même si on ne dispose pas de mesures précises, on sait que de nombreuses femmes rentrent au foyer. Cependant, la tendance au développement du travail féminin reprend bientôt et va en s'accentuant au cours des années 1950.

Les caractères du travail féminin changent lentement. Si pendant la

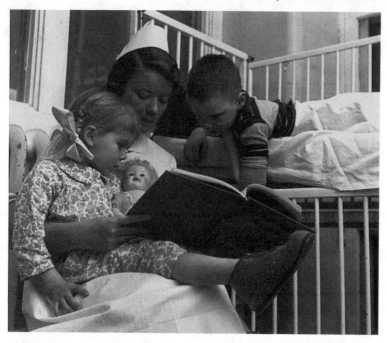

Infirmière de l'hôpital Royal Victoria, Montréal, 1953. (ANC, PA-133209)

guerre certaines femmes avaient eu accès à des postes plus variés, jusqu'en 1961 les travailleuses demeurent largement concentrées dans quelques ghettos d'emploi: commis, institutrices, sténodactylos, vendeuses et ouvrières dans la couture. L'âge moyen des femmes au travail augmente et il semble que le modèle classique de la jeune fille quittant le travail au moment du mariage, tout en étant encore très répandu, soit en train de se modifier; on préfère s'arrêter au moment de la venue des enfants, quitte à reprendre par la suite. Les inégalités de salaire entre hommes et femmes persistent. Toutefois, on perçoit certains indices d'un changement d'attitude à l'égard du travail féminin: par exemple, la Confédération des travailleurs catholiques du Canada abandonne son hostilité de principe au début des années 1950.

L'intervention de l'État

L'État québécois joue un rôle déterminant dans la gestion des relations de travail depuis l'adoption de la loi des relations ouvrières de 1944, qui lui attribue la responsabilité du bon fonctionnement des mécanismes de reconnaissance syndicale et d'encadrement des négociations collectives. Le gouvernement fédéral intervient lui aussi par son propre code du travail, qui ne s'applique toutefois qu'à une minorité de travailleurs au Québec.

Le gouvernement Duplessis se montre résolument anti-syndical, affichant une partialité évidente en faveur des employeurs. Son action est d'abord guidée par la volonté de conserver au Québec ses avantages comparatifs pour attirer les investissements, en particulier la docilité et le faible coût de sa main-d'œuvre. Il faut donc que les travailleurs soient «raisonnables» dans leurs demandes. Le gouvernement affirme son objectif d'assurer «aux patrons une main-d'œuvre jalouse de ses droits mais en même temps respectueuse de l'autorité». En cela, il est tout à fait représentatif du conservatisme des élites traditionnelles en matière sociale. Ces dernières admettent assez mal que les travailleurs puissent échapper à leur contrôle et voient dans le syndicalisme une menace à la stabilité sociale. De plus, l'après-guerre est marquée par la montée générale de l'anti-communisme. Le contexte international et, au Canada, les retombées de l'affaire Gouzenko reliée à l'espionnage soviétique contribuent à créer un climat de méfiance à l'endroit du radicalisme que l'on étend volontiers au mouvement syndical et à ses dirigeants. Robert Rumilly peut écrire dans un pamphlet politique de 1956 que «la lutte des classes n'existe pas dans la province de Québec».

La loi de 1944, adoptée sous le gouvernement Godbout, prévoit un cadre pour la reconnaissance des syndicats, énumère un certain nombre de pratiques interdites aux employeurs et aux employés et impose l'obligation de négocier de bonne foi. En 1949, le gouvernement Duplessis, voulant modifier le cadre des relations ouvrières, dépose un projet de loi qui, s'inspirant de la loi Taft-Hartley américaine (1947), vise à réduire les concessions faites aux syndicats et à resserrer le contrôle gouvernemental. Ce projet suscite l'opposition unanime des forces syndicales et Duplessis doit faire marche arrière. Par la suite, il réussit cependant à en faire adopter certaines parties; par exemple, la clause visant à empêcher l'accréditation d'un syndicat dont un organisateur est communiste ou présumé tel devient loi en 1954.

Policiers lors de la grève d'Asbestos, 1949. (*Montreal Star*, ANC, PA-130356)

Cette action législative se double d'une manipulation des lois et règlements existants. Le gouvernement Duplessis utilise toutes les procédures légalement prévues comme autant de mesures dilatoires pour retarder la possibilité de déclenchement d'une grève légale. Par ailleurs, les commissaires qu'il nomme pour appliquer la loi font preuve de partialité en faveur des représentations patronales, en particulier dans les questions d'accréditation. Toutes ces manipulations créent des conditions tellement contraignantes que de nombreuses grèves peuvent être déclarées illégales et des poursuites engagées par le procureur général, qui n'est nul autre que Maurice Duplessis. De plus, la Police provinciale sert de bras séculier pour l'exécution des décisions du procureur général; dépêchée sur les lieux d'un conflit, elle escorte les briseurs de grève, se livre à des batailles rangées avec les grévistes quand elle ne se conduit pas carrément en agent provocateur comme à Louiseville en 1952.

Les syndicats

À la fin de la guerre, autour du quart de la main-d'œuvre est syndiqué et cette proportion atteint 30% vers 1960. C'est une progression modeste, surtout si l'on tient compte de l'inclusion des enseignants dans les données à partir de 1946. Par contre, la pratique syndicale se transforme. Elle est marquée d'une part par la combativité, stimulée tant par les résistances des employeurs que par l'affrontement avec le gouvernement Duplessis, et d'autre part par un profond mouvement d'unité, qui se traduit non seulement par la mise sur pied de fronts communs, mais aussi par des projets d'unification des différentes tendances qui divisent le monde syndical.

Le mouvement syndical nord-américain n'échappe pas à un certain conservatisme social qui caractérise le climat idéologique de l'après-guerre, accentué par l'expulsion graduelle des syndicalistes communistes et par le vieillissement des effectifs. La lutte anti-communiste dégénère parfois en une véritable chasse aux sorcières, pour laquelle tous les moyens sont bons, y compris la collusion avec les gouvernements et, dans certains cas, avec de véritables gangsters.

Par ailleurs, on assiste à une convergence des différents courants syndicaux. Les syndicats de métiers s'ouvrent graduellement au syndicalisme industriel; les syndicats catholiques deviennent moins confes-

Au micro: Madeleine Parent, militante syndicale. (ANC, PA-93837)

sionnels et se rapprochent des syndicats industriels. Le climat d'affrontement avec le gouvernement accentue le besoin d'unité, amène les syndicats à orienter de plus en plus leur action vers la scène politique et fait d'eux une composante importante du mouvement d'opposition à Duplessis.

Les grandes grèves

Certaines grèves de l'époque demeurent célèbres dans la mémoire collective pour des raisons qui dépassent les résultats immédiats des conflits. Elles sont menées autour de trois points centraux: la reconnaissance syndicale, le respect du code du travail et le financement des activités syndicales. Sur ce dernier point, on revendique de plus en plus l'application de la nouvelle «formule Rand», précédent créé lors du règlement du conflit chez Ford en Ontario (1945-1946). Refusant l'atelier fermé au syndicat, le juge Ivan Rand propose, en échange, la retenue obligatoire de la cotisation syndicale par l'employeur. Tous doivent payer, qu'ils soient membres ou non du syndicat, car ce dernier effectue un travail de mandataire en négociant et en gérant la convention collective. Avec cette formule, la stabilité des finances syndicales ne dépend plus du bon vouloir de l'employeur.

Le conflit le plus connu, la grève de l'amiante, dure de février à juillet 1949. Il implique 5000 mineurs et porte à la fois sur des revencations salariales, le problème des poussières d'amiante, la cotisation syndicale et une forme de participation syndicale à la gestion. Excédés par les délais qu'impose la loi, les travailleurs décident de déclencher la grève sans attendre, ce qui permet au gouvernement de la déclarer illégale. La Police provinciale, dépêchée dans la ville d'Asbestos, se livre à une répression brutale. À travers le Québec, un vaste mouvement de solidarité se dessine et l'Église se départit de sa prudence légendaire. Le premier mai, l'évêque de Montréal, Joseph Charbonneau, déclare dans son sermon dominical: «La classe ouvrière est victime d'une conspiration qui veut son écrasement et quand il y a conspiration pour écraser la classe ouvrière, c'est le devoir de l'Église d'intervenir.» Des collectes en faveur des grévistes sont organisées dans les différents diocèses et c'est une médiation de l'archevêque de Québec, Maurice Roy, qui met fin au conflit. Même si les mineurs y gagnent peu, cette grève sert de révélateur en faisant prendre conscience aux Québécois de l'acuité des problèmes ouvriers.

En 1952, la grève qui paralyse les grands magasins Dupuis Frères à Montréal prend aussi valeur de symbole, puisqu'elle oppose un syndicat catholique et canadien-français à un patron lui aussi catholique et canadien-français. La Confédération des travailleurs catholiques du Canada sort de ce conflit avec une crédibilité accrue.

Les grèves de Louiseville (1952) et de Murdochville (1957) montrent cependant la fragilité des acquis syndicaux. Dans chacun des cas, la collusion entre l'État et l'entreprise est flagrante et la Police provinciale joue un rôle important pour protéger les briseurs de grève et réprimer les manifestations des grévistes. Longs et ponctués de violence, ces deux conflits se terminent par des défaites syndicales. Enfin, la grève des réalisateurs de Radio-Canada (1958-1959) pose le problème de la syndicalisation des cadres.

La conscience syndicale d'une partie des Québécois est façonnée par ces grands conflits. De plus, comme plusieurs impliquent les syndicats catholiques, ces derniers changent à la fois leur image et leur pratique. En même temps, la complexité de la gestion des relations de travail et l'importance du rôle de l'État dans ce domaine apparaissent clairement.

Unité syndicale et évolution des centrales

Le débat autour du syndicalisme industriel a divisé le mouvement ouvrier nord-américian en 1935; avec le temps, les tensions s'estompent et les syndicalistes deviennent plus sensibles à l'importance de l'unification des forces. En 1955, aux États-Unis, l'American Federation of Labor et le Congress of Industrial Organizations fusionnent pour former l'AFL-CIO. Les organisations canadiennes regroupant des filiales des syndicats américains font de même dès l'année suivante : le Congrès des métiers et du travail du Canada (CMTC) forme, avec le Congrès canadien du travail (CCT), une nouvelle centrale, le Congrès du travail du Canada (CTC).

Le mouvement d'unité syndicale déborde la fusion des centrales et caractérise l'ensemble de la période. Après la guerre, les syndicats catholiques se rapprochent des syndicats industriels du Québec. Ces derniers se donnent un organisme de regroupement en 1952, la Fédération des unions industrielles du Québec (FUIQ). Avec les autres syndicats internationaux regroupés dans la Fédération provinciale du travail du Québec (FPTQ), les relations sont cependant plus tendues. Tout en participant aux fronts communs de 1949 en faveur des grévistes de l'amiante et contre le projet de modification des lois ouvrières, la FPTQ, qui regroupe des syndicats plus conservateurs, trouve la CTCC révolutionnaire et, durant les années 1950, elle se rapproche de Duplessis. Néanmoins, la fusion des centrales canadiennes en 1956 force la FUIQ et la FPTQ à surmonter leurs divergences et à former, en 1957, la Fédération des travailleurs du Québec (FTQ).

À la CTCC, les dirigeants favorisent eux aussi l'unité et prônent une forme d'association avec le Congrès du travail du Canada. Mais beaucoup de membres hésitent à renoncer à la spécificité de leur centrale et posent des conditions très strictes à toute association. De son côté, le CTC n'est pas unanime et pose lui aussi des conditions, si bien qu'après quelques années de négociations, la tentative de rapprochement est abandonnée en 1961.

À la fin des années 1950, le mouvement syndical est quand même plus uni que jamais. Non seulement la vieille rivalité entre syndicats de métiers et syndicats industriels est surmontée, mais leur hostilité et leur méfiance traditionnelles envers les syndicats catholiques sont disparues. En termes d'effectifs, la fusion du CMTC et du CCT renforce la domination des syndicats internationaux au Québec; en 1957, ils représentent autour des deux tiers des effectifs syndicaux.

En même temps, les syndicats catholiques remettent en question leur caractère confessionnel. Déjà pendant la guerre, ils ont dû ouvrir sans restriction leurs rangs aux non-catholiques. L'arrivée d'une génération de militants et de dirigeants plus revendicateurs, marqués par une nouvelle conception du rôle des laïcs dans l'Église, amène la centrale à remettre en question le cléricalisme et à s'éloigner de ses bases religieuses. Toutefois, la CTCC, en dépit de son militantisme renouvelé, voit sa part des effectifs syndicaux reculer de 24,2% en 1946 à 22,6% en 1960. Pour survivre à côté des syndicats internationaux qui ont retrouvé leur unité, elle doit tenter de s'ouvrir davantage à tous les travailleurs. L'abandon de l'affiliation religieuse et de la doctrine sociale de l'Église apparaissent donc souhaitables. La laïcisation s'effectue graduellement et sans trop de heurts. En 1960, la centrale abandonne l'épithète catholique et devient la Confédération des syndicats nationaux (CSN).

À côté de ces organisations, qui regroupent la grande majorité des syndiqués québécois, subsistent d'autres syndicats, nationaux ou internationaux, dont le plus important est celui des cheminots.

Les employés des services publics et les enseignants

La loi de 1944 a créé un groupe de syndiqués à part: les employés des services publics, fonctionnaires municipaux, pompiers, policiers, mais aussi employés des transports publics et enseignants. Ils ont le droit de se syndiquer et de négocier avec leur employeur, mais la grève leur est interdite et ils doivent se soumettre à l'arbitrage obligatoire en cas de mésentente.

Les enseignants présentent un cas particulier. En 1945, les organismes regroupant les institutrices rurales, les instituteurs ruraux et les enseignants des villes fusionnent pour former la Corporation des instituteurs et institutrices catholiques du Québec (CIC). Au début elle regroupe 10 000 membres et en 1959, 16 000. Mais avec son statut de corporation elle n'est pas considérée comme un véritable syndicat et reste en marge du mouvement. Cependant, elle subit aussi l'offensive du gouvernement qui, en 1946, enlève aux enseignants ruraux le recours à l'arbitrage, les privant ainsi de tout moyen de pression. Cette manœuvre touche en particulier les institutrices rurales, les plus militantes, qui forment non seulement le fer de lance de la corporation, mais les deux tiers de ses effectifs. Il en résulte une stagnation de leurs conditions de travail et de leurs salaires: vers 1952-1953, la moitié d'entre elles gagnent moins de 1000$ par année.

Enfin à la suite d'une grève de six jours des enseignants montréalais en 1949, le gouvernement adopte une loi qui lui permet de modifier les sentences arbitrales pour les instituteurs des villes. À cette occasion, il s'acharne aussi contre l'Alliance des professeurs de Montréal en révoquant son accréditation et, après avoir perdu devant les tribunaux, en adoptant une loi rétroactive pour s'assurer de la disparition du syndicat.

* * *

Ainsi, le monde du travail continue sa transformation durant l'après-guerre. Les syndicats, entre autres, jouent un rôle plus actif. À travers les luttes diverses, on assiste au rapprochement des tendances, tandis que les centrales cherchent de plus en plus à élargir leur action en prenant position sur les grandes questions sociales. Le mouvement syndical devient un lieu de rassemblement pour l'opposition au gouvernement Duplessis: des intellectuels, des journalistes, des avocats réformistes se joignent à lui pour mener la lutte. Il prend donc graduellement la stature d'un partenaire social majeur, dont l'influence déborde son membership et le milieu des relations de travail.

ORIENTATIONS BIBLIOGRAPHIQUES

ABELLA, Irving M. *Nationalism, Communism and Canadian Labour*. Toronto, University of Toronto Press, 1973, chap. 5 et 10.

BARRY, Francine. *Le travail de la femme au Québec. L'évolution de 1940 à 1970*. Montréal, Les Presses de l'Université du Québec, 1977. 80 p.

BOISMENU, Gérard. *Le duplessisme. Politique économique et rapports de force, 1944-1960*. Montréal, Les Presses de l'Université de Montréal, 1981, p. 212-234.

COUSINEAU, Jacques. *L'Église d'ici et le social, 1940-1960*. Montréal, Bellarmin, 1982, p. 82-110, 168-184.

GAGNON, Mona-Josée. «Les femmes dans le mouvement syndical québécois», Marie LAVIGNE et Yolande PINARD, dir. *Travailleuses et féministes: Les femmes dans la société québécoise*. Montréal, Boréal Express, 1983, p. 130-160.

GÉRIN-LAJOIE, Jean. *Les Métallos, 1936-1981*. Montréal, Boréal Express, 1982, chap. 3.

HARVEY, Fernand, dir. *Le mouvement ouvrier au Québec*. Montréal, Boréal Express, 1980, chap. 6, 9 et annexes.

Histoire du mouvement ouvrier au Québec. 150 ans de luttes. Montréal, CSN-CEQ, 1984, p. 165-200.

LEBEL, Gilles. *Horizon 1980*. Québec, Ministère de l'Industrie et du Commerce, 1970, chap. III, V et annexes.

MORTON, Desmond et Terry COPP. *Working People*. Ottawa, Deneau & Greenberg, 1980, p. 187-238.

PALMER, Bryan D. *Working-Class Experience*. Toronto, Butterworth, 1983, chap. 6.

ROUILLARD, Jacques. *Histoire de la CSN, 1921-1981*. Montréal, Boréal Express, 1981, p. 166-213.

— «Le militantisme des travailleurs au Québec et en Ontario, niveau de syndicalisation et mouvement de grève (1900-1980)», *Revue d'histoire de l'Amérique française*, 37, 2 (septembre 1983), p. 201-225.

— «Mutations de la Confédération des travailleurs catholiques du Canada (1940-1960)», *Revue d'histoire de l'Amérique française*, 34, 3 (décembre 1980), p. 377-405.

— *Histoire du syndicalisme québécois*, Montréal, Boréal, 1959, p. 199-286.

ROY, Jean-Louis. *La marche des Québécois. Le temps des ruptures (1945-1960)*. Montréal, Leméac, 1976, p. 87-161.

RUMILLY, Robert. *Quinze années de réalisations*. Montréal, s. e., 1956, p. 41-72.

TRUDEAU, Pierre Elliott, dir. *La grève de l'amiante*. Réimpression: Montréal, Éditions du Jour, 1970. 428 p. (Première édition: 1956).

CHAPITRE 23

PROSPÉRITÉ ET PAUVRETÉ

La croissance économique d'après-guerre apporte au Québec une prospérité indéniable. Les conditions de vie, même pour les plus démunis, sont nettement meilleures que celles qui prévalaient pendant les années 1930. Si toutes les classes en profitent à un certain degré, les retombées de la prospérité sont cependant bien inégalement réparties. Pour les classes moyennes et les travailleurs qualifiés, c'est une période d'ascension sociale et d'enrichissement collectif. Il en va autrement dans d'autres milieux, où l'amélioration des conditions matérielles et l'accroissement des paiements de transfert n'éliminent pas la pauvreté et la misère.

L'amélioration du niveau de vie

La hausse des revenus fournit un premier indice de l'amélioration du niveau de vie. Le revenu personnel par habitant, enfants inclus, passe de 655$ en 1946 à 1455$ en 1961. Il subsiste des inégalités régionales: au bas de l'échelle, le Bas-Saint-Laurent-Gaspésie affiche un écart allant de plus du simple au double face à la région métropolitaine de Montréal. Il y a néanmoins une hausse partout. Certes, dans plusieurs secteurs, en particulier la construction et le transport maritime, il subsiste un important chômage saisonnier, mais ceux qui sont temporairement privés d'emploi peuvent maintenant compter sur l'assurance-chômage, dont les prestations versées au Québec passent de 19 à 155 millions de dollars par année entre 1946 et 1960.

Or le niveau des prix à la consommation, après une poussée d'inflation à la fin des années 1940, n'augmente que très lentement au long des années 1950. Le rythme de l'inflation étant bien inférieur à celui de l'augmentation des revenus, le pouvoir d'achat de la majorité des Québécois s'améliore. Les agriculteurs cependant ne profitent pas tous d'une forte hausse de revenus; on ne s'étonne donc pas qu'un grand nombre d'entre eux décident de prendre la direction de la ville.

L'amélioration du niveau de vie se reflète dans les conditions d'habitat. À la fin de la guerre, le Québec vit une véritable crise du logement: la demande dépasse l'offre, d'où un entassement exagéré et un risque de flambée des prix que le gouvernement fédéral tente de juguler en maintenant jusqu'en 1950 le contrôle des loyers établi pendant la guerre. Afin d'éviter que la déréglementation n'entraîne une hausse rapide du coût du logement pour les familles à faible revenu, le gouvernement québécois crée, en 1951, une Commission des loyers dont la juridiction ne couvre que le logement ancien. La solution à la crise du logement viendra de la construction massive de nouvelles habitations unifamiliales ou multifamiliales dont le financement est facilité par les programmes gouvernementaux.

Les 400 000 nouveaux logements construits pendant la période contiennent tous les éléments associés au confort moderne; par ailleurs, un grand nombre de logis anciens sont modernisés. C'est ainsi qu'entre 1951 et 1961 le pourcentage de logements ayant l'eau courante passe de 90% à 97%; l'eau chaude, de 50% à 90%; des toilettes à chasse d'eau de 82% à 91%; une baignoire ou une douche, de 61% à 80%. Les habitations sont maintenant chauffées plus efficacement: des systèmes de chauffage central se retrouvent dans plus de la moitié des logements (moins du tiers en 1951) alors que l'usage du poêle tombe rapidement (des deux tiers au tiers); le chauffage à l'huile se généralise (71% des logements en 1961), entraînant la chute des deux combustibles traditionnels, le bois (de 41% à 19%) et le charbon (de 25% à 4%).

Le pouvoir d'achat accru est d'abord utilisé pour l'acquisition de biens durables: automobiles, meubles et appareils électro-ménagers, tels des réfrigérateurs (47% des logements en 1951, 92% en 1961) ou des téléviseurs. Il permet en outre un accroissement généralisé de la consommation, stimulée par un appareil publicitaire de plus en plus présent, auquel l'expansion de la radio et de la télévision ouvre des avenues nouvelles. On crée ainsi au sein de la population des besoins qui ne peuvent pas toujours être satisfaits par les seuls revenus réguliers des ménages et qui en entraînent plus d'un dans le cycle de l'endettement.

L'accès au crédit devient beaucoup plus facile. Le développement du marché hypothécaire et la possibilité d'étaler le remboursement sur 25 ans facilitent l'accès à la propriété pour les ménages à revenus moyens. L'acquisition d'une automobile, de meubles, d'appareils électro-ménagers et même de biens de consommation est facilitée par les conditions de crédit que consentent les marchands et par les prêts personnels des compagnies de finance, des banques et des caisses populaires.

L'endettement devient ainsi une composante essentielle du niveau de vie et peut dans certains cas représenter un poids assez lourd. Dans une enquête menée en 1959 auprès d'un échantillon de familles salariées canadiennes-françaises du Québec, les sociologues Marc-Adélard Tremblay et Gérald Fortin constatent que 74% d'entre elles ont déjà eu recours au crédit et que la moitié ont une dette constante correspondant environ à 12% de leur revenu.

Un cadre de vie transformé

Dans le monde rural, à peine 20% des cultivateurs disposent de l'électricité en 1945. L'écart des conditions de vie entre la ville et la campagne reste donc considérable. La création par le gouvernement Duplessis de l'Office de l'électrification rurale permet de combler ce retard en une dizaine d'années et amène une transformation rapide sur les plans matériel et culturel. L'électricité permet d'améliorer l'éclairage, d'assurer l'alimentation en eau courante, d'avoir la télévision dont les images contribuent à mieux faire connaître à une bonne partie des ruraux les aménités de la vie urbaine et leur livrent une production culturelle restée jusque-là inaccessible. Le travail agricole est bouleversé non seulement par l'électricité mais aussi par l'ensemble du processus de mécanisation qui réduit de façon significative les besoins en main-d'œuvre et permet d'augmenter les rendements.

Dans les villes, l'amélioration des équipements et des services collectifs et la montée de l'automobile transforment le milieu de vie. Le phénomène est particulièrement visible à Montréal, véritable laboratoire social du Québec, où les nouvelles modes font d'abord leur apparition. Mosaïque de quartiers, correspondant chacun aux anciennes municipalités de banlieue annexées au début du siècle, la métropole offre des situations très variées, marquées par les différences sociales et la diversité ethnique.

La municipalité offre aux citoyens des services plus nombreux et de meilleure qualité. Les conditions sanitaires à Montréal se sont grandement améliorées depuis le début du siècle, faisant reculer la mortalité dans les zones ouvrières. Le service municipal de santé est présent dans les quartiers et fait un travail de prévention. C'est lui, par exemple, qui prend en charge la vaccination massive de la population lors de l'épidémie de polio de 1959. Montréal a également un service de bien-être social fort actif. La ville s'occupe aussi des loisirs en aménageant des terrains de jeux, des patinoires et des piscines et en ouvrant des succursales de la bibliothèque municipale. Les enfants du *baby boom* sont au centre de ces préoccupations pour le loisir urbain qui se manifestent un peu partout au Québec.

Les municipalités ne sont pas les seuls intervenants en ce domaine auquel s'intéresse également l'Église catholique. Pour celle-ci, les activités de loisir sont au nombre des œuvres sociales dans lesquelles doivent s'impliquer tant le clergé que l'action catholique. Depuis longtemps existent des patronages — familièrement, «le patro» — en milieu populaire; dans l'après-guerre, le concept plus moderne de centre de loisirs, dont le plus célèbre est celui de la paroisse de l'Immaculée-Conception à Montréal, connaît une certaine vogue. Dans les écoles de garçons, les frères enseignants se préoccupent de plus en plus d'organiser des activités sportives. L'Église est également présente dans l'animation de colonies de vacances et dans l'encadrement religieux du mouvement scout, pour les garçons, et guide, pour les filles; ces types d'organisations existent aussi chez les anglophones, mais ils sont non confessionnels. Depuis les années 1930, le clergé est en outre fort actif dans le développement de l'œuvre des terrains de jeux (OTJ). Selon le sociologue Roger Levasseur, les activités de l'OTJ remplissent deux fonctions: «réunir le plus grand nombre d'enfants pour les protéger des tentations du péché provenant de la sollicitation de la culture de masse; servir quotidiennement d'occasion et de prétexte pour la formation nationale, civique et religieuse». L'Église met ainsi l'accent sur l'aspect communautaire du loisir. Malgré la baisse de la pratique religieuse, les paroisses restent d'ailleurs des lieux importants de la sociabilité urbaine et, grâce à leur réseau d'associations, encadrent une partie de la population.

Le secteur privé cherche aussi à profiter du marché que représente une jeunesse voulant occuper ses temps libres. Partout au Québec, cinémas et salles de danse se multiplient, les plages privées attirent une nombreuse clientèle, tout comme les «parcs d'amusement». Dans les milieux populaires de Montréal, on constate le succès du «nowhere», cet autobus qui amène jeunes gens et jeunes filles pour une soirée de divertissement et dont la destination, qui change à chaque fois, ne sera connue qu'à l'arrivée.

Soirée de danse au Montreal Sailor's Institute, 1952. (Frank Royal, ANC, PA-151649)

Dans la métropole, les relations de voisinage et la vie de quartier prennent une coloration différente selon les groupes ethniques. Dans le secteur italien, les cafés, les épiceries et le marché Jean-Talon sont des lieux de sociabilité très fréquentés. Les Italo-Montréalais apprivoisent en outre la ville par la pratique du jardinage. La population d'origine juive, fortement concentrée dans certains quartiers, conserve une vie associative très intense.

L'après-guerre marque aussi l'essor des «clubs sociaux» (Kiwanis, Optimiste, Richelieu) ainsi que d'organisations plus anciennes comme les Chevaliers de Colomb ou les chambres de commerce, dont le membership s'étend. Elles s'adressent surtout aux hommes; les femmes du milieu urbain en sont exclues et doivent se rabattre sur les associations paroissiales ou, le plus souvent, sur les relations familiales ou de voisinage.

Mais la transformation la plus notable du cadre de vie urbain est le nouveau type de banlieue qui émerge au cours des années 1950. Située loin du centre de la ville, elle est mal desservie par les transports publics et ses résidents doivent compter sur l'automobile pour leurs déplacements. Le modèle d'habitat dominant y est la maison unifamiliale détachée, entourée d'une pelouse, principalement le bungalow, mais aussi le cottage et le splitlevel. Dans la banlieue montréalaise toutefois le logement multifamilial représente aussi un phénomène non négligeable.

Plus importante que la banlieue elle-même est l'image idéalisée qu'on en donne. Elle offre l'accès à la propriété dont la maison unifamiliale devient le symbole. Elle propose un mode de vie différent de celui de la ville, loin du bruit et de la pollution, dans un cadre présenté comme champêtre, tout en offrant un confort et des aménités du dernier cri. Elle est centrée sur la famille; une famille dont la mère reste à la maison et qui procure aux enfants un milieu plus sain que celui des vieux quartiers. Elle s'appuie sur la nouvelle image de la femme qui conserve tous ses rôles traditionnels mais dont le travail est allégé grâce aux appareils électro-ménagers, ce qui devrait lui permettre de trouver plus de temps pour suivre de près l'éducation de chacun de ses enfants tout en répondant à l'image de féminité que diffuse l'idéologie ambiante. Si la réalité ne correspond pas toujours à cette image, celle-ci n'en est pas moins véhiculée avec force dans les annonces des constructeurs, dans la presse écrite et surtout dans les magazines féminins, ainsi qu'à la télévision. Les nouveaux développements domiciliaires qui surgissent sur l'île Jésus, au nord de Montréal, représentent bien ce nouveau modèle de vie urbaine.

Le développement de la banlieue n'est que l'une des expressions de l'importance considérable que prend l'automobile dans la vie des Québécois. L'enquête de Tremblay et Fortin montre qu'en 1959 les familles salariées francophones, qu'elles soient urbaines ou rurales, la considèrent comme un bien essentiel et y consacrent de 7% à 8% de leur budget. L'automobile devient un moyen de transport quotidien, pour aller au travail, pour faire les courses. Elle devient aussi un instrument d'évasion, facilitant les sorties, les balades de fin de semaine et les voyages de vacances.

L'essor de la villégiature, qui caractérise aussi l'après-guerre, est intimement lié à celui de l'automobile. À proximité des villes, les rives des lacs et des rivières se couvrent de chalets. Les Laurentides, au nord de la métropole, deviennent le véritable terrain de jeux des Montréalais.

Étalage de la maison D'Allaird de Québec, en 1949. (W.B. Edwards, ANC, PA-80873)

Ce n'est pas un hasard si la première autoroute moderne construite au Québec est celle des Laurentides, inaugurée en 1957; son ouverture permet de mettre fin aux embouteillages monstres du dimanche soir, avec leurs files de voitures s'étendant sur des dizaines de kilomètres.

La généralisation de la semaine de travail de 40 heures et des vacances contribue à cette transformation du mode de vie. Rares avant la guerre, les vacances payées sont maintenant un fait de société. La loi oblige désormais les employeurs à payer une semaine de vacances par année à leurs employés ayant un an de service. Dans les entreprises où le personnel est syndiqué, les conventions collectives accordent de plus longues vacances après quelques années de service. Si les vacances se passent surtout au Québec, une proportion croissante des Québécois de la classe moyenne prend la direction des plages de la Nouvelle-Angleterre. Ils en ramènent une plus grande sensibilité à la culture américaine et des idées nouvelles pour alimenter leurs aspirations matérielles. Pour cette couche de la population en ascension sociale, le mode de vie américain prend valeur de symbole désirable. Pour ceux qui sont perpétuellement condamnés aux vacances à «balconville», l'univers des aspirations est peut-être différent, bien qu'à la fin de la

Publicité de la compagnie Ford, 1954. (*La Terre de chez nous*)

période la télévision contribue à l'uniformiser quelque peu. Mais c'est surtout l'écart entre ressources et besoins qui diffère.

Pauvreté et politiques sociales

Une fraction significative de la population vit dans la pauvreté et s'avère incapable de satisfaire aux besoins considérés socialement comme normaux. Cette pauvreté est évidemment relative. À l'échelle mondiale, le Québec est une société d'abondance et le revenu de ses habitants, plutôt élevé. Dans le contexte américain ou canadien, la situation est moins brillante. Le revenu personnel per capita au Québec reste systématiquement inférieur à la moyenne canadienne. Divers auteurs estiment qu'à la fin de la période au moins le quart de la population non agricole vit sous le seuil de la pauvreté. C'est la population canadienne-française qui est la plus touchée.

La structure économique du Québec, reposant en grande partie sur des industries à bas salaires, est ici en cause. Même s'ils ont augmenté, ces salaires restent encore insuffisants, d'autant plus que la taille moyenne des familles canadiennes-françaises est plus grande. Le chômage structurel, qui s'installe de façon permanente au cours des années 1950, contribue au maintien de la pauvreté. Il y a également la misère engendrée par le malheur: les veuves, les femmes abandonnées par leur mari, les personnes handicapées, les travailleurs et travailleuses frappés par la maladie se retrouvent dans une situation fort difficile. Il ne faudrait pas négliger non plus la pauvreté rurale, particulièrement accentuée dans les régions éloignées et dans les zones de colonisation; même si l'auto-consommation alimentaire contribue à en atténuer les effets, elle conduit à une misère réelle.

Les familles défavorisées peuvent cependant compter sur un ensemble de programmes sociaux, la plupart de création assez récente. L'assurance-chômage est la clé de voûte du nouveau système. Administré par une commission, ce programme vise à contrer les effets de la conjoncture. Alimentée par les cotisations des employés, des employeurs et du gouvernement fédéral, sa caisse verse des prestations aux sans-travail qui y ont contribué. Au point de départ, de nombreux emplois sont exclus du programme et à peine 40% de la main-d'œuvre canadienne est couverte. Au cours de l'après-guerre, on élargit progressivement la couverture pour atteindre 65% de la main-d'œuvre à la fin des années 1950 et pour tenir compte du chômage saisonnier; on ajuste également le niveau des cotisations et des prestations à la hausse des salaires.

L'assurance-chômage ne s'adresse qu'aux personnes aptes au travail. D'autres programmes visent des groupes particuliers de la population qui ne sont pas en mesure de travailler. Le plus important est celui des pensions de vieillesse. Avant la guerre, il existait peu de régimes privés de pension dans les entreprises; pendant la guerre, de tels régimes s'étaient multipliés mais ils ne touchaient que les grandes entreprises. Les retraités de l'après-guerre qui, pendant la crise, ont été privés de leurs revenus et de leurs épargnes, n'ont guère pu mettre d'argent de côté au cours de leur vie active et se retrouvent particulièrement démunis. Depuis 1927 existe un programme fédéral de pensions, auquel le Québec n'a adhéré qu'en 1936, et qui est financé à parts égales par les deux niveaux de gouvernement. C'est en fait un programme d'assistance sociale aux personnes âgées, ne s'adressant qu'à celles qui ont 70 ans et plus et qui, après enquête, se révèlent être dans le besoin. Au début des années 1950, seulement la moitié des personnes âgées du Québec ont droit à une telle aide. Une réforme fondamentale est réalisée en 1951 par le gouvernement fédéral. Celui-ci prend désormais à sa charge le paiement d'une pension de vieillesse à toutes les personnes ayant 70 ans et plus, sans tenir compte de leurs besoins ou de leur revenu. En outre, un nouveau programme d'assistance-vieillesse, dont les coûts sont partagés à parts égales entre les deux niveaux de gouvernement, vise les personnes de 65 à 69 ans qui sont dans le besoin.

Le principal programme conçu et géré par le Québec est celui de l'assistance publique qui existe depuis 1921. Il vise à faire assurer l'entretien des indigents dans les institutions (hôpitaux, hospices, etc.) conjointement par l'État provincial, les municipalités et les institutions qui paient chacun le tiers des coûts. Il ne s'adresse qu'aux personnes inaptes au travail et complètement démunies, répondant aux critères sévères de la définition d'indigent. Par la suite, deux changements sont apportés à ce programme: d'une part, depuis 1940, les subventions de l'Assistance publique sont graduellement étendues à des organismes œuvrant auprès des indigents à domicile, comme les agences de service social; d'autre part, le gouvernement québécois prend peu à peu à sa charge une partie de la contribution des municipalités, pour l'éliminer complètement en 1960.

D'autres programmes visent des groupes plus spécifiques. L'assistance aux mères nécessiteuses, créée par le gouvernement québécois en 1937, concerne les femmes se trouvant à la tête d'une famille monoparentale et ne disposant que de faibles ressources. En sont exclues les mères célibataires et les femmes divorcées. Les pensions aux aveugles, créées en 1937 par le gouvernement fédéral et qu'il finance conjointement avec les provinces (75% - 25%), sont réaménagées en 1951. Le gouvernement fédéral met enfin sur pied, en 1955, un programme à frais partagés (50% - 50%) d'allocations aux invalides.

Ces divers programmes d'assistance jouent donc un rôle important pour aider à soulager la misère des plus démunis de la société. Les prestations qu'ils versent restent néanmoins très basses tout au cours de la période, une situation que dénoncent de plus en plus d'observateurs. Ces programmes s'avèrent insuffisants à cause de critères d'admissibilité très rigides. Un grand nombre de personnes inaptes au travail s'en trouvent exclues. De nombreuses autres, considérées comme aptes au travail, ne reçoivent aucune forme d'aide parce qu'elles sont victimes d'un chômage prolongé, souvent plus structurel que conjoncturel, et qu'à ce titre elles ne peuvent bénéficier de l'assurance-chômage.

C'est pour répondre à ce besoin que le gouvernement fédéral lance en 1956 le programme d'assistance-chômage, dont les coûts sont partagés également entre les deux niveaux de gouvernement. Le Québec n'y adhère qu'en 1959, avec effet rétroactif à 1958. Le programme s'adresse «aux personnes en chômage qui sont dans le besoin» et préfigure l'aide sociale de la période ultérieure.

Ainsi, dans l'après-guerre, l'aide aux personnes démunies se présente comme un assemblage de programmes qui se sont juxtaposés au cours des ans et qui ne sont pas bien coordonnés. Les critères d'admissibilité de plusieurs d'entre eux font qu'ils ne répondent que partiellement aux besoins. On assiste néanmoins à une certaine ouverture du système à mesure que de nouvelles clientèles ont accès à l'un ou l'autre des programmes et surtout après la création de l'assistance-chômage. En outre, le principe de l'universalité, sans égard aux revenus des personnes, est instauré d'abord avec les allocations familiales, puis avec les pensions de vieillesse aux individus de 70 ans et plus.

Le programme fédéral des allocations familiales, adopté en 1944 mais qui n'est appliqué qu'à partir de juillet 1945, lorsque sont versés les premiers chèques, vise en effet d'autres objectifs que la seule aide aux personnes démunies. Il doit compenser le niveau trop faible des salaires ouvriers et des revenus agricoles, insuffisant pour procurer aux enfants des familles nombreuses une qualité et une quantité adéquates de biens et de services. Il est aussi conçu pour assurer la relance de l'économie après la guerre en stimulant la consommation. Avec sa natalité plus élevée que la moyenne canadienne, la population francophone du Québec bénéficie particulièrement de cette mesure même si le montant des allocations diminue à partir du cinquième enfant; cette discrimination à l'endroit des familles nombreuses disparaît d'ailleurs en 1949. L'adoption de ce programme suscite une vive opposition de la part des groupes traditionalistes du Québec qui y voient une atteinte à l'autonomie provinciale et à la conception chrétienne de la famille. Ils s'en prennent en particulier au fait que les chèques sont versés à la mère plutôt qu'au père, considéré comme le chef et le pourvoyeur de la famille. Certains proposent même de refuser les allocations, mais la majorité de la population ne les suit pas sur ce terrain.

L'impact de ces programmes sociaux n'est pas négligeable. Les sommes versées constituent un apport économique appréciable. L'enquête de Tremblay et Fortin montre qu'en 1959, ces sommes, dont les allocations familiales sont la principale composante, représentent 9,2%

des revenus des familles salariées canadiennes-françaises et que ce pourcentage est plus élevé dans les milieux ruraux.

Même s'ils répondent à des besoins sociaux évidents, ces programmes ont aussi une rationalité économique qui a été soulignée précédemment. Conçus dans la perspective keynésienne comme des paiements de transfert, parce qu'ils constituent, par le biais de la taxation, un transfert de ressources de certains segments de la population vers des groupes spécifiques, ils assurent aux plus démunis un pouvoir d'achat minimum et contribuent, au niveau macro-économique, à soutenir la consommation.

La multiplication des programmes témoigne de l'ampleur de la pauvreté qui s'est installée ou maintenue au sein d'une société d'abondance. Si la période de l'après-guerre est, pour le Québec, celle de la découverte de la prospérité, elle est aussi celle de l'amorce d'une prise de conscience face à la pauvreté, prise de conscience dont les effets se feront plus nettement sentir après 1960.

ORIENTATIONS BIBLIOGRAPHIQUES

Choko, Marc, Jean-Pierre Collin et Annick Germain. «Le logement et les enjeux de la transformation de l'espace urbain: Montréal, 1940-1960», *Urban History Review/Revue d'histoire urbaine*, XV, 2 (octobre 1986), p. 127-136; 3 (février 1987), p. 243-253.

Guest, Dennis. *The Emergence of Social Security in Canada.* Vancouver, University of British Columbia Press, 1980. 257 p.

Lebel, Gilles. *Horizon 1980. Une étude sur l'évolution de l'économie du Québec de 1946 à 1968 et sur ses perspectives d'avenir.* Québec, Ministère de l'Industrie et du Commerce, 1970. 263 p.

Levasseur, Roger. *Loisir et culture au Québec.* Montréal, Boréal Express, 1982, chap. 3.

Québec, *Rapport du Comité d'étude sur l'assistance publique.* Québec, Gouvernement du Québec, 1963. 230 p. (Rapport Boucher).

Roy, Jean-Louis. *La marche des Québécois. Le temps des ruptures (1945-1960).* Montréal, Leméac, 1976. 383 p.

Saint-Germain, Maurice. *Une économie à libérer. Le Québec analysé dans ses structures économiques.* Montréal, Presses de l'Université de Montréal, 1973. 471 p.

Tremblay, Marc-Adélard et Gérald Fortin. *Les comportements économiques de la famille salariée du Québec. Une étude des conditions de vie, des besoins et des aspirations de la famille canadienne-française d'aujourd'hui.* Québec, Presses de l'Université Laval, 1964. 405 p.

Vaillancourt, Yves. *L'évolution des politiques sociales au Québec, 1940-1960.* Montréal, Presses de l'Université de Montréal, 1988. 513 p.

Chapitre 24

DEUX INSTITUTIONS DÉBORDÉES

À la fin de la guerre, l'Église et l'école sont encore profondément marquées par le traditionalisme. Le contexte de l'après-guerre provoque pourtant de sérieuses remises en question. Les besoins longtemps comprimés s'expriment avec plus de force et appellent une rénovation. Débordées, ces deux institutions ont de plus en plus de difficultés à répondre aux attentes.

RELIGIONS ET ÉGLISES

Les grands traits du paysage religieux demeurent inchangés: avec 87% des Québécois recensés en 1941 et 88% en 1961, l'Église catholique regroupe toujours la très grande majorité de la population. Des principaux courants religieux minoritaires, les juifs voient leur importance relative se maintenir à 2% de la population; les protestants, quant à eux, subissent un léger recul, passant de 10,6% à 8,8% en vingt ans.

Les religions minoritaires

Chez les protestants, l'Église anglicane et l'Église unie regroupent toujours les trois quarts des fidèles. Les presbytériens représentent autour de 15%, et les derniers 10% sont répartis entre les Églises plus petites et surtout un grand nombre de sectes ne comptant que quelques centaines de croyants chacune.

Le protestantisme québécois est surtout anglophone et concentré dans l'agglomération montréalaise et les Cantons de l'Est. Quoique très minoritaires, les francophones exigent néanmoins d'être reconnus, en particulier pour obtenir une place dans le réseau scolaire protestant.

Les Églises protestantes connaissent une période d'épanouissement, aussi bien sur le plan matériel que spirituel. On construit des temples dans les banlieues des grandes villes, la pratique est plus soutenue et les effectifs connaissent une hausse modérée. Cependant, les Églises sont touchées par le conservatisme ambiant et, dans bien des cas, abandonnent les objectifs d'égalité sociale du *social gospel*.

Après 1945, le groupe juif est marqué par la découverte de l'ampleur de l'Holocauste dont il s'emploie à accueillir des survivants. C'est aussi une période où l'idéologie et le mouvement sionistes connaissent un succès certain, stimulé par la création de l'État d'Israël en 1948. La communauté juive québécoise profite, elle aussi, du climat de grande prospérité et connaît une forte mobilité sociale ascendante. Le niveau de vie augmente et, avec lui, une certaine désaffection religieuse. Les institutions se sécularisent et s'américanisent, au grand dam des traditionalistes tant culturels que religieux.

Comme ailleurs en Amérique du Nord, les juifs québécois appartiennent au courant ashkénaze. Tirant son nom du mot hébreu désignant les territoires germaniques, ce courant rassemble les descendants de la communauté juive établie d'abord en Rhénanie au moyen âge et qui a essaimé à travers l'Europe puis vers l'Amérique. Il présente des traits culturels et religieux distinctifs. Par ailleurs, la tradition religieuse y est dominée par trois tendances — orthodoxe, conservatrice et réformée —, cette dernière étant cependant minoritaire. La première tendance est renforcée par l'arrivée des groupes hassidiques à la fin de la guerre. Originaires d'Europe de l'Est, ceux-ci ont une vie communautaire très serrée et font preuve d'une orthodoxie intransigeante. Malgré leur faible nombre, ils posent à la communauté juive montréalaise des problèmes d'ajustement.

L'arrivée des juifs sépharades, à partir de 1957, marque le début de l'installation à Montréal du deuxième courant important de la judaïcité après les ashkénazes. Il s'agit des descendants des communautés juives implantées en Espagne et ayant rayonné sur le pourtour de la Méditerranée. Les sépharades possèdent des traits religieux et culturels propres. L'arrivée de ces «juifs arabes», comme les appellent parfois les ashkénazes, est d'autant plus dérangeante pour l'équilibre de la communauté juive québécoise que les sépharades sont francophones. Ces tensions seront surtout perceptibles durant les années 1960.

En règle générale, les rapports entre les religions minoritaires et la religion catholique sont empreints de civilité. Dès cette époque, on remarque des tentatives individuelles de rapprochement entre croyants de religions différentes. Par ailleurs, depuis des années, les Églises ont

Cérémonie religieuse juive, Montréal, 1956. (ANC, PA-133223)

appris qu'il valait mieux vivre en paix en évitant tout prosélytisme intempestif.

Toutefois, après la guerre, le militantisme de la petite secte des Témoins de Jéhovah provoque un véritable branle-bas de combat. Il semble que le Québec ait été choisi comme champ de bataille principal par la direction américaine de la secte. À partir de 1944, on envoie missionnaires et fonds pour dénoncer l'Église catholique et le clergé, à grand renfort de tracts et de haut-parleurs installés en plein air. Devant cet assaut, les curés font appel aux mouvements d'action catholique ainsi qu'aux municipalités pour contrer les intrus. Le premier ministre Duplessis fait surveiller de près les Témoins par la police et leur livre une guérilla judiciaire. Le tout se déroule dans un climat d'intolérance de part et d'autre, marqué aussi par la célèbre affaire Roncarelli, du nom d'un restaurateur à qui la Commission des liqueurs retire son permis d'alcool, sous la pression de Duplessis, parce qu'il a versé les cautionnements des Témoins arrêtés. Dans les années 1950, la secte abandonne sa stratégie de confrontation et pratique un prosélytisme plus discret, concentrant ses efforts sur le contact individuel au moyen du porte-à-porte et de la vente de journaux et de tracts.

L'Église catholique

C'est une période tout en contrastes pour l'Église catholique. Les signes de sa richesse et de son pouvoir n'ont jamais été si éclatants. Toutefois, derrière cet apparent triomphalisme, elle est minée dans la base même de son pouvoir et subit en son sein des tensions diverses qui vont s'exacerbant.

La prospérité générale rejaillit sur ses institutions et son mode de vie. Extérieurement, la foi semble bien se porter et les effectifs continuent encore de croître. Par exemple, les manifestations du congrès marial de 1947 rassemblent des foules monstres au Jardin botanique de Montréal (50 000 personnes) et à l'Oratoire Saint-Joseph (100 000). De même, jamais dans l'histoire du Québec, les effectifs religieux n'ont été plus nombreux. Le nombre total de prêtres passe de 5 000 en 1940 à 8 400 vingt ans plus tard; les communautés religieuses, de leur côté, comptent 33 398 membres en 1941 et 45 253 en 1961, dont 75% de femmes. Il en résulte un encadrement serré: vers 1950, on compte un prêtre pour 504 fidèles et un religieux (père, frère ou sœur) pour 89 catholiques.

Ces chiffres cachent deux problèmes qui s'aggravent au cours des années 1950. Le premier est un certain essoufflement du recrutement: alors que de 1911 à 1941, la croissance avait toujours dépassé 30% à chaque décennie, elle chute à 18,9% entre 1941 et 1951, puis à 14% pour la décennie suivante. Le recrutement devient alors une des préoccupations majeures de l'épiscopat. Le second problème est celui du débordement. Le clergé ne suffit plus à remplir ses nombreuses tâches qui deviennent de plus en plus exigeantes. On estime qu'en 1945 à peine 40% des prêtres sont affectés au ministère paroissial; l'enseignement et l'aumônerie en occupent respectivement 25% et 10%; les autres sont administrateurs, étudiants ou retraités. Il en va de même pour les communautés aux prises avec la croissance rapide des institutions d'enseignement, des hôpitaux et des services sociaux.

Les structures d'encadrement évoluent aussi. Dans le contexte d'urbanisation rapide, on tente de conserver l'organisation pastorale traditionnelle en créant de nombreuses paroisses nouvelles dans les villes. Toutefois, déjà le manque de prêtres oblige à laisser grossir la taille des paroisses, si bien que la norme optimale de 2500 fidèles est souvent dépassée. Mais les différents mouvements traditionnels restent très actifs: en 1961, environ un catholique sur cinq en fait partie.

Les divers éléments de la structure d'encadrement d'une paroisse catholique, Québec, 1945.

L'action catholique spécialisée, qui mise sur un degré de participation active plus poussé, regroupe beaucoup moins de membres et continue à noyauter des milieux cibles bien précis, comme les étudiants ou certains groupes professionnels. Au palier diocésain, on cherche à mobiliser les catholiques par des opérations de grande envergure comme la Croisade du chapelet en famille, lancée en 1950, ou la Grande mission de 1960 du cardinal Paul-Émile Léger.

L'Église cherche aussi à élargir son action en utilisant les médias. Créé en 1946, le Service de presse et de cinéma permet d'intervenir auprès des consommateurs catholiques en proposant des cotes morales pour chacun des films projetés. Parallèlement, la mise sur pied d'un réseau de distribution d'obédience catholique, Rex Films (1951-1956), permet d'alimenter les ciné-clubs qui naissent un peu partout. À la radio, le chapelet en famille mène une longue carrière. En dépit de la méfiance de la hiérarchie, on ne met pas longtemps à saisir les potentialités de la télévision. En 1954, l'émission *Eaux vives,* animée par le père Émile Legault, donne le coup d'envoi aux programmes religieux.

Cependant, en dépit de tous ces efforts, des enquêtes d'époque concluent à une désaffection religieuse croissante qui inquiète la hiérarchie. Dès 1948, de 30% à 50% des catholiques montréalais ne vont pas à la messe du dimanche. Les enquêtes de la Jeunesse étudiante catholique (JEC) notent également le désintérêt des jeunes. Partout l'emprise de la religion semble faiblir. On en a un exemple éclatant à Montréal en 1951. Cette année-là, à l'instigation de l'évêque, les militants de la campagne de la moralité font adopter par la ville un règlement décrétant la fermeture de tous les commerces pour la fête de l'Immaculée-Conception. Mais les catholiques montréalais, passant outre au désir de leur évêque, poursuivent leurs achats de Noël et sont nombreux dans les magasins de l'ouest du centre-ville, demeurés ouverts malgré le règlement.

Même parmi les fidèles convaincus, de plus en plus de laïcs contestent, de l'intérieur, le pouvoir des clercs. Formés par les mouvements d'action catholique, ils veulent que le clergé cesse de contrôler tous les aspects de la vie sociale et chrétienne. Leur pensée se nourrit aux grandes tendances du catholicisme français alors en pleine renaissance, et s'exprime dans des revues dont la plus célèbre est sans contredit *Cité libre.* Cette volonté d'autonomie se retrouve aussi dans le syndicalisme catholique, de plus en plus tiraillé entre ses objectifs propres et son appartenance religieuse. De plus, comme l'Église ne dispose plus du personnel religieux suffisant pour faire fonctionner ses institutions, les employés laïcs y deviennent plus nombreux et s'accommodent de moins en moins du fait que les postes de commande leur échappent systématiquement. Graduellement, l'occupation par l'Église et ses clercs d'un grand nombre de champs de la vie sociale est remise en question. Il y a maintenant un groupe important de laïcs prêts à prendre la relève.

À l'intérieur même du clergé, des tensions nouvelles opposent les traditionalistes aux partisans du renouveau. Dans la hiérarchie, les clivages se creusent après le décès du cardinal Villeneuve en 1947. Trois ans plus tard, la démission forcée de l'évêque de Montréal, Joseph

Une Église triomphante: le cardinal Léger, le maire Drapeau et Maurice Duplessis entourés de membres du clergé, Montréal, 1955. (*The Gazette*, ANC, PA-119877)

Charbonneau, apparaît, en dépit des dénégations, étrangement reliée à ses prises de position sociales et marque la remontée des forces conservatrices à l'intérieur de l'épiscopat, tendance que confirme la nomination de Paul-Émile Léger. On note néanmoins chez une partie du clergé une préoccupation croissante pour les questions sociales qui se reflète par exemple dans la mise sur pied, en 1948, de la Commission sacerdotale d'études sociales, dans les prises de position pro-syndicales lors de la grève d'Asbestos de 1949, ou encore dans la lettre épiscopale collective sur le problème ouvrier de 1950. Cependant, certains éléments du clergé s'enfoncent dans un embourgeoisement qui se traduit par une grande médiocrité, un ministère routinier et une distanciation par rapport aux besoins des fidèles. Ce phénomène est accentué par la fonctionnarisation d'un grand nombre de clercs qui ne sont pas dans les paroisses et qui occupent des postes salariés à l'intérieur des institutions.

La position de l'Église est encore affaiblie par l'évolution de ses rapports avec l'État. La création du ministère de la Jeunesse et du Bien-être social (1946), le financement public accru des soins hospitaliers et de l'enseignement collégial indiquent que l'État, sans remettre en question les prérogatives de l'Église, est néanmoins en train de circonscrire et d'investir certaines de ses chasses-gardées. En fait, l'Église arrive de moins en moins à coordonner et à maintenir l'ensemble des services dont la population a besoin et l'État, tout naturellement, prend la relève.

Par ailleurs, la collusion entre l'Union nationale et l'Église durant ces années constitue, à terme, un autre facteur d'affaiblissement. Dans un texte de 1956, intitulé «L'immoralité politique dans la province de Québec», les abbés Dion et O'Neil dénoncent vertement l'amalgame de pratiques auxquelles conduit cette collusion et où se mêlent naïveté, opportunisme retors, corruption électorale et abus de confiance. Mais le système de patronage de Duplessis aboutit, en fin de compte, à renforcer l'intrusion de l'État dans beaucoup de domaines occupés par les institutions religieuses, tout en discréditant ces dernières dans l'opinion publique.

Ainsi cette période, qui apparaît comme l'apogée de l'Église catholique au Québec, est aussi celle où l'institution commence à manifester des signes sérieux d'essoufflement et d'inadaptation face aux transformations de la société.

ÉDUCATION

Dans l'après-guerre, les questions d'éducation soulèvent un intérêt considérable. Y concourent la croissance démographique rapide et le retour de la prospérité qui encouragent l'investissement individuel et collectif dans la scolarisation, mais aussi le développement de la science et de la technologie, l'ouverture sur le monde et la volonté de rattrapage ou de modernisation. Or au lendemain de la guerre, le système scolaire ne peut répondre adéquatement aux besoins et aux attentes de la population. On assiste alors à une intense remise en question et à des tentatives de renouvellement d'un appareil devenu désuet.

Les tentatives d'ajustement

La clientèle scolaire connaît, de l'école primaire à l'université, une expansion sans précédent, passant de 728 755 élèves en 1945 à environ 1 300 000 en 1960. Comment le système d'éducation peut-il répondre à cette marée montante ?

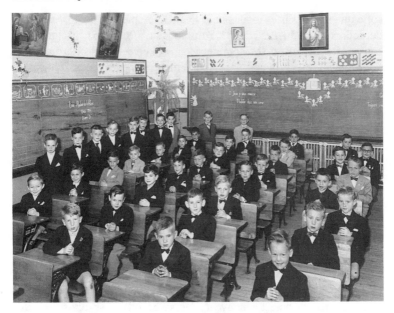

Une classe de première année en 1954. (Collection particulière)

Il existe d'abord un grave problème d'insuffisance des équipements. Encore en 1951, plus de 70% des 8780 établissements scolaires du Québec n'ont qu'une seule classe, 60% sont sans électricité et 40% sans eau ni toilettes à l'intérieur. Pour répondre à ces déficiences, dont les plus criantes sont corrigées par l'électrification rurale, le gouvernement aide les commissions scolaires à ouvrir de nouvelles écoles en grand nombre, ce qui permet à l'Union nationale de se vanter, en 1956, d'avoir construit plus de 3000 écoles en dix ans. Toutefois, il s'agit encore majoritairement d'écoles de rang où l'institutrice s'adresse en même temps aux enfants de tous les niveaux. Quant aux établissements secondaires publics, ils restent insuffisants et sous-équipés.

Pourtant, les dépenses publiques pour l'éducation augmentent considérablement. Aux niveaux primaire et secondaire publics, ce sont les commissions scolaires qui en assument la plus grande part: leurs dépenses passent de 69 millions de dollars en 1951 à 213 millions en 1959. La contribution du gouvernement augmente toutefois de 27% du coût total en 1945 à 35% en 1959. En outre, l'État participe au financement des autres types d'institutions gouvernementales ou privées, de sorte que ses dépenses totales pour l'éducation passent de 46,7 millions de dollars en 1950-1951 à 181,5 millions en 1960-1961. Malgré cette hausse des dépenses, les commissions scolaires font face à un sous-financement et certaines sont lourdement endettées. La «Loi pour assurer le progrès de l'éducation», adoptée en 1946, permet au gouvernement de verser des sommes importantes aux commissions scolaires, mais celles qui recourent à cette aide doivent se soumettre à la tutelle de la Commission municipale du Québec. Trois ans plus tard, une nouvelle loi autorise certaines commissions scolaires à prélever une taxe de vente sur leur territoire. En 1954, plus de la moitié des commissions scolaires sont encore en tutelle, ce qui indique bien la gravité du problème.

Comme c'est le cas pour le financement, les réformes pédagogiques qui ont lieu durant la période témoignent d'efforts dispersés pour ajuster le vieux système aux réalités nouvelles. L'une des plus importantes touche l'enseignement secondaire. En 1956, les cours primaire complémentaire et primaire supérieur du secteur catholique deviennent le cours secondaire public, dont le nouveau programme d'études s'étend sur cinq ans. Le nouveau cours secondaire se divise en plusieurs voies, entre autres, les sections scientifique, commerciale et classique, susceptibles de mieux répondre aux besoins des quelque 200 000 étudiants inscrits à ce niveau.

Le gouvernement Duplessis prend aussi quelques initiatives en ce qui concerne l'enseignement technique et professionnel. En 1945, il crée des centres d'apprentissage. L'année suivante, il met sur pied le ministère de la Jeunesse et du Bien-être social auquel incombe la responsabilité des écoles de métiers et des instituts techniques. De 1940 à 1961, 40 établissements de ce genre sont ouverts. Mais, ici encore, un grand désordre subsiste. Le système fonctionne parallèlement au secteur secondaire public et il est mal ajusté aux exigences du marché du travail. Il existe aussi dans le secteur technique et professionnel un très grand nombre d'institutions privées, dont 125 collèges commerciaux et quelque 150 autres écoles qui enseignent les langues, la couture, la coiffure, etc. En 1960-1961, il n'y a que 23 000 garçons dans l'ensemble de ce secteur, soit moins de 8% de la population masculine âgée de 14 à 20 ans.

Les collèges classiques privés, qui occupent toujours une position centrale dans le système d'enseignement, connaissent une expansion rapide; de 1940 à 1965, on en fonde 135 et le nombre d'étudiants passe de 22 634 en 1940 à 38 000 en 1960. Les garçons ont à leur disposition deux fois plus de collèges que les filles.

Les collèges font des efforts pour s'adapter; ils acceptent d'ouvrir plus d'externats, ils instituent un baccalauréat comprenant l'apprentissage du latin mais supprimant celui du grec; ils se regroupent au sein de la Fédération des collèges classiques et ils ouvrent davantage leurs portes aux enseignants laïcs. Toutefois, ils résistent à la remise en cause de leur place privilégiée dans le système scolaire et refusent de s'intégrer dans un système public cohérent. Les collèges privés n'ont ni les ressources humaines ni les ressources financières pour faire face à l'accroissement de la demande. C'est pourquoi à compter de 1945 sont créées des sections classiques dans les commissions scolaires. Ce n'est qu'en 1954 que le DIP reconnaît officiellement cette politique. En 1961 on dénombre 61 sections classiques, dont 13 seulement pour les filles qui, dans ce domaine comme dans tout le reste du système, sont défavorisées. Même si ces sections ne dispensent que les quatre premières années, il s'agit d'une brèche dans le monopole des collèges.

Les enseignants

Le nombre d'enseignants catholiques dans le secteur public passe de quelque 27 000 en 1950 à 45 000 en 1960. Cette augmentation est elle aussi insuffisante pour répondre à la demande créée par l'arrivée des enfants du *baby boom*. Les écoles normales n'arrivent pas à produire un assez grand nombre de diplômés et plusieurs enseignants quittent la profession après seulement quelques années d'exercice car les conditions de travail y sont déplorables. Ainsi en 1953, plus de 5500 institutrices gagnent moins de 1000$ par année, tandis qu'un nombre équivalent gagnent entre 1000 et 1500$ à une époque où le salaire annuel moyen d'un employé de bureau est de 1600$. On doit donc augmenter le nombre d'élèves par classe, se résoudre à fermer des écoles et à engager des enseignants non qualifiés. Le secrétaire du DIP luimême estime, à la fin des années 1950, que 48% du personnel enseignant ne répond pas aux normes généralement acceptées dans les autres provinces.

Inquiète de la situation, la Corporation des instituteurs et des institutrices, qui voit le jour en 1946, ainsi que les fédérations syndicales d'enseignants proposent des solutions: reconnaissance de la profession, amélioration des salaires et des conditions de travail, perfectionnement

Une religieuse et ses élèves à l'église, Montréal, 1952. (Frank Royal, ONF, ANC, PA-151654)

des maîtres, mobilisation des enseignants et de l'opinion publique. Le gouvernement et les commissions scolaires résistent à ces demandes pressantes et les syndicats doivent mener des luttes épiques pour obtenir des conditions décentes. Ce n'est qu'en 1959, par exemple, que le salaire minimum dans l'enseignement est porté de 600$ à 1500$ par année.

Le corps enseignant du secteur public reste très majoritairement féminin (80%). Cependant, dans les écoles catholiques, le rapport entre laïcs et religieux se modifie d'une manière significative, car les communautés religieuses ne réussissent pas à recruter autant de membres que l'exigerait l'accroissement de la population scolaire. Les prêtres, les frères et les sœurs, majoritaires à la fin de la guerre, ne constituent plus que 31% des effectifs en 1960.

La remise en question

Ni l'injection d'argent, ni les diverses modifications des programmes, ni les installations nouvelles ne parviennent à corriger les insuffisances et les incohérences profondes qui marquent le système scolaire. C'est pourquoi, pendant les années 1950, le problème de l'éducation se trouve au cœur des débats importants. Ce que certains, à l'époque duplessiste, se plaisent à appeler «le meilleur système d'éducation au monde», est un système fragmenté, sous-financé, sous-développé, dépourvu de coordination, peu démocratique, élitiste et sexiste.

Ces constats donnent lieu à de nombreuses enquêtes, conférences et publications. Ainsi, sur les 240 mémoires présentés en 1953-1955 à la Commission royale d'enquête sur les problèmes constitutionnels (commission Tremblay), plus de 140 abordent le sujet de l'enseignement. En 1958, une cinquantaine d'organismes, représentant à peu près tous les milieux qui s'intéressent à l'éducation, se réunissent pour dresser un inventaire des besoins et chercher des solutions «à l'inquiétude commune».

Un premier problème est celui du régime de financement. Demeuré essentiellement inchangé depuis le 19e siècle, il mise sur l'impôt foncier réparti selon la religion des contribuables-propriétaires. Ce régime produit des revenus très insuffisants et surtout inégalement répartis; il condamne le système d'éducation au sous-développement et permet mal, en particulier, de financer l'enseignement secondaire, qu'il faudrait régionaliser et rendre accessible à l'ensemble de la population. À ce problème sont liées directement les difficultés de recrutement du personnel enseignant. Mais le problème le plus grave demeure la sous-scolarisation des francophones. Encore en 1958, sur 100 élèves qui entrent à l'école primaire, 63 seulement terminent leur 7e année, 30 se rendent jusqu'en 9e et aussi peu que 13 finissent leur 11e, tandis que chez les protestants 36% des élèves atteignent la 11e année. Pour plusieurs, seule une intervention accrue et cohérente de l'État pourrait corriger la situation. En 1960, l'immense succès des *Insolences du frère Untel,* qui dénonce la débilité du système et qui recommande de fermer le DIP «après avoir décerné à tous ses membres la médaille de la médiocrité solennelle», indique à quel point le besoin de réformes est répandu dans la population.

L'enseignement supérieur

Avec la création de l'Université de Sherbrooke en 1954, le Québec compte six universités, dont trois francophones et trois anglophones, toutes privées. Si les étudiants de langue anglaise n'ont guère de difficulté à accéder à l'université, il n'en va pas de même pour ceux de langue française. On estime qu'en 1953-1954, les universités francophones ne comptent qu'environ 7500 étudiants à plein temps inscrits aux cours réguliers, dont seulement 15% sont des femmes. En 1960, dans l'ensemble des universités du Québec, le nombre d'étudiants à plein temps s'élève à près de 22 000; ce qui ne représente que 4,3% de la population âgée de 20 à 24 ans. De plus, ce taux moyen masque l'écart considérable entre les deux groupes linguistiques: les anglophones ont un taux de 11% et les francophones de 2,9%. Les universités anglophones produisent au total plus de diplômés que les universités francophones et décernent même deux fois plus de doctorats (tableau 1).

TABLEAU 1

NOMBRE DE DIPLÔMES CONFÉRÉS PAR LES UNIVERSITÉS QUÉBÉCOISES,
1ER, 2E ET 3E CYCLES, 1946-1955

	Laval	Montréal	McGill	Sir George Williams	Bishop, Loyola, Marianapolis
1er cycle	4 645	5 597	9 860	1 448	802
2e cycle	1 224	1 394	1 217	—	40
3e cycle	161	226	823	—	—
Total	6 030	7 217	12 000	1 448	842

Source : R. DUCHESNE, *La science et le pouvoir au Québec*, p. 104-105.

Certes, le gouvernement québécois n'est pas totalement insensible aux besoins de l'enseignement supérieur et de la recherche. De 1949 à 1959, il augmente ses subventions de 2 à 11 millions de dollars, et prend quelques initiatives: création d'une école de médecine vétérinaire, d'une école forestière, attribution de 6 millions de dollars pour la construction de nouveaux édifices requis par l'École polytechnique, etc. Mais tout cela est fort insuffisant, compte tenu des besoins.

Dans les milieux universitaires et scientifiques, on reproche surtout au gouvernement Duplessis son manque de politique d'ensemble. Distribuant les subventions de manière discrétionnaire, il n'hésite pas en outre à intervenir auprès des autorités pour faire taire les intellectuels qui critiquent sa politique conservatrice.

Il est vrai que la crise de l'enseignement supérieur touche l'ensemble du Canada. La Commission royale d'enquête sur l'avancement des arts, des lettres et des sciences au Canada (commission Massey) recommande d'ailleurs au gouvernement fédéral d'accorder des subventions aux universités du pays, au prorata de la population de chaque province, politique mise en œuvre dès 1951. Le refus de Duplessis d'accepter ces subventions fédérales provoque une vive controverse. La commission Tremblay reconnaît la gravité de la situation et fait siennes deux recommandations majeures des universités: la création d'un Fonds pour l'enseignement supérieur qui s'alimenterait à même une partie des impôts sur les sociétés, et la mise sur pied d'un Conseil des universités composé d'universitaires qui se chargeraient de distribuer — sans interventions politiciennes — les subventions à l'enseignement supérieur.

Comme Duplessis refuse de donner suite à ces recommandations, les milieux universitaires, qui ont des appuis aussi bien dans les chambres de commerce que dans les organisations patriotiques ou les syndicats, deviennent de plus en plus des foyers d'opposition à l'Union nationale et se joignent aux autres groupes qui réclament des changements.

Ainsi dans l'ensemble du système d'éducation, du primaire à l'université, les problèmes demeurent nombreux même si des progrès sont accomplis avec l'augmentation des clientèles, des établissements et des dépenses. La réforme en profondeur, de plus en plus perçue comme indispensable au cours des années 1950, devra attendre la décennie suivante.

ORIENTATIONS BIBLIOGRAPHIQUES

ANCTIL, Pierre et Gary CALDWELL, dir. *Juifs et réalités juives au Québec*. Québec, IQRC, 1984, chap. 2 et 5.

AUDET, Louis-Philippe. *Histoire de l'enseignement au Québec*. Montréal, Holt, Rinehart et Winston, 1971. Vol. 2. 496 p.

— «Les cadres scolaires», Guy Sylvestre, dir. *Structures sociales du Canada français*. Québec et Toronto, Presses de l'Université Laval et University of Toronto Press, 1966, p. 29-66.

CANADA. *Rapport de la Commission royale d'enquête sur l'avancement des arts, des lettres et des sciences au Canada*. Ottawa, Imprimeur du roi, 1951. 600 p. (Rapport Massey).

CHARLAND, Jean-Pierre. *Histoire de l'enseignement technique et professionnel, 1867-1982*. Québec, IQRC, 1982, p. 223-338.

Conférence provinciale sur l'éducation. *L'éducation au Québec face aux problèmes contemporains*. Saint-Hyacinthe, Éditions Alerte, 1958. 180 p.

COUSINEAU, Jacques. *L'Église d'ici et le social, 1940-1960*. Montréal, Bellarmin, 1982, p. 19-128.

DANDURAND, Pierre et Marcel FOURNIER. «Développement de l'enseignement supérieur, classes sociales et luttes nationales au Québec», *Sociologie et sociétés*, 12, 1 (avril 1980), p. 101-132.

DENAULT, Bernard et Benoît LÉVESQUE. *Éléments pour une sociologie des communautés religieuses au Québec*. Montréal, Presses de l'Université de Montréal, 1975, p. 18-117.

DESBIENS, Jean-Paul. *Les insolences du frère Untel*. Montréal, Éditions de l'Homme, 1960. 158 p.

DION, Gérard et Louis O'NEILL. *Le chrétien et les élections*. Montréal, Éditions de l'Homme, 1960. 123 p.

DIONNE, Pierre. *Une analyse historique de la Corporation des enseignants du Québec (1936-1968)*. Mémoire de maîtrise (relations industrielles), Université Laval, 1969. 260 p.

DUCHESNE, Raymond. *La science et le pouvoir au Québec (1920-1965)*. Québec, Éditeur officiel, 1978. 126 p.

GALARNEAU, Claude. *Les collèges classiques au Canada français*. Montréal, Fides, 1978. 287 p.

GOW, James Iain. *Histoire de l'administration publique québécoise 1867-1970*. Montréal et Toronto, Presses de l'Université de Montréal et Institut d'administration publique du Canada, 1986, p. 248-257.

GUTWIRTH, Jacques. «Hassidim et judaïcité à Montréal», *Recherches sociographiques*, XIV, 3 (1973), p. 291-325.

HAMELIN, Jean. *Histoire du catholicisme québécois. Le XXᵉ siècle. Tome 2. De 1940 à nos jours*. Montréal, Boréal Express, 1984, p. 11-207.

HAMELIN, Louis-Edmond. «Évolution numérique séculaire du clergé catholique dans le Québec», *Recherches sociographiques*, II, 2 (avril-juin 1961), p. 189-241.

LASRY, Jean-Claude M. «Une diaspora francophone au Québec. Les juifs sépharades», *Questions de culture*, 2 (1982), p. 113-135.

MAIR, Nathan H. «Les Églises protestantes», Gary CALDWELL et Eric WADDELL, dir. *Les anglophones du Québec*. Québec, IQRC, 1982, p. 219-232.

QUÉBEC. *Rapport de la Commission royale d'enquête sur les problèmes constitutionnels*. Québec, 1956. (Rapport Tremblay).

ROUSSEAU, Louis. «L'évolution des associations volontaires dans les paroisses montréalaises, 1940-1970», communication au *Symposium sur le renouveau communautaire*, Montréal, 1973. 8 p.

ROY, Jean-Louis. *La marche des Québécois. Le temps des ruptures (1945-1960)*. Montréal, Leméac, 1976, p. 245-358.

TREMBLAY, Arthur. *Contributions à l'étude des problèmes et des besoins de l'enseignement dans la province de Québec*. Annexe 4 au Rapport Tremblay, 1955. 406 p.

VIGEANT-GALLEY, Paulette. *Les enseignants et le pouvoir. Histoire de l'Alliance des professeurs de Montréal: les luttes syndicales et le développement social (1952-1958)*. s.l., CEQ et APM, 1981. 128 p.

VOISINE, Nive, André BEAULIEU et Jean HAMELIN. *Histoire de l'Église catholique au Québec (1608-1970)*. Montréal, Fides, 1971, p. 73-85.

Chapitre 25

L'ÂGE DE L'IMPATIENCE

La prospérité, la reprise du processus d'urbanisation et d'industria-lisation, les nouveaux modes de vie axés sur la consommation et les moyens de communication, de même que le souvenir encore frais de la crise et de la guerre, favorisent l'expression de nouveaux modèles idéologiques. Le réformisme néo-libéral propose alors les siens, tandis que se manifeste une volonté de réarticuler et de mettre à jour le natio-nalisme. Mais ces deux courants, qui appellent l'un et l'autre à la modernisation du Québec, sont confrontés au discours du nationalisme traditionaliste, dont l'influence continue de se faire largement sentir.

Nationalisme traditionaliste et duplessisme

Situation paradoxale que celle du nationalisme traditionaliste dans le Québec d'après-guerre: sa force et son influence paraissent plus grandes que jamais, et pourtant il est menacé, comme le confirmera sa marginalisation rapide quelques années plus tard.

La crise, on l'a vu, a permis à ce courant de s'affirmer avec une vigueur accrue, de réarticuler ses positions et de se présenter comme une vision positive, offrant une solution de rechange aux difficultés de l'époque. Après la guerre, toutefois, les conditions nouvelles qui trans-forment la société québécoise sont de moins en moins conformes au modèle que propose et défend le traditionalisme, qui persiste à affirmer la vocation essentiellement religieuse et agricole du peuple canadien-français et la primauté des valeurs anciennes: famille patriarcale, vie paroissiale, méfiance envers l'étranger, culte du passé. Certes, on tente, sans renoncer à cette vision conservatrice ni aux principes qui la sous-tendent, d'adapter le message à la réalité contemporaine. Mais ces ten-tatives sont soit insuffisantes, soit trop tardives, si bien que les tenants de ce nationalisme défensif tendent à s'enfermer dans une attitude surtout négative à l'égard du monde moderne et de ses diverses mani-festations et à refuser à peu près toute perspective de changement.

Ce qui donne néanmoins une grande force à ce courant, malgré l'écart considérable qui le sépare des problèmes et des besoins du

Québec d'après-guerre, c'est qu'il est appuyé par des groupes dont l'influence reste prépondérante, grâce aux positions d'autorité qu'ils occupent dans la société et les institutions. Telles sont une majorité des membres du clergé et de la hiérarchie catholiques, de même que les élites locales traditionnelles. Aussi, plusieurs groupes de pression, comme les sociétés Saint-Jean-Baptiste ou l'organisation secrète appelée l'Ordre de Jacques Cartier, se réclament du nationalisme traditionaliste. Celui-ci imprègne largement l'enseignement primaire et secondaire, vu le contrôle clérical qui s'y exerce. Enfin, le courant a ses penseurs attitrés, comme les rédacteurs du journal *L'Action catholique* de Québec ou ceux de la revue montréalaise *Relations*, animée par les jésuites.

Mais le principal soutien vient de l'État duplessiste, qui se veut à la fois l'incarnation et le défenseur officiel du nationalisme traditionnel. L'Union nationale de Maurice Duplessis, en effet, puise là l'essentiel de son programme idéologique et la justification de ses positions en matières constitutionnelle et sociale. Ainsi, c'est au nom de la survivance canadienne-française que Duplessis s'oppose aux visées centralisatrices d'Ottawa et défend farouchement l'autonomie provinciale. C'est au nom de l'identité française et catholique qu'il crée un drapeau officiel du Québec en 1948. Mais c'est également au nom de l'ordre et des valeurs traditionnelles qu'il réprime le syndicalisme militant, dénonce les intellectuels réformistes ou refuse d'entamer le contrôle de l'Église dans le système d'éducation et les services de santé.

Un autre facteur contribue encore à accentuer le caractère réactionnaire de l'idéologie du parti au pouvoir. C'est son association, dans le domaine économique, avec un libéralisme d'ancienne école, resté attaché aux principes du laisser-faire et opposé à toute forme d'intervention étatique. Cette position diffère sensiblement de celle des nationalistes des années de crise, qui en étaient venus à critiquer au moins partiellement le capitalisme et à prôner, par le biais du corporatisme et de la lutte anti-trust, une forme de régulation de l'économie au nom du bien commun. Pour Duplessis et ses alliés, au contraire, l'entreprise privée doit pouvoir agir en toute liberté, puisque d'elle seule dépend la prospérité générale. Ainsi justifient-ils l'accueil généreux que le gouvernement réserve aux capitaux américains, quitte, ce faisant, à contredire l'idéal nationaliste proclamé par ailleurs. Cet idéal, par contre, sert à rejeter toute tentative de revalorisation du rôle de l'État, présentée comme un instrument du fédéralisme centralisateur, et donc comme une menace à l'intégrité politique et nationale du Québec.

En somme, si sa récupération par le pouvoir duplessiste donne au nationalisme traditionaliste une influence décisive dans la vie publique, elle tend par ailleurs à le dépouiller de sa vitalité et à le transformer en un discours autoritaire et fermé à toute discussion.

Le mouvement de contestation

La version duplessiste du nationalisme traditionaliste colore le paysage idéologique de toute la période, dont elle constitue une sorte d'arrière-plan permanent. La contestation, cependant, s'élève dès la fin des années 1940 et va s'étendre tout au long de la décennie suivante. Quoi-que minoritaire, cette contestation représente sans doute le mouvement idéologique le plus significatif de ces années, qui deviennent ainsi, malgré l'apparente domination du discours traditionaliste, une période d'intense remise en question et d'appel au renouveau.

Ce mouvement est à la fois critique et «programmatique». D'un côté, il soumet à une critique sévère non seulement le duplessisme mais, à travers lui, les valeurs du nationalisme traditionaliste ainsi que l'état général de la société québécoise et de ses institutions, dont les retards de toutes sortes sont analysés et dénoncés. D'un autre côté, par son aspect «programmatique», ce mouvement propose d'autres modè-les, d'autres valeurs pour corriger ou remplacer l'état de choses existant et orienter le Québec dans le sens du renouveau, de la modernisation, de ce qu'on a appelé globalement le «rattrapage».

La contestation s'exprime dans plusieurs milieux, à commencer par les petits groupes communistes, socialistes ou progressistes qui s'ac-tivent dans les quartiers anglophones, juifs et immigrants de la métro-pole. Du côté francophone, quelques artistes et écrivains, comme ceux qui publient *Refus global* en 1948, sont parmi les premiers à exprimer leur impatience. Le mouvement prend une nouvelle ampleur après la grève de l'amiante de 1949, quand le syndicalisme tend à se radicaliser, en particulier à la Confédération des travailleurs catholiques du Canada, bientôt suivie par la Fédération des unions industrielles du Québec. S'y impliquent également une partie des enseignants laïcs, les étudiants engagés dans la JEC ou dans le journalisme universitaire, de même que les éléments réformistes du clergé et de l'épiscopat, dont l'archevêque de Montréal, Joseph Charbonneau.

Mais le groupe qui se charge de concevoir et de formuler ouver-tement cette pensée de changement se recrute parmi les intellectuels, écrivains, journalistes, professeurs d'université et spécialistes des scien-ces humaines, dont plusieurs ont été formés à l'étranger et influencés par les nouveaux courants idéologiques circulant dans l'Europe et l'Amérique d'après-guerre. Ils appartiennent aux nouvelles élites montantes, désireuses de façonner la société québécoise dans le sens de leurs valeurs et de leurs intérêts. Leur influence, qui sera décisive après 1960, est difficile à mesurer pour le moment. Mais il est sûr que leur message, quoique élaboré dans des cercles restreints, rejoint progressivement une vaste proportion de la population, grâce notamment à la télévision de Radio-Canada, dont les émissions d'affaires publiques sont pour plusieurs d'entre eux une tribune de tout premier plan.

Ces groupes d'opposition sont loin d'avoir une pensée parfaitement homogène. Au delà de la plate-forme commune que constituent l'antiduplessisme et l'appel à la modernisation, thèmes qui font d'eux des alliés dans beaucoup de débats, ils appartiennent à une assez grande diversité de tendances, souvent divergentes ou même opposées les unes aux autres par certains aspects importants. Deux de ces tendances se détachent toutefois avec le plus de relief. Ce sont, d'une part, le néo-libéralisme réformiste, dont l'une des principales tribunes est la revue *Cité libre*, et, d'autre part, le courant néo-nationaliste, dont le porte-parole le plus écouté est le journaliste André Laurendeau.

Néo-libéralisme et nouveau fédéralisme

La crise et la guerre, rappelons-le, ont favorisé l'émergence d'un nouveau courant réformiste, le néo-libéralisme. Sans remettre en question les valeurs fondamentales de la pensée libérale classique, il vise à en atténuer les effets négatifs en accordant une importance accrue aux notions de justice sociale et d'équilibre économique, double objectif que seul le recours à un État puissant et interventionniste permet de réaliser.

Au Canada, la guerre et l'immédiat après-guerre sont l'occasion pour l'État fédéral, gouverné par le Parti libéral, de se convertir à la doctrine keynésienne et d'adopter nombre de mesures d'inspiration néo-libérale. Cette réorientation de la pensée socio-économique a d'importantes retombées politiques. En effet, la planification, estime-t-on, exige que l'État fédéral dispose de larges pouvoirs d'intervention dans tous les champs, quitte à priver les provinces, y compris le Québec, d'une partie de leurs compétences propres. Ce «nouveau fédéralisme» s'accompagne d'une nouvelle Politique nationale cherchant à promouvoir l'émergence d'un sentiment d'identité et d'appartenance qui serait commun à tous les citoyens du Canada. Cette poussée nationaliste s'exprime, sur le plan diplomatique, par l'affirmation de la personnalité internationale du Canada, notamment dans les activités de l'ONU (1945) et de l'UNESCO (1946). À l'intérieur, elle se traduit, d'une part, par la «débritannisation» de certaines institutions, et, d'autre part, par les efforts en vue de favoriser l'expression de la culture canadienne (commission Massey, monopole accordé à la télévision d'État, fondation du Conseil des arts du Canada).

Une telle évolution, qui lie réformisme et fédéralisme centralisateur, influence directement le contexte idéologique québécois. Le gouvernement de l'Union nationale, appuyé par les élites traditionnelles et une partie des milieux d'affaires, y oppose une fin de non-recevoir qui vise aussi bien le nouveau libéralisme lui-même que la nouvelle Politique nationale d'Ottawa. C'est donc en dehors du pouvoir, dans les milieux d'opposition évoqués précédemment, que le néo-libéralisme trouve ses défenseurs, dont les préoccupations, toutefois, dépassent le seul domaine des théories économiques. Leurs positions, en effet, sont également influencées par divers autres courants de pensée. Certains sont extérieurs au Québec, comme le nouveau catholicisme français qui s'exprime dans les revues *Esprit* ou *Sept*, l'internationalisme, incarné par la récente ONU, ou le pacifisme, dont se réclament les mouvements de lutte contre la bombe atomique. D'autres sources sont à chercher dans certains courants qui ont vu le jour au Québec durant les années 1930 et 1940. Le mouvement intellectuel moderniste de *La Relève* (1934-1941) et de *La Nouvelle Relève* (1941-1948) en est une. Plus directe encore est l'influence de la JEC (Jeunesse étudiante catholique), qui s'est beaucoup développée au cours des années 1940 et reste bien implantée dans les collèges classiques. Enfin, l'enseignement dispensé depuis 1938 par l'École des sciences sociales et politiques de l'Université Laval, dirigée par le père Georges-Henri Lévesque, est pour plusieurs une inspiration souvent signalée. Contrairement à ce qui a été dit, l'apport de cette école de pensée n'est pas de découvrir, à proprement parler, le domaine du «social», auquel plusieurs, même parmi les traditionalistes, avaient déjà commencé à s'intéresser depuis la Première Guerre, en particulier autour du groupe de l'École sociale populaire. La nouveauté réside plutôt dans le type d'approche, plus moderne, plus scientifique, que les sociologues, économistes et politologues de Québec emploient pour étudier les réalités sociales. Au lieu d'aborder celles-ci à partir d'idées préconçues empruntées à la morale ou à la religion, ils conçoivent l'univers social comme un champ autonome, possédant ses propres lois de développement et exigeant par conséquent des méthodes d'enquête et d'intervention appropriées.

Cité libre

Dès le début des années 1950, l'expression du réformisme néo-libéral au Québec s'élabore dans divers milieux. Le Parti libéral du Québec, sous l'influence de dirigeants comme Jean-Marie Nadeau ou Georges-Émile Lapalme, préoccupés l'un et l'autre de formulation idéologique autant que d'action électorale, est un foyer de réflexion particulièrement actif. Le mouvement syndical et ses nombreuses publications y jouent également un rôle important, de même que les universités. Mais on a eu tendance, dans l'historiographie, à négliger cette mouvance néo-libérale, encore mal connue, pour accorder une attention quasi exclusive à *Cité libre,* dont on a fait pratiquement le seul lieu d'émergence de ce courant. Une telle simplification, qui commence à être critiquée, s'explique par le fait que cette revue, fondée en 1950 par Pierre Elliott Trudeau et Gérard Pelletier, demeure, malgré son faible tirage, l'un des canaux d'expression et des centres de rassemblement privilégiés du nouveau libéralisme, lequel toutefois la déborde nettement.

Cité libre marque surtout son époque par sa fonction critique. Celle-ci vise d'abord les vieux thèmes du nationalisme traditionaliste, auquel est reproché son aveuglement séculaire face aux réalités socio-économiques dans lesquelles ont vécu et vivent encore les Canadiens français. Comme l'affirme Pierre Elliott Trudeau dans son introduction à *La grève de l'amiante* (1956), le résultat d'un tel déphasage idéologique a été qu'au lieu de s'adapter efficacement à ces réalités qui ont nom industrialisation, urbanisation, prolétarisation, ou de s'en rendre maîtres à leur profit, les Canadiens français en sont devenus les victimes passives, comme en témoigne leur condition actuelle de citoyens exploités, sous-scolarisés, socialement et politiquement déclassés. Trahie par ses élites politiques et religieuses qui l'ont engoncée dans des institutions et des modes de penser vieillots, la société québécoise serait ainsi gravement en retard sur le reste du Canada et de l'Occident. Même dans le domaine de la culture et de la vie intellectuelle, les méfaits de l'ancien nationalisme seraient visibles, d'après d'autres collaborateurs de la revue comme Jean LeMoyne, Maurice Blain ou Pierre Vadeboncœur: jansénisme, peur de la liberté, grégarisme, absence de créativité. En somme, le Québec de 1950 serait une société bloquée, rétrograde, à laquelle il faut de toute urgence insuffler un nouvel esprit et de nouvelles valeurs susceptibles de lui faire rattraper le temps perdu et de l'introduire de plain-pied dans le monde moderne.

La toute première de ces valeurs est la liberté de l'individu. De là découlent toutes les autres positions: laïcisme, lutte contre les inégalités sociales, promotion de l'État et antinationalisme. Par laïcisme, on entend aussi bien la revalorisation du rôle des laïcs dans l'Église que la nécessité de décléricaliser les institutions, la vie intellectuelle et l'exercice du pouvoir dans la société. Loin d'être antireligieux, ni même anticléricaux, les animateurs de *Cité libre* prônent un catholicisme progressiste, ouvert au dialogue, et qui serait d'abord l'affaire des individus. Par contre, le contrôle hégémonique exercé par l'Église dans les secteurs profanes, son dogmatisme et son intolérance vis-à-vis les moindres manifestations de non-conformisme, de même que sa collusion avec le pouvoir politique, leur apparaissent comme une grave menace à la liberté et comme l'une des causes principales du retard dont souffre le Québec. Ils réclament donc la sécularisation de la société, seul moyen d'atteindre au pluralisme, à la démocratie authentique et à la modernisation des institutions.

Un autre obstacle à la liberté réside dans les inégalités sociales et économiques. Pour *Cité libre*, les individus doivent posséder non seulement le droit au plein épanouissement de leurs facultés et à l'exercice de leur liberté, mais aussi les moyens d'y parvenir. Or l'exploitation dont elle est victime empêche la majorité de la population, en l'occurrence les travailleurs, de pouvoir se comporter en citoyens libres. Seules la syndicalisation et la reconnaissance du droit de négocier peuvent corriger cette situation. *Cité libre* appuie donc le mouvement syndical dans ses luttes, en particulier contre le régime Duplessis et ses alliés. Sauf exceptions, toutefois, les collaborateurs de la revue ne prônent pas le renversement de l'ordre établi. Le système capitaliste demeurant jusqu'à nouvel ordre le meilleur garant des droits individuels, il s'agit plutôt d'en corriger les déséquilibres afin que tous les citoyens, quel que soit leur rang, puissent profiter de la liberté qu'il dispense. Dans le même sens, on réclame une réforme en profondeur du système d'enseignement, qui permettrait d'en moderniser les contenus et les méthodes, d'en laïciser les structures, et de rendre l'éducation, autre condition indispensable à l'exercice de la liberté, accessible à l'ensemble de la population.

Pour atteindre ces objectifs, l'instrument par excellence ne peut être que l'État, mais un État moderne, interventionniste, dévoué entièrement à la sauvegarde des libertés. Un tel État devrait en outre être strictement non confessionnel, respecter scrupuleusement les règles de la démocratie, et n'obéir à aucune autre considération que l'efficacité dans ses tâches de redistribution des richesses, de création et d'administration des services aux citoyens, ou de planification économique. C'est ce que vise la théorie dite du fonctionnalisme.

À gauche: Une partie de l'équipe de *Cité libre*, 1952: Pierre Vadeboncœur, Gérard Pelletier, Jean-Paul-Geoffroy. (Collection particulière). À droite: André Laurendeau, 1952. (Fondation Lionel-Groulx)

L'État ne saurait non plus se présenter comme nationaliste. Pour *Cité libre*, toute idéologie nationaliste quelle qu'elle soit est l'ennemi à abattre. Comme en témoigne l'histoire européenne récente, le nationalisme, en privilégiant les intérêts de la collectivité au détriment des droits des personnes, aboutirait tôt ou tard au fascisme. L'idéal national est ainsi vu comme essentiellement antidémocratique. Il ne peut être qu'un idéal de droite, une façon de masquer et de justifier, par le recours à l'unanimité de la nation, l'exploitation des classes défavorisées, l'oppression des minorités, la censure intellectuelle et le déni des libertés individuelles. Contre le recroquevillement nationaliste, les citélibristes se veulent «citoyens du monde»; ils optent pour l'ouverture sur l'étranger et, à l'intérieur du Québec, pour le consentement au pluralisme culturel, ethnique, religieux et politique.

En matière constitutionnelle, *Cité libre* se retrouve donc naturellement dans le camp fédéraliste. L'autonomisme nationaliste à la Duplessis lui semble rétrograde. Toutefois, la vision citélibriste du fédéralisme n'est pas aussi unitaire ni centralisatrice que celle qui a cours à Ottawa. Certes, quelques collaborateurs ou sympathisants de la revue, comme l'économiste Maurice Lamontagne ou le père Lévesque, se prononcent en faveur de la centralisation et acceptent la diminution des pouvoirs du Québec au nom d'un meilleur fonctionnement de l'appareil étatique canadien. Mais les dirigeants de la revue ne vont pas aussi loin. Ils adoptent même, à l'occasion des querelles sur les impôts et sur les subventions aux universités, des positions plutôt autonomistes. C'est que, dans la perspective fonctionnaliste qui est la leur, l'efficacité véritable passe à la fois par la présence d'un État central fort et par le maintien des compétences provinciales. Le Québec, selon eux, n'est pas et ne doit pas devenir un État national, mais il doit posséder l'autorité et les instruments nécessaires pour exercer les pouvoirs qui lui reviennent en vertu de la constitution de 1867.

Les positions de *Cité libre,* en somme, apparaissent comme la contrepartie du discours duplessiste. Celui-ci prétend protéger le Québec contre les transformations qu'entraîne la modernisation, en l'incitant à se replier frileusement sur la conservation du passé. Les citélibristes, au contraire, appellent au changement, à l'abandon des traditions, à la démocratisation des institutions et des comportements, à l'ouverture, bref, à l'entrée du Québec dans le monde moderne, tel que le définit alors le nouveau libéralisme occidental.

Le néo-nationalisme

Il ne faut pas concevoir le néo-libéralisme et le néo-nationalisme comme des mouvements opposés ni même antagonistes. De fait, en matière sociale, économique et politique, ils se réfèrent l'un et l'autre aux mêmes valeurs essentielles, si bien qu'on pourrait les considérer comme deux variantes d'un même courant central, le réformisme libéral. Ils se distinguent toutefois par les groupes sur lesquels ils s'appuient, par leur attitude face au nationalisme traditionaliste, et surtout par leurs positions à l'égard de la question nationale.

Le néo-nationalisme est une nouvelle formulation réformiste du nationalisme, qui se fait jour dans quelques milieux particulièrement actifs. Signalons entre autres l'Université de Montréal, où des économistes des Hautes études commerciales et surtout des historiens comme Guy Frégault, Maurice Séguin et Michel Brunet se font les définisseurs du nouveau courant. Celui-ci s'étend parmi les étudiants, les futurs enseignants, des permanents syndicaux, des membres du mouvement coopératif, les militants plus jeunes de certains groupes nationalistes comme les sociétés Saint-Jean-Baptiste, de même que dans une partie des milieux d'affaires, notamment à la Chambre de commerce de Montréal. Mais le penseur et l'animateur le plus influent du néo-nationalisme est un journaliste: André Laurendeau. Né à Montréal en 1912, il a d'abord milité dans le mouvement groulxiste des Jeune-Canada avant son départ pour la France en 1935. Là, il découvre le catholicisme social et la philosophie personnaliste, ce qui l'amène, dès son retour en 1937, alors qu'il devient directeur de la revue *L'Action nationale,* à tenter de remodeler le nationalisme canadien-français. Mais la guerre l'oriente vers les luttes anticonscriptionnistes et le Bloc populaire, dont il est élu député à Québec en 1944. Peu après la guerre, toutefois, il se remet à la tâche de rénover la pensée nationaliste en écrivant pour *L'Action nationale,* dont il reprend la direction de 1948 à 1956, et surtout pour le quotidien *Le Devoir,* où il devient rédacteur en chef adjoint en 1948. Grâce à lui et à ses collègues, les Gérard Filion, Pierre Laporte, Jean-Marc Léger, ce journal devient, tout au long des années 1950, la principale tribune du néo-nationalisme, auquel se rallient bientôt la Fédération libérale et le Parti libéral du Québec, qui en fait une inspiration majeure de son programme.

Comme l'illustre la carrière d'André Laurendeau, le néo-nationalisme est l'aboutissement d'une tendance apparue dès les années 1930, notamment avec l'Action libérale nationale, et qui s'est prolongée pendant la Guerre avec la Ligue pour la défense du Canada et le Bloc populaire. Cette tendance, restée plus ou moins confuse et mal articulée jusqu'alors, se caractérise par une volonté de repenser le vieux nationalisme afin de l'adapter aux réalités et aux exigences de la société urbaine et industrielle qu'est devenu le Québec. Une telle mise à jour implique deux choses: que l'on préserve ce qui fait le cœur de la doctrine nationaliste, c'est-à-dire l'affirmation de l'identité nationale du peuple canadien-français et de son vouloir-vivre collectif, tout en renonçant par ailleurs aux contenus traditionalistes et réactionnaires associés jusque-là à cette doctrine, pour les remplacer par d'autres qui soient mieux accordés aux données sociologiques et politiques actuelles et donc plus propices à l'action constructive.

Comme on l'a dit, la pensée néo-nationaliste est très proche de celle de *Cité libre.* Sa critique du nationalisme traditionaliste, par exemple, est très dure, comme en témoigne l'essai de Michel Brunet sur les «Trois dominantes de la pensée canadienne-française, l'agriculturisme, l'anti-étatisme et le messianisme» (1957). À l'ancien nationalisme, elle reproche d'avoir ignoré les transformations de la société canadienne-française et de s'être aliéné ainsi une vaste proportion de la population, en particulier le prolétariat urbain, qui ne se reconnaît plus dans les vieilles définitions et tend par conséquent à perdre toute conscience nationale. Face à cette situation, il ne s'agit pas, comme le propose *Cité libre,* de renoncer au nationalisme, mais plutôt de lui donner de nouvelles orientations, notamment en ce qui concerne les questions sociales. «Voilà, écrit André Laurendeau en 1948, que s'installe chez nous dans plusieurs secteurs une sorte de divorce entre ce que le langage courant appelle le *social* et le *national.* (...) Notre tâche sera de les accorder, ou plus exactement d'en opérer la synthèse.» Or cet effort passe par un réformisme directement inspiré du néo-libéralisme. Antiduplessisme, laïcisation, pro-syndicalisme, revendications en faveur de la modernisation et de la démocratisation du système d'enseignement, intérêt pour les questions sociales, ouverture aux immigrants et aux rapports interculturels, voilà autant de préoccupations qu'endossent eux aussi les néo-nationalistes.

En fait, ce qui sépare ceux-ci des principaux porte-parole de *Cité libre,* c'est l'importance décisive, sinon la primauté qu'ils continuent d'accorder à l'idée de nation. Si les droits individuels sont pour les néo-nationalistes une valeur essentielle, ils estiment néanmoins que ces droits, au Québec, seront toujours limités ou menacés tant que ne seront pas assurés d'abord les droits collectifs de la nation canadienne-française tout entière. Les inégalités, affirment-ils, ne sont pas seulement sociales; elles ont aussi une dimension ethnique, linguistique et nationale. D'où, par exemple, leur interprétation de l'infériorité économique des Canadiens français, que des enquêtes de l'époque mettent claire-ment en évidence. Alors que pour *Cité libre* cette infériorité est d'abord une question de «mentalité», attribuable aux méfaits de l'ancien natio-nalisme et à l'ineptie des élites traditionnelles, les néo-nationalistes y voient surtout un effet de la domination politique et nationale dont le Québec a été et continue d'être victime dans le système fédéral canadien.

Une seule chose peut à la fois corriger cette situation et assurer l'avenir de la nation: la mise en place d'un État québécois fort, dévoué aux intérêts des Canadiens français, et qui soit en même temps un État interventionniste et planificateur, dans la ligne du modèle néo-libéral. Cet État du Québec, qui prendrait également sur lui la défense des francophones des autres provinces, ferait ainsi équilibre à l'État fédéral et aiderait à rehausser la condition des Canadiens français à l'intérieur de la Confédération. Les néo-nationalistes prônent donc un fédéralisme fortement décentralisé, où le Québec jouirait de tous les pouvoirs que nécessite son statut d'État national des Canadiens français. Ils repro-chent au gouvernement Duplessis sa vision purement négative de l'autonomie, qui pour eux devrait être, au contraire, le moyen de créer un Québec moderne, démocratique et maître de son développement social et économique. Dans l'économie, par exemple, cette maîtrise reposerait sur deux instruments principaux: la mise sur pied d'un secteur public puissant, qui servirait de débouché aux cadres franco-phones, et le coopératisme, autre thème cher aux néo-nationalistes, qui ont délaissé depuis la guerre le programme corporatiste.

Cessant de privilégier l'identité religieuse de la nation, le courant néo-nationaliste en propose plutôt une définition en termes écono-

miques, sociaux et politiques, sans perdre de vue la dimension historique où s'enracine son existence. Son apport essentiel est toutefois de
favoriser la transformation du projet nationaliste, de rétrograde et
conservateur qu'il a été depuis si longtemps, en un projet plus dynamique et conforme aux attentes que nourrissent alors un nombre grandissant de Québécois, en particulier parmi les nouvelles élites urbaines.
D'un nationalisme de conservation et de survivance, on passe ainsi à un
nationalisme de rattrapage, d'affirmation et de modernisation. Ce courant est ainsi une des sources idéologiques fondamentales de la Révolution tranquille.

Les courants de gauche

L'après-guerre est une période difficile pour la gauche au Québec. Une
bonne part de son discours et beaucoup de ses revendications sont
prises en charge par le néo-libéralisme et le néo-nationalisme réformistes, la condamnant ainsi soit à se radicaliser, soit à s'allier avec les
groupes réformistes, ce qui, dans un cas comme dans l'autre, équivaut
pour elle à une forme de marginalisation. De plus, le contexte international joue contre elle.

Le Parti ouvrier-progressiste, en particulier, est touché par la nouvelle vague d'anticommunisme qu'entraînent la guerre froide (1946-
1956) et la guerre de Corée (1950-1953). Au Canada, des communistes
sont condamnés pour espionnage, à la suite de l'affaire Gouzenko qui
éclate en 1946. Au Québec, le gouvernement Duplessis redouble d'ardeur dans sa chasse aux «agents de Moscou», à laquelle se livrent aussi
le clergé, les groupes nationalistes et les centrales syndicales. En même
temps, les communistes québécois continuent d'être divisés par les
positions de leur parti fédéral qui, dans sa lutte contre l'impérialisme
américain, appuie sans réserve le fédéralisme centralisateur et le
nationalisme canadien. En 1952, le POP-Canada finit par reconnaître
les droits nationaux du Québec, mais c'est trop tard, le POP-Québec
ayant déjà perdu ses meilleurs éléments lors de l'expulsion, pour cause
de «déviationnisme nationaliste», de Henri Gagnon et de son groupe en
1947. Enfin, en 1956, les révélations de Khrouchtchev sur les horreurs
du stalinisme et l'invasion de la Hongrie par l'URSS achèvent de
démoraliser les militants et marquent à toutes fins utiles la suspension
des activités communistes au Québec pour une dizaine d'années.

Quant au courant socialiste, il se porte un peu mieux, mais ne réussit
guère non plus à percer. Le parti CCF, qui affiche des positions social-
démocrates et anticommunistes, a la sympathie de plusieurs collabo-

rateurs de *Cité libre* et d'une partie du mouvement syndical. Mais son
fédéralisme centralisateur et son visage anglophone continuent de faire
obstacle à sa pénétration parmi les travailleurs et la population
francophones en général. Afin de pallier à cette difficulté, des militants
de la FUIQ publient en 1955 un *Manifeste au peuple du Québec,* dans
lequel ils prônent la création d'un parti travailliste québécois «qui aura
un programme très parent de celui du parti CCF mais qui aura un
caractère distinctement québécois». Le parti projeté ne verra pas le
jour, mais les socialistes mettent sur pied une Ligue d'action socialiste,
autour de laquelle va bientôt s'élaborer un projet d'indépendance du
Québec, dont font état des périodiques à petit tirage comme *Situations*
(1959) ou la *Revue socialiste du Québec* (1959) de Raoul Roy. Ce
courant prendra plus d'importance au cours des années 1960; pour
l'instant, il demeure marginal.

* * *

Dans le champ idéologique, les années 1945-1960 sont ainsi marquées
par la critique et la disqualification du nationalisme traditionaliste, et
par l'affirmation de nouveaux modèles réformistes qui visent, d'une
part, à faire du Québec une société plus moderne, consciente de ses
problèmes et tournée vers l'avenir, tout en accroissant, d'autre part,
l'influence et la légitimité des nouvelles élites urbaines qui les formulent. Les deux courants porteurs de ce renouveau, le néo-libéralisme
et le néo-nationalisme, qui manifestent l'un et l'autre le même désir de
changement, la même impatience, s'accordent à lutter contre l'immobilisme du régime Duplessis. Toutefois, les différences entre ces deux
mêmes courants et leurs visions respectives du Québec ne tarderont pas
à apparaître à mesure que se déroulera la Révolution tranquille, que
l'un et l'autre contribuent à préparer.

ORIENTATIONS BIBLIOGRAPHIQUES

BEHIELS, Michael. *Prelude to Quebec's Quiet Revolution. Liberalism versus Neo-
Nationalism, 1945-1960*. Kingston et Montréal, McGill-Queen's University Press,
1985. 366 p.

BÉLANGER, André-J. *Ruptures et constantes. Quatre idéologies du Québec en
éclatement*. Montréal, Hurtubise HMH, 1977, chap. II.

BOURQUE, Gilles et Jules DUCHASTEL. *Restons traditionnels et progressifs. Pour une analyse du discours politique. Le cas du régime Duplessis au Québec.* Montréal, Boréal, 1988. 399 p.

BRUNET, Michel. «Trois dominantes de la pensée canadienne-française, l'agriculturisme, l'anti-étatisme et le messianisme», *La présence anglaise et les Canadiens.* Montréal, Beauchemin, 1958, p. 112-166.

Cinquante années de nationalisme positif. Numéro spécial de *L'Action nationale.* Montréal, LII, 7-8 (mars-avril 1963), p. 641-903.

COMEAU, Robert et Bernard DIONNE. *Les communistes au Québec 1936-1956.* Montréal, Presses de l'unité, 1980, chap. II.

COOK, Ramsay et Michael BEHIELS, dir. *The Essential Laurendeau.* Toronto, Copp Clark, 1976. 256 p.

DUMONT, Fernand, Jean HAMELIN et Jean-Paul MONTMINY, dir. *Idéologies au Canada français 1940-1976.* 3 vol. Québec, Presses de l'Université Laval, 1981.

DURAND, Gilles. «La pensée socio-économique d'André Laurendeau», *Économie québécoise.* Montréal, Cahiers de l'Université du Québec, 1969, p. 485-495.

LÉONARD, Jean-François, dir. *Georges-Émile Lapalme.* Sillery, Presses de l'Université du Québec, 1988. 297 p.

McROBERTS, Kenneth et Dale POSGATE. *Développement et modernisation du Québec.* Montréal, Boréal Express, 1983, chap. 5.

RIOUX, Marcel. «Sur l'évolution des idéologies au Québec», *Revue de l'Institut de sociologie,* 1968-1, p. 95-124.

ROY, Jean-Louis. *La marche des Québécois. Le temps des ruptures (1945-1960).* Montréal, Leméac, 1976. 383 p.

TRUDEAU, Pierre Elliott. «La province de Québec au moment de la grève», *La grève de l'amiante.* Montréal, 1956. Nouvelle édition: Montréal, Éditions du Jour, 1970, chap. I.

Chapitre 26

GOUVERNER DANS LA STABILITÉ

La crise et la guerre ont donné lieu à une grande effervescence politique. Les années 1945-1960, au contraire, se caractérisent par la stabilité des régimes en place, aussi bien à Québec, où règne l'Union nationale de Maurice Duplessis, qu'à Ottawa, où les libéraux de Louis Saint-Laurent demeurent au pouvoir jusqu'en 1957. La vie politique reste dominée par les grands partis traditionnels, ayant à leur service de puissantes organisations électorales, largement financées par les milieux d'affaires et faisant encore peu de place à la démocratie interne. La guerre a également favorisé la transformation de la bureaucratie fédérale qui poursuit son essor après 1945; par contraste, celle du Québec reste plutôt traditionnelle.

L'Union nationale de Maurice Duplessis

L'Union nationale a formé le gouvernement de 1936 à 1939. Sa défaite aux mains des libéraux d'Adélard Godbout a ensuite provoqué une crise interne, surmontée par Duplessis qui en est sorti renforcé. Pendant la guerre, le parti a profité de son séjour dans l'opposition pour remobiliser ses troupes. Réussissant à louvoyer habilement entre les anticonscriptionnistes et les partisans de l'effort de guerre, il a fait de l'autonomie provinciale, menacée par le centralisme d'Ottawa et la complaisance du gouvernement Godbout, son principal cheval de bataille. Cette stratégie a aidé l'Union nationale à se faufiler au pouvoir lors des élections de 1944. Elle s'y maintient dès lors sans interruption jusqu'en 1960.

Profondément conservateur, le parti de Maurice Duplessis trouve ses principaux appuis dans les milieux ruraux et les petites villes, auprès des élites traditionnelles, notables locaux et clergé. Autonomiste, il réussit aussi à s'allier progressivement les groupes nationalistes. Par son attitude hautement favorable à l'entreprise privée, il bénéficie également de l'appui des milieux d'affaires aussi bien anglophones que francophones. Enfin, son populisme lui vaut des sympathies même au sein de l'électorat ouvrier.

À la base, l'Union nationale ne possède ni membership officiel ni mécanismes internes de consultation ou de décision. C'est un parti qui repose essentiellement sur les députés, les candidats défaits et leurs organisateurs. Entre les élections, ceux-ci sont responsables de la distribution des faveurs publiques et du «patronage». Lors des scrutins, le parti devient une formidable machine électorale, qui veille par tous les moyens à assurer le triomphe des candidats. Mais le véritable pouvoir, au sein de l'Union nationale, est concentré au sommet. Le trésorier voit à alimenter la caisse du parti, notamment en prélevant des ristournes auprès des entreprises ayant obtenu des contrats gouvernementaux et en recueillant les dons des amis du régime, tandis que le responsable de la publicité décide des orientations et de la propagande. L'autorité suprême, toutefois, est entre les mains de Maurice Duplessis lui-même, le «Chef», qui connaît et contrôle dans le détail toute la vie du parti.

Cette domination de Duplessis s'exerce avec la même vigueur à l'Assemblée législative, dont il influence lourdement les débats, et au comité des bills privés, qu'il préside avec une autorité quasi souveraine. Quant au cabinet, Duplessis y cumule les fonctions de premier ministre et de procureur général (ministre de la Justice), mais son pouvoir se fait sentir directement dans l'ensemble des ministères, dont les titulaires sont pratiquement inamovibles. Un tel cabinet est donc, dans l'ensemble, aussi stable que peu dynamique.

Les grandes politiques du gouvernement ne changent guère au cours de ses seize années de pouvoir. Elles se caractérisent essentiellement par leur conservatisme, qui consiste soit à perpétuer des valeurs ou des pratiques conformes à la tradition, soit, quand il faut innover, à le faire avec prudence et en évitant de rompre ouvertement avec le passé.

Ainsi, Duplessis met l'accent sur le maintien des valeurs religieuses et d'une conception de la société axée sur le respect de l'ordre établi. Il n'hésite pas à combattre activement, par des mesures judiciaires, policières ou au besoin législatives, les groupes et les individus qu'il perçoit comme subversifs: communistes, témoins de Jéhovah, dirigeants et membres des syndicats, journalistes et intellectuels réformistes. Ces combats sont généralement bien accueillis par les milieux cléricaux, d'autant plus que le gouvernement préserve le rôle et les privilèges traditionnels de l'Église, notamment dans l'éducation et les affaires sociales.

Dans le domaine économique, le conservatisme du régime se manifeste par trois aspects principaux. Premièrement, par un discours insistant sur l'agriculture et la lutte contre l'exode rural au nom des valeurs de survivance. Deuxièmement, par une gestion très prudente des finances publiques: réduction de la dette, équilibre budgétaire, limitation du fardeau fiscal. Enfin, troisièmement, par une politique d'industrialisation axée sur l'accueil du capital étranger. Ces orientations renouent, pour l'essentiel, avec celles qu'ont suivies les gouvernements québécois du début du siècle jusqu'à la Deuxième Guerre mondiale.

Incapable de saisir l'ampleur des problèmes sociaux engendrés par l'urbanisation et l'industrialisation du Québec, de même que par la croissance rapide de la population, le gouvernement Duplessis doit néanmoins réagir. Il affecte des crédits de plus en plus importants à la construction et à l'entretien d'écoles, d'hôpitaux, de routes, mais ces réalisations restent mal planifiées, insuffisantes, trop tardives ou mal adaptées aux besoins.

Enfin, le gouvernement de l'Union nationale s'identifie au nationalisme traditionaliste, centré sur la langue, la foi catholique et les valeurs conservatrices. L'expression politique privilégiée de ce nationalisme devient alors la défense de l'autonomie provinciale. Celle-ci justifie une opposition systématique aux politiques d'Ottawa, dont le centralisme est vu comme contraire aux droits constitutionnels du Québec, et le caractère néo-libéral, comme une menace aux valeurs de la société canadienne-française.

Le refus de l'État interventionniste et planificateur, qui caractérise la conception duplessiste du politique, contribue à accentuer le retard du Québec. Certes, quelques-unes des politiques du gouvernement Duplessis, telles que le crédit agricole, l'électrification rurale ou la mise en valeur de la Côte-Nord, peuvent avoir des effets modernisateurs à plus ou moins longue échéance. Mais dans l'immédiat, elles sont conçues et appliquées le plus souvent comme des mesures d'inspiration conservatrice, visant d'abord des retombées électorales.

Duplessis meurt à Schefferville en septembre 1959. Paul Sauvé lui succède comme chef de l'Union nationale et premier ministre. Plusieurs entrevoient alors la possibilité d'un renouveau politique. Sauvé, en effet, n'hésite pas à déclarer que «désormais» plusieurs politiques seront revues, notamment dans l'éducation et les affaires sociales, et que l'État jouera un rôle plus actif. Mais il meurt à son tour quelques

À gauche: Paul Sauvé, premier ministre du Québec (1959). (Assemblée nationale, directeur de l'édition). *À droite:* Georges-Émile Lapalme, chef du Parti libéral du Québec (1950-1958). (Collection particulière)

mois plus tard, sans avoir pu réaliser les changements annoncés. Après des tiraillements internes, Antonio Barrette lui succède en janvier 1960. Manquant d'appuis au sein de son parti et de crédibilité auprès de l'opinion publique, il est incapable de poursuivre les réformes promises par son prédécesseur.

Les tribulations du Parti libéral du Québec

À partir de leur défaite de 1944, les libéraux provinciaux entrent dans un long purgatoire qui ne prendra fin qu'en 1960. Confinés dans l'opposition, ils profitent toutefois de ces années pour se renouveler.

Jusqu'au milieu des années 1950, leur principal problème est celui de leurs rapports avec le Parti libéral fédéral. Solidement installé au pouvoir sous la direction de King puis de Saint-Laurent, celui-ci dispose de ressources considérables pour influencer l'organisation provinciale, qui a de la difficulté à s'afficher clairement comme une formation vouée d'abord aux intérêts du Québec. Adélard Godbout, chef du parti jusqu'en 1948, néglige l'enjeu que représente pour l'électorat la question de l'autonomie et n'hésite pas, par exemple, lors des élections de 1948, à demander l'appui des fédéraux, et en particulier celui du futur premier ministre Saint-Laurent. Nommé sénateur après sa démission, Godbout est remplacé provisoirement à la tête du parti par un anglophone, George Marler, puis, en 1950, par un député fédéral d'arrière-banc, Georges-Émile Lapalme. Celui-ci tente alors de mettre l'accent sur les questions de justice sociale, mais reste peu sensible à la problématique autonomiste. De plus, ses alliés fédéraux viennent souvent lui compliquer la tâche. Tandis qu'il critique la politique duplessiste de mise en valeur de l'Ungava par les capitaux étrangers, les libéraux d'Ottawa, eux, appuient ouvertement cette politique. De même, après avoir dénoncé la création d'un impôt provincial par Duplessis, Lapalme se voit abandonné par Saint-Laurent qui, ayant promis au chef libéral que jamais il n'accepterait cette mesure, finit par l'accepter en 1954. En somme, les libéraux du Québec, tout en jouissant du patronage que leur apporte la domination libérale à Ottawa, apparaissent comme inféodés au «grand frère» fédéral, ce que ne manque pas de leur reprocher vertement Duplessis.

Les échecs répétés sur le plan électoral amènent un bon nombre de militants libéraux, dans la seconde moitié des années 1950, à vouloir réorganiser le parti et repenser ses orientations. On fonde le journal La Réforme, dirigé par Jean-Louis Gagnon; on entreprend d'améliorer les bases du parti, en renouvelant les associations de comtés et en créant d'autres associations pour des groupes d'électeurs particuliers, comme les jeunes, les femmes, les étudiants; et on met sur pied, en 1955, la Fédération libérale du Québec. Celle-ci constitue, d'une part, la première structure proprement québécoise dont se dote le Parti libéral provincial, et, d'autre part, une nouveauté appréciable dans l'évolution du système partisan au Québec, aucun autre grand parti n'étant encore allé aussi loin dans le sens de la démocratisation interne.

Cette réorganisation permet aux libéraux québécois de continuer à accroître leurs appuis dans la population. Tout en conservant leur clientèle traditionnelle, qui comprend principalement la grande majorité des anglophones et une bonne partie de l'électorat urbain, ils réussissent en effet, durant les années 1950, à mieux s'implanter dans les régions rurales et à augmenter encore leur pénétration dans les villes.

Même s'ils ne se traduisent pas dans l'immédiat par la prise du pouvoir, ces changements valent au parti de nouvelles sympathies et lui fournissent l'occasion d'approfondir et de mieux préciser ses orientations. Son réformisme social devient mieux articulé, tandis que ses positions constitutionnelles évoluent dans le sens d'un autonomisme plus dynamique et progressiste que celui de Duplessis.

Forcé de démissionner à cause de ses insuccès électoraux, Lapalme est remplacé en 1958 par Jean Lesage, qui jouit déjà d'une solide expérience comme ministre fédéral et d'un prestige certain, dû à ses qualités d'orateur et à son pragmatisme politique. Pendant que Lapalme continue de diriger les troupes au Parlement et réécrit le programme, Lesage s'occupe d'augmenter les appuis et les ressources, de recruter de nouvelles figures et de rassembler les forces antiduplessistes autour du parti, en présentant celui-ci comme la seule solution de remplacement au régime en place.

À la veille des élections de 1960, le Parti libéral est donc devenu une formation beaucoup plus solide, fortement identifiée, d'une part, aux intérêts du Québec, et, d'autre part, à l'idée de changement. Il se trouve ainsi à incarner, face à l'autonomisme traditionaliste, une nouvelle version politique du nationalisme québécois, plus moderne et rendu compatible désormais avec la conception néo-libérale de l'État-providence.

Les autres partis

La logique même du système électoral, fondé sur le scrutin uninominal à un tour, favorise le bipartisme et rend très difficile l'existence des tiers partis, à moins qu'ils ne réussissent à déloger éventuellement un des deux grands partis en place.

Le Bloc populaire canadien a connu son apogée lors de la crise de la conscription, mais n'a obtenu que des succès mitigés aux élections provinciales de 1944 et aux élections fédérales de 1945. Incapable de concurrencer l'Union nationale comme formation nationaliste et le Parti libéral comme parti réformiste, manquant de ressources et de cohésion interne, il perd en outre son chef, André Laurendeau, qui démissionne en 1948 pour entrer au journal *Le Devoir*. La même année, aucun candidat du Bloc ne se présente aux élections provinciales, et le parti disparaît.

Née en 1942, l'Union des électeurs, qui défend la doctrine créditiste, n'arrive guère non plus à percer sur la scène électorale. Seul Réal Caouette réussit à se faire élire à la Chambre des communes lors d'une élection partielle en 1946; il est défait trois ans plus tard. Pourtant, les idées créditistes jouissent d'une certaine popularité: le journal *Vers demain* tire à 50 000 exemplaires, et, même si aucun d'entre eux n'est élu, les candidats créditistes obtiennent 9% des votes aux élections provinciales de 1948. Délaissant ensuite l'action électorale pour devenir un groupe de pression rassemblant «les pèlerins d'un monde meilleur» qu'on reconnaît à leur béret blanc, l'Union des électeurs appuie en 1956 les libéraux de Georges-Émile Lapalme. Deux ans plus tard, une scission au sein du mouvement amène Réal Caouette à créer un nouveau parti à vocation fédérale, le Ralliement des créditistes, dont les succès marqueront la prochaine décennie.

Quant à la gauche, elle n'arrive pas à s'imposer sur la scène politique. Les communistes du Parti ouvrier-progressiste, discrédités par les révélations du transfuge Igor Gouzenko sur l'espionnage soviétique, et déchirés par des querelles intestines autour de la question nationale, sont tout à fait marginalisés. Les socialistes du parti CCF, de leur côté, sont trop identifiés à une élite intellectuelle canadienne-anglaise et au fédéralisme centralisateur. Des socialistes francophones, cependant, essaient de rejoindre la population en créant en 1956 le Parti social-démocrate, dirigé par Thérèse Casgrain, mais leurs efforts n'obtiennent guère plus de succès. Enfin, la même année, des intellectuels progressistes gravitant autour de la revue *Cité libre* et se méfiant des libéraux mettent sur pied une organisation appelée le Rassemblement, qui a pour but d'unifier au-delà des attaches partisanes toutes les forces vouées à la démocratie et opposées au régime Duplessis. Cette tentative, à son tour, échoue, et les sympathisants n'ont finalement d'autre choix que d'appuyer le Parti libéral de Jean Lesage.

Les élections

L'Union nationale remporte les trois élections provinciales de la période (tableau 1). Les premières, celles de 1948, marquent une consolidation spectaculaire de son pouvoir: le pourcentage de ses votes, de 35,8% qu'il était aux élections précédentes (1944), passe à 51%, tandis que les libéraux de Gobdout stagnent à moins de 40% des suffrages. Tout en faisant appel au nationalisme, symbolisé par le drapeau fleurdelysé que l'Union nationale vient d'adopter officiellement, Duplessis mise plus que jamais sur son opposition à Ottawa, à qui il reproche à la fois son fédéralisme centralisateur et sa politique d'aide à la reconstruction de l'Europe: comme le dit le slogan unioniste, Duplessis donne à sa province, les libéraux donnent aux étrangers. La victoire du parti gouvernemental est un véritable balayage, dont Adélard Godbout lui-même est victime dans son comté.

Lors des élections de 1952 et de 1956, l'Union nationale maintient ses positions. Tout en continuant de jouer à fond la carte autonomiste, Duplessis recourt aussi au thème de l'anticommunisme pour flétrir ses adversaires, et met fortement l'accent sur les réalisations de son gouvernement: ponts, routes, hôpitaux, écoles, etc. Pendant ce temps, les libéraux, revigorés par l'arrivée d'un nouveau chef, ont beau améliorer leurs positions, ils n'arrivent pas à rallier assez fermement autour d'eux les forces d'opposition au régime.

TABLEAU 1

RÉSULTATS DES ÉLECTIONS QUÉBÉCOISES, 1944-1956

Élections	Partis	% du vote obtenu	Nombre de sièges
1944	Union nationale	38,2	48
	Parti libéral	40,0	37
	Bloc populaire	15,2	4
	CCF	0,8	1
	Autres	5,8	1
1948	Union nationale	51,0	82
	Parti libéral	38,3	8
	Autres	10,7	2
1952	Union nationale	51,5	68
	Parti libéral	46,0	23
	Autres	2,5	1
1956	Union nationale	52,0	73
	Parti libéral	44,5	19
	Autres	3,5	1

Source: J. HAMELIN, J. LETARTE et M. HAMELIN, «Les élections provinciales dans le Québec, 1867-1956.»

En somme, les victoires successives de l'Union nationale s'expliquent par trois facteurs principaux: le contexte de prospérité économique, qui favorise la stabilité politique; l'habileté avec laquelle Duplessis et son parti savent mobiliser une majorité de la population autour de la question de l'autonomie provinciale; et la grande efficacité de la machine unioniste.

Mais on ne doit pas négliger non plus certains aspects du système électoral, qui permettent à l'Union nationale d'obtenir de fortes majorités à l'Assemblée législative même si sa part du vote ne dépasse jamais les 52%. Ce biais provient à la fois du mode de scrutin non

Discussion entre électeurs, Saint-Georges-de-Beauce, 1945. (Louis Jacques, *Weekend Magazine*, ANC, PA-115234)

proportionnel et des distorsions de la carte électorale. Celle-ci, en effet, présente des déséquilibres flagrants: en 1956, tandis que le député du comté de Brome, par exemple, ne représente que 7648 électeurs, celui du comté montréalais de Laval en représente 135 733. Comme ces inégalités favorisent les campagnes au détriment des villes, elles jouent en faveur de l'Union nationale, fortement implantée en milieu rural. C'est ainsi qu'aux élections de 1956, selon une analyse de Jean Hamelin, Jean Letarte et Marcel Hamelin, «le nombre moyen d'électeurs dans les circonscriptions remportées par le Parti libéral est de 37 000, alors qu'il n'est que de 23 000 dans les circonscriptions de l'Union nationale». Une carte électorale plus juste n'aurait pas donné le pouvoir aux libéraux, mais elle leur aurait permis de former une opposition plus forte à l'Assemblée.

Enfin, le laxisme régnant dans la législation électorale et la corruption largement répandue dans les mœurs politiques servent particulièrement l'Union nationale, qui fait un usage abondant du favoritisme et de diverses pratiques frauduleuses. Cette situation fait d'ailleurs l'objet, après les élections de 1956, d'un pamphlet retentissant des abbés Dion et O'Neill, *Le chrétien et les élections*, qui s'en prend notamment à la démagogie anticommuniste, à la publicité mensongère, au trafic des votes et à l'utilisation de la religion à des fins électorales.

Le personnel politique

Les membres des professions libérales continuent à être largement surreprésentés au sein de la députation. Quelques changements se font toutefois sentir. La proportion de notaires et de médecins diminue, de même que celle des avocats, même si ces derniers constituent toujours la majorité. Le nombre de commerçants et de petits entrepreneurs tend à augmenter, surtout du côté de l'Union nationale. Mais la principale nouveauté est ce qu'on pourrait appeler la professionnalisation accrue du personnel politique: alors que dans le passé la politique était souvent pour les députés une activité secondaire, elle requiert maintenant la plus grande part de leur temps et de leurs énergies, vu la durée accrue des sessions de l'Assemblée et le rôle stratégique du député comme intermédiaire dans la distribution des fonds publics et du patronage.

En substance, le personnel des deux grands partis est de même nature, mais il existe certaines différences de degré. Ainsi, la députation unioniste, mieux enracinée dans son milieu, est plus rurale, moins scolarisée et d'origine plus modeste que celle du Parti libéral. Celle-ci, en revanche, est un peu plus jeune et se renouvelle davantage.

La politique fédérale

Au pouvoir depuis 1935, les libéraux, dirigés par Mackenzie King jusqu'en 1948 puis par Louis Saint-Laurent, s'y maintiennent jusqu'en 1957. Durant l'après-guerre, ils réussissent à bien gérer la conversion du pays à une économie de paix, à profiter de la prospérité pour poursuivre leurs politiques inspirées par le modèle de l'État-providence, et à raviver le nationalisme canadien en donnant notamment au pays une position prestigieuse sur la scène internationale. Cette performance leur permet, aux élections de 1949 et de 1953, de recueillir de forts appuis à la grandeur du Canada (tableau 2).

Le Québec ne fait pas exception à cette règle. La confiance qu'il accorde traditionnellement aux libéraux fédéraux augmente encore avec

TABLEAU 2

RÉSULTATS DES ÉLECTIONS FÉDÉRALES AU QUÉBEC ET AU CANADA,
1945-1958

Élections	Partis	Québec		Autres provinces		Canada	
		% vote obtenu	Sièges	% vote obtenu	Sièges	% vote obtenu	Sièges
1945	Libéraux	50,8	53	37,3	72	40,9	125
	Conservateurs	8,4	2	34,3	65	27,4	67
	CCF	2,4	—	20,4	28	15,6	28
	Crédit social	4,5	—	4,0	13	4,1	13
	Bloc populaire	12,8	2	0,2	—	3,6	2
	Autres	21,1	8	3,7	2	8,5	10
1949	Libéraux	60,4	68	45,5	125	49,5	193
	Conservateurs	24,6	2	31,6	39	29,7	41
	CCF	1,1	—	18,0	13	13,4	13
	Crédit social	—	—	3,2	10	2,3	10
	Autres	13,9	3	1,7	2	5,1	5
1953	Libéraux	61,0	66	44,1	105	48,8	171
	Conservateurs	29,4	4	31,7	47	31,0	51
	CCF	1,5	—	15,0	23	11,3	23
	Crédit social	—	—	7,5	15	5,4	15
	Autres	8,1	5	1,8	—	3,5	5
1957	Conservateurs	31,1	9	41,9	103	38,9	112
	Libéraux	57,6	62	34,7	43	40,9	105
	CCF	0,8	—	14,0	25	10,7	25
	Crédit social	0,2	—	9,0	19	6,6	19
	Autres	9,3	4	0,4	—	2,8	4
1958	Conservateurs	49,6	50	55,2	158	53,6	208
	Libéraux	45,7	25	29,0	24	33,6	49
	CCF	2,3	—	12,3	8	9,5	8
	Crédit social	0,6	—	3,3	—	2,6	—
	Autres	1,9	—	0,2	—	0,7	—

Source : J.M. BECK, *Pendulum of Power.*

la présence d'un Canadien français à la tête du parti. Les Québécois sont satisfaits de ce que le premier ministre soit un des leurs, comme l'était Wilfrid Laurier, même si la place des francophones au sein du cabinet et dans l'appareil gouvernemental est relativement limitée. Les conservateurs, pendant ce temps, progressent quelque peu au Québec, mais gardent une image anglophone et même anti-canadienne-française, malgré les efforts de leur chef, George Drew, pour identifier son parti à la cause de l'autonomie provinciale et tenter ainsi d'obtenir l'appui des unionistes québécois. Mais Duplessis, tout en laissant ses organisateurs libres d'aider les conservateurs dans certains comtés, refuse de soutenir ouvertement les intérêts de ce parti et de son chef. Quant aux tiers partis, comme le CCF et le Crédit social, ils obtiennent des succès dans certaines régions du Canada anglais, mais leur pénétration au Québec demeure très faible.

La domination des libéraux fédéraux est donc très forte jusqu'en 1957. Les élections de cette année-là, toutefois, marquent une rupture (tableau 2). Devenu moins dynamique et même un peu arrogant, le Parti libéral perd la confiance du Canada anglais et doit céder le pouvoir aux conservateurs. Sous la direction de leur nouveau chef, John Diefenbaker, ceux-ci forment un gouvernement minoritaire et déclenchent de nouvelles élections dès l'année suivante. Resté fidèle aux libéraux en 1957, l'électorat québécois emboîte alors le pas au Canada anglais et, pour la première fois au 20e siècle, vote majoritairement en faveur du Parti conservateur, qui s'installe dès lors solidement au pouvoir. Ce retournement ne saurait s'expliquer par la personnalité de Diefenbaker, qui a peu d'affinités avec les Canadiens français. Il tient plutôt à d'autres facteurs: le remplacement de Saint-Laurent par Lester B. Pearson à la tête du Parti libéral prive celui-ci d'un des motifs qui lui valait l'attachement privilégié des Canadiens français; le soutien ouvert et actif que l'Union nationale accorde cette fois aux candidats conservateurs joue aussi un rôle déterminant; enfin, le vent qui souffle dans tout le Canada en faveur des conservateurs ne laisse pas les Québécois insensibles. Quoi qu'il en soit, le gouvernement conservateur ne saura guère profiter de cette victoire unique pour transformer véritablement son image et s'implanter au Québec de façon durable.

À une seule exception près, les élections fédérales de 1958, ce qui domine la période est incontestablement la stabilité des gouvernements, à Québec comme à Ottawa, de même que la stabilité du vote québécois, qui va majoritairement à l'Union nationale sur la scène provinciale et au Parti libéral sur la scène fédérale. Cette double allégeance peut paraître contradictoire, dans la mesure où elle favorise, d'un côté, un gouvernement autonomiste et conservateur et, de l'autre, un gouvernement centralisateur et réformiste, qui, de plus, s'opposent souvent vigoureusement l'un à l'autre. C'est dire qu'un important bloc d'électeurs québécois votent «bleu» à Québec et «rouge» à Ottawa, soit parce qu'ils sont satisfaits des deux gouvernements, soit que pour des raisons

John Diefenbaker, premier ministre du Canada (1957-1962), en tournée électorale à Montréal, 1958. (*The Gazette*, ANC, PA-117494)

ethniques ils préfèrent voir le libéral Saint-Laurent à la tête du Canada. De plus, jusqu'en 1957, plusieurs unionistes et libéraux fédéraux représentant le même comté s'entendent tacitement pour ne pas se nuire lors de leurs élections respectives. Incapable d'attirer une proportion suffisante de ce bloc d'électeurs, le Parti libéral du Québec, quant à lui, est condamné à demeurer dans l'opposition.

La gestion de l'État

Au-delà des luttes partisanes et du combat électoral, une différence importante entre le gouvernement québécois et son homologue fédéral est le mode de gestion de l'État et de son appareil administratif. Alors que le gouvernement fédéral est entré de plain-pied dans les structures de l'État-providence, celui du Québec se caractérise par le maintien de pratiques anciennes et l'absence de politiques de gestion.

La guerre a obligé le gouvernement fédéral à mettre sur pied très rapidement une bureaucratie considérable, dont les effectifs sont passés

Fonctionnaires du Bureau fédéral de la statistique, 1952. (ANC, PA-133212)

de 46 000 en 1939 à 120 000 en 1946. Elle lui a aussi fourni l'occasion de se familiariser avec les instruments de planification et de gestion de l'État keynésien.

L'État fédéral aborde donc l'après-guerre avec une fonction publique modernisée, dirigée par une équipe de hauts fonctionnaires ayant reçu une formation universitaire poussée. Formés dans la tradition britannique et jouissant d'un pouvoir et d'un prestige considérables, ces «mandarins» assurent à l'appareil administratif une cohésion remarquable. Les Canadiens français n'ont guère leur place au sein de ce groupe sélect: en 1960, plusieurs ministères clés ne comptent aucun haut fonctionnaire francophone et une compilation portant sur onze ministères ne relève que 6 fonctionnaires canadiens français parmi les 163 qui gagnent un salaire de 14 000$ ou plus par année.

Entre 1946 et 1960, l'augmentation de la fonction publique fédérale se poursuit, quoique de façon moins spectaculaire que pendant la guerre, les effectifs atteignant 151 000 en 1960. Il faut y ajouter les 120 000 militaires, les 150 000 employés des sociétés de la couronne, et environ 40 000 autres personnes relevant à divers titres du gouvernement fédéral. Celui-ci embauche donc directement ou indirectement près d'un demi-million de personnes travaillant au sein de l'un ou l'autre des 116 ministères, sociétés ou commissions.

La taille de l'appareil étatique québécois est beaucoup plus modeste, même si elle augmente de façon substantielle pendant la période, passant de 16 198 employés en 1944-1945 à 36 766 en 1959-1960. Cette croissance des effectifs témoigne d'une augmentation de la demande pour les services traditionnels de l'État plutôt que d'une stratégie interventionniste. En 1960 comme en 1944, plus de la moitié de ce personnel se retrouve à l'administration de la justice, à la voirie et aux travaux publics, à Hydro-Québec et à la Commission des liqueurs.

La fonction publique québécoise reste caractérisée par des pratiques traditionnelles et des méthodes administratives dépassées, qui peuvent s'expliquer par l'attitude anti-étatique du gouvernement Duplessis et le caractère partisan et paternaliste de sa gestion de la chose publique. L'embauche est régie par le patronage, de sorte que le niveau de qualification est souvent peu élevé: en 1961, 31% des employés de l'État ont une scolarité de 5 ans ou moins, tandis que seulement 16% ont une scolarité de 13 ans ou plus. Les tâches sont mal définies, les salaires beaucoup plus bas que ceux que verse l'administration fédérale et les conditions de carrière peu attirantes. Les spécialistes et les experts sont beaucoup moins nombreux qu'à Ottawa et il s'agit essentiellement d'ingénieurs, de comptables, d'agronomes, de médecins et d'avocats; en 1959, on compte moins de 50 spécialistes des sciences humaines et sociales (économistes, urbanistes, travailleurs sociaux, etc.).

En somme, on assiste à une croissance quantitative de la bureaucratie québécoise sans que se modernisent les méthodes de gestion ou de recrutement. L'efficacité de l'action gouvernementale s'en trouve sérieusement amoindrie ce qui place l'État québécois en situation d'infériorité vis-à-vis d'Ottawa. Il n'y a pas de plan d'ensemble ni de vision de la gestion étatique au moment où celle-ci est appelée à prendre de plus en plus la relève d'organismes locaux devenus incapables de faire face de façon efficace à la demande de services de la population, en particulier dans les domaines de l'éducation, de la santé et des affaires sociales. Le manque de dynamisme et de cohérence du gouvernement Duplessis accentue les retards et rendra d'autant plus urgent le rattrapage après 1960.

ORIENTATIONS BIBLIOGRAPHIQUES

BECK, J.M. *Pendulum of Power. Canada's Federal Elections.* Scarborough, Prentice-Hall, 1968. 442 p.

BERNARD, André et Denis LAFORTE. *La législation électorale au Québec 1790-1867.* Montréal, Éditions Sainte-Marie, 1969. 197 p.

BIBEAU, Gilles. *Les bérets blancs.* Montréal, Parti pris, 1976. 187 p.

BLACK, Conrad. *Duplessis.* 2 vol. Montréal, Éditions de l'Homme, 1977.

CANADA. *Rapport de la Commission royale d'enquête sur l'organisation du gouvernement.* Ottawa, Imprimeur de la Reine, 1962. Vol. 1. (Rapport Glassco).

CARDINAL, M., V. LEMIEUX et F. SAUVAGEAU. *Si l'Union nationale m'était contée.* Montréal, Boréal Express, 1978. 348 p.

COMEAU, Paul-André. *Le Bloc populaire canadien 1942-1948.* Montréal, Québec / Amérique, 1982. 478 p.

GOW, James Iain. *Histoire de l'administration publique québécoise 1867-1970.* Montréal, Presses de l'Université de Montréal / Institut d'administration publique du Canada, 1986, chap. 6 et 7.

HAMELIN, Jean, Jean LETARTE et Marcel HAMELIN. «Les élections provinciales dans le Québec, 1867-1956». Numéro spécial des *Cahiers de géographie de Québec*, 4, 7 (octobre 1959 - mars 1960).

LAPALME, Georges-Émile. *Mémoires.* 3 vol. Montréal, Leméac, 1969-1973.

LEMIEUX, Vincent. *Le quotient politique vrai. Le vote provincial et fédéral au Québec.* Québec, Presses de l'Université Laval, 1973. 274 p.

LEMIEUX, Vincent, dir. *Personnel et partis politiques au Québec.* Montréal, Boréal Express, 1982. 347 p.

LÉONARD, Jean-François, dir. *Georges-Émile Lapalme.* Sillery, Presses de l'Université du Québec, 1988. 297 p.

QUINN, H.F. *The Union Nationale.* Toronto, University of Toronto Press, 1963. 247 p. Deuxième édition, 1977, 342 p.

PELLETIER, R., dir. *Partis politiques au Québec.* Montréal, Hurtubise HMH, 1976. 299 p.

PELLETIER, Réjean. *Partis politiques et société québécoise. De Duplessis à Bourassa, 1944-1970.* Montréal, Québec/Amérique, 1989. 397 p.

REGENSTREIF, Peter. *The Diefenbaker Interlude.* Don Mills, Longmans, 1965. 194 p.

RUMILLY, Robert. *Maurice Duplessis et son temps.* Montréal, Fides, 1973. Tome 1.

THOMSON, Dale C. *Louis Saint-Laurent, Canadien.* Montréal, Cercle du livre de France, 1968. 570 p.

WHITAKER, R. *The Government Party. Organizing and Financing the Liberal Party of Canada 1930-1958.* Toronto, University of Toronto Press, 1977. 507 p.

Chapitre 27

NOUVEAU FÉDÉRALISME
ET AUTONOMIE PROVINCIALE

Dans les relations fédérales-provinciales, l'initiative appartient plus que jamais à Ottawa. Les circonstances exceptionnelles de la crise et surtout de la guerre ont entraîné un fort mouvement de centralisation et un renforcement considérable des pouvoirs du gouvernement fédéral. Celui-ci veut profiter de l'après-guerre pour conserver cette position de maître d'œuvre du développement économique et social de l'ensemble du pays et, en se transformant en État-providence, devenir un gouvernement vraiment «national». C'est dans cet esprit qu'il convoque les provinces en 1945-1946 pour la Conférence fédérale-provinciale dite du Rétablissement, au cours de laquelle il présente son programme d'action pour les années à venir. L'ampleur de ce programme est telle, et son implantation fera l'objet d'efforts si soutenus, qu'on peut en parler comme d'une nouvelle «Politique nationale», par analogie avec celle du gouvernement Macdonald au 19e siècle.

Cette initiative n'est pas sans inquiéter la plupart des provinces, qui y voient un changement fondamental du système fédéral et une menace à leurs propres pouvoirs. Assez rapidement, toutefois, elles font taire leurs réticences et s'inclinent devant le dynamisme d'Ottawa, qu'appuie l'opinion publique anglophone. Seul le Québec, au nom de la préservation de son autonomie, maintient tout au long de la période une opposition farouche, qui oblige finalement le fédéral à des compromis et à une révision de son projet initial.

Ottawa et la nouvelle Politique nationale

De la crise et de la guerre, le gouvernement fédéral a retenu une leçon: il faut donner à cette entité un peu artificielle qu'est le Canada un État uni politiquement, fortement intégré économiquement et dirigé sans conteste par un gouvernement central que les Canadiens en viendront à considérer comme leur gouvernement «national». Cette nouvelle Politique nationale inspire directement l'action des gouvernements King et Saint-Laurent dans l'après-guerre, et lui imprime une cohérence et un dynamisme sans précédent.

Une telle politique s'appuie largement sur les nouvelles conceptions économiques du keynésianisme, selon lesquelles l'État doit se donner les moyens d'intervenir massivement afin de mettre en œuvre diverses mesures contracycliques qui régulariseront l'économie et maintiendront ainsi un haut niveau de consommation et d'emploi. Cette perspective implique une vaste politique sociale qui, en plus de contribuer à la réalisation d'objectifs humanitaires et d'être très bien vue de ses nombreux bénéficiaires, permettra, croit-on, d'éviter une nouvelle dépression économique, de réduire les inégalités régionales et d'assurer à tous les citoyens, de l'Atlantique au Pacifique, un niveau de vie décent et la possibilité d'être productifs.

Un tel projet implique une forte centralisation et le transfert massif de ressources financières et de compétences législatives en faveur du gouvernement central, qui détiendra ainsi une prépondérance incontestée sur les provinces. Cette réforme majeure, Ottawa prétend la réaliser sans recourir aux amendements constitutionnels ou aux tribunaux. Il est convaincu que le pouvoir de taxer et de dépenser que lui confère l'AANB lui suffira pour faire triompher sa nouvelle politique, pour laquelle il jouit en outre d'un large appui au sein de la population. En effet, le Canada anglais a pris, au cours de la guerre, une conscience plus vive de son unité et de son identité, et semble prêt à endosser la détermination de son gouvernement «national», auréolé d'un prestige nouveau sur la scène internationale.

Le modèle keynésien adopté par le gouvernement fédéral implique d'abord que celui-ci, s'il veut agir efficacement, détienne le quasi-monopole de la fiscalité. Ottawa cherche donc à conserver les pouvoirs en cette matière que les provinces lui ont consentis durant la guerre, quitte à leur verser des subventions en retour, ainsi que le proposait le rapport Rowell-Sirois. Après des hésitations, toutes les provinces acceptent de signer un accord en ce sens dès 1947, sauf le Québec et l'Ontario. Celle-ci, cependant, le fait à son tour cinq ans plus tard.

Parallèlement à cette lutte autour de la fiscalité, le gouvernement fédéral s'efforce de réaliser son programme de développement économique et social. Il utilise largement pour cela les techniques bien connues des programmes à frais partagés et des subventions condition-

Louis S. Saint-Laurent, premier ministre du Canada (1948-1957), lors de son élection à la tête du Parti libéral, 1948. (ANC, C-21524)

nelles. C'est ainsi qu'il implante divers programmes dans des secteurs qui sont en principe de compétence provinciale, comme les ressources naturelles, le transport, l'habitation, l'agriculture ou l'enseignement professionnel. De même, il intervient activement dans le domaine social: en 1950-1951, il obtient l'accord de toutes les provinces pour amender la constitution de manière à détenir l'autorité sur les pensions de vieillesse, dont il assume entièrement le coût et qui deviennent universelles; il établit aussi un programme à frais partagés d'assistance aux vieillards dans le besoin; un peu plus tard, il prend à sa charge les secours aux assistés sociaux aptes au travail; dans le secteur de la santé, enfin, il offre d'abord des subventions conditionnelles pour plusieurs programmes, avant de se lancer en 1958 dans un programme à frais partagés d'assurance-hospitalisation.

Subventions conditionnelles et programmes à frais partagés ont certes des avantages. Ils permettent de promouvoir certaines grandes législations sociales dont profitent l'ensemble des Canadiens, ou de réaliser des projets fort utiles, comme la route Transcanadienne. En agissant ainsi, le gouvernement central se trouve toutefois à limiter l'autonomie des provinces et, plus encore, à ne pas nécessairement tenir compte des priorités des gouvernements provinciaux, qui se voient obligés, sous peine d'être privés d'argent, de se conformer aux normes «nationales» édictées par Ottawa. Or plus souvent qu'autrement, celles-ci sont établies en fonction des intérêts de la majorité anglophone et, plus particulièrement, de l'Ontario. La province la plus riche et la plus populeuse exerce en effet une influence déterminante dans les minis-tères, la fonction publique et les institutions fédérales. Pour les natio-nalistes québécois, un tel système est difficilement acceptable, car il empêche le Québec d'élaborer lui-même des politiques différentes qui seraient conformes aux besoins et objectifs particuliers de sa population.

Quoi qu'il en soit, les subventions conditionnelles représentent une part sans cesse croissante des sommes que le fédéral verse aux pro-vinces, si bien que celles-ci s'en trouvent de plus en plus liées au gou-vernement central. Ainsi, en 1960, 37% des recettes des provinces leur viennent d'Ottawa, contre 29% seulement en 1947, et aussi peu que 9% en 1930. Quant au gouvernement fédéral, ses versements aux pro-vinces, qui représentaient 4% de ses recettes en 1930 et 6% en 1947, comptent pour 17% en 1960.

La canadianisation des symboles nationaux et des institutions est une autre dimension importante de la nouvelle Politique nationale. Au lendemain de la guerre, Ottawa fait adopter une loi de la citoyenneté canadienne qui met fin à l'ancienne pratique définissant les Canadiens comme des sujets britanniques. De sa seule autorité, le gouvernement fédéral abolit également les appels judiciaires au Conseil privé de Londres, faisant ainsi de la Cour suprême du Canada le tribunal de dernière instance en matière civile, criminelle et constitutionnelle. De même, il obtient de Londres, sans l'accord des provinces, un amen-dement lui permettant de modifier de lui-même ce qu'on peut appeler la constitution fédérale, c'est-à-dire les articles de l'AANB qui ne touchent pas spécifiquement les droits des minorités ni les pouvoirs exclusifs des provinces. En 1950, il tente, mais sans succès, d'obtenir auprès de celles-ci un consensus pour le rapatriement complet de la constitution et l'élaboration d'une formule d'amendement. En 1952, pour la première fois un Canadien, Vincent Massey, est nommé gouverneur général, et l'année suivante Elizabeth II est désignée sous le titre de reine du Canada. Il est question, tout au long de la période, de créer un drapeau canadien distinctif, mais l'accord entre francophones et anglophones étant impossible, le projet doit être reporté à plus tard. À la fin des années 1950, on évoque aussi la nécessité d'une charte canadienne des droits, qui sera d'ailleurs adoptée en 1960 mais ne s'appliquera qu'aux institutions fédérales.

Peu après la guerre, Ottawa se lance également dans une politique culturelle, qui vise à compléter ses politiques économiques et sociales. La création en 1949 de la Commission royale d'enquête sur les lettres, les arts et les sciences, présidée par Vincent Massey, marque le coup d'envoi de ce nouveau projet. Déjà, le gouvernement fédéral s'était taillé une place dans la vie culturelle grâce à un certain nombre d'institutions: Archives publiques, Galerie nationale, Radio-Canada, Conseil national de la recherche, Office national du film, etc. Il s'agit, par le biais de la commission, d'analyser le fonctionnement de ces organismes et de «recommander la manière la plus efficace de les administrer dans l'intérêt national».

Après avoir montré les dangers auxquels fait face la vie culturelle au Canada (américanisation, matérialisme, manque de fonds, etc.), la commission conclut que c'est le devoir d'un gouvernement «national» d'aider par divers moyens les individus et les groupes à surmonter ces obstacles et à s'épanouir culturellement, car les arts et les lettres «sont aussi le fondement de notre unité nationale». Elle recommande donc d'augmenter les budgets des organismes culturels fédéraux existants, et de créer une agence spécialement destinée à l'aide à la création, ce que fait le gouvernement fédéral en mettant sur pied en 1957 le Conseil des arts du Canada. Par ailleurs, tout en se disant soucieux de l'autonomie des provinces en matière d'éducation, les commissaires insistent sur le rôle joué par les universités et la recherche, lesquelles, à leur avis, débordent le cadre purement provincial. Ils recommandent donc au gouvernement fédéral de venir à la rescousse des universités et des chercheurs au moyen de subventions.

Québec et l'autonomie provinciale

Malgré ses attraits, son envergure et sa cohérence, la nouvelle Politique nationale ne manque pas de susciter une vive opposition en certains milieux, car elle risque de bouleverser en profondeur le système fédéral canadien. De 1896 à 1939, en effet, chacun des deux niveaux de gouvernement se contentait d'agir à peu près dans la sphère que lui réservait la constitution, selon le texte de 1867 et les interprétations du Conseil privé de Londres. Certes, pendant la guerre, le gouvernement central s'est attribué des pouvoirs très étendus, mais plusieurs s'attendent à ce que le retour de la paix permette de revenir à la normale et de faire revivre ce qu'on appelle «*a co-ordinate federalism*».

Quoique des résistances se manifestent dans les autres provinces, c'est le Québec qui s'oppose avec le plus d'opiniâtreté à la politique fédérale, car celle-ci, comme on le dit à l'époque, menace de lui faire perdre le minimum d'autonomie dont il a besoin pour s'épanouir comme foyer national d'un peuple minoritaire. Maurice Duplessis et l'Union nationale déploient des efforts considérables pour résister à l'assaut centralisateur d'Ottawa. La lutte est d'autant plus difficile que la conjoncture d'après-guerre paraît propice à la réalisation du projet fédéral, tandis que le gouvernement québécois, lui, manque trop souvent d'imagination, d'audace et de compétence. C'est ainsi, par exemple, que Duplessis et son régime, ne comprenant ni la nature ni les conséquences de la révolution keynésienne, refusent de voir que l'État doit devenir plus interventionniste.

La résistance du Québec à la nouvelle Politique nationale prend donc diverses formes. Sur le plan symbolique, par exemple, Duplessis réplique à Ottawa en faisant proclamer un drapeau québécois distinctif, le fleurdelisé. Il crée aussi Radio-Québec et un programme provincial d'allocations familiales, mesures qui resteront l'une et l'autre lettre morte. Mais pour l'essentiel, le gouvernement québécois n'a d'autre choix, le plus souvent, que d'accepter les initiatives fédérales avec beaucoup de prudence et de protestations, ou bien de leur opposer un non catégorique.

La première attitude est illustrée par le cas des pensions de vieillesse, qu'Ottawa veut prendre entièrement à sa charge moyennant un accord constitutionnel avec les provinces. Même s'il s'oppose à l'idée de céder au fédéral des pouvoirs en matière sociale qui appartiennent en principe à l'État québécois, Duplessis ne peut priver la population des avantages du programme fédéral. Il donne donc son accord, mais réussit tout de même à sauvegarder le principe en obtenant que l'amendement ne porte pas atteinte «à l'application de quelque loi présente ou future» des provinces en matière de pensions de vieillesse.

Quant à la seconde attitude, celle du refus pur et simple, elle se

Propagande de l'Union nationale lors de la campagne électorale de 1956.

manifeste avec le plus d'éclat à propos des subventions fédérales aux universités. En 1951, Ottawa décide en effet de se rendre à la recommandation du rapport Massey et d'aider financièrement les universités, qui relèvent pourtant des autorités provinciales. Duplessis accepte d'abord cette intrusion, mais se ressaisit bientôt et, à compter de 1953, ordonne aux universités québécoises de refuser les fonds fédéraux. Comme ces sommes, placées en fiducie, augmentent d'année en année, et que les universités en ont un urgent besoin, la tension ne cesse de monter et de diviser l'opinion. Mais Duplessis, jusqu'à la fin, refuse de céder.

C'est toutefois dans la querelle fédérale-provinciale autour des impôts qu'apparaissent le mieux l'évolution et les véritables enjeux du combat autonomiste. À la volonté fédérale de monopoliser les grands impôts directs, le Québec, en effet, oppose un refus catégorique, justifié par des arguments d'ordre juridique et politique. D'une part, Duplessis en appelle constamment au respect du «pacte confédératif de 1867», et il répète, d'autre part, qu'il ne saurait y avoir de gouvernements provinciaux autonomes si ceux-ci n'ont pas la liberté de lever leurs propres impôts.

Jusqu'en 1952, le Québec et l'Ontario du premier ministre Drew adoptent des politiques fiscales identiques et résistent de concert aux accords que leur propose Ottawa. Ne recevant donc pas de subventions compensatrices, elles sont pénalisées financièrement: selon la commission Tremblay, le Québec perd ainsi, de 1947 à 1955, 136 millions de dollars.

Lorsque en 1952 l'Ontario décide de se rendre aux propositions fédérales, non seulement Ottawa paraît dès lors invincible, mais le Québec se trouve de plus en plus isolé et désemparé. Il ne sortira de ce désarroi qu'en passant lui-même à l'offensive, sous la pression de plus en plus insistante des milieux néo-nationalistes. Ceux-ci obtiennent que le gouvernement québécois institue en 1953 une Commission royale d'enquête sur les problèmes constitutionnels, présidée par le juge Tremblay. Pour Duplessis, cette commission a un mandat simple et restreint et devrait remettre son rapport au bout d'un an. Mais les commissaires se convainquent rapidement, quant à eux, de la nécessité d'une étude en profondeur. Avec l'aide de quelques experts, ils travaillent pendant trois ans, parcourent le Québec pour entendre les témoignages de centaines de citoyens et recevoir quelque 250 mémoires, et remettent finalement en 1956 un volumineux rapport accompagné de plusieurs études de spécialistes. Par les recherches qu'elle suscite, par la prise de conscience dont elle est l'occasion pour de nombreux groupes, et par la solidarité qu'elle révèle vis-à-vis de l'État québécois, la commission Tremblay reste certainement un événement majeur de cette période.

Dans l'immédiat, la commission contribue de façon décisive au déblocage de l'impasse fiscale. Dès la fin de 1953, en effet, les commissaires convainquent Duplessis que le seul moyen pour le Québec de revendiquer efficacement son «butin», c'est d'exercer les droits que lui reconnaît la constitution, en levant son propre impôt sur le revenu des particuliers. La population québécoise, dont la commission a commencé à prendre le pouls, est prête à se rallier à la thèse autonomiste. Duplessis présente donc un projet de loi permettant au Québec de lever un impôt sur le revenu des particuliers équivalant à 15% de l'impôt fédéral. Ottawa se rebiffe aussitôt et une lutte vive s'ensuit entre les deux gouvernements. Finalement, devant la pression de l'opinion, Saint-Laurent doit se rendre, et on en arrive à un compromis fixant la part du Québec à 10% de l'impôt fédéral, lequel en sera réduit d'autant pour les contribuables québécois.

Malgré son caractère apparemment modeste, la victoire de Duplessis est significative. Pour la première fois depuis la guerre, Ottawa doit reculer et mettre une sourdine à sa nouvelle Politique nationale pour se rendre aux revendications d'une province. Ainsi, comme le dira le chef libéral Georges-Émile Lapalme, Duplessis, «en se servant de l'impôt, inversait les préalables de la politique à long terme».

Le fédéralisme à la fin des années 1950

Entre le centralisme agressif d'Ottawa et l'autonomisme non moins tenace du Québec, le choc est donc vif durant tout l'après-guerre. Il aboutit, dans la seconde moitié des années 1950, à un nouvel état du système fédéral, où le gouvernement central impose son leadership, mais en acceptant certains compromis face aux exigences des provinces, en particulier du Québec.

La réussite de la nouvelle Politique nationale, en effet, est incontestable. À la fin des années 1950, la prépondérance du gouvernement fédéral dans l'ensemble canadien, même si elle a diminué par rapport à ce qu'elle était durant la guerre, demeure très nette. Il contrôle la plus grande part des dépenses publiques au pays (58,5% en 1959), et il détient la prééminence dans le champ fiscal: d'une part, il possède le droit de lever des impôts «par tout mode ou système de taxation», et les provinces doivent, d'autre part, négocier avec lui leur portion de l'assiette fiscale. Par ailleurs, il occupe maintenant une place considérable dans le secteur des politiques sociales, ce qui le rend plus proche de la population, à qui il distribue des chèques d'assurance-chômage, d'allocations familiales ou de pension de vieillesse. Ce contact direct et tangible avec les citoyens lui permet de renforcer sa légitimité et d'assurer une meilleure identification des Canadiens à leur État «national». Il détient aussi un rôle très visible et indispensable dans le champ culturel. Enfin, en utilisant à fond son pouvoir de dépenser, il a pu s'immiscer dans plusieurs domaines de compétence provinciale et transformer ainsi l'ancienne répartitition des pouvoirs en un fédéralisme plein de zones grises.

Malgré ces succès de la politique fédérale, le combat autonomiste de Duplessis n'est pas sans aboutir, lui aussi, à certains résultats, en obligeant Ottawa à des concessions qui assurent au Québec des instruments par lesquels il pourra dans l'avenir affirmer ses pouvoirs et son autonomie au sein de la Confédération. Trois aspects en particulier méritent d'être soulignés. D'abord, le principe de la péréquation, adopté par Ottawa en 1957, instaure une réelle redistribution d'une partie de la richesse des provinces mieux nanties à celles qui le sont moins. En second lieu, le gouvernement fédéral accorde aux provinces, la même année, une authentique liberté fiscale, ce qui donne au Québec la possibilité de gérer ses propres impôts sans en être pénalisé. Enfin, le règlement de la querelle des universités débouche en 1959-1960 sur la mise au point d'une formule permettant au Québec de se retirer d'un programme fédéral tout en étant assuré d'une compensation fiscale.

Un gouvernement fédéral résolu à poursuivre son action dans le sens de la centralisation «nationale»; un gouvernement québécois possédant les moyens d'exercer ses propres pouvoirs: tout est en place pour la nouvelle dynamique fédérale-provinciale qui marquera les prochaines décennies.

ORIENTATIONS BIBLIOGRAPHIQUES

Brunet, Michel. «Le fédéralisme, l'Acte de l'Amérique du Nord britannique et les Canadiens français», *Québec / Canada anglais: deux itinéraires, un affrontement*. Montréal, Hurtubise HMH, 1968, p. 233-286.

Canada. *Rapport de la Commission royale d'enquête sur l'avancement des arts, lettres et sciences*. Ottawa, Imprimeur du Roi, 1951. 600 p. (Rapport Massey).

«Cinquante années de nationalisme positif». Numéro spécial de *L'Action nationale*, LII, 7-8 (mars-avril 1963), p. 641-903.

Durocher, René et Michèle Jean. «Duplessis et la Commission royale d'enquête sur les problèmes constitutionnels, 1953-1956», *Revue d'histoire de l'Amérique française*, 25, 3 (décembre 1971), p. 337-364.

Lamontagne, Maurice. *Le fédéralisme canadien*. Québec, Presses de l'Université Laval, 1954. 298 p.

Lapalme, Georges-Émile. *Mémoires*. 3 vol. Montréal, Leméac, 1969-1973.

Québec. *Rapport de la Commission royale d'enquête sur les problèmes constitutionnels*. 4 vol. Québec, 1956. (Rapport Tremblay).

Rémillard, Gil. *Le fédéralisme canadien. Éléments constitutionnels de formation et d'évolution*. Montréal, Québec-Amérique, 1980. 553 p.

Sabourin, Louis. *Le système politique au Canada. Institutions fédérales et québécoises*. Ottawa, Éditions de l'Université d'Ottawa, 1970. 507 p.

Trudeau, Pierre Elliott. *Le fédéralisme et la société canadienne-française*. Montréal, Hurtubise HMH, 1967. 227 p.

CHAPITRE 28

L'AVÈNEMENT DU PETIT ÉCRAN

Liée au temps de loisir, au niveau de vie et au taux d'urbanisation, la nouvelle culture de masse apparue au cours de l'entre-deux-guerres connaît dans le Québec prospère des années 1945-1960 un développement extrêmement rapide, qui rejoint à quelque titre toutes les couches de la société, y compris celles qui avaient été encore peu touchées jusque-là. Deux grandes phases marquent ce développement. D'abord, pendant l'immédiat après-guerre, les grands médias des années 1930 — cinéma et radio notamment — augmentent considérablement leur rayonnement. Puis, à partir de 1952, commence une nouvelle époque, centrée sur la télévision, dont l'avènement a des effets décisifs sur l'ensemble de la vie culturelle. Malgré leurs résistances et leurs efforts pour contrôler ces transformations qui menacent directement leurs positions dans la société, les élites traditionnelles et les autorités religieuses sont débordées par l'ampleur et la puissance du mouvement.

L'âge d'or du cinéma (1945-1953)

Déjà, la guerre avait permis au cinéma de devenir, et de loin, le divertissement le plus pratiqué au Québec. Avec l'urbanisation accélérée et la hausse du niveau de vie qui accompagnent le retour de la paix, le phénomène se poursuit et connaît même une poussée encore plus marquée. De 44 millions qu'il était en 1945, le nombre des entrées passe à plus de 54 millions en 1950, puis atteint un sommet de 59 millions en 1952. Cette année-là, chaque Québécois va aux «vues» au moins une fois par mois en moyenne. Jamais, dans toute son histoire, le cinéma n'aura connu une telle faveur.

Cette expansion se produit surtout en dehors des grandes villes. Montréal et Québec, en effet, sont bien pourvues en fait de salles depuis la fin des années 1930. En 1954, elles en comptent respectivement 73 et 12, ce qui correspond à peu près aux nombres de 1939.

C'est donc le reste du territoire qui se couvre de salles à partir de la fin de la guerre, leur nombre y passant de 146 en 1945 à 365 en 1954. Chaque petite ville en vient à avoir son cinéma, et il n'est pas rare d'en trouver plusieurs dans des villes moyennes, comme Rouyn (5) ou Shawinigan (4).

Quels films toutes ces salles présentent-elles? Valables pour l'ensemble du Canada, les seules données disponibles montrent qu'entre 1946 et 1960 la plus grande part des nouveaux longs métrages projetés dans les salles commerciales proviennent toujours des États-Unis. Mais cette part, qui est écrasante au lendemain de la guerre (80% en 1946), diminue assez rapidement par la suite (44% en 1954), au profit des films d'origine européenne: Grande-Bretagne, Italie et France surtout. Après avoir assez largement alimenté les cinémas québécois durant les années 1930, la France a vu sa production presque complètement paralysée au cours de la guerre. Mais dès la paix revenue, le public québécois a de nouveau accès aux films français. En 1954, ceux-ci représentent 22,4% des nouveaux longs métrages projetés au Canada, proportion qui, pour le Québec, est certainement supérieure. On peut donc présumer que durant les années 1950, le public a des goûts assez éclectiques et qu'il accorde sa faveur à peu près également aux films américains (doublés ou non) et français.

Même si sa part demeure très réduite, la production locale profite de l'extrême popularité du cinéma dans l'après-guerre. Entre 1947 et 1953 environ, se situe en effet ce que Yvan Lamonde et P.-F. Hébert appellent «la naissance d'une cinématographie nationale», soit la production au Québec d'une bonne quinzaine de longs métrages de fiction, auxquels le public réserve en général un accueil chaleureux. Deux compagnies sont particulièrement actives. Renaissance-Films, dirigée par J.-A. De Sève, s'associe aux milieux cléricaux européens et québécois afin de faire de Montréal «un centre mondial de saine cinématographie», d'où doivent sortir des films d'inspiration catholique qui feront contrepoids au «mal (que) les mauvais films produisent dans l'âme»; en fait, seuls sortiront trois longs métrages assez médiocres, dont le dernier, *Les lumières de ma ville* (1950), obtient un succès de critique appréciable. L'autre compagnie, Québec-Productions, dirigée par Paul L'Anglais, met au point une formule à succès qui sera souvent reprise par la suite: adapter à l'écran des œuvres jouissant déjà d'une grande popularité dans les autres médias. Ainsi, cette compagnie tourne *Un homme et son péché* (1948), *Le curé de village* (1949) et *Séraphin*

Une scène du film *La petite Aurore l'enfant martyre*, 1951. (Cinémathèque québécoise).

(1949) d'après les radioromans les plus écoutés du temps. D'autres producteurs l'imitent aussitôt en portant du théâtre à l'écran *La petite Aurore, l'enfant martyre* (1951), puis *Tit-Coq* (1952), qui reçoivent l'un et l'autre un accueil quasi triomphal: en deux mois, *Tit-Coq* est vu par 300 000 personnes.

Montréal devient ainsi, pendant ces quelques années, un lieu de production cinématographique très actif. Sans équivalent ailleurs au Canada, cette activité est due entièrement au secteur privé, qui affronte des problèmes que l'industrie québécoise du film n'arrivera pas à résoudre de longtemps. Ces problèmes tiennent avant tout à l'exiguïté du marché. Faut-il faire des films d'intérêt avant tout local, et se priver ainsi du marché international qui peut seul rentabiliser les productions? Ou faut-il viser plutôt le public étranger, mais se trouver alors en position de nette infériorité face à des concurrents américains et européens beaucoup plus puissants et mieux nantis? Diverses solutions sont tentées, depuis le film en double version, française et américaine, jusqu'à la coproduction, en passant par le film anglophone, mais sans qu'aucune soit vraiment probante. Dès sa naissance, la «cinématographie nationale» est donc dans une situation fragile et problématique.

Il y a certes les agences gouvernementales, mais elles restent plutôt marginales. Les activités du Service de ciné-photographie du Québec, qui existe depuis 1941, sont négligeables. Plus productif, l'Office national du film continue à se consacrer presque exclusivement au documentaire et à l'animation, où s'illustre surtout Norman McLaren, avec des très courts métrages comme *La poulette grise* (1947) ou *Neighbours* (1952). Jusqu'à la fin des années 1950, l'ONF garde un visage essentiellement anglophone: entre 1946 et 1955, sur une production globale de 748 films, 125 seulement, soit un peu plus de 16%, sont de conception française. La situation ne commencera à changer qu'après le déménagement d'Ottawa à Montréal en 1956 et l'arrivée d'un bon nombre de réalisateurs francophones qui réclameront bientôt, avec véhémence parfois, la création d'une section française autonome, et qui orienteront peu à peu l'agence gouvernementale vers la production de longs métrages destinés au grand public.

À ce moment-là, toutefois, la situation du cinéma au Québec ne sera plus du tout la même. L'arrivée de la télévision aura tout bouleversé.

La télévision

Apparue dans certains pays dès les années 1930, la télévision met un certain temps à se développer au Canada. Déjà, son expansion rapide aux États-Unis pendant les années 1940 amène près de 150 000 foyers canadiens situés non loin de la frontière à s'équiper d'un récepteur. Mais ce n'est qu'à l'automne de 1952 qu'est mis sur pied un service local de production et de diffusion, confié à la Société Radio-Canada. Au Québec, la proportion de foyers possédant un téléviseur monte aussitôt en flèche: de 9,7% en 1953, elle passe à 38,6% en 1955, puis à 79,4% en 1958, pour atteindre 88,8% en 1960, ce qui dépasse largement la moyenne canadienne (80,6%). En moins de huit ans, le Québec devient ainsi un vaste auditoire télévisuel: les toits se coiffent d'antennes, les meubles des salons sont redisposés autour de l'écran cathodique, et le rythme des soirées, aussi bien à la campagne que dans les villes, se règle d'après cette nouvelle merveille.

Non seulement tout le monde se met à regarder la télévision, mais jusqu'à la fin des années 1950, ce sont les mêmes émissions que tout le monde regarde. Ottawa décide, en effet, conformément aux recommandations du rapport Massey (1951), qu'il n'y aurait au pays qu'une

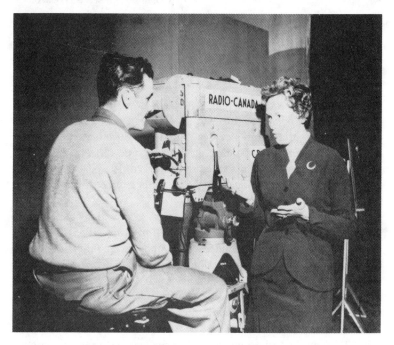

L'animatrice Michèle Tisseyre en 1954. (*The Gazette*, ANC, PA-77926).

seule télévision: celle de Radio-Canada, et qu'aussi longtemps que cette télévision «proprement canadienne» ne serait pas très largement implantée, aucun diffuseur privé n'obtiendrait de permis, sauf pour s'affilier à Radio-Canada là où celle-ci ne possède pas d'antenne à elle. Au Québec, CBFT, le canal 2, commence à diffuser le 6 septembre 1952. Sa programmation est bilingue et, malgré les mécontentements, le restera jusqu'en janvier 1954, date de l'ouverture de CBMT, le canal 6, qui prend en charge la télédiffusion de langue anglaise. Au début, environ la moitié du Québec habité peut capter les images transmises depuis le mont Royal. Mais assez vite, Radio-Canada étend son réseau d'antennes, si bien qu'à la fin de la décennie la quasi-totalité des foyers québécois peuvent voir, avec une qualité de réception convenable, c'est-à-dire sans trop de «neige», les émissions produites rue Dorchester ouest, à Montréal, où la radio et la télévision d'État ont centralisé leurs services depuis 1951.

Ces premières émissions télévisées sont plus ou moins le prolongement de celles qu'offre alors la radio de Radio-Canada. Le divertissement occupe la plus grande part, avec le recyclage du radioroman en téléromans comme *Les Plouffe* ou *Le Survenant*, la retransmission de *La soirée du hockey*, les jeux télévisés comme *La poule aux œufs d'or* ou *Le nez de Cléopâtre*, à quoi s'ajoutent de nombreux films. Aux enfants du *baby boom*, on présente les marionnettes *Pépinot et Capucine*, des récits d'aventures et des émissions éducatives. Le contenu culturel est également important, qu'il s'agisse de *L'heure du concert* ou du *Téléthéâtre* hebdomadaire, remplacé en 1956 par le *Théâtre populaire*, autant d'émissions qui révèlent à un large public des œuvres réservées jusque-là à une minorité.

La télévision exerce aussi son impact par l'information et les affaires publiques. *Les idées en marche* (1954), *Carrefour* (1955), *Point de mire* (1956): généralement boudées par les hommes politiques en place et les élites religieuses, ces émissions permettent à une nouvelle génération de leaders, dont l'influence n'avait guère dépassé jusqu'alors les milieux cultivés de la métropole, de se faire entendre à la grandeur du Québec. Des animateurs comme René Lévesque, Gérard Pelletier, Judith Jasmin, Wilfrid Lemoine, des commentateurs comme Pierre Elliot Trudeau ou André Laurendeau, deviennent de véritables vedettes du petit écran et répandent partout leur appel au changement, à la critique et à la modernisation.

En ce sens, il est clair que la télévision des années 1950 joue un rôle crucial dans l'évolution de la société québécoise. Non seulement elle fournit un moyen puissant pour la diffusion de l'information et des idées nouvelles, mais elle contribue également à uniformiser les modes de vie, en propageant les mêmes valeurs, les mêmes façons de sentir et de penser à travers les différents groupes sociaux et les diverses régions du Québec. Encore mieux que la radio, elle brise l'isolement relatif du monde rural et renforce l'ouverture du Québec sur le monde. En même temps, et contrairement à ce que prévoyaient ses fondateurs fédéraux, le réseau français de Radio-Canada, concentré presque entièrement au Québec, se trouve à favoriser directement l'émergence d'une nouvelle solidarité québécoise, la conscience, chez les téléspectateurs de toute la province, de former non seulement un même et vaste auditoire, mais aussi une société distincte, possédant des traits et des besoins collectifs qui lui sont propres.

Mais quelles que soient ses répercussions socio-politiques, il est un

Maurice Richard et Dickie Moore, deux héros du petit écran, 1954. (*La Presse*)

domaine où l'avènement de la télévision a l'effet d'une véritable révolution, c'est celui du divertissement et de la culture de consommation. Là, en effet, la télévision fait beaucoup plus que s'ajouter à ce qui existait déjà: bouleversant les habitudes de consommation, façonnant de nouveaux critères d'appréciation, elle contraint tous les autres médias à se redéfinir par rapport à elle.

Le déclin du cinéma (1953-1960)

L'apparition et la généralisation rapide de la télévision portent un dur coup au cinéma. De l'âge d'or des années 1945-1953, celui-ci passe brusquement et sans transition à une phase de déclin accéléré. En quelques années, le nombre de salles commerciales diminue d'une centaine, et la fréquentation dégringole: en 1960, elle dépasse à peine les 25 millions d'entrées, soit 4 millions de moins qu'en 1937. Les distributeurs et les exploitants ont beau essayer de concurrencer la télévision en offrant plus de longs métrages en couleurs, rien n'enraye ce mouvement de désaffection qui place l'exploitation commerciale du cinéma, vers 1960, dans un état précaire.

Cette désertion du public frappe également la production locale. Elle met fin, en particulier, aux activités des producteurs privés, qui s'appuyaient essentiellement sur le cinéma en salles. En dehors des productions artisanales et de celles de l'ONF, aucun long métrage ne sera tourné au Québec entre 1953 et 1963. La «naissance de la cinématographie nationale» fait donc long feu. Seule subsiste, et même s'épanouit, la production destinée à la télédiffusion: publicité, courts métrages, documentaires, dessins animés, provenant soit de l'ONF soit des petites compagnies qui se multiplient à la fin des années 1950.

La radio

Autre secteur où l'arrivée de la télévision ne manque pas de provoquer des ajustements: la radio. Depuis la fin des années 1930, celle-ci n'a cessé d'étendre son rayonnement et de se développer. À partir de la guerre, sa position dans la vie culturelle est comparable à celle que va bientôt occuper la télévision: elle rejoint tout le monde, ses animateurs et comédiens sont des vedettes, ses romans-feuilletons sont suivis avec passion. Elle constitue en somme le principal canal d'expression et de diffusion non seulement pour la culture de masse, mais aussi pour les idées et l'information à travers tout le Québec.

Radio-Canada, après la guerre, continue d'accroître l'étendue de son réseau et la puissance de ses émetteurs, ce qui lui permet, en 1950, d'atteindre 90% de la population. À celle-ci, on offre une programmation où priment le contenu canadien et les émissions à caractère culturel ou éducatif: concerts symphoniques, théâtre, littérature, ou la série *Radio-Collège*, qui occupe en 1952 près de neuf heures d'antenne par semaine.

Toutefois, c'est la radio privée qui connaît alors l'ascension la plus marquée: en 1958, elle détient environ 70% de la puissance émettrice au Canada, contre seulement 25% vingt ans plus tôt. Essentiellement commerciale, cette radio profite directement de la prospérité d'après-guerre. À Montréal, plusieurs nouvelles stations voient le jour. Du côté français, CKVL, créée en 1946, fait avec ses «romans-savon» une vive concurrence à CKAC, qui réplique dès 1947 en se mettant à diffuser vingt-quatre heures par jour. Puis l'abbé Gadbois, le propagateur de *La bonne chanson*, fonde en 1953 la station CJMS, dont le sigle signifie «Canada, je me souviens». Du côté anglais, CJAD et CFCF se disputent l'auditoire. Ailleurs au Québec, on dénombre en 1957 plus d'une trentaine de stations: quatre à Québec, deux à Chicoutimi et à Trois-Rivières, et une dans presque toutes les petites villes.

Cette expansion n'est que momentanément ralentie par les débuts de la télévision. Cette dernière, au lieu de placer la radio en situation de crise, comme cela se produit alors pour le cinéma, l'amène plutôt à se redéfinir et même, au bout du compte, à accroître son rayonnement. La plupart des stations radiophoniques, en effet, réussissent à s'adapter rapidement. Elles se concentrent sur les émissions de matinée et d'après-midi, périodes où la télévision ne diffuse pas, et s'ajustent au public particulier qui est maintenant le leur, composé surtout de femmes à la maison, de jeunes et d'automobilistes. Abandonnant le radioroman, le théâtre et les autres émissions de divertissement parlé, elles diffusent une information abondante et régulière, et surtout beaucoup de musique populaire enregistrée.

Après la guerre, cette musique populaire, dominée depuis 1940 par les «crooners» et les orchestres de jazz américains, fait de nouveau place à la chansonnette française: Trenet, Piaf, Guétary, les Compagnons de la chanson. Les années 1950, cependant, remettent la musique américaine à l'honneur, avec la venue du «rock'n roll» et des vedettes montantes que sont alors Pat Boone, les Platters, Elvis Presley, dont le succès est aidé par le disque «long jeu» (apparu en 1948) et le 45 tours (1949). À titre d'exemple, la station CKVL de Verdun se fait d'abord, en 1946, la championne de la chansonnette française, présentée par Jacques Normand. Neuf ans plus tard, cette même station est devenue le haut lieu du «hit parade» américain, animé par Léon Lachance, pour la plus grande joie des adolescents et adolescentes séduits par les rythmes, les danses et les modes vestimentaires d'outre-frontière. Quant à la chanson québécoise, elle se résume pour l'essentiel à l'adaptation des succès américains et à l'interprétation ou l'imitation des chansonnettes françaises à la mode. Sauf pour le travail plutôt obscur de Raymond Lévesque et les succès de Félix Leclerc en France au début des années 1950, elle devra attendre la décennie suivante pour connaître son véritable essor.

En somme, la télévision, loin de nuire à la radio, devient pour elle l'occasion de mieux préciser son créneau d'activité. À la fin des années 1950, la radiophonie québécoise est en pleine expansion: de nouvelles stations entrent en ondes, et la concurrence, avivée par la généralisation des sondages d'écoute, devient féroce.

La presse et le roman populaire

Pour la presse quotidienne, l'après-guerre est aussi une période d'expansion rapide et de réorganisation. Entre 1945 et 1965, son tirage total, comprenant les quotidiens anglophones aussi bien que francophones, fait un bond de 62%, passant de 680 000 à plus de 1 100 000 exemplaires. Une telle croissance, toutefois, profite surtout à quelques journaux bien établis, tandis que d'autres stagnent ou disparaissent. À Montréal, par exemple, *Le Canada* ferme ses portes en 1954, *L'Autorité* en 1955, et *La Patrie* devient hebdomadaire en 1957. Par contre, *La Presse* double son tirage entre 1940 et 1962, pour atteindre, cette année-là, les 286 000 exemplaires. Du côté anglophone, si le *Montreal Star* demeure le journal le plus lu, atteignant 180 000 exemplaires en 1960, la *Gazette*, qui était loin derrière jusqu'à la guerre, le talonne de plus en plus, avec ses 129 000 exemplaires en 1963. C'est à Québec, cependant, que la réorganisation est la plus frappante. Tandis que *L'Action catholique* et *L'Événement-journal* sont en net déclin, *Le Soleil* devient le quotidien de tout l'est du Québec: en 1960, son tirage dépasse les 120 000 exemplaires. Le même phénomène s'observe en dehors de Montréal et Québec: des quotidiens comme *Le Nouvelliste* de Trois-Rivières ou *La Tribune* de Sherbrooke n'ont plus guère de concurrents et s'imposent comme des organes desservant l'ensemble de leur région. Partout au Québec, la presse quotidienne tend donc à se concentrer de plus en plus dans quelques grands journaux, qui recueillent la plus grande part des lecteurs et de la publicité. Le cas du *Devoir* est particulier: même s'il demeure un petit journal, avec un tirage qui passe de 20 000 à 40 000 exemplaires entre 1940 et 1962, son influence auprès des élites intellectuelles ne cesse de grandir. Tout en maintenant ses positions auprès des nationalistes traditionnels, il devient, sous la direction de Gérard Filion et André Laurendeau, un point de ralliement pour les opposants au duplessisme et une des principales tribunes du néo-nationalisme en émergence.

Un phénomène important de l'après-guerre est la montée de diverses formes d'imprimés de type populaire destinés à un public de masse. Le meilleur exemple est le quotidien de format tabloïd *Montréal-Matin*. Fondé en 1930 sous le nom de *L'illustration* mais demeuré peu important jusqu'à la guerre, il change alors de nom et améliore sa formule, axée sur la nouvelle sensationnelle, l'actualité sportive et la photographie. Son tirage se met aussitôt à grimper: de 11 000 à plus de

100 000 exemplaires entre 1940 et 1960. Visant à peu près le même public, les journaux de fin de semaine connaissent aussi une forte croissance, notamment ceux qui s'intéressent au monde du spectacle, de la radio et de la télévision. Au *Petit journal*, *Photo-journal* et *Radiomonde* (1939; devenu *Téléradiomonde* en 1950), qui étendent leur public, s'ajoutent bientôt *Dimanche-matin* (1953), *Allô Police* (1953), *Nouvelles illustrées* (1954), le *Journal des vedettes* (1954), ainsi qu'une foule de «journaux jaunes», c'est-à-dire scandaleux ou vaguement pornographiques. Contre ces derniers, l'Église organise d'ailleurs une grande campagne d'épuration, dont le zèle ne tarde pas à viser pratiquement l'ensemble de la presse de fin de semaine. Mais celle-ci survit facilement, et son tirage total, vers 1960, dépasse le million d'exemplaires. L'après-guerre est aussi l'occasion de progrès notables pour les magazines et les revues. S'adressant surtout aux femmes, à qui elles offrent des romans d'évasion et des chroniques, *La Revue populaire*, *La Revue moderne* et *Le Samedi* ont ensemble, vers 1955, un tirage dépassant les 250 000 exemplaires. Mais le mensuel le plus répandu est de loin le *Sélection du Reader's Digest*, dont l'édition en langue française fait son apparition en 1947.

Enfin, ces années marquent l'épanouissement du roman populaire à bon marché. Avant 1940, déjà, les *dime novels* et les *comic books* américains, ainsi que les petits romans sentimentaux français, se répandaient largement dans les kiosques à journaux et les tabagies du Québec. Un éditeur montréalais, Édouard Garand, avait d'ailleurs profité de la formule en publiant, dans sa collection «Roman canadien», des récits courts, faciles d'accès et bien pensants. Mais le véritable essor du roman populaire de fabrication québécoise se situe vers le milieu des années 1940, quand l'imprimerie des frères Lespérance lance un nouvel hebdomadaire, *Police-Journal*, et plusieurs séries de romans en fascicules. Peu chers, comptant une trentaine de pages sous couverture accrocheuse, et paraissant chaque semaine, ces romans d'amour et d'aventure obtiennent un succès foudroyant. De la centaine de séries ainsi publiées, la plus célèbre est celle des *Aventures étranges de l'agent IXE-13, l'as des espions canadiens* : entre 1947 et 1966, près de mille fascicules de cette série voient le jour, avec un tirage moyen de 20 000 exemplaires.

Les cabarets

Le progrès des nouveaux médias provoque le déclin d'un type de divertissement urbain qui s'était beaucoup développé depuis un quart de siècle environ, c'est-à-dire les diverses formes de théâtre populaire : revues, vaudevilles, mélodrames, burlesque. Par contre, le music-hall connaît une certaine faveur dans l'après-guerre, notamment les spectacles osés de Peaches et de Lili Saint-Cyr au théâtre Gayety de Montréal. C'est aussi la belle époque des «nuits de Montréal», celle des cabarets et des clubs comme le Casino Bellevue, le El Morocco, le Faisan doré, le Casa Loma. Également, les «nuits de Québec» battent leur plein au café Chez Gérard et à la Porte Saint-Jean. Dans ces établissements, presque chaque soir de la semaine, et souvent jusqu'aux petites heures du matin, on vient boire, danser, s'amuser, et assister à des spectacles de chanson et d'humour. Pendant la guerre, les artistes invités étaient surtout américains. Puis viennent les vedettes françaises, avant que ne s'imposent peu à peu les artistes du cru, comme Fernand Robidoux, Alys Robi, Muriel Millard ou Aglaé. Mais la mauvaise réputation de plusieurs établissements et, là encore, la télévision auront raison de ce genre de spectacles, dont la popularité diminue rapidement au-delà des années 1950.

*   *   *

Très majoritairement urbaine, nettement plus riche que quinze ans plus tôt, et échappant de plus en plus à l'emprise des autorités traditionnelles, la société québécoise forme maintenant un vaste marché culturel relativement unifié, affamé de nouveauté et rejoint efficacement par plusieurs moyens de diffusion: cinéma, journaux, radio et surtout télévision. Ceux-ci s'appuient du reste les uns sur les autres, comme en témoignent la circulation du même personnel ou l'exploitation de plus en plus répandue des mêmes produits dans les divers médias. L'exemple d'*Un homme et son péché* est éloquent: roman au départ, il devient ensuite radioroman, pièce de théâtre, disque, film et enfin feuilleton télévisé. Un véritable système de production et de consommation de la culture de masse, où le secteur privé et l'État jouent l'un et l'autre des rôles importants, se met en place. À ce système dont la puissance et l'étendue ne cessent de croître depuis la guerre, les décennies qui s'ouvrent avec la Révolution tranquille réservent un avenir plein de promesses et de difficultés de toutes sortes.

ORIENTATIONS BIBLIOGRAPHIQUES

BARRETT, Caroline et Michel RENÉ. «Littérature de masse au Québec», *The French Review*, 53, 6 (mai 1980), p. 872-879.

BEAULIEU, André et Jean HAMELIN. *Les journaux du Québec de 1764 à 1964*. Québec, Presses de l'Université Laval, 1965. 329 p.

BEAULIEU, André et Jean HAMELIN. «Aperçu du journalisme québécois d'expression française», *Recherches sociographiques*, VII, 3 (septembre-décembre 1966), p. 305-348.

BEAULIEU, Pierre. «La belle époque des nuits de Montréal», La Presse, 19 janvier 1980, p. B1 et B9.

HOULE, Michel et Alain JULIEN. *Dictionnaire du cinéma québécois*. Montréal, Fides, 1978. 366 p.

LAMONDE, Yvan et Pierre-François HÉBERT. *Le cinéma au Québec: essai de statistique historique (1896 à nos jours)*. Québec, IQRC, 1981. 478 p.

LAURENCE, Gérard. «La naissance de la télévision au Québec 1949-1953», *Communication et information*, II, 3 (automne 1978), p. 25-64.

— «La rencontre du théâtre et de la télévision au Québec (1952-1957)», *Études littéraires*, 14, 2 (août 1981), p. 215-249.

— «Le début des affaires publiques à la télévision québécoise 1952-1957», *Revue d'histoire de l'Amérique française*, 36, 2 (septembre 1982), p. 213-239.

LAVOIE, Elzéar. «La constitution d'une modernité culturelle populaire dans les médias au Québec (1895-1950)», Yvan Lamonde et Esther Trépanier, dir. *L'avènement de la modernité culturelle au Québec*, Québec, IQRC, 1986, p. 253-298.

LEGRIS, Renée et Pierre PAGÉ. «Le théâtre à la radio et à la télévision au Québec», *Archives des lettres canadiennes*, tome V: *Le théâtre canadien-français*, Montréal, Fides, 1976, p. 291-318.

LEVER, Yves. *Histoire générale du cinéma au Québec*. Montréal, Boréal, 1988. 551 p.

PAGÉ, Pierre. *Répertoire des œuvres de la littérature radiophonique québécoise 1930-1970*. Montréal, Fides, 1975. 826 p.

PAGÉ, Pierre et Jacques BELLEAU. «Jalons pour une histoire de la radio du Québec 1940-1965», *Communication et information*, IV, 2 (hiver 1982), p. 116-122.

PROULX, Gilles. *L'aventure de la radio au Québec*. Montréal, Éditions La Presse, 1979. 143 p.

Rapport de la Commission royale d'enquête sur la radio et la télévision. Ottawa, Imprimeur de la reine, 1957. (Rapport Fowler).

VÉRONNEAU, Pierre. *Histoire du cinéma au Québec I : Le succès est au film parlant français; II : Cinéma de l'époque duplessiste*. Montréal, Cinémathèque québécoise, 1979.

— *L'Office national du film, l'enfant martyr*. Montréal, Cinémathèque québécoise, 1979, p. 3-60.

CHAPITRE 29

L'AFFIRMATION DE LA MODERNITÉ

Dans la littérature et les arts, le mouvement de modernisation amorcé au cours des années 1930 et qui a commencé de s'étendre pendant la guerre connaît, à partir de 1945, une période d'accélération et d'intensification qui le conduit à s'imposer pratiquement dans tous les secteurs. Deux traits généraux caractérisent cette modernisation: la contestation et le rejet des idéologies et des formes liées au traditionalisme conservateur, et l'ouverture aux grands courants internationaux de l'avant-garde artistique et intellectuelle. Toutefois, cette évolution se déroule au milieu de conditions matérielles précaires, liées aux retards du système d'éducation, à la pauvreté de l'équipement culturel et des réseaux de diffusion, de même qu'à l'absence de politiques et d'aide de la part de l'État jusqu'en 1957.

Les créateurs

Même si à peu près aucun ne peut vivre de ses livres, de ses toiles ou de sa musique, la situation économique des créateurs s'améliore quelque peu au début des années 1950, grâce en particulier aux deux grandes agences culturelles fédérales, Radio-Canada et l'ONF, qui leur commandent des œuvres ou les embauchent à titre de scripteurs, réalisateurs, décorateurs, recherchistes ou exécutants. Peu d'entre eux sont instituteurs ou professeurs de collège et d'université, mais plusieurs enseignent dans les écoles spécialisées d'art, de théâtre ou de musique, tandis que le journalisme fait toujours vivre bon nombre d'écrivains.

Le milieu artistique et intellectuel s'agrandit et devient plus vivant, plus autonome. Certaines revues, galeries ou maisons d'édition deviennent des foyers de discussion et d'échange où se côtoient des écrivains, des peintres, des musiciens qui consacrent à leur art l'essentiel de leurs préoccupations et de leurs activités. L'amateur cède peu à peu le pas au professionnel.

Enfin, la position des créateurs et des intellectuels à l'intérieur de la société évolue. À l'affaiblissement de l'influence cléricale correspond en effet, dans le Québec des années 1945-1960, la montée des nouvelles idéologies de libéralisation et de rattrapage, auxquelles un grand nombre d'artistes et d'intellectuels s'identifient d'emblée. Au lieu de se définir comme les défenseurs ou les propagateurs des valeurs traditionnelles, ils tendent à se voir de plus en plus comme des opposants, des contestataires, dont le rôle est de critiquer ces valeurs et de favoriser leur rejet. Plusieurs vont ainsi s'opposer au clergé, à l'État duplessiste, aux institutions traditionnelles, ce qui les place parfois dans des situations difficiles, mais prépare en même temps la reconnaissance qui leur sera généralement accordée après 1960.

La littérature

Un contraste frappant caractérise la situation de la littérature. Sur le plan matériel, elle demeure mal organisée, atteint mal le public lecteur et repose sur des structures de production et de diffusion de plus en plus inadaptées. Et pourtant, sur le plan idéologique et esthétique, ces années représentent pour elle une période de transformation profonde, où les forces de renouveau apparues depuis la fin des années 1930 étendent leur champ d'action et s'affirment avec éclat.

Les difficultés matérielles sont nombreuses. En 1949, il n'y a au Québec que douze bibliothèques publiques, dont la moitié seulement sont de langue française, si bien qu'environ 65% de la population urbaine et 95% de la population rurale ne sont pas desservis. De légers progrès sont accomplis au début des années 1950: la Bibliothèque municipale de Montréal étend son réseau de succursales dans les divers quartiers de la métropole, quelques bibliothèques sont créées pour les jeunes, et une dizaine de villes moyennes se dotent de bibliothèques modestes, employant un personnel rare et peu qualifié. Même si les travaux de la commission Tremblay amènent une partie des élites à prendre conscience de ce problème, le gouvernement Duplessis ne fait absolument rien pour le résoudre. La situation n'est pas meilleure du côté des librairies, dont la plupart vendent aussi de la papeterie, des fournitures scolaires et des articles de piété. Axé sur les maisons d'enseignement, qui achètent directement des éditeurs, le commerce du livre rejoint mal les consommateurs individuels. Vers 1960, sur la centaine de librairies que compte le Québec, les deux tiers sont à Montréal et à Québec, et la plupart dépendent presque exclusivement du livre scolaire. Seulement 30% des ventes se font aux particuliers, qui achètent à 85% du livre importé de France ou de Belgique.

Ces difficultés se répercutent directement sur l'édition, qui reste dominée par les maisons, surtout religieuses, se spécialisant dans le manuel scolaire. L'essor momentané qu'a connu l'édition littéraire durant la guerre prend fin brusquement dès le retour de la paix, quand les éditeurs français se mettent à réoccuper le marché local et international qu'ils avaient dû abandonner en bonne partie à leurs concurrents québécois. Plusieurs de ces derniers font alors faillite et on assiste, dans l'ensemble de l'édition littéraire québécoise, à une baisse subite des activités: de 417 en 1944, le nombre total d'ouvrages publiés tombe à 93 en 1949. Même si la situation se rétablit quelque peu par la suite, cette «période noire» dure jusqu'en 1957 environ: peu de titres nouveaux sont mis dans le commerce, ceux qui le sont ne font pas leurs frais, et les seuls éditeurs littéraires qui survivent sont ceux qui exploitent aussi le marché scolaire, comme Fides et Beauchemin, ceux qui recourent à la formule du club du livre, comme le Cercle du livre de France (1946), ou ceux qui s'adressent à un public réduit, comme les Écrits du Canada français (1954) ou les petites maisons de poésie qui publient des tirages limités, souvent à compte d'auteur.

Cette crise éditoriale affecte d'abord le roman qui, s'adressant à un large public, doit s'appuyer sur des structures commerciales relativement efficaces. Or, entre 1947 et 1959, le nombre moyen de romans publiés au Québec chaque année, de 27 qu'il était pendant la guerre, descend à 19, ce qui est à peu près son niveau des années 1930. Parmi ces romans, deux courants principaux s'affirment, qui l'un et l'autre, par leur lien avec l'actualité et la vie moderne, contrastent avec le passéisme et le ruralisme d'avant-guerre. D'abord, dans le prolongement de *Bonheur d'occasion* (1945), le roman de mœurs urbaines, mettant en scène ouvriers et petits employés, est illustré par les œuvres de Roger Lemelin (*Les Plouffe*, 1948), Gabrielle Roy (*Alexandre Chenevert*, 1954), Jean-Jules Richard (*Le Feu dans l'amiante*, 1956), Gérard Bessette (*La Bagarre*, 1958), Pierre Gélinas (*Les Vivants, les morts et les autres*, 1959). La critique sociale qui caractérise ces œuvres se retrouve aussi, mais sur un mode intériorisé, dans l'autre courant, celui du récit psychologique, représenté par les écrits de Robert Élie (*La Fin des songes*, 1950), André Giroux (*Le Gouffre a toujours soif*, 1953), Anne Hébert (*Le Torrent*, 1950; *Les Chambres de bois*, 1958). Ces deux courants se combinent dans l'œuvre du romancier le plus

À gauche: Anne Hébert, romancière et poète, vers 1960 (ONF). *À droite:* Le poète Frank R. Scott en 1955. (Gail Turnbull, ANC, PA-127569)

célébré de l'époque, André Langevin, auteur de *Poussière sur la ville* (1953), qui joint à l'évocation d'une petite ville minière le portrait d'un personnage hanté par les inquiétudes de l'existentialisme contemporain. Enfin, un peu à part, se situe Yves Thériault, qui connaît le succès international avec son roman sur les Inuit, *Agaguk* (1958). De manière générale, les romanciers de cette période sont fortement influencés par leurs contemporains français comme Mauriac, Green, Camus, Malraux, dont les œuvres sont bientôt répandues par la collection du «Livre de poche» (1953).

Plutôt difficiles pour le roman, les années 1945-1960, par contre, sont d'emblée «le temps des poètes», selon l'expression du critique Gilles Marcotte. La poésie égale ou dépasse le roman par le nombre et la qualité des titres publiés et par l'intérêt qu'elle suscite auprès des lecteurs. Elle devient aussi le lieu où se manifestent les auteurs les plus originaux, où se posent les questions les plus actuelles, et où s'ouvrent des voies qui marqueront la littérature québécoise jusqu'à la fin des années 1970. Trois grands phénomènes définissent cet «âge de la parole», selon l'expression du poète Roland Giguère. D'abord, les grands aînés de la modernité donnent alors leurs œuvres majeures: Alain Grandbois approfondit dans *Rivages de l'homme* (1948) et *L'Étoile pourpre* (1957) sa vision cosmique de l'amour et de la mort; Anne Hébert, dans *Le Tombeau des rois* (1953), explore la solitude et la nuit jusqu'à ce que surgisse un «reflet d'aube» annonciateur de joie; Rina

Quelques poètes des éditions de l'Hexagone, dont Gaston Miron et Jean-Guy Pilon. (Collection particulière).

Rina Lasnier, avec *Présence de l'absence* (1956) et *Mémoire sans jours* (1960), poursuit sa recherche de l'invisible dans les images somptueuses de la nature et de la tradition.

Chez les plus jeunes, un mouvement important se produit à la fin des années 1940, dans le sillage de la révolution picturale d'inspiration surréaliste introduite par Borduas et Pellan. Il s'agit d'une poésie résolument moderne, hermétique, souvent provocante. Elle vise moins à évoquer le réel qu'à en transformer radicalement la vision par l'invention d'une imagerie déroutante, l'emploi d'une prosodie audacieuse et un lyrisme passionné. Au langage ordinaire, ces poètes — Claude Gauvreau (*Les Entrailles*, 1946), Gilles Hénault (*Théâtre en plein air*, 1946), Paul-Marie Lapointe (*Le Vierge incendié*, 1948), Roland Giguère (*Yeux fixes*, 1951) — opposent un autre langage, qui pour eux donne accès à une autre réalité, plus proche des désirs et des vrais besoins de l'individu. Philosophique, artistique et morale, leur révolte prend aussi la forme d'une contestation de l'ordre socio-politique établi.

Enfin, en 1953, une nouvelle période commence avec la fondation des éditions de l'Hexagone, qui deviennent aussitôt un foyer d'animation et de création poétique extrêmement dynamique. Outre la modernité formelle héritée de leurs devanciers, les poètes de ce groupe —

Gaston Miron (*Deux sangs*, 1953), Luc Perrier (*Des jours et des jours*, 1954), Jean-Guy Pilon (*Les Cloîtres de l'été*, 1954), Fernand Ouellette (*Ces anges de sang*, 1955), Michel Van Schendel (*Poèmes de l'Amérique étrangère*, 1958) — cherchent à formuler une «parole» chargée de tout le poids de leur expérience existentielle, amoureuse, spirituelle et même politique. De cette poésie imprégnée à la fois de nouveauté et de tradition, d'inquiétude intérieure et de préoccupations sociales, surgira ce qu'on appellera bientôt la poésie du pays.

Si riche qu'elle soit, la floraison poétique des années 1945-1960 se déroule pour l'essentiel en marge de l'édition commerciale. L'Hexagone n'est que la plus importante de tout un réseau de petites maisons artisanales, souvent éphémères, qui publient dans la quasi-confidentialité. La plupart de ces œuvres ne rejoindront le grand public lecteur qu'au cours des années 1960 et 1970, quand elles seront rééditées et enseignées.

Cette marginalité est aussi le fait, dans le domaine de l'essai, des textes les plus significatifs de la période, dont l'influence ne se fera sentir en dehors des milieux intellectuels qu'après 1960 et qui, pour l'instant, restent peu diffusés. Le plus important est sans contredit *Refus global*, que le peintre Borduas et ses amis automatistes publient en 1948. Texte incendiaire et violent, ce manifeste dénonce le passéisme et le conformisme de la société canadienne-française, attaque le clergé et le système d'enseignement, et plaide en faveur de la libération totale de l'individu : «Place à la magie! Place aux mystères objectifs! Place à l'amour!» L'ouvrage soulève la colère des autorités et vaut à Borduas son renvoi de l'École du meuble. Au cours des années 1950, plusieurs essayistes délaissent les doctrines traditionnelles et cherchent l'expression d'une pensée plus personnelle, qui préfère la fraternité universelle aux valeurs nationales, la liberté à la fidélité. Tels sont les Jean LeMoyne (*L'atmosphère religieuse au Canada français*, 1951), Ernest Gagnon (*L'Homme d'ici*, 1952), Pierre Vadeboncœur (*La ligne du risque*, 1962), Pierre Trottier (*Mon Babel*, 1963), qui gravitent autour de *Cité libre* et qui tous dénoncent le piétinement de la culture canadienne-française empêtrée dans le conservatisme et le cléricalisme.

À ce mouvement participent aussi l'histoire et les sciences sociales, qui proposent alors de nouvelles interprétations de la société québécoise, de son passé et de son présent. Après la guerre, la création d'instituts d'histoire à l'Université Laval et à l'Université de Montréal, la multiplication des stages d'études à l'étranger, la fondation de la

Revue d'histoire de l'Amérique française sont autant de circonstances qui favorisent l'émergence, en historiographie, d'une perspective moins oratoire et plus scientifique. S'y illustrent notamment Guy Frégault et Marcel Trudel, historiens de la Nouvelle-France, ainsi que Michel Brunet et Maurice Séguin, qui proposent une interprétation néo-nationaliste de l'histoire du Canada. Parallèlement, apparaît une nouvelle génération de sociologues, politologues et économistes, dont plusieurs sont formés à l'École des sciences sociales et politiques de l'Université Laval, fondée en 1938 par le père Georges-Henri Lévesque. Mieux au fait des théories contemporaines, et s'appuyant sur des enquêtes récentes, ces chercheurs, dans leurs études et essais, renouvellent l'analyse de la situation et des problèmes du Québec moderne. Trois recueils d'articles jouent à cet égard un rôle de révélateur: le numéro spécial que la revue parisienne *Esprit* consacre au Canada français en 1952, les *Essais sur le Québec contemporain* que le sociologue Jean-Charles Falardeau rassemble en 1953, et l'ouvrage que Pierre Elliott Trudeau, Fernand Dumont, Gérard Pelletier et quelques autres publient en 1956 sur *La grève de l'amiante*.

Quelles que soient ses difficultés et l'étroitesse de son public, la littérature québécoise connaît donc des transformations majeures. Elle se détache de la religion et de l'idéologie conservatrice qui l'avaient soutenue, encadrée et plus ou moins assujettie dans le passé. Acquérant une plus grande mesure d'autonomie, elle peut se rapprocher davantage des grands courants modernes et se donner, à l'intérieur de la société, un rôle accru de critique et de contestation face à l'ordre établi. Autonome, elle tend à le devenir aussi à l'égard de la France. Au lieu de se concevoir comme une «branche» de la littérature française, elle prend conscience de sa spécificité et s'affirme de plus en plus comme une littérature nationale, possédant sa propre tradition et ses propres lois de développement. C'est ce que réclamait dès 1946 l'écrivain Robert Charbonneau dans une polémique célèbre contre certains représentants de l'intelligentsia parisienne. Et tout au long des années 1950, ce sentiment se répand, chez les écrivains comme chez les critiques, tel Gilles Marcotte pour qui la littérature québécoise constitue alors «une littérature qui se fait».

Si des phénomènes analogues marquent aussi la littérature canadienne-anglaise de l'après-guerre, au Québec l'activité des écrivains anglophones tend à s'exercer de plus en plus dans l'orbite de Toronto, métropole culturelle de tout le Canada anglais, ou dans celle de New York et de Londres, où sont établis plusieurs auteurs, comme les romanciers Brian Moore et Mordecai Richler ou les poètes Patrick Anderson et Leonard Cohen. Dans les romans, Montréal reste un décor fréquemment utilisé, par exemple chez A.M. Klein (*The Second Scroll*, 1951), Morley Callaghan (*The Loved and the Lost*, 1951), Richler (*The Apprenticeship of Duddy Kravitz*, 1959) ou Cohen (*The Favourite Game*, 1963), mais ces œuvres sont toutes publiées à Toronto ou à New York. En poésie, cependant, l'activité montréalaise, concentrée autour de l'Université McGill, demeure intense jusqu'au milieu des années 1950. Tandis que les F.R. Scott, A.J.M. Smith et P.K. Page poursuivent leur œuvre, un autre groupe se manifeste en 1952 par la publication du recueil collectif *Cerberus*; il s'agit de Louis Dudek, Irving Layton et du Torontois Raymond Souster, qui pratiquent une poésie d'expérimentation et de critique sociale. Mais le groupe se disperse bientôt et l'activité poétique se concentre elle aussi à Toronto et dans les villes de l'Ouest, en particulier Vancouver. À partir des années 1950, Montréal, dans la littérature canadienne-anglaise, devient une ville de province, active, certes, mais secondaire.

La peinture

Dans aucun autre champ, peut-être, l'affirmation de la modernité n'est plus manifeste que dans la peinture. Pour celle-ci, en effet, les années 1945-1960 représentent une phase de transformation et d'effervescence au cours de laquelle Montréal — et un peu Québec — deviennent le centre de la peinture moderne au Canada. Renonçant au provincialisme et au pittoresque local, la nouvelle peinture québécoise s'engage résolument dans les voies ouvertes par la montée du modernisme depuis 1930. Elle se rapproche de plus en plus des grands courants de l'art actuel en France et aux États-Unis et y apporte sa propre contribution.

Certains changements dans le milieu artistique signalent cette ébullition. Dans les institutions d'enseignement, quelques professeurs, eux-mêmes artistes, favorisent chez leurs élèves l'expérimentation et la découverte, comme Paul-Émile Borduas à l'École du meuble, Albert Dumouchel à l'Institut des arts graphiques, Alfred Pellan et Stanley Cosgrove à l'École des beaux-arts de Montréal, ou Jean-Paul Lemieux et Jean Dallaire à celle de Québec. Les expositions d'art moderne se multiplient, entre autres à la galerie Agnès Lefort, qui ouvre ses portes à Montréal en 1950 et se spécialise dans l'avant-garde. Des critiques bien informés et sympathiques à la peinture nouvelle se font entendre, dans les journaux, à la radio ou à la revue *Vie des arts* fondée en 1956. Mais dans d'autres milieux, l'indifférence ou l'incompréhension subsistent, sinon la suspicion. L'art nouveau n'intéresse que des acheteurs rarissimes, tandis que les deux seuls musées du Québec, soit le Musée des beaux-arts de Montréal et le Musée de la province à Québec, lui font une place congrue.

Ces deux facteurs — identification aux courants internationaux et rareté du public — expliquent qu'un bon nombre de jeunes artistes, après leur apprentissage, partent vivre à l'étranger, comme Jean-Paul Riopelle, Fernand Leduc, Marcelle Ferron, Marcelle Maltais et plusieurs autres. À l'étranger se trouvent aussi les chefs de file: Alfred Pellan, qui retourne en France en 1952, et Borduas, qui s'établit à New York en 1953, puis à Paris de 1955 jusqu'à sa mort en 1960. Quelques-uns rencontrent même le succès, comme Riopelle et Pellan. La plupart rentreront au pays après 1960.

Dans la peinture de l'après-guerre, 1948 marque un tournant. Deux groupes de peintres, dont quelques expositions avaient déjà signalé l'anticonformisme, publient cette année-là leurs manifestes. En février d'abord, paraît *Prisme d'yeux*, signé par une quinzaine d'artistes rassemblés autour de Pellan, et qui voient dans la peinture l'exercice d'une liberté personnelle entière, sans contrainte idéologique ni esthétique d'aucune sorte. Puis, en août, c'est au tour de Borduas et de son groupe de publier *Refus global*, qui prône un art obéissant directement aux dictées de l'inconscient. Malgré leurs divergences, ces deux manifestes vont dans le même sens: celui de la spontanéité, de l'expérimentation, et surtout du rejet de tout académisme comme de tout ce qui prétend asservir l'art à autre chose qu'à ses propres exigences.

Les groupes de Pellan et Borduas se dispersent assez vite. Mais l'impulsion est donnée, d'où surgit l'essentiel de la production des années 1950, abondante et diversifiée. Deux grands courants s'en détachent. Le premier, et le plus important, est le triomphe de la non-figuration, c'est-à-dire d'une peinture qui crée ses formes pour les ajouter, et non les rendre conformes, à celles de la réalité. Ce courant se traduit lui-même par deux tendances assez distinctes. D'abord, il y a ce qu'on peut appeler globalement l'expressionnisme abstrait. Se situant dans la lignée de l'automatisme, à l'influence duquel s'ajoutent bientôt celles de l'*action painting* américain et du tachisme parisien, les peintres de cette tendance cherchent à exprimer dans leurs toiles les

Jean-Paul Riopelle, *Composition*, 1947. (Musée des beaux-arts du Canada)

mouvements les plus spontanés de l'émotion, du geste et de l'imagination. Avec Jean-Paul Mousseau, Marcelle Ferron, Marcel Barbeau et
Pierre Gauvreau, c'est Riopelle qui illustre le mieux ce type de peinture, qui s'apparente à l'abstraction lyrique française. Dans cette même
tendance peuvent être situées les œuvres de Roland Giguère et Gérard
Tremblay, qui misent sur un onirisme d'inspiration surréaliste.

L'autre tendance non figurative apparaît vers 1955, en réaction
contre la précédente et sous l'influence de l'abstraction géométrique de
type analytique. Il s'agit du mouvement dit des «plasticiens», dont se
réclament Jean-Paul Jérôme, Fernand Toupin, Louis Belzile et Rodolphe de Repentigny (qui signe Jauran). Contre l'automatisme qu'ils
considèrent comme un asservissement aux contraintes expressives, ces
artistes préconisent une peinture parfaitement objective, n'obéissant
qu'à des considérations formelles et visuelles pures. Leurs tableaux
prennent l'aspect de savantes études sur les propriétés des lignes, des
surfaces et des couleurs. Férus de théorie, les plasticiens exercent une
influence considérable dans la peinture montréalaise de la fin des
années 1950.

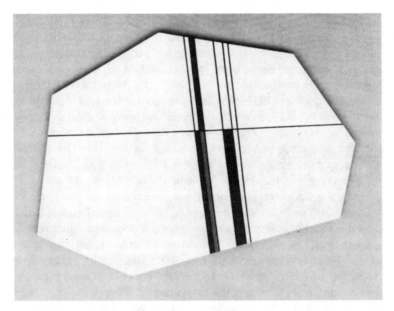

Fernand Toupin, *Aire des blanc différentiel*, 1956. (Musée des beaux-arts du Canada)

S'il domine fortement la période, l'épanouissement de la peinture non figurative ne met pas fin brusquement à la tradition figurative, loin de là. Le paysage de type régionaliste survit même chez quelques artistes fort prisés des collectionneurs, comme Léo Ayotte, de la Mauricie, Albert Rousseau, de la région de Québec, ou René Richard, de Baie-Saint-Paul. Mais surtout, on assiste, dans la peinture figurative des années 1950, à une évolution qui constitue le second courant significatif de la décennie. Stimulés par la montée du non-figuratif, et se servant des apports plastiques et stylistiques que celui-ci a introduits, des peintres s'appliquent à renouveler, à rajeunir le traitement de la thématique figurative. Tel est le cas, entre autres, des natures mortes, des nus et des dessins de Stanley Cosgrove, des «coqs» de Paul V. Beaulieu, ou des paysages de Jeanne Rhéaume. C'est à Québec, cependant, que ce courant se manifeste avec le plus de vigueur, chez Jean Dallaire, dont les portraits de femmes et les scènes fantasmatiques s'inspirent du surréalisme, et surtout chez Jean-Paul Lemieux. Depuis les années 1930, celui-ci s'est engagé dans le mouvement en faveur de l'art contemporain. À l'instar de certains artistes mexicains et américains de l'entre-deux-guerres, il a pratiqué une peinture qui, sans renoncer à la figuration, se voulait à la fois personnelle et ouverte aux préoccupations sociales, comme la *Fête-Dieu à Québec* (1944). Par la suite, son style évolue dans un sens plus dépouillé, qui aboutit bientôt, dans *Les Ursulines* (1951) puis dans ses toiles d'après 1955, à la nouvelle manière qui le rendra célèbre: horizons obliques, figures immobiles, couleurs feutrées, ambiance de solitude et de désarroi.

Cette présentation de la peinture des années 1945-1960 ne doit pas être interprétée de manière trop absolue. Commodes pour l'exposé, les divisions sont loin d'être étanches dans les faits. Ainsi, du côté de la peinture non figurative, plusieurs peintres empruntent aux deux grandes tendances, ou passent même de l'une à l'autre, comme Fernand Leduc qui, d'abord signataire de *Refus global*, se tourne ensuite vers le géométrisme. De même, entre le non-figuratif et le figuratif des échanges fréquents se produisent, chez Jacques de Tonnancour, par exemple, ou chez Pellan lui-même. En fait, la diversité est très grande, et chaque peintre suit un cheminement qui lui est propre. Néanmoins, le paysage d'ensemble qui résulte de ces aventures individuelles est assez unifié, dominé par l'innovation, la liberté et l'émergence de quelques fortes singularités.

Le théâtre et la musique

Si la télévision, dès son avènement, a tendance, comme on l'a vu, à remplacer ou à récupérer à son profit à peu près toutes les activités de divertissement s'adressant jusqu'alors au public populaire, elle semble avoir un effet sensiblement différent sur les spectacles fréquentés par le public cultivé. En particulier dans le théâtre de répertoire et la musique classique, en effet, tout se passe comme si la télévision jouait plutôt un rôle moteur et de soutien. Elle fournit du travail aux artistes, leur permettant ainsi de se professionnaliser. En même temps, sans entamer le public déjà acquis à ces activités, elle y initie une foule de nouveaux amateurs.

Ainsi, dans le domaine musical, l'émission télévisée *L'heure du concert* (1954-1966) présente des centaines d'opéras, de ballets, de récitals et de concerts de musique ancienne aussi bien que contemporaine; on y fait largement appel aux artistes canadiens. Au même moment, dans les salles, plusieurs ensembles nouveaux commencent à se produire, comme l'Orchestre de chambre McGill (1945), les ballets Chiriaeff (1952; devenus les Grands ballets canadiens en 1958), le Quatuor à cordes (1955) ou le Trio baroque de Montréal (1955).

Le théâtre de répertoire, quant à lui, connaît entre 1945 et 1960 une période particulièrement faste. Malgré la rareté ou l'ancienneté des salles, de nombreuses troupes professionnelles ou semi-profession-nelles voient le jour, principalement à Montréal. Quand les Compa-gnons de Saint-Laurent mettent fin à leurs activités en 1952, les ama-teurs qui en faisaient partie, loin d'abandonner le théâtre, ont déjà essaimé dans une série de troupes plus ou moins régulières: la Compa-gnie du Masque (1946), le Rideau-Vert (1948), le Théâtre d'essai (1947) qui devient le Théâtre du Nouveau-Monde (1951), auxquels s'ajoutent le Théâtre-Club (1954), le Théâtre de Quat'sous (1954) et le Théâtre international de la Poudrière (1958). Obligées de changer souvent de salles, confrontées à d'incessantes difficultés financières, ces troupes présentent un répertoire composé à peu près également d'œuvres classiques, de pièces de boulevard et de drames d'auteurs contemporains. C'est aussi ce que fait à Québec le Théâtre de l'Estoc, fondé en 1957. En même temps, des petites troupes et des «théâtres de poche» se forment pour se consacrer à l'avant-garde: la troupe amateur des Apprentis-sorciers (1954), le Théâtre de Dix Heures (1956), La Basoche (1958), l'Egrégore (1959). Enfin, les premiers théâtres d'été ouvrent leurs portes: le Chanteclerc à Sainte-Adèle, La Fenière à l'Ancienne-Lorette, le Théâtre de la Marjolaine à Eastman.

D'autres facteurs contribuent à cette intensification de la vie musicale et théâtrale. Ainsi, les Jeunesses musicales du Canada, fon-dées en 1949, organisent des tournées d'interprètes québécois et étrangers dans la plupart des villes du Québec, et établissent en 1951 un camp musical d'été au mont Orford, pour y recevoir des étudiants et offrir des concerts. Au même moment, la Ville de Montréal, dont l'exemple sera imité dans quelques autres localités, lance «La Roulotte» et «Le Vagabond», qui présentent du théâtre pour enfants et des spectacles de marionnettes dans les parcs de la métropole. L'ensei-gnement s'améliore également: fondation de la Faculté de musique de l'Université de Montréal, qui regroupe plusieurs institutions existantes (1950); réorganisation du Conservatoire et de la Faculté de musique de l'Université McGill (1955); et mise sur pied d'un véritable enseigne-ment théâtral, avec la création des sections d'art dramatique des Conservatoires provinciaux de Montréal (1954) et de Québec (1958), et l'ouverture en 1960 de l'École nationale de théâtre à Montréal. Mieux formés, les musiciens et gens de théâtre, dont plusieurs vont parfaire leur apprentissage en France ou aux États-Unis, peuvent ainsi produire des spectacles plus fréquents et de meilleure qualité.

Enfin, les visites de compagnies et d'artistes prestigieux venus de l'étranger se font plus nombreuses et régulières. Pendant que les théâtres accueillent de grandes troupes françaises comme la Compagnie Renaud-Barrault, la Compagnie Louis Jouvet, le Théâtre national populaire ou la Comédie française, au Forum les concerts se multiplient : orchestres de Boston, Berlin, Vienne, Ballets russes de Monte-Carlo, récital de Maria Callas; à lui seul, le Metropolitan Opera s'y produit cinq fois entre 1952 et 1958. Montréal fait maintenant partie du circuit des tournées internationales. Si la métropole, et dans une moindre mesure Québec, connaissent ainsi une vie culturelle assez intense, le reste de la province, par contre, demeure largement à l'écart de ce mouvement et l'accès à ce type d'activités y est très limité.

La production profite de cet enrichissement du milieu. En musique, autour de la Société de musique canadienne fondée en 1953 dans le but de favoriser l'exécution d'œuvres locales, se forme ce que Gilles Potvin appelle «une véritable école de Montréal». Celle-ci rassemble des compositeurs nés autour de la Première Guerre mondiale, comme Violet Archer, Jean Papineau-Couture, Alexander Brott, Robert Turner, Jean Vallerand et Maurice Blackburn, dont les œuvres sont marquées par les innovations esthétiques de la première moitié du siècle. Par ailleurs, les années 1950 voient émerger une génération de jeunes compositeurs formés en France, où se produit alors une seconde poussée moderniste autour de Messiaen et Boulez surtout. S'ouvrant à ces nouveautés que sont la dodécaphonie, le sérialisme et bientôt l'électro-acoustique, ces musiciens — Serge Garant, Clermont Pépin, François Morel, Pierre Mercure, Gilles Tremblay — organisent des concerts de musique actuelle et donnent leurs premières œuvres d'importance.

En théâtre, l'après-guerre est marqué par ce que d'aucuns considèrent comme la naissance de la dramaturgie québécoise. Dans les cercles d'avant-garde ont lieu quelques manifestations d'inspiration surréaliste et libertaire, où se fondent poésie, danse, musique et beaux-arts. Mais la veine la plus significative est celle du théâtre réaliste, qu'avait préparée l'abondance des pièces radiophoniques depuis les années 1930 et que soutient celle du théâtre télévisuel durant les années 1950. Gratien Gélinas, dont les *Fridolinades* présentées à la radio et en

Gratien Gélinas, auteur de *Tit-Coq*, en 1950. (Photo Jean Morantow, DOLQ)

tournée ont joui jusque-là d'un immense succès, crée en 1948 *Tit-Coq* au Monument national. C'est une révélation: «On a l'impression, note un critique, que le théâtre canadien s'affirme véritablement pour la première fois». La pièce tient l'affiche pendant 500 représentations et part ensuite en tournée jusqu'à New York. Par la suite, Radio-Canada, qui recherche des œuvres dramatiques locales, ainsi que les troupes d'amateurs ou de professionnels, comme le TNM qui lance un concours de textes en 1956, permettent à de nombreux dramaturges de se produire, que ce soit dans le genre réaliste, comme Marcel Dubé (*Zone*, 1953); *Le temps des lilas*, 1958), dans la tragédie, comme Paul Toupin (*Brutus*, 1952), dans le théâtre à teneur politique, comme Jacques Ferron (*Les grands soleils*, 1958), ou dans la fantaisie d'avant-garde, comme Jacques Languirand (*Les insolites*, 1956). Dans le monde du spectacle, l'ouverture de la Comédie canadienne en 1958, à Montréal, est un événement important: dirigée par Gratien Gélinas, cette salle moderne, où s'installera bientôt le TNM, deviendra un haut lieu du théâtre et de la chanson au Québec.

*   *   *

Dans la littérature aussi bien que dans la peinture, le théâtre ou la musique, les années 1945-1960 ne correspondent donc guère à cette «grande noirceur» dont on a pu parler à leur propos. Des œuvres de qualité et souvent audacieuses voient le jour, les artistes et les intellectuels redéfinissent leur rôle dans la société, le «rattrapage» des idées et des formes associées à la modernité s'accélère. C'est ce que Laurent Mailhot et Pierre Nepveu appellent «le grand dégel esthétique». S'il est le fait d'une nouvelle génération de créateurs, ce mouvement repose aussi sur l'appui d'un public cultivé qui, quoique réduit, se montre de plus en plus accueillant et enthousiaste. Toutefois, de nombreux problèmes subsistent, qui limitent sérieusement l'ampleur de ce renouveau. Les infrastructures culturelles sont précaires et désuètes, les créateurs évoluent dans des conditions matérielles encore difficiles et les autorités ignorent cette affirmation de créativité, quand elles ne cherchent pas à la refouler. De cette contradiction, quand enfin elle éclatera, viendra en bonne partie le climat de libération fiévreuse qui marquera la prochaine décennie.

ORIENTATIONS BIBLIOGRAPHIQUES

DIONNE, René, dir. *Le Québécois et sa littérature*. Sherbrooke, Naaman, 1984. 426 p.

En collaboration. *Archives des lettres canadiennes*. Tome III: *Le roman canadien-français*. 2e édition, Montréal, Fides, 1971. 514 p.

En collaboration. *Archives des lettres canadiennes*. Tome IV: *La poésie canadienne-française*. Montréal, Fides, 1969, p. 143-204.

En collaboration. *Archives des lettres canadiennes*. Tome V: *Le théâtre canadien-français*. Montréal, Fides, 1976, p. 249-340.

DUMONT, Fernand et Jean-Charles FALARDEAU, dir. *Littérature et société canadiennes-françaises*. Québec, Presses de l'Université Laval, 1964, p. 75-98.

FOURNIER, Marcel. *Les générations d'artistes*, Québec, IQRC, 1986, chap. 2 et 3.

GODIN, Jean-Cléo et Laurent MAILHOT. *Le théâtre québécois*. Montréal, HMH, 1970. 254 p.

HARPER, J. Russel. *La peinture au Canada*. Québec, Presses de l'Université Laval, 1966.

LAJEUNESSE, Marcel. «La lecture publique au Québec au 20e siècle: l'ambivalence des solutions», Yvan Lamonde, dir. *L'imprimé au Québec, aspects historiques (18e-20e siècle)*. Québec, IQRC, 1983, p. 189-205.

LASALLE-LEDUC, Annette. *La vie musicale au Canada français*. Québec, Ministère des Affaires culturelles, 1964. 99 p.

LEFEBVRE, Marie-Thérèse. «La modernité dans la vie musicale», Yvan LAMONDE et Esther TRÉPANIER, dir. *L'avènement de la modernité culturelle au Québec*. Québec, I.Q.R.C., 1986, p. 173-188.

LEMIRE, Maurice, dir. *Dictionnaire des œuvres littéraires du Québec*, tome III: *1940 à 1959*. Montréal, Fides, 1982. 1252 p.

MAILHOT, Laurent et Pierre NEPVEU. *La poésie québécoise des origines à nos jours, anthologie*. Montréal, PUQ / Hexagone, 1981. 714 p.

MARCOTTE, Gilles. *Une littérature qui se fait*. Montréal, HMH, 1962. 295 p.

— *Le temps des poètes*. Montréal, HMH, 1969. 251 p.

MULLINS, Stanley G. «A Review of Creative Writing in English Canada, 1946-1959», *Annuaire du Québec*, 1962, p. 196-222.

OSTIGUY, Jean-René. *Un siècle de peinture canadienne 1870-1970*. Québec, Presses de l'Université Laval, 1971. 206 p.

POTVIN, Gilles, Helmut KALLMANN et Kenneth WINTERS, dir. *Encyclopédie de la musique au Canada*. Montréal, Fides, 1983. 1142 p.

QUÉBEC. *Rapport de la Commission d'enquête sur le commerce du livre dans la province de Québec*. Québec, Ministère des Affaires culturelles, 1963. (Rapport Bouchard).

ROBERT, Guy. *L'art au Québec depuis 1940*. Montréal, La Presse, 1973. 501 p.

TROISIÈME PARTIE

SOUS LE SIGNE DE LA RÉVOLUTION TRANQUILLE DE 1960 À NOS JOURS

INTRODUCTION

Les idées-force de la Révolution tranquille, en particulier le réformisme et le nationalisme, imprègnent l'évolution de la société pendant deux décennies et sous-tendent la pensée et l'action politiques jusqu'à l'orée des années 1980. En toile de fond, l'évolution socio-économique du Québec est caractérisée par une prospérité indéniable et une amélioration substantielle du niveau de vie. L'horizon n'est cependant pas sans nuages: le déclin relatif du Québec dans l'ensemble économique canadien, le chômage structurel qui va en s'accentuant, la bureaucratisation et les déficits croissants qu'engendrent l'intervention étatique posent des défis difficiles à relever. Les années 1980 amènent une succession de coups de barre qui, sur les plans politique, économique, social et idéologique, semblent remettre en question ce qu'on appelle les «acquis de la Révolution tranquille».

La Révolution tranquille

L'expression *Quiet Revolution*, employée pour la première fois par un journaliste du quotidien torontois *Globe and Mail* pour décrire les changements amorcés au Québec après 1960, est vite reprise en français par les leaders politiques et les intellectuels québécois et se charge d'un contenu symbolique considérable. Les nombreux auteurs qui ont écrit à ce sujet ne s'entendent ni sur la définition du vocable, ni sur la période à laquelle il s'applique.

Au sens strict, la Révolution tranquille désigne habituellement la période de réformes politiques, institutionnelles et sociales réalisées entre 1960 et 1966 par le gouvernement libéral de Jean Lesage. Certains la font démarrer un peu plus tôt, avec la mort de Duplessis, en 1959, et l'arrivée au pouvoir de Paul Sauvé. D'autres estiment qu'elle s'achève en 1964, alors que commence à s'essouffler le rythme des réformes. Au sens large, l'expression est aussi utilisée pour caractériser l'ensemble des décennies 1960 et 1970, marquées par le triomphe du

néo-libéralisme et du néo-nationalisme et par une remarquable continuité dans les orientations des divers gouvernements qui se succèdent
à Québec.

La Révolution tranquille n'a cependant pas qu'une dimension
québécoise. Elle s'inscrit dans un contexte international où les sociétés
occidentales vivent à l'heure du réformisme social et politique, de
l'interventionnisme de l'État, de la prospérité économique et de l'arrivée du *baby boom* à l'adolescence et à l'âge adulte. La remise en question de ces orientations, dans les années 1980, a également une dimension internationale, avec la montée du conservatisme et le vent de
privatisation qui souffle sur plusieurs pays.

Les années 1960-1966 voient la mise en place accélérée d'un
ensemble de réformes qui modifient en profondeur les institutions du
Québec et l'image que la société québécoise a et donne d'elle-même.
L'idée clé est alors celle du «rattrapage». Il s'agit d'accélérer un
processus de mise à jour et de modernisation qui s'est amorcé après la
guerre mais qui, au Québec, a été considérablement freiné par le conservatisme du gouvernement Duplessis. Ce processus implique la prise
en charge par l'État d'institutions jusqu'alors dominées par le secteur
privé, notamment par l'Église catholique, afin de leur donner une nouvelle rationalité et d'en démocratiser l'accès. Trois secteurs en particulier, l'éducation, la santé et les affaires sociales, voient leurs structures et leurs programmes bouleversés en profondeur. Le Québec
s'inscrit dorénavant sans équivoque à l'enseigne de l'État-providence.
Cela entraîne une transformation majeure de l'appareil étatique avec la
réforme de la fonction publique et la multiplication des organismes
gouvernementaux — ministères, régies et sociétés d'État.

Si la Révolution tranquille est empreinte de néo-libéralisme, elle est
aussi portée par le nouveau nationalisme qui se veut moderne et conquérant. La nationalisation de l'électricité, en 1962, prend à cet égard
valeur de symbole. Ce nouveau nationalisme s'exprime simultanément
sur trois terrains. Au Québec même, il s'agit de remettre en question
l'emprise de la minorité britannique et de promouvoir l'accès de la
majorité française aux postes de commande de l'économie et de la
société. Au sein du Canada, on cherche à freiner la centralisation fédérale, accélérée depuis la guerre, et à obtenir pour le Québec des pouvoirs plus étendus dans la fédération canadienne. Dans le monde, enfin,
on cherche à affirmer une présence internationale, en particulier en
nouant des liens privilégiés avec la France et les pays francophones.

Pour mener à bien son plan de réformes, «l'équipe du tonnerre» — c'est ainsi qu'est appelé le gouvernement Lesage — bénéficie d'un véritable consensus des nouvelles élites syndicales, patronales, intellectuelles et politiques qui s'accordent sur la nécessité de moderniser les institutions. Ce consensus s'effrite par la suite, alors que s'avivent les tensions sociales et politiques. Les gouvernements subséquents, ceux de Daniel Johnson (1966-1968), de Jean-Jacques Bertrand (1968-1970), de Robert Bourassa (1970-1976) et de René Lévesque (1976-1985) tiennent néanmoins à conserver officiellement «l'esprit de la Révolution tranquille» et, jusqu'au début des années 1980, à en maintenir et même étendre «les acquis». La Révolution tranquille devient ainsi le point de référence principal de toute la période.

Les glorieuses années 1960

Au moment où les libéraux prennent le pouvoir, en 1960, le Québec est aux prises avec la stagnation économique qui a commencé avec la crise de 1957 et qui a provoqué une hausse rapide du chômage (9,2% et 9,3% de la population active en 1960 et 1961). À compter de 1962, une forte expansion, qui se poursuit jusqu'en 1967, stimule l'économie; les investissements sont en hausse et le chômage en baisse (4,7% en 1966). Suit une nouvelle période de contraction qui dure de 1967 à 1971.

Le gouvernement Lesage au début de la Révolution tranquille.

Expo 67: l'un des grands événements des années 1960. (ANC, C-56305)

La croissance des années 1960 est caractérisée par une nouvelle vague d'investissements dans l'industrie manufacturière et dans la construction résidentielle ainsi que par la forte poussée des investissements publics. Pour réaliser ses objectifs de rattrapage, l'État alloue de fortes sommes à la construction d'édifices gouvernementaux et scolaires et à la modernisation des infrastructures routières. C'est l'époque des grands projets qui stimulent non seulement l'économie mais aussi l'imagination populaire et la fierté nationale: le métro de Montréal, mis en service en 1966, l'Exposition universelle de Montréal en 1967, et le barrage de Manic 5, inauguré en 1968.

L'inflation, encore faible au début, s'accélère dans la seconde moitié de la décennie. Les salaires continuent cependant à augmenter plus vite

Le barrage de Manic 5: un des symboles du nouveau nationalisme québécois. (Hydro-Québec)

que l'indice des prix à la consommation, permettant encore une amélioration du niveau de vie. Le rattrapage des revenus, qui a débuté dans l'après-guerre, se poursuit donc de façon régulière.

La population continue de s'accroître, quoique à un rythme plus lent que pendant la décennie précédente. De 1961 à 1971, le Québec gagne moins d'un million d'habitants, passant de 5 259 211 à 6 027 764. La hausse est plus marquée pendant la première moitié de la décennie, alors que la natalité reste élevée et que l'immigration augmente. La chute rapide de la natalité à compter de 1965 et celle de l'immigration après 1967 ralentissent cette croissance démographique. Par ailleurs, l'urbanisation poursuit son mouvement séculaire, avec un taux qui grimpe de 74,3% à 80,6%; les régions métropolitaines de Montréal et de Québec en sont les principales bénéficiaires.

L'effet du *baby boom* se fait fortement sentir: les années 1960 sont celles de la jeunesse. On construit pour elle, à toute vapeur, des écoles secondaires, puis des cégeps et de nouvelles universités. Suivant en cela l'exemple de nombreuses autres sociétés dans le monde, la jeunesse québécoise manifeste bruyamment sa présence. Alors que celle des États-Unis s'oppose à la guerre du Viêt-nam aux cris de *Peace and Love*, que celle de France a ses journées de mai 1968, que celle de Chine lance la Révolution culturelle, la jeunesse québécoise anime la contestation étudiante de l'automne 1968. Elle découvre la marijuana, la contre-culture, la libération sexuelle et se reconnaît au son d'une musique nouvelle. Elle appuie de ses effectifs considérables le nouveau nationalisme et surtout le Parti québécois, créé en 1968. Les aînés du *baby boom* profitent de l'expansion de la fonction publique et parapublique qui leur fournit des emplois intéressants et rémunérateurs.

Le nouveau nationalisme prend d'ailleurs une importance croissante tant sur le plan politique que symbolique. Chanté par les artistes, formulé par les intellectuels, les technocrates et une nouvelle génération de politiciens, il prône, au sein de toutes les couches de la population, son objectif d'un Québec fort. Son aile la plus radicale, représentée par le mouvement indépendantiste, gagne des appuis substantiels, même si elle n'obtient l'adhésion que d'une minorité.

Crises de croissance

Le vent de réformes et le consensus idéologique de la Révolution tranquille ne peuvent se maintenir indéfiniment. La défaite électorale des libéraux en 1966 signale déjà les résistances et l'essoufflement d'une partie de la population. Les revendications contradictoires de divers groupes ne peuvent être satisfaites simultanément et conduisent à des situations de crise. Le ralentissement économique qui s'installe à compter de 1967 avive les tensions.

L'économie entre à nouveau dans une phase d'expansion en 1971, avec une contraction en 1974-1975. La croissance des années 1970 se fait cependant dans un contexte fort différent de celui des années 1960. L'économie mondiale est profondément secouée par le choc pétrolier de 1973 et la crise de l'énergie qui en résulte. L'impact en est moins prononcé au Canada, où la disponibilité de ressources pétrolières permet au gouvernement fédéral de freiner le rythme de la hausse des prix de l'énergie. Cela n'est cependant pas suffisant pour empêcher l'inflation de s'accélérer au cours de la décennie. L'indice des prix à la consommation à Montréal, fixé à 100 en 1971, atteint déjà 138,1 en

1975 et 208,4 en 1980. Le dollar de 1971 ne vaut plus, en termes de pouvoir d'achat, que 48 cents en 1980. Or, contrairement à ce qui se passait auparavant, cette inflation n'accompagne pas une surchauffe de l'économie ni un emploi trop considérable des ressources humaines et matérielles. En effet, le taux de chômage reste élevé: aux environs de 7% au Québec pendant la première moitié de la décennie, il atteint les 10% en 1977 pour se maintenir quelques années à ce niveau. Le terme stagflation désigne cette situation où l'inflation et le chômage sont simultanément en hausse, situation qui caractérise bien les années 1970 et face à laquelle les gouvernements paraissent démunis.

La croissance des investissements des entreprises est beaucoup plus faible que pendant les années 1960. Les nombreux déménagements d'entreprises vers l'Ontario compliquent la situation. La croissance économique du Québec dépend de plus en plus des investissements de l'État et de ses agences. Certains grands projets ont à cet égard un rôle important: l'aménagement de la colline parlementaire, l'extension du réseau d'autoroutes et surtout le chantier hydroélectrique de la baie James ainsi que celui des Jeux Olympiques de 1976, à Montréal. L'ampleur du chômage structurel et les hausses de salaires consentis aux employés des secteurs public et parapublic pèsent de plus en plus lourd sur les finances de l'État québécois dont les déficits chroniques prennent des proportions considérables.

Les années 1970 sont également caractérisées par le ralentissement de la croissance démographique. Le Québec gagne moins d'un demimillion d'habitants alors que sa population passe de 6 027 764 en 1971 à 6 438 403 en 1981. La chute de la natalité, la réduction de l'immigration et les nombreux départs, surtout d'anglophones, vers les autres provinces y contribuent. Si les Canadiens français maintiennent leur poids relatif, les Québécois d'origine britannique voient le leur glisser sous le seuil des 10%. Quant au groupe des Québécois d'autres origines, il devient beaucoup plus cosmopolite. La diversité culturelle du Québec commence d'ailleurs à être reconnue plus ouvertement. Les années 1970 voient en outre s'achever le processus séculaire d'urbanisation; la part de la population qui vit à la ville commence même à régresser, reflétant à la fois l'apparition de nouveaux modes de vie et les difficultés économiques des pôles urbains, singulièrement de Montréal.

Le gouvernement de Robert Bourassa (1970-1976) poursuit sur la lancée de ses prédécesseurs: il élargit le champ de l'intervention

L'armée à Montréal pendant la crise d'octobre 1970. (ANC, PA-129838)

étatique, multiplie les programmes sociaux et crée de nouvelles sociétés d'État, accentuant ainsi le caractère technocratique de l'appareil gouvernemental. Devenu le plus important employeur direct et indirect, l'État fait face aux revendications très articulées des syndicats regroupés en fronts communs. La négociation des conventions collectives dans les secteurs public et parapublic dégénère, en 1972 et 1976, en affrontements spectaculaires, fortement politisés et qui prennent l'allure de crises sociales. Les employés de l'État y gagnent une amélioration notable de leurs salaires et de leurs conditions de travail, ce qui a un effet d'entraînement sur les autres secteurs d'activité. Les conditions de vie des Québécois atteignent alors un niveau inégalé.

Le gouvernement Bourassa a également fort à faire avec la question nationale. Dès le début de son mandat, il fait face à la crise d'octobre 1970. L'enlèvement par des membres du Front de libération du Québec d'un diplomate britannique, puis celui du ministre Pierre Laporte, qui y laisse sa vie, provoquent une ferme riposte du gouvernement fédéral de Pierre Elliott Trudeau. Celui-ci refuse de négocier et applique la Loi des mesures de guerre pour casser les reins du terrorisme. Par ailleurs, la bataille linguistique, qui a éclaté sous le gouvernement Bertrand, fait rage pendant une bonne partie de la décennie, opposant francophones

Les deux premiers ministres québécois des années 1970: René Lévesque et Robert Bourassa.

et anglophones, tenants du Québec français et partisans du libre choix.

Les revendications nationalistes sont portées plus spécifiquement par le Parti québécois qui, ne disposant que d'une faible représentation à l'Assemblée nationale, élargit graduellement ses appuis dans la population pour finalement prendre le pouvoir en 1976. La crise de croissance du Québec, à la fois économique, sociale et nationale, a ainsi raison du gouvernement Bourassa.

Le grand débat

Pendant le premier mandat du Parti québécois, la question nationale polarise tous les débats et relègue au second plan les luttes sociales. La législation linguistique, élaborée graduellement par les deux gouvernements précédents, prend sa forme achevée dans la Charte de la langue française ou loi 101 (1977), qui vise à accentuer et à accélérer la francisation du Québec.

Mais c'est surtout la promesse que fait le Parti québécois de tenir un référendum sur l'avenir constitutionnel du Québec qui mobilise les énergies, donnant lieu à une bataille de chiffres avec Ottawa et transformant les relations fédérales-provinciales en guerre de tranchées. Il n'y a plus guère de place pour les nuances ou les compromis: le Québec est cassé en deux autour de la question nationale, comme le montrent les résultats du Référendum de 1980 où les partisans du non l'emportent. Fort de sa victoire référendaire, le gouvernement fédéral est en mesure de reprendre l'initiative et d'amorcer le processus de rapatriement de la constitution, achevé en 1982. Isolé, le Québec est la seule province à refuser l'entente, mais en vain, puisqu'elle lui est imposée de force.

Sur le front social, les tensions s'apaisent quelque peu. Le gouvernement du Parti québécois affirme avoir «un préjugé favorable aux travailleurs» et jouit de l'appui actif d'un grand nombre de dirigeants syndicaux. Il réforme les lois du travail et accorde aux employés de l'État des conventions collectives avantageuses.

À côté du débat constitutionnel, la grande question qui accapare le plus l'attention dans la seconde moitié de la décennie est la place des femmes dans la société. L'Année internationale de la femme, en 1975, lui donne une plus grande actualité. La croissance de la participation féminine à la main-d'œuvre et les pressions des groupes féministes forcent les gouvernements ainsi qu'une partie de l'opinion publique à admettre la nécessité d'une révision des idées reçues. Des organismes et des programmes nouveaux sont mis sur pied, des lois sont adoptées ou amendées, afin de reconnaître sans équivoque le principe de l'égalité entre les sexes et d'accorder aux femmes une place accrue dans les institutions et la société.

Pendant son premier mandat, le Parti québécois réussit à tirer assez bien son épingle du jeu dans un contexte économique marqué par une forte inflation. Les investissements publics demeurent un facteur déterminant de la croissance alors que le capital privé anglophone a tendance à bouder le Québec et à accélérer le déplacement des activités et des personnes vers l'Ontario. De son côté, le capital privé francophone, bénéficiant de l'appui de l'État, atteint une stature nouvelle.

Les remises en question

Le Parti québécois n'obtient cependant pas un succès comparable pendant son deuxième mandat (1981-1985). La crise économique qui s'abat sur le monde occidental en 1981-1982, la plus grave depuis celle des années 1930, frappe le Québec de plein fouet et la reprise s'y avère plus lente qu'ailleurs. Un grand nombre d'entreprises sont acculées à la faillite et la plupart encourent des déficits considérables. Des dizaines de milliers de travailleurs se retrouvent soudainement sans emploi et le taux de chômage frise les 14% en 1982 et 1983. Les plus durement touchés sont les jeunes, qui font face à un avenir sans horizon et à un marché du travail qui n'a plus de place pour eux. La reprise qui s'amorce en 1983 est moins vigoureuse qu'aux États-Unis et le chômage ne recule que lentement.

La récession de 1981-1982, en alourdissant les charges sociales de l'État et en réduisant ses rentrées de fonds, provoque une crise des finances publiques qui ne laisse guère de marge de manœuvre pour réaliser des politiques contra-cycliques. Le gouvernement effectue des compressions budgétaires et décide unilatéralement, en 1982, de réduire les salaires versés dans les secteurs public et parapublic. Ce geste provoque une forte agitation sociale et génère beaucoup d'amertume, entraînant une désaffection à l'endroit du Parti québécois.

À travers la crise des finances publiques, c'est l'État-providence hérité de la Révolution tranquille qui se trouve remis en question. Dans la foulée du vent de conservatisme qui souffle sur l'Angleterre de Margaret Thatcher et sur les États-Unis de Ronald Reagan, les idées de privatisation et de déréglementation sont à l'ordre du jour. Amorcé sous le Parti québécois, ce mouvement est amplifié avec l'arrivée au pouvoir du Parti libéral en 1985.

Par ailleurs, à la suite du Référendum et du rapatriement de la constitution, la question nationale est mise en veilleuse. Les électeurs ayant rejeté son projet de souveraineté-association, le Parti québécois doit réviser son programme, ce qui entraîne la sécession des éléments indépendantistes et le départ de la scène politique de nombreux ministres et députés.

La première moitié des années 1980 marque ainsi la fin d'une époque, caractérisée par la Révolution tranquille et ses «acquis»: le nationalisme économique et politique, le réformisme social, l'État interventionniste et la société de l'opulence. Tour à tour, certaines des têtes d'affiche de la période disparaissent. En 1984, Pierre Elliott Trudeau démissionne et le Parti libéral, au pouvoir à Ottawa depuis une vingtaine d'années (sauf pour un bref épisode en 1979-1980), doit céder la place au Parti conservateur. L'année suivante, c'est au tour de René Lévesque de quitter son poste après avoir dirigé le Parti québécois depuis sa fondation ; peu après son parti est défait par les libéraux de Robert Bourassa. Enfin, en 1986, Jean Drapeau, maire de Montréal sans interruption depuis 1960 et qui a orchestré certains des grands projets de la période, tire lui aussi sa révérence. Le décès de René Lévesque, en 1987, et l'émotion populaire qu'il provoque accentuent cette impression de fin d'époque.

Néanmoins, l'esprit de la Révolution tranquille transforme profondément la société québécoise. Les francophones y gagnent, dans tous les secteurs et en particulier dans l'économie, un poids beaucoup plus substantiel. Les institutions sont complètement réorganisées et le niveau de vie de la population s'améliore notablement. Le Québec ne réussit cependant pas à obtenir le réaménagement de la fédération canadienne pour lequel il combat pendant ces deux décennies et il voit reculer son poids relatif au sein du Canada. Il ne réussit pas non plus à régler le problème du sous-emploi d'une partie appréciable de ses ressources humaines ni celui du sous-développement de certaines de ses régions.

Chapitre 30

L'IMPACT DES GÉNÉRATIONS

Dès la fin des années 1950, la forte natalité qui a caractérisé l'après-guerre commence à ralentir, et elle chute radicalement au cours des décennies suivantes, provoquant des bouleversements démographiques qui se répercutent sur l'ensemble de la société. La population du Québec augmente moins rapidement que par le passé. La génération du *baby boom* occupe une position de premier plan tout au long de la période. La remise en question du mariage et la généralisation des pratiques contraceptives transforment l'institution familiale et la vie des couples. Enfin, les années 1970 et 1980 sont à la fois celles de la montée du «troisième âge» et du vieillissement général de la population.

Le ralentissement de la croissance démographique

La population du Québec croît de façon nettement plus lente (tableau 1), n'augmentant que de 22,4% entre 1961 et 1981, tandis que celle du Canada s'accroît de 33,5%. Il en résulte un affaiblissement du poids du Québec dans l'ensemble du pays: de 28,8% en 1961, il passe à 27,9%

TABLEAU 1

POPULATION DU QUÉBEC ET DU CANADA, 1961-1981

Année	Québec		Autres provinces et territoires		Canada	
	Population	Accroissement décennal (%)*	Population	Accroissement décennal (%)*	Population	Accroissement décennal (%)*
1961	5 259 211	29,7	12 979 036	30,4	18 238 247	30,2
1971	6 027 764	14,6	15 540 547	19,7	21 568 311	18,3
1981	6 438 403	6,8	17 904 778	15,2	24 343 181	12,9

* Depuis le recensement précédent.

Source : Recensements du Canada.

en 1971 et à 26,4% en 1981. Pendant ce temps, l'Ontario voit sa population augmenter de 36,8%; en 1981, elle a au-delà de 2 millions d'habitants de plus que le Québec et représente à elle seule 35,1% de l'ensemble canadien, contre 34,2% vingt ans plus tôt. Cette évolution n'est pas sans incidence politique, étant donné que la représentation de chaque province à la Chambre des communes est proportionnelle à sa population; celle-ci influe également sur la répartition des services et des ressources en provenance du gouvernement fédéral. De plus, au point de vue économique, le Québec se trouve à constituer une part de moins en moins importante du marché canadien.

TABLEAU 2

NAISSANCES VIVANTES, TAUX DE NATALITÉ
ET INDICE SYNTHÉTIQUE DE FÉCONDITÉ,
QUÉBEC, 1961-1981

Année	Naissances vivantes	Taux de natalité*	Indice synthétique de fécondité**
1961	139 857	26,6	3,77
1966	112 757	19,5	2,71
1971	93 743	15,6	1,98
1976	98 022	15,7	1,80
1981	95 247	14,8	1,62

* Nombre de naissances par 1000 habitants.
** Nombre moyen d'enfants par femme âgée de 15 à 49 ans.
Source : Bureau de la statistique du Québec, *Démographie québécoise*, p. 93.

Le facteur le plus décisif et le plus spectaculaire de ce ralentissement de la croissance démographique est certainement la baisse de la natalité (tableau 2). Le nombre annuel de naissances, en effet, diminue radicalement malgré l'augmentation de la population, ce qui fait que le taux de natalité, de 26,6 pour 1000 en 1961, n'est plus que de 14,8 pour 1000 en 1981. Plus éloquente encore est l'évolution de l'indice synthétique de fécondité. Après 1970, il tombe sous le niveau de 2,1, considéré comme le minimum permettant le renouvellement d'une population. Quoiqu'elle se produise dans l'ensemble de l'Occident, cette baisse est particulièrement marquée au Québec: en 1983, par exemple, l'indice (1,45) y est inférieur à celui de la France (1,81), des États-Unis (1,75) et de l'Ontario (1,58). Cette situation contraste nettement avec la forte fécondité séculaire du Québec et provoque bientôt de vives inquiétudes dans l'opinion et chez les dirigeants politiques.

En ce qui concerne la mortalité, les grands progrès de la période précédente se poursuivent. La mortalité infantile diminue de 32 à 7,5 pour 1000 entre 1961 et 1984: la médicalisation des accouchements, le développement de la pédiatrie et l'amélioration des conditions de vie y sont pour beaucoup. La mortalité juvénile régresse également: en 1980, seulement 0,7% des garçons et 0,4% des filles meurent entre l'âge de un et 15 ans. Cette différence entre les sexes se maintient ensuite jusqu'aux âges les plus avancés. Mais la surmortalité masculine est particulièrement prononcée entre 15 et 35 ans: pour 100 décès chez les femmes de cet âge, il y en a, chez les hommes, 213 en 1961, et 271 en 1981. Ceux-ci sont plus exposés, notamment, aux risques de mort violente: accidents de la route ou du travail, suicides, etc. Pour l'ensemble de la population, le taux de mortalité, autour de 7 pour 1000 pendant toute la période, atteint ainsi un point d'équilibre comparable à celui des autres pays industrialisés. Parmi les causes de mortalité, par contre, le cancer et les troubles de l'appareil circulatoire prennent une place sans cesse grandissante: en 1983, ils sont responsables, respectivement, de 25% et 44% des décès au Québec. Ces maladies font donc l'objet de recherches médicales intenses. Comme elles sont liées aux modes de vie et aux comportements, des efforts sont également faits pour éveiller la conscience des individus et les amener à modifier leurs habitudes: lutte contre le tabac et l'alcool, campagnes pour améliorer l'alimentation et promouvoir l'exercice physique, etc.

Après 1960, l'espérance de vie continue à progresser. On estime que les filles nées en 1981 vivront en moyenne 78,5 ans, contre 72,8 en 1961; quant aux garçons, leur espérance de vie à la naissance est de 70,7 années en 1981, comparativement à 67,3 en 1961. Plus lent que celui des trois décennies précédentes, ce gain n'en est pas moins significatif, et profite surtout aux femmes. Mais le principal changement vient de ce que beaucoup plus d'individus atteignent maintenant l'âge de 60 ans. Au-delà de ce cap, toutefois, les progrès de l'espérance de vie sont moins marqués, en particulier pour les hommes.

L'augmentation de la population québécoise a toujours reposé dans une très forte proportion sur son accroissement naturel. Mais à cause du déclin de la natalité, le rythme de ce dernier diminue fortement au cours des années 1960. Les effets d'une telle baisse auraient pu être compensés au moins partiellement par les mouvements migratoires. Or si, jusqu'en 1967, l'immigration demeure plus nombreuse que l'émigration, la tendance s'inverse par la suite, de telle sorte que le solde migratoire devient négatif et annule une part importante de l'accroissement naturel, déjà faible par ailleurs (tableau 3).

TABLEAU 3

ACCROISSEMENT NATUREL ET SOLDE MIGRATOIRE
PAR PÉRIODE QUINQUENNALE, QUÉBEC, 1956-1981

Période	Accroissement naturel	Solde migratoire
1956-1961	533 560	+ 97 275
1961-1966	471 190	+ 50 445
1966-1971	307 775	− 60 855
1971-1976	246 025	− 39 345
1976-1981	271 215	− 67 255

Source : Bureau de la statistique du Québec, *Démographie québécoise*, tableau 1.7, p. 34.

Malgré un fléchissement au début des années 1960, la vague d'immigration internationale vers le Canada qui a commencé dans l'après-guerre se poursuit (tableau 4). Comme il l'a fait entre 1946 et 1960, le Québec continue jusqu'aux environs de 1965 à attirer à peu près le cinquième de ces nouveaux venus, ce qui reste inférieur au poids de sa population dans l'ensemble canadien. Par la suite, toutefois,

TABLEAU 4

IMMIGRATION INTERNATIONALE PAR PÉRIODE QUINQUENNALE,
CANADA ET QUÉBEC, 1956-1980

Période	Canada	Québec	Taux d'attraction du Québec (%)
1956-1960	782 911	163 502	20,9
1961-1965	498 790	115 635	23,2
1966-1970	910 837	172 126	18,9
1971-1975	834 452	126 175	15,1
1976-1980	605 869	104 489	17,2

Source : Bureau de la statistique du Québec, *Démographie québécoise*, tableau 9.2, p. 322.

ce taux d'attraction diminue nettement, et le Québec a toujours de la difficulté à retenir ses immigrants à demeure. Quoi qu'il en soit, comme beaucoup moins de résidants québécois émigrent à l'étranger, le solde migratoire international demeure positif tout au long de la période. Par contre, les déplacements interprovinciaux continuent à se faire au détriment du Québec (graphique 1), comme cela a été généralement le cas par le passé, sauf durant la crise. Bien qu'elles varient au gré de la conjoncture économique et socio-politique, on estime que

GRAPHIQUE 1

MIGRATIONS INTERPROVINCIALES, QUÉBEC, 1962-1982

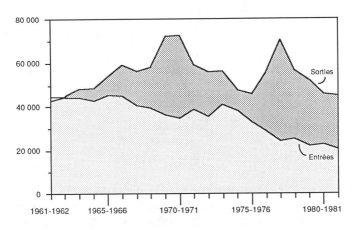

Source: *Démographie québécoise*, 356.

pour la période 1961-1981 les entrées en provenance des autres provinces du Canada se chiffrent à 722 851, et les sorties à 1 009 852. Le déficit, qui totalise 376 701, dépasse les gains obtenus par les migrations internationales et explique que les soldes migratoires globaux soient négatifs à partir du milieu des années 1960 (tableau 3).

La chute de la natalité et le déficit des migrations interprovinciales sont donc les deux facteurs principaux du ralentissement de la croissance démographique du Québec, avec toutes les répercussions que cela peut avoir non seulement sur la composition ethnique et linguistique de sa population, aspects qui seront abordés dans des chapitres ultérieurs, mais aussi sur la répartition des divers groupes d'âges.

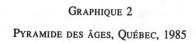

GRAPHIQUE 2

PYRAMIDE DES ÂGES, QUÉBEC, 1985

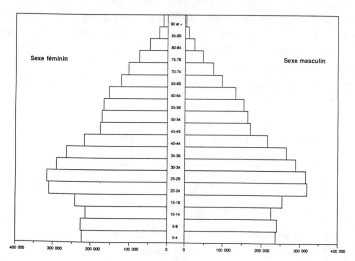

Source: Statistique Canada, *Estimations annuelles postcensitaires de la population suivant l'état matrimonial, l'âge, le sexe et composantes de l'accroissement, Canada provinces et territoires au 1er juin 1985.*

Comme le montre la pyramide des âges de 1985 (graphique 2), trois phénomènes, à cet égard, retiennent l'attention. Le premier est le peu de place qu'occupent les enfants et les adolescents de 19 ans et moins: tandis qu'en 1961, ils représentaient 44,2% de la population totale, leur proportion, en 1985, n'est plus que de 28,3%, baisse qui reflète le déclin de la fécondité après 1965. En second lieu, on constate l'importance considérable du groupe des 20-35 ans, c'est-à-dire la génération du *baby boom*. Enfin, le haut de la pyramide illustre à la fois la proportion substantielle de personnes âgées de 60 ans et plus et l'effet de la surmortalité masculine.

L'effet *baby boom*

La génération née entre la fin des années 1940 et le début des années 1960 dépasse tellement en nombre celle qui la précède et celle qui la suit que c'est elle, au fur et à mesure qu'elle avance en âge, qui donne

À plusieurs reprises, les jeunes n'hésitent pas à descendre dans la rue pour manifester. (*Le Journal de Montréal*)

le ton et impose ses valeurs et ses besoins à l'ensemble de la société. Autant les années 1950 ont été celles des enfants, autant les années 1960 sont celles des adolescents, et les années 1970, celles des jeunes adultes.

Entre 1960 et 1970, en effet, près de 1 200 000 Québécois et Québécoises atteignent l'âge de 14 ans. Cette décennie est donc marquée profondément par ce qu'on appelle le phénomène jeunesse et par le climat d'euphorie et d'éclatement qui y est associé. De la même manière qu'elle s'est occupée d'eux quand ils étaient enfants, la société continue à donner à ces jeunes ce dont ils ont maintenant besoin, et d'abord un meilleur système d'éducation au delà du cours primaire. Cette génération devient ainsi plus scolarisée que ses aînés. Elle remet en question les normes traditionnelles les mieux établies, qu'il s'agisse de la famille, de la religion, de la morale ou des modes de vie, et prône, souvent avec fracas, ses propres valeurs de liberté et de changement. Certes, la révolte et la contestation des jeunes se retrouvent presque à toutes les époques; mais celles des années 1960 ont d'autant plus d'impact que la jeunesse forme alors le groupe quantitativement prépondérant et a conscience de sa force. De plus, le contexte d'abondance et de progrès technologique contribue à nourrir chez elle un optimisme qui augmente ses attentes et lui fait croire qu'elle peut changer la société, aussi bien au point de vue politique que socio-économique ou culturel. C'est l'époque du syndicalisme étudiant, de la montée de l'indépendantisme, du mouvement hippie et de la musique rock. Pour le commerce, tous ces adolescents forment aussi un marché particulièrement alléchant. Ils sont nombreux et ils consomment allégrement, en s'identifiant collectivement à des modes qui leur sont propres. On voit donc se développer tout un marketing à leur intention, qu'il s'agisse des disques, des vêtements, des boissons gazeuses, de l'équipement sportif ou des produits de beauté, toutes choses dont les ventes augmentent en flèche.

Cette ébullition se maintient jusqu'au milieu des années 1970 environ. Par la suite, elle tend à se résorber et à faire place à d'autres phénomènes associés à la maturité. Arrivant à l'âge adulte, en effet, les jeunes de la décennie précédente s'apaisent, s'installent et ont davantage besoin de stabilité, ce qui favorise un certain conservatisme. Une partie des étudiants contestataires des années 1960 sont à présent professeurs, cadres ou fonctionnaires. Mariés, parents, propriétaires de maisons et de voitures, ces adultes se soucient de leur carrière, de leur réussite et de la préservation de leurs acquis: sécurité, permanence, revenu. Tout comme elle a été à l'image des enfants puis des adolescents qu'ils ont été, la société des années 1980 se modèle pour répondre aux besoins des adultes qu'ils sont devenus.

Cette évolution profite surtout aux premières cohortes du *baby boom*. Pour les plus jeunes de cette génération, c'est-à-dire ceux qui sont nés entre 1955 et 1965 environ, et qui sont encore plus nombreux que leurs aînés immédiats, la situation est nettement plus difficile. S'ils bénéficient eux aussi de l'amélioration du système d'enseignement secondaire et supérieur, leur intégration au marché du travail pose toutefois des problèmes que n'ont guère connus leurs prédécesseurs. Ceux-ci, en effet, profitent de l'ouverture de nombreux postes et emplois, et les conservent par la suite. Mais à mesure que les derniers nés du *baby boom* continuent d'arriver sur le marché du travail, les places se raréfient et un engorgement de plus en plus prononcé s'ensuit. Le chômage des jeunes prend bientôt des proportions alarmantes. En 1983, il affecte 21% des travailleurs et travailleuses âgés de 20 à 24 ans, contre 11% seulement en 1971 et aussi peu que 5% en 1966. Le problème est encore plus grave pour ceux de 15 à 19 ans, dont 27% sont sans emploi en 1983. Quant aux jeunes qui travaillent, plusieurs doivent se contenter d'une situation précaire: temps partiel, pige, emplois temporaires. Les autres prolongent leurs études faute d'emploi, ou comptent sur l'aide de l'État. En 1984, plus de 150 000 des personnes seules ou chefs de familles qui reçoivent des prestations d'aide sociale ont moins de 30 ans. La jeunesse des années 1980 apparaît donc à plusieurs comme une génération sacrifiée.

La famille en question

L'évolution de la population depuis 1960 est également marquée par des changements notables dans les comportements et les attitudes à l'égard du mariage et de la famille. Déjà, avec l'urbanisation massive de l'après-guerre et la transformation des modes de vie, les pratiques ont commencé à évoluer: la structure familiale, autrefois très large, tendait à se replier sur le seul noyau formé des parents et des enfants, les familles nombreuses se faisaient plus rares, et plus de femmes mariées travaillaient hors du foyer. Mais les modèles changeaient assez peu. Le mariage, obligatoirement religieux, marquait l'accession au statut d'adulte et devait durer toujours; la vie des couples restait axée sur les enfants; et les époux avaient dans la famille des rôles bien définis: pourvoyeur et détenteur de l'autorité pour le père, éducatrice et ménagère pour la mère. Sur tous ces plans, les années 1960 et 1970 entraînent des remises en question et des ruptures aussi profondes que subites.

Le mariage, d'abord, cesse de représenter pour beaucoup de jeunes adultes le modèle unique ou privilégié de leur état de vie en société. Le nombre de mariages augmente jusqu'en 1972, alors qu'il atteint un sommet de près de 54 000, pour ensuite décroître régulièrement et se situer aux environs de 36 000 en 1983, dont 23% sont des mariages civils, autorisés depuis 1968. Toutefois, comme le nombre d'individus en âge de se marier augmente à mesure que la génération du *baby boom* atteint l'âge adulte, les démographes estiment que la proportion des célibataires âgés de 15 à 49 ans qui se marieront passe de 90% vers 1972 à environ 50% en 1984, ce qui est un des taux les plus bas d'Occident. Une telle baisse s'explique en partie par des raisons économiques, liées au chômage des jeunes, mais surtout par d'importants changements de mentalité à l'égard de la vie de couple, de la famille et des modes de vie. Plutôt que de se marier, une proportion croissante de couples choisissent l'union libre: en 1981, plus de 242 000 Québécois et Québécoises sont dans cette situation.

Mariés ou non, les nouveaux couples remettent aussi en question les habitudes conjugales traditionnelles. Les tâches de l'homme et de la femme à la maison tendent vers plus d'égalité, même si celle-ci est encore loin d'être parfaite; l'attitude à l'égard du travail de la femme à l'extérieur du foyer change radicalement; chaque partenaire jouit d'une plus grande autonomie financière; et surtout, on valorise davantage les relations amoureuses et l'épanouissement du couple, les enfants n'étant plus vus comme la principale raison d'être de la vie commune.

Entre 1961 et 1981, le nombre de familles a beau passer de 1,1 à 1,6 millions, leur taille diminue nettement. De plus en plus, à la famille relativement nombreuse d'avant 1960 succède un nouveau type de famille réduite à un ou deux enfants et dont la vie diffère sensiblement du modèle traditionnel. Déjà, durant les années 1960, celui-ci est contesté par les adolescents du *baby boom*, qui s'opposent souvent à l'autorité des parents et réclament plus de liberté et d'autonomie. Une fois devenus parents à leur tour, ils tentent de transformer la vie familiale en usant d'attitudes plus ouvertes, sinon d'une certaine permissivité, vis-à-vis de leurs propres enfants. La situation de ces derniers diffère de celle des enfants de l'après-guerre: leur entourage immédiat compte moins de frères, de sœurs ou d'autres enfants de leur âge, leurs rapports avec les adultes se modifient, et comme souvent leurs deux parents travaillent, un plus grand nombre d'entre eux connaissent les garderies ou les services de garde à domicile, et ils entrent à l'école maternelle dès l'âge de 5 ans.

À l'égard de la vie des couples et des familles, le grand changement provient de la généralisation et de l'amélioration des pratiques contraceptives. L'avènement de la pilule anticonceptionnelle, au début des années 1960, remplace rapidement les méthodes dites naturelles qui prévalaient jusqu'alors. Malgré les restrictions légales et les interdictions de l'Église, la pilule se répand aussitôt et son utilisation devient massive pendant les années 1970, non seulement chez les femmes mariées, mais aussi chez les jeunes filles et les célibataires. Par la suite, devant les inconvénients et les risques que représente ce médicament, on recourt à d'autres moyens, qui vont du condom ou du stérilet à la stérilisation volontaire, ligature des trompes pour les femmes, vasectomie pour les hommes. Le nombre de ces opérations passe de 12 000 en 1971 à plus de 41 000 en 1979, et une proportion significative de ceux qui s'y prêtent ont moins de 30 ans. L'usage de la contraception modifie en profondeur la sexualité des couples, et en particulier celle des femmes. Avoir ou ne pas avoir d'enfant devient un choix plus libre qu'auparavant. Ce phénomène y est aussi pour beaucoup dans ce qu'on a appelé la révolution sexuelle des années 1960 et 1970; une telle libéralisation, toutefois, pose certains problèmes de santé qui apparaissent de plus en plus au cours des années 1980. Enfin, soulignons que la contraception repose très majoritairement sur les femmes, qui doivent en assumer et les responsabilités et les risques.

Sans être à proprement parler un moyen de contraception, l'avortement devient un autre instrument de contrôle des naissances. Considéré comme un acte criminel jusqu'à ce qu'une loi de 1969 l'autorise à certaines conditions, il n'en était pas moins pratiqué clandestinement, dans des conditions souvent dangereuses et traumatisantes. Après l'adoption de la loi, il se répand rapidement au cours des années 1970 et 1980: le nombre d'avortements déclarés, qui ne comprend pas les avortements illégaux, passe de 1275 en 1971 à 6004 en 1984, soit 18,3% des naissances, ce qui est inférieur aux taux observés aux États-Unis (plus de 40%) ou en Ontario (environ 23%). Depuis la fin des années 1970, cette question fait l'objet d'un débat intense entre les tenants de l'avortement libre et les groupes qui veulent en limiter rigoureusement la pratique.

Autre changement significatif des années 1960 et 1970: la procréation n'est plus liée aussi étroitement au mariage que par le passé. Ainsi, en 1961, seulement 3,7% des naissances étaient le fait de parents non mariés; en 1976, cette proportion atteint 10%, puis grimpe à 22% en 1984. Une croissance marquée s'observe également quant au nombre de familles monoparentales, qui passe de 95 818 à 208 430 au cours de la même période. En outre, ces familles, qui avaient autrefois à leur tête des veufs ou des veuves surtout, sont dirigées de plus en plus par des célibataires et des personnes divorcées ou séparées, très majoritairement des femmes.

Moins répandu, moins centré sur la procréation, le mariage est aussi moins stable que par le passé. Avant les années 1960, le divorce, sans être interdit légalement, était à la fois coûteux, compliqué, mal vu par la communauté et, par conséquent, extrêmement rare. Les couples québécois n'avaient pratiquement d'autre choix que la séparation civile qui, tout en autorisant les époux à ne plus vivre ensemble, ne mettait pas fin au mariage et ne permettait donc pas le remariage. De nouvelles lois, en 1968 puis en 1985, rendent les divorces beaucoup plus faciles et abordables. Leur nombre passe de 2930 en 1969 à 16 845 en 1984, tandis que les probabilités de divorce pour les couples mariés, qui sont de 8,7% en 1969, atteignent 38,1% en 1984.

Ainsi, les modèles de la famille et de la vie de couple évoluent considérablement à partir de la Révolution tranquille, en grande partie à cause de la génération du *baby boom*, qui conteste les valeurs et les pratiques traditionnelles en ce domaine. Certes, pour la majorité de la population, y compris les jeunes, le couple marié avec enfant reste un idéal. Celui-ci, toutefois, se réalise à travers des comportements nouveaux, qui font une plus large place aux choix individuels et à la diversité. À ces changements, l'État réussit tant bien que mal, au cours de la période, à ajuster sa législation et ses politiques.

Le troisième âge

Jointe à l'allongement de l'espérance de vie, la chute de la fécondité a pour conséquence, en réduisant la proportion des enfants et des adolescents au sein de la population, de faire augmenter celle des personnes âgées. En 1985, comme le montre la pyramide des âges (graphique 2), 9,6% des Québécois et des Québécoises ont 65 ans ou plus, ce qui représente une hausse appréciable par rapport à 1961 (5,8%) et 1971 (6,9%). Au cours des années 1970, ce groupe du «troisième âge» devient donc plus visible, obligeant l'État et l'ensemble de la société à prendre conscience de ses problèmes et de ses besoins particuliers.

D'ailleurs, les personnes âgées elles-mêmes s'organisent et font valoir leurs revendications: des clubs d'âge d'or se forment et se regroupent en fédération, et les citoyens âgés s'impliquent davantage dans les partis politiques, les organismes sociaux ou culturels et divers autres milieux. Ils obtiennent qu'en plus des pensions de vieillesse et autres régimes de rentes, certaines mesures nouvelles soient prises pour améliorer leur sort: ainsi, la retraite à 65 ans cesse d'être obligatoire, des réductions fiscales sont consenties aux personnes âgées, un supplément de revenu est versé aux plus démunies d'entre elles, les médicaments prescrits deviennent gratuits, et des tarifs réduits sont accordés dans plusieurs services. En même temps, de nombreux centres

Les clubs d'âge d'or jouent un rôle important pour les personnes âgées. (*Le Journal de Montréal*)

d'accueil publics ou privés sont ouverts à leur intention dans toutes les régions du Québec.

En dépit de ces améliorations, toutefois, les conditions de vie des personnes âgées restent souvent précaires, surtout pour les femmes, qui constituent la majorité de ce groupe: pauvreté, problèmes de santé, mauvais traitements, solitude sont le lot de plusieurs.

L'augmentation de la proportion de personnes âgées, la chute de la natalité, l'arrivée progressive de la génération du *baby boom* à la maturité sont autant de facteurs de ce qui constitue un phénomène de fond de la période: le vieillissement de la population. Celui-ci comporte des avantages dans l'immédiat, car une part plus élevée de la population est ainsi formée de citoyens productifs, tandis que les groupes dépendants, c'est-à-dire les plus jeunes et les plus vieux, sont relativement restreints. À plus long terme, cependant, cette situation peut représenter un défi de taille, à mesure que la population âgée augmentera et que les générations suivantes seront moins nombreuses. De plus, aux yeux de maints observateurs, le vieillissement peut se traduire, pour une société, par une perte de dynamisme et une certaine méfiance à l'égard du changement.

ORIENTATIONS BIBLIOGRAPHIQUES

DESJARDINS, Bertrand et Jacques LÉGARÉ. «Le vieillissement de la population du Québec: faits, causes et conséquences», *Critères*, 16 (hiver 1977), p. 143-169.

DUFOUR, Desmond et Yves PÉRON. *Vingt ans de mortalité au Québec. Les causes de décès, 1951-1971.* Montréal, Presses de l'Université de Montréal, 1979. 204 p.

DUMAS, Jean. *La conjoncture démographique. Rapport sur l'état de la population du Canada, 1983.* Ottawa, Ministère des Approvisionnements et services, 1984. 129 p.

MATHEWS, Georges. *Le choc démographique. Le déclin du Québec est-il inévitable ?* Montréal, Boréal Express, 1984. 204 p.

QUÉBEC. *Démographie québécoise: passé, présent, perspectives.* Québec, Bureau de la statistique du Québec, 1983. 457 p.

— *Évolution démographique du Québec.* Québec, OPDQ, 1977. 168 p.

— *La situation démographique au Québec. Édition 1985.* Québec, Les publications du Québec, 1986. 242 p.

Chapitre 31

LE CONTRÔLE DES CAPITAUX ET L'ENTREPRISE

En 1986, l'économie québécoise diffère sensiblement de ce qu'elle était en 1960. Au-delà des modifications qui surviennent dans chacun des secteurs d'activité, et que nous examinerons dans les chapitres suivants, les structures du système capitaliste, dans sa version canadienne et québécoise, évoluent et se transforment.

Trois types de phénomènes, qui font d'ailleurs l'objet de discussions nombreuses et parfois passionnées au cours de la période, doivent être signalés. Il y a d'abord ceux qui relèvent du contrôle des entreprises: le vieux problème des investissements étrangers mais aussi l'investissement à l'étranger, ainsi que la place des francophones dans la propriété des sociétés privées. Viennent ensuite les phénomènes liés à la nature de l'entreprise: la croissance des monopoles et la place de la PME. Enfin se pose toute la question de la place de l'État dans l'économie.

La mainmise étrangère: expansion et régression

Le degré de contrôle étranger sur l'économie canadienne connaît deux mouvements. Le premier, qui marque toute la décennie 1960 et le début de la suivante, est dans la suite logique de la période antérieure et se traduit par un accroissement considérable de la mainmise étrangère. À compter du milieu des années 1970, toutefois, un mouvement inverse s'amorce avec la reprise en main, par les sociétés et les gouvernements du Canada, d'un grand nombre d'entreprises à propriété étrangère, de sorte qu'au début des années 1980, le pourcentage du contrôle étranger est en déclin.

Dans la phase d'expansion des années 1960, le niveau des investissements étrangers directs et indirects au Canada s'accroît rapidement, comme c'était le cas depuis la fin de la guerre. Il atteint 22 milliards

de dollars en 1960; 29 milliards en 1965; 44 milliards en 1970. Les
Américains détiennent toujours la part du lion, soit de 75% à 80% du
total. La mainmise étrangère atteint un sommet en 1968 alors que 38%
des actifs des industries non financières sont sous contrôle étranger. Les
richesses naturelles et la fabrication sont les plus touchées: en 1970, par
exemple, 69% des actifs du secteur minier et 58% de ceux du secteur
manufacturier sont sous contrôle étranger. La situation varie selon les
régions. Le Québec est moins directement touché que l'Ontario et les
provinces des Prairies, où se concentrent surtout les capitaux étrangers
et leurs principales retombées en termes d'investissements et d'emplois. Mais les effets négatifs de la mainmise étrangère ne s'y font pas
moins sentir.

Le phénomène prend diverses formes. Le plus souvent, il résulte de
l'expansion de nombreuses filiales de compagnies américaines, telle
General Motors qui construit en banlieue de Montréal une usine
d'assemblage. Ailleurs, on choisit d'acheter des entreprises canadiennes existantes. Un bon exemple est le secteur de la motoneige, où
les plus importants fabricants québécois, à l'exception de Bombardier,
sont achetés par de grandes sociétés américaines. Les Européens ne
demeurent pas en reste et tentent aussi leur implantation au Québec et
au Canada. Ainsi, de puissants intérêts belges font l'acquisition de
l'entreprise de matériaux de construction des frères Miron. La société
française des Ciments Lafarge, en plus d'ouvrir une filiale au Québec,
fait l'acquisition de la compagnie Canada Cement. De grands capitalistes anglais, allemands, suisses, italiens et sud-africains investissent
également au Québec dans les richesses naturelles, la fabrication et la
promotion immobilière.

Depuis des années, certains intellectuels et hommes politiques souli-
gnaient les dangers que représentait pour l'économie canadienne une
propriété étrangère d'une telle ampleur. Leurs mises en garde sont
longtemps restées sans effet mais, à la fin des années 1960, on assiste
à une prise de conscience beaucoup plus nette, en particulier chez les
Canadiens anglais. Des économistes, comme Mel Watkins ou Kari
Levitt, publient des études qui secouent l'apathie du public. L'aile
gauche du Nouveau parti démocratique, le groupe Waffle, en réaction
contre ce qui est appelé l'impérialisme américain, défend une politique
de nationalisme économique. Les gouvernements, dont l'attitude a toujours été très accueillante envers les investisseurs étrangers, sont obligés de s'interroger à leur tour à la suite de ce changement dans une

partie de l'opinion publique. Des enquêtes sont amorcées: d'Ottawa vient le rapport Gray sur la maîtrise économique du milieu national; de Québec, le rapport Tetley; sans compter les nombreuses autres études réalisées par des organismes gouvernementaux.

Le rapport Gray, publié en 1971, dresse un bon inventaire de la situation et décrit les conséquences néfastes de l'investissement étranger dans plusieurs domaines: faible contrôle autochtone des entreprises canadiennes, dépendance à l'égard de la technologie étrangère, impact négatif sur les décisions en matière de gestion au Canada, sur le potentiel d'exportation, sur les programmes d'approvisionnement et d'importation des filiales des sociétés étrangères, sur la concurrence, sur la balance des paiements, et même sur la culture, la société et le système politique. Le rapport recommande un ensemble de mesures correctives, en particulier la mise sur pied d'une agence dont le rôle serait de tamiser les nouveaux investissements étrangers afin de freiner le mouvement.

Cette prise de conscience nouvelle est un facteur important du revirement de situation qui se produit dans la première moitié des années 1970 alors qu'on assiste à un début de reprise en main de l'économie canadienne par les gouvernements et les sociétés privées. Plusieurs éléments y concourent. D'abord, le gouvernement fédéral, après de nombreuses tergiversations et sous la pression du Nouveau parti démocratique, accepte de créer en 1973 cette Agence d'examen de l'investissement étranger (FIRA: Foreign Investment Review Agency): celle-ci devra examiner et au besoin bloquer tout nouveau projet d'investissement d'une compagnie étrangère au Canada. Par ailleurs, Ottawa met sur pied la Corporation de développement du Canada (CDC), une entreprise mixte contrôlée par le gouvernement fédéral mais qui fait également appel au capital privé. Elle se voit assigner la double mission de racheter les entreprises canadiennes à contrôle étranger et de développer des secteurs de pointe à haute technologie que visent d'abord les étrangers. Plus tard viennent la création de la société Pétro-Canada qui, de 1976 à 1980, achète successivement quatre compagnies pétrolières étrangères, puis l'annonce d'une nouvelle politique nationale de l'énergie visant une canadianisation accrue de ce secteur. Les gouvernements provinciaux agissent aussi dans le même sens, avec la création de plusieurs sociétés d'État permettant d'accroître le contrôle canadien sur les richesses naturelles.

L'action du gouvernement québécois se distingue toutefois de celle de ses homologues. Si l'on excepte le secteur de l'amiante, la création des sociétés d'État ne vise pas directement les investisseurs étrangers mais a plutôt pour objectif de renforcer le poids économique des francophones face au capital canadien-anglais. Comme le rappelle le rapport Tetley (1973-1974), le Québec s'est toujours montré ouvert aux investissements étrangers, synonymes de création d'emplois. Le gouvernement considère que le Québec a besoin d'investissements nouveaux et que toute mesure de freinage ne serait profitable qu'à l'Ontario et entraînerait une perte nette pour le Québec» si elle était adoptée «avant qu'ait pu se produire une certaine restructuration de l'économie québécoise lui permettant d'assumer efficacement le rôle joué jusqu'à maintenant par l'initiative étrangère». Il s'en prend à «la notion de l'existence d'une seule économie canadienne indifférenciée» qui soustend la politique fédérale et insiste sur les «caractères structurels propres» des économies régionales. Le rapport Tetley propose plutôt une politique qui viserait à la fois une meilleure «intégration des firmes étrangères à l'économie québécoise» et une dynamisation des structures industrielles par le renforcement de «l'innovation autochtone». Il reconnaît toutefois la nécessité de protéger certains secteurs qu'il juge vitaux: la culture, les richesses naturelles, les institutions financières et les services publics.

Parallèlement aux nouvelles interventions gouvernementales, le secteur privé manifeste une volonté et une capacité plus grandes de participer au processus de canadianisation. Le renforcement des grandes sociétés canadiennes, grâce à l'expansion des années 1960 et au mouvement de concentration, de même que la croissance rapide des banques, lui fournit les moyens de racheter de très grosses sociétés détenues par des étrangers. En 1981, par exemple, Canadien Pacifique rachète d'International Paper sa filiale, Canadian International Paper (CIP), dont le siège est à Montréal et qui est solidement implantée au Québec depuis les années 1920. De leur côté, deux grandes entreprises américaines revendent à Bombardier l'usine de motoneiges Moto-ski puis celle de matériel de transport Montreal Locomotive Works, qu'elles avaient acquises quelques années auparavant. Il ne faudrait pas croire que le mouvement de rachat ne concerne que de très grosses entreprises. Pendant cette période, en effet, plusieurs petites et moyennes entreprises québécoises, passées sous contrôle étranger, sont rachetées par des hommes d'affaires québécois qui leur donnent une nouvelle impulsion.

En quelques années, le mouvement de canadianisation porte ses fruits. Entre 1970 et 1982, les actifs sous contrôle étranger au Canada diminuent de 69% à 43% dans les mines et de 58% à 49% dans la fabrication. Cette baisse touche également le pétrole, où le contrôle étranger n'est plus que de 45% en 1982, et même des secteurs où il n'était pas dominant comme le commerce de détail et les services. Globalement, dans l'ensemble des industries non financières, les actifs sous contrôle étranger tombent de 36% à 26%. Certes, le Canada est encore loin de s'être libéré de l'emprise étrangère qui reste très lourde dans les secteurs pétrolier, minier et manufacturier. La somme des investissements étrangers à long terme atteint 205 milliards de dollars en 1984, dont 83 milliards en investissements directs. Un changement qualitatif s'est néanmoins manifesté en l'espace de quelques années.

Cette évolution reste cependant fragile. L'arrivée au pouvoir des conservateurs à Ottawa, en 1984, remet en question les politiques fédérales en ce domaine. Le gouvernement Mulroney remplace l'agence d'examen par un organisme plus souple et abolit la politique nationale de l'énergie en indiquant clairement que les investissements étrangers sont à nouveau les bienvenus au Canada. L'événement le plus significatif est cependant l'adoption d'un accord de libre-échange avec les États-Unis en 1988. Du côté québécois, l'attitude accueillante envers les investissements étrangers se maintient sous le gouvernement Lévesque, comme en témoignent les implantations de Pechiney et de Hyundai. À son retour au pouvoir en 1985, Robert Bourassa propose de stimuler encore plus l'appel aux capitaux de l'extérieur.

La croissance de l'investissement canadien à l'étranger

Le Canada, grand importateur de capitaux, en exporte également depuis longtemps, mais en quantité beaucoup moindre. Cependant, au cours des années 1960 et 1970, l'investissement direct canadien à l'étranger s'accroît de façon spectaculaire. Il passe de 2,5 milliards de dollars en 1960 à 41,4 milliards en 1984. En y ajoutant l'investissement indirect et d'autres éléments d'actifs, on atteint, en 1984, 79 milliards d'investissements canadiens à long terme à l'étranger.

Une part importante de la présence canadienne à l'étranger est assurée par les grandes banques qui deviennent dans les années 1970 de véritables multinationales du secteur financier. Leurs opérations internationales représentent alors une part croissante de leurs revenus et s'avèrent beaucoup plus profitables que leurs activités au Canada même. Au début des années 1980, elles sont touchées par l'endettement excessif de nombreux pays en voie de développement, incapables de rembourser leurs créanciers. Après avoir subi de lourdes pertes, elles réorientent leurs investissements internationaux vers les États-Unis et certains pays asiatiques en forte croissance.

Des multinationales canadiennes œuvrent également dans d'autres secteurs et, entre 1960 et 1980, elles accélèrent leur expansion dans le monde; on assiste aussi à la transformation d'entreprises jusque-là exclusivement canadiennes en firmes multinationales. Dominion Textile en fournit un bon exemple. Intimement liée à l'histoire de l'industrie du coton au Québec depuis sa fondation en 1905, cette société concentrait sa production au Canada et principalement au Québec. À partir de 1975, elle se lance dans un programme d'expansion à l'étranger. De même, la société Bombardier, installée à l'origine à Valcourt, dans l'Estrie, devient une multinationale. Au début des années 1980, elle fabrique du matériel de transport et des produits récréatifs dans diverses usines du Québec, des moteurs et des tramways en Autriche, des autobus en Irlande et du matériel roulant au Vermont. De nombreuses entreprises québécoises, même d'envergure modeste ou moyenne, font d'ailleurs l'acquisition de filiales aux États-Unis, attirées par la proximité géographique et la taille du marché.

L'expansion canadienne aux États-Unis ne va pas sans provoquer des réactions, en particulier quand les projets d'acquisition touchent de très grandes entreprises américaines. À compter de 1980, on assiste à une réaction nationaliste dans les milieux financiers américains contre les grandes sociétés canadiennes, telles Canadien Pacifique et Seagram, qui cherchent à prendre le contrôle de grandes corporations aux États-Unis. Au Canada même, on souligne les effets négatifs de cette exportation massive de capitaux sur la valeur du dollar canadien. Cette situation reflète le renforcement du capitalisme canadien au cours de ces deux décennies.

La propriété des entreprises au Québec

Quelques exemples cités précédemment, tels ceux de Bombardier ou de la Société nationale de l'amiante, indiquent que la canadianisation est parfois une québécisation. Mais au-delà du rachat d'entreprises étrangères, c'est la question plus générale de la propriété ou du contrôle des entreprises qu'il faut soulever. Quelle place y occupent les Canadiens français face aux Canadiens anglais et aux étrangers? Dans l'ensemble du Canada, elle est assez marginale mais qu'en est-il au Québec? La position minoritaire des francophones dans le contrôle de l'économie québécoise est un phénomène fort ancien, très connu et abondamment discuté. Or la situation évolue après 1960. Quelles sont l'ampleur et la signification des changements qui surviennent pendant cette période?

Deux études sur la propriété des entreprises au Québec permettent de mesurer le chemin parcouru. La première, faite par André Raynauld, porte sur l'année 1961; la seconde, menée par André Raynauld et François Vaillancourt, sur l'année 1978. L'instrument de mesure principal est le nombre d'emplois dans les établissements privés et publics, classés d'après l'appartenance linguistique ou nationale de ceux qui les contrôlent (tableau 1). Pour l'ensemble de l'économie québécoise, la part des Canadiens francophones augmente de 47% à près de 55%, celle des Canadiens anglophones régresse de 39% à 31%, alors que celle des étrangers reste stable à près de 14%.

La progression des francophones ne s'explique pas simplement par une croissance plus forte des secteurs dans lesquels ils étaient déjà solidement implantés; elle est générale et touche l'ensemble des secteurs, quoique à des degrés divers. Les hausses les plus spectaculaires surviennent dans la construction et les institutions financières. En 1978 comme en 1961, la part des francophones reste toutefois faible dans les mines et la fabrication; leur sous-représentation est également nette dans les transports, communications et services publics, les institutions financières et le commerce. Les points forts sont l'agriculture, les services, la construction et l'administration publique.

À l'inverse, le recul relatif des établissements anglophones se manifeste dans tous les secteurs. Il se fait parfois en faveur des étrangers, comme dans les mines et le commerce, mais dans l'ensemble il profite surtout aux francophones. Quant aux entreprises à contrôle étranger, si leur part dans l'ensemble reste stable, on note de fortes variations selon les champs d'activité.

Même si le degré de contrôle des francophones sur l'économie québécoise reste bien inférieur à leur poids démographique et est encore loin d'être dominant, en moins de vingt ans une progression indéniable a lieu et semble se poursuivre après 1978. Cette évolution ne peut s'expliquer seulement par le déménagement vers d'autres provinces d'établissements appartenant à des Canadiens anglais. Elle tient

TABLEAU 1

PART DE L'EMPLOI DES ÉTABLISSEMENTS SOUS CONTRÔLE FRANCOPHONE,
ANGLOPHONE ET ÉTRANGER, PAR SECTEUR D'ACTIVITÉ,
QUÉBEC, 1961 ET 1978 (EN POURCENTAGE)

Secteur	Année	Etablissements sous contrôle		
		francophone	anglophone	étranger
Agriculture	1961	91,3	8,7	0
	1978	91,8	8,2	0
Mines	1961	6,5	53,1	40,4
	1978	9,2	17,9	73,0
Fabrication	1961	21,7	47,0	31,3
	1978	27,8	38,6	33,5
Construction	1961	50,7	35,2	14,1
	1978	74,4	18,5	7,1
Transports, communications et services publics	1961	36,4	55,3	8,3
	1978	42,2	53,4	4,4
Commerce	1961	50,4	39,5	11,5
	1978	51,0	32,0	17,0
Institutions financières	1961	25,8	53,1	21,1
	1978	44,8	43,1	12,1
Services	1961	71,4	28,6	0
	1978	75,0	21,2	3,8
Administration publique	1961	51,8	47,7	0,5
	1978	67,2	32,8	0
Total	1961	47,1	39,3	13,6
	1978	54,8	31,2	13,9

Source : André RAYNAULD et François VAILLANCOURT, *L'appartenance des entreprises: le cas du Québec en 1978*, p. 81.

à un grand nombre de facteurs, tels l'émergence de nouvelles élites francophones, l'amélioration du niveau de vie des Canadiens français ou encore le rôle de l'État.

Mais le degré de contrôle n'est qu'une mesure parmi d'autres de l'évolution du système capitaliste au Québec. Il faut tenir compte aussi du type d'activités et d'entreprises dans lesquelles sont présents les francophones.

La concentration accrue

Le processus de monopolisation et de concentration, amorcé dès la fin du 19e siècle, connaît une nouvelle poussée après 1960. D'une part, les grandes sociétés deviennent encore plus considérables à la fois par l'acquisition d'autres entreprises et par une forte croissance que facilite leur position monopolistique. D'autre part, on assiste à des regroupements de plus en plus nombreux au sein de ces milliers d'entreprises qui ne font pas partie du groupe des sociétés dominantes et œuvrent à l'échelle régionale ou locale.

Nous avons vu que le sociologue John Porter avait relevé, pour la période 1948-1950, l'existence de 183 sociétés dominantes au Canada, qui possédaient la majorité des actifs dans plusieurs secteurs importants de l'économie. Le sociologue Wallace Clement entreprend une étude similaire pour 1971-1972. Il retient, dans son échantillon, toutes les compagnies ayant des actifs supérieurs à 250 millions de dollars et des ventes d'au-delà de 50 millions. Il aboutit ainsi à une liste, encore plus réduite que celle de Porter, de 113 compagnies ou sociétés dominantes qui représentent 97% des actifs dans le secteur des communications, 90% dans le transport et le pétrole, 66% dans la production de machinerie et de biens alimentaires, etc. Dans le secteur financier, ces grandes sociétés contrôlent 90% des actifs des banques à charte, 86% de l'assurance-vie et 80% des fiducies. Certains secteurs restent moins concentrés, comme ceux des minéraux non métalliques, des produits électriques, des manufactures diverses, du commerce de gros et de détail.

Mais à côté de ces grandes sociétés, il existe des milliers d'autres entreprises d'envergure variée. Si un grand nombre de ces dernières disparaissent chaque année, nombreuses aussi sont les nouvelles compagnies mises sur pied. La tendance générale, toutefois, reste à la concentration accrue des entreprises et du pouvoir économique.

L'une des caractéristiques de ce mouvement est la poussée importante des conglomérats. Elle se manifeste par la création de holdings ou sociétés de gestion contrôlant des entreprises dans des secteurs très variés. L'exemple classique est celui de Power Corporation, du financier Paul Desmarais, qui en 1980 contrôle plusieurs grandes sociétés — ayant à leur tour un certain nombre de filiales — dans quatre secteurs principaux: les services financiers (Great West Life, Investors Group et Montreal Trust), les transports (Canada Steamships Lines), les pâtes et papiers (Consolidated-Bathurst) et les communications (*La Presse* et les journaux Trans-Canada), en plus d'avoir des intérêts minoritaires dans le secteur pétrolier. Au début des années 1980 le holding se réorganise: après s'être départi de Canada Steamships Lines, il tente de prendre le contrôle de Canadien Pacifique puis abandonne ce projet; il regroupe ses filiales de services financiers; il étend également son action à l'échelle internationale en s'associant à des intérêts européens dans plusieurs sociétés financières. En 1984, Power Corporation a des actifs d'un milliard de dollars mais l'ensemble des compagnies qu'elle contrôle ont des actifs totaux de 21 milliards (et près du double si on y ajoute les biens administrés en fiducie par Montreal Trust).

La formation des conglomérats est aussi le résultat d'un processus de diversification des intérêts d'entreprises qui étaient, pendant long-temps, identifiées à un seul secteur, telles les Compagnies Molson ou encore Imperial Tobacco, devenue Imasco en 1970, qui investit dans le commerce de détail et les services financiers.

Le mouvement de concentration suscite des inquiétudes et amène le gouvernement fédéral à créer, à ce sujet, une commission d'enquête: la commission Bryce. En 1978, celle-ci conclut à l'avantage, pour le Canada, d'avoir de grandes sociétés puissantes, capables de concur-rencer les grandes entreprises étrangères. Elle ne recommande donc pas de mesures pour restreindre de façon significative le mouvement de concentration. Celui-ci se poursuit tout au cours de la décennie et franchit même une nouvelle étape au tournant des années 1980 alors que, dans une véritable valse des milliards, plusieurs grandes compa-gnies importantes du Canada changent de main, à la faveur de prises de contrôle qui donnent parfois lieu à des batailles entre géants financiers. Aux très grands conglomérats que sont Canadien Pacifique, Power Corporation, Argus Corporation et Weston s'en ajoutent de nouveaux : celui de CEMP Investment de la famille Bronfman de Montréal, celui de Edper Equities appartenant à la branche torontoise des Bronfman et le holding des frères Reichman constitué autour d'Olympia and York. Le contexte financier de la décennie 1970 explique en partie ce mou-vement: avec des coûts de construction élevés et des taux d'intérêt astronomiques, il est beaucoup plus économique, pour une grande entreprise, d'acheter une compagnie existante que de tenter d'en créer une de toutes pièces.

Tout comme l'étude de Porter, l'enquête de Clement montre qu'en 1971-1972 les compagnies contrôlées par les Canadiens français du

Québec sont très peu nombreuses parmi le groupe des sociétés dominantes. La seule exception, et c'est une nouveauté de taille, est la montée de Power Corporation. Si l'on excepte les institutions financières, la seule autre compagnie privée importante alors contrôlée par des francophones du Québec est Bombardier, que Clement ne considère pas comme dominante mais comme d'envergure moyenne. La situation évolue toutefois au cours des années 1970 avec l'émergence de nouveaux groupes francophones et la montée des sociétés d'État québécoises.

En effet, les entreprises canadiennes-françaises se lancent elles aussi, durant les années 1970, dans un mouvement d'acquisitions et de concentration. Sont ainsi touchés des secteurs jusque-là caractérisés par une certaine dispersion. Le phénomène est surtout perceptible dans les services financiers et le commerce mais il touche également certains domaines de la fabrication, en particulier la production alimentaire — produits laitiers, boulangerie, biscuits —, les scieries, les imprimeries. De nombreux regroupements se font aussi dans les transports et les autres services.

On assiste ainsi à la constitution et à la montée de groupes financiers et industriels canadiens-français qui, à l'échelle du Québec, occupent une place beaucoup plus importante qu'auparavant et qui tentent d'acquérir une envergure canadienne et même internationale. Parmi eux émergent les noms de la Banque nationale, la Laurentienne, Provigo, Bombardier, Gaz Metro, Quebecor, Uni-Media, Lavalin, SNC, pour n'en citer que quelques-uns, et, bien sûr, l'important ensemble de coopératives et de sociétés qui forme le puissant groupe Desjardins. Il faudrait y ajouter, par ailleurs, les nombreuses sociétés d'État, pour la plupart créées depuis les années 1960, et qui sont elles aussi à contrôle francophone, en particulier Hydro-Québec, SGF et la Caisse de dépôt et placement. La tendance générale observée dans les autres pays industrialisés et ailleurs au Canada se manifeste donc dans le Québec français: la grande entreprise prend une place importante et renforce ses positions par la concentration. Le capitalisme québécois en sort profondément transformé, deux décennies après le début de la Révolution tranquille.

La petite et moyenne entreprise

La percée du côté de la grande entreprise ne doit cependant pas faire oublier une autre réalité: la présence francophone est d'abord et avant tout associée à la petite et moyenne entreprise. Au Québec comme dans le reste du Canada, la PME représente plus de 90% de l'ensemble des établissements. Son poids dans l'économie est cependant beaucoup plus faible puisqu'elle n'obtient qu'une mince tranche de la valeur de la production et des profits. Au Québec, la PME a un poids plus considérable qu'en Ontario, non pas à cause de son dynamisme particulier, mais bien parce que la grande entreprise, surtout dans l'industrie lourde, est massivement implantée en Ontario.

L'expression PME recouvre des réalités très diverses. C'est cependant la PME manufacturière qui a fait l'objet du plus grand nombre d'études. Celle de Raynauld et Vaillancourt montre qu'en 1978, dans le secteur de la fabrication, le contrôle francophone est d'autant plus élevé que l'entreprise est petite (tableau 2) comme c'était déjà le cas en 1961. Mais les auteurs, en examinant la taille moyenne des établissements, constatent que l'écart entre les francophones et les deux autres groupes s'est nettement rétréci. De façon générale, leurs conclusions rejoignent celles de nombreuses autres enquêtes; elles révèlent que, dans le secteur de la fabrication, les entreprises francophones «sont celles dont les établissements sont les plus petits, dont la productivité du travail est la plus faible, dont les salaires sont les moins élevés, dont

TABLEAU 2

PART DE LA VALEUR AJOUTÉE PAR LA TAILLE DES ÉTABLISSEMENTS ET LE GROUPE DE PROPRIÉTÉ, SECTEUR DE LA FABRICATION, QUÉBEC, 1978

Taille des établissements (valeur des expéditions en $)	Part de la valeur ajoutée (en pourcentage) Établissements sous contrôle		
	francophone	anglophone	étranger
0 – 999 999	53,8	38,9	7,3
1 000 000 – 2 499 999	47,0	42,1	10,9
2 500 000 – 4 999 999	39,2	42,8	18,0
5 000 000 – 9 999 999	28,6	42,5	28,9
10 000 000 et plus	15,8	35,0	49,2

Source: A. RAYNAUD et F. VAILLANCOURT, *L'appartenance des entreprises: le cas du Québec en 1978*, p. 94.

les coûts du travail sont en revanche les plus élevés, enfin celles qui desservent principalement le marché local».

La constatation des faiblesses et des insuffisances de la PME québécoise conduit d'ailleurs les gouvernements, conscients de son impact sur la création d'emplois, à mettre sur pied des politiques afin d'en améliorer la gestion, le financement et la productivité. Cela est vu comme une question de survie car, moins efficaces, un grand nombre d'entreprises québécoises sont mal armées pour faire face à la concurrence.

Ainsi, quoique la percée des francophones à la direction de l'économie pendant la période soit indéniable, elle n'en représente pas moins un phénomène fragile dans plusieurs secteurs.

Le rôle de l'État

Un troisième élément vient modifier le paysage du capitalisme tant canadien que québécois: la place de l'État dans l'économie et la société. La part des dépenses publiques en biens et services dans le produit intérieur brut du Québec passe de 17% en 1961 à 26% en 1983.

Comme nous le verrons dans les chapitres qui suivent, l'intervention étatique devient multiforme et touche tous les secteurs, depuis l'économie jusqu'à la culture. Dans le champ économique, l'État intervient de cinq façons principales qui affectent profondément l'entreprise privée: comme législateur et agent de réglementation et d'inspection; comme dispensateur d'aide et de subventions; comme acheteur de biens et de services ; comme employeur direct et indirect; enfin, comme entrepreneur, en particulier grâce aux sociétés d'État. De partenaire plutôt passif, l'État est devenu un intervenant dans l'entreprise.

Les orientations de ces interventions seront examinées dans le chapitre qui suit. Qu'il suffise de dire que l'action de l'État, tant fédéral que provincial, pèse d'un poids très lourd dans l'évolution des questions abordées dans les pages qui précèdent, en particulier le mouvement de canadianisation et la montée des entrepreneurs francophones.

ORIENTATIONS BIBLIOGRAPHIQUES

BÉLANGER, Yves et Pierre FOURNIER. *L'entreprise québécoise. Développement historique et dynamique contemporaine*. Montréal, Hurtubise HMH, 1987. 187 p.

CLEMENT, Wallace. *The Canadian Corporate Elite. An Analysis of Economic Power*. Toronto, McClelland and Stewart, 1975. 479 p.

— *Continental Corporate Power. Economic Linkages Between Canada and the United States*. Toronto, McClelland and Stewart, 1977. 408 p.

FOURNIER, Pierre, dir. *Le capitalisme au Québec*. Montréal, Albert Saint-Martin, 1978. 436 p.

Le rapport Gray sur la maîtrise économique du milieu national. Ce que nous coûtent les investissements étrangers. Montréal, Leméac/*Le Devoir*, 1971. 213 p.

LEVITT, Kari. *La capitulation tranquille: mainmise américaine sur le Canada*. Montréal, Réédition-Québec, 1972. 220 p.

LITVAK, I.A. et C.J. MAULE. *The Canadian Multinationals*. Toronto, Butterworths, 1981. 184 p.

NIOSI, Jorge. *Le contrôle financier du capitalisme canadien*. Montréal, Presses de l'Université du Québec, 1978. 216 p.

— *La bourgeoisie canadienne. La formation et le développement d'une classe dominante*. Montréal, Boréal Express, 1980. 241 p.

— *Les multinationales canadiennes*. Montréal, Boréal Express, 1982. 220 p.

QUÉBEC, *Bâtir le Québec — Énoncé de politique économique*. Québec, Éditeur officiel, 1979. 523 p.

QUÉBEC, *Le cadre et les moyens d'une politique québécoise concernant les investissements étrangers. Rapport du comité interministériel sur les investissements étrangers*. Québec, 1973-1974. (Rapport Tetley).

RAYNAULD, André. *La propriété des entreprises au Québec. Les années 60*. Montréal, Presses de l'Université de Montréal, 1974. 160 p.

RAYNAULD, André et François Vaillancourt. *L'appartenance des entreprises: le cas du Québec en 1978*. Québec, Éditeur officiel, 1984. 143 p.

SALES, Arnaud. *La bourgeoisie industrielle au Québec*. Montréal, Presses de l'Université de Montréal, 1979. 322 p.

CHAPITRE 32

L'ÉTAT ET L'ÉCONOMIE

L'attitude des dirigeants politiques québécois face à l'intervention de l'État et aux politiques économiques change radicalement à partir de 1960. Autant Duplessis et ses partisans s'opposaient publiquement à l'intervention étatique, autant les nouvelles élites tiennent un discours qui la met en vedette. La redéfinition du rôle de l'État comporte des facettes multiples qui seront examinées dans d'autres chapitres: politiques et administratives, sociales, idéologiques et même culturelles. Mais qu'en est-il dans le cas du développement économique? Le gouvernement québécois assure indéniablement un leadership nouveau mais, dans une économie de type capitaliste et face à l'État central, véritable maître d'œuvre des politiques économiques, son efficacité reste limitée.

Une nouvelle stratégie

L'arrivée au pouvoir de Jean Lesage marque un renversement de tendance par rapport à la stratégie économique appliquée depuis 1897 par les libéraux puis les unionistes. Il y a certes des éléments de continuité: les richesses naturelles et la voirie font toujours partie des préoccupations mais elles ne sont plus au cœur des politiques, elles s'intègrent à une stratégie d'ensemble beaucoup plus globale. Cette stratégie, élaborée dès la Révolution tranquille, se maintient, malgré les changements de gouvernement, tout au cours des années 1960 et 1970.

La nouvelle orientation est inspirée à la fois par le néo-libéralisme et le nationalisme. Elle s'inscrit sous l'objectif général de modernisation de la société québécoise et, dans le champ économique, vise plus spécifiquement trois objectifs. Le premier est d'y accroître le rôle de l'État. Les dirigeants politiques québécois rejoignent leurs homologues fédéraux en adhérant aux principes du keynésianisme et de l'État-providence. Ils veulent faire de l'État québécois un intervenant majeur dans l'économie et un partenaire de l'entreprise privée. De plus, ils cherchent à réglementer de façon beaucoup plus précise l'activité des entreprises.

Le deuxième objectif, la modernisation de l'économie québécoise, s'exprime dans ce qui a été appelé l'idéologie du rattrapage. On se préoccupe surtout de transformer la structure industrielle en favorisant, d'une part, la modernisation des entreprises manufacturières traditionnelles et, d'autre part, l'implantation de nouvelles entreprises dans la production de biens d'équipement et les secteurs dits de pointe. On vise aussi à rattraper le retard accumulé dans les investissements d'infrastructure, en particulier la voirie et la production hydro-électrique.

Un troisième objectif, inspiré par le nationalisme, est de modifier la place des Canadiens français dans l'économie. On s'efforce d'améliorer le statut socio-économique des francophones et de hausser leur niveau de vie par une scolarisation plus poussée et de meilleure qualité, par des conditions de travail plus avantageuses et par des politiques sociales plus élaborées. On vise aussi et surtout à favoriser une plus grande participation des cadres et des gens d'affaires francophones à la direction de l'économie. Dans cette optique, l'État québécois est conçu comme un instrument au service des intérêts des Canadiens français. On veut enfin que l'intervention étatique provinciale permette de contrer les effets négatifs des politiques fédérales pour les francophones.

Ce triple objectif s'inscrit dans un souci constant de stimuler la croissance économique, la recherche d'investissements et la création d'emplois. La réalisation d'un programme aussi ambitieux entraîne le recours à une panoplie de moyens. La rupture avec la stratégie duplessiste est particulièrement évidente dans l'utilisation de la politique budgétaire et fiscale. L'équilibre budgétaire cesse d'être la règle d'or du ministre des Finances et les dépenses de l'État font des bonds importants. La politique traditionaliste et prudente de Duplessis a laissé à l'État québécois une capacité d'emprunt considérable, que ne manquent pas d'exploiter le gouvernement Lesage et ses successeurs. En plus des investissements d'infrastructure qu'il réalise luimême, l'État tente de stimuler l'investissement privé en multipliant les abattements fiscaux et les subventions.

Les gouvernements se préoccupent de plus en plus des retombées de leurs dépenses. L'élaboration graduelle d'une politique d'achat nettement protectionniste en témoigne. Dès 1962 par exemple, Hydro-Québec accepte de payer jusqu'à 10% de plus pour des produits fabriqués sur place. La liste des médicaments reconnus par le ministère des Affaires sociales privilégie ceux qui sont produits dans les laboratoires québécois. De même en regroupant et en subventionnant les achats d'autobus municipaux ou d'ordinateurs scolaires on veut les faire fabriquer au Québec.

Depuis les années 1960, les gouvernements voient dans la création de sociétés d'État non seulement un important moyen d'intervention économique, mais aussi une façon de renforcer la présence des francophones dans plusieurs secteurs d'activité. À la Société des alcools et à Hydro-Québec s'ajoutent alors plusieurs entreprises nouvelles (tableau 1). L'État, enfin, utilise abondamment son pouvoir de contrôle et de réglementation des entreprises. C'est ainsi, par exemple, qu'il définit, en les améliorant, les normes de travail et les bénéfices sociaux ou qu'il impose des contraintes de francisation qui facilitent la percée des francophones.

TABLEAU 1

PRINCIPALES SOCIÉTÉS D'ÉTAT QUÉBÉCOISES EN 1978

Nom	Année de création
Société des alcools	1921
Hydro-Québec	1944
Société générale de financement (SGF)	1962
Sidérurgie du Québec (SIDBEC)	1964
Société québécoise d'exploration minière (SOQUEM)	1965
Caisse de dépôt et placement du Québec	1965
Société d'habitation du Québec (SHQ)	1967
Société d'exploitation des loteries et courses (Loto-Québec)	1969
Société de récupération, d'exploitation et de développement forestiers (REXFOR)	1969
Société québécoise d'initiatives pétrolières (SOQUIP)	1969
Société d'énergie de la Baie James (SEBJ)	1971
Société de développement de la Baie James (SDBJ)	1971
Société de développement industriel (SDI)	1971
Société québécoise d'initiatives agro-alimentaires (SOQUIA)	1975
Société nationale de l'amiante (SNA)	1978

Même si le gouvernement peut ainsi recourir à des moyens puissants et diversifiés pour mettre en œuvre sa stratégie économique, sa capacité d'intervention se heurte à des limites sérieuses. Il doit d'abord composer avec son homologue fédéral qui détient, en vertu de la constitution, les principaux pouvoirs en matière économique et qui intervient massivement lui aussi dans le champ du développement économique et de l'aide à l'entreprise tout en disposant de ressources fiscales considérables. En outre, l'État québécois agit dans un environnement dominé par l'entreprise privée, à laquelle doivent s'ajuster les technocrates et les hommes politiques. Relativement mobile, le capital privé se déplace lorsque les contraintes ne lui conviennent pas. De plus, voulant attirer les subventions fédérales et les nouveaux investissements privés, le Québec affronte la concurrence des autres provinces du Canada et il perd graduellement du terrain face à l'Ontario, à l'Alberta et à la Colombie-Britannique. Enfin, le gouvernement doit s'adapter à la conjoncture: ainsi, au cours des années 1970, le niveau élevé du chômage l'oblige souvent à mettre en veilleuse ses stratégies à long terme pour parer au plus pressé: créer des emplois et adopter des mesures circonstancielles.

Malgré ces limites, l'État québécois arrive néanmoins à se tailler une place et même, dans certains cas, à infléchir des tendances à long terme. L'examen de quelques-unes de ses interventions permettra d'en montrer certains résultats.

Le contrôle plus poussé des richesses naturelles

Parce que l'État québécois est propriétaire des terres publiques et qu'il peut s'en servir à des fins de développement économique, les gouvernements ont toujours accordé une grande place aux richesses naturelles dans leur stratégie. Ils ont cependant toujours eu tendance à s'en remettre au secteur privé pour leur mise en valeur. Après 1960 s'affirme une double volonté: mieux contrôler l'exploitation des richesses naturelles et même y participer grâce à des entreprises étatiques.

Dans le secteur énergétique, le geste le plus spectaculaire et le plus lourd de conséquences est la nationalisation des compagnies privées de production et de distribution de l'électricité à l'extérieur de Montréal qui, en 1963, sont intégrées à Hydro-Québec. La plus importante est Shawinigan Water & Power. Seules sont épargnées une vingtaine de sociétés industrielles qui — telle Alcan — produisent de l'électricité pour leurs propres besoins, ainsi que quelques municipalités et coopératives locales.

Geste de portée à la fois politique et économique, la nationalisation permet d'uniformiser les tarifs sur l'ensemble du territoire et de mieux

Le siège social d'Hydro-Québec, à Montréal, 1962. (Hydro-Québec)

desservir les régions éloignées comme l'Abitibi et la Gaspésie. Elle aide à mieux répondre aux besoins croissants des entreprises industrielles et des consommateurs urbains. Elle fait porter par l'État et donc par l'ensemble de la collectivité le poids des investissements considérables requis pour répondre à la demande. Elle fournit aux anciens propriétaires — telle Power Corporation — des ressources financières importantes qui seront ensuite canalisées vers des secteurs plus rentables. Elle crée enfin une entreprise géante où des milliers de francophones, dont un grand nombre de spécialistes, pourront travailler et s'illustrer en français.

Hydro-Québec devient rapidement un symbole du nouveau nationalisme québécois et de la nouvelle stratégie économique de l'État. Par l'ampleur de ses investissements, elle est en mesure d'infléchir la situation dans le secteur manufacturier. Le volume de ses achats attire quelques entreprises nouvelles et permet à d'autres de se développer. Parce qu'elle produit de l'électricité à des coûts plus bas que ceux des autres régions d'Amérique du Nord, elle peut attirer des entreprises qui consomment beaucoup d'énergie; il faut cependant attendre les années 1980 avant qu'elle offre à celles-ci des réductions de tarif. L'accumulation d'énergie excédentaire à partir du milieu des années 1970 la force à aller dans cette direction et aussi à devenir de plus en plus exportatrice d'électricité.

Propulsée au rang de plus importante entreprise du Québec, Hydro-Québec pèse donc d'un poids considérable sur l'économie et prend l'allure d'un «État dans l'État». Robert Bourassa cherche même à limiter son emprise en 1971 quand il met sur pied la Société d'énergie de la Baie James dont, à la suite de nombreuses pressions, il doit se résoudre à faire une simple filiale d'Hydro-Québec.

La crise de l'énergie des années 1970 force le gouvernement à tenter de se donner une politique en ce domaine. Celle-ci veut réduire la dépendance envers le pétrole importé et accroître la part de l'électricité et surtout du gaz naturel canadien dans le bilan énergétique. Une autre société d'État, SOQUIP, a un rôle majeur à cet égard. Fondée en 1969, elle a d'abord pour mission de faire de l'exploration pétrolière au Québec. Le gouvernement jongle à quelques reprises avec l'idée d'impliquer SOQUIP dans le raffinage et la vente au détail du pétrole, mais il doit reculer face aux pressions des milieux d'affaires. Après 1976, SOQUIP étend ses activités d'exploration à l'extérieur du Québec, en particulier dans l'Ouest canadien où elle participe à des découvertes de gaz naturel. Au cours des années 1980, son action s'intensifie: dans la distribution, elle prend le contrôle de Gaz métropolitain; dans l'exploration et la production, celui de Sundance Oil. Le gouvernement tente par ailleurs de maintenir et de stimuler le secteur pétrochimique en participant à la création de Petromont dont les résultats déçoivent,

Le complexe hydro-électrique de La Grande, à la baie James. (Hydro-Québec)

car le Québec est de plus en plus désavantagé face à l'Alberta et à l'Ontario.

Dans le secteur du bois et du papier, on assiste à une réforme profonde qui abolit le système des concessions forestières existant depuis plus d'un siècle. En préparation depuis plusieurs années, la loi 27, adoptée en 1974, amène la prise en charge par l'État de la gestion des forêts publiques. À partir de cette date, le ministère responsable assure une meilleure répartition de la ressource en préparant, pour chaque région, des plans d'allocation du bois aux différentes usines de transformation. Cette mesure, jointe aux subventions à la modernisation des usines, assure aux producteurs de meilleures garanties d'approvisionnement et favorise une réorganisation en profondeur de l'industrie du sciage. Dans les pâtes et papiers, un programme fédéral-provincial de modernisation des entreprises permet l'injection de plusieurs centaines de millions de dollars en nouveaux investissements.

Le gouvernement québécois intervient aussi directement dans la production par l'intermédiaire de la Société de récupération, d'exploitation et de développement forestiers (REXFOR) et de la Société générale de financement (SGF). Les premières acquisitions de ces organismes ont souvent pour but de sauver de la faillite des scieries appartenant à des Canadiens français. Au cours des années 1970, on assiste toutefois à une certaine spécialisation des initiatives. REXFOR se retrouve propriétaire ou partenaire d'un ensemble d'usines de transformation du bois, alors que, SGF s'oriente vers une présence dans le papier, d'abord en devenant partenaire de Donohue pour l'implantation d'une nouvelle usine à Saint-Félicien, puis en participant avec la Caisse de dépôt à la prise de contrôle de Domtar.

Le secteur minier pose toutefois plus de difficultés. L'exploitation y est en effet dominée par de très grandes compagnies canadiennes-anglaises ou américaines, souvent d'envergure multinationale. Contrairement à ce qui se passe pour la forêt, elles font très peu de transformation sur place. De plus, le Québec est impuissant à contrer l'érosion de ses avantages comparatifs quand sont mis en exploitation, dans plusieurs pays du Tiers monde, d'importants dépôts de minerai.

L'action la plus importante du gouvernement québécois est certainement son appui à l'exploration minière, en particulier le long de la faille Cadillac, en Abitibi. Comme dans les autres secteurs des richesses naturelles, il met sur pied ses propres entreprises. La Société québécoise d'exploration minière (SOQUEM), créée en 1965, remporte de beaux succès en découvrant plusieurs gisements et en exploitant quelques mines, souvent en association avec des entreprises privées. Elle reste néanmoins un intervenant modeste à côté des grandes entreprises. Beaucoup moins heureuse est l'expérience de SIDBEC qui, par sa filiale SIDBEC-Normines, met en exploitation une mine de fer que la chute des prix mondiaux du minerai empêche de devenir rentable et qui doit être abandonnée.

Le cas de l'amiante est particulier, car il a valeur de symbole. Le Québec est le premier producteur mondial, mais l'exploitation est faite par de grandes entreprises étrangères qui exportent le minerai à l'état brut. Tout au cours de la période, on discute abondamment de la nécessité d'une transformation sur place, mais sans résultat. Le Parti québécois propose une étatisation partielle du secteur. La Société nationale de l'amiante (SNA), créée en 1978, fait l'acquisition de Bell Asbestos et de Asbestos Corporation au moment où les ventes du minerai subissent les contrecoups des campagnes dénonçant ses effets nocifs sur la santé. Dans ce contexte, l'étatisation ne donne pas les résultats escomptés et s'avère même une erreur coûteuse.

Ainsi, dans les richesses naturelles, l'intervention étatique mène à un contrôle plus poussé par les Québécois et les francophones dans les domaines de l'énergie et de la forêt, mais ce contrôle reste assez marginal dans l'exploitation minière.

Le secteur financier

Le secteur financier est un autre domaine où l'État québécois fait des interventions remarquées. Il a d'ailleurs, en vertu de la constitution, juridiction sur une partie de ce secteur: les caisses populaires, les compagnies d'assurances, et les sociétés de fiducie incorporées en vertu d'une charte provinciale, le commerce des valeurs mobilières, le courtage immobilier. Le développement rapide de ces institutions dans les années 1960 et 1970 force le gouvernement québécois, comme ceux des autres provinces et celui d'Ottawa, à moderniser ses instruments de surveillance et de contrôle. En témoignent la mise sur pied, en 1968, du ministère des Institutions financières, compagnies et coopératives ainsi que la création de la Régie de l'assurance-dépôts visant à protéger les petits épargnants.

Le geste le plus lourd de conséquences est cependant la création, en 1965, de la Caisse de dépôt et placement, qui administre les sommes énormes perçues par la Régie des rentes. Graduellement, la Caisse se voit confier le mandat de gérer les fonds de plusieurs autres régies gouvernementales. Disposant de capitaux considérables, elle a la tâche, non seulement de les faire fructifier, mais aussi de participer au développement du Québec en contribuant au financement des organismes publics et des entreprises privées. Pendant sa première décennie d'existence, la Caisse suit une politique très prudente et achète surtout des obligations gouvernementales. Mais à compter de la fin des années 1970 elle devient, poussée par le gouvernement du Parti québécois, un intervenant beaucoup plus actif dans le secteur privé, achetant des quantités considérables d'actions d'entreprises établies au Québec. En peu de temps, elle possède le plus important portefeuille d'actions au Canada et impose sa présence sur les marchés financiers. L'establishment canadien-anglais réagit négativement à ce développement. Ainsi, au début des années 1980, craignant une prise de contrôle du Canadien Pacifique, il convainc le gouvernement fédéral de présenter un projet de loi limitant la participation des sociétés gouvernementales provinciales au contrôle de compagnies de transport. Le tollé de protestations que ce projet soulève au Québec force le gouvernement Trudeau à le retirer, mais l'affaire a mis au jour les réactions que provoque de façon générale la montée des entreprises francophones, surtout quand le gouvernement y participe.

La volonté de renforcer les institutions financières privées appartenant à des francophones est d'ailleurs une préoccupation des gouvernements qui se succèdent à Québec. Elle s'accentue cependant après l'élection du Parti québécois qui, en plus de réorienter la Caisse de dépôt, permet au mouvement Desjardins de se doter de nouveaux instruments, s'oppose à la vente du Crédit foncier à des intérêts non québécois, lance le régime d'épargne-actions et favorise le décloisonnement — et conséquemment le regroupement — des institutions financières, comme nous le verrons plus loin.

L'existence de la Caisse de dépôt permet par ailleurs de régler un vieux problème, celui du syndicat financier. Depuis longtemps, l'État effectue ses emprunts par l'intermédiaire de sociétés surtout anglophones regroupées en un syndicat financier. Celles-ci sont ainsi en mesure d'imposer les conditions des emprunts et de faire pression sur les gouvernements. Les ressources de la Caisse de dépôt et le développement d'institutions francophones comme les caisses populaires permettent à l'État de se libérer de cette emprise en diversifiant ses sources d'emprunt au cours des années 1970.

L'aide à l'entreprise

À partir de 1960, le gouvernement du Québec accroît et diversifie l'aide qu'il apporte à l'entreprise privée, en particulier dans le secteur manufacturier. Depuis longtemps, les municipalités jouaient un rôle important dans ce domaine. Elles continuent à y être actives, en créant des commissariats industriels et des parcs industriels. Le gouvernement québécois apporte toutefois une contribution beaucoup plus significative au cours de la période en élaborant de nouveaux programmes et en augmentant les sommes disponibles. Il cherche à compléter plutôt qu'à concurrencer les programmes du gouvernement fédéral, qui est lui aussi un intervenant fort actif.

La plus grande partie des interventions prennent la forme d'appuis à l'investissement créateur de nouveaux emplois. À compter de 1971, le Québec laisse au fédéral le champ des subventions directes pour s'orienter vers l'aide au financement: prêts sans intérêts, garanties de prêts, participation au capital-actions; les deux paliers de gouvernement recourent en outre aux allègements fiscaux. L'aide gouvernementale touche aussi d'autres aspects que l'investissement. Le ministère de l'Industrie et du Commerce met des agents et des conseillers à la disposition des entreprises. Les efforts d'exportation sont appuyés par les nombreuses délégations du Québec à l'étranger ainsi que, au palier fédéral, par la Société d'expansion des exportations. Le Centre de recherche industrielle du Québec (CRIQ) aide les manufacturiers à mettre au point de nouveaux produits. Le rapport *Bâtir le Québec* constate qu'en 1978, «les entreprises québécoises, en particulier les manufactures, ont accès à plus de 160 programmes ou formes d'aide pouvant donner lieu à un très grand nombre d'interventions différentes par l'un ou l'autre des quelque 80 pourvoyeurs d'aide (incluant les différents services gouvernementaux) œuvrant au Québec.»

Les gouvernements de la période se démarquent également de leurs prédécesseurs par leurs objectifs de modernisation de l'entreprise québécoise et de modification de la structure industrielle. Le fer de lance de cette nouvelle stratégie est d'abord la Société générale de financement (SGF), créée en 1962. Société mixte, elle associe à l'État des institutions financières ainsi que le grand public. Elle a pour mission de remettre sur pied des entreprises québécoises défaillantes et de développer de nouveaux secteurs. Au cours des années 1960, elle intervient dans plusieurs domaines, depuis le montage automobile jusqu'à la production alimentaire. La dispersion des efforts et les problèmes de gestion conduisent à des résultats décevants et amènent une réorganisation majeure en 1971. La SGF devient dès lors une société entièrement gouvernementale visant à développer et à regrouper des entreprises dans certains secteurs bien déterminés; elle peut également s'associer à de grandes entreprises privées pour créer des sociétés conjointes. Devenue un véritable holding, la SGF retrouve le chemin de la rentabilité et s'affirme comme un des principaux groupes industriels québécois dans les années 1970. L'aide à l'entreprise québécoise, en particulier francophone, est désormais dévolue à la Société de développement industriel (SDI) qui joue un rôle de banque d'affaires et de conseiller en gestion. Celle-ci a également pour tâche de favoriser une modification de la structure industrielle en appuyant le développement de secteurs liés à l'industrie lourde et aux biens d'équipement.

À la charnière des années 1980, le gouvernement québécois cherche à élargir son champ d'intervention. C'est ainsi, par exemple, qu'il met sur pied des programmes d'aide à l'investissement dans les infrastructures touristiques. Une attention beaucoup plus grande est portée aux PME et à leurs problèmes de gestion, d'innovation et de mise en marché.

La gestion de la main-d'œuvre

Au chapitre des politiques économiques, il faut tenir compte de l'incidence économique des mesures dites sociales, en particulier celles qui concernent la gestion de la main-d'œuvre. Au premier rang vient la réforme scolaire des années 1960, qui a d'indéniables objectifs économiques: hausser le niveau global de qualification de la main-d'œuvre ; développer l'enseignement professionnel pour qu'il réponde à la demande de techniciens; favoriser l'émergence de cadres francophones par l'enseignement supérieur. L'éducation des adultes devient aussi un instrument de rattrapage pour les générations victimes du retard de la période antérieure.

Le gouvernement est par ailleurs aux prises avec un chômage élevé pendant une grande partie de la période. Tout au cours des années 1970 et 1980, on voit se multiplier les programmes de création d'emplois, dont plusieurs sont de nature saisonnière ou temporaire et qui n'atteignent que partiellement leurs objectifs.

Les politiques fédérales et l'économie

Parallèlement au nouvel interventionnisme de l'État québécois, le gouvernement fédéral manifeste sa présence de multiples façons. Il faut rappeler que l'État canadien a, dans l'économie québécoise, un poids non négligeable. Des dizaines de milliers de fonctionnaires fédéraux travaillent au Québec et y habitent. Certaines sociétés de la couronne — Air Canada, Canadien National — ont leur siège social à Montréal. Le gouvernement fédéral investit au Québec et y achète des biens et des services. Il verse de fortes sommes en paiements de transfert. Mais c'est surtout par ses politiques qu'il pèse très lourd sur l'orientation de l'économie. En fait, toutes les politiques fédérales ont un effet direct ou indirect sur le Québec. Leur analyse déborde le cadre du présent ouvrage et nous nous bornerons à en souligner quelques aspects.

Les autorités canadiennes affirment avec vigueur leurs objectifs

Petro-Canada: un des aspects les plus visibles de l'intervention économique du gouvernement fédéral. (*Le Journal de Montréal*)

d'intégration économique: elles veulent développer un marché intérieur vigoureux auquel toutes les parties du pays, conçues comme spécialisées et complémentaires, participeront de façon harmonieuse. La réalité est tout autre: certaines provinces — et au premier chef l'Ontario — peuvent être décrites comme dominantes, alors que les autres sont dépendantes. Pour les dirigeants fédéraux des années 1960, le défi est de s'attaquer aux inégalités que l'on baptise disparités régionales. Un premier instrument, la péréquation, permet depuis 1957 la redistribution des fonds fédéraux aux gouvernements des provinces les plus pauvres, dont le Québec. Un autre moyen est la création, en 1969, du ministère de l'Expansion économique régionale qui subventionne l'investissement dans des régions désignées, remplaçant en partie divers incitatifs fiscaux. Ces instruments visent à assurer à tous les Canadiens un niveau de services publics équivalent et à stimuler le développement économique des régions défavorisées. Les résultats sont peu convaincants. Les politiques de redistribution n'arrivent pas à contrer la concentration de l'activité économique en Ontario, laquelle est favorisée par les politiques dites nationales dont les critères et les objectifs répondent d'abord à ses besoins.

L'intégration économique canadienne devient bientôt synonyme de centralisation fédérale. L'arrivée au pouvoir de Pierre Elliott Trudeau, en 1968, représente un point tournant: le gouvernement fédéral intervient dorénavant sur tous les fronts, coopérant souvent avec les provinces mais les affrontant aussi en de nombreuses occasions. Dans le domaine des ressources énergétiques, par exemple, le gouvernement central dispute aux provinces de l'Atlantique le contrôle de l'exploitation pétrolière au large des côtes et impose aux provinces de l'Ouest sa politique nationale de l'énergie.

Ottawa intervient aussi de multiples façons dans la définition des rapports entre l'économie canadienne et l'économie mondiale. L'une des questions qui retient l'attention est la croissance du contrôle étranger dans le secteur privé. Au refus d'intervention et à l'indifférence des années 1960 succède une prise de conscience qui amène la création de l'Agence d'examen de l'investissement étranger (FIRA) en 1973.

Une autre question qui a des conséquences considérables pour le Québec est l'effet de la concurrence étrangère sur les secteurs manufacturiers traditionnels comme le textile, le vêtement et la chaussure, maintenant qualifiés de secteurs mous. Pour freiner le déclin de ces industries, le gouvernement choisit de limiter les importations en fixant, pour les principaux pays concurrents, des quotas. En fin de période, les nouveaux accords du GATT et l'accord de libre-échange avec les États-Unis limitent toutefois la marge de manœuvre de l'État, car ils prévoient une libéralisation du commerce international et une réduction des barrières tarifaires.

La présence au pouvoir de Pierre Elliott Trudeau et d'un grand nombre de ministres francophones joue, à certains égards, en faveur du Québec. Le «French power» a des dimensions économiques et permet l'attribution de plantureux contrats à des sociétés québécoises francophones. Cela ne modifie pas la tendance fondamentale et déjà ancienne qui fait de l'Ontario la province la plus favorisée à cet égard.

Même les politiques conjoncturelles sont ajustées à la réalité ontarienne plutôt qu'à celle du Québec. Ainsi, l'accent mis à compter du milieu de la décennie 1970 sur la lutte à l'inflation a pour effet de hausser de façon marquée les taux d'intérêts et d'accroître le chômage. Le Québec est doublement frappé puisque le taux de chômage y est nettement plus élevé qu'en Ontario et que ses entreprises ont des bases financières plus fragiles.

Plusieurs analystes soulignent que les politiques fédérales contribuent, parmi d'autres facteurs, à la détérioration de la position du Québec dans l'ensemble économique canadien. Les paiements de transfert massifs ne peuvent compenser les effets négatifs des politiques générales et ne font qu'accentuer la situation de dépendance de l'économie québécoise.

Trop d'État dans l'économie ?

Tout au cours des années 1960 et 1970, l'intervention croissante de l'État dans l'économie suscite l'adhésion de larges couches de la population. On en vient même à considérer qu'il appartient au gouvernement de résoudre les problèmes qui surgissent çà et là dans les entreprises ou les régions. Au sein des organismes patronaux, des voix s'élèvent pour dénoncer un interventionnisme trop poussé mais elles ne sont guère écoutées.

Dans les années 1980, les certitudes des décennies précédentes sont remises en question. Les politiques keynésiennes apparaissent de plus en plus difficiles à appliquer alors que le gouvernement, enserré dans des contraintes budgétaires rigides, ne dispose que d'une marge de manœuvre réduite et encourt des déficits élevés. De plus, comme elles visent les fluctuations conjoncturelles, elles ne permettent pas de régler des problèmes de fond, comme le haut niveau du chômage chronique ou le vieillissement de la structure industrielle. La dépression de 1981-1982 accentue ces faiblesses.

Inspirés par la renaissance du conservatisme aux États-Unis, à la suite de l'élection du président Reagan, les milieux d'affaires tant canadiens que québécois et un nombre croissant d'hommes politiques réclament une réduction de l'intervention étatique. On souhaite la déréglementation de secteurs entiers et la privatisation de certaines sociétés d'État. Même le Parti québécois, longtemps le chantre de l'interventionnisme, adopte un discours et une stratégie valorisant l'entreprise privée. Cette réorientation est renforcée avec l'arrivée au pouvoir du Parti libéral, en 1985. Le gouvernement Bourassa compte même un ministre chargé spécifiquement de la privatisation et de la déréglementation qui procède à la vente de quelques sociétés d'État. Un mouvement semblable se dessine au niveau fédéral avec l'élection des conservateurs de Brian Mulroney, en 1984.

La dépression de 1981-1982 marque ainsi un point de rupture fondamentale. Elle signale la fin d'une époque et l'amorce d'une révision des stratégies de la Révolution tranquille. La nouvelle bourgeoisie francophone, renforcée par deux décennies d'appui de l'État, se sent en mesure de voler de ses propres ailes.

ORIENTATIONS BIBLIOGRAPHIQUES

BÉLANGER, Yves et Pierre FOURNIER. *L'entreprise québécoise. Développement historique et dynamique contemporaine.* Montréal, Hurtubise HMH, 1987. 187 p.

BOLDUC, André, Clarence HOGUE et Daniel LAROUCHE. *Québec, un siècle d'électricité.* 2ᵉ édition. Montréal, Libre Expression, 1984, chap. 17 à 23.

CHANLAT, Alain avec la collaboration de André BOLDUC et Daniel LAROUCHE. *Gestion et culture d'entreprise. Le cheminement d'Hydro-Québec.* Montréal, Québec / Amérique, 1984. 250 p.

FAUCHER, Philippe et Johanne BERGERON. *Hydro-Québec. La société de l'heure de pointe.* Montréal, Presses de l'Université de Montréal, 1986. 221 p.

FOURNIER, Pierre, dir. *Le capitalisme au Québec.* Montréal, Albert Saint-Martin, 1978. 436 p.

— *Les sociétés d'État et les objectifs économiques du Québec: une évaluation préliminaire.* Québec, Éditeur officiel, 1979. 135 p.

— *Capitalisme et politique au Québec.* Montréal, Albert Saint-Martin, 1981. 290 p.

JOBIN, Carol. *Les enjeux économiques de la nationalisation de l'électricité.* Montréal, Albert St-Martin, 1978. 206 p.

McROBERTS, Kenneth et Dale POSGATE. *Développement et modernisation du Québec.* Montréal, Boréal Express, 1983. 350 p.

NIOSI, Jorge. *La bourgeoisie canadienne. La formation et le développement d'une classe dominante.* Montréal, Boréal Express, 1980, chap. 3 et 4.

PAQUETTE, Pierre. «Industries et politiques minières au Québec: une analyse économique, 1896-1975», *Revue d'histoire de l'Amérique française*, 37, 4 (mars 1984), p. 573-602.

QUÉBEC. *Bâtir le Québec. Énoncé de politique économique.* Québec, Éditeur officiel, 1979. 523 p.

QUÉBEC. *L'épargne. Rapport du groupe de travail sur l'épargne au Québec.* Québec, Éditeur officiel, 1980. 687 p.

Chapitre 33

LE RECUL INDUSTRIEL

Dans l'après-guerre, l'industrie manufacturière, la construction et l'exploitation des richesses naturelles ont été des composantes extrêmement importantes de la croissance économique du Québec. Elles le sont encore après 1960, mais leur part dans l'activité économique générale tend à décroître et la position du Québec par rapport aux autres provinces canadiennes se détériore. Le phénomène que l'on désigne sous le vocable de désindustrialisation se manifeste dans l'ensemble des pays industrialisés. Cette évolution s'explique en partie par la montée du tertiaire, mais le déclin relatif de l'industrie et des richesses naturelles tient également à des facteurs propres à ces secteurs: nouvelle répartition des activités de production à l'échelle mondiale et redéploiement des entreprises.

Le déclin relatif de la fabrication

L'industrie manufacturière québécoise connaît une nouvelle poussée de croissance dans la première moitié des années 1960 (tableau 1). L'emploi, qui se situe à 450 000 au début de la décennie, s'élève rapidement pour atteindre le seuil des 500 000 en 1965. À cette augmentation rapide succède une stabilisation relative et, pendant les quinze années qui suivent, l'emploi oscille entre 500 000 et 540 000. En vingt ans, la valeur de la production fait un bond de 7 à 50 milliards de dollars, chiffres qui pour les années 1970 sont évidemment fortement gonflés par l'inflation. La récession du début des années 1980 se fait durement sentir: le Québec perd des dizaines de milliers d'emplois manufacturiers, de nombreuses entreprises font faillite et les autres doivent presque toutes réduire radicalement leur production. Le Québec est d'ailleurs lent à se remettre du choc de cette crise.

Tout au cours des années 1950, environ 29% des emplois au Québec se retrouvaient dans le secteur manufacturier. La croissance industrielle

TABLEAU 1

LES INDUSTRIES MANUFACTURIÈRES AU QUÉBEC, 1961-1982

Année	Établissements	Employés à la production	total	Valeur des expéditions (en millions de $)	Valeur ajoutée (en millions de $)
1961	11 217	319 231	452 543	7 022	3 332
1962	11`102	326 257	459 926	7 589	3 583
1963	10 980	328 495	462 014	8 073	3 724
1964	11 097	342 907	479 518	8 774	4 125
1965	10 952	356 780	499 177	9 492	4 517
1966	10 877	368 450	516 154	10 465	4 949
1967	10 772	372 408	524 688	10 966	5 088
1968	10 513	370 537	521 250	11 743	5 445
1969	10 466	379 869	529 027	12 810	5 968
1970	10 176	369 896	514 150	13 084	6 092
1971	10 135	366 198	508 591	13 833	6 406
1972	10 025	377 802	517 878	15 092	7 021
1973	9 947	391 518	533 759	17 464	8 026
1974	9 974	398 857	541 500	22 397	10 045
1975	9 375	394 333	532 932	23 967	10 459
1976	9 020	386 985	524 632	25 803	11 223
1977	8 476	367 207	500 098	28 010	12 395
1978	9 701	386 664	523 452	33 146	14 431
1979	10 381	395 810	535 742	39 117	17 096
1980	10 740	389 901	527 925	44 603	19 177
1981	10 915	386 698	525 839	50 139	21 201
1982	10 753	348 333	482 337	49 179	19 520

Source : Statistique Canada, 31-205.

du début des années 1960 permet assez bien de maintenir cette position mais le déclin s'amorce à compter de 1966: en 1971, la part de l'emploi manufacturier tombe à 26,3% et, en 1980, à 23%. La même tendance s'observe du côté de la production: le secteur manufacturier contribue à près de 30% du produit intérieur brut en 1961, mais seulement à 26% en 1970 et à 23% en 1976.

Ce déclin relatif n'est pas propre au Québec, mais il tend à y être un peu plus accentué. D'ailleurs, la part québécoise de la production manufacturière canadienne décline au cours de la période.

Une industrie en pleine transformation

L'industrie québécoise vit, pendant ces deux décennies, un processus accéléré de modernisation qui, déjà amorcé dans les années 1950, prend une ampleur nouvelle après 1960. Cette modernisation se manifeste de plusieurs façons: des machines de plus en plus sophistiquées et automatisées, une gestion informatisée et même une architecture industrielle radicalement transformée.

La main-d'œuvre est la première affectée par les chambardements. L'automatisation accrue provoque souvent une réduction du personnel de la production. Un technicien qualifié peut maintenant surveiller une machine qui effectue les opérations accomplies autrefois par des dizaines d'ouvriers.

La modernisation s'accompagne d'une relocalisation des installations. La vieille usine, située dans un quartier industriel ancien, ne convient plus. Le chemin de fer ou la voie d'eau, autrefois des facteurs importants de localisation, sont de plus en plus remplacés, à ce titre, par les grandes autoroutes. Dans certains cas, les usines existantes peuvent accueillir une nouvelle machinerie mais, très souvent, les entreprises préfèrent s'installer à neuf. Il y a donc un véritable redéploiement spatial de l'industrie manufacturière. Ce phénomène est particulièrement visible dans la région de Montréal, où les vieilles zones industrielles situées le long du canal Lachine ou en bordure du fleuve, du côté d'Hochelaga et de Maisonneuve, sont peu à peu abandonnées au profit de nouveaux emplacements en banlieue. Situées à proximité des grands axes routiers, les villes de Dorval, Saint-Laurent, Anjou, Montréal-Nord accueillent dans leurs parcs industriels les nouvelles usines. Même la vieille industrie du vêtement, entassée depuis longtemps au centre-ville, migre vers de nouveaux secteurs, dans des édifices modernes. Une décentralisation semblable se produit à Québec, où les vieux quartiers industriels des rives de la Saint-Charles sont délaissés pour de nouveaux sites dans l'axe des boulevards Charest et Hamel, ainsi que dans les autres centres urbains.

La modernisation de la production industrielle a parfois des conséquences négatives. Placés devant la nécessité de relocaliser leurs installations, de nombreux administrateurs s'interrogent sur la pertinence de rester au Québec. Le déplacement vers l'ouest de l'activité économique et la forte croissance de l'Ontario et des provinces de l'Ouest en incitent plusieurs à se rapprocher de leur marché principal en fermant

Démantèlement des installations de la raffinerie Gulf à Montréal, 1986. (*Le Journal de Montréal*)

leurs usines du Québec, devenues désuètes, et en les remplaçant par de nouvelles, situées en Ontario. Le Québec perd ainsi un grand nombre d'établissements et d'emplois industriels. Ce phénomène devient plus manifeste dans les années 1970 et explique en bonne partie le déclin relatif de l'industrie québécoise. La forte emprise américaine sur le secteur manufacturier canadien contribue à cette migration.

La nécessité de la modernisation accélère également la concentration dans des secteurs ou coexistent encore en 1960 plusieurs entreprises de taille moyenne. Les coûts de la modernisation et les gains de productivité y conduisent inexorablement. Il en résulte la fermeture de nombreuses usines traditionnelles parallèlement à l'émergence d'unités de production de taille beaucoup plus considérable dans des secteurs comme les scieries, les laiteries et les boulangeries.

Les petites entreprises n'en disparaissent pas pour autant du paysage industriel. Elles restent importantes dans la confection, le meuble, les produits du bois, l'imprimerie et la transformation alimentaire. Dans d'autres secteurs, comme la construction mécanique et l'outillage, elles jouent un rôle différent: ce sont des établissements très spécialisés, occupant un créneau bien délimité et vivant principalement de la sous-traitance pour les grandes entreprises. Encore en 1978, près de 80% des établissements industriels ont moins de 50 employés mais ils ne fournissent que 15% de la valeur de la production, avec un peu plus de 20% des emplois.

La structure industrielle

Dans quelle mesure les transformations du secteur manufacturier viennent-elles bouleverser la structure industrielle du Québec? L'examen de la répartition de la production selon les groupes industriels (tableau 2) révèle des éléments de continuité. Les biens de consommation et l'industrie légère priment toujours sur les biens durables et l'industrie

TABLEAU 2

PART DE LA VALEUR DES EXPÉDITIONS PAR GROUPE D'INDUSTRIES MANUFACTURIÈRES, QUÉBEC, 1960-1982 (EN POURCENTAGE)

Rang en 1982	Rang en 1960	Groupe	1960	1970	1978	1982
1	1	Aliments et boissons	17,8	18,2	17,4	17,9
4	2	Métaux primaires	11,7	8,2	8,4	6,9
3	3	Papier et produits connexes	10,7	10,5	10,2	10,2
8	4	Vêtement	6,9	7,0	6,1	5,0
10	5	Textile	6,2	6,3	4,9	4,2
6	6	Produits chimiques	5,7	5,6	5,8	6,5
2	7	Produits du pétrole et du charbon	5,3	3,9	8,8	11,3
7	8	Produits métalliques	5,1	6,0	5,6	6,3
5	9	Matériel de transport	5,0	6,8	6,5	6,9
9	10	Appareils et matériel électriques	4,7	5,7	4,3	4,5
11	11	Imprimerie, édition, etc.	3,5	3,4	3,6	3,9
12	12	Bois	2,8	2,7	4,1	3,1
18	13	Tabac	2,6	1,8	1,3	1,4
15	14	Produits minéraux non métalliques	2,5	2,4	2,5	1,9
16	15	Divers	2,1	1,9	2,0	1,7
20	16	Cuir	1,8	1,6	1,0	0,9
17	17	Meubles et articles d'ameublement	1,7	2,1	1,8	1,5
13	18	Machinerie	1,5	2,0	2,4	2,8
19	19	Bonneterie	1,5	2,1	1,3	1,2
14	20	Caoutchouc	0,9	2,1	2,0	2,0

Source : Statistique Canada, 31-203 et 31-205.

Les installations sidérurgiques de Sidbec-Dosco.

lourde. Le groupe des aliments et boissons reste en tête avec 17% à 18% de la valeur de la production, suivi de celui des produits du papier avec 10%. Cette stabilité apparente ne doit cependant pas faire oublier certains changements significatifs. Le plus important et le plus connu est certainement le recul des industries légères traditionnelles — cuir, textiles, vêtements et tabac — dont la part diminue nettement. Il s'agit de ce qu'on a appelé les secteurs mous, c'est-à-dire ceux de l'industrialisation ancienne qui, à partir des années 1960, et même avant dans certains cas, se trouvent confrontés à divers problèmes.

Les entreprises de ces secteurs se heurtent en effet à une concurrence étrangère de plus en plus vive. Les industries de la chaussure, du vêtement ou du textile ont longtemps prospéré au Québec en s'appuyant sur une main-d'œuvre à bon marché et en s'abritant derrière les tarifs douaniers. Or l'industrialisation de nombreux pays du Tiers monde permet de trouver ailleurs des réservoirs de main-d'œuvre touchant des salaires très nettement inférieurs à ceux qui sont payés au Québec et d'amener ainsi sur le marché canadien des produits qui restent peu chers, malgré les tarifs douaniers. Les entrepreneurs du Québec tentent de freiner cette concurrence en obtenant d'Ottawa l'imposition de quotas à l'importation à l'encontre de ces pays. Mais les restrictions à l'importation n'offrent qu'un remède temporaire.

L'usine de General Motors à Sainte-Thérèse, 1984. (*Le Journal de Montréal*)

D'autres problèmes relèvent d'une gestion inefficace. L'entreprise familiale traditionnelle, encore très présente dans ces secteurs, n'arrive pas toujours à s'adapter aux transformations de l'environnement industriel. D'autres difficultés tiennent au vieillissement des installations. Pour les moderniser, il faut disposer de capitaux auxquels n'ont pas toujours accès de nombreuses entreprises. Les plus solides financièrement, telle Dominion Textile, peuvent entreprendre un programme systématique de modernisation qui entraîne néanmoins la fermeture des usines les plus désuètes ou les moins rentables. Dans certains cas, il faut abandonner aux entreprises étrangères la production de masse, dite de bas de gamme, pour se concentrer sur des segments plus spécialisés du marché ou s'orienter vers de nouvelles productions. Dans l'ensemble, les fermetures d'usines sont nombreuses tout au cours des années 1970 et 1980, même si certains groupes industriels et certaines entreprises sont en mesure de résister en se transformant.

Une étude gouvernementale constate qu'entre 1961 et 1976, «la modification structurelle la plus significative (...) est sans contredit la part grandissante prise par les groupes d'industries liées au travail des métaux, aussi bien au niveau des produits intermédiaires (métallurgie primaire, produits métalliques) que des produits finis (machinerie, matériel de transport, appareils électriques)». Les politiques du gouvernement visant à renforcer ces secteurs y contribuent sans doute. La disponibilité d'électricité à bon marché est aussi un facteur non négligeable, en particulier pour l'industrie de l'aluminium qui accroît sa capacité de production.

On assiste à l'émergence d'industries nouvelles. L'assemblage d'automobiles, par exemple, qui était absent de la scène québécoise, y fait son apparition avec l'ouverture de l'usine de montage de General Motors à Sainte-Thérèse et la création de l'éphémère Société de montage automobile (SOMA) qui assemble des voitures Renault. L'essor de la motoneige dans les années 1960 donne naissance à de nouvelles usines dont plusieurs disparaîtront par la suite. Il assure néanmoins la croissance de l'entreprise Bombardier, lui permettant de devenir l'un des premiers géants industriels québécois à contrôle francophone. Le champ nouveau de l'électronique suscite aussi l'apparition d'entreprises nouvelles ou la réorientation d'usines existantes. Le secteur de l'aéronautique, concentré dans la région de Montréal, connaît un certain essor, encore qu'il soit affecté par de nombreuses fluctuations.

Ce renforcement de l'industrie lourde reste cependant bien relatif. Le Québec traîne loin derrière l'Ontario en ce domaine. Tous les analystes soulignent que le Québec n'attire pas suffisamment d'entreprises à productivité élevée représentant les secteurs les plus novateurs. Sa structure industrielle reste encore fortement marquée par la présence des secteurs traditionnels.

La construction

La construction occupe une place importante dans l'activité économique. Entre 1961 et 1976, les investissements en constructions neuves représentent 15% du produit intérieur brut du Québec.

Les investissements publics tiennent la vedette et pèsent d'un poids plus lourd au Québec qu'en Ontario. Au cours des années 1960, le gouvernement finance la construction d'un grand nombre d'écoles polyvalentes, de cégeps et de pavillons universitaires ainsi que l'agrandissement d'hôpitaux. Il investit dans l'érection de plusieurs édifices administratifs, en particulier à Québec, avec la nouvelle cité parlementaire, mais aussi à Montréal et dans les centres administratifs régionaux. Le gouvernement fédéral fait de même avec ses bureaux de poste et centres administratifs, la tour de Radio-Canada et le complexe Guy-

Construction de gratte-ciel au centre-ville de Montréal, 1961. (G. Lunney, *Montreal Star*, ANC, PA-129265)

Favreau. Des investissements considérables sont consentis pour aménager des infrastructures de transport: le métro de Montréal, la réfection et la modernisation du réseau routier, la construction de la route transcanadienne, de l'autoroute des Cantons de l'Est puis de celle de la rive nord, des voies rapides Décarie et Ville-Marie à Montréal, des autoroutes de ceinture autour de la métropole et de la capitale, du pont-tunnel Louis-Hippolyte-Lafontaine et du pont Pierre-Laporte. De son côté, le gouvernement fédéral aménage l'aéroport de Mirabel et réaménage diverses installations portuaires et aéroportuaires. Hydro-Québec représente aussi un intervenant de taille, en particulier avec ses gigantesques chantiers du complexe Manicouagan-Outardes puis de la baie James. Enfin, l'Exposition universelle de 1967 et les Jeux olympiques de 1976 provoquent de substantiels investissements publics à Montréal.

Un autre volet important est la construction privée à usage commercial ou industriel. Là aussi de forts investissements sont réalisés au cours des années 1960 et 1970, bien que le Québec fasse moins bonne figure que l'Ontario à cet égard. Pendant ces deux décennies émerge le nouveau centre-ville de Montréal avec ses nombreux gratte-ciel. La modernisation et la relocalisation des entreprises industrielles stimule la construction de nouvelles bâtisses; il en est de même pour les centres commerciaux qui surgissent un peu partout dans les zones de banlieue.

En une vingtaine d'années, l'environnement construit du Québec est complètement transformé. La construction non résidentielle représente environ 70% des nouveaux investissements. Le reste va à l'habitation, qui connaît elle aussi une forte poussée, moins spectaculaire toutefois qu'en Ontario. Selon une étude de l'OPDQ, une partie importante de l'écart dans les investissements entre les deux provinces s'explique par la performance plus faible du secteur de l'habitation.

Faisant généralement appel à une main-d'œuvre locale et utilisant surtout des matières premières produites sur place, la construction a des retombées importantes. En période de ralentissement économique, les gouvernements cherchent donc à relancer l'activité en stimulant la construction. C'est ce que vise la première administration Bourassa à son arrivée au pouvoir, lorsqu'elle lance des projets de construction routière; il en va de même pour le programme «Corvée-habitation» du gouvernement Lévesque.

La construction reste néanmoins caractérisée par d'importantes fluctuations cycliques. Les deux grandes périodes d'activité intense, celle de 1964-1966, liée à l'Exposition universelle, et celle de 1973-1976, sous le signe de la baie James et des Jeux olympiques, sont suivies de périodes de net ralentissement. C'est aussi un secteur caractérisé par une forte instabilité. À côté de quelques grandes entreprises qui se partagent les chantiers importants, pullulent les petits entrepreneurs à la solvabilité souvent douteuse. L'instabilité règne également du côté de la main-d'œuvre, en particulier chez les manœuvres et les travailleurs peu qualifiés. Entre 1961 et 1981, la part de la main-d'œuvre québécoise employée dans la construction tombe de 7% à 5%.

Les richesses naturelles

Au cours des années 1960 et 1970, l'exploitation des richesses naturelles se poursuit sur la lancée de l'après-guerre. En fin de période, cependant, elle est perturbée par des difficultés majeures qui remettent en question les orientations ayant prévalu depuis 1945.

L'électricité en fournit un bon exemple. Depuis la fin de la guerre, la demande s'accroît à un rythme rapide et Hydro-Québec a pour mission d'y répondre entièrement. C'est donc une véritable course à la production hydroélectrique qui s'engage: il faut construire des centrales de plus en plus considérables, dans des endroits de plus en plus éloignés. Trois grands projets jalonnent les années 1960 et 1970: le complexe Manicouagan-Outardes, les chutes Churchill, situées au Labrador mais dont la production est presque entièrement vendue à Hydro-Québec, puis la baie James.

Or la mise en place d'installations permettant de répondre à la demande locale la plus forte, qui survient en hiver, provoque la disponibilité de surplus en été. On cherche donc à vendre cette électricité excédentaire aux Américains. Tout au cours des années 1970, les ventes d'électricité aux États de New York et de la Nouvelle-Angleterre augmentent. Mais seuls les surplus disponibles sont vendus car les gouvernements se sont toujours opposés à des contrats de vente ferme qui signifieraient exporter des emplois. Cependant, la crise de l'énergie — et les préoccupations qu'elle entraîne pour la conservation — ainsi que la crise économique ont un effet imprévu: la croissance de la demande au Québec ralentit et la capacité de production dépasse bientôt les besoins. Au cours des années 1980 on se tourne donc vers la vente ferme d'électricité aux Américains, rompant ainsi avec une politique bien établie. Pour les mêmes raisons, on doit aussi reporter à plus tard des projets de construction de centrales.

La production minière ne tient pas une grande place dans l'ensemble de l'économie: elle ne compte que pour 3% du produit intérieur brut québécois. Dans certaines régions, elle pèse néanmoins d'un poids considérable, en particulier sur la Côte-Nord (fer) et en Abitibi (cuivre, zinc et or), mais également, quoique dans une moindre mesure, en Estrie (amiante) et en Gaspésie (cuivre). Globalement, elle connaît un essor dans les années 1960 et 1970, malgré des variations cycliques importantes et un rythme différent d'un produit à l'autre.

La production vedette est incontestablement celle du fer. Lancée à

Schefferville pendant la période précédente, elle augmente au gré de l'ouverture de nouvelles mines comme celle du lac Jeannine en 1961 et celles du mont Wright et de Fire Lake au cours de la décennie suivante. Des villes nouvelles surgissent, consacrées à l'extraction (Gagnon, Fermont) ou à la concentration et à l'expédition du minerai (Port-Cartier, Pointe-Noire). La Côte-Nord prend pendant un certain temps l'allure d'un véritable Eldorado. La cassure qui survient au début des années 1980 n'en est que plus brutale. Un contexte mondial de surproduction de fer, aggravé par la dépression, provoque la fin des activités de l'Iron Ore à Schefferville et la déconfiture de Sidbec-Normines. Ce recul ne met pas un terme à la production de fer au Québec, mais il marque la fin de la croissance qui a caractérisé les trois décennies précédentes.

La production de cuivre et de zinc, deux métaux souvent associés, est en hausse dans les années 1960. De nouvelles mines sont ouvertes en Abitibi et donnent naissance aux villes de Matagami et de Joutel. Au cours des années 1970 et 1980, la production diminue considérablement. Comme dans le cas du fer, la mise en exploitation de nouvelles mines dans des pays du Tiers monde crée une concurrence accrue.

L'or connaît un destin différent. Sa production décline constamment au cours des années 1960 et 1970 et de nombreuses mines abitibiennes sont fermées. Mais la flambée des prix de l'or à l'aube des années 1980 et le contexte de la dépression donnent un nouveau souffle à ce secteur. La prospection reprend de plus belle, on ouvre de nouvelles mines et on en réactive de plus anciennes.

Quant à l'amiante, l'autre produit vedette du secteur minier québécois, sa production reste forte pendant les années 1960 et 1970. Par la suite, toutefois, le marasme s'installe. Outre les effets de la crise des années 1980, ce secteur subit la défaveur qui frappe l'amiante, accusé d'être cancérigène, dans les pays industrialisés. En outre, à la suite de la découverte de nouveaux gisements dans d'autres pays, le Québec voit s'éroder sa position de principal producteur mondial.

En somme, après avoir vécu trois décennies d'expansion, le secteur minier québécois connaît des ratés au cours des années 1980 et doit évoluer dans un environnement marqué par une surproduction mondiale de matières premières.

Le secteur forestier est, tout comme celui des mines, fortement orienté vers l'exportation. Il se distingue toutefois par un degré beaucoup plus poussé de transformation. L'exploitation primaire de la forêt,

L'aménagement hydro-électrique: un des secteurs les plus actifs de la construction.
(Hydro-Québec)

la récolte de bois, représente à peine 1% du PIB. Elle est marquée par
la mécanisation qui, amorcée dans les années 1950, prend une ampleur
plus considérable durant la décennie suivante. La main-d'œuvre y
tombe de plus de moitié alors que la productivité est en hausse. Les
règles de répartition des ressources forestières entre les exploitants sont
modifiées en profondeur après l'adoption d'une nouvelle politique par
le gouvernement québécois. À la fin de la période, toutefois, la coupe
forestière est menacée d'essoufflement par suite d'une exploitation trop
intense et de l'insuffisance du reboisement.

L'importance de la forêt se voit encore mieux à ses retombées dans
le secteur industriel. Les groupes des pâtes et papiers et des produits du
bois contribuent de façon appréciable à l'activité manufacturière

(tableau 2). Soumises aux sursauts de la conjoncture, les entreprises de ces secteurs connaissent des poussées d'expansion mais aussi des périodes prolongées de stagnation. Elles font face à une concurrence beaucoup plus vive sur les marchés américains.

Ainsi, tant l'industrie manufacturière que l'exploitation des richesses naturelles montrent des signes de faiblesse. La position du Québec au sein du Canada et de l'Amérique du Nord se détériore, dans un contexte de concurrence accrue à l'échelle mondiale.

ORIENTATIONS BIBLIOGRAPHIQUES

Bolduc, André, Clarence Hogue et Daniel Larouche. *Québec, un siècle d'électricité.* 2e édition. Montréal, Libre Expression, 1984, chap. 17 à 23.

Carré, Ronald *et al. Analyse structurelle à moyen terme de l'économie du Québec.* Office de planification et de développement du Québec, 1977. 262 p.

Girard, Jacques. *Géographie de l'industrie manufacturière du Québec.* 2 vol. Québec, Ministère de l'Industrie et du Commerce, 1970.

Québec. *Bâtir le Québec, énoncé de politique économique.* Québec, Éditeur officiel, 1979.

Québec. *L'économie. Document de référence.* Le sommet économique du Québec, 1977. 130 p.

CHAPITRE 34

À L'HEURE DE L'AGRO-ÉCONOMIE

L'agriculture achève sa transition amorcée au lendemain de la guerre et continue de s'intégrer de plus en plus étroitement au marché. Le développement de l'agro-économie se poursuit, de sorte qu'à l'orée des années 1980, le visage de l'agriculture québécoise diffère profondément de ce qu'il était encore dans l'immédiat après-guerre. Cette évolution, comparable à celle qui se produit dans les autres pays industrialisés, s'accompagne de plusieurs traits caractéristiques: l'exode rural; la baisse de l'importance de l'agriculture dans l'économie; l'augmentation de la taille de l'exploitation moyenne; la hausse de la production totale; la spécialisation des producteurs; enfin, la persistance des problèmes de stabilité et de répartition du revenu.

L'agro-économie

L'intégration à l'économie a des conséquences profondes et durables. D'un côté, l'agriculteur dépend de fournisseurs extérieurs pour une partie de plus en plus importante de ses facteurs de production (tracteurs, moulées, engrais, etc.); de l'autre, il est tributaire de grandes entreprises pour l'écoulement de sa production. Comme les mécanismes de liaison avec l'économie se sont complexifiés et intégrés, le cultivateur n'est plus ce producteur indépendant, intervenant directement et à sa guise sur le marché.

Il existe néanmoins un grand nombre de situations allant d'une certaine autonomie à une dépendance presque complète. Ainsi, une bonne partie des producteurs conservent une marge de manœuvre vis-à-vis des entreprises d'aval grâce aux plans de commercialisation gérés par les coopératives et l'Union des producteurs agricoles (UPA). Par contre, dans d'autres secteurs, comme l'élevage du porc ou celui des poulets de gril, l'intégration verticale est telle que, dans certains cas, le cultivateur ne fournit plus que les bâtiments, la terre devenant même inutile.

Une ferme typique des basses terres du Saint-Laurent. (UPA)

Les animaux et leur nourriture sont fournis par une entreprise qui souvent s'occupe également de la commercialisation.

C'est au niveau des prix que les contraintes sont les plus fortes. Le cultivateur est littéralement coincé entre les prix qu'il doit payer pour acheter ses éléments de production et ceux qu'il reçoit de la vente de ses produits. La tendance oriente les prix industriels généralement à la hausse tandis que ceux des produits agricoles subissent constamment des pressions à la baisse. Il en résulte un écart constant qui peut, s'il est combiné à une hausse des taux d'intérêt comme cela se produit au début des années 1980, déterminer des crises financières très graves. De fait, l'agriculture repose de plus en plus sur un endettement important, dû aux achats de machinerie ou de terres et les milieux agricoles recherchent constamment une certaine forme de protection des prix qui leur sont payés.

Les producteurs

La tendance à la baisse du nombre de producteurs, déjà très forte durant les années 1950, se maintient. La population agricole se réduit comme une peau de chagrin, baissant de plus de 50% en quinze ans. Elle ne

Encan sur une ferme à Saint-Michel-de-Bellechasse, 1975. (Linda Walker, ANC, PA-128926)

compte guère plus de 200 000 personnes en 1976. Même phénomène dans le cas de la main-d'œuvre agricole (78 115 en 1981), qui ne représente plus que 2,6% de la main-d'œuvre totale. Malgré cette baisse spectaculaire, l'agriculture n'arrive toujours pas à occuper tous ses travailleurs, de sorte que le travail hors exploitation demeure important pour près du tiers des propriétaires de fermes recensés en 1981. Cette proportion doit cependant être réduite pour tenir compte de ceux qui ont un emploi régulier ailleurs et n'exploitent une ferme que comme activité complémentaire.

Les producteurs ne forment pas un groupe homogène. En 1970, une étude classe l'ensemble des agriculteurs canadiens en trois couches: un premier tiers est prospère, un second qualifié de modérément à l'aise, et le dernier vit dans la misère. Les gouvernements tentent, durant ces années, de réorienter le surplus de la population agricole. Ces programmes ont un succès mitigé et beaucoup d'anciens cultivateurs se retrouvent chômeurs dans les villes. De toute manière, l'évolution de l'économie entraîne à court terme la disparition des producteurs trop petits.

Le poids des basses terres du Saint-Laurent dans la répartition régionale de la population agricole s'accentue : en 1976, 74% de celle-ci habite dans le triangle Montréal-Québec-Sherbrooke. Certaines régions sont à peine représentées, comme la Gaspésie, qui ne renferme plus que 1,3% de la population agricole.

Pour être moins nombreux, les producteurs n'en renforcent pas moins leur organisation syndicale. Depuis le début du siècle, les cultivateurs ont utilisé, pour promouvoir leurs intérêts, deux organisations, les coopératives et l'association des cultivateurs, l'UCC. Mais à partir des années 1950, tandis que les coopératives devenaient de plus en plus semblables aux entreprises capitalistes et bornaient leur action aux interventions sur le marché, l'association s'orientait de plus en plus vers l'action syndicale.

Le début de la décennie 1960 voit la remontée en flèche du militantisme agricole: en 1960, les effectifs de l'UCC sont de 28 216 membres; trois ans plus tard, ils atteignent 43 448, et se stabilisent à ce niveau. L'UCC entend bien faire reconnaître sa force et cherche à se donner des structures plus stables. En 1963, elle obtient une modification à la loi sur les marchés agricoles, qui permet désormais aux syndicats de gérer des plans conjoints de mise en marché et ainsi de concurrencer les coopératives. En 1972, elle atteint un autre objectif quand le gouvernement adopte la loi du syndicalisme agricole. La même année, les cultivateurs acceptent, dans une proportion de 70%, le principe de la cotisation obligatoire. Changeant son nom, l'UCC devient l'Union des producteurs agricoles (UPA) et représente l'ensemble des cultivateurs québécois. Elle devient ainsi l'une des plus fortes organisations agricoles du continent nord-américain.

Cette remontée du militantisme se traduit aussi par une capacité accrue de mobilisation. Ainsi, à partir des années 1960 on assiste à des défilés d'agriculteurs à Québec ou à Ottawa. Les mouvements de protestation prennent également d'autres formes comme le blocage des routes ou, en 1974, l'abattage public d'animaux. Les cultivateurs entendent désormais être étroitement associés à l'élaboration des politiques qui les concernent.

La production

L'agriculture fournit moins de 2% de la production intérieure brute québécoise. Cependant, son importance réelle va au-delà de ce pourcentage, car elle s'articule en amont et en aval de la ferme à toute une

Manifestation d'agriculteurs. (*Le Journal de Montréal*)

série de productions industrielles qui, ensemble, occupent une place significative dans l'économie. Pensons seulement aux fournitures destinées à la ferme ou à la transformation des produits agricoles en produits alimentaires.

Les grands axes de la production agricole commercialisée demeurent stables. En tête on retrouve, en 1980 comme en 1960, le lait, pour plus du tiers des revenus, suivi du porc, qui représente près de 20% entre 1976 et 1980, et du groupe volaille-œufs, à 13%. Ensuite viennent l'élevage bovin (10%) et les cultures diverses (pommes de terre, fruits, légumes, tabac, etc.). À côté de ces produits, qui comptent ensemble pour près de 90% des revenus, on trouve également les grandes cultures, essentiellement l'avoine et surtout le foin utilisés pour nourrir le bétail et dont seulement une faible partie est vendue à l'extérieur. L'indice du volume global de la production passe de 100 en 1961 à 115 en 1975. C'est donc dire que tout en reposant sur de moins en moins d'agriculteurs, la production continue sa croissance.

Cependant, au-delà de cette relative stabilité, ces années sont marquées par des problèmes dans les différents secteurs. Ainsi, depuis les dernières décennies du 19e siècle, le lait constitue le moyen par excellence d'assurer les rentrées monétaires. C'est dire son importance et la sensibilité du milieu à tout ce qui peut l'affecter. En 1966, devant une situation de surproduction chronique, le gouvernement fédéral intervient en créant la Commission canadienne du lait. Depuis cette date, la production laitière est régie au moyen d'un système attribuant à chaque producteur une quantité maximum, le quota.

L'élevage porcin voit son importance augmenter en termes de revenus. Traditionnellement associé à l'élevage laitier, il s'en écarte de plus en plus pour devenir une production autonome et spécialisée. La croissance est rapide: le troupeau moyen passe de 19 à 430 têtes entre 1961 et 1981. La concentration y est aussi importante: en 1981, un peu moins de 11% des exploitants ont des troupeaux excédant 1100 têtes et détiennent plus de 56% du cheptel total. On est loin des quelques porcs qu'on retrouvait autrefois dans chaque exploitation.

Du côté des œufs et des poulets de gril, il y a surproduction. Les résistances de l'Ontario à permettre l'entrée des œufs et poulets en provenance du Québec provoquent la mise sur pied d'offices canadiens de commercialisation. C'est également un domaine où les structures de la production se transforment profondément: les petites exploitations reculent de plus en plus devant l'aviculture industrielle et, comme dans le cas du porc, l'intégration s'accompagne d'une concentration de la production.

On tente également de modifier l'élevage bovin. Traditionnellement lié, lui aussi, à la production du lait, il est dominé par les animaux de race laitière. Mais on cherche à stimuler la production de bovins de boucherie, ce qui suppose l'amélioration de la qualité du cheptel ainsi que l'augmentation de son poids moyen. Cette transformation se heurte cependant à la concurrence des provinces de l'Ouest ainsi qu'au problème de l'alimentation du bétail, qui devient de plus en plus coûteuse.

Quant à la production végétale, elle comprend, outre ce qui est consommé directement par le bétail, un certain nombre de cultures spécialisées qui sont commercialisées directement. Elles contribuent pour près de 10% au revenu monétaire global, mais leur concentration dans l'espace rend leur importance économique très grande dans certaines régions. C'est le cas des bleuets au Lac-Saint-Jean, des légumes autour de Sherrington. Certaines productions doivent parfois reculer devant l'urbanisation, comme la culture maraîchère sur l'île Jésus ou les vergers de la vallée du Richelieu. D'autres sont menacées par des transformations du marché: la baisse de la consommation de cigarettes entraîne une chute de la production de tabac dans la région de Joliette, alors que les cours mondiaux du sucre, longtemps déprimés, entraînent l'abandon graduel de la betterave à sucre dans la région de Saint-Hilaire.

Dans la mesure où l'agriculture est intégrée à l'économie capitaliste, la question des marchés revêt une importance primordiale: tournant le dos à la diversité des productions de l'auto-consommation, les agriculteurs doivent compter sur la commercialisation d'une seule production. Qu'il y ait mévente et c'est la catastrophe: la ferme ne couvre pas ses frais et n'arrive plus à faire vivre la famille. À ces pressions s'en ajoutent d'autres liées cette fois à l'état général de surproduction agricole en Amérique du Nord.

L'agriculture trouve d'abord ses débouchés au Québec, ensuite dans le reste du Canada et enfin, à l'étranger. Pour se développer, l'agriculture doit constamment trouver de nouveaux marchés. Durant les années 1960 et 1970, à cause de la surproduction laitière et du haut niveau de concurrence des autres produits, le marché intérieur semble le plus prometteur. C'est dans ce contexte que des objectifs d'auto-suffisance sont poursuivis depuis les années 1960, au Québec comme dans les autres provinces d'ailleurs. La concurrence qui en résulte entraîne l'intervention du gouvernement fédéral pour stopper les véritables guérillas commerciales auxquelles se livrent les provinces et pour réglementer la production.

Les exploitations connaissent elles aussi des transformations; elles se mécanisent davantage et s'agrandissent. Le mouvement d'élimination des fermes dites de subsistance se conjugue à la consolidation des exploitations restantes. Ainsi, les 95 777 fermes de 1961 ont une superficie moyenne de 148 acres, tandis qu'en 1981, les 48 144 fermes atteignent une superficie de 194 acres.

D'une manière générale, les fermes sont mieux équipées. L'évolution de la capitalisation moyenne en témoigne: en vingt ans elle a plus que décuplé, passant de 16 965$ en 1961 à 196 665$ en 1981. Cette augmentation est nettement supérieure à l'inflation de ces deux décennies. Le nombre de tracteurs montre également une forte croissance: de 0,7 par exploitation à 1,9 vingt ans plus tard. Toutefois, même si les gains de productivité sont importants, le Québec n'a pas encore atteint, dans tous les secteurs, le niveau observé ailleurs en Amérique du Nord.

Cette croissance de la productivité tient en partie au progrès de la formation des agriculteurs. L'accessibilité accrue à l'enseignement réduit l'écart entre la scolarisation des cultivateurs et celle des autres

Les producteurs ont recours à une machinerie de plus en plus complexe. (UPA)

groupes de la société. La diffusion des techniques nouvelles est également facilitée par la régionalisation des services des ministères de l'Agriculture, par l'action des coopératives et des associations professionnelles, et par les exigences accrues des acheteurs.

Ces diverses transformations masquent cependant un important problème, celui de l'inégalité des revenus agricoles. L'intégration au marché, la lutte pour les débouchés, la course à la productivité, tout se déroule dans un contexte de rivalités très dures tant à l'extérieur qu'à l'intérieur du monde agricole. Devant la pression exercée sur les prix agricoles, seules les exploitations les plus efficaces peuvent subsister.

L'État et l'agriculture

Les interventions de l'État demeurent très importantes. Elles portent sur trois axes principaux: le soutien aux prix agricoles, l'orientation de la production et l'influence sur les pratiques des producteurs. Si les deux niveaux de gouvernement s'entendent sur de grands objectifs, leurs priorités et les orientations à donner au développement agricole sont parfois différentes.

Au début des années 1960, l'État québécois maintient ses politiques traditionnelles axées sur le crédit agricole et les subventions diverses. Il commence également à s'occuper de mise en marché. Toutefois, il éprouve le besoin d'une plus grande cohérence et met sur pied, en 1965, une Commission royale d'enquête sur l'agriculture au Québec. Le rapport de la commission April, qui paraît entre 1967 et 1969, permet de cerner les principaux problèmes du secteur. Ses recommandations vont dans le sens du développement d'une véritable agriculture concurrentielle et font de l'État le maître d'œuvre de ces transformations. On vise à mieux identifier les débouchés potentiels et à stabiliser les revenus par des programmes de commercialisation.

Déjà avant 1960, les politiques du Québec favorisaient le renforcement des secteurs rentables de l'agriculture. Cette tendance s'accentue encore durant les années 1970. On abandonne les différents petits programmes de subventions pour concentrer les efforts sur les zones agricoles prospères. Malgré les changements de gouvernements, la volonté d'assurer une meilleure mise en marché reste une constante. La réorganisation en 1963 de l'Office des marchés agricoles datant de la fin années 1950, la création de la Société québécoise d'initiative agro-alimentaire (SOQUIA) en 1975, les rencontres autour de l'agro-alimentaire de la fin des années 1970, témoignent toutes d'une même préoccupation centrale: mieux occuper le marché intérieur. Tandis que les années 1960 sont consacrées au problème de la commercialisation de la production existante, les années 1970 voient émerger une volonté de diversifier la production pour répondre aux besoins plus variés et stimuler les industries de transformation alimentaire. Enfin, la loi du zonage agricole (1978) vise à protéger les terres les plus fertiles, en particulier celles de la région de Montréal, menacées par la spéculation et la stérilisation péri-urbaines.

Du côté du gouvernement fédéral, les orientations à donner à l'agriculture canadienne apparaissent plus floues. Pris entre les pressions des agriculteurs de l'Ouest et de l'Est, le gouvernement est amené à intervenir pour le soutien des prix agricoles et pour l'organisation de la mise en marché des produits laitiers, des œufs et de la volaille. Tant bien que mal, il tente d'arbitrer les conflits entre les différentes agricultures provinciales qui cherchent toutes les mêmes objectifs : l'auto-suffisance et une position forte sur les marchés. Le gouvernement reste également actif du côté du crédit agricole. En 1967, il met aussi sur pied une Commission de planification de l'agriculture canadienne dont le rapport propose une diminution graduelle des subventions à l'agriculture, mais dans la conjoncture inflationniste des années 1970, ses propositions ne sont pas retenues.

Enfin, les années 1960 sont marquées par la mise en place d'importants plans à frais partagés avec les provinces comme l'aménagement rural et le développement agricole (ARDA), dont la loi est adoptée à Ottawa en 1961, ou l'assurance-récolte (1959).

Au sortir de ces deux décennies, l'agriculture émerge comme un secteur relativement dynamique de l'économie. Son caractère de réservoir de main-d'œuvre disparaît au fur et à mesure que le trop-plein de la population agricole quitte la ferme pour aller vivre ailleurs. Les forces du marché dominent le mouvement, obligeant les agriculteurs à s'ajuster et amenant les gouvernements à adapter leurs politiques aux nouvelles réalités de l'agro-économie.

ORIENTATIONS BIBLIOGRAPHIQUES

BLAIS, André. «La politique agricole du gouvernement québécois, 1952-1973», *Recherches sociographiques*, XX, 2 (1979), p. 173-203.

BUREAU DE LA STATISTIQUE DU QUÉBEC. *Statistiques agricoles du Québec, 1977 et 1978*. Québec, Éditeur officiel, 1980. 191 p.

CANADA. *L'agriculture canadienne des année 70. Rapport de la commission de planification de l'agriculture canadienne*. Ottawa, 1970.

CHARBONNEAU, André et Vincent HARVEY. «Ottawa sacrifie l'agriculture québécoise à celle de l'Ouest», *Maintenant*, 119 (octobre 1972), p. 18-25.

CHARTIER, Jean. «L'agriculture peut-elle être rentable au Québec?», *Forces*, 40 (1977), p. 4-19.

DAGENAIS, François. «The Development of a Food and Agriculture Policy in Quebec», *American Journal of Agricultural Economics*, 60, 5 (décembre 1978), p. 1045-1050.

— «Les progrès de l'agriculture au Québec», *Le Devoir*, 6 janvier 1981, p. 13.

KESTEMAN, Jean-Pierre, en collaboration avec Guy BOISCLAIR et Jean-Marc KIROUAC. *Histoire du syndicalisme agricole au Québec — UCC-UPA 1924-1984*. Montréal, Boréal Express, 1984, p. 181-309.

LAFRENIÈRE, Danielle. *Les composantes prix et productivité du revenu agricole moyen au Québec de 1961 à 1976*. Mémoire de M.A. (économie agricole), Université Laval, 1978.

QUÉBEC. *L'agro-alimentaire. Pour une stratégie de développement*. Québec, 1978. 85 p.

— *L'économie. Point de vue sur notre réalité. Le développement économique du Québec 1961-1980. Une synthèse*. Québec. 1977. 65 p.

— *Rapport de la Commission royale d'enquête sur l'agriculture au Québec*. 14 fascicules. Québec, 1967-1969.

ROY, Jean-Baptiste. *L'agriculture au Québec*. Québec, Ministère de l'Agriculture, 1975. 93 p.

— *Union des producteurs agricoles. Évolution historique*. Montréal, UPA, 1974. 23 p.

VEEMAN, Terrence S. et Michèle M. VEEMAN. «The Changing Organization, Structure, and Control of Canadian Agriculture», *American Journal of Agricultural Economics*, 60, 5 (décembre 1978), p. 759-768.

CHAPITRE 35

UNE ÉCONOMIE DE SERVICES

Le processus de tertiarisation, qui se manifeste dans l'ensemble des pays industrialisés, caractérise ce qu'on appelle la société post-industrielle. Au Québec cependant, son accélération est telle après 1960 que la part du tertiaire y est plus élevée que la moyenne canadienne et que celle de la plupart des autres pays. Cette surcroissance pose, de l'avis de nombreux auteurs, un sérieux problème, car elle indique une faiblesse de plus en plus prononcée du primaire et surtout du secondaire.

Déjà très nette dans l'après-guerre, la tertiarisation de l'économie québécoise continue à progresser après 1960. Les activités qui composent le tertiaire comptent pour 57% du produit intérieur brut (PIB) du Québec en 1961; elles atteignent 66% en 1981 et près de 71% en 1983. La part de la population active qu'elles regroupent s'accroît également, passant de 52% en 1961 à près de 63% en 1981 (tableau 1).

Le tertiaire est un secteur très disparate. On y distingue souvent un tertiaire moteur et un tertiaire résiduel. Le premier rassemble des activités ayant des liens plus étroits avec les autres secteurs productifs: les activités financières, ainsi que les transports et communications. Le tertiaire résiduel a moins d'effets d'entraînement: on y inclut le commerce, l'administration publique et les services. Or ce dernier groupe connaît au cours de la période une croissance beaucoup plus forte que le premier. Ainsi, la tertiarisation témoignerait moins d'une maturité de la structure économique québécoise que de sérieuses insuffisances.

Longtemps caractérisé par la faible productivité de sa main-d'œuvre et par le peu d'impact qu'y exerce le progrès technique, le secteur tertiaire connaît des changements importants après 1960. On peut aussi noter des différences selon les types d'activités et d'emplois. Ainsi, on y trouve une main-d'œuvre hautement qualifiée, commandant une rémunération élevée, tels les médecins, les professeurs d'université, les avocats ou les ingénieurs. La majorité des emplois cependant exigent peu de qualifications et sont faiblement rémunérés: personnel de bureau, entretien ménager, service aux tables dans les restaurants, par exemple. Ce sont aussi ceux qui font le plus appel à la main-d'œuvre féminine. Le travail dans le tertiaire est fortement secoué, pendant la période, par la révolution technologique. L'introduction de l'ordinateur et des systèmes de communication rapide modifie de nombreuses définitions de tâches et réduit considérablement les besoins de personnel, en particulier dans les administrations.

TABLEAU 1

POPULATION ACTIVE DE 15 ANS ET PLUS DANS LES ACTIVITÉS
ÉCONOMIQUES DE TYPE TERTIAIRE, QUÉBEC, 1961-1981

Secteur d'activité	1961		1971		1981	
	n	%	n	%	n	%
Transports, communications et autres services publics	161 268	9,1	171 785	7,7	234 495	7,6
Commerce	248 038	14,0	294 595	13,1	472 135	15,2
Finances, assurances et affaires immobilières	62 163	3,5	90 570	4,0	146 320	4,7
Services socio-culturels commerciaux et personnels	350 864	19,8	521 500	23,3	876 310	28,3
Administration publique et défense	99 194	5,6	140 010	6,2	217 275	7,0
Total du tertiaire	921 527	52,1	1 218 460	54,3	1 946 535	62,8
Total de la population active	1 768 119	100,0	2 242 840	100,0	3 100 425	100,0

Source: Recensements du Canada.

Les secteurs public et parapublic pèsent d'un poids lourd, mais il faut compter aussi avec l'important secteur privé, où règne la petite et moyenne entreprise. Plusieurs activités tertiaires exigent en effet peu d'investissement, ce qui facilite l'entrée d'un grand nombre de petits entrepreneurs. Toutefois, le processus de concentration se manifeste là aussi et, dans certains domaines, s'accroît notablement au cours des années 1970 et 1980.

Le tertiaire est tellement vaste et complexe qu'il n'est pas possible de l'aborder entièrement dans ce seul chapitre. Certaines de ses composantes, telles l'action gouvernementale, l'éducation, la culture ou les services sociaux, sont examinées plus en détail ailleurs. Les pages qui suivent présentent néanmoins une vue d'ensemble de leur place dans la structure économique.

Le monde de la finance

Les activités de finances, d'assurances et d'affaires immobilières occupent une position clé dans la structure économique du Québec. Au cours des années 1960 et 1970, leur part du PIB se maintient entre 11% et 12,5%. Quoique plus modeste, leur part de l'emploi total tend à s'accroître, passant de 3,5% en 1961 à 4,7% en 1981. Ces simples poids relatifs n'expriment pas toute la signification des institutions financières (l'immobilier ne sera pas examiné ici). Canalisant une grande partie de l'épargne, elles sont des intermédiaires entre les individus, les entreprises et l'État et ont une voix souvent déterminante dans le processus de production.

L'expansion du secteur financier est reliée à la croissance et aux transformations de l'économie que connaît le Québec entre 1960 et 1981. Elle est également favorisée par l'amélioration du niveau de vie et la hausse du revenu personnel qui permet à un nombre accru de Québécois de disposer d'épargnes personnelles. À partir des années 1970, les progrès de l'éducation et de l'information économique rendent les individus plus sensibles à la diversité et au rendement des produits financiers. L'inflation qui s'accélère aiguise encore cette sensibilité. Enfin, les programmes créés au fil des ans par les gouvernements sous forme d'abris fiscaux — le régime enregistré d'épargne-retraite (REER), le régime enregistré d'épargne-logement (REEL) — provoquent la création de réservoirs de capitaux gérés par les institutions financières. Il en est de même pour les primes versées à la Régie des rentes et administrées par la Caisse de dépôt et placement. Les gouvernements font d'ailleurs des interventions considérables sur les marchés financiers, en particulier par les emprunts colossaux qu'ils effectuent. La disponibilité des capitaux permet également une expansion du crédit aux particuliers et aux entreprises.

Longtemps dominé par les banques à charte et les compagnies d'assurance-vie, le secteur financier a vu depuis l'après-guerre se diversifier ses intervenants. Les quasi-banques, telles les caisses d'épargne et de crédit ou les sociétés de fiducie, de même que les sociétés d'investissement continuent au cours des années 1960 à accaparer une part accrue des actifs des institutions financières. Par ailleurs, on assiste, en particulier au cours des années 1970 et 1980, à un important mouvement de concentration verticale et horizontale des entreprises.

En dépit de cette expansion, Montréal perd au profit de Toronto sa position de principal centre financier du pays. Amorcé depuis long-temps, ce déclin s'accentue très rapidement après 1960, par suite du déménagement de nombreux sièges sociaux et de la croissance de l'ac-tivité de la capitale ontarienne. Montréal en est de plus en plus réduite à un rôle de métropole financière du Québec et de relais des grandes institutions de Toronto.

Les banques. Deux grandes réformes touchent le système bancaire canadien. En 1967, le Parlement canadien étend le champ d'activités des banques à charte, ce qui leur permet de mieux résister à la concur-rence des quasi-banques et même d'accroître leur part du marché. En 1980, on ouvre le secteur bancaire, jusque-là très fermé aux institutions étrangères, en les autorisant, avec certaines limites, à mettre sur pied des succursales canadiennes.

Les cinq grandes banques canadiennes-anglaises (le *Big Five*) domi-nent toujours la scène mais en fin de période la liste des institutions se modifie: les deux banques canadiennes-françaises fusionnent, la société Industrial Acceptance devient la Banque continentale et six nouvelles banques canadiennes sont mises sur pied dans l'Ouest (deux d'entre elles font faillite en 1985). En outre, 57 banques étrangères s'installent dans la première moitié des années 1980. En 1960, l'actif total des ban-ques représente 17 milliards de dollars; vingt-cinq ans plus tard, il atteint 421 milliards, dont 84% sont contrôlés par les cinq plus grandes institutions.

Cette domination du *Big Five* est cependant moins nette sur le marché québécois où sont concentrées les activités des banques franco-phones. Celles-ci connaissent également une forte croissance. C'est particulièrement le cas de la plus petite des deux, la Banque provin-ciale, qui absorbe successivement la Banque populaire, autrefois Banque d'économie de Québec, en 1970, puis, en 1976, la Banque L'Unité, de Toronto, et enfin, en 1979, La Financière Laurentide, de Vancouver. Elle s'entend aussi avec la Banque canadienne nationale pour réaliser une fusion qui donne naissance en 1980 à la Banque nationale du Canada. Cette intégration de deux institutions œuvrant sur les mêmes marchés entraîne d'abord de sérieux problèmes mais, dès

1983, la nouvelle banque francophone retrouve la voie de la rentabilité et, forte d'un actif de 21 milliards de dollars en 1985, elle est même en mesure d'acquérir la Banque mercantile, alors en difficulté.

La part de l'actif bancaire canadien détenue par les banques francophones oscille de 6% à 7% au cours des années 1960 et 1970, pour ensuite décliner dans les années 1980. Leur poids relatif est cependant beaucoup plus élevé sur le marché québécois, alors qu'elles arrivent mal à percer au Canada anglais. Ainsi, en 1978, elles n'ont que 10% des succursales bancaires du Canada mais 43% de celles du Québec.

À Montréal, elles sont également en concurrence avec une institution d'un type particulier, la Banque d'épargne qui, pendant la période, prend de plus en plus les allures d'une banque à charte. Son actif, qui n'était que de 258 millions de dollars en 1960, atteint 5,6 milliards en 1984. Elle joue un rôle important sur le marché hypothécaire. Elle devient la Banque laurentienne en 1987.

Les caisses populaires et le mouvement Desjardins. Pour les banques francophones, la concurrence la plus importante vient toutefois des caisses populaires qui, à elles seules, comptent presque autant de caisses locales qu'il y a de succursales bancaires au Québec. Déjà en 1960, elles quadrillent le territoire avec 1227 caisses regroupées en dix unions régionales; en 1984, ce nombre n'a guère augmenté, se situant à 1408. Le nombre de membres, cependant, triple (de 1 211 000 à 3 975 000) et les actifs explosent littéralement, passant de 688 millions à près de 20 milliards de dollars.

Presque tous les Québécois francophones, y compris les enfants, ont un compte dans une caisse populaire. Le mouvement Desjardins tire sa force de sa solide implantation à la base, avec ses coopératives attentives aux besoins du milieu. Il doit cependant résoudre les problèmes de coordination que pose un réseau aussi décentralisé. Au cours des années 1970, on renforce les unions régionales, devenues fédérations, et l'organisme central, maintenant appelé confédération; on instaure un système inter-caisses; enfin, on uniformise les services à la clientèle. Ce faisant, on réduit l'autonomie des membres et des caisses locales au profit d'un renforcement des organismes centraux et de leur personnel permanent et spécialisé.

L'expansion du mouvement se réalise non seulement par la croissance interne et la rationalisation, mais aussi par l'intégration d'autres coopératives de crédit jusque-là indépendantes. C'est ainsi qu'à compter de 1978, s'intègrent à la Confédération les caisses d'économie, implantées en milieu de travail, puis certaines caisses d'entraide économique en difficulté, et enfin la Fédération de Montréal des Caisses Desjardins, un groupe dissident fondé en 1946.

Le mouvement Desjardins s'engage en outre dans la voie de la diversification. Les fédérations et la confédération, qui conservent une partie des réserves des caisses locales, accumulent, grâce à la croissance des actifs, des sommes de plus en plus considérables qui sont investies dans des entreprises capitalistes classiques avec l'objectif d'offrir aux membres des caisses des services financiers variés. Aux deux compagnies d'assurance existantes s'en ajoutent deux autres: La Sauvegarde en 1962 et La Sécurité en 1963. Puis vient la pénétration du secteur fiduciaire, avec la Fiducie du Québec (1963). Au cours des années 1970, les dirigeants font un pas de plus en décidant d'accroître leur participation dans l'orientation du développement économique québécois et d'intervenir dans d'autres secteurs que celui des services financiers. On crée à cet effet la Société d'investissement Desjardins (1974), qui prend des participations dans des entreprises industrielles, et le Crédit industriel Desjardins (1975), qui effectue des prêts aux entreprises. Vient enfin la Caisse centrale Desjardins (1981), qui mène des interventions sur le marché monétaire.

En 1984, le mouvement Desjardins est beaucoup plus qu'un rassemblement de caisses locales; il est devenu un véritable holding, dont l'actif total dépasse les 22 milliards de dollars. Il tire toujours sa force de plus d'un millier de caisses affiliées et de ses millions de sociétaires, mais possède également des sociétés financières et industrielles.

L'assurance. Le secteur de l'assurance, traditionnellement l'un des piliers du système financier, est en profonde mutation. L'assurance-vie est particulièrement touchée. Les consommateurs, attirés pendant longtemps par la sécurité qu'elle offre, découvrent ses désavantages en période d'inflation rapide, comme celle des années 1970, et se tournent de plus en plus vers d'autres modes d'épargne. Les assureurs-vie voient donc leur part du marché diminuer. La nature de leurs affaires se modifie: l'assurance collective croît plus rapidement que l'assurance individuelle, les polices temporaires plus que les polices permanentes. Ils jouent également un rôle accru dans la gestion de fonds de retraite et de régimes de rentes. À cause du volume considérable de capitaux qu'elles administrent, les compagnies d'assurance-vie restent extrêmement importantes pour l'investissement à long terme: obligations gouvernementales, financement des entreprises et prêts hypothécaires.

Les compagnies d'assurance générale œuvrent elles aussi dans un marché très concurrentiel qui a longtemps été dominé par des entreprises britanniques et américaines. La création de la Régie de l'assurance automobile en 1977 les force à réorienter en partie leur action. La protection des dommages matériels résultant des accidents d'automobiles ainsi que les assurances sur la propriété restent leurs deux principaux secteurs.

Le phénomène le plus marquant de la période est certainement l'essor des compagnies d'assurance québécoises francophones, telles l'Assurance-Vie Desjardins, L'Industrielle ou La Laurentienne dans l'assurance-vie, ou encore les groupes Commerce et Desjardins dans l'assurance générale. Tout comme pour les banques et caisses francophones, leur marché se trouve essentiellement au Québec où, selon une enquête gouvernementale, elles perçoivent 28,6% des primes en 1972 et 34% en 1978. Dans l'ensemble du Canada elles occupent une place encore plus minoritaire.

La fiducie. Les sociétés de fiducie connaissent une croissance fulgurante après 1960 et prennent une part accrue du marché financier. Surtout actives jusqu'alors comme fiduciaires — gérant des portefeuilles privés, administrant des successions, tenant le registre des actions de compagnies —, elles deviennent de plus en plus des intermédiaires financiers, acceptant des dépôts des particuliers et même, dans certains cas, permettant l'émission de chèques. Pour rejoindre le grand public, elles se dotent de succursales de plus en plus nombreuses. Au Canada, l'actif total de ces institutions passe de 1,3 milliard de dollars en 1960 à 58,5 milliards en 1984.

Au Québec, le monde fiduciaire est dominé par de grandes compagnies canadiennes comme le Royal Trust ou le Montreal Trust. Tout en étant nettement minoritaires, les entreprises francophones effectuent une percée. Aux plus anciennes — le Trust général du Canada (1902), la Société nationale de Fiducie (1918) — s'en ajoutent de nouvelles, telles la Fiducie Prêt et Revenu (1961) ou la Fiducie du Québec (1963). En outre, des francophones prennent le contrôle d'entreprises anglophones comme le Montreal Trust et la Fiducie Guardian.

La Bourse. En 1960, le Québec compte deux Bourses situées dans la métropole: la Bourse de Montréal et la Bourse canadienne. La première, créée en 1874, transige les valeurs les plus importantes tandis que la seconde, dont l'origine remonte à 1926, se spécialise dans les titres de jeunes sociétés ou d'entreprises moyennes. La Bourse canadienne n'a cependant pas très bonne réputation et, dans le but d'assainir le marché, elle fusionne avec la Bourse de Montréal en 1974.

Le marché boursier connaît des hauts et des bas, au gré de la conjoncture. Au total, cependant, il affiche au cours de la période une croissance tant du volume que de la valeur des transactions. Pourtant, le poids relatif des Bourses montréalaises est en net déclin par rapport à celui de la Bourse de Toronto. En 1960, elles traitent 33% de la valeur des transactions d'actions au Canada, contre 62% à Toronto et 5% à Calgary et Vancouver. En 1980, la part de marché de la Bourse de Montréal a dégringolé à 11% alors que Toronto obtient 84%. Un redressement s'opère par la suite et, en 1984, la part de la Bourse de Montréal est de 19%, celle de Toronto reculant à 76%.

Plusieurs facteurs concourent au déclin de Montréal: l'émergence de Toronto comme centre financier du pays; le choix de nombreuses compagnies américaines de n'inscrire leurs actions qu'à Toronto; le départ de Montréal d'un grand nombre d'investisseurs individuels ou institutionnels anglophones; le peu d'intérêt des francophones pour le marché boursier. La reprise du parquet montréalais après 1980 s'explique par l'arrivée d'une direction plus innovatrice, mais aussi par un changement d'attitude des francophones qui, en nombre croissant, acquièrent des actions. Un facteur déterminant à cet égard est la création, par le gouvernement du Québec, du régime d'épargne-actions (REA). En plus de favoriser l'accès des francophones à l'actionnariat, le programme incite plusieurs entreprises moyennes à s'inscrire à la bourse. Le krach boursier d'octobre 1987 vient toutefois freiner cet essor. Il faut mentionner aussi l'action déterminante de la Caisse de dépôt qui effectue d'importantes transactions sur la place montréalaise.

La croissance du marché boursier favorise celle des courtiers en valeurs mobilières qui, en plus de transiger actions et obligations, jouent un rôle clé d'intermédiaires dans le financement obligataire des entreprises privées, des gouvernements, des municipalités et des administrations scolaires et hospitalières. La concentration du marché financier à Toronto favorise évidemment les grandes maisons de courtage canadiennes ou même américaines. En 1984, parmi les quinze plus importantes sociétés, une seule, Lévesque Beaubien, est francophone. Cependant, le développement du marché au Québec même permet la montée de maisons de courtage francophones qui, tout en étant modestes à l'échelle canadienne, prennent une part accrue du marché québécois où elles concentrent d'ailleurs leurs activités.

Les autres institutions. La période 1960-1985 est marquée par la perte de vitesse des «compagnies de finance» spécialisées dans les petits prêts à des taux élevés. La pénétration accrue des banques dans le champ du prêt à la consommation, après la réforme de 1967, puis la généralisation des cartes de crédit, avec Chargex (devenue Visa) et Master Card, banalisent le crédit à la consommation et le rendent accessible à la majorité de la population.

Les entreprises voient elles aussi s'améliorer les possibilités de financement. Au début de la période elles sont souvent handicapées dans leur développement par la difficulté d'obtenir des capitaux. De façon générale, les petites et moyennes entreprises sont défavorisées, notamment celles qui démarrent ou qui doivent réaliser une importante expansion, celles qui appartiennent à des francophones et celles qui sont situées loin des grands centres. Des institutions financières sont donc mises sur pied pour aider la PME francophone et appuyer le développement régional. Les Sociétés d'entraide économique, par exemple, nées au Saguenay, se répandent dans les autres régions et connaissent une croissance fulgurante dans les années 1970; elles sont cependant ébranlées par une crise profonde en 1981 et doivent se réorganiser complètement en liquidant une grande partie de leurs actifs. Les Sociétés de développement de l'entreprise québécoise (SODEQ), qui visent à fournir du capital de risque aux PME et qui obtiennent des fonds grâce à l'octroi d'abattements fiscaux, échouent lamentablement. D'autres sociétés, par contre, bâties sur des assises plus solides, sont formées pour fournir du capital de risque et appuyer les jeunes entreprises. La plupart des grandes institutions financières créent à cette fin des filiales telles Novacap, la Société d'investissement Desjardins ou le Crédit industriel Desjardins. Le gouvernement québécois intervient aussi dans ce secteur par la Société de développement industriel. À la fin de la période, une commission d'enquête conclut que le problème des PME n'est plus l'accès au financement mais plutôt la sous-capitalisation chronique et, en corollaire, le sur-endettement. Parmi les autres types d'institutions financières, il faut signaler enfin les Fonds mutuels qui connaissent une popularité croissante.

Les groupes financiers. Au-delà de chacun des sous-secteurs qui composent le secteur financier, il faut souligner la tendance à la concentration. Pendant la plus grande partie de la période, l'univers financier canadien et québécois est dominé par la «théorie des quatre piliers» qui veut que les quatre grandes activités de base — banque, assurance, fiducie et courtage — soient exercées de façon séparée par des entreprises distinctes. Au début des années 1980 se manifeste toutefois, aussi bien aux États-Unis qu'au Canada, une tendance au décloisonnement qui permettrait la création d'un guichet unique où le consommateur pourrait effectuer à la fois des transactions bancaires, l'achat d'assurance et la vente d'actions.

Plus importante que le décloisonnement est la formation de groupes financiers qui possèdent des entreprises œuvrant chacune dans des secteurs distincts mais complémentaires. L'exemple du mouvement Desjardins est révélateur à cet égard. Au Québec, plusieurs groupes francophones sont ainsi constitués. Le plus considérable est celui du financier Paul Desmarais qui, par l'intermédiaire du groupe Power, contrôle l'une des grandes compagnies canadiennes d'assurance, la Great West, une société de fiducie, le Montreal Trust, et une société d'investissements et de fonds mutuels, Investors Group. De même, le groupe La Laurentienne, de Québec, en plus de contrôler de nombreuses compagnies d'assurance, met la main sur la Banque d'épargne et obtient des participations dans diverses sociétés financières. D'autres groupes — Prêt et Revenu, Sodarcan, Les Coopérants — illustrent le même phénomène, à une échelle plus modeste.

La finance canadienne-française. La période 1960-1985 est ainsi témoin d'une véritable percée des francophones dans le monde financier. Plusieurs facteurs y contribuent: la hausse marquée du revenu des Québécois de langue française, le relèvement du niveau de scolarisation, la montée d'une nouvelle génération de gestionnaires, l'impact du nationalisme et l'important appui du gouvernement québécois et de ses organismes, en particulier la Caisse de dépôt. Cette percée n'est cependant pas un phénomène de génération spontanée; elle s'appuie sur l'existence d'institutions financières francophones solidement implantées depuis des décennies et qui, telles les banques et les caisses populaires, quadrillent le marché québécois. Tout en modernisant leurs structures et leur modes d'intervention, ces institutions sont en mesure de recueillir les épargnes beaucoup plus substantielles dont disposent maintenant les Canadiens français. Leur caractéristique principale est toutefois la forte concentration de leurs activités au Québec. Malgré plusieurs tentatives, elles arrivent mal à percer au Canada anglais.

De leur côté, les institutions financières anglophones ont longtemps eu tendance à se désintéresser du marché français du Québec. Qui plus est, le nationalisme québécois semble provoquer d'abord chez elles une attitude de repli, sinon de désarroi. Mais à l'orée des années 1970, on assiste à un revirement: les grandes maisons d'affaires anglophones choisissent la voie de l'adaptation plutôt que celle de la résistance. Elles partent à la reconquête du marché québécois par une francisation beaucoup plus poussée de leurs activités et de leur personnel au Québec. Ainsi, soit par les entreprises qu'ils contrôlent directement, soit à titre de gestionnaires de sociétés canadiennes, les francophones occupent sur la scène financière une place beaucoup plus considérable qu'en 1960.

Le commerce

Tout comme dans l'après-guerre, l'activité commerciale représente de 11% à 12% du PIB québécois, et occupe de 13% à 15% de la population active. Le nombre de personnes employées dans le commerce double presque en vingt ans, avec un taux annuel moyen de croissance de 3,3%, à peine inférieur à celui de l'après-guerre (3,7%).

Dans le commerce de détail, les ventes passent de 4,2 à 14,3 milliards de dollars entre 1960 et 1976. Les magasins d'alimentation occupent la part du lion avec près du tiers des ventes, suivis des marchands d'automobiles qui connaissent, tout comme dans l'après-guerre, la plus forte croissance, avec un taux annuel moyen de 9,8%.

Outre la hausse du revenu personnel, d'autres facteurs expliquent ce phénomène: le remplacement de la production domestique par les produits achetés à l'extérieur de la maison, en particulier pour le vêtement et l'alimentation; la généralisation du crédit grâce d'abord à la vente à tempérament, puis à la carte de crédit; enfin, le développement de la publicité, le raffinement des stratégies de marketing, l'obsolescence rapide de certains biens et la multiplication des produits jetables, qui

Achats de Noël dans un grand magasin de Montréal, 1961. (Gar Lunney, ANC, PA-151640)

concourent à stimuler la consommation et même la surconsommation.

L'organisation du commerce de détail est l'objet de transformations amorcées depuis la guerre et qui s'accentuent après 1960. L'un des phénomènes les plus significatifs est la montée du centre commercial, liée à l'expansion de la banlieue et à la généralisation de l'automobile. Le Québec compte 55 centres commerciaux en 1961 et 223 en 1975. On les retrouve non seulement à la périphérie des métropoles, mais aussi dans toutes les villes moyennes, telles Saint-Hyacinthe, Drummondville ou Sept-Îles. Leur implantation menace les vieilles rues commerciales du centre qui doivent redéfinir leur vocation. À Montréal, la densité de l'habitat dans les quartiers plus anciens permet aux rues commerciales de rester actives et, au début des années 1980, l'administration municipale cherche à leur donner un nouvel essor au moyen de programmes de revitalisation.

L'allure même des centres commerciaux se transforme. Au début des années 1960, ce sont de simples rangées de magasins avec chacun une porte sur l'extérieur mais, dès la décennie suivante, prévaut le modèle de la galerie couverte où tout se passe à l'intérieur. Si la plupart sont de petite taille et conçus pour les besoins de la population environnante, les années 1970 voient émerger un nouveau type de centre à vocation régionale, abritant des centaines de magasins, boutiques et restaurants, et ajoutant une dimension culturelle aux activités commer-

Le centre commercial Fairview à Pointe-Claire. (*Le Journal de Montréal*)

ciales. Un troisième modèle se répand aussi: celui de la galerie de boutiques dans les édifices en hauteur du centre-ville, dont le prototype est la Place Ville-Marie de Montréal.

Dans les années 1960, les stratèges de la commercialisation continuent à viser une certaine homogénéisation du marché. Cela favorise les magasins qui offrent tout sous un même toit: les pharmacies deviennent des centres d'escompte, les quincailleries se changent en centres de rénovation, les hypermarchés se développent et les grands magasins essaiment vers la banlieue en multipliant leurs succursales. Dans les années 1970, s'affirme une tendance inverse vers la segmentation et la spécialisation du marché, en fonction non seulement du produit, mais aussi du niveau socio-économique (haut de gamme, bas de gamme), du sexe et de l'âge des clientèles. Les boutiques attirent dès lors une proportion croissante des consommateurs au détriment des grands magasins.

La période voit aussi l'essor des chaînes de magasins. Les chaînes corporatives ou magasins à succursales accaparent 18% des ventes du commerce de détail en 1960 et 35% en 1976. Pour résister à cette concurrence, les détaillants indépendants sont amenés à se regrouper, soit sous l'égide d'un grossiste (Provigo, par exemple), soit en créant une coopérative d'achat et de distribution (Métro-Richelieu ou Ro-Na). Au cours des années 1970 et 1980, le franchisage prend également un nouvel essor et touche non seulement le commerce de détail mais aussi la restauration et les services.

La croissance des chaînes favorise l'émergence de groupes québécois qui, soit par leur croissance interne, soit par des acquisitions, atteignent une taille respectable. Dans le commerce de l'alimentation, il y a d'abord Steinberg qui, de Montréal, étend graduellement ses activités au Québec et en Ontario, puis aux États-Unis, tout en s'impliquant dans le secteur des grands magasins, l'immobilier et, pendant un certain temps, l'industrie manufacturière. Arrive ensuite Provigo, résultat de la fusion en 1969 de trois grossistes régionaux; grâce à une série d'acquisitions, le groupe se hisse au premier rang du commerce alimentaire tout en achetant des chaînes de magasins dans d'autres domaines (pharmacies, articles de sport, vente par catalogue). Des groupes québécois s'affirment aussi dans divers autres secteurs du commerce de détail, mais leur poids relatif est moins considérable que dans l'alimentation et ils font face à la concurrence de groupes ontariens ou américains. Le caractère composite du commerce de détail explique cette grande diversité de situations selon les secteurs.

Les transports et communications

Le groupe des transports, communications et autres services publics (électricité, gaz et eau) rassemble, comme c'est souvent le cas pour le tertiaire, des activités disparates. Nous examinerons surtout le secteur des transports et celui des communications. Le poids de l'ensemble de ce groupe dans le PIB québécois passe de 13,2% en 1961 à 11,5% en 1981 et sa part de la population active de 9,1% à 7,6%.

Les transports. L'automobile, qui s'est généralisée dans l'après-guerre, accroît son emprise après 1960. Le pourcentage des ménages possédant au moins une auto passe de 56% en 1960 à 75% en 1976; quant à celui des ménages possédant deux autos et plus, très faible en début de période, il atteint 15% en 1976. Le parc automobile passe ainsi, entre 1960 et 1970, de 1,1 à 3,2 millions de véhicules (dont 2,6 millions de voitures particulières). Cette évolution donne naissance à une véritable civilisation de l'automobile, autour de laquelle s'organisent l'habitat et la vie quotidienne. Elle a aussi des effets spécifiques sur le monde des transports.

À l'époque duplessiste, le Québec a accumulé un retard certain dans l'aménagement et la modernisation de son réseau routier. De 1960 jusqu'au milieu des années 1970, l'État doit donc investir des sommes colossales pour combler ce retard et répondre à la demande qui continue de s'accroître: asphalter les routes de terre, élargir et redresser la plupart des voies existantes et aménager un réseau d'autoroutes.

La préférence de la population pour l'automobile a comme conséquence une désaffection à l'égard du transport en commun. En milieu urbain, à l'exception du trajet aller-retour au travail lors des heures de pointe, les transporteurs publics attirent surtout les jeunes et les personnes âgées. À compter du début des années 1970, leur situation déficitaire entraîne une intervention gouvernementale, accompagnée de subventions, pour réorganiser ce secteur et créer des sociétés régionales de transport.

La souplesse qu'offre le transport routier explique aussi le succès du camion. Avec ses 373 768 véhicules en 1979, le camionnage est une activité complexe où les livreurs des magasins côtoient les camionneurs de longue distance et où des milliers de petits artisans ne possédant

Manutention de conteneurs dans le port de Montréal. (*Le Journal de Montréal*)

qu'un camion font concurrence à de grandes entreprises disposant de plusieurs centaines de véhicules. Là comme dans bien d'autres secteurs, la concentration des entreprises devient beaucoup plus poussée.

Le transport des marchandises est révolutionné par un nouveau venu, le conteneur, qui s'impose au cours des années 1960. Il offre une souplesse accrue, en particulier pour le transport international, puisqu'on peut le charger sur un bateau ou un train pour les longs trajets, puis sur un camion pour le livrer à destination. Au cours des années 1970, le conteneur est un facteur clé de la relance du port de Québec, puis de celui de Montréal.

L'avion joue aussi un rôle accru, avec l'essor du fret aérien. Mais la véritable révolution dans ce secteur est l'avènement du transport de masse, favorisé par l'augmentation de la taille et de la portée des appareils: aux longs courriers du début des années 1960, les DC-8 et Boeing 707, succèdent dans la décennie suivante les gros porteurs que sont le Boeing 747, le DC-10 ou le L-1011. Sur les trajets plus courts, le DC-9 puis les Boeing 727 et 737 marquent un net changement par rapport à leurs prédécesseurs. Les vols réguliers et le nombre de passagers sont en hausse rapide après 1960. La popularité croissante des vols organisés (charters) vers les destinations de vacances rend encore plus accessible ce moyen de transport. La hausse du coût du pétrole, à la fin des années 1970, puis la crise de 1982, mettent un frein à la croissance rapide et perturbent ce secteur pendant quelques années.

Au Québec, le transport aérien est toujours dominé par Air Canada, mais les entreprises régionales s'affirment également. Quebecair relie Montréal et Québec aux régions de l'Abitibi, du Saguenay, du Bas-Saint-Laurent, de la Gaspésie et de la Côte-Nord. L'entreprise, qui change plusieurs fois de propriétaires, connaît de sérieuses difficultés à l'orée des années 1980 et est prise en main par l'État québécois qui la revend à une entreprise privée en 1986. Nordair qui, depuis Montréal, dessert le Nord canadien ainsi que certaines villes du Québec et de l'Ontario, affiche une forte croissance et devient l'objet d'une bataille entre Québec, qui voudrait fusionner l'entreprise à Quebecair, et le gouvernement fédéral qui, après l'avoir annexée à Air Canada, la privatise. Nordair et Quebecair se retrouvent, en bout de course, sous le giron de CP Air, devenue Lignes aériennes Canadien International.

Les communications. Avec près de 3% du PIB, les communications représentent un secteur important, dont le poids relatif dépasse celui de l'agriculture ou des mines. Le nombre d'employés y passe de 41 370 en 1971 à 66 250 en 1981. Les plus gros employeurs y sont les entreprises de téléphone, suivies des postes, puis de la radio-télévision.

Le monde des communications est particulièrement marqué par la révolution technologique. L'ordinateur, le transistor, le satellite, la fibre optique modifient l'équipement et la façon dont les informations sont transmises. L'automatisation est de plus en plus poussée, affectant tout autant les centraux téléphoniques que le tri postal. À elle seule, la télévision témoigne d'un grand nombre de transformations techniques après 1960: passage du noir et blanc à la couleur, du film au ruban magnétoscopique, miniaturisation des appareils, pénétration du câble puis du cablo-sélecteur.

La diffusion devient d'ailleurs une grosse affaire. Entre 1960 et 1979, le nombre de stations de télévision passe de 9 à 16 et leurs recettes d'exploitation grimpent en flèche, de 4,4 à 120 millions de dollars; les stations de radio voient leur nombre doubler (de 42 à 86) et leurs recettes monter de 10,6 à 77 millions. Les sociétés de télédistribution, peu importantes en 1960, génèrent des recettes de 61 millions en 1979. L'entreprise la plus rentable est Télé-Métropole, jusqu'en 1986 seule station privée francophone à exploiter le riche marché montréalais. À côté des réseaux publics de Radio-Canada, puis de Radio-Québec, se constituent des réseaux privés: Télémedia et Radio-mutuel pour la radio; TVA et CTV (Toronto), puis Quatre Saisons pour la télévision. Des groupes privés se forment, contrôlant plusieurs stations et parfois d'autres médias. Ainsi, Télémedia, en plus d'être radiodiffuseur, publie des magazines à grand tirage et investit dans la téléphonie cellulaire. Henri-Paul Audet, propriétaire de stations à Trois-Rivières et à Sherbrooke, forme le groupe Cogeco; à Montréal, Jean Pouliot acquiert CFCF, puis crée la station Quatre Saisons. Dans la télédistribution, Vidéotron, fondée en 1964 par André Chagnon, acquiert Télécable de Québec en 1978, puis Cablevision nationale en 1980, et devient la principale entreprise de ce sous-secteur.

Les journaux font partie de l'univers des médias même si, dans les statistiques, on les classe dans l'industrie manufacturière (édition) plutôt qu'avec les communications. On y relève également une tendance à la concentration qui va en s'accentuant. En 1968 Paul Desmarais acquiert *La Presse*, longtemps propriété de la famille Berthiaume-Du Tremblay; en 1973, il y ajoutera *Montréal Matin* qu'il devra cependant fermer quelques années plus tard; son groupe comprend également des quotidiens régionaux. L'étoile montante est cependant Pierre Péladeau, propriétaire d'hebdomadaires de quartier, qui crée *Le Journal de Montréal* en 1964 puis, sous le nom de Quebecor, un important groupe d'édition et d'impression. Un troisième groupe, Unimedia, propriété de Jacques Francœur, publie des hebdomadaires et achète *Le Soleil* de Québec avant de passer sous la coupe du financier torontois Conrad Black. Le mouvement de concentration de la presse canadienne de langue anglaise a ses répercussions à Montréal, où il provoque la fermeture du *Montreal Star* au profit de la *Gazette*, propriété du groupe Southam.

La concentration est visible également dans la téléphonie où, en 1979, 99% des appareils appartiennent soit à Bell ou à sa filiale Télébec, soit à Québec-Téléphone, propriété d'une compagnie américaine et qui dessert l'Est du Québec. Bénéficiant d'une position de monopole sur leur territoire, ces compagnies profitent de la croissance considérable de la demande de services téléphoniques. Pour y répondre, elles investissent dans l'automatisation accrue de l'équipement plutôt que de recourir à la création de milliers d'emplois de téléphonistes.

Dans la téléphonie comme dans les médias, les changements technologiques accélèrent la rapidité des communications, permettent d'en augmenter le volume et, ultimement, en modifient la nature même, en particulier leur contenu culturel, un aspect fondamental qui sera abordé plus loin.

Les services socio-culturels, commerciaux et personnels

Au sein du tertiaire, le plus grand secteur est incontestablement celui des services, qui accapare 14% du PIB en 1961, 21% dix ans plus tard et près de 24% en 1981. Sa place dans la main-d'œuvre active est considérable (tableau 1), passant de 20% à 28%.

Les services socio-culturels. L'éducation, la santé et les services sociaux prennent la part du lion dans ce vaste sous-secteur, puisque ensemble ils emploient 8,7% de la population active en 1961 et 14,2% vingt ans plus tard. Les chapitres sur l'éducation et les politiques sociales permettront de les examiner plus en profondeur.

Les progrès des activités de divertissement et de loisir sont également inscrits dans les statistiques de la population active. Il s'agit d'effectifs modestes mais en nette croissance: 9944 en 1961, 17 125 dix ans plus tard et 34 660 en 1981. Les organisations religieuses subissent un destin différent, reflet de la remise en question du rôle de l'Église dans les années 1960: après une chute de 23 699 à 17 065, on observe pendant la décennie suivante une légère reprise: 21 735 en 1981.

Les services aux entreprises. Avec des effectifs bien inférieurs à ceux des services socio-culturels, les services fournis aux entreprises affichent une croissance nettement plus rapide, doublant leur personnel à chaque décennie pour passer de 25 601 en 1961 à 105 930 en 1981.

Les effectifs des cabinets de comptables et des bureaux d'ingénieurs croissent à un rythme annuel moyen de près de 6%; ceux des études d'avocats et de notaires, de 4,6%. De nouveaux types de services sont en émergence, tels les cabinets de conseils en gestion ou les services d'informatique, alors que le personnel des agences de sécurité et d'enquête augmente de façon appréciable.

Cette croissance reflète une évolution de la culture de l'entreprise, qui fait beaucoup plus appel à des experts pour résoudre des problèmes particuliers. Elle témoigne aussi d'une transformation en profondeur des professions libérales. Le Québec de 1981 compte 27 850 architectes et ingénieurs, 37 620 comptables, vérificateurs et autres agents financiers, 8665 avocats et notaires. L'époque où chacun d'entre eux était un travailleur indépendant et avait sa propre étude est révolue. Certes, plusieurs ont encore une pratique privée individuelle, mais la grande majorité se retrouvent soit salariés des administrations publiques et des grandes entreprises, soit membres ou employés d'un grand cabinet privé.

La période est caractérisée là aussi par une tendance à la concentration et par l'émergence de grandes entreprises, en particulier chez les ingénieurs et les comptables. Dans le génie conseil, Lavalin et SNC, comptant chacun plusieurs milliers d'employés, émergent comme chefs de file, et de nombreux autres bureaux atteignent une taille respectable. La montée de grandes sociétés francophones de génie conseil et leur présence à l'échelle internationale doit beaucoup à l'appui du gouvernement québécois et à celui du *French power* à Ottawa. Les travaux de construction routière et d'aménagement des grands barrages leur permettent de développer une expertise qu'elles sont en mesure d'exporter ensuite vers les pays du Tiers monde, dans le cadre de projets financés par l'Agence canadienne de développement international (ACDI).

En comptabilité, le champ d'activité est plus centré sur le Québec ou le Canada. De grandes sociétés francophones se constituent en regroupant des cabinets déjà bien implantés dans leurs villes d'origine. De façon générale, les francophones se taillent une place beaucoup plus importante dans l'ensemble des services aux entreprises même si dans certains domaines, comme la publicité, les sociétés anglophones restent très présentes.

Les autres services. Parmi les autres services, le secteur de l'hébergement et de la restauration (161 510 personnes en 1981) occupe une place significative, qui témoigne à la fois du poids du tourisme dans l'économie québécoise et de la consommation accrue de repas à l'extérieur de la maison. C'est un secteur de main-d'œuvre à bas salaire, en partie saisonnière ou à temps partiel. La petite entreprise de type familial y domine nettement. Le phénomène des chaînes y prend une importance considérable mais, dans beaucoup de cas, les établissements sont exploités en franchise par des propriétaires individuels. Si certaines chaînes québécoises se développent (Auberges des gouverneurs, dans l'hôtellerie; Marie-Antoinette ou Rôtisseries Saint-Hubert, dans la restauration), les chaînes américaines sont aussi très présentes (Holiday Inn, McDonald). À Montréal, la restauration est le lieu privilégié d'expression de l'entrepreneurship des Québécois d'origine grecque, qui en viennent à contrôler la majorité des établissements.

L'administration publique et la défense

La part de la main-d'œuvre active employée directement par les trois paliers de gouvernement passe de 5,6% en 1961 à 7% en 1981 (tableau 1). Ces chiffres ne comprennent pas le vaste secteur parapublic (enseignants, employés d'hôpitaux, personnel des sociétés d'État), dont les effectifs sont comptabilisés ailleurs. Même si le personnel de la défense diminue légèrement (de 24 417 à 22 020), le gouvernement fédéral (43 962 en 1961 et 81 230 en 1981) continue à embaucher plus que celui du Québec (20 971 et 75 510), quoique l'écart entre les deux se rétrécisse. Les administrations municipales ou locales, qui dépassaient le gouvernement provincial en 1961 (33 747), se retrouvent au troisième rang en 1981 (60 125).

La part directe de l'administration publique et de la défense dans le PIB passe de 5,1% en 1961 à 8,2% en 1981. La part des gouvernements dans l'économie est cependant beaucoup plus élevée que cela, étant donné leur forte présence dans d'autres secteurs d'activité comme les transports, communications et services publics ou les services socio-culturels. L'action gouvernementale fait l'objet d'analyses plus détaillées dans d'autres chapitres.

* * *

Ainsi, le tertiaire rassemble des activités économiques fort disparates. Au-delà des caractéristiques propres à chacun des secteurs, des phénomènes de fond se manifestent de façon nette depuis 1960: impact des nouvelles technologies, concentration des entreprises et montée des sociétés francophones.

ORIENTATIONS BIBLIOGRAPHIQUES

BÉLANGER, Gérard, «Le transport urbain», *Annuaire du Québec 1977 / 1978*, p. 1090-1096.

«Les institutions financières canadiennes et québécoises à l'heure du changement», numéro thématique de *Forces*, 72 (automne 1985), 115 p.

QUÉBEC. *Comptes économiques du Québec. Revenus et dépenses. Estimations annuelles 1961-1975*. Québec, Éditeur officiel, 1977. 22 p.

— *Comptes économiques des revenus et des dépenses. Québec 1971-1983*. Québec, Bureau de la statistique du Québec, 1985. 126 p.

— *L'épargne. Rapport du groupe de travail sur l'épargne au Québec*. Québec, Éditeur officiel, 1980. 625 p.

RYBA, André. *Le rôle du secteur financier dans le développement du Québec: un essai de finance régionale*. Montréal, Centre de recherches en développement économique, Université de Montréal, 1974. 347 p.

— «Le secteur financier et le développement économique du Québec», *Actualité économique*, 50, 3 (juillet-septembre 1974), p. 379-400.

VIRTHE, Gérard, «Commerce de détail et services: des secteurs en constante évolution au Québec», *Annuaire du Québec 1977 / 1978*, p. 1197-1204.

Chapitre 36

LES INÉGALITÉS RÉGIONALES DU DÉVELOPPEMENT ÉCONOMIQUE

Dans tous les pays industrialisés, le développement économique n'affecte jamais de la même manière l'ensemble de l'espace, la combinaison de ressources particulières dans les différentes régions formant, à l'échelle du pays, une mosaïque de zones qui sont à des stades divers de développement et de prospérité.

L'indice le plus visible en est généralement la distribution de la population dans l'espace; celle-ci, en effet, tend à se déplacer vers les endroits où les possibilités de travail, donc de revenu, sont les meilleures. Le Québec ne fait pas exception à la règle. À partir du peuplement agricole primitif, des régions se sont créées et ont connu des rythmes de développement divers qui les ont différenciées. L'industrialisation, en favorisant la concentration dans les villes, accentue ce déséquilibre.

C'est au moment où l'exode rural s'achève, au cours des années 1960, que les autorités politiques s'intéressent à ces phénomènes. L'opinion publique, aussi, devient plus sensible aux disparités régionales. De plus, la conviction se répand que ces inégalités peuvent être corrigées par la concertation et l'intervention systématique des gouvernements.

La mesure des disparités

Le découpage du territoire du Québec en régions peut se faire de bien des manières, selon que l'on considère les caractères physiques d'un lieu, son histoire ou encore les perceptions des gens qui l'habitent. En 1965, le ministère de l'Industrie et du Commerce du Québec propose la division en dix régions administratives, largement acceptée et utilisée depuis en dépit des critiques qui lui sont faites (carte 1).

CARTE 1

LES RÉGIONS ADMINISTRATIVES DU QUÉBEC

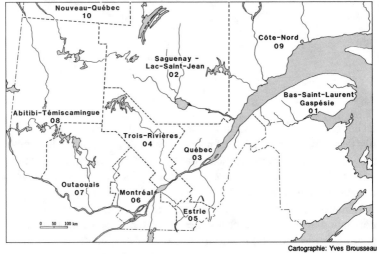

Cartographie: Yves Brousseau

Source: Bureau de la statistique du Québec

Au point de vue démographique, le phénomène le plus saisissant est le poids énorme de la région montréalaise, qui rassemble plus de la moitié de la population, et conséquemment la faiblesse relative des effectifs des autres régions, à l'exception de celle de Québec (tableau 1). L'importance de la région de Montréal n'est pas nouvelle, puisqu'elle remonte au 19e siècle. Par contre, le déséquilibre des régions s'accentue sans cesse: en 1931, à l'extérieur de Montréal, trois d'entre elles comptent chacune pour plus de 9%, alors que cinquante ans plus tard, il n'y en a plus qu'une seule. La période 1961-1981 est marquée par un déclin général, sauf pour Montréal, l'Outaouais et la Côte-Nord-Nouveau-Québec.

Les données sur le revenu disponible per capita (tableau 2) montrent également des écarts considérables. Par exemple, en 1961, la zone la moins favorisée, celle du Bas-Saint-Laurent-Gaspésie, dépasse à peine la moitié de la moyenne québécoise, tandis que celle de la sous-région de Montréal-centre (Île de Montréal et Île Jésus) affiche un revenu très supérieur. L'évolution des revenus entre 1971 et 1981 fait apparaître

Tableau 1

RÉPARTITION TERRITORIALE DE LA POPULATION, QUÉBEC,

	Régions	1931	1961	1981
01	Bas-Saint-Laurent-Gaspésie	9,4	4,7	3,6
02	Saguenay-Lac-Saint-Jean	3,7	5,2	4,7
03	Région de Québec	13,9	16,3	16,0
04	Trois-Rivières	6,7	7,9	6,9
05	Estrie	9,8	4,0	3,7
06	Région de Montréal	50,2	53,5	56,4
07	Outaouais	4,0	3,9	4,2
08	Abitibi-Témiscamingue	1,5	2,9	2,4
09	Côte-Nord	0,7	1,5	1,8
10	Nouveau-Québec	0,1	0,1	0,3

Source: Annuaires du Québec; Recensements.

une tendance très nette à la réduction des écarts. Ce phénomène est sans doute lié aux efforts des gouvernements, mais il doit être en partie attribué au ralentissement que connaît la région de Montréal, à l'essor de l'exploitation des richesses naturelles sur la Côte-Nord et au développement urbain de l'Outaouais. Malgré tout, des écarts importants subsistent.

Le niveau de chômage constitue un autre indice des disparités régionales. Même s'il augmente partout, le chômage des régions du centre, comme celle de Montréal ou de Québec, reste nettement inférieur à celui des autres régions (tableau 3).

La prise de conscience

Les inégalités régionales constituent donc une réalité profonde. Toutefois, avant 1960, on ne cherche pas vraiment à les réduire, les considérant comme allant de soi. Les régions rurales ayant joué un rôle de tampon durant la crise, il n'est pas étonnant que, dans la foulée de la prospérité d'après-guerre, les populations quittent ces zones défavorisées pour aller grossir les centres plus développés.

Cette situation s'explique par l'histoire même du développement régional. Depuis l'ouverture de la plupart des régions à la colonisation agricole, l'initiative du développement économique venait toujours de l'extérieur: qu'il s'agisse de l'exploitation des richesses naturelles ou

TABLEAU 2

REVENU DISPONIBLE PER CAPITA, PAR RÉGION, 1961, 1971, 1981

Région	1961		1971		1981	
	$	Indice	$	Indice	$	Indice
Bas-Saint-Laurent-Gaspésie	739	55,0	1 616	65,0	4 981	62,1
Saguenay-Lac-Saint-Jean	972	72,0	1 914	78,0	7 379	92,0
Québec	1 088	81,0	2 374	96,0	7 580	94,6
Trois-Rivières	1 037	77,0	2 122	86,0	6 535	81,5
Estrie	1 032	77,0	2 253	91,0	6 834	85,2
Montréal	1 642	122,0	2 718	110,0	8 752	109,1
(Montréal-Sud)	1 218	90,0	2 307	93,0	8 443	105,3
(Montréal-Centre)	1 864	138,0	2 969	120,0	9 218	115,0
(Montréal-Nord)	1 154	86,0	2 195	89,0	7 547	94,1
Outaouais	1 119	83,0	2 217	90,0	7 713	96,1
Abitibi-Témiscamingue	917	68,0	2 020	82,0	7 086	88,3
Côte-Nord et Nouveau-Québec	1 235	92,0	2 377	96,0	9 013	112,4
Moyenne québécoise	1 347	100,0	2 470	100,0	8 018	100,0

Source: *Annuaire du Québec 1979-1980*, 451; *The Financial Post, Canadian Markets*. 1982, p. 119.

des projets de colonisation des années 1930, les décisions étaient prises à Montréal ou à Québec, quand ce n'était pas à Toronto ou à New York. De plus, dans l'ensemble, les décisions émanaient surtout du secteur privé. Les interventions gouvernementales en régions, tant fédérales que provinciales, se caractérisaient généralement par leur côté ponctuel, désordonné et partisan. L'exemple classique est celui de la voirie.

La volonté de modifier cette situation ne s'affirme que lentement. Déjà, la crise provoque une première prise de conscience, qui se traduit par des travaux de recherche sur des régions et le projet d'une série d'inventaires régionaux piloté par Esdras Minville au milieu des années 1930. Durant les années 1940 et 1950, à côté de l'éphémère Conseil d'orientation économique du Québec mis sur pied par le gouvernement Godbout en 1943, ce sont des associations locales, comme les chambres de commerce, qui commencent à parler de concertation pour stimuler le développement économique. Dès 1946, le Saguenay se dote d'un conseil d'orientation économique et le Bas-Saint-Laurent fait de même en 1956.

Cependant, il faudra la conjonction d'un certain nombre d'événe-

TABLEAU 3

TAUX DE CHÔMAGE PAR RÉGION

Région	1961	1971	1981
Bas-Saint-Laurent-Gaspésie	8,25	15,99	17,9
Saguenay-Lac-Saint-Jean	8,63	15,37	12,9
Région de Québec	3,68	8,69	10,7
Région de Trois-Rivières	4,83	12,24	11,3
Estrie	3,75	9,25	11,1
Région de Montréal	3,64	9,36	9,3
Outaouais	5,02	9,25	11,6
Abitibi-Témiscamingue	8,66	12,77	14,9
Côte-Nord-Nouveau-Québec	7,17	11,0	14,9
Moyenne québécoise	4,4	10,05	10,4

Source: A.-G. GAGNON, *Développement régional, État et groupes populaires*, p. 68.

ments pour que l'idée même de développement régional fasse son chemin, chez les gouvernants d'abord, puis dans l'ensemble de la population. À la suite d'une enquête du Sénat canadien menée à la fin des années 1950, on s'inquiète de la grande pauvreté sévissant dans les milieux ruraux. Peu après, en 1961, le gouvernement fédéral, par la Loi sur l'aménagement rural et la remise en valeur des terres agricoles (ARDA), se donne un instrument pour intervenir dans l'aménagement régional, de concert avec les provinces participantes. Peu après son arrivée au pouvoir, le gouvernement de Jean Lesage crée le Conseil d'orientation économique du Québec en 1961. Cet organisme reçoit un double mandat: préparer un plan d'aménagement global et conseiller le gouvernement sur les questions économiques. Le Québec se dote ainsi de sa première structure de planification. C'est d'ailleurs une époque où la notion de planification économique connaît une popularité croissante liée aux expériences européennes de l'après-guerre.

Une région pilote: l'Est du Québec

Cependant, au niveau de la planification régionale, l'initiative la plus marquante revient au conseil d'orientation économique du Bas-Saint-Laurent qui, en 1963, propose au gouvernement de faire de cette région un territoire pilote d'aménagement. La décision est prise rapidement et, après avoir accepté de participer au programme ARDA, le gouverne-

Un village de la zone des Appalaches, Saint-Léon-de-Standon. (Tourisme Québec)

ment québécois met sur pied le Bureau d'aménagement de l'Est du Québec (BAEQ), qui constitue l'une des expériences les plus poussées de planification régionale qu'aient connues le Québec et le Canada.

La structure du BAEQ est relativement souple et fait place à une certaine représentation régionale. Le mandat qu'il reçoit en 1963 est vaste: préparer pour 1966 un plan directeur d'aménagement. D'entrée de jeu, le bureau met de l'avant une stratégie de participation des populations visées. Une équipe d'animateurs envoyés sur le terrain est chargée d'aider la population à s'organiser. Parallèlement, on entreprend une série d'études sur les différentes facettes de la réalité régionale, mettant à contribution les méthodes et les techniques des sciences sociales. On a dit du BAEQ qu'il a constitué un véritable laboratoire des sciences sociales: au plus fort des travaux, en 1965, 65 chercheurs et 20 animateurs sociaux s'affairent au projet. Ce sont pour la plupart des jeunes diplômés d'université. Les travaux préparatoires du BAEQ constituent ainsi une mine documentaire d'une ampleur impressionnante.

En 1966, le bureau dépose son plan en dix volumes. Le but est de permettre à la région de rattraper la moyenne québécoise, particulièrement en termes d'emplois, de productivité et de revenus. On définit pour cela quatre objectifs: la mobilité géographique et professionnelle de la main-d'œuvre, l'établissement d'un cadre institutionnel de planification et de participation, l'éclosion d'une conscience régionale, et la structuration rationnelle de l'espace régional.

Pendant de longs mois, aucune suite n'est donnée à ces travaux. Dans la région, un comité de liaison s'organise, puis, en 1967 un Conseil régional de développement pour faire pression sur les gouvernements. Finalement, au printemps 1968, Ottawa et Québec signent une entente prévoyant consacrer 258 millions de dollars en cinq ans à l'aménagement de la région. La deuxième phase de l'opération peut commencer.

L'enthousiasme de la population tombe très vite après la période d'euphorie initiale. On se rend compte que des projets très populaires, comme la réorganisation du réseau routier et l'industrialisation du territoire, ne sont pas retenus. De plus, quand on apprend que les projets les plus importants concernent la relocalisation de la population et aboutissent à fermer une dizaine de villages, la déception est générale. Puis, quand il est question de fermer d'autres paroisses ou, comme à Cabano, de faire transformer à l'extérieur les produits de la forêt, la colère éclate. Devant ces résistances, et compte tenu de la lenteur et de la complexité avec lesquelles d'autres projets sont implantés, l'objectif de rattrapage semble compromis. À la fin de la période, les décalages importants entre la région et le reste du Québec subsistent toujours. Seuls les écarts de revenus se sont amenuisés, mais c'est plutôt grâce aux paiements de transferts qu'à cause d'un véritable démarrage économique de la région.

Développement régional et décentralisation

Parallèlement à l'expérience du Bas-Saint-Laurent–Gaspésie, les gouvernements éprouvent le besoin de structurer leur action en se dotant d'instruments d'intervention. Le Conseil d'orientation économique est remplacé, en 1968, par un nouvel organisme, l'Office de planification et de développement du Québec (OPDQ), dont le rôle comprend la planification d'ensemble et la gestion de projets de nature régionale. Il a comme interlocuteurs des Conseils régionaux de développement

(CRD) qui, formés de représentants du milieu, sont apparus dans presque toutes les régions au cours des années 1960.

Le fédéral, quant à lui, opte pour une stratégie différente. Déjà responsable de l'existence du programme ARDA, il prend d'autres initiatives en créant, par exemple, l'Agence de développement régional en 1963, ou le Fonds de développement économique rural (FODER) en 1966. En 1969, il crée un ministère de l'Expansion économique régionale dans le but de contrôler l'orientation de cet important secteur d'intervention, dans lequel les gouvernements provinciaux sont très actifs. Chargé de la gestion de tous les programmes existants, ce ministère intervient par des subventions, des programmes de main-d'œuvre et des projets d'études et de recherches.

Outre ces différentes structures liées directement au développement régional, les gouvernements pratiquent assez systématiquement une politique de décentralisation administrative. Le Québec installe des bureaux dans toutes les régions administratives, tandis que l'action du gouvernement fédéral s'articule autour de trois axes: ouverture de bureaux régionaux dans les villes moyennes, redéploiement de l'administration centrale dans la région d'Ottawa-Hull et déménagement de certains services administratifs à l'extérieur de la région de la capitale. Ces politiques bénéficient aux villes moyennes, où elles stimulent l'emploi dans le secteur des services. Ainsi, la ville de Hull et sa région immédiate sont transformées par les constructions de tours à bureaux et de nouvelles zones résidentielles.

Parallèlement, le gouvernement du Québec mène une politique de décentralisation de ses services de santé, d'éducation, de sécurité sociale et de culture. L'implantation et le développement des hôpitaux, des CLSC, des polyvalentes, des cégeps, des constituantes du réseau de l'université du Québec entraînent, dans les villes d'accueil, des retombées économiques directes et indirectes importantes. Dans le cas des villes des régions défavorisées, cet apport des employés des secteurs public et parapublic assure une base économique solide, tout en contribuant à animer la vie socio-politique et culturelle locale.

Malgré ces efforts, des problèmes d'orientation importants subsistent. Durant les années 1960, le gouvernement du Québec opte, après une période de flottement, pour une stratégie globale de décentralisation de la croissance économique. En clair, il s'agit de tenter d'inverser la tendance au développement industriel d'un unique pôle, Montréal, et de stimuler la croissance dans les autres régions. Au cours

Protestation contre la fermeture d'usines à Lac-des-Îles, près de Mont-Laurier, 1971.
(Daggett, *Montreal Star*, ANC, PA-137179)

des années 1970, toutefois, dans la foulée du rapport Higgins-Raynauld-Martin qui oriente les politiques du ministère fédéral de l'Expansion économique régionale, on revient à une conception de la protection et du renforcement des pôles de développement existants et notamment de Montréal. Mais ces divergences n'empêchent pas la concertation et les accords de coopération entre les deux gouvernements pour des projets précis de développement. Après l'arrivée au pouvoir du Parti québécois, on assiste à une recrudescence des tensions fédérales-provinciales mais déjà, dans le climat économique de la fin de la décennie, l'heure n'est plus aux grands projets.

Dans les régions concernées, toute cette effervescence amène, durant ces deux décennies, un renouveau qui se traduit de diverses façons. L'exemple de l'Est du Québec est révélateur. Devant leur désaccord profond avec des projets de développement qui ne leur conviennent pas, les citoyens de la région réagissent en proposant des solutions de rechange. La résistance s'organise d'abord autour du pôle paroissial, avec le démarrage de la première Opération Dignité en 1970, suivie de quelques autres qui connaissent des fortunes diverses. Au-delà des mouvements de protestation spontanés, certaines paroisses se regroupent pour planifier elles-mêmes leur survie et leur développement, comme celles de Saint-Juste, Auclair et Lejeune qui, vers 1973, forment le JAL. Ces diverses expériences se déroulent souvent à la limite de la rentabilité financière, mais leurs retombées sociales et culturelles sont souvent décisives.

Les régions du Québec qui étaient les plus défavorisées connaissent, entre 1960 et 1980, un développement que leur situation antérieure ne laissait guère présager. Il demeure que leur base économique, reposant trop souvent sur l'exploitation d'une seule ressource, est fragile. Mais l'expérience du développement régional a un aspect positif: même si la planification ne transforme pas les régions dites périphériques en pôles de croissance, elle contribue au développement de collectivités régionales vivantes.

Un nouveau dynamisme régional marque la période. Sur le plan du développement économique, émerge une volonté de concertation des intervenants et de promotion régionale beaucoup plus marquée que dans les zones métropolitaines de Québec et de Montréal; elle s'exprime en particulier à travers les conseils régionaux de développement et des organismes plus anciens comme les chambres de commerce. Certaines régions — on cite souvent l'exemple beauceron — deviennent la base d'un entrepreneurship plus dynamique et expansionniste. Quelques PME régionales atteignent en peu d'années une taille respectable. Dans la plupart des cas, toutefois, les entrepreneurs se heurtent à des difficultés initiales de financement, qui les incitent à mettre sur pied des sociétés de capital de risque, telles les sociétés d'entraide économique et les SODEQ. Malgré leurs faiblesses, elles ouvrent la voie à une amélioration radicale des conditions de financement des entreprises régionales par l'État et les grandes institutions prêteuses.

La concertation prend d'ailleurs une dimension politique avec la régionalisation de certaines structures locales: création des commissions scolaires régionales, incitation au regroupement des municipalités, transformation des conseils de comté en municipalités régionales de comté, sans oublier les organismes de coordination que le gouvernement québécois implante dans les secteurs des affaires sociales et de la culture. Sur ce dernier plan, les nouvelles institutions collégiales et universitaires deviennent les foyers d'expression d'un dynamisme culturel enraciné dans le milieu.

ORIENTATIONS BIBLIOGRAPHIQUES

BANVILLE, Charles. *Les opérations dignité*. Québec, Fonds de recherches forestières de l'Université Laval, 1977. 128 p.

BUREAU DE LA STATISTIQUE DU QUÉBEC. *Perspectives démographiques régionales, 1981-2006*. Québec, 1984. 436 p.

CONSEIL ÉCONOMIQUE DU CANADA. *Vivre ensemble. Une étude des disparités régionales*. Ottawa, Approvisionnements et Services Canada, 1977. 268 p.

DUGAS, Clermont. *Les régions périphériques*. Québec, Presses de l'Université du Québec, 1983. 253 p.

GAGNON, Alain-G. *Développement régional, État et groupes populaires*. Hull, Asticou, 1985.

GAGNON, Gabriel et Luc MARTIN, dir. *Québec 1960-1980. La crise du développement*. Montréal, Hurtubise HMH, 1973. 500 p.

LÉVESQUE, Gérard-D. «Les politiques de développement régional au Québec», O.J. FIRESTONE, dir. *Regional Economic Development*. Ottawa, University of Ottawa Press, 1974, p. 7-15.

PARENTEAU, Roland. «L'expérience de la planification au Québec (1960-1969)», *Actualité économique*, XLV, 4 (janvier-mars 1970), p. 679-696.

SIMARD, Jean-Jacques. *La longue marche des technocrates*. Montréal, Albert Saint-Martin, 1979, p. 75-113.

CHAPITRE 37

L'OMNIPRÉSENCE DE LA VILLE

Le Québec de 1960 est une société où la ville et la culture urbaine étendent leur emprise sur la majeure partie du territoire, y compris sur le monde rural. Le monde urbain n'en connaît pas moins des transformations majeures au cours de la période: l'espace de la ville est complètement modifié de même que la gestion urbaine et plus généralement le rapport entre la ville et la société.

Une société urbanisée

La croissance plus que séculaire du taux d'urbanisation de la population se poursuit, avant de plafonner au début des années 1970. Elle est particulièrement vive de 1961 à 1966, alors que le taux passe de 74,3% à 78,3%. Dans la seconde moitié de la décennie, la croissance est plus lente: le taux atteint 80,6% en 1971, pour diminuer par la suite jusqu'à 77,6% en 1981. Ce recul s'explique probablement par le nombre croissant d'individus qui, tout en travaillant à la ville, ont tendance à habiter à l'extérieur de celle-ci et à faire partie de la population rurale non agricole. Le taux d'urbanisation du Québec reste au-dessus de la moyenne canadienne qui passe de 69,7% en 1961 à 75,6% en 1981. À l'intérieur du Québec, il y a évidemment des variations importantes: dans la plupart des régions, le taux d'urbanisation en 1971 se situe entre les deux tiers et les trois quarts, mais il n'atteint que 47% dans l'Est du Québec contre 91% dans la région de Montréal.

La croissance urbaine des années 1960 s'appuie sur la montée de l'emploi dans le secteur tertiaire. De plus, l'arrivée à l'âge adulte des premières cohortes du *baby boom* entraîne la formation d'un nombre accru de nouveaux ménages. Les années 1960 sont aussi caractérisées par la hausse des investissements publics qui influencent les directions de la croissance urbaine. Par exemple, d'importantes infrastructures de transport sont alors mises en place, ainsi que des équipements scolaires et hospitaliers. Par ailleurs, l'accès plus facile à la propriété et les besoins des nouveaux ménages entraînent une expansion considérable de la construction résidentielle (graphique 1) et de l'espace urbanisé. Les coûts des matériaux et de la main-d'œuvre sont encore relativement bas et le financement hypothécaire peu coûteux.

GRAPHIQUE 1

LOGEMENTS MIS EN CHANTIER DANS LES AGGLOMÉRATIONS
DE 10 000 HABITANTS ET PLUS AU QUÉBEC, 1960-1980.

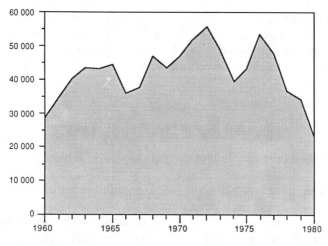

Source: *Annuaires du Québec*

Le plafonnement qui caractérise les années 1970 se manifeste d'abord sur le plan démographique. La chute de la natalité frappe maintenant de plein fouet le milieu urbain, en même temps que diminue l'immigration; les villes québécoises ayant en outre fait le plein des excédents ruraux, tous les facteurs démographiques qui avaient jusque-là contribué à une croissance rapide cessent de jouer.

Malgré tout, le territoire urbanisé continue à s'étendre grâce à la demande de logements liée à la formation de nouveaux ménages chez les jeunes. Les mises en chantier atteignent, dans la première moitié de la décennie, un niveau élevé alors que le prix des maisons reste encore abordable. Cependant, la crise énergétique de 1973 et l'incertitude économique qui marque la décennie remettent en question le type de développement rapide et désordonné qu'ont connu les villes depuis la guerre. Vers la fin des années 1970, l'escalade des coûts de construction et des taux d'intérêts provoque un ralentissement très net de la construction résidentielle et même des grands travaux publics.

Par ailleurs, les municipalités font face à une hausse rapide de leurs coûts de gestion. Le modèle de développement axé sur la multiplication des villes de banlieue et la construction de maisons unifamiliales s'avère de plus en plus onéreux. Il faut fournir des services (aqueduc, égouts, rues, etc.) à une population de faible densité, mais avec des coûts de construction sans cesse croissants. La méthode qu'ont toujours pratiquée les administrations municipales, soit de financer les grands travaux en misant sur l'accroissement futur de la population, devient inopérante. La rénovation de logements anciens dans les vieux quartiers apparaît alors à certains plus intéressante que les coûts élevés, en argent et en temps de déplacement, qu'exige la vie de plus en plus loin dans la banlieue. Cette situation favorise en partie le phénomène de retour au centre-ville qui se manifeste à l'orée des années 1980.

Le Québec se caractérise donc par un mode de vie urbain généralisé qui rejoint l'ensemble des populations, même celles vivant à la campagne. L'opposition urbain-rural n'a plus la même signification. Dans la majorité des cas, les différences de culture et de mentalité tiennent plutôt à des situations diverses à l'intérieur même du réseau urbain. La culture urbaine montréalaise se distingue de celle de Québec et, dans une même agglomération, la vie dans la banlieue est à plusieurs égards différente de celle du centre-ville. Mais au-delà de ces différences, la convergence est profonde et largement exprimée par les mass-médias.

La croissance des régions métropolitaines

Une autre caractéristique importante de cette période est la croissance des régions métropolitaines qui comprennent à la fois une ville importante et un certain nombre de municipalités de banlieue dont l'existence est étroitement liée à la première.

Depuis toujours Montréal et Québec représentent les composantes les plus lourdes du réseau urbain québécois. Ce phénomène s'accentue encore et une majorité de la population totale du Québec vit maintenant dans ces deux grands ensembles: de 1961 à 1976, la région métropolitaine de recensement de Montréal voit sa part grimper de 40% à 45%

TABLEAU 1

POPULATION DES PRINCIPALES VILLES DE LA RÉGION DE MONTRÉAL
1961-1981

	1961	1966	1971	1976	1981
Montréal	1 191 062	1 222 255	1 214 352	1 080 546	980 354
Île de Montréal	1 747 696	1 923 178	1 959 143	1 869 641	1 760 122
Région métropolitaine de recensement	2 109 509	2 436 817	2 743 208	2 802 485	2 828 349

Municipalités de la banlieue sur l'île de Montréal

	1961	1966	1971	1976	1981
Anjou	9 511	22 477	33 886	36 596	37 346
Beaconsfield	10 064	15 702	19 389	20 417	19 613
Côte-Saint-Luc	13 266	20 546	24 375	25 721	27 531
Dollard-Des-Ormeaux	1 248	12 297	25 217	36 837	39 940
Dorval	18 592	20 905	20 469	19 131	17 722
Lachine	38 630	43 155	44 423	41 503	37 521
La Salle	30 904	48 322	72 912	76 713	76 299
Montréal-Nord	48 433	67 806	89 139	97 250	94 914
Mont-Royal	21 182	21 845	21 561	20 514	19 247
Outremont	30 753	30 881	28 552	27 089	24 338
Pierrefonds	12 171	27 924	33 010	35 402	38 390
Pointe-aux-Trembles	21 926	29 888	35 567	35 618	36 270
Pointe-Claire	22 709	26 784	27 303	25 917	24 571
Rivière-des-Prairies	10 054	—	—	—	—
Saint-Laurent	49 805	59 479	62 955	64 404	65 900
Saint-Léonard	4 893	25 328	52 040	78 452	79 429
Saint-Michel	55 978	71 446	—	—	—
Verdun	78 317	76 832	74 718	68 013	61 287
Westmount	25 012	24 107	23 606	22 153	20 480

Autres municipalités dans la zone métropolitaine de recensement en 1976 (Rive Nord)

	1961	1966	1971	1976	1981
Blainville	4 459	6 258	9 630	12 517	14 682
Boisbriand	2 502	3 498	7 278	10 132	13 471
Laval	124 741	196 088	228 010	246 243	268 335

alors que celle de Québec passe de 6,8% à 8,7%. Dans la première, la population fait un bond de 2,1 à 2,8 millions d'habitants, et la seconde compte plus d'un demi-million d'habitants à la fin de la période. Si on y ajoute la population des régions métropolitaines de Hull et de Chicoutimi-Jonquière et celle des agglomérations de Trois-Rivières-Cap-de-la-Madeleine, Sherbrooke et Shawinigan-Grand-Mère, on se

TABLEAU 1

POPULATION DES PRINCIPALES VILLES DE LA RÉGION DE MONTRÉAL
1961-1981 (SUITE)

	1961	1966	1971	1976	1981
Mascouche	3 977	5 953	8 812	14 266	20 345
Repentigny	9 139	14 976	19 520	26 698	34 419
Sainte-Thérèse	11 771	15 628	17 175	17 479	18 750
Saint-Eustache	5 463	7 319	9 479	21 248	29 716
Terrebonne	6 207	7 480	9 212	11 204	11 769

Autres municipalités dans la zone métropolitaine de recensement en 1976 (Rive Sud)

	1961	1966	1971	1976	1981
Belœil	6 283	10 152	12 724	15 913	17 540
Boucherville	7 403	15 338	19 997	25 530	29 704
Brossard	3 778	11 884	23 452	37 641	52 232
Chambly	3 737	10 798	11 469	11 815	12 190
Châteauguay	7 570	12 460	15 797	36 329	36 928
Greenfield Park	7 807	12 288	15 348	18 430	18 527
Longueuil	24 131	25 593	97 590	122 429	124 320
Jacques-Cartier	40 807	52 527	—	—	—
Saint-Bruno-de-Montarville	6 760	10 712	15 780	21 272	22 880
Saint-Hubert	14 380	17 215	21 741	49 706	60 573
Laflèche	10 984	13 433	15 113	—	—
Saint-Lambert	14 531	16 003	18 616	20 318	20 557

Municipalités de la grande région de Montréal

	1961	1966	1971	1976	1981
Joliette	10 088	19 188	20 127	18 118	16 987
Lachute	7 560	10 215	11 813	11 928	11 729
Mirabel	—	—	—	13 486	14 080
Saint-Hyacinthe	22 354	23 781	24 562	37 500	38 246
Saint-Jean	26 998	27 784	32 863	34 363	35 640
Saint-Jérôme	24 546	26 511	26 524	25 175	25 123
Salaberry-de-Valleyfield	27 297	29 111	30 173	29 716	29 574
Sorel	17 147	19 021	19 347	19 666	20 347
Tracy	8 171	10 918	11 842	12 284	12 843

Sources: *Annuaire du Québec*, 1973 et 1977-1978; Recensement du Canada, 1981.

rend compte que la majorité des Québécois vit dans de grandes agglomérations.

Celles-ci sont elles-mêmes caractérisées par des réaménagements internes et en particulier par la montée généralisée de leur banlieue, comme on peut le voir aussi bien à Québec qu'à Montréal. La population de la ville centrale diminue, les villes de banlieue plus anciennes

connaissent elles aussi une période de stabilisation et même de décroissance, alors que les nouvelles municipalités, elles, ont une croissance
très rapide (voir tableaux 1 et 2).

Il y a multiplication mais aussi consolidation et regroupement. On
assiste en effet à des fusions de villes de banlieue permettant la création
de municipalités de taille respectable. L'exemple le plus connu est celui
de Laval, résultat de la fusion en 1965 de quatorze municipalités de
l'île Jésus. Mentionnons également le regroupement de Jacques-Cartier
et de Longueuil, sur la rive sud de Montréal, et ceux qui mènent à la
constitution de Charlesbourg et de Beauport, à Québec. On relève aussi
des cas d'annexions à la ville centrale: à Montréal et à Québec, mais
aussi dans les centres de moindre envergure comme Drummondville ou
Saint-Hyacinthe.

Au-delà de ces regroupements, c'est toute la structure municipale
qui est remise en question. Le morcellement des administrations et la
multiplication des centres de décision créent des problèmes de coordination auxquels le gouvernement québécois doit s'attaquer. Il le fait
d'abord pour les métropoles en créant, en 1970, les premières communautés urbaines, celles de Montréal, de Québec et de l'Outaouais. Il
s'agit dans chaque cas de structures de coordination qui respectent
l'autonomie des municipalités, tout en mettant en commun certains services comme la police ou l'évaluation municipale. Ces premières tentatives débouchent à la fin des années 1970 sur une réforme beaucoup
plus globale des structures de coordination municipale avec la création
des municipalités régionales de comtés.

Le réaménagement spatial des grandes villes

L'un des aspects les plus spectaculaires du développement urbain de la
période est le réaménagement majeur qui bouleverse l'organisation de
l'espace et l'architecture des principales villes du Québec. Un nouvel
urbanisme, inspiré surtout de l'exemple américain, transforme les structures d'aménagement de l'espace qui n'avaient pas été modifiées de
façon significative depuis longtemps. Cette nouvelle vague commence
à se manifester au début des années 1950, mais elle s'affirme avec
force au cours des deux décennies suivantes.

C'est l'automobile qui est au cœur de ces transformations. Des
réseaux d'autoroutes permettent une liaison rapide entre les grandes
villes. À l'intérieur même du cadre urbain, on ouvre de nombreuses

voies rapides reliant le centre-ville à la banlieue. Montréal et Québec, en particulier, se voient ainsi ceinturées de routes à accès limité qui facilitent les déplacements massifs et ont un impact considérable sur la croissance de la banlieue. Un peu à contre-courant, dans une société où l'automobile est reine, on note à Montréal la construction du métro, qui améliore considérablement les déplacements intra-urbains.

On assiste aussi à une mutation des centres-villes. La montée de l'administration et des services accroît de façon notable les besoins en espace de bureaux, provoquant la construction d'un grand nombre d'édifices en hauteur. Les vieux quartiers résidentiels reculent sous le pic des démolisseurs. À Montréal, un nouveau centre-ville émerge, au nord-ouest du précédent. À Québec, l'aménagement de la colline parlementaire transforme complètement le paysage. Il n'est guère de ville, moyenne ou petite, qui ne voit émerger son gratte-ciel local. Les nouveaux édifices présentent une architecture résolument moderne, aux lignes dépouillées, où dominent le verre et l'aluminium. Ils sont multifonctionnels: galeries de boutiques, restaurants, cinémas. Ce faisant, ils contribuent au déclin des vieilles rues commerciales déjà très affectées par la concurrence croissante des nouveaux centres commerciaux de la banlieue.

Les transformations touchent également, et de multiples façons, l'habitat, avec la généralisation, surtout dans la banlieue, du modèle de la maison unifamiliale de type bungalow. Le logement multifamilial ne disparaît pas pour autant mais il prend des allures nouvelles. Les maisons à deux ou trois étages de type duplex ou triplex restent importantes dans certains secteurs, mais on voit surtout se multiplier les édifices à logements multiples: les *walk-ups* ou édifices à trois ou quatre étages sans ascenseur et surtout les tours d'appartements.

Ces transformations s'effectuent dans un environnement dominé par les promoteurs privés qui arrivent sans trop de mal à faire accepter leurs projets par les municipalités. Celles-ci se préoccupent timidement d'urbanisme, mais se limitent, le plus souvent, à l'adoption de règlements de zonage, et à l'embellissement des espaces publics. Dans l'euphorie des années 1960, les projets des promoteurs sont perçus comme des symboles de progrès, mais au cours de la décennie suivante des réactions se manifestent. Des groupes de citoyens, préoccupés de la protection de l'environnement et de la conservation du patrimoine, réagissent contre les démolitions massives. Comme nous le verrons plus loin, leurs pressions amènent graduellement les administrations à se préoccuper de la qualité de vie dans les villes et à faire des efforts en vue de préserver les centres historiques.

La relation ville-citoyen

Les groupes de défense de l'environnement urbain ne représentent qu'une facette d'un phénomène plus vaste: la multiplication dans les principales villes, et notamment à Montréal, des comités de citoyens. Des organismes portant cette appellation faisaient partie de l'univers urbain depuis la fin du 19e siècle, mais il s'agissait dans la plupart des cas de groupes représentant les milieux d'affaires ou des éléments de la classe moyenne; il étaient d'ailleurs souvent associés aux chambres de commerce. À compter de 1963, on voit apparaître des comités de citoyens d'un autre type: établis en milieu populaire, ils revendiquent une amélioration des conditions de vie et des services à la population pour des quartiers ou des îlots urbains spécifiques. Ils remettent en question le mode de gestion des municipalités et réclament la mise sur pied de mécanismes de consultation et l'établissement d'une démocratie de quartier. Leur existence rend compte de la distance considérable qui s'est établie entre les administrations municipales et la population depuis que les comités exécutifs concentrent entre leurs mains des pouvoirs plus étendus, au détriment de l'ensemble des conseillers élus.

Selon la politologue Louise Quesnel, une nouvelle conception du rôle des municipalités s'élabore au gouvernement du Québec vers le milieu des années 1960: «les municipalités doivent être au service de l'ensemble de la population et non au service de la propriété foncière comme elles l'ont été par le passé». Dans cette optique, on tente de rendre plus démocratique la vie politique municipale: en 1968 on accorde le droit de vote à tous les résidents âgés de 18 ans et plus et on étend l'éligibilité, en maintenant toutefois les droits acquis des personnes morales (compagnies, etc.) qui ne perdent leur droit de vote qu'en 1978. La loi de 1968 fixe également les critères de rémunération des élus en fonction de la taille des municipalités, puis celle de 1978 reconnaît les partis politiques municipaux et pourvoit au remboursement d'une partie des dépenses électorales. Les gouvernements refusent cependant la formation de conseils de quartier réclamée par les comités de citoyens.

Le coût de la croissance urbaine

Une préoccupation grandissante face aux coûts économiques et sociaux de la croissance urbaine se fait jour. Ces coûts sont d'abord ressentis par les administrations municipales elles-mêmes. Partout se multiplient les fonctionnaires municipaux, dont la rémunération s'améliore de façon notable; pour ralentir la hausse de cette masse salariale, les dirigeants municipaux procèdent à des réductions de services et à des coupures de personnel à partir de la fin des années 1970. Au même moment, la hausse des coûts de construction rend extrêmement onéreuses les dépenses d'infrastructure. La chute de la croissance démographique contribue également à accentuer la pression sur les finances municipales.

Les problèmes sont aggravés par la situation inégale des diverses municipalités, qui sont en concurrence les unes avec les autres pour attirer les nouvelles populations et les investissements industriels. C'est ainsi que se multiplient, par exemple, les parcs industriels publics ou privés, aménagés à grands frais: la majorité ne sont que partiellement occupés. Dans une même agglomération, des différences existent aussi d'une ville à l'autre, selon l'ancienneté, la richesse des habitants et la structure économique de chacune. Les villes centrales abritent les éléments les plus démunis de la population et font face à des dépenses élevées de services sociaux et de police. Dès la fin des années 1960 le débat s'engage sur cette question: comment répartir de façon plus équitable certains coûts, comme celui de la police, qui bénéficient à l'ensemble de l'agglomération? La création des communautés urbaines vise en particulier à résoudre ce problème.

La solution aux problèmes financiers des villes passe également par la réforme de la fiscalité municipale, réalisée au cours des années 1970. Depuis toujours, la principale source de revenu des villes était l'impôt foncier, qu'elles devaient toutefois partager avec les commissions scolaires. L'objectif de la réforme est de réduire graduellement la part de ces dernières de façon à permettre aux municipalités d'occuper à peu près seules ce champ de taxation. Par ailleurs le gouvernement provincial, après avoir enlevé aux villes leur part de la taxe de vente en 1980, accroît ses subventions dans des domaines comme le transport en commun, l'assainissement des eaux ou la mise en valeur du patrimoine.

Le coût de la croissance urbaine n'affecte pas seulement les finances municipales. Les observateurs mettent en lumière le gaspillage

d'espace et de ressources qu'entraîne une urbanisation dite «sauvage».
C'est ainsi qu'au cours des années 1970 on discute abondamment de
ces effets négatifs sur l'agriculture. L'extension de l'espace urbanisé
amène en effet l'utilisation à des fins non agricoles des meilleures
terres du Québec, en particulier dans la plaine de Montréal. Pour y
remédier, le gouvernement Lévesque fait adopter en 1979 la loi du
zonage agricole.

Montréal

Le géant montréalais qui, pendant les années 1960, poursuit sa croissance sur la lancée de la décennie précédente, semble atteindre les
limites de son expansion dans les années 1970. Pour l'ensemble de la
région métropolitaine de recensement, le taux annuel moyen d'accroissement de la population atteint encore 2,66% entre 1961 et 1971, mais
tombe à 0,30% pendant la décennie suivante. La ville elle-même perd
sa population au profit de la banlieue: après un sommet de 1 222 255
habitants en 1966, elle descend sous la barre du million en 1981.
L'agglomération compte tout de même un peu plus de 2,8 millions de
personnes à la fin de la période.

Le plafonnement de la croissance est dû à l'essouflement ou au
déplacement des activités traditionnelles de Montréal. La ville subit les
contrecoups du glissement inexorable du centre de gravité économique
vers l'ouest. Si, pendant les années 1960, on peut considérer que le rôle
de métropole du Canada est partagé entre Toronto et Montréal, ce n'est
plus le cas au début des années 1980: Toronto est devenu le grand
centre de décision économique. Le déménagement des sièges sociaux,
qui s'accélère dans les années 1970, en témoigne éloquemment. Il
importe cependant de voir que ce phénomène a des racines historiques
profondes et que les facteurs démographiques et économiques y sont
plus déterminants que les facteurs politiques. Dès le début du 20e siècle,
les entreprises américaines ont choisi d'établir leurs filiales de préférence en Ontario et déjà, en 1936, dans le secteur manufacturier, 66%
des filiales américaines se trouvaient dans cette province, contre 16%
au Québec. La croissance ultérieure de l'emprise américaine contribue
donc à la montée inexorable de Toronto. De plus, le développement
rapide des provinces de l'Ouest, grâce aux richesses naturelles, tout en
permettant le renforcement de métropoles régionales comme Vancouver ou Calgary, favorise Toronto au détriment de Montréal. Enfin, le

processus de francisation de Montréal peut contribuer à certaines décisions de déménager une entreprise, et parfois même servir de prétexte commode; il ne saurait à lui seul expliquer la montée de Toronto au détriment de Montréal.

Montréal est d'ailleurs jusqu'à un certain point désavantagée par sa structure industrielle. Dans plusieurs secteurs, elle compte des usines anciennes et inefficaces, qui doivent être remplacées par des installations plus modernes; cette opération fournit souvent aux entreprises l'occasion de se rapprocher du principal marché de consommation canadien, l'Ontario. De plus, Montréal rassemble des industries manufacturières légères dont le déclin est accéléré par la concurrence de la production étrangère. Enfin, la crise de l'énergie coupe net la croissance des industries des produits pétroliers et de la pétrochimie qui avaient jusque-là profité du bas prix du pétrole importé et, au cours des années 1980, plusieurs des raffineries montréalaises sont fermées.

L'industrie manufacturière reste néanmoins importante dans l'agglomération. Elle s'y redéploie en quittant les quartiers du centre pour s'installer dans les nouveaux parcs industriels du nord de la ville ou de la banlieue. Mais la plus grande partie de l'emploi se trouve maintenant dans un secteur tertiaire en pleine expansion.

Les transports restent un élément capital de l'économie montréalaise. La construction du réseau d'autoroutes et de plusieurs nouveaux ponts fait de Montréal le cœur d'un réseau routier qui la relie aux grandes villes canadiennes et américaines. Le trafic aérien, qui connaît une croissance fulgurante dans les années 1960, incite le gouvernement fédéral à mettre en chantier un nouvel aéroport international situé à Mirabel, mais la crise de l'énergie et le déclin de Montréal — au profit de Toronto — comme porte d'entrée du Canada viennent renverser les prévisions optimistes des planificateurs. Quant au port de Montréal, il subit les contrecoups de l'ouverture de la voie maritime du Saint-Laurent en 1959. Les navires transportant les matières premières passent au large de la ville sans s'y arrêter. Le port vit donc des années creuses, mais connaît par la suite une véritable renaissance avec le développement du transport par conteneurs.

Par ailleurs, Montréal voit s'accentuer son rôle de métropole économique et culturelle du Québec. La plupart des grandes entreprises francophones y établissent leur siège social. La production télévisuelle, l'édition et les principales activités socio-culturelles de langue française s'y concentrent. Son poids considérable dans la vie québécoise

Montréal en 1965. (Archives de l'Université du Québec à Montréal)

provoque dès les années 1960 des réactions négatives et des appels à la décentralisation, qui seront cependant mis en veilleuse dès que se manifestera le plafonnement de la croissance montréalaise.

Montréal veut même se donner une vocation internationale, à l'instigation du maire Jean Drapeau, en organisant l'Exposition universelle de 1967, puis les Jeux olympiques de 1976. Le maire Drapeau marque d'ailleurs de sa forte personnalité toute la période. Jouissant d'une popularité personnelle considérable, il se maintient au pouvoir, à la tête du Parti civique de Montréal, de 1960 à 1986. Cette stabilité assure à l'administration une unité de vues et une continuité remarquables. Drapeau privilégie un mode de développement centré sur les grands projets et néglige les problèmes liés au déclin économique de Montréal, au vieillissement de sa trame industrielle et à la détérioration du milieu de vie dans les quartiers anciens; il faut attendre les années 1980 pour voir un changement d'orientation à cet égard. L'opposition au maire s'organise autour des comités de citoyens et des groupes réformistes de la nouvelle classe moyenne anglophone et francophone.

Jean Drapeau, maire de Montréal (1954-1957 et 1960-1986).

Regroupée dans un Front d'action politique (FRAP), celle-ci échoue aux élections de 1970 qui se déroulent dans le contexte agité de la crise d'octobre. Elle revient toutefois à la charge aux élections de 1974 avec le Rassemblement des citoyens de Montréal (RCM), qui réussit à prendre pied au conseil municipal, où il représente dès lors une opposition vigoureuse avant de prendre le pouvoir en 1986 sous la direction de Jean Doré.

L'espace montréalais est en pleine mutation. Un nouveau centre-ville y émerge, couvert d'édifices en hauteur et truffé de tout un réseau de galeries souterraines. Les vieux quartiers résidentiels du centre sont grugés par les démolitions massives et par l'envahissement des cafés, restaurants et boutiques. Enfin, au tournant des années 1980, s'amorce, comme dans d'autres villes nord-américaines, le processus de *gentry-fication*, c'est-à-dire la récupération d'anciens quartiers populaires par des couches sociales plus aisées.

Mais le phénomène le plus important est certainement l'explosion spatiale de la banlieue qui s'étend maintenant sur des dizaines de kilo-

CARTE 1

LA RÉGION MÉTROPOLITAINE DE MONTRÉAL, 1981

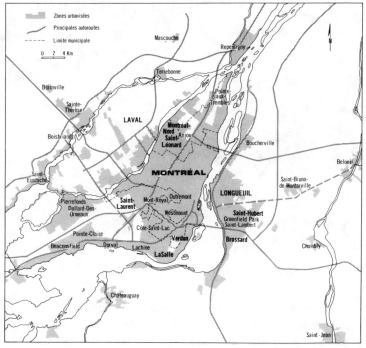

Cartographie: Yves Brousseau

Source: Ministère de l'Énergie, des Mines et des Ressources du Canada, 1983; Ministère des Transports du Québec, 1984; Statistique Canada, 1981

mètres, depuis les rives du Richelieu jusqu'au-delà de la rivière des Mille-Îles. Dans l'île, l'urbanisation touche maintenant tous les secteurs: le *West-Island*, où se concentrent les anglophones, et surtout l'Est, qui profite de la croissance rapide d'Anjou, de Saint-Léonard et de Montréal-Nord. La Rive Sud, encore en grande partie rurale en 1961, se couvre de villes champignons comme Brossard, Boucherville et Saint-Bruno et compte près d'un demi-million d'habitants à la fin de la période. Du côté nord, l'île Jésus, devenue Laval, voit sa population passer de 124 741 en 1961 à 260 033 vingt ans plus tard; et la banlieue s'étale encore au-delà, de Saint-Eustache à Repentigny.

CARTE 2

LA RÉGION MÉTROPOLITAINE DE QUÉBEC, 1981

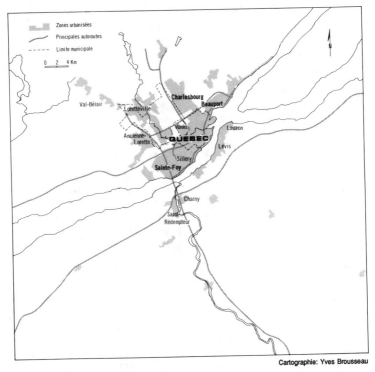

Cartographie: Yves Brousseau

Source: Ministère de l'Énergie et des Ressources du Canada, 1984; Ministère des Transports du Québec, 1984; Statistiques Canada, 1981

Québec

Après un siècle de croissance lente, sinon de stagnation, Québec connaît une poussée d'expansion. Entre 1961 et 1971 la population de la région métropolitaine s'accroît à un rythme annuel moyen de 3% et conserve un taux de 1,8% pendant la décennie suivante. Là aussi l'augmentation vient de la banlieue car la ville centrale, tout comme Montréal, voit le nombre de ses habitants diminuer au cours des années 1970. En 1981, l'ensemble de l'agglomération compte 576 075 personnes.

Le principal facteur de cette croissance est évidemment l'expansion considérable de la fonction publique pendant la Révolution tranquille et

TABLEAU 2

POPULATION DES PRINCIPALES VILLES DU QUÉBEC À L'EXTÉRIEUR DE
LA RÉGION DE MONTRÉAL, 1961-1981

	1961	1966	1971	1976	1981
Région de Québec					
Région métropolitaine					
derecensement de Québec	357 568	413 397	480 502	542 158	576 075
Québec	171 979	166 984	186 088	177 082	166 474
Ancienne-Lorette	3 361	5 691	8 304	11 694	12 935
Beauport	9 192	11 742	14 681	55 339	60 447
Charlesbourg	14 308	24 926	33 443	63 147	68 326
Giffard	10 129	12 585	13 135	—	—
Loretteville	6 522	9 465	11 644	14 767	15 060
Sainte-Foy	29 716	48 298	68 385	71 237	68 883
Sillery	14 109	14 737	13 932	13 580	12 825
Val-Bélair	2 629	3 408	4 505	10 716	12 695
Vanier	8 733	9 362	9 717	10 683	10 725
Lauzon	11 533	12 877	12 809	12 663	13 362
Lévis	15 112	15 627	16 597	17 819	17 895
Estrie et Bois-Francs					
Sherbrooke	66 554	75 690	80 711	76 804	74 075
Magog	13 139	13 797	13 281	13 290	13 604
Cowansville	7 050	10 692	11 920	11 902	12 240
Drummondville	27 909	29 216	31 813	29 286	27 347
Granby	31 463	34 349	34 385	37 132	38 069
Thetford Mines	21 618	21 614	22 003	20 784	19 965
Victoriaville	8 516	21 320	31 813	21 825	21 838
Mauricie					
Trois-Rivières	53 477	57 540	55 869	52 518	50 466
Cap-de-la-Madeleine	26 925	29 433	31 463	32 126	32 626
Trois-Rivières-Ouest	4 094	6 345	8 037	10 564	13 107
Shawinigan	32 169	30 777	27 792	24 921	23 011
Shawinigan-Sud	12 683	12 250	11 470	11 155	11 325
Grand-Mère	15 806	16 407	17 137	15 999	15 442
La Tuque	13 023	13 554	13 099	12 067	11 556

TABLEAU 2

POPULATION DES PRINCIPALES VILLES DU QUÉBEC À L'EXTÉRIEUR DE LA RÉGION DE MONTRÉAL, 1961-1981 (SUITE)

	1961	1966	1971	1976	1981
Saguenay-Lac-Saint-Jean					
Région métropolitaine de recensement de					
Chicoutimi-Jonquière	—	132 954	133 703	128 643	135 172
Chicoutimi	31 657	32 526	33 893	57 737	60 064
Chicoutimi-Nord	11 229	12 814	14 086	—	—
Jonquière	28 588	29 663	28 430	60 691	60 354
Kenogami	11 816	11 534	10 970	—	—
Arvida	14 460	15 342	18 448	—	—
Alma	13 309	22 195	22 622	25 638	26 322
Chibougamau	4 765	8 902	9 701	10 536	10 732
La Baie	—	—	—	20 116	20 935
Bas-Saint-Laurent-Gaspésie					
Gaspé	2 603	2 938	17 211	16 842	17 261
Matane	9 190	11 109	11 841	12 726	13 612
Montmagny	6 850	12 241	12 432	12 326	12 405
Rimouski	17 739	20 330	26 887	27 897	29 120
Rivière-du-Loup	10 835	11 637	12 760	13 103	13 459
Côte-Nord					
Baie-Comeau	7 956	12 236	12 109	11 911	12 866
Hauterive	5 980	11 366	13 181	14 724	13 995
Sept-Îles	14 196	18 957	24 320	30 617	29 262
Outaouais					
Hull	56 929	60 176	63 580	61 039	56 225
Aylmer	6 286	7 231	7 198	25 714	26 695
Buckingham	7 421	7 227	7 304	14 328	7 992
Gatineau	13 022	17 727	22 321	73 479	74 988
Abitibi-Témiscamingue					
Rouyn	18 716	18 581	17 821	17 678	17 224
Noranda	11 477	11 521	10 741	9 809	8 767
Val-d'Or	10 983	12 147	17 421	19 915	21 371

Sources: *Annuaire du Québec*, 1977-1978; Recensement du Canada, 1981.

jusqu'au milieu des années 1970. Dans l'agglomération, le nombre d'employés de l'État, tant fédéral que provincial, passe de 15 000 à 45 000 en vingt ans. Il ne faut d'ailleurs pas tenir compte seulement des emplois directs, car les salaires nettement accrus des fonctionnaires ont des retombées sur toute l'économie locale. La croissance de l'activité étatique se manifeste également dans l'espace. Grande consommatrice d'édifices à bureaux, l'administration gouvernementale est directement ou indirectement responsable de la construction d'un nombre imposant de tours qui modifient le paysage urbain. L'intervention la plus lourde de conséquences est l'aménagement de la colline parlementaire qui entraîne l'élimination d'une grande quantité de logements anciens. L'État dote également l'agglomération d'un réseau impressionnant d'autoroutes, achevé dans les années 1970.

La présence gouvernementale a un impact considérable sur la poussée de l'industrie hôtelière qui s'appuie également sur le tourisme, une activité particulièrement importante pour l'économie de la ville. La vieille capitale attire en effet les visiteurs par le cachet européen de ses vieux quartiers. L'intervention urbanistique dans le quartier de la place Royale s'avère toutefois un demi-échec.

Québec continue à assurer son rôle de centre commercial à vocation régionale. La multiplication des centres commerciaux — dont, pendant un certain temps, l'un des plus importants d'Amérique du Nord — y atteint un niveau inégalé au Québec et provoque le déclin de l'ancien secteur commercial du quartier Saint-Roch.

Ce n'est d'ailleurs là qu'un des aspects de la transformation de la culture urbaine qui ne s'alimente plus seulement à la tradition locale. La croissance de la fonction publique signifie la migration vers la capitale d'un grand nombre de citadins originaires d'autres régions de la province. Une nouvelle classe moyenne faite de cadres gouvernementaux et d'universitaires s'ajoute à l'ancienne élite de notables et de commerçants.

La banlieue, dont la croissance est favorisée par le réseau d'autoroutes, s'étend maintenant dans toutes les directions. Les pôles principaux sont Sainte-Foy, Charlesbourg, et Beauport. La construction du pont Pierre-Laporte, inauguré en 1970, favorise le développement d'un ensemble de petites municipalités sur la rive sud.

Les autres villes

Québec représente le cas extrême d'une situation que l'on observe dans de nombreuses autres villes: celle d'une urbanisation s'appuyant sur la croissance des services publics et parapublics. En effet, le développement de l'appareil étatique ne fait pas sentir ses effets seulement dans la capitale. L'ouverture de bureaux régionaux, tant par le gouvernement du Québec que par le gouvernement fédéral, dans plusieurs villes de taille moyenne leur confère un rôle de centre administratif. Celui-ci est souvent appuyé par la création ou le développement d'institutions à caractère régional: un hôpital, un cégep, voire une université. Ces villes deviennent en quelque sorte des métropoles régionales.

Les nouveaux emplois de services prennent souvent la relève d'une industrie traditionnelle en déclin. Trop éloignées des principaux marchés, les villes moyennes arrivent mal à attirer de nouvelles entreprises. Celles qui sont spécialisées dans le traitement des ressources naturelles sont particulièrement menacées. La plupart atteignent pendant la période les limites qu'impose une base économique trop étroite. Ainsi, en Abitibi, en Mauricie, au Saguenay et sur la Côte-Nord, de nombreuses localités sont à la merci d'une fermeture d'usine ou d'une réduction significative du personnel. Shawinigan et Port-Cartier sont particulièrement touchées mais de nombreux autres centres voient leur population stagner, diminuer ou même, dans quelque cas, disparaître presque.

ORIENTATIONS BIBLIOGRAPHIQUES

Andrew, Caroline, Serge Bordeleau et Alain Guimont. *L'urbanisation: une affaire. L'appropriation du sol et l'État local dans l'Outaouais québécois*. Ottawa, Éditions de l'Université d'Ottawa, 1981. 248 p.

Artibise, Alan F.J. et Gilbert A. Stelter. *Canada's Urban Past. A Bibliography to 1980 and Guide to Canadian Urban Studies*. Vancouver, University of British Columbia Press, 1981. 396 p.

Aubin, Henry. *Les vrais propriétaires de Montréal*. Montréal, L'Étincelle, 1977. 446 p.

Beauregard, Ludger, dir. *Montréal. Guide d'excursions / Field Guide*. Montréal, Presses de l'Université de Montréal, 1972. 197 p.

Benjamin, Jacques. *La communauté urbaine de Montréal. Une réforme ratée*. Montréal, L'Aurore, 1975. 157 p.

Bouchard, Louis-Marie. *Les villes du Saguenay. Étude géographique*. Montréal, Leméac, 1973. 212 p.

COLLIN, Jean-Pierre. *Le développement résidentiel suburbain et l'exploitation de la ville centrale.* « Études et documents » n° 23. Montréal, INRS-Urbanisation, 1981. 141 p.

— *La cité coopérative canadienne-française. Saint-Léonard-de-Port-Maurice (1955-1963).* Montréal et Québec, INRS-Urbanisation et Presses de l'Université du Québec, 1986.

DIVAY, Gérard et Jean-Pierre COLLIN. *La Communauté urbaine de Montréal: de la ville centrale à l'île centrale.* Montréal, INRS-Urbanisation, 1977. 250 p.

DIVAY, Gérard et Marcel GAUDREAU. *La formation des espaces résidentiels. Le système de production de l'habitat urbain dans les années soixante-dix au Québec.* Montréal et Québec, INRS-Urbanisation et Presses de l'Université du Québec, 1984. 262 p.

GODBOUT, Jacques et Jean-Pierre COLLIN. *Les organismes populaires en milieu urbain: contre-pouvoir ou nouvelle pratique professionnelle?* Montréal, INRS-Urbanisation, 1977. 311 p.

«La ville de Québec», numéro thématique de *Recherches sociographiques*, XXII, 2 (mai-août 1981).

LÉVEILLÉ, Jacques. *Développement urbain et politiques gouvernementales urbaines dans l'agglomération montréalaise, 1945-1975.* S.l., Société canadienne de science politique, 1978. 608 p.

MATHEWS, Georges. *Évolution générale du marché du logement de la région de Montréal de 1951 à 1976: données synthétiques sur une réussite méconnue.* «Études et documents» n° 17. Montréal, INRS-Urbanisation, 1980. 69 p.

QUESNEL-OUELLET, Louise. «Aménagement urbain et autonomie locale», G. Bergeron et R. Pelletier, dir., *L'État du Québec en devenir*, Montréal, Boréal Express, 1980, p. 211-238.

ROY, Jean. *Montréal, ville d'avenir.* Montréal, Quinze, 1978. 295 p.

CHAPITRE 38

LES GROUPES DOMINANTS ET L'AFFIRMATION DE NOUVELLES ÉLITES

La structure sociale québécoise se transforme en profondeur après 1960, en particulier au niveau des groupes détenteurs du pouvoir. Les éléments de changement apparus dans l'après-guerre font maintenant sentir leurs effets avec éclat. Dans les champs politique, culturel et social, les élites traditionnelles cèdent le pas à une nouvelle classe dirigeante, alors que dans le champ économique s'affirme une nouvelle bourgeoisie francophone.

La nouvelle classe dirigeante

Les élites traditionnelles, formées principalement des notables locaux et du clergé, voient leur pouvoir s'éroder rapidement au cours de la Révolution tranquille. Elles ne disparaissent pas complètement mais, déclassées, elles perdent leur quasi-monopole sur les institutions et l'État au profit d'une nouvelle élite. De nombreux sociologues, politologues, essayistes et journalistes se sont penchés sur ce phénomène et l'ont commenté. Plusieurs auteurs marxistes, par exemple, utilisent le vocable «nouvelle petite-bourgeoisie» pour marquer la différence avec la petite-bourgeoisie traditionnelle, mais donnent du nouveau groupe une définition étriquée. Le sociologue Jean-Jacques Simard parle, quant à lui, de «la longue marche des technocrates», alors que l'essayiste Jacques Grand'Maison stigmatise «la nouvelle classe» qui s'est emparée du pouvoir en imposant ses orientations à l'État et à la société.

Des groupes particuliers au sein de cette classe dirigeante ont aussi fait l'objet d'études: certaines professions, les dirigeants d'institutions spécifiques et surtout le personnel politique provincial. On manque cependant d'études en profondeur sur l'ensemble des nouvelles élites, de sorte que le portrait tracé ici ne peut guère être plus qu'une esquisse.

Si le prototype des élites traditionnelles était l'avocat de pratique privée, s'appuyant sur une clientèle locale, le symbole de la nouvelle classe dirigeante est le technocrate, ce haut fonctionnaire qui a reçu une formation universitaire poussée et qui, grâce à la situation stratégique qu'il occupe à la tête des institutions étatiques, est en mesure d'influencer les grandes orientations de la société. Figures de proue, les technocrates ne sont toutefois pas les seuls représentants de la nouvelle classe, constituée de plusieurs groupes distincts.

Les nouveaux gestionnaires des institutions publiques et parapubliques voient leur nombre et leur influence monter en flèche, à mesure que se multiplient les services gouvernementaux et les sociétés d'État. Ils profitent aussi de la sécularisation et de la prise en charge par l'État des réseaux de l'éducation, de la santé et des affaires sociales. La plupart font carrière dans la fonction publique, où ils débutent comme professionnels pour gravir ensuite les échelons de la hiérarchie. Pendant les premières années de la Révolution tranquille, alors que la demande est forte, l'ascension de ces gestionnaires est rapide et certains se retrouvent, encore jeunes, dans des postes de commande importants. La situation se tasse par la suite et la mobilité vers le haut devient plus lente.

Les gestionnaires et les cadres du secteur privé représentent un deuxième groupe important. Au début des années 1960, ils sont majoritairement anglophones et donc peu incités à s'identifier à la nouvelle classe francophone qui est, de surcroît, nationaliste. Leurs liens sont beaucoup plus étroits avec les technocrates fédéraux. Mais au cours des années 1970, la situation se modifie graduellement, à mesure que se multiplient les entreprises francophones et que la grande entreprise canadienne-anglaise ou étrangère francise ses cadres au Québec. Le groupe du secteur privé tend ainsi à peser d'un poids beaucoup plus lourd au sein de la classe dirigeante, alors que s'essouffle la croissance des institutions étatiques.

Les intellectuels, au sens large, forment un troisième élément, extrêmement important, de la nouvelle élite québécoise. On peut y distinguer deux sous-groupes. Celui des spécialistes, des experts, se recrute soit dans le milieu universitaire, soit dans les grands bureaux de consultants (avocats, ingénieurs-conseils, comptables). Ce groupe met sa science et sa plume au service des technocrates et des hommes politiques, qu'il alimente en enquêtes et en propositions de politiques. Celui des communicateurs comprend des journalistes, des enseignants, des animateurs de radio-télévision, des publicitaires: diffusant de nouveaux modèles axés sur l'idée du changement, ils aident à faire accepter les nouvelles politiques. Les intellectuels forment toutefois un ensemble complexe, où se manifestent aussi la contestation et la remise en question des pouvoirs établis.

Les élites syndicales jouissent d'une influence beaucoup plus considérable que pendant les périodes antérieures. Il s'agit, là aussi, de nouvelles élites, au sein desquelles les authentiques ouvriers sont peu nombreux et où les professionnels du syndicalisme, ayant souvent une formation universitaire, prennent la vedette.

Le personnel politique — les députés et surtout les ministres — se recrute de plus en plus, comme nous le verrons dans un chapitre ultérieur, au sein de ces divers groupes, dont il partage les aspirations et les objectifs. Si les premiers ministres des années 1960 étaient encore issus des élites traditionnelles, ceux des années 1970 sont parfaitement représentatifs de la nouvelle classe dirigeante: Robert Bourassa est économiste, René Lévesque est journaliste et vedette de la télévision.

Les élites traditionnelles s'appuyaient sur un nationalisme défensif, à composantes religieuse, culturelle et juridique; les groupes qui forment la nouvelle classe affichent un nationalisme conquérant, qui veut englober tous les aspects de la vie en société et même s'illustrer sur la scène internationale. Ils se posent comme l'incarnation de la nation, qu'ils veulent revivifier et moderniser. Ils ne font aucun mystère de leur volonté de franciser la société en faisant du Québec un État fort et même, pour certains d'entre eux, indépendant.

Le champ politique est le pôle autour duquel s'articule le pouvoir de la nouvelle classe dirigeante, un pouvoir qui pourra ensuite rayonner sur l'économique, le social et le culturel. Cette classe met au point des stratégies de développement dont l'initiateur sera l'État, à la fois guide et appui des francophones dans une société où ceux-ci ont jusque-là été traités en minoritaires. Dans cette optique, l'État devient responsable d'un bien-être collectif dont devraient profiter toutes les classes de la société.

L'effacement du pouvoir religieux contribue à la concentration des ressources et de l'influence autour de l'État. Si le pouvoir devient ainsi plus centralisé, ses lieux d'exercice sont cependant nombreux et même plus diversifiés. Les institutions locales restent bien vivantes, même si certaines d'entre elles, en particulier les commissions scolaires, les hôpitaux et les services sociaux, voient leur autonomie érodée par suite des contraintes imposées par l'État québécois. La régionalisation et la mise sur pied d'institutions nouvelles dans plusieurs secteurs multiplient les postes de prestige et d'influence.

La formation professionnelle des membres des nouvelles élites diffère considérablement de celle de leurs prédécesseurs. Aux généralistes qu'étaient le prêtre et l'avocat succèdent les spécialistes ayant reçu une formation universitaire plus spécifique et ayant souvent décroché plus d'un diplôme. Le développement rapide et spectaculaire du réseau universitaire francophone y contribue. Une minorité influente reçoit en outre une partie de sa formation dans les universités étrangères, en France, aux États-Unis ou en Grande-Bretagne. Un diplôme de Harvard ou du London School of Economics donne à son détenteur un avantage symbolique considérable.

Pendant la Révolution tranquille, les vedettes sont les nouveaux diplômés des sciences sociales, en particulier de l'économie et de la sociologie. Dans les administrations publiques, tant à Québec qu'à Ottawa, les économistes tiennent une place privilégiée et apparaissent comme de véritables démiurges, jusqu'à ce que les difficultés économiques des années 1970 et 1980 viennent ternir quelque peu leur image. Au cours des années 1970, les sciences sociales perdent graduellement de leur attrait au profit des sciences de l'administration, dont le symbole devient le MBA. Ce transfert se reflète aussi dans les priorités et les objectifs: à la recherche de la compétence et de la rationalité scientifique qui caractérisait la Révolution tranquille succède, en fin de période, le souci de l'efficacité et de la productivité.

Malgré ces nouvelles orientations, les cheminements plus classiques que représentent le droit, la médecine, le génie et la comptabilité continuent à être très recherchés et le nombre de diplômés dans ces disciplines augmente rapidement. L'exercice de ces professions se transforme toutefois en profondeur. Certes, il y a toujours des médecins de famille ou des avocats de quartier pratiquant seuls ou avec un confrère, mais la tendance principale est à la formation de grands cabinets ou d'équipes regroupant des spécialités complémentaires. La spécialisation accrue des individus — acquise à l'université ou sur le terrain — marque d'ailleurs de plus en plus les cheminements professionnels. Le sens même de la profession libérale est bouleversé par l'introduction croissante du salariat dans ces secteurs.

C'est donc une toute nouvelle classe dirigeante qui investit rapidement les lieux de pouvoir après 1960. Elle en retire des avantages indéniables pour ses membres: aisance financière, prestige, autorité, influence et respect. Solidement ancrée autour du pôle politique, elle doit cependant composer avec une autre élite nouvelle qui émerge autour du pôle économique.

La nouvelle bourgeoisie francophone

La structure sociale québécoise est nettement marquée, après 1960, par l'émergence d'une nouvelle bourgeoisie francophone, qui prend sa source dans la prospérité économique d'après-guerre pour s'affirmer beaucoup plus nettement au cours des années 1960 et 1970. Au début de la période, Jean-Louis Lévesque et les familles Simard et Brillant représentent les principales étoiles du ciel financier canadien-français. Mais, après cette date, la constellation s'élargit. Il y a la montée fulgurante et exceptionnelle d'un Paul Desmarais qui, après avoir pris le contrôle de Power Corporation, se retrouve à la tête d'un empire industriel et financier. À un autre niveau, toutefois, de nombreux noms s'ajoutent. Il suffit de mentionner les Péladeau, Francoeur, DeSève, Pouliot, ou de Gaspé-Beaubien dans les médias, Perron ou Saucier dans le bois, Hamel dans le transport, Bombardier, Lemaire ou Dutil dans

À gauche: Paul Desmarais, président du conseil et chef de la direction de Power Corporation. (*Le Journal de Montréal*). *À droite:* Pierre Péladeau, fondateur du groupe Quebecor. (*Le Journal de Montréal*)

l'industrie manufacturière, Parizeau, Saint-Germain ou Tardif dans les assurances, Turmel dans la distribution alimentaire. Ce phénomène nouveau a attiré l'attention d'un certain nombre de chercheurs, qui y ont consacré plusieurs études.

Parmi les conditions qui ont favorisé cette émergence, il faut rappeler en premier lieu que, même si on y trouve beaucoup de nouveaux venus, la bourgeoisie francophone n'est pas sans racines historiques. À la fin de la guerre, un certain nombre d'entreprises canadiennes-françaises avaient déjà une longue histoire, en particulier les banques francophones, les caisses populaires et quelques compagnies d'assurance et sociétés de fiducie, dont l'envergure restait toutefois modeste en comparaison des grandes institutions canadiennes.

Par ailleurs, des fortunes canadiennes-françaises se sont constituées au cours des décennies, en prenant souvent la forme de portefeuilles de placements. Il y a donc un capital accumulé et des institutions en place qui jouent un certain rôle dans l'expansion et la consolidation de la nouvelle bourgeoisie. Quelques-unes de ces institutions sont acquises par les nouvelles sociétés québécoises au cours de la période, offrant ainsi à ces dernières un réservoir d'épargne accumulé antérieurement.

Les racines historiques ne sont cependant pas suffisantes pour expliquer la montée d'une bourgeoisie francophone. Celle-ci s'appuie aussi sur les transformations qui, depuis la guerre, marquent leur marché de base au Québec: augmentation de la population, urbanisation accrue, hausse marquée du niveau d'éducation et du niveau de vie. Ainsi agrandi, le marché québécois est mieux intégré au circuit de consommation, et la bourgeoisie francophone est en mesure de profiter de cette croissance quantitative et qualitative.

On peut également faire intervenir l'évolution des idéologies et des mentalités. Avec la Révolution tranquille, un vent de modernisation souffle sur le Québec, accompagné d'un nationalisme expansionniste exprimant la volonté d'une prise en main de l'économie par les francophones. Certains auteurs ont affirmé que jusqu'alors le contrôle du clergé sur l'éducation et le poids de l'idéologie religieuse incitaient peu les Canadiens français à s'intéresser au monde des affaires. Cet effet de freinage a certainement été exagéré. Quoi qu'il en soit, il ne joue plus après 1960; l'effondrement rapide des idéologies religieuses et le recul du clergé éliminent cette hypothèque, si c'en était une. Dès lors, l'idéologie néo-libérale occupe toute la place, la seule contestation venant à partir de la fin des années 1960 de la gauche d'inspiration marxiste, puis, dans les années 1980, d'un mouvement de retour au libéralisme classique qui, source de confusion, se présente lui aussi sous l'étiquette du néo-libéralisme.

L'effet le plus visible de la modernisation s'observe dans le système d'éducation qui offre maintenant à une plus forte proportion de Québécois la possibilité de se préparer à des carrières dans le milieu des affaires. On assiste à une croissance phénoménale des facultés de génie, de commerce et d'administration, dont les diplômés se retrouvent en nombre accru dans les entreprises. À long terme, par le jeu normal des promotions, une proportion croissante de Canadiens français arrive aux échelons supérieurs des grandes sociétés. L'éducation n'est cependant pas une panacée. Le milieu des affaires, en effet, a toujours été et continue à être un secteur où peuvent s'affirmer des *self-made-men*, plus intéressés à l'action qu'aux études. L'entreprise elle-même constitue pour plusieurs un lieu important d'apprentissage et de formation.

De plus en plus l'expression «hommes d'affaires» est d'ailleurs remplacée par celle de «gens d'affaires» pour marquer une autre nouveauté de la période: la montée des femmes chefs d'entreprise. Même si elles restent une minorité, leur présence s'accroît de façon substantielle et, au cours des années 1980, les médias reconnaissent le fait accompli en leur consacrant une attention accrue. Les Léger, Saucier ou Guillevin-Wood deviennent à leur tour des vedettes. Ces femmes d'affaires n'ont pas la partie facile, car la culture de l'entreprise est au point de départ très sexiste. Leurs succès amènent cependant un changement graduel des mentalités.

D'autres facteurs encore contribuent à la montée de la nouvelle bourgeoisie francophone. Certains tiennent à la nature même des domaines d'intervention des entrepreneurs québécois, qui se concentrent surtout dans des secteurs où la création de nouvelles entreprises n'est pas freinée par des barrières technologiques trop considérables, comme le commerce, la finance, les services personnels, l'immobilier et l'édition, et qui sont en forte croissance depuis l'après-guerre. En outre, comme nous l'avons vu précédemment, le mouvement de concentration des années 1970 et 1980 permet l'émergence de groupes francophones qui atteignent une stature financière et un poids économique plus considérables et sont en mesure de s'épauler les uns les autres.

L'intervention de l'État québécois est également déterminante dans la consolidation et l'expansion de la bourgeoisie francophone. Par sa politique d'achat et par ses programmes d'aide au financement, le gouvernement contribue au renforcement des entreprises appartenant aux Canadiens français. Les sociétés d'État jouent aussi un rôle à cet égard, en particulier la Caisse de dépôt et placement, qui permet de conserver ou d'accentuer le contrôle francophone au sein de certaines entreprises.

Tout un ensemble de facteurs contribuent donc à l'affirmation d'une nouvelle bourgeoisie francophone. Évidemment, la bourgeoisie québécoise n'est pas que francophone: on y trouve d'importants éléments d'origine britannique, juive ou autre. La question des origines ethniques donne d'ailleurs lieu à un débat. Faut-il, comme le fait le sociologue Jorge Niosi, voir la bourgeoisie francophone comme un tout relativement intégré? Ou bien faut-il, en suivant le politologue Pierre Fournier, distinguer chez les francophones une bourgeoisie québécoise dont la base d'accumulation est principalement ou exclusivement le Québec, d'une bourgeoisie canadienne œuvrant à l'échelle du pays et même sur le plan international? Le critère ethnique n'est qu'une dimension du problème; il faut aussi tenir compte du pouvoir économique détenu et visé par chacune des composantes de la bourgeoisie.

Une comparaison avec la situation existant ailleurs au Canada peut servir à éclairer le phénomène. Dès le 19e siècle, s'était établie une distinction entre la grande bourgeoisie aux visées pancanadienne et internationale et une moyenne bourgeoisie dont l'implantation était plus restreinte géographiquement. Or les bourgeoisies régionales n'existent pas qu'au Québec: on les retrouve également dans les autres provinces et, comme le souligne Niosi, les dernières décennies voient l'ascension rapide de certaines d'entre elles, en particulier en Colombie-Britannique, dans les provinces des Prairies et au Québec. Ces bourgeoisies s'affirment parfois en s'opposant aux grands monopoles canadiens, dont la direction est de plus en plus concentrée à Toronto. Cependant, elles visent elles aussi l'expansion et tentent d'atteindre une envergure canadienne. Leur point de départ reste la région d'origine, mais leur activité la dépasse de plus en plus. Plutôt qu'une opposition tranchée entre une bourgeoisie canadienne et une bourgeoisie québécoise, il faudrait donc constater chez les francophones la constitution de nouveaux groupes qui peuvent être en concurrence les uns avec les autres et qui visent à étendre leur implantation à l'extérieur du Québec. Ce faisant, ils entrent en conflit avec d'autres groupes, identifiés à des ethnies différentes et originaires d'autres régions du Canada.

La grande bourgeoisie canadienne, appelée aussi élite économique, était depuis sa formation solidement implantée au Québec, ayant été liée étroitement au rôle métropolitain de Montréal. Avec le déplacement du centre de gravité économique vers l'ouest, on assiste au départ de Montréal vers Toronto d'un grand nombre de membres de l'élite économique canadienne. La rue Saint-Jacques et Westmount deviennent de moins en moins le symbole principal de la haute finance canadienne, et cette tendance s'accentue dans les années 1970.

Nous avons vu précédemment les résultats d'une étude sur cette élite économique canadienne menée par John Porter dans les années 1950. Wallace Clement réalise une enquête analogue pour 1972. Examinant les caractéristiques des administrateurs des 113 sociétés dominantes au Canada, il conclut que la situation décrite par Porter se trouve confirmée et même accentuée. L'élite économique canadienne formait déjà, après la guerre, un groupe restreint de quelques centaines d'individus, au recrutement sélectif, où l'origine sociale et familiale jouait un rôle de premier plan. Clement constate que le caractère fermé de cette élite est encore plus prononcé en 1972: les trois cinquièmes de ses membres sont originaires de la classe supérieure, une proportion croissante d'entre eux doivent leur accession au conseil d'administration des sociétés dominantes à leurs liens familiaux, et les *self-made-men* sont en déclin.

L'élite économique de 1972 est encore massivement anglophone. Bien que leur proportion augmente légèrement, de 6,7% au début des années 1950 à 8,4% en 1972, les Canadiens français sont toujours nettement sous-représentés à ce niveau; il en est de même pour les groupes d'autres origines, dont la proportion passe de 1% à 5,4%. Les écoles privées continuent d'être les pépinières des futurs membres de l'élite économique canadienne qui ont massivement une formation collégiale ou universitaire. Ils se distinguent toujours par leur appartenance à des clubs privés sélects, à des associations commerciales et à des œuvres philanthropiques. Clement met aussi en lumière les relations étroites qui existent entre l'élite économique et d'autres élites au Canada, en particulier celle des communications de masse et celle du monde politique.

Même si aucune étude équivalente n'existe pour une période plus récente, on estime généralement que la décennie 1970 amène des bouleversements importants au sein de la grande bourgeoisie canadienne. Au sommet de la pyramide sociale se retrouvent encore, au début des années 1980, de grandes familles d'origine britannique — les Weston, les Thomson, les Black — mais également d'autres d'origine juive — les Reichman et les deux branches de la famille Bronfman — ainsi que celle de Paul Desmarais. En 1984, le *Globe and Mail* estime que les neuf familles les plus riches du Canada contrôlent près de la moitié de la valeur des actions qui composent l'indice de la bourse de Toronto, si l'on excepte celles des banques.

Cette décennie voit l'ascension d'un grand nombre de nouveaux super-riches, ceux que le journaliste Peter Newman nomme «*The Acquisitors*». Plusieurs d'entre eux ont des assises régionales, en particulier dans l'Ouest canadien, et se bâtissent des empires grâce au pétrole, au développement immobilier et à l'intermédiation financière. Bien que la crise de 1982 ébranle quelques-unes de ces fortunes instantanées, la bourgeoisie canadienne reste marquée par ces transformations.

C'est dans un contexte semblable que s'affirme la nouvelle bourgeoisie francophone, dont la base principale reste le Québec mais qui cherche de plus en plus à étendre son emprise à l'extérieur de la province. Dans son ensemble, elle est fédéraliste et ne veut pas remettre fondamentalement en question le système politique canadien. Mais en devenant plus canadienne et plus internationale dans ses activités, elle ne cesse pas pour autant d'être québécoise et francophone.

La bourgeoisie québécoise continue à s'appuyer sur des organismes propres, qui agissent comme les porte-parole des milieux d'affaires auprès du gouvernement et du public. Outre les chambres de commerce et les nombreuses associations sectorielles dont plusieurs sont fort anciennes, apparaît une organisation d'un type particulier, le Centre des dirigeants d'entreprises, qui au cours des années 1960 et 1970 représente l'élément le plus réformiste des milieux d'affaires et dont les préoccupations sont centrées sur le développement d'une meilleure concertation entre gouvernement, syndicats et patronat.

En 1969, toutes ces associations, à l'exception des chambres de commerce, choisissent de créer conjointement un organisme qui représentera le point de vue des entreprises et des employeurs auprès du public et du gouvernement: le Conseil du patronat. Celui-ci devient, en quelques années, le principal porte-parole des milieux d'affaires et fait régulièrement pression sur le gouvernement pour qu'il tienne compte du point de vue des employeurs dans l'élaboration de ses politiques. Le Conseil du patronat ne remplace pas les associations distinctes, qui continuent à intervenir chacune de leur côté, mais il donne plus de poids et plus de cohésion à la voix des dirigeants d'entreprises.

Convergences et divergences

Entre la nouvelle bourgeoisie francophone et la nouvelle classe dirigeante, les éléments de convergence sont nombreux. Le double objectif de modernisation du Québec et de renforcement du contrôle économique par les francophones ne peut que rallier ces deux ensembles qui s'épaulent de nombreuses façons. La recherche du pouvoir amène nécessairement une convergence des élites et des divers groupes qui les composent. Le va-et-vient des individus entre le monde de l'entreprise et le service de l'État, sans être aussi fréquent qu'aux États-Unis, est néanmoins significatif. Les bénéfices qu'ils retirent du nouvel ordre politique et économique renforcent leur cohésion, dans ce qui apparaît comme une véritable alliance des privilégiés.

Chacun des groupes constitutifs de ces élites a cependant des intérêts qui lui sont propres et qui l'amènent parfois à s'opposer aux autres. Une première source de tensions vient de la relation dynamique entre le secteur public et le secteur privé. L'un et l'autre se soutiennent de multiples façons. Le privé réagit toutefois fortement contre les visées technocratiques et le lourd appareil bureaucratique qu'elles génèrent. De son côté, le pouvoir étatique tente, par ses programmes sociaux, de faire contrepoids à la concentration des richesses et aux inégalités du régime de propriété privée.

D'autres tensions se manifestent régulièrement sur le front des relations patronales-syndicales. Les nouvelles élites syndicales entretiennent avec les autres composantes de la classe dirigeante des relations évidentes de solidarité. Elles appuient le développement de l'appareil bureaucratique, dont le personnel représente une part croissante du membership de leurs organisations. Elles jouissent de la sympathie ouvertement exprimée d'un grand nombre d'intellectuels et de communicateurs. Même dans leur opposition aux milieux d'affaires, elles obtiennent des appuis substantiels des élites politiques et technocratiques qui mettent au point de nouvelles lois du travail plus favorables au mouvement syndical. Cependant, elles en viennent à s'opposer violemment à ces mêmes élites lors des négociations avec l'État-employeur. La radicalisation des dirigeants syndicaux et de plusieurs intellectuels à l'orée des années 1970 accentue ces tensions et fait de ces groupes une sorte d'opposition de l'intérieur au sein de la classe dirigeante.

Une troisième source de tensions vient de la dynamique des relations Québec-Ottawa. Malgré un nationalisme de fond largement partagé, les membres des nouvelles élites se divisent quant aux moyens à privilégier pour renforcer le Québec et les francophones. Ces tensions s'expriment sur la scène politique, dans les batailles électorales et les conflits autour de la question nationale.

Au-delà de leurs divergences, la détention du pouvoir est néanmoins l'objectif qui anime tous ces groupes.

ORIENTATIONS BIBLIOGRAPHIQUES

BÉLANGER, Yves et Pierre FOURNIER, *L'entreprise québécoise. Développement historique et dynamique contemporaine.* Montréal, Hurtubise HMH, 1987. 187 p.

CLEMENT, Wallace. *The Canadian Corporate Elite. An Analysis of Economic Power.* Toronto, McClelland and Stewart, 1975. 479 p.

DUBUC, Alain et Laurier CLOUTIER. *Le club des milliardaires et l'épargne des Québécois.* Montréal, *La Presse,* s.d. 42 p.

FOURNIER, Pierre, dir. *Le capitalisme au Québec.* Montréal, Albert Saint-Martin, 1978. 436 p.

FOURNIER, Pierre. *Le patronat québécois au pouvoir: 1970-1976.* Montréal, Hurtubise HMH, 1979. 308 p.

— *Les sociétés d'État et les objectifs économiques du Québec: une évaluation préliminaire.* Québec, Éditeur officiel, 1979. 135 p.

FOURNIER, Pierre, dir. *Capitalisme et politique au Québec.* Montréal, Albert Saint-Martin, 1981. 292 p.

GRAND'MAISON, Jacques. *La nouvelle classe et l'avenir du Québec.* Montréal, Stanké, 1979. 272 p.

LAURIN-FRENETTE, Nicole. *Production de l'État et formes de la nation.* Montréal, Nouvelle Optique, 1978. 176 p.

LÉGARÉ, Anne. *Les classes sociales au Québec.* Montréal, Presses de l'Université du Québec, 1977. 197 p.

— «L'entreprise canadienne-française», numéro spécial de *Recherches sociographiques,* XXIV, 1 (janvier-avril 1983).

NEWMAN, Peter C. *The Canadian Establishment. Volume One.* Toronto, McClelland and Stewart / Bantam, 1977. 551 p.

— *The Canadian Establishment. Volume Two. The Acquisitors.* Toronto, McClelland and Stewart / Bantam, 1982. 566 p.

NIOSI, Jorge. *La bourgeoisie canadienne. La formation et le développement d'une classe dominante.* Montréal, Boréal Express, 1980. 241 p.

RAYNAULD, André. *La propriété des entreprises au Québec. Les années 60.* Montréal, Presses de l'Université de Montréal, 1974. 160 p.

RAYNAULD, André et François VAILLANCOURT. *L'appartenance des entreprises: le cas du Québec en 1978.* Québec, Éditeur officiel, 1984. 143 p.

SALES, Arnaud. *La bourgeoisie industrielle au Québec.* Montréal, Presses de l'Université de Montréal, 1979. 322 p.

SIMARD, Jean-Jacques. *La longue marche des technocrates.* Montréal, Albert Saint-Martin, 1979. 198 p.

VAILLANCOURT, François. «Les cadres francophones au Québec», *Recherches sociographiques,* XXI, 3 (septembre-décembre 1980), p. 329-337.

CHAPITRE 39

TRAVAILLEURS ET TRAVAILLEUSES

Le monde du travail connaît une grande effervescence après 1960. Tout en continuant de s'ajuster aux transformations de l'économie et de la technologie, la main-d'œuvre rajeunit, avec l'arrivée sur le marché du travail de la génération du *baby boom*, se féminise, se diversifie et acquiert une formation plus poussée. De son côté, le mouvement syndical, même s'il ne représente qu'une partie des travailleurs, voit ses effectifs augmenter considérablement, tandis que son influence atteint l'ensemble de la société. Enfin, de la part du gouvernement, la concertation remplace les confrontations de la période précédente.

Le monde du travail

La population active augmente, passant de 1,8 million de personnes en 1960 à 2,3 millions en 1971 et atteignant les 3 millions en 1983. Cette croissance ne reflète pas seulement la hausse de la population, mais aussi une modification du taux d'activité, de 54% en 1960 à 61% en 1984, ce qui signifie qu'une proportion plus grande de la population de 15 ans et plus se trouve sur le marché du travail. En particulier, le taux d'activité des femmes double presque, passant de 26,5% en 1960 à près de 48% en 1983, tandis que celui des hommes baisse de 81,5% à moins de 75%.

La tendance séculaire à la tertiarisation se poursuit: en 1981, près de 70% des emplois sont de type tertiaire, tandis que les emplois de type primaire et secondaire comptent respectivement pour 5,6% et 24,6%. Ce phénomène s'accompagne de modifications nombreuses. Ainsi, les employés de bureau voient leur prestige diminuer au fur et à mesure que leur nombre augmente et que leurs tâches sont divisées et de plus en plus mécanisées. Parallèlement, l'entreprise fait une place croissante aux cadres et aux professionnels bénéficiant de salaires élevés et d'une

Sortie d'usine à Sorel, 1961. (ANC, PA-133213)

large autonomie. Enfin, la croissance de l'État employeur contribue à accentuer ces caractéristiques liées à la tertiarisation de la main-d'œuvre.

Les changements technologiques déterminent eux aussi des transformations, entraînant tantôt une dégradation, tantôt une amélioration des conditions de travail, du statut et de la rémunération. C'est le cas dans la production minière et manufacturière, où les gains de productivité se traduisent toujours par une réduction des besoins de main-d'œuvre et, pour les travailleurs qui restent, par une hausse des salaires, accompagnée généralement d'une augmentation des cadences. Partout, ces changements imposent une modification en profondeur des emplois touchés, au terme d'une période de transition plus ou moins longue et difficile.

À la charnière des années 1980, on remarque une nouvelle tendance, la hausse du travail à temps partiel: 7,4% des emplois en 1976 et 13% en 1983. Ce phénomène, qui touche surtout les jeunes et les femmes, s'explique à la fois par la crise du début des années 1980 et par la volonté des employeurs de réduire la main-d'œuvre permanente, mais aussi par des changements d'attitude à l'égard du travail.

Objectif majeur de la Révolution tranquille, le relèvement du niveau de formation fait rapidement sentir ses effets: si, en 1960, à peine 44,5% de la population active a un niveau d'instruction supérieur au primaire, la proportion atteint 67% en 1977 et 82% en 1984. Enfin, le niveau de vie en général connaît une nette amélioration depuis 1960, les salaires augmentent plus rapidement que les prix. Le salaire hebdomadaire moyen passe de 73,01$ à 199,22$ entre 1960 et 1975, pour atteindre 427,49$ en 1984.

De toutes ces grandes transformations, la participation accrue des femmes au monde du travail est la plus significative. Le travail féminin, autrefois caractérisé surtout par la présence de jeunes filles qui quittaient leur emploi au moment du mariage, devient un phénomène plus permanent avec l'accroissement notable de la participation des femmes mariées. Les maternités, moins nombreuses, impliquent généralement un retrait temporaire plutôt que définitif. L'augmentation du nombre des femmes sur le marché du travail ne s'accompagne cependant pas d'un élargissement aussi rapide de leurs secteurs d'activités professionnelles. Même si l'augmentation de la scolarisation moyenne entraîne une certaine diversification, en 1981, sept professions rassemblent 60% de la main-d'œuvre féminine: sténodactylo, commis de bureau, infirmière, enseignante, serveuse (restauration et hôtellerie), vendeuse et ouvrière dans le textile ou l'habillement.

La perception des inégalités de salaires entre hommes et femmes devient plus aiguë. Cette prise de conscience se traduit par la revendication à travail égal, salaire égal, et mobilise syndicats et groupes féministes. Le gouvernement est amené à respecter ce même principe et à interdire toute discrimination salariale basée sur le sexe. Malgré tout, des écarts importants persistent, en particulier dans les services privés. Même dans les domaines où les salaires nominaux sont les mêmes, des écarts de revenus subsistent qui s'expliquent par des facteurs comme l'ancienneté, la permanence, l'incidence du temps partiel. Enfin, on prend conscience de l'importance des femmes collaboratrices de leur mari à l'intérieur d'une petite entreprise familiale et qui reçoivent rarement une rémunération; on évalue leur nombre à 150 000 en 1966.

Le marché du travail souffre d'un chômage endémique, inégalement réparti à l'échelle du territoire, mais qui n'en touche pas moins toutes les régions. Il frappe avec une intensité variable selon la conjoncture. Au-delà de ces fluctuations, s'installe en permanence un chômage qu'on appelle structurel, causé à la fois par les insuffisances du développement économique, par le vieillissement de la structure industrielle et par le gonflement de la main-d'œuvre. Le chômage atteint davantage les derniers arrivés sur le marché du travail, les jeunes de 15-24 ans ainsi que les femmes.

Enfin, divers groupes restent en marge du monde du travail. Il y a d'abord toutes les femmes qui demeurent au foyer et dont l'apport économique, pour être essentiel, n'est pas rémunéré et est absent des statistiques officielles. Viennent ensuite les chômeurs qui abandonnent toute recherche d'emploi, découragés par une quête qui leur semble impossible, ou refusant un monde du travail qu'ils considèrent aliénant et se contentant de vivre dans une demi-pauvreté, en marge de la société. Les uns et les autres rejoignent la masse des assistés sociaux. En 1984, on compte plus de 250 000 aptes au travail parmi les bénéficiaires de l'aide sociale.

Le monde du travail est devenu si divers qu'on ne peut réduire l'ensemble des individus qui en font partie à une seule classe sociale, la classe ouvrière. Tenant compte de la diversité des statuts, des revenus, des niveaux de formation, on parle de plus en plus, de façon générale, des travailleurs et des travailleuses.

Les organisations syndicales

La transformation du marché du travail a des répercussions sur le monde syndical. Les effectifs sont en hausse marquée, passant d'un peu moins de 400 000 en 1961 à 850 000 en 1984. Même si le calcul des taux de syndicalisation varie d'un auteur à l'autre, on constate une tendance à la hausse jusqu'au milieu des années 1970, alors qu'ils passent de 30% à 40% pour décliner par la suite et atteindre 34% en 1984. En 1960, le mouvement est toujours dominé, d'une part, par le syndicalisme international qui représente les deux tiers des syndiqués et, d'autre part, par le syndicalisme national, qui en regroupe un peu moins du quart. À ceux-ci s'ajoutent la Corporation des instituteurs et des institutrices catholiques et divers syndicats indépendants. Outre l'importance plus grande que prend le syndicalisme dans la vie collective, trois transformations majeures se produisent entre 1960 et 1983 : canadianisation du syndicalisme international, essor puis scission et affaiblissement de la Confédération des syndicats nationaux (CSN), montée des syndicats indépendants.

La Fédération des travailleurs du Québec (FTQ) voit son rôle considérablement transformé et renforcé. Si elle ne regroupe en 1960 que 40% des effectifs québécois des syndicats internationaux affiliés au Congrès du travail du Canada (CTC), avec le temps, elle accroît substantiellement cette proportion qui passe à plus de 80% en 1983. Ses dirigeants deviennent des porte-parole reconnus et écoutés du mouvement ouvrier.

Sans avoir tous les pouvoirs d'une véritable centrale, la FTQ obtient du CTC un plus grand degré d'autonomie et joue un rôle accru sur la scène syndicale québécoise. Parallèlement au mouvement de canadianisation qui souffle sur le CTC, la FTQ devient beaucoup plus québécoise et nationaliste dans ses prises de position. La FTQ profite de la croissance de la syndicalisation des secteurs public et parapublic quoique à un degré moindre que la CSN. Elle reste cependant mieux ancrée dans le secteur privé où se recrutent la majorité de ses membres. Son discours est moins radical que celui de la CSN et elle choisit d'appuyer ouvertement le Parti québécois et le Nouveau parti démocratique. Par ses effectifs, qui regroupent 33% des syndiqués québécois, elle reste la plus importante organisation syndicale au Québec.

Deuxième en importance, la Confédération des syndicats nationaux (CSN) connaît un essor considérable durant les années 1960. Très rapidement, elle liquide ce qui reste de son héritage du syndicalisme catholique, devenant de plus en plus radicale et combative au fil des années. De son passé, elle conserve une forte implantation dans le réseau des affaires sociales, en particulier dans le secteur hospitalier et elle devient la principale bénéficiaire de la syndicalisation massive des secteurs public et parapublic, ce qui lui permet de doubler ses effectifs entre 1960 et 1966. La composition de son membership s'en trouve profondément modifiée: tandis qu'en 1960 le secteur privé représente près des trois quarts des effectifs, il devient minoritaire six ans plus tard. La CSN s'affirme donc de plus en plus comme la centrale représentant les employés de l'État.

En 1972, une importante scission déchire la CSN: elle perd plusieurs milliers de ses membres qui fondent alors la Confédération des syndicats démocratiques (CSD). Ces syndicats, qui viennent surtout du secteur privé, ne se reconnaissent plus dans le syndicalisme dit de combat que mène la centrale et dans son discours axé sur la lutte des classes. Leur départ a pour effet de renforcer encore davantage le poids du secteur public et parapublic à la CSN, malgré la désaffiliation de syndicats importants comme celui des fonctionnaires provinciaux et l'Alliance des infirmières. En 1983, la CSN ne représente plus que 22% des syndiqués québécois et manifeste une certaine désorientation qui contraste avec son dynamisme antérieur.

Limitée au personnel enseignant, la Corporation des instituteurs et des institutrices catholiques (CIC) est, au début, relativement isolée des deux autres centrales. Elle abandonne l'épithète catholique en 1967 et tend de plus en plus à adopter le modèle syndical, ce que consacre bientôt la nouvelle appellation de Centrale de l'enseignement du Québec (CEQ). Ses effectifs croissent d'abord très rapidement, passant de 30 000 à 68 000 membres entre 1960 et 1968, alors que les grandes réformes de l'enseignement sont en cours. Ils plafonnent durant la décennie suivante, entre 70 000 et 80 000 membres. Malgré ses efforts pour diversifier son recrutement vers le personnel non enseignant et les professeurs de cégep et d'université, la très grande majorité de ses membres sont des enseignants du primaire et du secondaire.

Au début des années 1960, les centrales, en particulier la CSN, partagent les grands objectifs de la Révolution tranquille, participent aux débats qui agitent la société et collaborent avec l'État, qui a besoin de leur appui pour réaliser ses réformes. Mais le climat de la deuxième moitié de la décennie est différent. L'État agit comme un patron tandis que les centrales, de leur côté, sont influencées par le radicalisme idéologique et politique qui marque l'époque, et entreprennent de modifier leurs pratiques et leurs discours. Ne se bornant plus à l'action syndicale traditionnelle, elles proposent l'ouverture d'un «deuxième front», par une critique radicale du système économique et par l'intervention ouverte sur la scène politique. Désormais, le mouvement syndical se montre très méfiant à l'endroit des partis politiques et des gouvernements ; la collaboration et la concertation apparaissent comme un piège. Cette période correspond aussi à l'essor du discours marxiste dans les centrales. Même s'il s'exprime plus vigoureusement à la CSN et à la CEQ qu'à la FTQ, il n'en colore pas moins l'ensemble des débats que les centrales entretiennent sur la société. Chacune publie d'ailleurs un manifeste choc: *L'État, rouage de notre exploitation* (FTQ, 1971); *Ne comptons que sur nos propres moyens* (CSN, 1971) ; *L'École au service de la classe dominante* (CEQ, 1972).

Cette radicalisation touche également les relations de travail et certaines négociations dégénèrent en conflits parfois violents. C'est le cas par exemple lors des grèves de la Seven Up (1967-1968), de La Presse (1971), de Firestone à Joliette (1973-1974) et de United Aircraft

Affrontement pendant la grève de *La Presse*, 1971. (*La Presse*)

(1974-1975). Les années 1970 sont aussi dominées par l'importance que prennent les négociations des secteurs public et parapublic. La création des fronts communs intersyndicaux pour négocier avec l'État représente une première nord-américaine: jamais un gouvernement n'a cherché à négocier avec tous ses employés à la fois. Ce genre de négociation aboutit très rapidement à des confrontations qui se traduisent par des grèves impliquant des dizaines de milliers d'employés et entraînant des ripostes sous forme d'injonctions et de lois spéciales. Ainsi, en 1972, les présidents des trois centrales syndicales sont condamnés et incarcérés pour avoir défié un ordre de la cour. Même sans aller jusqu'à ces extrémités, les autres fronts communs (1975-1976, 1979-1980) mobilisent pendant plusieurs mois les énergies des centrales et du gouvernement et accaparent l'opinion publique. Les grèves répétées dans les services publics provoquent d'ailleurs l'irritation des usagers et ternissent l'image publique des syndicats.

D'autres signes d'essoufflement se manifestent à partir du milieu des années 1970. Le taux de syndicalisation diminue quelque peu et la crise du début des années 1980 le fait encore reculer. On note également la croissance importante des syndicats indépendants. Le syndica-

Manifestation du front commun de 1972, conduite par les chefs des trois centrales syndicales: Louis Laberge (FTQ), Yvon Charbonneau (CEQ) et Marcel Pepin (CSN). (John Daggett, *Montreal Star*, ANC, PA-116453)

lisme semble avoir atteint un plateau. En effet, la grande part de l'accroissement des effectifs provient de la fonction publique. Or celle-ci n'est plus alors en expansion. En 1983, les secteurs public et para-public comptent pour 44% des syndiqués et le taux de syndicalisation y est beaucoup plus élevé (63%) que dans le secteur privé (24%). Ce déséquilibre est source de tension au sein du mouvement.

Au fur et à mesure qu'augmente la main-d'œuvre féminine, les centrales cherchent timidement à faire une place aux femmes dans leurs structures. On met sur pied des comités de la condition féminine, mais les progrès demeurent lents, comme en témoigne le faible nombre de postes qu'occupent les femmes dans la direction des centrales. Même à la CEQ, où elles forment les deux tiers des effectifs, leur présence aux postes de direction est loin d'être équivalente.

L'action des gouvernements

Au début des années 1960, le gouvernement du Québec oriente d'abord son action vers la réforme du code du travail. Remontant aux années 1940, ce dernier n'est plus adéquat et l'utilisation qu'en a faite Duplessis pour combattre le mouvement syndical l'a discrédité. On souhaite donc un tout nouveau code correspondant davantage aux besoins d'une société industrielle. Il est adopté en 1964, après des négociations serrées entre le gouvernement et les centrales. La nouvelle loi raccourcit les délais obligatoires du processus de négociation des conventions collectives. Elle reconnaît aussi le droit de grève dans les services publics, à l'exception des pompiers, des policiers, des fonctionnaires et des enseignants. L'année suivante, on étend le droit de grève à ces deux dernières catégories.

Le gouvernement Lesage s'occupe également de rajuster le salaire minimum. Cette mesure a un impact considérable, car elle affecte une forte proportion des salariés, qui n'ont pas la protection d'un syndicat. De plus, la création du Régime des rentes en 1964 permet d'assurer un minimum de revenus à la majorité des travailleurs qui ne disposent d'aucune forme de rente à la retraite. Enfin, sous le gouvernement Johnson en 1967, l'Assemblée adopte une loi spéciale forçant le retour au travail des enseignants alors en grève. C'est la première d'une série de mesures spéciales qui deviennent une pratique courante au cours des décennies suivantes à l'endroit des grévistes des services publics.

Sous le premier gouvernement Bourassa, les négociations des secteurs public et parapublic occupent le premier plan en matière de relations de travail. On intervient aussi pour réglementer l'industrie de la construction, les licenciements collectifs et le salaire minimum. L'arrivée au pouvoir du Parti québécois, qui affiche un «préjugé favorable envers les travailleurs», marque un changement d'attitude. Le gouvernement cherche d'abord à promouvoir la concertation des grands partenaires sociaux en organisant, à partir de 1977, une série de sommets où syndicats, patronat et gouvernement sont appelés à discuter de l'avenir et du développement du Québec. En même temps, il entreprend de réviser et de systématiser l'ensemble des lois relatives au travail. Ainsi, il apporte des modifications au code du travail dès 1977, notamment en interdisant le recours aux briseurs de grèves et en rendant obligatoire la retenue à la source des cotisations syndicales (formule Rand). En 1979, il modernise l'ensemble des règlements touchant les travailleurs non syndiqués en adoptant la loi sur les normes du travail, qui régit le salaire minimum, les conditions de travail, les vacances payées, les congés de maternité, etc. Enfin, la loi sur la santé et la sécurité au travail remplace l'ancienne loi des accidents de travail et permet une meilleure protection en autorisant notamment tout travailleur ou travailleuse à refuser de remplir une tâche qui comporterait des dangers pour sa santé. De plus, elle impose aux employeurs de financer le programme d'assurance qui paie les indemnités en cas d'accident de travail.

Le gouvernement fédéral intervient également tant par ses programmes d'immigration, de formation et de gestion de la main-d'œuvre, que par sa commission d'assurance-chômage. Mais c'est surtout par ses politiques économiques que son influence est prépondérante. Ainsi, au moment de la lutte contre l'inflation, vers le milieu des années 1970, son action pour limiter la hausse des prix et des salaires a des incidences directes sur les contrats de travail et suscite d'ailleurs de vives réactions dans les milieux syndicaux. En outre, la réglementation fédérale du travail a des effets d'entraînement importants, même si elle ne touche directement qu'environ 10% des travailleurs québécois.

* * *

Ainsi, en un quart de siècle, le monde du travail connaît des transformations profondes, à l'instar de l'ensemble de la société. Les organisations syndicales sont mieux structurées et, jusqu'au tournant des années 1980, elles réussissent dans l'ensemble à améliorer le revenu et les conditions de travail de leurs membres. Elles deviennent, pendant la même période, des partenaires sociaux de première grandeur, participant activement à l'élaboration des orientations qui guident le développement du Québec. Par la suite toutefois, la crise de 1981-1982 crée, au Québec comme ailleurs en Amérique du Nord, un nouveau rapport de forces beaucoup moins favorable aux syndicats, qui entrent alors dans une période de difficultés sinon de crise.

ORIENTATIONS BIBLIOGRAPHIQUES

BARRY, Francine. *Le travail de la femme au Québec. L'évolution de 1940 à 1970.* Montréal, Les Presses de l'Université du Québec, 1977. 80 p.

COLLECTIF CLIO. *L'histoire des femmes au Québec depuis quatre siècles.* Montréal, Quinze, 1982, p. 436-504.

DAVID, Hélène. *Femmes et emploi. Le défi de l'égalité.* Québec, Presses de l'Université du Québec, 1986. 477 p.

DEMERS, François. *Chroniques impertinentes du 3ème Front commun syndical, 1979-1980.* Montréal, Nouvelle Optique, 1982. 170 p.

DUPONT, Pierre et Gisèle TREMBLAY. *Les syndicats en crise.* Montréal, Quinze, 1976. 152 p.

GAGNON, Mona-Josée. «Les femmes dans le mouvement syndical québécois», Marie Lavigne et Yolande Pinard, dir. *Travailleuses et féministes. La femme dans la société québécoise.* Montréal, Boréal Express, 1983, p. 139-160.

— «Les comités syndicaux de condition féminine», Marie LAVIGNE et Yolande PINARD, dir. *Travailleuses et féministes. Les femmes dans la société québécoise.* Montréal, Boréal Express, 1983, p. 161-176.

GÉRIN-LAJOIE, Jean. *Les métallos, 1936-1981.* Montréal, Boréal Express, 1982, chap. 4 et 5.

HARVEY, Fernand. *Le mouvement ouvrier au Québec.* Montréal, Boréal Express, 1980, chap. 10 et annexes.

Histoire du mouvement ouvrier au Québec. 150 ans de luttes. Montréal, CSN-CEQ, 1984, p. 207-301.

LAMONDE, Pierre et Jean-Pierre BÉLANGER. *L'utopie du plein emploi. Croissance économique et aspirations au travail, 1971-2001.* Montréal, Boréal, 1986. 175 p.

LESAGE, Marc. *Les vagabonds du rêve. Vers une société de marginaux?* Montréal, Boréal Express, 1986. 141 p.

MORTON, Desmond et Terry COPP. *Working People.* Ottawa, Dencan et Greenberg, 1980, p. 239-317.

PALMER, Bryan D. *Working-Class Experience.* Toronto, Butterworths, 1983, chap. 6.

PONTAUT, Alain. *Santé et sécurité. Un bilan du régime québécois de santé et sécurité au travail, 1885-1985.* Montréal, Boréal Express, 1985, chap. IV-VI.

ROUILLARD, Jacques. *Histoire de la CSN, 1921-1982,* Montréal, Boréal Express, chap. V.

— «Le militantisme des travailleurs au Québec et en Ontario, niveau de syndicalisation et mouvement de grève (1900-1980)», *Revue d'histoire de l'Amérique française,* 37, 2 (septembre 1983), p. 201-225.

CHAPITRE 40

LA DIVERSITÉ ETHNIQUE

La diversité ethnique et culturelle du Québec occupe une place considérable dans l'actualité à partir de la fin des années 1960. Le phénomène n'est pourtant pas nouveau: il se manifeste depuis le début du siècle. Il prend toutefois une nouvelle signification à cause de la diversification accrue des groupes en présence et du besoin qu'éprouvent les Québécois de vieille souche, tant francophones qu'anglophones, de redéfinir leurs positions et leurs attitudes face à leurs compatriotes d'autres origines.

Au point de départ, cette diversité est alimentée par l'immigration. Cependant, au fur et à mesure que les nouveaux venus implantés au Québec deviennent officiellement des citoyens ou ont des descendants, il n'est plus question d'immigrants mais de Québécois d'origines ethniques diverses.

L'immigration

L'impact démographique des mouvements migratoires a déjà été examiné. Il s'agit maintenant de se pencher sur les caractéristiques sociales et ethniques des nouveaux venus et sur l'évolution des politiques gouvernementales à leur égard.

Rappelons qu'après une période de quasi-fermeture des frontières, due aux circonstances particulières de la crise et de la guerre, le Canada redevient un pays d'immigration dans l'après-guerre. Entre 1946 et 1982, 5 896 873 immigrants y entrent et 965 075 d'entre eux, soit 16,4%, ont comme première destination le Québec. Le taux d'attraction du Québec est plus fort entre 1951 et 1967, alors qu'il oscille généralement entre 20% et 25%; par la suite, il se maintient entre 15% et 17%. La proportion de Québécois nés à l'étranger, qui était de 5,6% en 1951, atteint 8,3% en 1981.

Quand Ottawa rouvre les portes après la guerre, sa politique s'apparente à celle qui prévalait au début du siècle: attirer un grand nombre d'immigrants, même non qualifiés, pour répondre aux besoins de main-d'œuvre et stimuler la croissance économique; concentrer le recrutement dans les pays européens, en limitant l'immigration en provenance d'autres régions du monde. Une certaine attention est portée aux réfugiés de la Deuxième Guerre mondiale, mais c'est surtout par le système de parrainage — la prise en charge par des parents ou amis déjà établis au pays — que sont admis les nouveaux venus. Les plus forts contingents arrivés au Québec entre 1946 et 1961 sont formés d'Italiens et de Britanniques (un peu plus de 75 000 chacun), suivis des Allemands et Autrichiens, des Français, et des Juifs. On note aussi le début de la vague migratoire d'origine grecque (près de 20 000) et l'arrivée d'un fort contingent de Hongrois à la suite de la révolution avortée de 1956.

Au cours des années 1960, les politiques fédérales se transforment graduellement. On lève les contraintes qui limitaient l'immigration non européenne, mais en même temps on cherche à éviter un afflux trop considérable d'immigrants en ajustant les entrées aux besoins de la main-d'œuvre. À cet effet, on met au point à compter de 1967 une grille de sélection qui vise à tenir compte de la formation et de la compétence des candidats ainsi que de la demande de main-d'œuvre dans leur domaine de spécialisation. Par ailleurs, l'immigration illégale de personnes ne répondant pas aux nouveaux critères augmente. Entre 1962 et 1970, au Québec, les principaux pays de résidence des immigrants sont l'Italie, la France et le Royaume-Uni, suivis de la Grèce et des États-Unis. Pour l'immigration française, les années 1960 représentent une période exceptionnelle avec près de 40 000 nouveaux venus. Les pays d'Europe du Sud — l'Italie, la Grèce et, fait nouveau, le Portugal — fournissent plus du quart des arrivants. L'éventail s'élargit avec l'arrivée de contingents assez significatifs des Antilles, d'Égypte et d'autres pays du Tiers monde.

La diversification des pays sources s'accroît pendant la décennie suivante alors que se fait sentir l'effet de la levée des exclusions par le gouvernement fédéral. La situation troublée régnant dans plusieurs pays du monde accroît le nombre de réfugiés politiques en provenance, entre autres, du Sud-Est asiatique, du Liban, du Chili ou d'Amérique centrale. Parmi les pays pourvoyeurs d'immigrants, Haïti vient maintenant au premier rang, suivi des États-Unis, de la France, du Viêt-nam et du Royaume-Uni. Les pays d'Europe du Sud occupent une place beaucoup moins importante; l'Italie, qui avait dominé la scène migratoire depuis la fin de la guerre, se retrouve au huitième rang avec moins de 10 000 personnes.

Même si la constitution fait de l'immigration un champ de responsabilité partagé entre le fédéral et les provinces, le gouvernement québécois avait depuis longtemps renoncé à y jouer un rôle actif. Or depuis le début du siècle, les nationalistes du Québec s'en prenaient à la politique fédérale en ce domaine parce qu'à leurs yeux elle risquait de rompre l'équilibre traditionnel entre les deux grands groupes ethniques du pays. Depuis l'après-guerre des intellectuels réclament une intervention du gouvernement québécois mais sans succès: les immigrants qui se dirigent vers le Québec sont sélectionnés par des fonctionnaires fédéraux, sans que l'on tienne compte du caractère français de cette terre d'accueil et, à leur arrivée, ils sont pris en charge par des associations privées, mises sur pied par les groupes ethniques eux-mêmes ou les Églises.

Il faut attendre 1965 pour que soit créé un Service de l'immigration qui relève d'abord du ministère des Affaires culturelles, puis du Secrétariat de la province. Au cours de cette période, la question immigrante fait surface dans l'actualité politique, à propos des choix scolaires des nouveaux venus, et débouche bientôt sur une véritable crise linguistique. Le gouvernement prend conscience de la nécessité d'intervenir pour assurer une intégration plus harmonieuse au milieu francophone. En 1968, le ministère de l'Immigration est créé à cette fin. La même année on met aussi sur pied les Centres d'orientation et de formation des immigrants (COFI).

Ces premières interventions concernent l'accueil et l'intégration, mais la sélection des immigrants, au point de départ, relève toujours des fonctionnaires fédéraux. Le Québec en vient à réclamer un droit de regard sur ce processus afin de donner aux candidats potentiels une meilleure information sur le caractère francophone de la société québécoise et surtout d'attirer une plus forte proportion de personnes susceptibles de s'y intégrer. Le gouvernement fédéral accepte par étapes, de 1971 à 1978, de faire une place aux représentants du Québec qui, à partir de 1978, ont leur mot à dire dans la sélection même des candidats.

Si l'immigration prend après 1960 l'allure d'une mosaïque ethnique de plus en plus diversifiée, elle représente aussi, sur le plan social, un éventail varié de situations. L'expérience immigrante prend des formes très différentes selon le milieu d'origine, l'âge, la formation et même la couleur de la peau. Les administrateurs, les ingénieurs et les techniciens hautement qualifiés, venus le plus souvent de Grande-Bretagne, d'Allemagne ou des États-Unis, sont en demande dans l'industrie. Pour répondre aux besoins d'un système d'éducation en croissance rapide dans les années 1960, on recrute des enseignants français, belges ou égyptiens dans les institutions francophones, britanniques ou américains dans le réseau anglophone. Les Juifs arrivés du Maroc ou du Moyen-Orient apportent avec eux capitaux et expérience des affaires. D'ailleurs les gouvernements sont de plus en plus à l'affût des immigrants investisseurs, susceptibles de créer des emplois.

La situation est cependant beaucoup moins rose pour la majorité. Les paysans en provenance d'Europe du Sud ou des pays du Tiers monde doivent se contenter des emplois les plus difficiles et les moins bien rémunérés de la construction, de l'industrie manufacturière ou des services (comme le taxi pour les Haïtiens). Les femmes représentent une main-d'œuvre encore plus exploitée, dans l'industrie du vêtement ou les entreprises de nettoyage. À mesure qu'un groupe réussit, après quelques années d'un dur labeur, à améliorer son sort, il est remplacé dans les emplois les moins intéressants par une autre vague de nouveaux venus.

Malgré l'exploitation dont ils sont victimes, l'immigration offre néanmoins à beaucoup de ces gens des possibilités réelles de mobilité socio-économique, fort différentes de ce qui prévalait dans leur pays d'origine. Chez plusieurs groupes, en particulier au sein du plus important en nombre, les Italiens, on observe une véritable stratégie économique, axée sur la solidarité familiale et la mise en commun des ressources, dont l'objectif et le symbole sont l'acquisition d'une maison. Ceux qui ont immigré dans l'après-guerre profitent du contexte de prospérité. Les derniers arrivés, en particulier les immigrants venus de pays du Tiers monde et appartenant à ce qu'on appelle les minorités visibles, se heurtent cependant à une discrimination plus évidente et aux conditions économiques difficiles qui marquent la fin de la période. Vivant dans des conditions précaires, ils ne peuvent guère aspirer à une ascension rapide et doivent souvent s'en remettre à l'aide sociale.

La composition ethnique

L'immigration et ses transformations structurelles au cours de la période ne manquent pas d'influencer la composition ethnique du Québec. Celle-ci est également marquée par le retour de certains immigrants dans leur pays de départ, par les migrations interprovinciales et par l'accroissement naturel différencié de chacun des groupes. Dans les recensements canadiens, l'origine ethnique a été définie comme celle du premier ancêtre de sexe masculin arrivé en Amérique, sauf au recensement de 1981 où la question est laissée à la libre interprétation des répondants. Au cours des dernières années, avec la multiplication des mariages inter-ethniques, l'information sur l'origine ethnique a posé des problèmes aux chercheurs, de sorte qu'aujourd'hui on considère aussi d'autres variables telles la langue maternelle et la langue d'usage. La dimension linguistique sera abordée plus spécifiquement dans le prochain chapitre.

Le graphique 1 et le tableau 1 permettent de mesurer le poids relatif et les effectifs de chacun des principaux groupes ethniques présents au Québec. Trois tendances principales se dégagent: la stabilisation relative des Canadiens français autour de 80%, le déclin continuel de la proportion des citoyens d'origine britannique compensé par la hausse de celle des Québécois d'autres origines. Faire l'histoire de chacun de ces groupes, de leur mode d'implantation, de leurs caractéristiques socio-économiques et culturelles, de leurs institutions dépasserait le cadre de cet ouvrage. C'est d'ailleurs un sujet qui a attiré l'attention d'un grand nombre de chercheurs au cours des années 1970 et 1980. On se limitera à dresser ici un portrait d'ensemble assez sommaire.

Les autochtones. Les Amérindiens et les Inuit occupent une place à part, moins par leur nombre (ils représentent moins de 1% de la population québécoise) qu'à cause de leur titre de premiers habitants du pays, de leur répartition sur le territoire et du statut particulier qui est le leur. On peut d'ailleurs distinguer ceux du Sud — tels les Iroquoiens de Kahnawake ou les Hurons de l'Ancienne-Lorette — qui habitent dans des réserves et dont le mode de vie est profondément marqué par celui des Blancs, des autochtones du Nord et du Moyen-Nord, qui ont plus longtemps conservé les coutumes et le mode de vie traditionnels. Pour ces derniers, la situation évolue rapidement sous l'effet des politiques gouvernementales visant à les sédentariser dans des villages et à leur

GRAPHIQUE 1

RÉPARTITION DE LA POPULATION DU QUÉBEC SELON L'ORIGINE ETHNIQUE.
1931-1981.

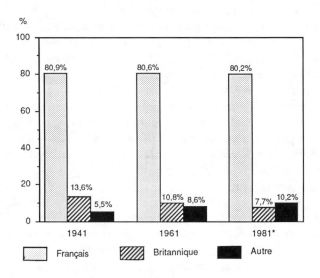

* Les données de 1981 sont basées seulement sur un échantillon de 20% de la population et 2% des répondants ont indiqué plus d'une origine ethnique; les chiffres ne sont donc pas parfaitement comparables avec ceux des années antérieures

Source: H. CHARBONNEAU et R. MAHEU, *Les aspects démographiques de la question linguistique* et Recensements du Canada, 1971 et 1981.

offrir un meilleur encadrement en matière d'éducation, de santé et de services sociaux. Dans l'ensemble, les autochtones ont encore des conditions de vie précaires et sont maintenus dans une certaine marginalité, sous la tutelle des gouvernements supérieurs. La période est toutefois témoin d'un véritable réveil de la fierté amérindienne, phénomène qui se manifeste tant aux États-Unis qu'au Canada. Les autochtones réclament une autonomie politique, économique et sociale beaucoup plus poussée. Au Québec, ce nouvel esprit se manifeste en particulier lors des négociations de la convention de la baie James, signée en 1975. Celle-ci reconnaît aux Cris et aux Inuit des droits d'occupation et d'usage d'une partie du territoire et prévoit le versement de compensations financières assez substantielles que les autochtones utiliseront

Tableau 1

Effectifs des principaux groupes ethniques au Québec, 1961-1981

Origine ethnique	1961	1971	1981*
Français	4 241 354	4 759 360	5 105 670
Britannique	567 057	640 045	487 380
Italien	108 552	169 655	163 735
Juif	74 677	115 990	90 355
Grec	19 390	42 870	49 420
Autochtone	21 343	36 590	46 855
Allemand	39 457	53 870	33 770
Portugais	n.d.	16 555	27 375
Polonais	30 790	23 970	19 755
Chinois	4 749	11 905	19 255
Espagnol	n.d.	10 825	15 460
Indochinois	n.d.	n.d.	15 125
Haïtien	n.d.	n.d.	14 915
Ukrainien	16 588	20 325	14 640
Indo-Pakistanais	n.d.	5 000	14 150
Arménien	n.d.	n.d.	10 380
Hongrois	15 561	12 570	9 750
Syrien-Libanais	5 302	8 235	8 635
Néerlandais	10 442	12 590	8 055
Belge	12 092	8 220	6 465
Yougoslave	5 577	6 810	6 460
Africain	4 287	5 225	6 215
Antillais	n.d.	5 050	5 890
Égyptien	n.d.	n.d.	4 990
Philippin	n.d.	n.d.	4 460
Scandinave	11 295	8 510	4 225
Russe	13 694	4 060	2 945
Roumain	7 101	2 320	2 785
Lithuanien	5 883	3 990	2 745
Autrichien	7 423	2 500	2 275
Britannique et Français			62 270
Britannique et autre			20 645
Français et autre			21 790
Autres origines multiples			23 250

n.d.: non disponible.

* Les données de 1981 sont basées sur un échantillon de 20% de la population et 2% des répondants ont indiqué plus d'une origine ethnique; les chiffres ne sont donc pas parfaitement comparables avec ceux des années antérieures.

Sources: Recensements du Canada, 1961, 1971, 1981.

Une classe à la baie James. (Hydro-Québec)

ensuite pour mettre sur pied leurs propres entreprises. L'affirmation des droits amérindiens provoque parfois des conflits avec le gouvernement du Québec, en particulier au sujet des droits de pêche. L'État québécois est d'ailleurs amené à jouer un rôle accru auprès des autochtones: alors qu'auparavant il laissait au fédéral le soin de traiter avec eux, il en vient, à compter des années 1960, à exercer sa juridiction dans les domaines relevant de ses compétences constitutionnelles.

Les Canadiens français. Ayant depuis le 19e siècle réussi à consolider leurs positions au Québec en compensant les effets des mouvements migratoires par une natalité élevée, les Canadiens français voient cet équilibre traditionnel rompu vers le milieu des années 1960. La chute de la natalité suscite alors bien des inquiétudes et fait constater le niveau d'anglicisation des Québécois d'autres origines. La poussée nationaliste provoque un sursaut de la conscience ethnique centrée sur le Québec et la «québécitude» et le vocable Québécois tend à remplacer celui de Canadien français.

En 1960, malgré leur nombre, les Québécois d'origine française forment, sur le plan socio-économique, une majorité dominée, des citoyens de seconde zone sur leur propre territoire. Leur revenu moyen se situe bien en dessous de celui de la plupart des autres groupes ethniques. La Révolution tranquille et les années qui suivent amènent un changement radical de la situation, marqué par la reconquête économique et l'amélioration du niveau de vie.

Les Québécois d'origine britannique. La principale cible du nouveau nationalisme est la minorité dominante, celle qui est constituée par les Québécois d'origine britannique, qu'un observateur a qualifiés de «Rhodésiens de Westmount». Certes, à l'aube des années 1960, le groupe anglo-québécois compte encore dans ses rangs de nombreux individus de condition modeste, mais une proportion accrue de ses 567 057 membres se situe au sommet de l'échelle sociale. Ceux-ci occupent alors dans la société, et surtout aux commandes de l'économie, une position proportionnellement beaucoup plus importante que leur simple poids démographique ne le laisserait supposer. Concentrés surtout à Montréal, ils vivent pour la plupart dans un univers anglophone relativement autonome, souvent sans contacts suivis avec la majorité francophone et sans qu'il leur soit nécessaire de parler français.

Au cours des années 1960, ils représentent encore un groupe en croissance mais dès la décennie suivante leurs effectifs sont en chute libre, atteignant en 1981 un niveau inférieur à celui de 1961 (tableau 1). L'univers anglo-montréalais est profondément ébranlé par le déplacement vers Toronto du centre de l'activité économique canadienne et par le choc de la francisation croissante du Québec, qui en incitent plus d'un à quitter Montréal. Après une période d'ajustement qui ne va pas sans douleur, ceux qui restent apprennent à vivre en minoritaires, s'ouvrant à la réalité francophone tout en défendant âprement leurs droits. Si leurs effectifs propres déclinent, les Québécois d'origine britannique sont néanmoins renforcés par l'intégration au sein du bloc anglophone d'un nombre croissant d'individus d'autres origines ethniques, qui choisissent l'anglais comme langue d'usage.

Une cérémonie de mariage juif à Montréal, 1984. (Collection particulière)

Les Québécois d'origine juive. Même s'ils se définissent d'abord par une religion commune, les Juifs forment, aux yeux des recenseurs canadiens, un groupe ethnique, malgré la diversité de leurs pays d'origine. Présents depuis longtemps au Québec mais arrivés en nombre significatif au tournant du siècle, ils étaient jusqu'en 1960 le principal groupe d'origine autre que française ou britannique. Par leurs hommes d'affaires, leurs syndicalistes, leurs savants et leurs intellectuels, les Juifs ont joué et jouent encore un rôle important dans l'histoire du Québec. Leur concentration à Montréal leur permet d'être présents sur la scène politique, tant municipale que provinciale ou fédérale.

Ils représentent le groupe dont l'ascension sociale est la plus rapide. Les descendants des immigrants pauvres du début du siècle ont, en 1961, un revenu moyen les plaçant au premier rang de tous les groupes ethniques du Québec, même devant les Britanniques. La majorité s'identifie alors à l'un des deux grands rites qui se partagent la judaïcité mondiale, le rite ashkénaze. Eux-mêmes ou leurs parents sont venus principalement de Pologne et de Russie, où ils utilisaient une langue commune, le yiddish, et partageaient une culture est-européenne. Même si cette culture se transforme dans l'environnement nord-américain et que l'usage du yiddish recule, les Juifs montréalais conservent une forte cohésion sociale et territoriale centrée sur un réseau institutionnel et religieux solidement établi. L'homogénéité du groupe est ébranlée par l'arrivée, à compter de 1957, de Juifs de rite sépharade venus surtout du Maroc, qui parlent français et ont une culture façonnée par des siècles de présence au sein du monde arabe. Cette différence est source de tensions au sein de la communauté et les nouveaux venus, qui ne sont qu'une minorité au sein du groupe, doivent se tailler une place dans une société où la majorité de la population parle leur langue mais où leurs coreligionnaires ont choisi l'anglais.

Les Juifs du Québec sont entraînés dans la migration vers Toronto d'une partie de la population anglophone, ce qui, avec le vieillissement marqué au sein du groupe, explique le déclin des effectifs après 1971 (tableau 1).

Les Italo-Québécois. Depuis 1961, les Québécois d'origine italienne viennent au premier rang des minorités non britanniques et, par l'ampleur de leurs effectifs, occupent une place à part dans la mosaïque ethnique. Comme dans le cas des Juifs, l'existence d'une communauté bien organisée remonte au début du siècle. Celle-ci a été considérablement renforcée par la forte immigration des années 1950. Même si toutes les régions d'Italie ont alimenté le mouvement migratoire, les plus forts contingents sont venus du Sud: du Molise, de la Campanie et de la Calabre.

Les premiers immigrants ont souvent dû se contenter d'emplois de manœuvres dans la construction et ont connu des conditions de vie très dures. Leurs successeurs ont néanmoins pu profiter du contexte de prospérité économique de l'après-guerre. Si l'ascension socio-économique est pour eux beaucoup moins prononcée et moins rapide que pour les Juifs, elle devient tout de même une réalité au cours des années 1960 et 1970. Une nouvelle classe d'entrepreneurs en construction, d'industriels, de petits commerçants et de membres des professions libérales émerge et prend le leadership de la communauté, assuré jusque-là par les prêtres et quelques notables. Plus scolarisées, les nouvelles générations occupent dans la société des positions qui n'auraient jamais été accessibles à leurs parents.

À cause de son ancienneté au Québec, la communauté italienne s'appuie sur un réseau d'institutions: paroisses italiennes, regroupement de *paesani* originaires du même village ou de la même province, cafés et épiceries, médias écrits ou électroniques diffusant en langue italienne. Les débats linguistiques des années 1960 et 1970 provoquent la mise sur pied d'organisations nouvelles, plus politisées. Parmi celles-ci, la section québécoise du Congresso Nazionale degli Italo-canadesi, créée en 1974, devient le porte-parole principal de la communauté et intervient auprès des gouvernements et face à l'opinion publique pour défendre les intérêts des Italo-Québécois. Une recherche nouvelle de l'italianité, qu'expriment des poètes, des dramaturges et des cinéastes, apparaît au seuil des années 1980.

La communauté italienne est d'ailleurs loin d'être homogène. À cause de sa taille, elle est caractérisée par des clivages nombreux : socio-économiques, idéologiques, culturels et même linguistiques puisqu'une partie de ses membres est associée aux francophones alors que la majorité a opté pour l'intégration à l'univers anglophone. Elle révèle en somme les contradictions auxquelles se heurtent toutes les minorités ethniques dans leur volonté d'intégration et de participation à la société québécoise et canadienne.

Les autres groupes. À côté de ces groupes principaux, la composition ethnique du Québec témoigne d'une grande diversité (tableau 2), accentuée par les mouvements migratoires des années 1970. Le recensement de 1981 sous-estime probablement les effectifs de plusieurs groupes. Il illustre néanmoins l'importance accrue des Grecs, des Portugais et des Espagnols, ainsi que la présence significative des minorités visibles: Chinois, Indochinois, Haïtiens et Indo-Pakistanais, en particulier. L'effet de diversification est renforcé par la forte ncentration de ces groupes dans la région de Montréal.

Montréal, ville cosmopolite. Montréal en effet est depuis longtemps le point de chute principal des immigrants. Alors que le reste du Québec est massivement français, la région métropolitaine de Montréal se distingue par son caractère cosmopolite. Avec un poids relatif oscillant entre 64% et 65%, la majorité francophone y est relativement fragile. Les Britanniques, qui ont longtemps été solidement implantés dans certaines régions rurales, dans les Cantons-de-l'Est, en Gaspésie et dans l'Outaouais, se sont graduellement repliés sur la métropole depuis le

19e siècle: après 1960, les trois quarts d'entre eux habitent la région métropolitaine. En vingt ans toutefois leur part dans la population montréalaise décline de 18% à 11%, et leurs effectifs sont dépassés par ceux des autres groupes ethniques qui, en 1981, comptent pour près du cinquième de la population totale.

La composition ethnique se reflète d'ailleurs dans l'espace. Chaque groupe a tendance à se concentrer dans certains quartiers ou certaines villes de la banlieue. Les Britanniques ont leurs fiefs dans le *West Island*. Les Juifs sont très présents dans les quartiers de Snowdon et de Côte-des-Neiges ainsi qu'à Côte-Saint-Luc qui, selon Mikhaël Elbaz, est la seule municipalité à majorité juive à l'extérieur d'Israël. Les Italiens se retrouvent en grand nombre dans le quartier Saint-Michel et dans Saint-Léonard, les Grecs dans le secteur appelé *Park Extension*. Les églises, les centres communautaires, de même que les épiceries et les restaurants, témoignent de la diversité culturelle montréalaise dont la rue Saint-Laurent, véritable foire commerciale multiethnique, devient le symbole.

La gestion des rapports inter-ethniques

La diversité ethnique accrue pose de nouveaux défis à la société québécoise. Pendant longtemps on a voulu minimiser les frictions en isolant les groupes les uns des autres. Dès le 19e siècle, les élites tant francophones qu'anglophones ont choisi la voie du cloisonnement institutionnel. C'est ainsi qu'on a mis sur pied, dans les faits, un triple réseau scolaire: catholique francophone pour les Canadiens français, anglo-catholique pour les Irlandais et anglo-protestant pour les Anglais et les Écossais. De même, chaque groupe ethnique et religieux avait sa société nationale (Saint-Jean-Baptiste, Saint Patrick, Saint George, Saint Andrew), ses organismes de charité et ses institutions culturelles et religieuses. Cette stratégie s'est poursuivie au début du siècle avec l'arrivée de nouveaux groupes. C'est ainsi, par exemple, que l'Église catholique a créé des paroisses nationales, pour les Italiens, les Ukrainiens, etc. On n'a cependant pas voulu morceler plus avant le réseau scolaire, forçant les enfants des immigrants à s'intégrer aux institutions en place. L'intégration scolaire ne s'est pas faite sans tensions, comme en témoignent les péripéties vécues par les Juifs pendant la première moitié du siècle.

Au-delà de l'éducation, c'est la question plus globale de l'intégration des minorités à la société québécoise qui se trouve posée après la guerre. Les élites francophones sont lentes à réagir à cette nouvelle situation, préférant ignorer la réalité immigrante, perçue comme étrangère, mais la question linguistique les force brutalement à placer ce problème au cœur de leurs priorités.

Le gouvernement canadien est le premier à reconnaître la diversité ethnique accrue du Canada en établissant, dans les années 1960, une politique du multiculturalisme. Mais cette orientation a une connotation politique: il s'agit de dépolariser le débat anglais-français et de faire mieux accepter la nouvelle politique du bilinguisme en voie d'élaboration. Tout en ne reconnaissant que deux langues officielles, on vante la richesse de la diversité culturelle, qu'exprime l'idée de mosaïque canadienne.

Au gouvernement du Québec, la prise de conscience est beaucoup plus tardive. Centrées sur la promotion des Canadiens français et la francisation de la société, les politiques font peu de place aux minorités, dont on voudrait simplement forcer l'intégration à la majorité francophone. Le vent tourne cependant à l'orée des années 1980. La transformation, en 1981, du ministère de l'Immigration en ministère des Communautés culturelles et de l'Immigration ainsi que l'adoption de programmes d'aide aux divers groupes ethniques marquent la reconnaissance politique de leur apport à la société québécoise.

La prise de conscience de la richesse que représente la diversité ethnique du Québec s'élabore graduellement au cours de la période. À cet égard, la question linguistique, que nous examinerons maintenant, a l'effet d'un véritable détonateur.

ORIENTATIONS BIBLIOGRAPHIQUES

ALPHALHÃO, J. Antonio et Victor M.P. Da Rosa. *Les Portugais au Québec*. Ottawa, Presses de l'Université d'Ottawa, 1979.

ANCTIL, Pierre et Gary CALDWELL, dir. *Juifs et réalités juives au Québec*. Québec, IQRC, 1984. 371 p.

BENJAMIN, Claire. «Les entrées internationales au Québec», *Démographie québécoise: passé, présent, perspectives*. Québec, Bureau de la statistique du Québec, 1985, p. 314-344.

BOISSEVAIN, Jérémy. *Les Italiens de Montréal. L'adaptation dans une société pluraliste*. Ottawa, Information Canada, 1971. 87 p.

CHARBONNEAU, Hubert. *La population du Québec: études rétrospectives*. Montréal, Boréal Express, 1973. 110 p.

CHARBONNEAU, Hubert et Robert MAHEU. *Les aspects démographiques de la question linguistique*. Québec, Éditeur officiel, 1973. 438 p.

CONSTANTINIDES, Stephanos. *Les Grecs du Québec*. Montréal, O Metoikos — Le Métèque, 1983. 248 p.

DESROSIERS, Denise, Joël W. GREGORY et Victor PICHÉ. *La migration au Québec: synthèse et bilan bibliographique*. Québec, Ministère de l'Immigration, 1980. 106 p.

«Enjeux ethniques. Production de nouveaux rapports sociaux», numéro thématique de *Sociologie et sociétés*, XV, 2 (octobre 1983).

«Hommage aux communautés culturelles du Québec», numéro thématique de *Forces*, 73 (mars 1986).

IOANNOU, Tina. *La communauté grecque du Québec*. Québec, IQRC, 1983. 154 p.

LINTEAU, Paul-André. «Les Italo-Québécois: acteurs et enjeux des débats politiques et linguistiques au Québec», *Studi emigrazione / Études migrations*, XXIV, 1986 (giugno 1987), p. 187-204.

MALSERVISI, Mauro F. *La contribution des groupes ethniques autres que français et britannique au développement du Québec*. Québec, Éditeur officiel, 1973. 336 p.

McNICOLL, Claire. *L'évolution spatiale des groupes ethniques à Montréal, 1871-1981*. Thèse de doctorat en géographie, École des hautes études en sciences sociales, 1986. 945 p.

«Migrations et communautés culturelles», numéro thématique de *Questions de culture*, 2 (1982).

RUDIN, Ronald. *Histoire du Québec anglophone, 1759-1980*. Québec, IQRC, 1986. 332 p.

CHAPITRE 41

LA QUESTION LINGUISTIQUE

La question linguistique occupe une place de premier plan dans les débats qui animent la société québécoise des années 1960 et 1970. Il ne s'agit pourtant pas d'un problème nouveau. Depuis la conquête de 1760 les dirigeants politiques canadiens-français ont dû, à plusieurs reprises, défendre les droits constitutionnels du français dans un pays britannique. La constitution de 1867 a consacré officiellement le caractère bilingue de certaines institutions de l'État fédéral et de celui du Québec. Au cours du 20e siècle, les intellectuels nationalistes ont dénoncé les nombreuses atteintes à ces droits et surtout leur négation à l'extérieur du Québec. Ils s'en sont également pris à l'anglicisation de la société québécoise.

Les débats des années 1960 et 1970 sont cependant d'une nature et d'une ampleur bien différentes. Ils se déroulent à la fois sur les scènes fédérale et provinciale mais opposent des objectifs distincts: d'un côté, bilinguiser le Canada, de l'autre, franciser le Québec. Les enquêtes se multiplient, l'opinion publique s'échauffe et les gouvernements font des interventions législatives et réglementaires sans commune mesure avec leur inaction des périodes antérieures.

Les langues parlées au Québec

Au cœur du débat on retrouve les choix linguistiques des individus. À l'extérieur du Québec, les recensements montrent l'assimilation progressive des Canadiens français, même là où ils forment des blocs assez concentrés géographiquement, comme dans l'est de l'Ontario (Franco-Ontariens) ou au Nouveau-Brunswick (Acadiens). Le Québec est la seule province où le français maintienne ses positions. Celles-ci semblent toutefois menacées par l'adoption assez généralisée de l'anglais chez les immigrants récents.

Un nouveau vocabulaire apparaît d'ailleurs pour distinguer l'appartenance linguistique de l'appartenance ethnique: prenant pour critère la langue maternelle, on parle maintenant de francophones, d'anglophones et d'*allophones*, cette dernière appellation désignant les individus dont la langue maternelle est autre que le français ou l'anglais.

Les données sur la langue maternelle (tableau 1), c'est-à-dire la première langue apprise et encore comprise par un individu, montrent un certain parallélisme avec les tendances observées précédemment à propos des groupes ethniques. Les francophones maintiennent leurs positions, les anglophones déclinent, alors que le poids des allophones est en hausse après 1951. Le degré de similitude varie toutefois selon

TABLEAU 1

RÉPARTITION DE LA POPULATION DU QUÉBEC
SELON LA LANGUE MATERNELLE, 1931-1981 (EN POURCENTAGE)

Année	Français	Anglais	Autre
1931	79,8	15,0	5,3
1941	81,6	14,1	4,4
1951	82,5	13,8	3,7
1961	81,2	13,3	5,6
1971	80,7	13,1	6,2
1981*	82,4	10,9	6,7

*Les données de 1981 sont basées seulement sur un échantillon de 20% de la population.

Sources: H. CHARBONNEAU et R. MAHEU, *Les aspects démographiques de la question linguistique* et Recensements du Canada, 1971 et 1981.

les groupes. Le pourcentage des francophones est à peine plus élevé que celui des Québécois d'origine française (voir le chapitre précédent, graphique 1), indice de la faible attraction du français auprès des autres groupes ethniques. Chez les anglophones, l'écart devient proportionnellement plus élevé à partir de 1951, ce qui signifie qu'un grand nombre de descendants d'immigrants n'ont pas d'abord appris la langue de leur groupe ethnique mais plutôt l'anglais. Cela se reflète dans le poids des allophones, inférieur à celui des groupes d'origine autre que française ou britannique. L'anglicisation de ces derniers apparaît encore plus prononcée quand on considère la langue d'usage, soit celle qui est parlée couramment à la maison (tableau 2), information qui n'est disponible qu'à compter du recensement de 1971. On constate que le poids des individus ayant le français comme langue d'usage correspond à celui des personnes de langue maternelle française. Par contre, une partie de ceux qui utilisent normalement l'anglais à la maison ont une langue maternelle différente.

TABLEAU 2

RÉPARTITION DE LA POPULATION DU QUÉBEC
SELON LA LANGUE D'USAGE, 1971-1981 (EN POURCENTAGE)

Année	Français	Anglais	Autre
1971	80,8	14,7	4,5
1981*	82,5	12,7	4,8

* Les données de 1981 sont basées seulement sur un échantillon de 20% de la population.

Source: Recensements du Canada, 1971 et 1981.

Ainsi, les transferts linguistiques, qui sont le plus souvent de nature permanente, jouent surtout en faveur de l'anglais. Tout en perdant des effectifs, à la suite des nombreux départs de Québécois d'origine britannique, le groupe anglophone arrive donc à conserver un certain poids en intégrant de plus en plus des individus d'autres origines ethniques. Parmi ces derniers, le degré d'assimilation à l'anglais varie d'un groupe à l'autre mais il n'en représente pas moins un phénomène massif, qui prend une ampleur encore plus considérable à Montréal.

La forte attraction de l'anglais s'explique à la fois par la perspective de mobilité qu'elle offre dans une Amérique du Nord anglophone et par son statut incontestable de langue des affaires et donc du succès économique. Les immigrants font à cet égard un choix logique: ayant précisément quitté leur pays d'origine pour améliorer leur situation économique, ils apprennent la langue qui leur offre les meilleures garanties de succès. La montée d'une nouvelle bourgeoisie francophone et la francisation accrue de l'économie québécoise arrivent trop tard pour renverser des choix qui ont souvent été faits avant 1960. Elles incitent néanmoins un nombre croissant d'anglophones de toutes origines à faire l'apprentissage du français comme langue seconde.

Le taux de bilinguisme progresse en effet au cours de la période. Le pourcentage de Québécois pouvant parler les deux langues officielles du Canada passe de 25,4% en 1961 à 32,4% en 1981. L'écart entre les

Le visage anglais de Montréal, 1961. (G. Lunney, ONF, ANC, PA-133218)

sexes a tendance à se creuser, puisque chez les hommes le pourcentage grimpe de 29,7 à 36,3 alors qu'il n'augmente que de 25,4 à 28,6 chez les femmes. Les démographes Hubert Charbonneau et Robert Maheu montrent que l'écart entre les sexes s'explique d'abord par leur degré différent de participation à la vie économique. Comme celle-ci a nettement progressé chez les femmes, on s'attendrait donc à une hausse plus marquée du bilinguisme; la raison tient peut-être aussi au fait que les femmes occupent souvent des emplois n'exigeant pas la connaissance de l'anglais.

La hausse du bilinguisme peut s'expliquer en partie par des phénomènes démographiques, comme la baisse du nombre d'enfants de moins de cinq ans, qui sont moins bilingues que les adultes. Elle tient sans doute aussi à des facteurs politiques. On constate en effet une progression considérable (de 28,7% à 53,4%) du bilinguisme chez les Québécois dont la langue maternelle est l'anglais, alors qu'elle est beaucoup plus faible (de 24,4% à 28,7%) chez ceux dont la langue maternelle est le français.

Le recensement de 1981 dénombre encore 60,1% (contre 61,9% en

1961) d'unilingues français. En y ajoutant les bilingues, on obtient 92,5% (contre 87,3% en 1961) de Québécois pouvant parler le français. Ainsi, malgré l'assimilation d'un grand nombre d'allophones au groupe anglophone, la francisation du Québec semble indéniable. L'anglais n'en conserve pas moins une force considérable.

Chez les élites francophones, les préoccupations concernant la spécificité et la qualité de la langue sont anciennes. Elles s'exprimaient surtout à travers la Société du parler français, fondée en 1902. À partir de 1960, ces préoccupations prennent une ampleur et une orientation nouvelles, alors que de plus en plus de personnes s'inquiètent de la dégradation et de l'appauvrissement du français dans les milieux populaires, surtout urbains. Stigmatisée sous le nom de «joual», cette situation ne peut être corrigée, selon les intellectuels du goupe *Parti pris*, qu'en mettant fin à l'aliénation sociopolitique et culturelle dont est victime la société canadienne-française, et en particulier les classes défavorisées. Pour d'autres, la solution réside d'abord dans la démocratisation de l'éducation, ainsi que dans la diffusion des normes du «bon usage», ce à quoi s'emploie notamment l'Office de la langue française créé en 1961. En même temps, des efforts nombreux sont accomplis dans le domaine de la terminologie, pour répandre et au besoin élaborer des lexiques français applicables à divers secteurs largement dominés par l'anglais, comme la technologie, l'informatique, le droit, la comptabilité, etc. D'autres facteurs agissent également sur la langue. Mentionnons seulement le développement de la télévision et des moyens de communication, de même que les échanges accrus avec ce qu'on appelle la francophonie internationale: France, Belgique, Afrique francophone.

Il est difficile de mesurer l'effet de ces changements. De manière générale, et même si certains prétendent qu'il existe une langue québécoise distincte du français, la plupart des observateurs s'accordent pour reconnaître que le français parlé au Québec par l'ensemble des élites et des classes moyennes tend de plus en plus, au cours de la période, à se rapprocher des standards dits internationaux, sans que disparaissent pour autant les particularismes, ni que se relâche, bien au contraire, la très forte pression exercée par l'influence de l'anglais. Enfin, notons que le Québec n'est pas à l'abri du mouvement général de détérioration de la langue écrite qui se manifeste depuis les années 1970 à l'échelle de l'Amérique du Nord.

Francisation et bilinguisation sont donc les deux aspects principaux de l'évolution des langues parlées au Québec. Les transformations qui caractérisent la période ne se font cependant pas sans heurts. On assiste à de véritables batailles pour faire reconnaître les droits et l'usage du français tant au Canada qu'au Québec.

Ottawa et le bilinguisme

Le gouvernement fédéral est le premier à agir sur le plan linguistique. En effet, la montée du nouveau nationalisme québécois à partir du début des années 1960 remet en question sa propre légitimité chez les francophones qui le perçoivent comme un gouvernement canadien-anglais. Certes, en vertu de la constitution, les institutions fédérales sont officiellement bilingues et leurs principaux documents sont publiés dans les deux langues. Mais il s'agit le plus souvent d'un bilinguisme de façade, ou de traduction: les rapports, les politiques et les lois sont généralement conçus, élaborés et rédigés en anglais, puis traduits en français. Les services au public sont en principe accessibles en français, mais de façon bien inégale selon les ministères et les régions desservies. À peu près partout, les fonctionnaires francophones doivent travailler une partie du temps en anglais et ils sont les seuls à porter le poids du bilinguisme. Ils sont d'ailleurs fortement sous-représentés là où les décisions se prennent, aux niveaux des hauts fonctionnaires et des cadres.

Cette situation est régulièrement dénoncée, depuis le début du siècle, par les intellectuels nationalistes, mais sans beaucoup de succès. L'arrivée au pouvoir de Lester B. Pearson, en 1963, marque une volonté de changement qui s'exprime dans la création de la Commission royale d'enquête sur le bilinguisme et le biculturalisme co-présidée par André Laurendeau et Davidson Dunton. La commission B-B, comme on l'appelle familièrement, mène une enquête approfondie et, après un rapport préliminaire en 1965, ne dépose son rapport final qu'en 1969. Elle recommande, entre autres, d'accroître le niveau de bilinguisme dans l'administration fédérale et d'y mettre sur pied des unités de travail francophones. Elle propose, en outre, de créer des districts bilingues dans toutes les régions du Canada où existe une minorité significative de population de l'une des deux langues officielles; le Québec deviendrait à cet égard un immense district bilingue.

L'accession au pouvoir de Pierre Elliott Trudeau accroît les pressions en faveur d'une bilinguisation accrue des institutions fédérales.

La nouvelle orientation s'exprime dans la Loi sur les langues officielles, adoptée en 1969. On nomme un Commissaire aux langues officielles, véritable chien de garde de l'application du bilinguisme dans l'administration. On accentue également les programmes d'enseignement du français aux fonctionnaires anglophones et on institue, pendant quelques années, des primes au bilinguisme pour ceux qui occupent des postes désignés officiellement comme bilingues. L'intervention fédérale vise aussi les provinces: on leur verse de généreuses subventions pour l'enseignement dans la langue officielle qui y est minoritaire et on fait pression sur leurs gouvernements pour qu'ils offrent à leur minorité de langue officielle des services en français, comme le Québec le fait déjà pour les anglophones.

Les nouvelles politiques fédérales reçoivent de nombreux appuis chez les intellectuels canadiens-anglais, mais elles provoquent aussi des réactions négatives dans les provinces anglophones et chez les représentants des groupes ethniques autres que français ou britannique. C'est d'ailleurs pour calmer les appréhensions de ces derniers que sont simultanément élaborés des programmes en faveur du multiculturalisme. Au Québec, l'action du gouvernement fédéral reçoit l'appui de la minorité anglophone et de plusieurs dirigeants canadiens-français. Elle est néanmoins dénoncée dans les milieux nationalistes qui voient dans le bilinguisme officiel un obstacle à leur volonté de francisation accrue du Québec.

La politique linguistique fédérale permet une nette croissance des services offerts en français aux citoyens. Elle échoue cependant à transformer en profondeur la fonction publique, où les francophones restent notoirement sous-représentés aux échelons supérieurs. Les résistances au bilinguisme sont nombreuses, comme en témoigne l'affaire du français dans l'air qui éclate en 1976. Les pilotes et les contrôleurs francophones du Québec, regroupés au sein de l'Association des gens de l'air, réclament le droit de communiquer en français avec les tours de contrôle des aéroports situés en territoire québécois. Leurs collègues anglophones s'y objectent avec véhémence au nom de la sécurité du transport aérien. Le gouvernement Trudeau doit reculer et créer une commission d'enquête qui conclut que l'usage du français ne présente aucun danger, ouvrant ainsi la voie au pilotage en français dans certains aéroports du Québec.

L'essoufflement de la politique linguistique fédérale au cours des années 1970 s'explique non seulement par ce genre de résistance, mais aussi par l'orientation diamétralement opposée que prennent les politiques québécoises.

La bataille linguistique

Pendant la Révolution tranquille, le gouvernement québécois n'est guère sensibilisé à la question linguistique. On se préoccupe surtout de la dimension ethnique, plutôt que linguistique, des rapports de force, l'objectif étant de placer plus de Canadiens français aux commandes de l'État et de l'économie. On ne remet pas en cause le fait que, dans le secteur privé, il faille souvent travailler en anglais. Aux yeux de la majorité des dirigeants québécois, la maîtrise de l'anglais reste une nécessité économique, situation que commencent toutefois à dénoncer certains groupes indépendantistes qui réclament ouvertement l'unilinguisme français.

Mais la véritable prise de conscience linguistique se fera d'abord sur un autre terrain, celui de l'éducation, où l'État se voit forcé de réagir aux pressions d'une opinion publique de plus en plus alertée. Au cours de la seconde moitié des années 1960, de nombreux observateurs mettent en lumière le fait que les immigrants récents choisissent l'assimilation au groupe anglophone en envoyant leurs enfants à l'école anglaise à un moment où la chute de la natalité ne permet plus aux Canadiens français de compenser ces transferts linguistiques. Les plus alarmistes prévoient qu'en l'absence de politiques correctrices, les francophones risquent de devenir à long terme une minorité sur leur propre territoire. Le choix linguistique des allophones apparaît donc comme une menace à la survie même de la collectivité francophone. C'est évidemment sur le terrain montréalais que se joue la partie et c'est de là que viennent les premières réactions face à l'inaction gouvernementale.

La crise éclate à Saint-Léonard, en banlieue de Montréal, où la minorité d'origine italienne envoie ses enfants dans des classes dites bilingues où près des trois quarts des cours sont donnés en anglais. En 1967, les commissaires d'école décident que les classes bilingues seront remplacées par des classes unilingues francophones. Des Italo-Québécois résistent à cette mesure et créent la Saint Leonard English Catholic Association of Parents. En retour, des francophones mettent sur pied le Mouvement pour l'intégration scolaire (MIS). La bataille se déroule sur plusieurs fronts à la fois: auprès du gouvernement, devant

Affrontement entre Italo-Québécois et Canadiens français à Saint-Léonard, 1969. (Edwards, *Montreal Star*, ANC, PA-137177).

les tribunaux, dans les médias et même dans la rue. Une manifestation organisée à Saint-Léonard par le MIS, en 1969, tourne à l'émeute. Chaque groupe obtient des appuis de l'extérieur et le conflit prend une envergure nationale.

Dès les événements de Saint-Léonard, les enjeux sont posés. D'un côté, les tenants du libre choix veulent laisser tous les parents du Québec libres de choisir la langue d'enseignement de leurs enfants. De l'autre, les partisans de l'unilinguisme français veulent imposer l'école française à tous, bien que certains soient prêts à reconnaître des droits acquis à la minorité d'origine britannique. À la primauté des droits individuels s'oppose ainsi la primauté des droits collectifs. Les Italo-Québécois sont à la fois acteurs et enjeux de ce conflit. Ils défendent des positions qui leur sont propres, en choisissant l'anglais pour leurs enfants et en s'opposant à une attitude qui leur semble discriminatoire puisqu'elle leur imposerait un traitement différent de celui des Britanniques. En même temps, ils se trouvent impliqués dans un conflit qui n'est pas d'abord le leur: la lutte de pouvoir entre Canadiens anglais et Canadiens français. Les premiers les utilisent comme troupes de choc pour défendre leurs propres intérêts, alors que les seconds veulent les intégrer à l'univers francophone ou à tout le moins les empêcher de grossir les rangs des anglophones.

Après une première tentative en 1968, le gouvernement unioniste de Jean-Jacques Bertrand intervient en faisant adopter, en 1969, la loi 63 qui consacre le principe du libre choix tout en proposant des mesures incitatives pour promouvoir l'usage du français dans la société. Cette orientation est vivement contestée dans les milieux nationalistes francophones. Un Front du Québec français s'organise et mène une vigoureuse campagne d'opinion publique. À l'Assemblée nationale, quatre députés mènent la lutte au projet de loi 63, alors que dans les rues de nombreuses manifestations ont lieu. Cette agitation contribue à la défaite du gouvernement Bertrand.

Le nouveau premier ministre, Robert Bourassa, décide d'attendre, avant d'intervenir dans ce domaine, le rapport de la Commission d'enquête sur la situation de la langue française et sur les droits linguistiques au Québec, créée en 1968 par son prédécesseur, et présidée par le linguiste Jean-Denis Gendron. Le rapport n'est déposé qu'à la fin de 1972. La commission fait un grand nombre de recommandations sur plusieurs aspects de la question linguistique. La première donne le ton à l'ensemble : «Nous recommandons que le gouvernement du Québec se donne comme objectif général de faire du français la langue commune des Québécois, c'est-à-dire, une langue qui, étant connue de tous, puisse servir d'instrument de communication dans les situations de contact entre Québécois francophones et non francophones.» La commission s'intéresse particulièrement au monde du travail qu'il importe de franciser. Elle affirme que le gouvernement a tous les pouvoirs pour légiférer en matière de langue d'enseignement mais ne propose pas de politique à cet égard.

S'inspirant du rapport Gendron, le gouvernement Bourassa fait adopter en 1974 le projet de loi 22 qui consacre le français comme la langue officielle du Québec et qui veut lui assurer la primauté dans le monde du travail et dans plusieurs secteurs d'activité. Le libre choix de la langue d'enseignement est désormais limité: seuls les enfants pouvant témoigner, au moyen de tests, de leur connaissance de l'anglais auront accès à l'école anglaise. L'adoption de la loi 22 relance la bataille linguistique: les groupes nationalistes et indépendantistes lui reprochent d'accorder trop de privilèges à l'anglais et de ne pas affirmer suffisamment les droits du français, alors que de nombreux anglophones l'attaquent pour les raisons inverses. Les tests linguistiques deviennent bientôt, aux yeux des anglophones et des allophones, le symbole de l'autoritarisme francophone et de l'inégalité de traitement dont ils se sentent victimes. Pour la deuxième fois, en 1976, la question linguistique contribue à la défaite d'un gouvernement.

Arrivés au pouvoir, les péquistes de René Lévesque présentent à leur tour, en 1977, leur solution. La loi 101 va plus loin que la loi 22 dans l'affirmation de la primauté du français au travail et sur la place publique. Elle restreint encore plus l'accès à l'école anglaise. Elle est surtout beaucoup plus contraignante que la précédente. Adoptée après un long et houleux débat à l'Assemblée nationale, la loi 101 jouit d'un solide appui dans l'opinion publique francophone. Elle est cependant combattue énergiquement par les dirigeants anglophones et allophones. Regroupés au sein de l'organisation Alliance Québec, ceux-ci choisissent de contester la loi devant les tribunaux et réussissent à en faire invalider plusieurs parties. Même si la question linguistique continue à susciter des débats, les données du problème ont changé car vers la fin des années 1970, les francophones sont plus solidement établis aux commandes de l'économie et de la société qu'ils ne l'étaient une décennie plus tôt.

La politique linguistique

Ainsi, au cours d'une décennie, les gouvernements québécois successifs ont, sous la pression de l'opinion publique francophone et au milieu de tensions considérables, élaboré une véritable politique linguistique. Cette élaboration est jalonnée par trois lois importantes, avec leur cortège de règlements d'application: la Loi pour promouvoir la langue française (loi 63) adoptée en 1969; la Loi sur la langue officielle (loi 22), en 1974; la Charte de la langue française (loi 101) de 1977. Malgré leurs différences, on peut y relever une remarquable continuité ainsi qu'un élargissement progressif des préoccupations. Denise Daoust résume ainsi cette évolution : «a) de loi en loi, l'aspect valorisation sociale et économique de la langue française gagne en importance; b) l'accent est déplacé progressivement pour passer de la langue d'enseignement à la langue du travail; c) on observe un changement semblable dans les principes directeurs des lois, qui visent d'abord à une affirmation d'identité collective pour atteindre petit à petit une affirmation territoriale; d) des lois qui, au départ, favorisaient le bilinguisme, finissent par proclamer l'unilinguisme français; e) d'une loi à l'autre, les mécanismes d'application s'affinent et se complètent; f) enfin, les lois, d'incitatives qu'elles étaient, deviennent coercitives.»

Un premier objectif de la politique linguistique est d'assurer au français une primauté dans la société québécoise. Alors que la loi 63 propose d'y parvenir lentement, par l'incitation, la loi 22 fait du français la langue officielle tout en reconnaissant deux langues nationales, le français et l'anglais, perspective qu'éliminera la loi 101 pour ne retenir que le français langue officielle.

La question scolaire est la pomme de discorde qui oppose anglophones et francophones. La politique reconnaît les droits acquis de la minorité britannique, mais en vient à restreindre l'accès à l'école anglaise pour les enfants francophones ou allophones. La loi 22 limite cet accès à ceux qui maîtrisent déjà l'anglais alors que la loi 101, plus restrictive, ne le permet qu'aux enfants dont l'un des parents a fait ses études primaires en anglais au Québec et à ceux qui ont déjà amorcé leurs études en anglais. La constitution de 1982 viendra modifier cette disposition en remplaçant la «clause Québec» par la «clause Canada». Ces restrictions ont toutefois des effets limités car elles viennent assez tard, alors que les transferts linguistiques les plus importants se sont faits dans les décennies antérieures et que l'immigration est en baisse. En outre, l'éducation en français n'assure pas l'intégration à la société francophone. Rien n'empêche les enfants de parler anglais à la maison et dans la rue. La mesure fait néanmoins en sorte que, devenus adultes, ces enfants pourront travailler dans un univers francophone.

La francisation des milieux de travail tient une place importante dans la politique linguistique. La loi 63 ne présente pas de dispositions précises sur ce sujet mais confie à l'Office de la langue française le soin de proposer au gouvernement des mesures et d'élaborer des programmes d'apprentissage du français. La loi 22 veut faire du français la langue des affaires et introduit l'idée du certificat de francisation pour les entreprises; incitative, la mesure est néanmoins obligatoire pour celles qui font affaire avec le gouvernement; la loi 101 la rendra obligatoire pour toutes les entreprises. La loi 22 oblige à la connaissance d'usage du français pour l'engagement dans l'administration publique et pour l'obtention du permis d'exercice d'une profession, exigences maintenues dans la loi 101. Cette dernière renforce également les mesures visant à faire du français la langue des communications internes et externes des administrations publiques et des entreprises.

L'un des effets les plus visibles de la politique linguistique est perceptible dans l'affichage public qui, avec la loi 22, doit se faire en français, même si l'usage simultané d'une autre langue est permis, et qui, avec la loi 101, doit être unilingue français. En quelques années, le visage de Montréal, jusque-là marqué par l'anglais, est profondément transformé. Cependant, en 1988, la Cour suprême invalide cette partie de la loi 101. Le gouvernement Bourassa fait alors adopter la loi 178 qui autorise l'affichage bilingue à l'intérieur des petits établissements et maintient l'obligation d'afficher uniquement en français à l'extérieur.

La politique linguistique, enfin, prévoit l'existence d'organismes spécifiques pour administrer les lois. Depuis 1961, existait l'Office de la langue française, chargé d'améliorer la qualité de la langue au Québec. La loi 63 élargit son mandat en lui confiant un pouvoir d'enquête et de recommandation. La loi 22 le remplace par une Régie de la langue française, aux pouvoirs beaucoup plus étendus, qui doit veiller à l'application et au respect de la loi. La Charte de la langue française, enfin, établit trois organismes: un Office, chargé des programmes de francisation et des travaux de terminologie; un Conseil, qui évalue la situation linguistique ; une Commission de surveillance, véritable «police linguistique» s'occupant des contraventions à la loi.

À la fin de la période, la francisation de la société québécoise est devenue beaucoup plus nette. Faut-il en attribuer le mérite à la politique linguistique ou plutôt au processus plus général d'affirmation des francophones? Il n'y a sans doute pas de réponse simple et aisément vérifiable à une telle question. La francisation du Québec semble résulter d'une dynamique complexe où les actions tant individuelles que collectives ont leur part. La francisation reste aussi un acquis fragile dans une société soumise aux pressions tant politiques que culturelles et socioéconomiques de l'Amérique du Nord et plus spécifiquement du Canada et du Québec anglophones. Elle se heurte aussi aux dispositions de la constitution canadienne, notamment en ce qui a trait au bilinguisme officiel et à la prééminence des droits individuels.

ORIENTATIONS BIBLIOGRAPHIQUES

BRETON, Raymond et Gail GRANT. *La langue de travail au Québec*. Montréal, Institut de recherches politiques, 1981. 107 p.

CANADA. *Rapport de la Commission royale d'enquête sur le bilinguisme et le biculturalisme*. Ottawa, Imprimeur de la Reine, 1969. (Rapport Laurendeau-Dunton).

CAPPON, Paul. *Conflit entre les Néo-Canadiens et les francophones de Montréal*. Québec, Presses de l'Université Laval, 1974. 288 p.

CHARBONNEAU, Hubert et Robert MAHEU. *Les aspects démographiques de la question linguistique*. Québec, Éditeur officiel, 1973. 438 p.

DAOUST, Denise. «La planification linguistique au Québec: un aperçu des lois sur la langue», *Revue québécoise de linguistique*, 12, 1 (1982), p. 9-75.

GÉMAR, Jean-Claude. *Les trois états de la politique linguistique du Québec. D'une société traduite à une société d'expression*. Québec, Éditeur officiel, 1983. 201 p.

McWhinney, Edward. *Quebec and the Constitution 1960-1978*. Toronto, University of Toronto Press, 1979. 170 p.

QUÉBEC. *La situation de la langue française au Québec. Rapport de la Commission d'enquête sur la situation de la langue française et sur les droits linguistiques au Québec*. 3 vol. Québec, 1972. (Rapport Gendron).

RUDIN, Ronald. *Histoire du Québec anglophone, 1759-1980*. Québec, IQRC, 1986. 332 p.

TADDEO, Donat et Raymond C. Taras. *Le débat linguistique au Québec. La communauté italienne et la langue d'enseignement*. Montréal, Presses de l'Université de Montréal, 1987. 246 p.

The Canadian Annual Review of Politics and Public Affairs. Toronto, University of Toronto Press, 1960-1984.

CHAPITRE 42

LE MOUVEMENT DES FEMMES

À partir du milieu des années 1960, et encore davantage au cours de la décennie suivante, les questions relatives à la situation des femmes occupent une place de tout premier plan dans la vie sociale, politique et idéologique du Québec. Le féminisme, qui s'est tu depuis la guerre, resurgit et connaît une forte expansion, dans ses versions aussi bien réformistes que radicales. En même temps, la présence des femmes dans la société ne cesse de s'affirmer et de se diversifier, tandis que l'évolution des mentalités et des modes de vie amène à remettre en question les anciens modèles de la féminité. Ces changements se traduisent, au niveau de l'État, par des réformes favorisant l'égalité entre les sexes et une plus grande liberté pour les femmes. Toutefois, cette égalité de principe est encore loin de se réaliser parfaitement dans les faits. Il ne saurait être question de reprendre ici tous les aspects de la place des femmes dans la société qui sont abordés dans les autres chapitres; nous nous contenterons d'examiner les luttes des principaux mouvements organisés.

Sous la permanence, des changements

Entre la guerre et le milieu des années 1960, les questions concernant le rôle et la place des femmes dans la société ne se posent guère et le mouvement d'émancipation semble marquer le pas.

Les luttes encore assez vives des années 1930 pour l'obtention du droit de vote aux élections québécoises ont eu gain de cause en 1940, non sans la forte opposition de l'Église, des milieux nationalistes conservateurs et même d'importantes organisations féminines comme les Cercles de fermières. Le militantisme féministe perd dès lors ce qui a été depuis un demi-siècle sa principale raison d'être. Une courte bataille a encore lieu en 1945, quand Thérèse Casgrain obtient que le gouvernement fédéral verse les allocations familiales nouvellement créées aux mères de familles plutôt qu'à leurs maris, comme le réclament les autorités religieuses et politiques québécoises. Par la suite, cependant, tout se passe comme si le féminisme disparaissait de la scène publique.

Divers organismes continuent de rassembler un bon nombre de femmes, mais sans se préoccuper ouvertement des questions d'émancipation ou d'égalité. Ainsi, la Voix des femmes est une organisation vouée au pacifisme et à la lutte pour le désarmement. De même, les syndicats d'ouvrières ou d'institutrices poursuivent des objectifs avant tout socio-économiques, et sont d'ailleurs largement contrôlés par des exécutifs masculins. À l'échelle du Québec existent aussi de grandes associations, comme les Cercles de fermières (fondés en 1915), qui s'occupent surtout d'artisanat, ou les deux organisations féminines que l'Église met sur pied peu après la guerre: l'Union catholique des femmes rurales et, pour le milieu urbain, les Cercles d'économie domestique. Confessionnelles, ces associations se veulent des remparts contre les méfaits de l'émancipation; leur orientation et leur discours sont essentiellement conservateurs, très proches de la vision traditionnelle défendue par l'Église et les autorités.

Selon cette vision, la femme est par nature inférieure à l'homme, ou du moins foncièrement différente de lui, si bien qu'elle doit, sous peine de trahir sa féminité, se tenir à l'écart des domaines strictement masculins que sont le travail rémunéré, les professions ou la politique, pour se réaliser dans la sphère qui lui est propre, c'est-à-dire sa vocation d'épouse aimante et fidèle, de mère dévouée et de ménagère industrieuse. Même en dehors des milieux traditionalistes, cette vision de la femme dépendante et soumise est largement répandue par la presse et les médias, où elle se redéfinit quelque peu à travers ce qu'on a appelé la nouvelle mystique féminine.

Après avoir participé massivement à l'effort de guerre par le travail en usine, le travail à domicile, le bénévolat et le contrôle de la consommation domestique, les femmes, en effet, sont invitées dès la paix revenue à regagner leurs foyers et à reprendre leur rôle «naturel», que cette nouvelle mystique présente maintenant sous des couleurs attrayantes. En insistant non plus sur le sacrifice mais bien sur la joie qu'il y a à être une épouse et une mère «moderne», on vante la femme qui sait faire preuve de compétence et de dynamisme pour se garder belle, enjoliver son intérieur, soutenir son mari et donner à ses enfants des soins et une éducation fondés sur les acquis les plus récents de la médecine ou de la psychologie.

Les conceptions relatives à la condition et au statut des femmes semblent donc figées, et l'époque 1950-1964, au dire des historiennes du collectif Clio, «est celle où le militantisme féminin et féministe est, pour ainsi dire, muet».

Pourtant, des changements moins visibles se produisent en profondeur. Ainsi, même si l'immense majorité des femmes continuent de se marier et d'avoir des enfants, les pratiques contraceptives se généralisent dès les années 1950 et la pilule se répand rapidement au début de la décennie suivante, si bien que la taille des familles diminue et que les tâches liées à la maternité tendent à s'alléger. Ainsi, également, le boom industriel d'après-guerre et le développement du secteur tertiaire, de même que la laïcisation progressive des services de santé et d'éducation, font que de plus en plus de femmes sont sur le marché du travail, y compris des femmes mariées qui, défiant le préjugé, conservent ou reprennent leur emploi tout en élevant leur famille. Par ailleurs, même si le système d'éducation continue à défavoriser systématiquement les filles, un plus grand nombre de femmes réussissent à poursuivre des études supérieures et accèdent à des carrières jusque-là réservées aux hommes. Sur la scène publique, enfin, les femmes affirment davantage leur présence, que ce soit dans le journalisme, la littérature, les arts, les mouvements d'action catholique, les associations féminines ou les organisations syndicales.

Même si les revendications proprement féministes en sont le plus souvent absentes, ces phénomènes modifient peu à peu l'idée qu'on se fait des femmes et que celles-ci se font d'elles-mêmes. Ils suscitent des attentes et des besoins nouveaux et ainsi préparent les prises de conscience à venir.

C'est à un tel changement de mentalité qu'il faut attribuer l'adoption, en 1964, de la loi 16, qui vise à réconcilier le statut juridique des femmes avec la réalité qu'elles vivent depuis longtemps déjà. Car, malgré quelques aménagements mineurs introduits au début des années 1930, à la suite des travaux de la commission Dorion, puis en 1954, à propos de l'adultère, le Code civil persistait à nier à la femme mariée plusieurs des droits reconnus à l'homme et à faire d'elle, à toutes fins utiles, une mineure ou une irresponsable perpétuelle, entièrement soumise à l'autorité de son mari. La loi 16 met donc fin à cet état de choses en reconnaissant l'égalité juridique des époux et le droit pour la femme d'exercer des responsabilités civiles ou financières qui lui étaient interdites jusqu'alors.

Le féminisme réformiste

C'est en 1965-1966 qu'on situe généralement les débuts du féminisme québécois moderne, appelé aussi néo-féminisme. À ce moment-là, en effet, naissent deux grandes organisations explicitement vouées à la défense des intérêts juridiques et économiques des femmes et à la lutte pour l'égalité.

La première est la Fédération des femmes du Québec, dont la fondation est annoncée en 1965, lors d'un colloque sur la situation de la femme organisé à Montréal pour marquer le 25e anniversaire de l'obtention du suffrage féminin au Québec. Regroupant une vingtaine d'associations féminines et quelques centaines d'adhérentes individuelles, qui se recrutent notamment parmi les avocates, les syndicalistes et les travailleuses sociales, la FFQ se distingue par son caractère non confessionnel et multi-ethnique. Influencée par le réformisme ambiant, elle se veut un instrument de promotion des femmes et un groupe de pression luttant auprès des pouvoirs politiques pour l'obtention de réformes et de lois susceptibles d'améliorer la condition des femmes et d'abolir toutes les formes de discrimination dont elles sont l'objet. Très vite, la FFQ devient l'une des plus importantes organisations féministes du Québec.

L'autre mouvement né en 1966 est l'Association féminine pour l'éducation et l'action sociale. Issue de la fusion de l'Union catholique des femmes rurales et des Cercles d'économie domestique, l'AFÉAS, qui se déclare confessionnelle et apolitique, a donc ses bases principales dans les campagnes et les petites villes. Moins en vue que la FFQ, mais plus proche des femmes de milieu modeste, elle s'intéresse au statut économique des femmes et à leur travail dans la famille et la société. Elle se préoccupe en particulier des femmes collaboratrices de leurs maris au sein des entreprises familiales.

Ces deux mouvements marquent le début d'une vague féministe que plusieurs auteurs qualifient de réformiste, dans la mesure où ils ne visent pas à transformer de fond en comble le système social mais plutôt à l'adapter de manière à ce que les femmes n'aient plus à souffrir de l'inégalité et de la discrimination dont elles sont victimes et puissent profiter pleinement de tous les droits et avantages qui sont consentis aux citoyens de sexe masculin. Le mot réformiste est aussi une manière de distinguer ce féminisme d'inspiration libérale des tendances de gauche qui font leur apparition au tournant des années 1970 et qui se caractérisent par un radicalisme beaucoup plus marqué.

Le féminisme radical

Le rapport entre féminisme réformiste et féminisme radical ne doit pas être vu comme une simple succession. Celui-ci ne remplace pas celui-là ni ne le disqualifie. En fait, tout au long des années 1970, le mouvement réformiste demeure extrêmement vivace, plus important peut-être que les groupes radicaux. En 1980, par exemple, la FFQ rassemble 35 associations qui représentent plus de 100 000 femmes. De nouvelles préoccupations orientent son action: décriminalisation de l'avortement, élimination des stéréotypes sexistes, obtention de garderies et de congés de maternité. Cela dit, ce sont pourtant les groupes radicaux, dont plusieurs entreront d'ailleurs en conflit avec la tendance réformiste, qui donnent au féminisme des années 1970 son éclat particulier.

Selon l'historienne Martine Lanctôt, le féminisme radical ne se limite pas à une conception de l'«émancipation» des femmes qui signi-

Manifestation pour la défense du docteur Morgentaler, en faveur de la libéralisation de l'avortement. (*Le Journal de Montréal*)

Manifestation à l'occasion de la journée internationale des femmes. (*Le Journal de Montréal*)

fierait leur accession à des droits égaux à ceux des hommes. Le mouvement des femmes est vu plutôt comme une lutte de «libération», qui implique un bouleversement global des structures de la société et une remise en question fondamentale des rapports entre les hommes et les femmes, considérés comme des rapports de domination ou d'oppression. Il faut y mettre fin par des revendications, des «prises de parole», des manifestations et des actions audacieuses, au besoin par le défi aux lois jugées injustes qui portent atteinte à la liberté et à l'épanouissement des femmes.

Une autre différence entre les deux tendances réside dans leur mode de fonctionnement. Tandis que le mouvement réformiste s'appuie sur de larges associations ayant une structure et une hiérarchie bien établies, le féminisme radical se manifeste à travers des petits groupes autogérés, où l'on refuse toutes les formes de leadership et de hiérarchie que l'on identifie aux structures du pouvoir «mâle». L'exclusion des hommes y est également de rigueur.

Ce courant voit d'abord le jour aux États-Unis, où il émerge des

Une parole de femme: la pièce *Les fées ont soif* de Denise Boucher, 1976. (*Le Journal de Montréal*)

mouvements de contestation contre la guerre du Viêt-nam et de la lutte pour les droits civils des Noirs. Au Québec, on peut distinguer deux phases dans l'évolution du féminisme radical.

La première va de 1969 à 1975 environ, alors que le mouvement se développe au sein ou autour de la gauche nationaliste et socialiste. Il se restreint alors à un petit noyau de militantes, qui se regroupent au sein de diverses organisations, telles le Front de libération des femmes du Québec, le Montreal Women's Liberation Movement et le Centre des femmes. En rupture avec la gauche officielle, qui n'accepte pas leur volonté d'autonomie, avec le monde syndical, qui leur paraît insuffisamment ouvert à leur cause, et avec le mouvement nationaliste, qu'elles jugent récupérateur et réactionnaire, ces militantes se trouvent isolées, et leur influence en est affectée.

L'année 1975, que l'ONU a proclamée année internationale de la femme, marque pour le féminisme radical le début d'une nouvelle phase caractérisée par l'expansion et la décentralisation. Au cours des années qui suivent, en effet, on assiste à la formation de plusieurs groupes, à Montréal comme dans les autres villes du Québec. Au point de vue idéologique, le féminisme d'inspiration marxiste cesse de constituer le pivot du mouvement et fait place à un large pluralisme: féminisme radical non socialiste, féminisme «identitaire» (selon l'expression de Diane Lamoureux), féminisme lesbien, sans compter tous les collectifs de femmes qui s'intéressent moins à l'élaboration idéologique qu'à des actions très concrètes portant sur des objectifs précis. En même temps, francophones et anglophones cessent de s'opposer et luttent de plus en plus souvent de concert. Enfin, les groupes radicaux s'accordent à revendiquer l'autonomie de leur lutte, qu'ils refusent de subordonner à quelque autre cause politique ou sociale que ce soit.

Martine Lanctôt répartit le travail de ces groupes en trois champs principaux. D'abord, certains se préoccupent surtout des aspects de l'oppression des femmes reliés à leur corps: viol, femmes battues, surmédicalisation de l'accouchement, «machisme» psychiatrique, etc. D'autres s'intéressent plutôt aux femmes sur le marché du travail et dans le milieu étudiant: discrimination, harcèlement sexuel, syndicalisation, rémunération du travail ménager, accessibilité aux services de garderies, etc. Enfin, des groupes s'organisent autour de revues, comme *Les têtes de pioche* (1976-1979) ou *La vie en rose* (1980-1988), de maisons d'édition, de troupes de théâtre, etc.

Autour de ces groupes, de plus en plus d'artistes et d'intellectuelles privilégient l'écriture, la réflexion et les autres formes par lesquelles peut s'exprimer une «parole de femmes» plus ouverte aux attentes et à la sensibilité nouvelles qu'a fait surgir le féminisme. De même, l'enseignement et les nombreuses recherches universitaires témoignent d'un élargissement du public sensibilisé aux questions féministes. Cela se manifeste aussi dans la lutte pour le droit à l'avortement, à laquelle participent non seulement les féministes radicales, mais aussi de nombreux autres groupes.

Au début des années 1980, le mouvement féministe, tant réformiste que radical, entre dans une période de recul et de remise en question. Certes, plusieurs de ses grandes préoccupations sont maintenant assez généralement admises, mais tout se passe comme si le mouvement lui-même, et surtout ses tendances les plus revendicatrices, avaient perdu le plus clair de leur effet mobilisateur, notamment auprès des jeunes.

Le féminisme ne résume pas à lui seul tout le mouvement des femmes. En marge des organisations féministes, en effet, existent plusieurs groupes, qui ont simplement pour but de permettre l'échange et la solidarité. C'est le cas, par exemple, des associations de femmes d'affaires ou de professionnelles, ou encore des entreprises responsables de la tenue annuelle du Salon de la femme ou de la publication du *Bottin des femmes*. Même en l'absence de toute perspective militante ou revendicatrice, ces groupes n'en contribuent pas moins à rendre encore plus visible et diversifiée la participation des femmes à la vie publique.

De l'égalité formelle à l'égalité réelle

La décennie 1970 s'ouvre avec la publication du rapport de la Commission royale d'enquête sur la situation de la femme au Canada, mieux connue sous le nom de commission Bird. Instituée par le gouvernement fédéral en 1967, pour répondre aux pressions des organisations de femmes du Québec et du Canada anglais, cette commission suscite un climat d'ébullition dans toutes les associations féminines. Son rapport a un effet choc, en révélant clairement que même si les femmes disposent en principe des mêmes droits fondamentaux que les hommes, cette égalité formelle n'empêche pas que des injustices flagrantes affectent les conditions réelles qui leur sont faites dans la société. La commission recommande donc que soit établie, dans les institutions et dans les faits, l'égalité la plus complète entre hommes et femmes en ce qui a trait aux emplois, aux salaires, aux promotions, à l'éducation et aux responsabilités familiales. Elle insiste en outre sur l'importance des cliniques de contraception et affirme même, bien que les commissaires soient divisés à ce sujet, le droit à l'avortement.

Stimulés par le rapport Bird, les groupes de femmes intensifient leurs luttes pour l'égalité, en particulier par des pressions constantes auprès des pouvoirs publics, où encore peu d'entre elles, toutefois, occupent des fonctions de députées ou de ministres. Elles obtiennent bientôt que les gouvernements canadien et québécois mettent sur pied des structures officielles pour permettre aux femmes de se faire entendre. En 1973, Ottawa crée le Conseil consultatif canadien sur la situation de la femme, et Québec, le Conseil du statut de la femme, auquel le gouvernement Lévesque confie le soin, en 1976, d'élaborer une politique d'ensemble sur la condition féminine. Le rapport, intitulé *Pour les Québécoises: égalité et indépendance*, est publié en 1978. L'année suivante, un Comité ministériel permanent de la condition féminine est chargé de mettre cette politique en œuvre, notamment par des mesures dites de «discrimination positive». Les résultats, toutefois, tardent à se faire sentir, ce que ne manquent pas de dénoncer aussi bien les féministes réformistes, qui font pourtant confiance à l'État, que les militantes radicales, qui voient dans le travail des conseils un moyen pour l'État de récupérer à son profit les revendications des femmes, sans leur donner satisfaction.

Quoi qu'il en soit, la législation concernant les femmes fait l'objet de nouvelles réformes visant à implanter définitivement le principe de l'égalité entre les sexes et à entériner ainsi les changements survenus dans les modes de vie et les mentalités. Certaines de ces lois portent sur les régimes matrimoniaux et le droit de la famille. L'une des plus importantes est la loi 89, adoptée en 1980, qui fait disparaître les dernières inégalités entre époux. Dorénavant, ceux-ci ont dans le mariage les mêmes droits et les mêmes obligations. Chacun conserve ses nom et prénom et le nom de la mère peut être donné à l'enfant. De plus, c'est ensemble que les époux doivent assurer la direction morale et matérielle de la famille, exercer l'autorité parentale et assumer les tâches qui en découlent.

D'autres mesures interdisent la discrimination au travail. Une loi à cet effet existait depuis 1964, mais elle restait vague. L'adoption de la Charte des droits et libertés de la personne en 1975 rend illégale toute forme de discrimination fondée sur le sexe, et consacre aussi le principe du salaire égal pour un travail équivalent.

La contraception fait aussi l'objet d'une libéralisation plus poussée. Les articles condamnant la publicité et la vente de produits contraceptifs ou la diffusion d'informations à ce sujet sont retirés du Code criminel en 1969, et l'avortement thérapeutique est autorisé. Depuis lors, toutefois, malgré la mobilisation de plusieurs groupes de femmes sur cette question, aucune autre loi concernant l'avortement n'a été débattue et la question demeure l'objet de vives controverses.

Enfin, des efforts sont accomplis pour protéger la femme enceinte. Les revendications des organisations de femmes et de certains syndicats amènent à prendre graduellement conscience que la maternité n'est pas seulement une affaire privée mais a aussi une dimension sociale. En 1978, une ordonnance de l'État québécois interdit le congédiement des femmes pour cause de grossesse, autorise une modification des tâches sans modification des conditions de travail pour protéger la femme enceinte ou le fœtus contre les travaux jugés dangereux, et institue un congé de maternité de 18 semaines.

En somme, des progrès importants ont lieu en ce qui a trait à la responsabilité de l'État vis-à-vis des femmes. Ces progrès sont dus d'abord et avant tout au fait que de plus en plus de groupes, dans la société, qu'il s'agisse des organisations de femmes, féministes ou non, ou d'autres mouvements comme les syndicats, les partis politiques et les groupes de pression idéologiques, sont devenus plus sensibles aux problèmes de l'inégalité sexuelle et aux revendications féminines. Ultimement, ces changements tiennent aussi à l'évolution des mœurs et des attitudes, de même qu'aux multiples transformations dont profitent les femmes elles-mêmes: démocratisation de l'enseignement, contraception, libéralisation du divorce, valorisation des droits et libertés de la personne, etc.

Sous le changement, des permanences

Ces changements, pourtant, sont loin d'aboutir à une égalité parfaite entre les sexes. Malgré les nouvelles lois, malgré l'évolution des mentalités, malgré la disparition ou l'atténuation des formes les plus flagrantes de discrimination, de nombreux facteurs d'inégalité persistent.

Ainsi, dans le monde du travail, la proportion de femmes participant à la main-d'œuvre active a beau se situer à près de 48% en 1981, contre 28% vingt ans plus tôt, plusieurs problèmes subsistent. Les tâches domestiques demeurent généralement la responsabilité des femmes, de sorte que celles qui ont un emploi doivent accomplir une double journée de travail, et, pour la plupart d'entre elles, la nécessité de concilier travail, maternité et tâches domestiques reste un problème majeur. En outre, de façon générale, les femmes ont moins d'avancement que les hommes, elles sont davantage touchées par le chômage et le travail à temps partiel, et elles restent majoritaires dans les niveaux et les types d'emplois les moins bien rémunérés, même si elles ont effectué des percées dans certaines professions qui leur étaient autrefois fermées ou peu accessibles.

En marge de cette main-d'œuvre féminine salariée se situent les femmes collaboratrices de leur mari dans une entreprise familiale et celles qui travaillent au sein de leur foyer. En 1980, par suite des pressions de l'AFÉAS, les gouvernements reconnaissent les premières comme des employées pouvant bénéficier de certains avantages sociaux. Mais pour les femmes au foyer, la reconnaissance sociale est loin d'être acquise, même si, en 1981, elles représentent encore plus de la moitié des Québécoises adultes. Selon une étude réalisée par l'AFÉAS en 1984, la raison la plus fréquente qu'invoquent ces femmes pour demeurer au foyer est la nécessité de s'occuper de leurs enfants. Par ailleurs, près de la moitié des répondantes se disent prêtes à aller sur le marché du travail une fois leur famille élevée.

Des problèmes analogues se posent dans le domaine de l'éducation, comme nous le verrons plus loin. On pourrait enfin y ajouter d'autres phénomènes non moins significatifs. Ainsi, quoique la libéralisation du divorce représente un acquis pour beaucoup de femmes, ce sont elles qui en subissent le plus souvent les conséquences financières et morales, comme l'indique le fait que 85% des familles monoparentales, en 1981, sont dirigées par des femmes. Il en va de même pour la contraception, la stérilisation volontaire ou l'avortement, qui libèrent la sexualité des couples, mais dont les femmes, là encore, supportent à elles seules presque tout le poids, parfois au péril de leur santé ou de leur vie.

*　*　*

Entre le tournant des années 1960 et le milieu des années 1980, on peut donc dire que les valeurs restrictives anciennement associées à la féminité se transforment profondément, dans un sens plus favorable à la liberté et à l'égalité. Toutefois, cette liberté et cette égalité sont encore loin de se traduire complètement dans la réalité.

ORIENTATIONS BIBLIOGRAPHIQUES

BRODEUR, Violette et al. *Le mouvement des femmes au Québec:étude des groupes montréalais et nationaux*. Montréal, Centre de formation populaire, 1982. 77 p.

CANADA. *Rapport de la Commission royale d'enquête sur la situation de la femme au Canada*. Ottawa, Information Canada, 1970. 540 p. (Rapport Bird).

Collectif CLIO. *L'histoire des femmes au Québec depuis quatre siècles*. Montréal, Quinze, 1982, chap. XII à XV.

En collaboration. «La nouvelle famille et la loi 89». Dossier de *La vie en rose* (décembre 1981 - janvier 1982).

JOHNSON, Micheline. «La parole des femmes: les revues féminines, 1938-1968», F. DUMONT, J. HAMELIN et J.-P. MONTMINY, dir. *Idéologies au Canada français 1940-1976*. Québec, Presses de l'Université Laval, 1981, vol. II, p. 5-45.

LAMOUREUX, Diane. *Fragments et collages: essai sur le féminisme québécois des années 70*. Montréal, Remue-ménage, 1986. 169 p.

LANCTÔT, Martine. *La genèse et l'évolution du mouvement de libération des femmes à Montréal, 1969-1979*. Mémoire de maîtrise (histoire), Université du Québec à Montréal, 1980. 207 p.

LAVIGNE, Marie et Yolande PINARD. *Travailleuses et féministes: les femmes dans la société québécoise*. Montréal, Boréal Express, 1983. 430 p.

LEMIEUX, Denise et Lucie MERCIER. *La recherche sur les femmes au Québec: bilan et bibliographie*. Québec, IQRC, 1982. 336 p.

QUÉBEC, Conseil du statut de la femme. *Pour les Québécoises: égalité et indépendance*. Québec, Éditeur officiel, 1978. 335 p.

THERRIEN, Rita et Louise COULOMBE-ROY. *Rapport de l'AFÉAS sur la situation des femmes au foyer*. Montréal, Boréal Express, 1984. 214 p.

CHAPITRE 43

LA SOCIÉTÉ DE CONSOMMATION

Le Québec de l'après-guerre est entré de plain-pied et avec une certaine frénésie dans ce qu'on appelle la société de consommation. Le phénomène s'accentue encore après 1960 grâce à la hausse des revenus ainsi qu'à la transformation du marché, où les produits de plus en plus nombreux sont moussés par la publicité et vendus à crédit. Bon enfant, le client se laisse assez facilement séduire. Certains s'en inquiètent et font pression pour obtenir une meilleure protection du consommateur. D'autres s'alarment des torts causés à l'environnement par une consommation et une production qui paraissent débridées.

Parallèlement, la société des loisirs investit la vie quotidienne et donne un nouveau sens au temps libre, aux vacances et au plein air. Tout comme pendant les périodes précédentes, certains groupes ne profitent pas autant que d'autres de la prospérité générale et de la liberté nouvelle qu'elle procure.

Niveau de vie et consommation

L'amélioration du pouvoir d'achat qui a caractérisé l'après-guerre se poursuit au cours des décennies 1960 et 1970. D'après des données compilées par le journaliste Alain Dubuc, l'indice des salaires au Canada augmente de près de 500% entre 1960 et 1985, alors que celui des prix connaît une hausse d'un peu plus de 300%; il en résulte un bond de l'indice des salaires réels de 47%. L'accroissement du pouvoir d'achat devient plus marqué à compter du milieu des années 1960 et surtout au début des années 1970 alors que, malgré l'accélération de l'inflation, les travailleurs obtiennent des augmentations de salaires bien supérieures à celles des prix. La situation se modifie après 1977, d'abord sous l'effet des programmes de contrôle des prix et des salaires imposés depuis 1975 par le gouvernement fédéral, suivi par celui du Québec, puis à cause de la crise de 1981-1982. Les salaires réels subissent alors

La course à la consommation, 1961. (G. Lunney, ONF, Archives publiques Canada, PA-133217)

une légère baisse, modeste toutefois par rapport aux gains spectaculaires réalisés pendant les trois décennies précédentes.

Les comptes économiques du Québec révèlent que le revenu personnel passe de 7,8 milliards de dollars en 1961 à 87,8 milliards en 1984. Les gouvernements soutirent au contribuable une partie de cette augmentation: la part du revenu personnel versée en impôts directs par les particuliers grimpe de 9% à 21%. Il reste néanmoins à ces derniers un revenu disponible appréciable, qui augmente de 866% pendant la période. Les Québécois sont ainsi en mesure d'épargner davantage: l'épargne personnelle représente 4% du revenu personnel en 1961 et 10% en 1984, avec un sommet de 14 % atteint en 1982, au plus fort de la dépression. Ils peuvent aussi consommer davantage: même si les dépenses personnelles en biens et services de consommation voient leur part du revenu personnel diminuer, leur valeur s'accroît de 777%.

Une véritable explosion de la consommation caractérise les années 1960 et 1970. Tous y participent de façon distincte: hommes, femmes, jeunes ou adultes. L'éventail des produits offerts est de plus en plus vaste. Les progrès des transports et des techniques d'entreposage et de distribution en améliorent l'accessibilité et la disponibilité. Suivant de

La carte de crédit devient omniprésente. (Gilles Savoie)

près celle des États-Unis, la consommation québécoise est soumise aux modes qui font et défont les vedettes du commerce de détail. Elle fait une plus large place aux produits jetables, au prêt-à-porter, aux aliments préparés et au service rapide ainsi qu'aux multiples formats et sous-produits (préparation régulière, légère, enrichie, naturelle, etc.).

L'alimentation fournit un bon exemple de ces transformations. Le panier de provisions de 1980 est fort différent de celui de 1960. Aux légumes de base traditionnels — pommes de terre, carottes, haricots et petits pois s'ajoutent de plus en plus le brocoli, les diverses variétés de laitue et de courges, etc. La plupart deviennent disponibles presque à l'année longue. Les rayons des fruits s'enrichissent de produits exotiques comme le kiwi ou la clémentine. La consommation de vin monte en flèche. La congélation améliore la conservation et permet d'élargir encore plus l'éventail. Du côté de l'automobile, la diversité du choix s'étend avec l'arrivée sur le marché des voitures importées, tandis que le choc pétrolier des années 1970 sonne le glas des grosses cylindrées. Les progrès de la technologie donnent naissance à la radio portative, à l'ordinateur personnel, au magnétoscope.

La course à la consommation est amplifiée par l'usage massif de la publicité qui prend des formes tellement variées que nul n'y échappe. La télévision en devient toutefois le médium principal et les slogans qu'elle diffuse restent souvent gravés dans la mémoire pendant des années. La publicité des années 1960 est unificatrice et sans nuances; celle de la décennie suivante devient complexe en identifiant mieux ses clientèles cibles et en s'ajustant à la segmentation du marché.

L'essor de la consommation est fortement soutenu par la croissance du crédit. Les banques et les caisses populaires, avec leurs énormes réservoirs d'épargne, interviennent de plus en plus dans ce champ d'activité et le lancement des grandes cartes de crédit à usage quasi universel étend encore plus leur emprise. Les intérêts payés sur les dettes de consommation, qui sont de 37 millions de dollars en 1961, dépassent le milliard vingt ans plus tard.

La protection des consommateurs

Dans un marché où la population consomme avec avidité et s'endette allègrement pour parvenir à ses objectifs, les producteurs et les vendeurs jouissent d'un avantage considérable et imposent les règles du jeu. Le fait qu'il s'agisse souvent de grandes sociétés, ayant un contrôle monopolistique ou oligopolistique, accentue leur emprise. Isolé, l'individu n'a guère les moyens de déjouer les embûches du marché.

En réaction à cette situation, s'amorce une résistance collective qui apparaît d'abord aux États-Unis où, dès les années 1960, un Ralph Nader et quelques autres hérauts de la protection des consommateurs donnent naissance à un véritable mouvement social. Les organisations de défense des consommateurs se développent au Québec à la charnière des années 1970, s'affirmant sur la place publique et attirant l'attention des médias.

Ce nouveau mouvement vise à transformer l'acheteur béat en consommateur averti et réclame l'intervention de l'État pour réglementer le marché et protéger l'individu. Il s'attaque à deux types de problèmes. D'une part, on examine la qualité et la sécurité des produits: des automobiles aux médicaments, en passant par les aliments et les crèmes solaires, on scrute des milliers d'articles, on compare les marques et les modèles en dénonçant leurs insuffisances et leurs dangers. D'autre part, on se penche sur les pratiques commerciales, depuis les textes des contrats jusqu'aux conditions de financement; on fait la lutte à la publicité trompeuse, à la vente sous pression, aux frais cachés.

Certaines victoires acquises aux États-Unis se répercutent ensuite sur le territoire québécois. C'est le cas pour les nombreuses mesures visant à améliorer les conditions de sécurité des automobiles. Le gouvernement du Québec est également appelé à intervenir pour réglementer certains secteurs d'activité. L'adoption en 1971 d'une loi de protection du consommateur représente une étape importante. La loi définit de façon précise la forme des contrats de vente, surtout ceux qu'utilisent les vendeurs itinérants, et permet aux consommateurs de les résilier dans les cinq jours. Elle réglemente également les conditions de crédit. De plus, un Office de la protection du consommateur est mis sur pied. Sept ans plus tard, une nouvelle loi encore plus favorable au consommateur rend plus sévères les dispositions relatives aux contrats, aux garanties, et aux méthodes de vente.

À cette législation générale s'ajoutent de nombreuses autres mesures visant à protéger les individus. En 1967, une loi de l'assurance-dépôts est votée, à la suite d'une mesure similaire adoptée par le Parlement fédéral. L'année suivante, un poste de Protecteur du citoyen, inspiré du modèle scandinave de l'*ombudsman*, est créé. Le gouvernement fait réformer les lois sur les valeurs mobilières et celles qui concernent l'inspection des aliments; il établit un contrôle des agents de voyage afin de protéger les dépôts des clients. Dans le domaine judiciaire, il crée en 1971 des cours des petites créances, où les frais sont réduits au minimum, puis, l'année suivante, il établit un régime d'aide juridique pour les citoyens à faibles revenus et, par la suite, permet le recours collectif. Il définit les conditions de location des logements et renforce les pouvoirs de la Régie des loyers.

Ainsi, les années 1970 sont nettement celles du consommateur. En plus d'obtenir une réglementation du marché, les organismes de défense amènent une prise de conscience des entreprises face à des questions comme la publicité sexiste ou les dangers des produits chimiques ajoutés aux aliments.

La protection de l'environnement

L'essor de la consommation et de la production exerce une forte pression sur l'environnement, et ultimement sur les individus qui l'habitent. Là aussi, la prise de conscience du phénomène donne naissance à un véritable mouvement social voué à la défense d'un environnement menacé par la société de consommation. Il s'agit d'un phénomène d'envergure occidentale qui, dans plusieurs pays européens, débouche sur l'action politique. Au Québec, des organismes comme la Société pour vaincre la pollution ou la Fédération québécoise de la faune agissent comme éveilleurs de conscience.

Les groupes environnementalistes ou écologistes visent deux cibles. D'une part, on s'attaque au gaspillage et à la destruction des ressources qu'engendrent aussi bien la production industrielle que l'exploitation agricole ou l'urbanisation et on réclame des mesures de protection et de conservation du patrimoine naturel et du patrimoine bâti. D'autre part, on dénonce les effets négatifs de la pollution sur l'environnement et sur la santé des citoyens.

Dans ce domaine aussi, les autorités sont amenées à réagir. En 1972, une loi sur la qualité de l'environnement est adoptée et un ministre est nommé pour s'occuper de cette question; six ans plus tard, une nouvelle loi vient renforcer les dispositions de la précédente. Les municipalités, responsables de nombreux équipements collectifs, jouent également un rôle important à cet égard.

Le premier problème auquel on s'attaque est celui de la pollution de l'air qui, à la fin des années 1960, atteint un niveau alarmant dans les villes. Les municipalités adoptent des règlements anti-pollution qui contribuent à une réduction significative de la concentration moyenne des particules en suspension dans l'air. Le passage de l'huile à l'électricité comme principale source de chauffage, l'installation de dispositifs anti-pollution sur les automobiles et l'usage d'essence sans plomb concourent également à cette réduction.

Un autre grand problème est celui de la pollution de l'eau. L'effort se concentre sur les plus importants pollueurs industriels, les sociétés productrices de pâtes et papiers; 94% des 611 millions de dollars investis pour le traitement des eaux usées entre 1978 et 1984 sont dirigés vers cette source de pollution. Le Québec est cependant très en retard sur le reste du continent en ce qui concerne l'épuration des eaux d'égout des grandes villes et il ne s'éveille que tardivement à ce problème. En 1984, seulement 6,2% de la population du Québec bénéficie de l'épuration des eaux usées, contre 84% en Ontario. On tente également de contrôler, avec des succès mitigés, l'importante pollution d'origine agricole, en particulier celle qui est imputable à l'élevage des porcs.

Dans les années 1980, les ravages causés aux lacs et aux forêts par les pluies acides prennent les devants de la scène. Sur cette question, le Québec ne peut guère faire plus que des pressions politiques, en joignant sa voix à celle des autres provinces du Canada et des États du nord-est des États-Unis, car la source de cette pollution est en grande partie extérieure à son territoire.

Le souci de protection de l'environnement s'étend aussi à l'urbanisation. La loi du zonage agricole (1978) vise à stopper l'étalement urbain sur les meilleures terres du Québec. La conservation du patrimoine bâti, constamment menacé par le pic du démolisseur, suscite la mise sur pied de groupes de pression, particulièrement à Montréal. Les administrations municipales, axées sur des objectifs de développement, se font longtemps tirer l'oreille avant de reconnaître l'importance et l'intérêt de la conservation et de la mise en valeur des bâtiments qui témoignent du passé et qui contribuent à la qualité de vie. Les anglophones montréalais sont à l'avant-garde de ce mouvement. D'abord alarmés par les menaces de destruction d'édifices rappelant la grandeur du passé de leur propre groupe — les belles maisons bourgeoises du *Golden Square Mile*, la gare Windsor —, et soucieux de préserver les espaces verts de la ville, ils réussissent jusqu'à un certain point à faire renverser la vapeur et à intéresser à ce problème de nombreux francophones.

À la fin de la période, les mots patrimoine, environnement, écologie font partie du vocabulaire politique et reflètent un nouvel équilibre en voie de s'établir entre consommation et conservation.

Une société de loisirs

L'amélioration du niveau de vie, la réduction du temps de travail, l'allongement des vacances sont autant de facteurs qui contribuent à accroître l'importance du temps libre dans la vie quotidienne des individus et à l'intégrer au marché comme objet de consommation. Au cours des années 1960, nombreux sont ceux qui croient que les gains de productivité seront tels dans l'avenir qu'ils entraîneront une réduction radicale du temps consacré au travail et une augmentation proportionnelle du temps libre. On se préoccupe de définir ce que sera cette future «civilisation du loisir». La réalité vient quelque peu tempérer ce rêve: si l'horaire flexible, la semaine de quatre jours et le temps partiel se répandent dans certains secteurs, la grande majorité des travailleurs québécois en sont encore, dans les années 1980, à la semaine de travail de cinq jours. Le temps libre gagne néanmoins une importance qualitative et un statut nouveaux.

À la vision communautaire du loisir qui prévalait dans les années 1950, succède une perception plus individualiste, mettant l'accent sur l'épanouissement de la personne. Cette évolution est accentuée par la montée de l'hédonisme dans la société: la recherche du plaisir, le désir de satisfaire des besoins individuels, de se réaliser pleinement comme personne occupent une place centrale parmi les valeurs que partagent alors une majorité de Québécois. L'occupation du temps libre est ainsi fondamentalement une affaire individuelle. Le loisir se présente comme un champ de plus en plus vaste où les activités se diversifient et se spécialisent, évoluant au gré des modes.

Mais il devient également une affaire publique et politique. En ce domaine comme en bien d'autres l'Église doit, dès le début des années 1960, céder le pas à l'État au titre de force organisatrice principale. L'intervention étatique vise une plus grande accessibilité pour les divers segments de la population au moyen de l'implantation, dans tous les milieux, d'infrastructures de loisir et de la contribution au financement des activités. Elle tente aussi d'assurer une plus grande rationalité en imposant des politiques qui, après 1976, s'intègrent à un objectif de développement culturel. Ce faisant, l'État en vient à exercer une véritable tutelle sur le loisir organisé. Les municipalités restent les premières responsables des équipements collectifs et leurs interventions en ce domaine deviennent beaucoup plus considérables avec la multiplication des centres culturels et sportifs, des bibliothèques, des parcs et des terrains de jeux. Elles sont également beaucoup plus présentes dans l'animation de ces lieux. La quantité et la qualité des services offerts varient cependant d'une ville à l'autre, en fonction des caractéristiques socio-économiques et démographiques de la population et des ressources de la municipalité. Le gouvernement québécois, de son côté, se dote

Activités de plein air en famille. (*Le Journal de Montréal*)

de structures politiques et administratives: Bureau des sports et loisirs (1965) qui devient le Haut commissariat à la jeunesse, aux loisirs et aux sports (1968) pour être finalement transformé en ministère du Loisir (1979). Il développe également ses propres équipements (en particulier les parcs provinciaux) en plus de contribuer financièrement à ceux des municipalités. Il devient le principal bailleur de fonds des associations de sports et de loisir, exerçant sur celles-ci un contrôle serré.

Les activités de loisir sont mieux structurées et encadrées par de véritables professionnels: éducateurs physiques, techniciens en loisir,

Le salon du camping à Montréal, 1967. (Archives de l'Université du Québec à Montréal)

animateurs socio-culturels. Le bénévolat n'en disparaît pas pour autant et, en 1976, on estime à 150 000 le nombre de bénévoles à l'œuvre dans le domaine des sports et loisirs, lequel est d'ailleurs marqué par une intense vie associative.

C'est un domaine fort disparate où se côtoient les groupes visant une participation de la masse et ceux qui ne s'adressent qu'à une élite, où les clientèles se répartissent selon l'âge, le milieu social et le degré d'habileté. Quatre secteurs se dégagent: les sports, le plein air, les loisirs socio-culturels et les loisirs touristiques.

Les activités sportives, fortes souvent d'une longue tradition, sont les mieux structurées: ligues de hockey, de baseball, clubs de ski, etc., avec leur armée de moniteurs, d'entraîneurs et d'arbitres. Elles bénéficient des nouveaux équipements mis en place au cours de la période: centres sportifs, patinoires intérieures, terrains de jeux. Elles profitent aussi du développement de l'éducation physique dans les institutions d'enseignement. La multiplication des compétitions de toutes sortes (courses, marathons, championnats) et la création des Jeux du Québec leur assurent un prestige plus grand.

L'essor des activités de plein air, dont plusieurs ont une dimension sportive, caractérise la période. Il s'agit d'un phénomène de masse: en 1982, par exemple, 2 339 000 ménages québécois possèdent des skis (contre 541 000 en 1976); environ un million ont des bicyclettes pour adultes ou du matériel de camping. Les préoccupations grandissantes pour la forme physique et l'accessibilité accrue des parcs de loisir contribuent à cet essor alors que l'amélioration du niveau de vie permet l'acquisition d'équipements parfois coûteux.

Le vaste champ du loisir socio-culturel est également en effervescence. C'est un secteur hétéroclite où voisinent le yoga, l'artisanat, les jeux de société et le loisir scientifique. Plusieurs de ces activités sont prises en charge par les clubs de l'âge d'or, une importante nouveauté de la période; d'autres s'adressent plus spécifiquement à une clientèle de jeunes.

Le développement des loisirs touristiques est relié à celui des vacances. Les travailleurs ont maintenant droit à au moins deux semaines de vacances payées, contre une seulement dans l'après-guerre; un grand nombre jouissent cependant de vacances plus longues, pouvant atteindre jusqu'à cinq semaines. Cela se reflète dans le développement de la villégiature, déjà amorcé pendant la période précédente. Mais c'est surtout l'industrie du voyage qui profite de la situation. La modernisation du réseau routier dans les années 1960 en est le support principal, appuyé par de forts investissements dans le réseau hôtelier et par la popularité du camping. Rares en 1960, les voyages en avion sont devenus monnaie courante vingt ans plus tard. Les «voyages soleil» vers le sud, pendant l'hiver, connaissent une popularité sans précédent et le tourisme en direction de l'Europe, principalement de la France et de l'Espagne, grimpe en flèche.

En marge de la société de consommation

La société de consommation a toutefois ses laissés pour compte. Condamnés à rester en marge du système économique, ils doivent, pour survivre, tabler essentiellement sur l'aide de l'État, le travail au noir et les petits emplois à temps partiel. Ils sont pourtant eux aussi sollicités par l'attrait de la consommation.

Il s'agit d'une population fort composite dont la situation varie selon qu'elle habite une région rurale ou urbaine, selon l'âge, le sexe et la taille de la famille. Certains groupes attirent l'attention. Il y a les personnes âgées dont une grande partie n'a pour seules ressources que la pension de vieillesse et le supplément qui l'accompagne. Parmi les bénéficiaires de l'aide sociale on relève le cas des personnes qui, au cours des années 1960, ont été déplacées du monde rural et logées dans les petites villes et les villages. Il y a surtout les femmes à la tête d'une famille monoparentale, vivant le plus souvent sous le seuil de la pauvreté et dont le nombre s'accroît de façon significative au cours de la période. Il y a aussi les effectifs considérables de chômeurs qui, ayant épuisé leurs prestations d'assurance-chômage, n'ont d'autre recours que l'aide sociale. Les marginalisés de la société comprennent en outre des groupes qui, sans être en chômage, ont des conditions de travail qui les maintiennent dans la pauvreté: plusieurs catégories de travailleurs au salaire minimum ainsi que les immigrants récents, en particulier les femmes.

Certes, la situation de ces personnes paraît nettement meilleure que celle qui prévalait dans l'après-guerre. La mise en place, au cours des années 1960 et 1970, de politiques sociales mieux intégrées leur assure des conditions de vie plus décentes. C'est sans doute sur le plan de l'accès aux services de santé que les progrès les plus substantiels sont enregistrés. L'ensemble de ces politiques sera examiné au prochain chapitre.

Le développement de l'État-providence a cependant pour résultat de maintenir cette population dans un état de dépendance, souvent sa vie durant. Malgré la création de mouvements de défense des retraités ou des assistés sociaux, les personnes âgées, les bénéficiaires de l'aide sociale et les chômeurs restent divisés, isolés et, sauf en de rares occasions, n'arrivent pas à orchestrer des actions de revendication efficaces.

À compter de la seconde moitié des années 1970, la situation de cette population marginalisée prend un virage dramatique. Celle-ci voit ses effectifs gonflés par un chômage en hausse, résultat d'un double phénomène. D'une part, la population active augmente rapidement avec l'arrivée régulière sur le marché du travail des dernières cohortes du *baby boom* et la présence accrue des femmes au sein de la main-d'œuvre. D'autre part, l'offre de travail est rétrécie par l'automatisation poussée et les gains de productivité qui amènent les entreprises à embaucher moins de personnel, de même que par la tendance de nombreux employeurs à recourir au travail à temps partiel. Cette situation est encore aggravée par la crise de 1981-1982, avec son cortège de mises à pied massives et de fermetures d'usines et par les coupures de postes et la décroissance de l'embauche dans le secteur public.

Les statistiques du chômage masquent une partie de cette réalité car elles ne tiennent compte que des chômeurs à la recherche d'un emploi. Or, découragées, de nombreuses personnes renoncent à se chercher du travail ou acceptent, faute de mieux, de petits emplois à temps partiel. Ce qui fait dire à l'économiste Rodrigue Tremblay que le taux réel de chômage est nettement plus élevé que le taux officiel: en 1983, par exemple, il estime le premier à 18,9% alors que le taux officiel se situe à 13,9%. Appelé à la rescousse, l'État doit verser des sommes qui deviennent astronomiques: entre 1975 et 1983, le montant total des prestations d'assurance-chômage au Québec passe de 1 milliard à 3 milliards de dollars et les paiements d'aide sociale de 504 millions à 1,8 milliard.

Les victimes les plus immédiates sont les jeunes qui sont incapables d'obtenir un emploi stable. Ceux qui doivent recourir à l'aide sociale sont en outre désavantagés, recevant des prestations très inférieures à celles de leurs aînés. Mais les jeunes ne sont pas les seuls affectés. L'ampleur du chômage est telle qu'elle touche, à des degrés divers, toutes les classes d'âges. Des zones entières, comme la Côte-Nord ou l'est de Montréal, sont frappées par des fermetures d'usines. Pour ces dizaines de milliers de chômeurs qui voudraient trouver du travail, les politiques sociales restent une mince compensation face à l'angoisse d'une vie quotidienne sans emploi et d'un avenir sans débouchés.

Ainsi le contraste est encore accentué entre les avantages de la société de consommation et l'aisance dont profite une majorité de la population et la culture de la pauvreté et de l'aide sociale à laquelle est condamnée l'autre partie.

ORIENTATIONS BIBLIOGRAPHIQUES

Comptes économiques des revenus et des dépenses. Québec, 1961-1982. Québec, Bureau de la statistique du Québec, 1982. 123 p.

DOSTALER, Gilles, dir. *La crise économique et sa gestion.* Montréal, Boréal Express, 1982. 256 p.

DUBUC, Alain. «Sommes-nous plus riches qu'en 1950?», *La Presse,* 15 mars 1986.

JURDANT, Michel. *Le défi écologiste.* Montréal, Boréal Express, 1984. 432 p.

LAMONDE, Pierre et Jean-Pierre BÉLANGER. *L'utopie du plein emploi. Croissance économique et aspirations au travail, Québec, 1971-2001.* Montréal, Boréal, 1986. 175 p.

LESAGE, Marc. *Les vagabonds du rêve. Vers une société de marginaux?* Montréal, Boréal, 1986. 141 p.

LEVASSEUR, Roger. *Loisir et culture au Québec.* Montréal, Boréal Express, 1982. 187 p.

SAINT-GERMAIN, Maurice. *Une économie à libérer. Le Québec analysé dans ses structures économiques.* Montréal, Presses de l'Université de Montréal, 1973. 469 p.

CHAPITRE 44

L'ÉTAT-PROVIDENCE

Résultat d'un long processus commencé pendant la guerre, l'État-providence arrive à maturité durant les années 1960 et 1970, alors que se déploie la panoplie de mesures sociales qui en constitue l'aspect le plus visible. Ses trois modes d'intervention — réglementation, redistribution, assurance — touchent tous les secteurs de la vie sociale et tous les individus. La sollicitude de l'État ne semble plus connaître de bornes: il multiplie, réforme et intègre les programmes sociaux, et investit tout le domaine de la santé. C'est l'époque de la «guerre à la pauvreté», de la «société juste», thèmes susceptibles d'entraîner l'adhésion populaire. Le Québec dispose ainsi d'un arsenal de mesures de sécurité sociale bien développé et intégré, ce qui représente un progrès tangible. Cependant, les grands objectifs de correction des inégalités sociales ne sont pas atteints, et la gestion du système devient de plus en plus lourde et coûteuse.

Le développement de l'État-providence

Le gouvernement fédéral joue, depuis la guerre, un rôle directeur dans l'orientation des politiques sociales et dans la mise en place de l'État-providence. L'assurance-chômage, les allocations familiales et la réforme des pensions de vieillesse sont les mesures autour desquelles il a commencé à articuler toute une politique de sécurité sociale élaborée à partir de l'exemple britannique et dont le rapport Marsh traçait les grandes lignes en 1943. Jusqu'en 1960, le gouvernement du Québec demeurait plus réticent, refusant à la fois le principe de l'État-providence et l'intrusion du gouvernement fédéral dans les affaires sociales. La pression des besoins et l'opinion publique l'ont cependant amené à intervenir de façon ponctuelle et même à participer à des programmes à frais partagés, comme celui de l'assistance-chômage.

Les années 1960 marquent un changement fondamental. Le gouvernement québécois, influencé à son tour par le keynésianisme, prône l'intervention accrue de l'État. En particulier, il entreprend une vaste opération de prise en charge des affaires sociales et de mise à jour des politiques, ce qui l'amène à innover et à jouer un rôle plus dynamique dans l'élaboration et l'implantation de mesures nouvelles. De son côté, le gouvernement fédéral continue sur sa lancée en s'attaquant, dès la fin des années 1950, au problème de l'hospitalisation puis, au cours de la décennie suivante, à ceux de la santé. En 1966, il met en place le Régime d'assistance publique du Canada, par lequel il assume la moitié du coût des programmes d'aide sociale administrés par les provinces. Les affaires sociales deviennent un point de friction particulièrement sensible dans les relations entre les deux gouvernements, notamment en ce qui concerne l'orientation et le financement des programmes. Cependant, au-delà des rivalités, l'élaboration des politiques sociales des deux niveaux de gouvernement ne se fait pas en vase clos: les divers rapports produits par l'un ou par l'autre ont une influence qui dépasse le cadre de leur juridiction d'origine.

L'élargissement des politiques sociales constitue un autre élément de nouveauté. Les programmes existants sont rendus plus accessibles et certaines mesures nouvelles, comme l'assurance-hospitalisation et l'assurance-santé, s'adressent à l'ensemble de la population. Cet élargissement comporte également une autre dimension: les soins de santé, naguère considérés comme l'affaire des individus et des familles, deviennent une responsabilité publique, au même titre que la protection du revenu et l'assistance sociale.

L'approche gouvernementale et les attitudes de la population évoluent aussi considérablement. Diverses études font prendre conscience de l'étendue de la pauvreté et de la misère au milieu de l'abondance des villes; on découvre également la réalité de la misère rurale et tous les problèmes liés au développement inégal des régions. Les vieilles notions d'indigent et de charité publique font place à celles de droits des citoyens et de justice sociale. Comme la pauvreté et l'inégalité des revenus ne peuvent être vaincues qu'à condition de s'en prendre à toutes les facettes du problème, on estime qu'il faut intégrer les mesures dans un ensemble cohérent pour en assurer l'efficacité: interventions à court terme, comme l'aide sociale, mais aussi mise en place de politiques et de mesures correctives à plus longue échéance.

L'action du gouvernement en ce domaine s'appuie sur deux rapports importants : celui du Comité d'étude sur l'assistance publique, formé en 1961 (rapport Boucher) et celui de la Commission d'enquête sur la santé et le bien-être social créée en 1966 (commission Castonguay-Nepveu), qui servent de base à l'intégration des politiques sociales. Au cours des années 1970, l'État-providence devient ainsi une réalité quotidienne pour les Québécois.

À cette attitude plus ouverte vis-à-vis des politiques sociales correspond une meilleure organisation du milieu. Des regroupements de citoyens se forment, surtout dans les quartiers défavorisés des villes, et offrent à la population divers services: cliniques médicales et juridiques, garderies, coopératives d'alimentation, etc. À l'origine, le mouvement est épaulé par des organismes diocésains comme les Conseils des œuvres; vers la fin des années 1960, la Compagnie des jeunes Canadiens, organisme fédéral visant à impliquer les jeunes dans le développement communautaire, lui fournit des animateurs rémunérés. Ces regroupements de citoyens, qui mettent l'accent sur la participation de la base, connaissent un développement rapide. La politisation et la radicalisation de plusieurs d'entre eux conduisent à la formation du Front d'action politique (FRAP), qui présente des candidats aux élections municipales de Montréal en 1970. Elles entraînent une réaction négative de la part des autorités, accentuée par le contexte de la crise d'octobre. Cette réaction et des luttes idéologiques de plus en plus vives parmi les militants provoquent une désaffection qu'accentue la prise en charge subséquente par l'État de certains services communautaires, telles les cliniques médicales et juridiques. Les organismes communautaires qui restent en place n'ont plus le même éclat mais témoignent du maintien d'une tradition d'organisation en milieu populaire.

La sécurité du revenu

Assez rapidement, on cherche à structurer les politiques sociales autour d'une idée clé: la sécurité du revenu. Il s'agit de maintenir, pour les individus et les ménages, une possibilité minimale de consommation en cas de difficultés. Pour y parvenir, on recourt à un éventail de programmes dont on étend à la fois le nombre, le champ d'application et les conditions d'admissibilité.

Clé de voûte du système, l'assurance-chômage est l'objet d'une réforme substantielle en 1971. D'abord, la couverture devient presque universelle, touchant maintenant 96% de la main-d'œuvre salariée, contre 61% en 1960. De plus, les prestations sont augmentées: un travailleur ayant des personnes à charge peut toucher jusqu'à 75% de son salaire. On réduit aussi le seuil d'admissibilité de 20 à 8 semaines de cotisations. Enfin, on y greffe des mesures sociales en en faisant bénéficier les travailleurs incapables de conserver leur emploi pour cause de maladie, ainsi que les femmes devant cesser de travailler pour cause de maternité. À la fin des années 1970, devant la hausse des coûts consécutive à celle du chômage, le gouvernement fédéral réduit le maximum des prestations à 60% du salaire et relève le seuil d'accessibilité. Mais, pour tenir compte des niveaux différents de chômage selon les régions, les composantes du programme sont modulées; là où le chômage est élevé, le programme est plus généreux, plus accessible et dure plus longtemps. L'augmentation rapide du chômage au début des années 1980 entraîne encore une fois la hausse des coûts, tandis que sa persistance fait augmenter le nombre de ceux qui épuisent leurs prestations et qui doivent se tourner vers l'aide sociale.

L'autre programme important, celui de l'aide sociale, subit également des transformations profondes. En 1960, l'essentiel des mesures découle de la vieille loi de l'assistance publique de 1921 et des diverses lois postérieures visant des groupes spécifiques, comme les aveugles et les mères nécessiteuses. À cela s'ajoute le programme d'assistance-chômage, dont les frais sont assumés à parts égales par les deux niveaux de gouvernement et qui permet d'étendre le bénéfice de l'aide sociale aux personnes aptes au travail. Le changement vient en deux étapes. La première correspond à l'adoption de la loi d'assistance publique du Canada en 1966 et consacre le principe de l'accessibilité de l'aide sociale à tous les citoyens dans le besoin, y compris les travailleurs qui, même s'ils ont un emploi, vivent dans la pauvreté. Elle prévoit le partage des dépenses à parts égales entre le fédéral et les provinces. La seconde, la loi d'aide sociale adoptée à Québec en 1969, réorganise l'ensemble des mesures sociales existantes et reconnaît le droit de chaque citoyen à l'assistance de l'État.

Cette loi simplifie grandement les modalités de l'aide sociale. On verse un montant mensuel pour payer le logement, la nourriture et le vêtement, à toute personne ou ménage incapable de se procurer un revenu. Les barèmes des prestations sont ajustés à l'évolution des prix et tiennent compte de la taille de la famille et de l'âge. Les jeunes de moins de trente ans aptes au travail font l'objet d'une mesure contrai-

Recherche d'emploi dans un centre de main-d'œuvre, 1986. (Gilles Savoie)

gnante pour les forcer à se trouver un emploi. Le nombre total des personnes dépendant de l'aide sociale passe d'un peu moins de 500 000 en 1970 à plus de 700 000 en 1983. Au début, les bénéficiaires sont surtout des inaptes au travail, mais la proportion d'aptes au travail et de jeunes de moins de trente ans va en augmentant autour des années 1980.

La retraite marque pour beaucoup une baisse du niveau de vie. Les pensions de vieillesse versées par le gouvernement fédéral constituent depuis longtemps le principal soutien du revenu. Ce programme universel connaît, lui aussi, un élargissement. Entre 1966 et 1970, on réduit graduellement l'âge admissible de 70 à 65 ans. Le montant des prestations est augmenté à quelques reprises et par la suite indexé au coût de la vie. De plus, on met en place un programme de supplément de revenu garanti pour les plus démunis.

Le problème de la précarité des revenus durant la vieillesse donne aussi naissance à la création du régime des rentes en 1965. Il s'agit d'un programme de type assurance, dont les cotisations sont versées par les travailleurs et les employeurs. Le Québec gère lui-même le régime sur son territoire, mais il est parfaitement compatible avec le régime de pensions du Canada qui s'applique aux autres provinces. Avec le temps, on permet aussi le versement de bénéfices au conjoint survivant, ce qui répond en particulier au problème vécu par les femmes n'ayant pas été sur le marché du travail et qui se retrouvent, à la mort de leur mari, avec des revenus très réduits.

Les allocations familiales sont, comme les pensions de vieillesse, un programme fédéral de nature universelle. Depuis 1944, le barème est fixé à 6$ pour un enfant de 9 ans ou moins et à 8$ pour un enfant de 10 à 16 ans. En 1961, le Québec décide d'accorder une allocation pour les jeunes de 17 et 18 ans qui fréquentent l'école. Trois ans plus tard, le fédéral prend la mesure à son compte. En 1973, une refonte de la loi triple les montants, prévoit leur indexation régulière à l'indice du coût de la vie, et les rend imposables. Dans le cadre des politiques de compressions budgétaires, on renonce à l'indexation en 1979 et on ramène les barèmes aux taux de 1974; en contrepartie, on instaure un crédit d'impôt pour chaque enfant. Le programme permet aussi aux provinces de déterminer la ventilation des montants accordés, clause dont le Québec se prévaut pour favoriser les familles nombreuses. En outre, en 1968, le gouvernement québécois décide de verser lui aussi ses propres allocations familiales.

Par ailleurs, les gouvernements cherchent à utiliser la fiscalité comme moyen de corriger certaines inégalités. Les plus pauvres, en effet, voient leur taux d'imposition baisser et certaines catégories de personnes bénéficient d'exemptions particulières. Enfin, il existe d'autres instruments à caractère privé, qui permettent de protéger le revenu des individus et qui bénéficient de déductions d'impôt. Ils s'adressent davantage aux groupes les plus favorisés et ne touchent qu'une minorité de la population active. Les plus connus sont les régimes de retraites financés par l'employeur et l'employé (39% de la population active en 1982) et les régimes individuels d'épargne-retraite.

Ainsi, les principaux programmes deviennent de plus en plus accessibles et répondent à un plus grand nombre de besoins. Le tableau 1 énumère les principales composantes du système de sécurité du revenu, tant fédérales que provinciales, disponibles au milieu des années 1980. La quantité de ces programmes, et surtout leur coût de gestion élevé, amènent à plusieurs reprises des spécialistes à proposer leur remplacement par un régime unique appelé revenu minimum garanti. Toutefois, les coûts exorbitants et les difficultés d'application d'un tel programme, qui serait l'aboutissement logique de l'État-providence, font reculer les gouvernements.

TABLEAU 1

PRINCIPALES COMPOSANTES DU SYSTÈME DE SÉCURITÉ DU REVENU EN 1984

Revenu minimum de base

Aide sociale
Besoins spéciaux des bénéficiaires de l'aide sociale
Supplément de revenu garanti
Allocations au conjoint âgé de 60 à 64 ans
Habitations à loyer modique pour personnes démunies ou âgées
Allocation-logement pour les personnes âgées (Logirente)
Remboursement d'impôts fonciers
Allocations aux anciens combattants
Allocations aux chasseurs et piégeurs cris

Remplacement du revenu de travail

Assurance-chômage
Sécurité de la vieillesse
Rentes du Québec
Exemption fiscale en raison de l'âge
Exemption fiscale en raison d'un revenu de retraite
Allocations de maternité
Assurance-chômage (maternité)
Prestations pour accidents du travail
Prestations pour accidents d'automobile
Allocations pour décès du conjoint (Régime des rentes du Québec)
Pensions d'invalidité
Prestations aux victimes d'actes criminels
Déduction fiscale pour invalidité
Pension aux anciens combattants

Compensation pour charge d'enfants ou de conjoints

Allocations familiales
Crédit d'impôt pour enfants
Exemption fiscale pour enfants à charge
Exemption fiscale de personne mariée
Allocations de disponibilité
Allocations aux parents d'enfants handicapés

Aide à la participation au marché du travail

Supplément au revenu de travail
Allocations de garde
Déduction fiscale pour frais de garde d'enfants
Supplément de gains permis selon l'assurance-chômage
Supplément de gains permis selon l'aide sociale
Allocations de formation professionnelle

Source: *Le Québec statistique, 1985-1986.*

La santé

Pour les individus et les familles, la maladie représente un autre risque important, les dépenses pour les soins médicaux et hospitaliers pouvant atteindre un niveau élevé. La santé devient donc très rapidement une dimension essentielle des politiques sociales. Avant 1960, seuls les indigents recevaient une forme d'aide gouvernementale. Pour les autres, il existait bien des programmes privés d'assurance, mais en 1960, seulement 43% de la population était couverte. Le gouvernement s'attaque d'abord aux coûts croissants de l'hospitalisation. Le programme public d'assurance-hospitalisation, adopté en 1961, institue la gratuité des soins hospitaliers, ce qui les rend vraiment accessibles à l'ensemble de la population. Cette mesure oblige le gouvernement à contrôler et à coordonner le réseau des hôpitaux et à régionaliser les services. Le problème est de taille, car les hôpitaux sont des institutions privées et forment un ensemble disparate, tant par la variété des services offerts que par la qualité inégale des soins et des équipements. La gestion étatique met un certain temps à s'organiser efficacement. Cependant, la hausse vertigineuse des coûts surprend: évalués à 139 millions de dollars en 1961, ils atteignent 343 millions en 1966. Cette hausse est due au phénomène d'institutionnalisation des soins qui se produit alors, les médecins préférant soigner leurs patients dans le cadre hospitalier plutôt qu'en cabinet privé ou à domicile. C'est un peu en réponse à ce problème que l'on songe à mettre sur pied un programme d'assurance-santé, qui assurerait à tous l'accès à un médecin sans qu'il soit nécessaire d'être hospitalisé.

Ce projet, élaboré par le gouvernement fédéral, est accepté par le Québec et entre en vigueur en 1970. Désormais, l'ensemble des soins de santé est gratuit pour l'usager. Dans le but de mieux contrôler les coûts et de rationaliser les services, le Québec tente de modifier la pratique médicale. Mais les médecins résistent à toute intrusion, craignant la socialisation de leur profession. À cause du mode de rémunération finalement accepté, c'est-àdire le paiement à l'acte médical, les dépenses de santé subissent une hausse vertigineuse. Pour y remédier, les politiques gouvernementales s'orientent de plus en plus vers la prévention. Toutefois, les institutions prévues à cette fin, les Centres locaux de services communautaires (CLSC), ont de la difficulté à mener à bien cette tâche à cause, entre autres, de la réticence des médecins. On crée aussi des programmes spécialisés, comme les soins

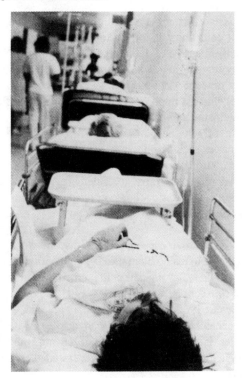

Une salle d'urgence bondée, 1986. (*Le Journal de Montréal*)

dentaires gratuits aux enfants et adolescents ou le remboursement du coût des médicaments aux personnes âgées et aux assistés sociaux.

Dans le domaine de l'accessibilité et de la démocratisation des soins hospitaliers et médicaux, même si des problèmes subsistent, des progrès significatifs sont donc accomplis, qui contrastent fortement avec la situation prévalant avant 1960.

Les autres services sociaux

La création des CLSC vise à décentraliser les services sociaux de type counselling et les services de santé, ainsi qu'à favoriser une plus grande participation des usagers. Remplaçant les agences sociales privées qui se sont développées depuis le siècle précédent, ils ont un rôle préventif et communautaire important et offrent des services très divers. À l'origine, le rapport de la commission Castonguay-Nepveu leur assigne une fonction de porte d'entrée et de poste d'aiguillage pour l'ensemble du réseau des services sociaux et médicaux. Mais la réalité s'avère différente: face aux réticences des médecins et des groupes en place et aux contraintes qui leur sont imposées par le ministère, les CLSC n'arrivent pas à jouer pleinement le rôle qui leur a été initialement dévolu et doivent lutter avec acharnement pour s'affirmer.

Certains services sociaux plus spécialisés, comme la protection de la jeunesse ou l'adoption, sont offerts par les Centres de services sociaux, d'envergure plus régionale. Il existe également, dans toutes les régions du Québec, des centres d'accueil, ayant chacun pour mission d'héberger une catégorie spécifique de bénéficiaires: orphelins, convalescents, vieillards, etc.

L'essor de l'État-providence ne fait pas disparaître la philanthropie, le bénévolat et les œuvres de bienfaisance, qui continuent à exercer une fonction non négligeable, en particulier en milieu urbain. Ils jouent maintenant un rôle supplétif par rapport à l'État, ce qui est l'inverse de la situation d'avant 1960. Ils s'occupent, par exemple, de financer une partie de la recherche médicale, de répondre à des besoins sociaux négligés par les institutions, ou de venir en aide aux laissés pour compte du système, ceux qui ne peuvent s'adapter aux exigences bureaucratiques.

Dans d'autres domaines, l'État cherche à rendre certains services accessibles aux plus démunis. C'est le cas pour la justice, avec la création en 1972 de l'aide juridique et de la cour des petites créances. La Régie des loyers offre également une protection contre les hausses abusives de loyer. Signalons enfin la politique générale pour faciliter l'accès des lieux publics aux personnes handicapées.

Les remises en question

Les réalisations de l'État-providence sont impressionnantes. Les services sociaux sont intégrés et modernisés, les services de santé sont plus accessibles, les citoyens sont mieux protégés en cas de perte de leur revenu. La population en général, et plus encore les groupes défavorisés, bénéficient gratuitement de services nombreux et diversifiés.

Cependant, le système fait l'objet de nombreuses critiques. La première est liée au coût des programmes. Au Canada, entre 1961 et

1976, les dépenses combinées au titre de la sécurité sociale, incluant les soins de santé, passent de 3 milliards à presque 25 milliards de dollars, soit une progression de plus de 700%. Le gouvernement du Québec, quant à lui, consacre à ce secteur une proportion croissante de ses dépenses, qui atteint 39% en 1983-1984. De plus, on critique la qualité des soins et des services reçus; dans le secteur hospitalier en particulier, la bureaucratisation, la dépersonnalisation et la régionalisation incomplète des services créent souvent des conditions difficiles pour les usagers et pour le personnel. Les longues listes d'attente témoignent à la fois de l'inefficacité des services, de l'insuffisance des ressources et des problèmes que pose la surconsommation. En outre, la dépendance de l'État, qui dans certains cas peut devenir permanente, est dénoncée à gauche comme à droite. Enfin, certains groupes voient l'État-providence comme un instrument de contrôle social fonctionnant surtout au bénéfice des classes dirigeantes.

Au cours des années 1980, l'État-providence est remis en question. Plusieurs se demandent si la société peut s'offrir tous ces services, et le faire efficacement. On remet aussi en question le principe de l'universalité: pourquoi fournir à tous des services et des programmes dont une partie de la population seulement a vraiment besoin? Par contre, pour l'ensemble de la population, les services offerts par l'État-providence sont tellement considérés comme acquis que les tentatives de les réduire se heurtent à de fortes résistances.

* * *

L'ampleur des débats suscités par l'État-providence est à la mesure des services qu'il rend et de l'importance qu'il a prise. Si les problèmes qu'il connaît sont bien réels, il n'en demeure pas moins qu'il occupe une place essentielle dans la vie collective du Québec.

ORIENTATIONS BIBLIOGRAPHIQUES

FRÉCHETTE, Pierre, Roland JOUANDET-BERNADAT et Jean-P. VÉZINA. *L'économie du Québec*. Montréal, HRW, 1975, chap. 9 et 10.

GAUCHER, Dominique. «L'organisation des services de santé mentale au Québec: tendances actuelles», *Sociologie et sociétés*, XVII, 1 (avril 1985), p. 41-49.

GUEST, Dennis. *The Emergence of Social Security in Canada*. Vancouver, University of Columbia Press, 1980, chap. 10-12.

LESEMAN, Frédéric. *Du pain et des services. La réforme de la santé et des services sociaux au Québec*. Montréal, Albert Saint-Martin, 1981. 232 p.

LATOUCHE, Daniel. «Questionner l'État-providence», *Forces*, 49 (1979), p. 4-14.

MCGRAW, Donald. *Le développement des groupes populaires à Montréal (1963-1973)*. Montréal, Albert Saint-Martin, 1978. 184 p.

PELLETIER, Michel. *Les politiques sociales et les travailleurs. Cahier IV: Les années 60*. Montréal, 1974. 304 p.

QUÉBEC. *Rapport de la Commission d'enquête sur la santé et le bien-être social*. 7 vol. Québec, 1967-1972. (Rapport Castonguay-Nepveu).

QUÉBEC. *Rapport du Comité d'étude sur l'assistance publique*. Québec, 1963. 230 p. (Rapport Boucher).

RENAUD, Marc. «Réforme ou illusion? Une analyse des interventions de l'État québécois dans le domaine de la santé», *Sociologie et sociétés*, XI, 1 (avril 1977), p. 127-152.

SÉNÉCHAL, Marcel. «Les C.L.S.C. et la santé mentale», *Santé mentale au Québec*, XI, 1 (1986), p. 117-123.

VAILLANCOURT, François et Julie GRIGNON. «L'aide sociale au Canada et au Québec, 1970-1985: évolution et analyse», Communication présentée à la 9e réunion du Comité-Québec de l'Institut C.D. Howe, Montréal, novembre 1985.

VAILLANCOURT, Yves. *Le P.Q. et le social: éléments de bilan des politiques sociales du gouvernement du Parti québécois, 1976-1982*. Montréal, Socialisme et indépendance, 1983. 92 p.

CHAPITRE 45

LA DÉCLÉRICALISATION

À partir de 1960, la réalité religieuse québécoise connaît de profonds bouleversements. Deux grands phénomènes infléchissent d'abord son évolution: d'une part, comme ailleurs en Amérique du Nord, la sécularisation grandissante de la société fait subir à la pratique religieuse une baisse brutale qui vide littéralement les églises, les temples et les synagogues; d'autre part, l'Église catholique perd très rapidement le prestige, l'influence et le pouvoir qu'elle exerçait sur la vie sociale des Québécois catholiques. Parallèlement, des tendances nouvelles font leur apparition. À l'intérieur des institutions existantes, les pressions réformistes amènent des changements et certains groupes, comme les femmes, formulent des revendications nouvelles. De plus, la spiritualité des individus trouve maintenant à s'exprimer à travers une plus grande variété d'expériences et les Églises organisées perdent leur monopole sur le sentiment religieux.

Les données des recensements ne laissent pas soupçonner toutes ces transformations. Ainsi, en 1981 comme en 1961, 88% de la population continue à se déclarer catholique. Mais l'appartenance religieuse n'a pas la même profondeur ni le même sens lorsqu'elle ne s'inscrit pas dans une pratique régulière.

Les religions minoritaires

Les religions autres que catholique regroupent moins de 10% des Québécois. Avec 6,1% et 1,6% de la population, les protestants et les juifs forment toujours les deux ensembles principaux, mais on note la montée de nouveaux groupes, liés souvent aux migrations récentes. Ainsi, les orthodoxes orientaux représentent 1,2% de la population en 1981, et les religions n'appartenant pas à la tradition judéo-chrétienne atteignent 0,5%.

Chez les protestants, les trois principales confessions demeurent les mêmes mais ne regroupent plus que les trois quarts des fidèles. Les Églises anglicane et unie comptent chacune pour environ un tiers des effectifs totaux, les presbytériens pour 9%. Cette baisse relative est attribuable au développement d'autres confessions et sectes, en particulier à l'expansion rapide des pentecôtistes et des témoins de Jéhovah.

La prise de conscience de leur statut de minoritaire et celle de la diversité ethnique de leur groupe semblent deux éléments importants de la vie des protestants. La laïcisation de la société québécoise affectant les Églises, les protestants perdent leurs pouvoirs traditionnels, en particulier dans l'éducation et les services sociaux. Par ailleurs, le poids des appartenances ethniques se fait sentir davantage. Liées depuis toujours au groupe anglo-saxon de race blanche, les Églises protestantes comptent de plus en plus de membres n'appartenant pas à cette souche. Nathan H. Mair estime que ces derniers représentent les deux cinquièmes des effectifs protestants à la fin des années 1970 et que la moitié d'entre eux sont francophones. Le groupe protestant est également affecté par le climat d'indifférence religieuse et par les problèmes résultant de l'émigration d'une partie des Québécois anglophones: vieillissement de la collectivité et difficultés de recrutement du personnel religieux.

La communauté juive québécoise, concentrée à Montréal, connaît une légère baisse de ses effectifs entre 1961 et 1981. Cette situation, là encore, résulte du vieillissement général, accentué par le départ des plus jeunes. Les caractères déjà observés se maintiennent. Les traditions religieuses sont toujours partagées en trois tendances et la pratique religieuse décline. Le sociologue Morton Weinfeld signale à ce propos que 20% des juifs montréalais ne vont jamais à la synagogue et que 30% ne la fréquentent que lors des principales fêtes. Cependant, il souligne la persistance de certaines autres formes du sentiment religieux, soit l'observance, à la maison, des fêtes ou de certaines pratiques comme le jeûne du Yom Kipour, soit la pratique sporadique liée aux grands événements de la vie: naissance, Bar Mitsva, mariage, décès.

Depuis la fin des années 1950, la présence d'une forte minorité sépharade francophone pose un problème à la communauté juive jusque-là très homogène tant par ses origines géographiques et son appartenance au courant ashkénaze, que par sa langue d'usage et son identification au groupe anglophone. Les nouveaux venus, distincts par leurs traditions, leur origine géographique et leur langue, s'insèrent plutôt dans les milieux francophones et désirent conserver leur identité.

Ils fondent, en 1965, l'Association sépharade francophone pour défendre leurs intérêts et revendiquer leur place dans la communauté juive. Celle-ci se montre plutôt réticente au début, comme le montre l'histoire de la première école juive francophone à Montréal, l'école Maïmonide. Fondée en 1969, celle-ci a de la difficulté à se faire reconnaître par l'Association of Jewish Day Schools, ce qui la prive de subventions importantes. Avec le temps, les relations s'améliorent, mais des tensions demeurent. Les sépharades forment le cinquième des effectifs juifs québécois vers 1980.

L'Église catholique

Les années 1960 sont marquées par la transformation profonde que subit l'Église catholique dans ses rapports avec l'ensemble de la société québécoise comme avec ses fidèles. Habituée à occuper une position prééminente, elle voit son rôle réduit aux activités pastorales. En l'espace d'une décennie, les changements sont radicaux: la hiérarchie catholique perd ses pouvoirs décisionnels dans le domaine de l'enseignement, le personnel religieux de moins en moins nombreux disparaît progressivement des écoles, collèges et hôpitaux; les clercs eux-mêmes, lorsqu'ils ne quittent pas la vie religieuse, adoptent une tenue plus discrète, abandonnant vers ces années le port de la soutane ou, dans le cas des sœurs, de l'habit avec cornette. L'effondrement de la pratique se traduit par des difficultés financières aiguës, des démolitions d'églises et la réaffectation de certains bâtiments religieux. Les causes de ces changements sont complexes et agissent depuis longtemps. Néanmoins, c'est durant la décennie 1960 que les contradictions deviennent insurmontables et que la crise éclate.

Sur le plan social, l'Église doit faire face au problème de la déconfessionnalisation, inséparable du pluralisme grandissant de la société québécoise. Chez les catholiques, l'idée d'une séparation plus nette entre la vie civile et la vie religieuse se manifeste de plus en plus. L'Église ne peut plus servir de guide et de dénominateur commun à toute la société, et un large consensus se fait autour de la nécessité pour elle de revenir à sa vocation première. De plus en plus de secteurs échappent à son influence et passent aux mains des laïcs. Le système scolaire constitue cependant un pôle de résistance: il reste confessionnel, malgré les pressions de groupes comme le Mouvement laïc de langue française, fondé en 1961, ou celui de la revue *Parti pris*.

Un autre problème est la dércléricalisation, c'est-à-dire le remplacement graduel, par l'État et ses fonctionnaires, des institutions religieuses et de leur personnel dans les domaines de l'enseignement, de la santé et de la sécurité sociale. Dans ces secteurs, la croissance des besoins depuis 1945 a complètement dépassé les ressources et les possibilités de l'Église, et la façon dont elle s'acquitte de ces services ne correspond plus aux attentes de la population. Avec la montée de l'État-providence, l'enseignement et les services sociaux sont maintenant perçus comme des prestations qui devraient être accessibles à tous les citoyens, sans aucune distinction et surtout sans référence aux valeurs religieuses. L'Église est ainsi amenée, durant les années 1960, à céder le pas à l'État comme organisme dispensateur de services.

Un livre choc, 1960.

Sur le plan religieux, l'Église connaît aussi des problèmes profonds. La pastorale et l'encadrement paroissial sont demeurés très traditionnels et réussissent mal à s'accorder à la sensibilité moderne. La rigidité des structures devient de plus en plus insupportable, enfermant clercs et laïcs dans le carcan d'une obéissance aveugle, vertement dénoncée en 1960 dans *Les insolences du frère Untel*. L'énorme succès de librairie que remporte cet ouvrage — 28 éditions, 130 000 exemplaires vendus, dont 17 000 dans les premiers dix jours de vente — témoigne de l'ampleur du problème.

Ainsi confrontée à des difficultés qui semblent jaillir de toutes parts, l'Église des années 1960 est une Église en plein désarroi, qui ne trouve plus moyen de réagir. La crise est profonde, atteignant tout autant les clercs que les fidèles.

Le premier symptôme de cette crise est la chute des effectifs cléricaux. Au début des années 1960, on note d'abord un tarissement graduel du recrutement, tant chez les prêtres que parmi les communautés religieuses. Puis très rapidement, au milieu de la décennie, s'amorce un mouvement de départs qui touche d'abord les communautés de frères et les prêtres, pour gagner ensuite les communautés de sœurs. Les chiffres sont éloquents. Vers 1960, on compte 8400 prêtres, mais en 1981, leur nombre n'est plus que de 4285; quant aux communautés, elles voient leurs effectifs passer de 45 253 à 29 173 membres entre 1961 et 1978. Les communautés d'hommes sont davantage touchées, avec une baisse de 75%.

L'effondrement de la pratique religieuse constitue le second symptôme. Entre 1961 et 1971, le taux de pratique dans le diocèse de Montréal passe de 61% à 30%; dans celui de Saint-Jean, la chute est encore plus brutale, de 65% à 27%. À la fin des années 1970, ce taux oscille, d'après les sondages, entre 37% et 45% pour l'ensemble des catholiques québécois. Si l'on fait la distinction entre les milieux urbains et ruraux, les différences s'accusent encore davantage: d'après le sociologue Raymond Lemieux, dans les villes la pratique se situe, selon les quartiers, entre 7% et 70%; quant aux campagnes, traditionnellement plus attachées à la religion, elles conservent un taux oscillant entre 60% et 75%.

Alors même qu'elle connaît ces transformations, l'Église vit une période de renouvellement. L'exemple vient de Rome, où l'élection de Jean XXIII en 1958 marque une rupture avec une certaine tradition. Alors que Pie XII représentait l'austère grandeur du magistère catholique, son successeur, d'abord perçu comme un pape de transition, laisse une marque profonde en imprimant à l'Église un mouvement de retour aux sources. De plus, par sa simplicité et son insistance sur les aspects pastoraux de sa tâche, il donne le ton à l'ensemble du clergé catholique. Le concile Vatican II, annoncé dès 1959 et qui se réunit à Rome entre 1962 et 1965, précise la portée des réformes et suscite, au sein de l'Église, un intérêt profond.

L'Église québécoise, toujours attentive aux développements romains, suit le mouvement. Toutefois, certains diocèses se montrent plus empressés que d'autres dans la voie des réformes. C'est le cas pour le plus important d'entre eux, celui de Montréal. D'après l'historien Jean Hamelin, ce phénomène s'expliquerait en partie par l'évolution personnelle de son évêque, le cardinal Paul-Émile Léger. D'abord associé aux éléments traditionalistes au moment de son accession au trône épiscopal en 1950, ce dernier s'ouvre, vers la fin de la décennie, aux valeurs nouvelles. Dès lors, il prend sur ses collègues des autres diocèses un ascendant décisif. On le voit par exemple tempérer le zèle de ceux qui voudraient censurer le frère Untel (Jean-Paul Desbiens), et faire preuve d'une ouverture nouvelle vis-à-vis des autres religions.

La montée de l'œcuménisme constitue d'ailleurs un autre ferment de renouveau à l'intérieur de l'Église. En 1952, un jésuite, le père Irénée Beaubien, organise à Montréal le *Catholic Inquiry Forum*, lieu de rencontres interconfessionnelles dont le but est de permettre aux protestants de mieux connaître le catholicisme. Graduellement, toutefois, les intentions premières se modifient, si bien qu'à la fin des années 1950, l'œcuménisme a remplacé la volonté missionnaire initiale. À l'occasion du dixième anniversaire du Forum, le cardinal Léger va encore plus loin en reconnaissant que l'Église catholique n'a pas eu, dans le passé, le monopole de la vérité évangélique. Cette même année, il autorise l'organisation d'une commission diocésaine d'œcuménisme et publie sa lettre pastorale *Chrétiens désunis*, où il reconnaît que tous les chrétiens sont responsables de la recherche de l'unité. Une telle attitude se démarque radicalement de toutes les prises de position antérieures de l'épiscopat québécois.

Enfin, un dernier facteur de renouvellement est la promotion du laïcat. L'action catholique spécialisée a déjà amorcé ce changement. Graduellement, on reconnaît un nouveau rôle, plus dynamique, aux laïcs dans l'Église: de spectateurs passifs, ils deviennent des participants, non seulement au culte, mais aussi à certaines activités pastorales.

La conjonction de ces éléments plonge l'Église dans une décennie de remise en question et de crise. Dans un premier temps, jusque vers le milieu des années 1960, l'esprit est au changement: la déconfessionnalisation et la décléricalisation libèrent l'Église de certaines servitudes, tandis que dans la foulée de Vatican II, on élabore une nouvelle vision du catholicisme. Du côté de l'encadrement des fidèles, on remet

La visite du pape Jean-Paul II, 1984. (*Le Journal de Montréal*)

en question les pratiques traditionnelles. Depuis la fin des années 1950, des expériences de pastorale d'ensemble sont tentées, qui visent à compenser la dilution de l'encadrement paroissial en milieu urbain; en travaillant au niveau diocésain, on compte renforcer le sentiment d'appartenance à une communauté chrétienne plus vaste.

La liturgie et l'art sacré connaissent un nouveau départ. Depuis longtemps, on déplorait le décalage entre la liturgie, l'environnement du culte et la sensibilité des fidèles. Ici aussi, la fin des années 1950 inaugure le départ d'une série de changements. Depuis 1954, on permet l'utilisation combinée du français et du latin dans les cérémonies. Dans les arts sacrés apparaît une nouvelle architecture aux lignes plus dépouillées, aux formes modernes, créant des lieux de culte à caractère plus intimiste. L'apport de Vatican II est déterminant à cet égard. On vise à simplifier les rites et à stimuler la participation des fidèles. Le dimanche 7 mars 1965, ceux-ci prennent connaissance, à la messe dominicale, de toute l'ampleur des changements. Celui qui frappe le plus est évidemment le fait que tout l'office se déroule maintenant en français, en anglais ou en italien, selon la langue des paroissiens.

Sur la lancée de ces directives, et pour tenter de retenir ou d'attirer les paroissiens, on se livre durant quelque temps à une série d'expériences plus ou moins orthodoxes qui font frémir d'indignation et d'incompréhension les fidèles plus traditionalistes. Ainsi, certaines paroisses organisent des messes «à gogo» pour chercher à plaire à une clientèle plus jeune; d'autres programment des messes «à la carte», visant chacune un auditoire spécifique. Mais toutes ces tentatives ne parviennent pas à enrayer la désaffection croissante.

Celle-ci est encore accentuée par l'attitude de l'Église vis-à-vis des problèmes du mariage et du contrôle des naissances. Les prises de position sévères contre le divorce (1967), l'avortement et la contraception (1968) contribuent à éloigner beaucoup d'hommes et surtout de femmes. Publiée peu de temps après la généralisation rapide de la pilule anticonceptionnelle, l'encyclique *Humanae vitae* (1968), qui condamne formellement cette pratique, est accueillie avec consternation, ce sentiment faisant vite place à l'indifférence.

La décennie 1970 s'ouvre donc sous le signe d'une désaffection grandissante: recrutement stoppé, départs de prêtres, de religieux et religieuses, baisse généralisée de la pratique. Cependant, celle-ci ne disparaît pas entièrement, mais à côté de la pratique paroissiale habituelle apparaissent des formes nouvelles. On assiste par exemple à l'essor du mouvement des charismatiques, qui se développe en marge de la hiérarchie et touche plus de 50 000 personnes, avant d'être récupéré par l'institution vers la fin de la décennie. Il y a également les expériences de petits groupes comme les communautés de base, insérées dans un milieu donné et vivant leur foi en commun, les politisés chrétiens ou encore les cafés chrétiens. Tous ces mouvements n'arrivent pas à provoquer un retour massif des fidèles, mais l'Église apprend à vivre avec des effectifs réduits et sa situation financière se rétablit peu à peu.

Dans la société, l'Église conserve malgré tout une influence importante, hors de proportion avec le nombre de ses pratiquants. Cela se voit particulièrement dans l'enseignement, où toutes les réformes doivent

Zélateurs du mouvement Krishna. (*Le Journal de Montréal*)

faire l'objet de négociations entre le gouvernement et la hiérarchie. Le succès du mouvement de l'Association des parents catholiques qui, avec l'appui du clergé, contrôle la Commission des écoles catholiques de Montréal depuis 1973, témoigne de cette influence.

Une spiritualité différente

Pour une partie de la population, le sentiment religieux et la spiritualité cherchent à s'exprimer différemment, hors des Églises instituées. À l'instar des autres pays occidentaux, le Québec connaît un développement rapide de sectes de tous ordres, dont la plus visible est le Mouvement pour la conscience de Krishna.

Derrière cette multiplicité, on peut distinguer trois grandes tendances: d'abord, les groupes liés au christianisme, comme le Mouvement Jésus ou celui des charismatiques; puis, les sectes qui se rattachent aux religions ou aux traditions de spiritualité orientales, comme le mouvement Krishna ou celui du gourou Maharaj Ji, le «Dieu vivant»; enfin les mouvements politico-religieux, comme la secte de Moon.

Ces divers mouvements, qui connaissent une certaine popularité dans les années 1970 surtout, représentent cependant un phénomène minoritaire. Avec le succès des prédicateurs évangélistes dont on peut suivre les sermons le dimanche à la télévision, ils sont plutôt le symptôme d'une nouvelle façon, moins encadrée par des institutions traditionnelles, d'assumer des croyances et de satisfaire les besoins de mysticisme.

En moins de vingt ans, le Québec a donc acquis un visage religieux très différent, marqué à la fois par la diversité des religions et des expériences et par le recul de l'influence exercée par l'Église catholique.

ORIENTATIONS BIBLIOGRAPHIQUES

Anctil, Pierre et Gary Caldwell, dir. *Juifs et réalités juives au Québec.* Québec, IQRC, 1984, chap. 2 et 5.

Chagnon, Roland. *Les charismatiques au Québec.* Montréal, Québec / Amérique, 1979. 211 p.

Denault, Bernard et Benoît Lévesque. *Éléments pour une sociologie des communautés religieuses au Québec.* Montréal, Presses de l'Université de Montréal, 1975, p. 18-117.

Gosselin, Jean-Pierre et Denis Monière. *Le trust de la foi.* Montréal, Québec /Amérique, 1978. 166 p.

Gutwith, Jacques. «Hassidim et judaïcité à Montréal», *Recherches sociographiques,* XIV, 3 (1973), p. 291-325.

Hamelin, Jean. *Histoire du catholicisme québécois. Vol. 3. Le XXᵉ siècle. Tome 2. De 1940 à nos jours.* Montréal, Boréal Express, 1984, p. 209-376.

Lasry, Jean-Claude M. «Une diaspora francophone au Québec. Les Juifs sépharades», *Questions de culture,* 2 (1982), p. 113-135.

Mair, Nathan H. «Les Églises protestantes», Gary Caldwell et Eric Waddell, dir. *Les anglophones du Québec.* Québec, IQRC, 1982, p. 219-232.

Rousseau, Louis. «L'évolution des associations volontaires dans les paroisses montréalaises, 1940-1970», Communication au Symposium sur le renouveau communautaire, Montréal, 1973. 8 p.

Voisine, Nive, André Beaulieu et Jean Hamelin. *Histoire de l'Église catholique au Québec (1608-1970).* Montréal, Fides, 1971, p. 73-85.

CHAPITRE 46

L'ACCÈS À L'ÉDUCATION

La faiblesse du système scolaire devient dans les années 1950 l'une des cibles privilégiées des opposants au régime duplessiste. Amorcée sous Paul Sauvé, la réforme est véritablement enclenchée par le Parti libéral, qui en fait un des principaux chapitres de son programme politique. La volonté de rendre l'école accessible à tous met en branle un processus de changement qui affecte tous les aspects du système: on redéfinit les rôles de l'Église, de l'État, des commissions scolaires, des citoyens; on veut assurer une coordination entre les divers paliers, du primaire à l'université; on repense la pédagogie, la formation des maîtres, le financement. Ce vent de réforme impose des choix difficiles, soulève des tensions et des blocages, et il mobilise des ressources considérables, avant de connaître un certain essoufflement.

La réforme du système

Souhaitée depuis longtemps, la réforme scolaire est un thème majeur des années 1960. Elle suscite beaucoup d'espoirs et un enthousiasme qui débordent largement le seul milieu de l'enseignement. Perçue comme un levier de changement social et de promotion nationale, l'éducation devient affaire d'État.

Un premier déblocage survient avec l'arrivée au pouvoir de Paul Sauvé, qui proclame que «désormais» les subventions accordées par l'État aux institutions d'enseignement, non seulement seront augmentées, mais ne seront plus distribuées de manière discrétionnaire. En outre, Sauvé entreprend des négociations avec le gouvernement fédéral pour récupérer les sommes que ce dernier destine à l'enseignement supérieur. Sous son successeur, Antonio Barrette, le gouvernement présente plusieurs lois pour accroître les subventions aux universités, aux collèges classiques, aux commissions scolaires et pour améliorer la situation des enseignants.

Ce mouvement s'accélère et prend une envergure nouvelle avec l'arrivée au pouvoir des libéraux. Pour la première fois, la responsabilité des politiques et des budgets consacrés à l'éducation, autrefois dispersés entre le Département de l'instruction publique (DIP) et plusieurs ministères, est confiée à un seul ministre, Paul Gérin-Lajoie. Dès sa première session, le gouvernement présente un impressionnant train de mesures législatives qu'on appelle «la grande charte de l'éducation» (tableau 1).

TABLEAU 1

PRINCIPALES MESURES LÉGISLATIVES PRÉSENTÉES EN 1961

- Création d'une Commission royale d'enquête sur l'enseignement (commission Parent)
- Obligation faite aux commissions scolaires d'assurer, directement ou par l'entremise d'autres institutions, l'enseignement secondaire jusqu'en 11e année (auparavant limitée à la 7e année)
- Gratuité de l'enseignement et des manuels scolaires jusqu'en 11e année
- Fréquentation scolaire obligatoire jusqu'à l'âge de 15 ans
- Subventions statutaires accrues aux commissions scolaires
- Subventions pour l'organisation des maternelles
- Subventions statutaires aux institutions privées
- Plan quinquennal de financement des universités
- Droit de vote aux élections scolaires à tous les parents d'un enfant de moins de 18 ans
- Allocations scolaires de 10 dollars par mois pour les étudiants de 16 et 17 ans
- Régime de prêts et bourses pour les étudiants des niveaux collégial et universitaire
- Bourses pour la formation universitaire du personnel enseignant

Source: L.-P. AUDET, *Histoire de l'enseignement*, tome 2, p. 401-403.

À ces lois s'ajoutent plusieurs décisions administratives et pédagogiques qui renforcent le leadership du ministère de la Jeunesse au détriment du DIP. Le gouvernement passe au crible tous les secteurs et domaines de l'enseignement en créant de nombreuses commissions d'enquête et comités d'étude. Cette activité culmine avec la mise sur pied de la Commission royale d'enquête sur l'enseignement, présidée par Alphonse-Marie Parent. Elle dispose d'un mandat très large pour étudier l'organisation et le financement de l'enseignement à tous les niveaux. Au cours de leurs travaux, qui s'échelonnent de 1961 à 1966, les commissaires reçoivent 300 mémoires et visitent plusieurs institutions scolaires au Canada, aux États-Unis et en Europe.

Déposées en 1963, les premières recommandations proposent l'abolition du DIP et la création d'un ministère de l'Éducation flanqué d'un organe consultatif, le Conseil supérieur de l'éducation. Mais la présentation d'un projet de loi en ce sens déclenche de fortes réactions de plusieurs groupes, en particulier de l'épiscopat catholique, et le gouvernement doit faire temporairement marche arrière. Pendant que le ministre de la Jeunesse mobilise l'opinion publique par une tournée à travers le Québec, des négociations serrées sont entreprises avec l'épiscopat et aboutissent à un compromis en 1964. Le ministère de l'Éducation (MEQ) voit le jour, mais la confessionnalité du système public est assurée par diverses mesures, comme la nomination de sous-ministres associés de foi catholique et protestante et la création de comités catholique et protestant dotés de pouvoirs de contrôle au sein du Conseil supérieur de l'éducation. Ce dernier jouit d'un pouvoir d'enquête sur toute question relative à l'éducation et il peut rendre publiques ses recommandations ; il pourra, croit-on, faire contrepoids au ministère.

TABLEAU 2

EFFECTIFS ÉTUDIANTS DES COMMISSIONS SCOLAIRES AUX NIVEAUX DE LA MATERNELLE, DU PRIMAIRE ET DU SECONDAIRE, QUÉBEC, 1960-1984

	Maternelle*	Primaire	Secondaire	Total
1960-1961	11 769	870 046	204 772	1 086 587
1970-1971	108 127	865 620	591 734	1 565 481
1979-1980	83 430	554 367	524 547	1 162 344
1983-1984	89 134	529 868	429 711	1 048 713

* Ne comprend pas les classes de maternelle destinées aux enfants de moins de 5 ans.

Source: *Annuaire du Québec*, 1961 à 1985-1986.

Une des priorités du nouveau ministère est d'assurer à tous les jeunes l'accès à l'école secondaire. Les quelque 1500 commissions scolaires locales n'étant pas en mesure d'assurer partout un tel enseignement, le gouvernement met en œuvre un processus de regroupement qui aboutit rapidement à la création de 55 commissions scolaires régionales catholiques et 9 protestantes qui couvrent l'ensemble du territoire. Le succès de cette «opération 55» repose sur le fait qu'elle implique directement les gens du milieu.

La dynamique du changement en éducation est telle que l'Union nationale, qui accède au pouvoir en 1966, doit entériner ce qui a été réalisé et poursuivre la réforme en s'appuyant sur les recommandations du rapport Parent. C'est ainsi que le gouvernement met sur pied un réseau de collèges d'enseignement général et professionnel (cégeps), crée l'Université du Québec et confie la formation des maîtres aux universités. Ces réformes, combinées à l'effet du *baby boom*, entraînent une augmentation importante des effectifs étudiants (tableau 2).

Ce fort accroissement des clientèles du secteur public précollégial dans la décennie 1960 se traduit par une hausse des dépenses en matière d'éducation. Ainsi, en 1960-1961, l'État consacre à l'enseignement environ 181 millions de dollars, soit 24,4% de ses dépenses totales; en 1970-1971 ces sommes atteignent plus d'un milliard (29%) tandis qu'en 1982-1983 elles dépassent les 6 milliards (27,4%).

La chute de la natalité se répercute fortement dans les années 1970 et entraîne une baisse notable des effectifs aux niveaux primaire et secondaire (tableau 2). Par ailleurs, on cherche à contrôler les coûts croissants du système. C'est ainsi que les années 1970 ne présentent pas le caractère euphorique et bouillonnant de la décennie précédente. Avec peu de changements institutionnels majeurs, la période en est une de consolidation, tandis que, dans les années 1980, c'est la qualité de l'éducation qui vient au premier plan des préoccupations.

Les dimensions linguistique et religieuse de l'éducation deviennent aussi des enjeux majeurs. Les lois 63, 22 et 101 se répercutent directement sur l'école et mobilisent une partie de la population. L'objet principal du débat est la restructuration des commissions scolaires, dont l'existence est fondée sur la confessionnalité. Le problème se pose avec acuité à Montréal, où la rigidité des structures confessionnelles répond mal aux besoins d'une population diversifiée tant sur les plans ethnique et linguistique que religieux. Deux solutions sont proposées: soit créer des commissions scolaires unifiées, soit répartir les commissions scolaires selon la langue. Dans l'un et l'autre cas, les commissions administreraient à la fois des écoles catholiques, protestantes et neutres.

Les tentatives répétées des gouvernements pour régler ce problème se heurtent à l'opposition déterminée des commissions scolaires en place et de certains groupes de pression, en particulier les anglo-protestants et les catholiques conservateurs. Cette opposition, favorisée par les contraintes qu'impose l'article 93 de la constitution de 1867, bloque toute réforme significative. Les gouvernements n'arrivent qu'à réduire le nombre de commissions scolaires et à créer, en 1972, le Conseil scolaire de l'île de Montréal, auquel sont confiées certaines tâches limitées de coordination.

Un autre aspect des réformes concerne le financement, où le gouvernement joue un rôle accru, versant aux commissions scolaires une part beaucoup plus considérable de leur budget. Celles-ci dépendent de moins en moins de la taxe foncière, dont elles perçoivent une portion fortement réduite. De plus, le gouvernement assume entièrement le financement des cégeps et la majeure partie de celui des universités. En contrepartie, il contrôle de plus près la gestion et les dépenses des institutions d'enseignement, auxquelles il impose des normes contraignantes administrées par une lourde bureaucratie, ce qui a pour effet de limiter l'autonomie des instances locales ou privées. Par ailleurs, ce système contribue à réduire l'inégalité des chances et des ressources.

Programmes et pédagogie

La réforme ne modifie pas seulement les structures du système, elle affecte également les programmes et la pédagogie, qu'il s'agit d'unifier et de coordonner en établissant, partout au Québec, une séquence de quatre niveaux distincts ayant chacun une durée déterminée. Au cours primaire, ramené à six ans, succède un secondaire de cinq ans, suivi d'un collégial de deux ou trois ans selon les orientations des étudiants, puis d'un niveau universitaire composé de trois cycles.

Dans un même but d'uniformité, le ministère fixe l'âge d'admission à l'école et impose de nouveaux programmes. D'inspiration américaine, la nouvelle pédagogie propose un enseignement moins directif, moins livresque, qu'on veut mieux adapté à la personnalité de l'enfant et aux divers rythmes d'apprentissage d'une large population hétérogène. On souhaite que la discipline rigide cède le pas à la liberté, à la création et à la spontanéité.

Dans les années 1950, la maternelle n'était pas intégrée au système public et peu de commissions scolaires offraient ce service, laissé à des organismes privés. En 1960-1961, pour la première fois, le gouvernement prévoit des subventions aux commissions scolaires pour l'organisation de maternelles, qui se développent rapidement (tableau 2). Le primaire, quant à lui, subit des changements affectant plutôt ses contenus que ses structures. Au-delà des apprentissages de base — lire, écrire et compter —, il vise au développement global de

Le transport par autobus devient une réalité quotidienne pour un grand nombre d'écoliers. (*Le Journal de Montréal*)

l'enfant. Au niveau secondaire, la régionalisation permet la création des écoles polyvalentes, qui rassemblent sous un même toit l'enseignement général et professionnel. De l'enseignement secondaire traditionnel cloisonné entre secteurs étanches, on passe ainsi à un programme plus ouvert, composé de cours généraux obligatoires et d'une série de cours à options. L'intégration de la formation technique au sein des polyvalentes provoque la disparition de plusieurs institutions spécialisées, comme les écoles de métiers ou les instituts familiaux. La nouvelle école secondaire regroupe de 1000 à 4000 filles et garçons de 12 à 18 ans appartenant à toutes les couches de la population, et elle nécessite souvent de transporter les jeunes assez loin de leur domicile. La polyvalente provoque chez les parents et les étudiants maintes inquiétudes et protestations, tant à cause de son organisation que de la pédagogie qui y est pratiquée. Plusieurs réclament le retour à un enseignement plus traditionnel, plus directif et mieux encadré. D'autres choisissent d'envoyer leurs enfants dans les écoles privées.

La réforme scolaire secoue aussi le système privé, qui occupe une place importante au Québec. Cependant, grâce à la loi de l'enseignement privé, adoptée en 1968, le gouvernement subventionne certaines institutions pour un montant équivalant à 60% ou 80% du coût moyen de l'enseignement au secteur public. Les écoles privées peuvent ainsi survivre et se développer. En 1970-1971, elles regroupent, de la maternelle au collégial, 62 683 étudiants, soit 3,7% des effectifs scolaires totaux. En 1983-1984 elles accueillent 108 212 étudiants (8,3%). Cette augmentation est d'autant plus significative qu'elle survient au moment où les effectifs diminuent aux niveaux primaire et secondaire. Nulle part ailleurs au Canada, l'enseignement privé n'est aussi généreusement subventionné; en 1982, un enfant québécois sur 13 est inscrit dans une école primaire ou secondaire privée.

Le cégep et l'université

Les recommandations du rapport Parent visant à créer un nouveau cours collégial amènent la disparition d'une institution plus que centenaire, le collège classique. Cette réforme affecte également les anglophones, qui jusque-là passaient directement du *high school* à l'université, comme c'est toujours le cas dans le reste de l'Amérique du Nord. Créés en 1967, les collèges d'enseignement général et professionnel couvrent bientôt l'ensemble du territoire québécois, garantissant à tous les étudiants la gratuité et l'accessibilité aux études collégiales. Les cégeps offrent à la fois la formation générale, qui conduit normalement aux études universitaires, et la formation professionnelle, qui débouche le plus souvent sur le marché du travail. Le nombre d'étudiants y augmente rapidement, passant de 71 858 à la fin des années 1960 à 156 658 en 1983-1984. Au début, la majorité des étudiants optent pour le cours général (65%), mais en 1983-1984 c'est près de la moitié de tous les cégépiens des secteurs privé et public qui choisissent la filière professionnelle.

La plus grande accessibilité de l'éducation collégiale entraîne une hausse substantielle de la clientèle universitaire. Cependant, les nombreuses modifications de structures et de programmes rendent les comparaisons difficiles. Le nombre de diplômes conférés par les universités constitue sans doute la mesure la plus révélatrice. Le tableau 3 permet de constater qu'en cinq ans, de 1966 à 1970, les universités produisent plus de diplômés que dans les dix années précédentes et qu'en fin de période (1983), le nombre annuel de diplômés est nettement plus élevé.

Si l'augmentation est importante à partir de la deuxième moitié des années 1960, les universités de langue anglaise continuent à produire un nombre de diplômés proportionnellement beaucoup plus élevé que les universités francophones, en particulier au niveau du doctorat. En fin de période, l'écart s'atténue, mais, en 1983, les universités anglophones décernent encore 30% des diplômes de premier cycle, 33% de ceux de 2ᵉ cycle et 40% des doctorats.

Malgré ces progrès, un rattrapage important reste nécessaire pour rejoindre la diplomation observée en Ontario. En 1982, comme l'indique le Conseil de la science et de la technologie, le Québec produit 346,8 diplômés de 1ᵉʳ cycle par 100 000 habitants contre 466,9 en Ontario, 53,1 maîtrises contre 71, et 6,1 doctorats contre 9,5. Par ailleurs, les étudiants francophones s'orientent de plus en plus vers les sciences naturelles, le génie et la gestion, tandis que les femmes, qui ne représentaient qu'environ 14% des effectifs universitaires en 1960, comptent pour 50,2% des diplômés en 1983.

TABLEAU 3

NOMBRE TOTAL DE DIPLÔMES CONFÉRÉS PAR LES UNIVERSITÉS QUÉBÉCOISES, FRANCOPHONES ET ANGLOPHONES, SELON LE CYCLE, 1956 À 1970 ET 1983

		Francophones	Anglophones	Total
1956-1965	1ᵉʳ cycle	19 832	14 831	34 663
	2ᵉ cycle	5 403	913	6 316
	3ᵉ cycle	446	1 174	1 620
1966-1970	1ᵉʳ cycle	21 145	16 135	37 460
	2ᵉ cycle	5 604	2 811	8 415
	3ᵉ cycle	470	1 006	1 476
1983	1ᵉʳ cycle	15 451	6 708	22 159
	2ᵉ cycle	2 392	1 202	3 594
	3ᵉ cycle	249	169	418

Sources: R. DUCHESNE, *La science et le pouvoir*, p. 104-105. *Le Québec Statistique, 1985-1986*, p. 444-445.

Pour atteindre ces résultats, il a fallu augmenter le nombre d'universités et décentraliser le réseau universitaire. L'Université du Québec et ses constituantes sont mises sur pied à compter de 1968, ce qui permet d'ouvrir une seconde université de langue française à Montréal et de rendre accessible l'enseignement universitaire dans des villes jusque-là mal desservies, comme Trois-Rivières, Chicoutimi, Rimouski, Hull et Rouyn-Noranda. Par ailleurs, les Universités de Montréal,

L'Université du Québec à Montréal, créée en 1968. (Gilles Savoie)

Sherbrooke et l'Université Laval prennent une expansion considérable. Du côté anglophone, on crée l'Université Concordia en fusionnant l'Université Sir George Williams et le collège Loyola. Pour coordonner le développement du réseau, le gouvernement institue, en 1968, le Conseil des universités, chargé de préparer et de tenir à jour un plan de développement et de financement. La recherche scientifique occupe une place de plus en plus importante dans les universités québécoises. Des efforts sont accomplis pour développer la recherche appliquée et assurer le transfert des connaissances de l'université à l'entreprise, mais la recherche fondamentale et la formation des chercheurs restent, sur ce plan, l'activité primordiale.

Les enseignants

En 1958, le Québec est encore la province où les enseignants sont, selon l'historien L.-P. Audet, les plus mal préparés à accomplir leur tâche et ce, malgré l'existence de 114 écoles normales. Dès le début de la Révolution tranquille, le gouvernement s'efforce donc de relever le niveau de scolarité des professeurs en facilitant la formation universitaire du personnel enseignant. Par la suite, conformément à l'une des

Laboratoire de l'Institut de recherche en électricité du Québec. (Hydro-Québec)

recommandations du rapport Parent, les universités remplacent les écoles normales catholiques pour la formation des maîtres. L'ouverture des constituantes de l'Université du Québec permet de répondre à l'afflux de cette nouvelle clientèle. Cette réforme a pour effet de hausser le niveau de scolarité du corps enseignant et d'améliorer son statut professionnel.

À la fin des années 1950, l'enseignement est encore considéré comme une «vocation». Les conditions de travail sont peu avantageuses, les salaires peu élevés, la sécurité d'emploi inexistante, les qualifications et l'expérience à peine reconnues. Il existe de grandes disparités entre les hommes et les femmes, entre la ville et la campagne ou entre les réseaux franco-catholique et anglo-protestant.

Au tournant des années 1960, les immenses besoins du système

Une manifestation étudiante. (Daggett, *Montreal Star*, ANC, PA-139981)

d'éducation, confrontés à la vague du *baby boom*, créent un climat propice au changement et à la valorisation des enseignants. Dès 1959, l'adhésion à la Corporation des enseignants (CIC) devient obligatoire pour les professeurs laïcs des écoles élémentaires et secondaires catholiques francophones. La CIC voit le nombre de ses membres passer alors de 16 000 à 28 000 et dispose de moyens beaucoup plus considérables pour les encadrer et promouvoir leurs intérêts. Progressivement, la Corporation se transforme en véritable syndicat (CEQ). La négociation à l'échelle du Québec permet de hausser substantiellement les salaires et d'établir la parité entre les enseignants et les enseignantes, depuis toujours extrêmement défavorisées. Mais les luttes syndicales dégénèrent souvent en conflits très durs, aboutissant à des grèves, à des lois spéciales et à des conventions collectives lourdes, tatillonnes, où tout est minuté. Coincé entre l'administration locale, le gouvernement et le syndicat, l'enseignant se sent de moins en moins autonome. Durant la période, le syndicalisme enseignant se généralise aussi, sauf de rares exceptions, dans les collèges et les universités.

Le début des années 1980 annonce certains changements fondamentaux. La baisse sensible des effectifs étudiants au primaire et au secondaire entraîne une diminution du nombre d'enseignants, qui passe de 73 408 à 63 609 entre 1979 et 1984. Graduellement, le corps enseignant vieillit et les professeurs qui ont dix ans d'ancienneté ne sont plus assurés de leur poste. Cette situation crée un malaise profond. Si la profession est toujours très majoritairement occupée par les femmes, elles sont surtout concentrées aux niveaux primaire et secondaire où, en 1982-1983, elles représentent 63,5% du corps enseignant des commissions scolaires. Dans les collèges, cependant, elles ne comptent que pour 33,4% et, dans les universités, pour moins de 20%.

Le mouvement étudiant

Au cours des années 1960, les étudiants universitaires puis ceux des collèges cherchent à s'organiser afin de devenir un groupe de pression influent. Ils adoptent des structures syndicales et fondent, en 1964, l'Union générale des étudiants (UGEQ) qui chapeaute les associations étudiantes locales. À travers ces organisations locales et une presse étudiante bien structurées, ils participent aux grands débats sociaux. En 1968, des grèves et des occupations de locaux éclatent dans les cégeps et dans certaines facultés universitaires. Les étudiants contestent la qualité de l'éducation et réclament une plus grande participation aux décisions qui les concernent. Ils revendiquent la gratuité scolaire jusqu'à l'université et un meilleur soutien financier de la part de l'État. Cette période fébrile est suivie d'un éclatement des structures. Les grandes associations se dissolvent l'une après l'autre, succombant sous le poids des contradictions internes, des problèmes financiers et de la désaffectation de leurs membres. Il s'ensuit une période de flottement et de conflits entre divers groupuscules. Vers la fin des années 1970, le mouvement étudiant refait surface. Devenues plus pragmatiques, les associations encouragent la participation étudiante, développent des services et cherchent à améliorer l'enseignement. Les organisations nationales — Rassemblement des étudiants universitaires et Association nationale des étudiants du Québec — ont de la difficulté à mobiliser leurs troupes, sauf lorsqu'il s'agit des frais de scolarité, du régime des prêts et bourses et du financement de l'enseignement post-secondaire.

Par la loi 32, adoptée en 1983, les institutions d'enseignement doivent reconnaître officiellement les associations étudiantes et assurer leur financement à la source lorsqu'elles représentent la majorité des étudiants. À l'occasion, cela donne lieu à des luttes de clans assez vives et contribue à démobiliser les étudiants; en revanche, lorsqu'il n'y a pas de division, l'association étudiante dispose de ressources qui lui permettent de jouer un rôle important.

* * *

Jamais dans son histoire, le Québec n'a consacré autant d'énergies et de ressources au progrès de l'éducation. La grande réussite de la réforme est sans contredit de rendre largement accessible l'école et d'améliorer considérablement la scolarisation. Désormais presque tous les enfants de 5 à 15 ans fréquentent l'école. Alors qu'en 1971, seulement 57,7% de la population âgée de 15 ans et plus atteint le

TABLEAU 4

POURCENTAGE DE LA POPULATION AYANT ATTEINT CERTAINES ÉTAPES DU CHEMINEMENT SCOLAIRE PAR GROUPE D'ÂGE, QUÉBEC, 1971 ET 1981

		9ᵉ année	Diplôme du secondaire	Université (avec ou sans diplôme)
1971	Population totale	57,7	n.d.	9,8
	15-24 ans	83,6	n.d.	10,2
	25-34 ans	66,2	n.d.	15,1
	35 ans et plus	40,5	n.d.	7,5
1981	Population totale	73,6	53,9	13,5
	15-24 ans	94,2	59,2	9,5
	25-34 ans	89,8	73,2	21,1
	35 ans et plus	56,6	42,8	12,2

n.d.: non disponible

Source: *Le Québec Statistique*, Édition 1985-1986, p. 447.

niveau de la 9ᵉ année, en 1981, cette proportion est de 73,6%. Cette même année, 53,9% de la population détient un diplôme du secondaire ou d'une école de métiers. L'analyse du cheminement scolaire par groupe d'âge, de 1971 à 1981, est fort significative (tableau 4). Cependant, l'appartenance sociale, le sexe et l'origine ethnique sont encore des facteurs qui limitent l'égalité des chances et l'accessibilité. De plus, il y a encore au Québec des centaines de milliers d'analphabètes. C'est dire que la réforme reste inachevée.

ORIENTATIONS BIBLIOGRAPHIQUES

AUDET, Louis Philippe. *Histoire de l'enseignement au Québec*. Montréal, HRW, 1971. Vol. 2, p. 385-474.

BÉLANGER, Pierre. *Le mouvement étudiant québécois: son passé, ses revendications et ses luttes, 1960-1983*. Montréal, ANEQ, 1984. 208 p.

Conseil de la science et de la technologie. *Science et technologie. Conjoncture 1985*. 2 vol. Québec, 1986.

DION, Léon. *Le bill 60 et la société québécoise*. Montréal, HMH, 1967. 197 p.

DUCHESNE, Raymond. *La science et le pouvoir au Québec (1920-1965)*. Québec, Éditeur officiel, 1978. 126 p.

GALARNEAU, Claude. *Les collèges classiques au Canada français*. Montréal, Fides, 1978. 287 p.

HAMELIN, Jean. *Histoire du catholicisme québécois*. Vol. 3. *Le XXᵉ siècle*. Tome 2. *De 1940 à nos jours*. Montréal, Boréal Express, 1984. 415 p.

Histoire du mouvement ouvrier au Québec, 150 ans de luttes. Montréal, CSN/CEQ, 1984. 328 p.

MILNER, Henry. *La réforme scolaire au Québec*. Montréal, Québec/Amérique, 1984. 212 p.

QUÉBEC. *Rapport de la Commission royale d'enquête sur l'enseignement dans la province de Québec*. 5 vol. Québec, 1963-1966. (Rapport Parent).

Chapitre 47

VOLONTÉ DE CHANGEMENT ET PLURALISME

La période qui va de la Révolution tranquille à nos jours offre un paysage idéologique particulièrement varié et complexe. Sans doute s'agit-il là, dans une certaine mesure, d'un effet d'optique dû au peu de recul dont nous disposons pour l'étudier. Mais cette complexité tient aussi à certaines caractéristiques de l'époque. Le développement des moyens de communication qui accélère et intensifie la circulation des idées aussi bien à l'intérieur du Québec qu'avec l'étranger, l'accès de nouvelles couches de la population à l'enseignement secondaire et supérieur, l'arrivée du *baby boom* à l'âge adulte, la multiplication des lieux de formulation et de diffusion des idéologies, sont autant de facteurs qui contribuent à l'instauration d'un pluralisme accru et à une grande diversification des courants de pensée et d'opinion.

Une autre caractéristique de la période est la place de tout premier plan qu'y occupent les idéologies de changement. Le traditionalisme, qui avait fortement coloré les années 1930-1945 et qui, même soumis à la critique, jouait encore un rôle déterminant entre 1945 et 1960, se voit relégué rapidement à une position défensive et minoritaire par la profusion des courants valorisant la rupture et l'innovation.

Loin d'épuiser un tel fourmillement, notre exposé s'en tiendra à la description des principaux courants, ceux qui paraissent à la fois les plus représentatifs, les plus influents et les mieux articulés, quitte à laisser dans l'ombre d'autres tendances significatives mais trop marginales pour qu'on puisse s'y arrêter ici. Ces grands courants seront abordés séparément dans la deuxième partie du chapitre. Auparavant, il faut évoquer l'évolution générale du climat idéologique pendant la période.

Du consensus à la polarisation

Entre les débuts de la Révolution tranquille et le référendum, on peut, globalement, distinguer trois phases d'inégale durée, sur lesquelles influent non seulement la conjoncture politique, sociale et économique locale, mais aussi le contexte international. La première (1960-1965) est marquée par un assez large consensus autour des grands objectifs de la Révolution tranquille; la seconde (1965-1976), par contre, voit se manifester de nombreuses dissensions: les options se diversifient et les débats se radicalisent; à cette phase d'éclatement succède enfin, entre 1976 et 1980, une forte polarisation autour de la question nationale.

À partir de la mort de Duplessis et de l'élection des libéraux de Jean Lesage, on voit se rassembler autour de quelques grandes idées les nouvelles élites qui se sont constituées depuis la guerre. Ces groupes, anglophones aussi bien que francophones, ont beau être très divers, les thèmes d'inspiration néo-libérale et réformiste sur lesquels ils s'entendent sont assez nombreux pour qu'on puisse parler d'un véritable consensus idéologique.

Le premier de ces thèmes est le rejet des anciennes valeurs conservatrices et la dénonciation des retards que le Québec a accumulés dans plusieurs domaines. Ce mécontentement et cette impatience, qui grondaient depuis une dizaine d'années, s'expriment avec force dans l'immense succès des *Insolences du frère Untel* (1960) et dans des slogans politiques comme le «Désormais» de Paul Sauvé ou le «C'est le temps que ça change» des libéraux.

Un autre thème de ralliement, qui est l'envers positif du précédent, réside dans l'idée de rattrapage et de modernisation. Cessant de voir le Québec comme une société marginale, essentiellement rurale et traditionnelle, on insiste au contraire sur son caractère urbain et industriel, et sur la nécessité d'ajuster les structures politiques et institutionnelles à cette réalité, au moyen de vastes réformes. Il s'agit, par là, de mettre le Québec à l'heure de la planète, comme on dit, c'est-à-dire de le rapprocher de ces modèles de sociétés modernes et dynamiques qu'incarnent au même moment les États-Unis du président Kennedy ou la France de la Ve République.

On s'accorde également pour considérer que l'instrument par excellence d'une telle modernisation doit être un État québécois puissant, administré par une élite de gestionnaires spécialisés ayant sous ses ordres une fonction publique nombreuse et compétente. Cette revalorisation de l'État s'accompagne de l'expression d'un nouveau nationalisme d'affirmation, qui se traduit notamment par le remplacement progressif des mots «Province de Québec» et «Canadien français» par ceux d'«État du Québec» et de «Québécois».

Enfin, cette large confiance faite à l'État technocratique va de pair, malgré la contradiction apparente, avec un dernier thème commun: la participation, c'est-à-dire la volonté de démocratiser les institutions et d'associer les divers groupes de citoyens aux prises de décisions qui les concernent. Cette volonté se traduit entre autres par de meilleures relations entre le gouvernement et les syndicats, par la mise sur pied de plusieurs comités consultatifs et paritaires, et par de vastes campagnes de consultation. De telles conceptions contrastent nettement avec l'autoritarisme de l'époque duplessiste.

Ce consensus idéologique, qui se manifeste avec éclat lors de la campagne pour la nationalisation de l'électricité en 1962, est l'un des facteurs qui, d'une part, font de la Révolution tranquille une époque exceptionnelle, et, d'autre part, expliquent sa brièveté. Car même si elles recueillent l'appui quasi unanime des leaders et des groupes les plus en vue, les orientations de la Révolution tranquille ne sont pas sans provoquer des insatisfactions.

Les uns, d'accord avec l'idée de modernisation, en rejettent cependant tel ou tel aspect, comme les milieux d'affaires et le patronat qui voudraient freiner les programmes sociaux et l'intervention de l'État. D'autres, parmi lesquels se trouvent les dirigeants de *Cité libre,* applaudissent aux réformes mais n'acceptent pas l'orientation ouvertement nationaliste qui les accompagne. Des résistances viennent aussi des milieux traditionalistes, qui refusent la modernisation dans des secteurs névralgiques, comme les créditistes ou les intégristes catholiques qui s'opposent à la création du ministère de l'Éducation. Par contre, d'autres groupes trouvent les réformes insuffisantes ou trop lentes. Le Mouvement laïc de langue française, par exemple, voudrait radicaliser le processus de laïcisation et de déconfessionnalisation. Les indépendantistes voudraient que l'affirmation du Québec débouche sur le rejet du fédéralisme et la proclamation de l'indépendance. Quant à la gauche, elle dénonce la timidité des réformes sociales et voudrait que la participation et la démocratisation débouchent sur un renversement du système socio-économique et sur la révolution. Ce radicalisme s'exprime en particulier dans la revue *Parti pris* (1963-1968), qui oriente sa lutte sur trois fronts: laïcisme, indépendantisme, socialisme.

En germe dès le début des années 1960, ces dissensions vont bientôt s'articuler dans des courants mieux organisés, qui font des années 1965-1976 une période nettement plus éclatée et tourmentée. De plus en plus, le climat est à la critique, à la contestation systématique et à l'expérimentation de nouvelles valeurs. La gauche, en particulier, devient plus présente et plus active, tandis que le nationalisme se radicalise. À cela s'ajoute la diffusion de nouveaux courants comme la contre-culture, l'écologisme et bientôt le féminisme radical. Ce foisonnement donne lieu à des luttes de plus en plus vives au sein des milieux intellectuels et artistiques ou sur la scène politique et marque la plupart des conflits sociaux et ouvriers. Cette intensification des débats s'explique en bonne partie par des changements internes, tels que le phénomène jeunesse, l'expansion des universités et l'affirmation de l'État. Mais l'influence des courants venus de l'étranger joue également, en particulier la montée de la contestation et du radicalisme dans la France de mai 1968 et dans les États-Unis du président Nixon. En fait, on peut voir la situation québécoise comme un cas du phénomène général de crise des valeurs qui se manifeste alors à travers tout l'Occident.

La victoire du Parti québécois aux élections de 1976 et l'annonce de la tenue d'un référendum sur la souveraineté-association bouleversent le climat idéologique. La question nationale, qui n'a pas cessé de se poser depuis longtemps, et avec de plus en plus d'acuité depuis la Révolution tranquille, devient pendant quatre ans le centre de tous les débats. Elle relègue au second plan ou se subordonne toutes les autres préoccupations, en particulier celles qui concernent les questions sociales. Autour de la définition du statut constitutionnel du Québec et de ses relations avec le Canada, l'opinion se scinde en deux blocs diamétralement opposés. Chacun a beau rassembler des groupes et des tendances parfois très hétérogènes, les circonstances politiques ainsi que la loi des référendums créant les comités «parapluies» du *oui* et du *non* les obligent l'un et l'autre à faire taire leurs divergences et à présenter un front uni.

Du côté du *non*, par exemple, se côtoient à la fois des nationalistes canadiens comme les représentants du *French power* fédéral et des nationalistes québécois notoires comme le chef du Parti libéral, Claude Ryan. Également, on y retrouve des sociaux-démocrates et même des éléments gauchistes aussi bien que des groupes plutôt conservateurs comme le Conseil du patronat, les créditistes ou les leaders du mouvement des «Yvette». Cette diversité caractérise aussi, quoique à un moindre degré, le camp du *oui*, où les indépendantistes radicaux se joignent aux tenants d'un fédéralisme décentralisé, et des dirigeants traditionalistes comme ceux de la Société Saint-Jean-Baptiste à des syndicalistes ou à des socialistes.

Les célébrations de la Saint-Jean-Baptiste de 1968 tournent à l'émeute. (Canada Wide)

Dramatisée par le duel à finir entre les premiers ministres René Lévesque et Pierre Elliott Trudeau, cette polarisation marque à la fois le durcissement des tensions suscitées par le nouveau nationalisme québécois depuis une vingtaine d'années et un rétrécissement de l'éventail idéologique qui s'était largement déployé depuis 1965.

Les grands courants

Malgré la diversité qui caractérise la période, il est possible d'y distinguer quelques grands courants d'idées relativement cohérents présentant chacun, comme disent les politologues McRoberts et Posgate, un «ensemble d'idées sur la nature et la finalité de la société ou de la politique». Bien qu'elles soient largement répandues, ces idées sont formulées par des groupes plutôt restreints appartenant aux élites sociales, politiques ou intellectuelles et visant à orienter l'organisation et la vie de la collectivité dans un sens conforme à leurs intérêts et à leurs valeurs. Trois de ces courants seront abordés: le nationalisme québécois réformiste, le nationalisme canadien, l'égalitarisme de gauche. Une dernière section sera consacrée à quelques courants plus limités, comme le féminisme, l'écologisme, la contre-culture et l'intégrisme catholique.

Deux précautions s'imposent toutefois. D'une part, aucun de ces courants n'est parfaitement homogène: les tendances, à l'intérieur de chacun d'eux, peuvent varier sensiblement et, à l'occasion, provoquer des conflits internes quant aux moyens à employer pour atteindre des fins sur lesquelles on s'accorde par ailleurs. D'autre part, quoique ces courants soient globalement antagonistes, les frontières qui les séparent ne sont pas nécessairement étanches, et il arrive souvent qu'ils se rejoignent sur tel ou tel point tout en s'opposant sur d'autres.

Une telle complexité tient en bonne partie au fait que les tenants de chaque courant d'idées, étant donné le contexte socio-politique de la période, doivent se prononcer à la fois sur la question nationale et sur la question sociale. Or les positions élaborées à l'égard de ces deux questions, de même que la priorité accordée à l'une plutôt qu'à l'autre, sont loin de coïncider toujours au sein de chacun des courants ou de les départager clairement les uns des autres.

Le nationalisme québécois réformiste

Un courant sert de trame de fond à toute la période: le nationalisme québécois réformiste. Issu du néo-nationalisme des années 1945-1960, il reçoit diverses formulations, parfois antagonistes, mais qui toutes s'organisent autour de deux thèmes fondamentaux. Le premier est une nouvelle définition de la nation, qui dépouille celle-ci de sa dimension religieuse et passéiste et donne un contenu renouvelé à ses autres traits distinctifs. Les droits linguistiques et l'affirmation du français dans tous les domaines de la vie politique et économique deviennent une priorité. La culture, cessant d'être identifiée uniquement au maintien des traditions, doit s'ouvrir à l'innovation et s'engager dans les combats sociaux et politiques. Surtout, on associe maintenant la nation à l'occupation d'un territoire particulier, le Québec, unifié sous un même État tout en présentant une certaine diversité régionale. Sur ce territoire, les Canadiens français, qu'on appelle de plus en plus les Québécois, forment une société distincte et majoritaire.

Le second thème caractérisant ce nationalisme est son association avec une vision réformiste de la société. La modernisation sous toutes ses formes apparaît comme le meilleur garant de l'avenir collectif du Québec. S'il veut s'épanouir, celui-ci doit rattraper ses retards et se porter à l'avant-garde des réformes de tous ordres. Aux attitudes défensives succède ainsi un nationalisme d'affirmation, de revendication et

Célébration nationaliste.

de changement, qui colore fortement la vie politique et la production culturelle de la période.

Au point de vue social et économique, ce réformisme s'exprime à travers l'adhésion aux thèses néo-libérales durant les années 1960, pour évoluer au cours des années 1970 vers l'affirmation au moins rhétorique des valeurs de la social-démocratie. Dans un cas comme dans l'autre, une large confiance est faite aux forces de changement et surtout à l'État, auquel revient le rôle d'incarner la nation et d'aménager son développement.

Ce nationalisme réformiste axé sur l'État est l'idéologie par excellence de la Révolution tranquille, que le slogan «Maîtres chez nous» exprime avec force. Mais il est loin d'être l'apanage du seul Parti libéral de Jean Lesage. Les autres formations politiques et les autres gouvernements de la période s'en réclament aussi, que ce soit l'Union nationale de Daniel Johnson avec son slogan «Égalité ou indépendance», les libéraux de Robert Bourassa avec leur thème de la «souveraineté culturelle», ou encore le Parti québécois, qui fait précisément de l'affirmation nationaliste et du réformisme social et politique les deux aspects essentiels de son programme. Au-delà des milieux politiques, plusieurs autres groupes se font aussi les porteurs de ce courant idéologique: mouvements étudiants, syndicats, intellectuels, enseignants, journalistes, hommes d'affaires francophones, ainsi qu'une partie du clergé et de l'épiscopat influencés par le concile Vatican II.

Vu le caractère dominant et très diffus d'une telle idéologie, on est parfois porté à négliger son unité et sa cohésion pour s'arrêter plutôt aux divergences séparant souvent ceux qui s'en réclament. Or celles-ci portent moins sur le fond ou sur les grands objectifs eux-mêmes que sur la manière ou les moyens de les mettre en œuvre. La plus importante et la plus visible de ces divergences, qui apparaît dès le début des années 1960 et se manifeste avec force durant les années 1970, a trait au statut constitutionnel du Québec et à ses rapports avec le reste du Canada. À cet égard, deux tendances principales s'opposent. La première regroupe ceux qu'on peut appeler les nationalistes fédéralistes, qui préconisent l'augmentation des pouvoirs du Québec au sein d'un système fédéral canadien largement décentralisé. Certains d'entre eux vont jusqu'à réclamer pour le Québec un statut particulier dans la Confédération, mais tous s'accordent, même s'ils sont amenés à s'opposer plus ou moins fortement au pouvoir fédéral, pour reconnaître la nécessité du lien politique avec le Canada et les risques, sinon l'impossibilité, d'un Québec séparé, ainsi que le prônent les adeptes de la seconde tendance, l'indépendantisme.

Même si, à diverses époques dans le passé, des individus ont prôné l'idée d'indépendance, ce n'est qu'au tournant des années 1960 que se manifeste un véritable courant indépendantiste, sous l'influence notamment des mouvements de décolonisation en Afrique noire et au Maghreb. Considérant le lien fédéral comme une entrave au développement du Québec et voyant même celui-ci comme une société «aliénée» et «dépossédée» par la domination dont il est victime, cet indépendantisme, qui se veut également progressiste sur le plan social et économique, préconise la souveraineté du Québec, l'unilinguisme français et des réformes plus ou moins radicales. Durant les années 1960, il fait de nombreux adeptes, en particulier parmi les jeunes, mais il est loin de recueillir un large appui dans l'ensemble de la population. À compter de 1967, sous l'influence de René Lévesque, l'idée d'indépendance se redéfinit sous la forme plus modérée de la souveraineté-association. Ainsi atténué, l'indépendantisme progresse rapidement durant les années 1970, mais est finalement rejeté lors du référendum de 1980. Le nationalisme indépendantiste demeure néanmoins une donnée idéologique majeure de la période, même si c'est au nationalisme fédéraliste que revient à cet égard le titre de courant dominant.

Le nationalisme canadien

Qu'ils soient fédéralistes ou indépendantistes, les nationalistes québécois s'entendent sur la nécessité de s'identifier d'abord au Québec et donc d'accorder à l'État québécois des pouvoirs aussi étendus que possible. Ils s'opposent par là aux tenants d'un autre courant marquant de la période: le nationalisme canadien, qui privilégie plutôt l'appartenance à la nation canadienne et voit d'abord dans le Québec une composante du grand ensemble fédéral bilingue et biculturel.

Issu du *new federalism* des années 1950, ce courant est surtout représenté, du côté francophone, par une fraction importante de l'intelligentsia néo-libérale qui s'est rassemblée, pendant la décennie précédente, autour de la revue *Cité libre*. Ce groupe, après s'être rapproché momentanément du NPD, s'identifie de plus en plus, à partir de 1965, au Parti libéral fédéral, auquel adhèrent alors ses chefs de file, Pierre Elliott Trudeau, Gérard Pelletier et Jean Marchand, dénommés «les trois colombes» et qui, une fois au pouvoir, se font les artisans de ce qu'on appelle le *French power*.

Cette vision du Canada et de la place que devrait y occuper le Québec n'est pas neuve. Déjà, dans le premier quart du 20e siècle, elle s'incarnait dans les positions d'un Henri Bourassa, chez qui elle était associée toutefois à un conservatisme et à un cléricalisme assez proches de ceux du nationalisme traditionaliste. Le nationalisme canadien des années 1960 et 1970 s'inspire au contraire, comme le nouveau nationalisme québécois, du réformisme néo-libéral. Ses adeptes plaident eux aussi en faveur de la modernisation, de la démocratisation et de la laïcisation de la société, et voient dans l'État un instrument privilégié de l'organisation économique et sociale. En ce sens, ils appuient d'emblée les réformes de la Révolution tranquille. Toutefois, l'orientation nationaliste de cette dernière, puis la montée de l'indépendantisme, leur apparaissent comme une déviation dangereuse et même une «nouvelle trahison des clercs», c'est-à-dire la simple résurgence du vieux nationalisme conservateur, provincialiste et autoritaire.

À ce nationalisme qu'ils jugent «tribal» et fermé sur lui-même, ils opposent donc une forme d'universalisme humaniste qui, pour eux, se traduit par l'adhésion au Canada conçu comme un État bilingue, multiculturel, garant des libertés fondamentales et de la démocratie. Cette conception les amène, d'une part, à lutter pour le renforcement du rôle des francophones dans les institutions fédérales et, d'autre part, à défendre un fédéralisme centralisateur qui s'oppose au nationalisme québécois sous toutes ses formes.

En fait, le nationalisme canadien admet que les Canadiens français forment un groupe spécifique au sein du Canada. Mais cette spécificité est perçue comme purement linguistique et culturelle; elle ne suffit pas à faire d'eux une société distincte, et encore moins du Québec un territoire à part, ayant le droit de s'autogouverner. Mosaïque de cultures diverses, dont le groupe canadien-français est une des composantes essentielles, la nation canadienne forme politiquement un seul ensemble unifié, et c'est à l'État fédéral d'incarner et de préserver à la fois cette diversité et cette unité.

À partir de la fin des années 1960 environ, cette vision est appuyée très majoritairement par les Québécois anglophones, aussi bien dans la presse et les milieux d'affaires que chez les intellectuels et les hommes politiques. S'identifiant d'abord comme Canadiens, les anglophones ne peuvent adhérer au nouveau nationalisme québécois, que plusieurs d'entre eux perçoivent comme une menace dirigée expressément contre leur groupe. Dans un premier temps, ils restent attachés à une conception plutôt traditionnelle du Canada, conçu comme un pays où eux-mêmes forment, avec leurs compatriotes des autres provinces, la majorité, et où le Québec n'est qu'une région bilingue dont les pouvoirs doivent demeurer limités. Par la suite, toutefois, l'affirmation nationaliste et le mouvement de francisation les amènent de plus en plus à se voir comme un groupe minoritaire, d'où leur appui à la vision bilingue du Canada que propose le *French power* et leur lutte, parfois de concert avec les minorités francophones des autres provinces, pour la défense de leurs droits linguistiques et communautaires au Québec. L'association Alliance-Québec, fondée à la fin des années 1970, se fait le principal véhicule de ces nouvelles positions. Enfin, au tournant des années 1980, de plus en plus de Québécois de langue anglaise, surtout au sein de ce que les journalistes Dominique Clift et Sheila McLeod Arnopoulos appellent «le nouveau leadership anglophone», tendent à s'identifier davantage au Québec, dont ils admettent le caractère français prédominant et même les revendications politiques face à Ottawa. Ajoutons, à ce chapitre, que si la communauté anglophone présente des positions relativement homogènes en regard de la question nationale, elle se caractérise elle aussi, sur les autres questions, par un large pluralisme idéologique.

La question sociale et les courants de gauche

S'ils s'affrontent au point de vue politique et constitutionnel, les nationalismes québécois et canadien se rejoignent généralement en ce qui a trait aux questions économiques et sociales. Tous deux, en effet, partagent à cet égard les mêmes valeurs, qui sont en substance celles du néo-libéralisme. Élaboré pour l'essentiel depuis la crise, celui-ci, comme on l'a vu, affirme la nécessité de réduire les inégalités trop flagrantes et charge l'État de veiller à assurer à chaque citoyen une éducation suffisante, des conditions de vie décentes et une sécurité sociale aussi large que possible, sans toutefois remettre en question les fondements du libéralisme que sont la propriété privée, la liberté d'entreprise et la loi du profit. Même si certains groupes comme les milieux d'affaires voudraient que le rôle de l'État demeure limité et consiste à appuyer d'abord l'entreprise privée, le néo-libéralisme constitue, en matière sociale, l'idéologie dominante de la période.

La gauche, par contre, se démarque de ce courant par la primauté qu'elle accorde aux questions sociales, et par sa volonté d'organiser ou de transformer le système économique et politique dans le sens d'une égalité aussi complète que possible entre tous les groupes de citoyens. Une telle égalité ne peut s'obtenir qu'en mettant fin à l'exploitation dont sont victimes les travailleurs, les chômeurs, les assistés sociaux et tous les groupes défavorisés.

Sortant de la marginalité relative où ils avaient été confinés jusqu'alors, les courants de gauche font après 1960 une percée importante dans les débats sociaux. Observable dans la plupart des pays occidentaux, cette expansion se manifeste au Québec par la pénétration accrue des idées de gauche dans les milieux francophones, qui leur sont restés jusque-là très largement fermés. Avec le relâchement de l'influence cléricale et conservatrice et la libéralisation des institutions et des mentalités, l'hostilité traditionnelle des francophones s'atténue, de même que s'allège, sans toutefois qu'elle disparaisse, la censure politique, idéologique et même judiciaire dont les groupes de gauche ont été l'objet dans le passé. En même temps, les progrès du syndicalisme, le phénomène jeunesse et le développement du système d'éducation élargissent leur clientèle au moins potentielle.

À partir de l'idéal commun, qui est le remplacement de la société capitaliste par une société égalitaire, la gauche se répartit entre diverses tendances, qu'on peut encore regrouper sous deux courants principaux. Le premier se caractérise par son radicalisme. Il s'agit du communisme marxiste, qui préconise l'abolition de la propriété privée, la nationalisation de l'économie, le renversement de l'État vu comme un instrument au service de la classe dominante et l'instauration d'un pouvoir prolétaire, entièrement dévoué aux intérêts de la classe ouvrière. La réalisation de ce programme passe par l'exacerbation des luttes sociales et la radicalisation des conflits ouvriers, en particulier ceux qui concernent directement l'État. Guère important au début des années 1960, ce courant s'affirme et se répand par la suite dans les universités et les cégeps, grâce à une nouvelle génération de professeurs formés en France, où se produit alors un renouveau de la pensée marxiste. Des cercles d'études, des revues, des journaux voient le jour, tandis que se multiplient les «modèles» et les nuances: maoïsme, trotskysme, léninisme, etc. En même temps, plusieurs groupes de militants convaincus réussissent à s'implanter dans divers milieux: syndicats, comités de citoyens, organismes d'animation populaire, groupes de pression. Le discours marxiste culmine dans la première moitié des années 1970, alors que de grandes organisations comme la CEQ et la CSN adoptent des positions de plus en plus radicales. Les fronts communs intersyndicaux de 1972 et 1976, notamment, donnent lieu à un déploiement de la rhétorique révolutionnaire. Par la suite, le mouvement perd rapidement de sa force. Tiraillé entre plusieurs factions et groupuscules qui souvent s'entre-déchirent, boudé par un nombre croissant de syndicalistes, discrédité par les propos des dissidents soviétiques passés à l'Occident, le marxisme apparaît de plus en plus comme une pensée dogmatique et figée, sans prise sur la réalité qu'elle affirme vouloir transformer.

Le second courant important est le socialisme, qui préconise également la collectivisation de l'économie et l'accroissement du pouvoir des travailleurs. Plus modéré, il croit à la possibilité d'atteindre ces objectifs par les voies de la démocratie parlementaire et ne prône ni l'exacerbation des luttes de classes ni la dictature du prolétariat. Ce courant connaît une certaine faveur au début des années 1960, avec la création du Parti socialiste du Québec (PSQ) et du NPD-Québec, où se retrouvent plusieurs intellectuels et syndicalistes proches de *Cité libre*. La revue *Parti pris*, également, fait du socialisme un de ses objectifs fondamentaux. Par la suite, le mouvement se résorbe quelque peu, l'essentiel de la pensée égalitariste tendant alors à s'incarner dans le marxisme. Mais avec le recul de celui-ci, on assiste, au tournant des années 1980, à la renaissance d'un socialisme de participation proche de celui des années 1960, à l'exception du fait qu'on délaisse de plus en plus le recours à l'État pour privilégier des thèmes comme l'autogestion, la vie communautaire et ce qu'on appelle les solidarités de base.

Quoique leur progression soit incontestable, la place et l'influence des courants de gauche dans le Québec d'après 1960 ne peuvent être surestimées. Ces courants, en effet, s'expriment par une grande abondance de discours, de publications, de manifestations publiques et par un travail d'analyse et d'élaboration théorique considérable, où les modèles étrangers, surtout français, jouent un rôle prépondérant. Mais sur l'organisation concrète de la société, cette pensée a encore peu d'impact. En dehors des milieux intellectuels et des permanences syndicales, elle ne rejoint que peu d'adeptes, comme en témoigne l'échec de toutes les organisations politiques que communistes et socialistes tentent de se donner au cours de la période.

Les difficultés de la gauche québécoise tiennent aussi en partie à ses rapports ambigus avec le nationalisme. Afin d'éviter le piège où étaient tombés leurs devanciers, les socialistes et les marxistes tentent d'abord d'intégrer la question nationale en présentant l'affirmation ou l'indépendance du Québec comme un moyen ou une étape préalable de la révolution sociale. Par la suite, toutefois, l'évolution du mouvement nationaliste amène une partie d'entre eux à réviser leurs positions et à voir dans la problématique nationaliste, qualifiée de bourgeoise, une illusion dont les travailleurs québécois doivent se détourner pour privilégier plutôt leur solidarité avec l'ensemble des travailleurs canadiens. Mais d'autres groupes ne partagent pas ces vues et continuent d'appuyer le nationalisme. Il en résulte de nouvelles dissensions, qui contribuent encore à affaiblir le mouvement, à le désorienter et à miner sa crédibilité.

Les autres courants

S'ils occupent la partie centrale du paysage idéologique, les grands courants abordés jusqu'ici sont loin de le remplir tout entier. Le pluralisme de la période contemporaine, en particulier durant les années

1970, se manifeste en effet par la présence de plusieurs autres courants, qui ne se définissent pas d'abord par leurs positions à l'égard des questions nationale et sociale, mais dont l'influence directe ou indirecte peut parfois rejoindre de vastes couches de la population.

Le premier de ces courants est le féminisme, dont il a déjà été question dans un chapitre précédent. Au féminisme réformiste des années 1960, axé sur le problème de l'égalité juridique, s'ajoute, au cours de la décennie suivante, un féminisme plus radical, d'influence américaine, qui remet en question l'ensemble des pratiques et des valeurs relatives à la division des rôles sexuels dans la société. Même si ces tendances radicales ont relativement peu d'adeptes et déclinent même après 1980, le message féministe touche de plus en plus non seulement les femmes mais l'ensemble de la société, amenant ainsi les pouvoirs politiques, les syndicats, les entreprises, les médias et les autres corps constitués à se montrer plus sensibles à ses idées et à ses revendications.

Il en va un peu de même de l'écologisme, qui s'intéresse à la sauvegarde de l'environnement naturel et architectural. Ce courant, auquel participent beaucoup d'anglophones montréalais, s'exprime le plus souvent à l'occasion de débats bien précis, comme ceux qui concernent le transport en commun, les espaces verts, l'aménagement des quartiers, la construction d'une usine ou d'un barrage, les droits des non-fumeurs, etc. Même s'il n'a pas au Québec l'envergure politique qu'il prend dans quelques pays européens, l'écologisme réussit lui aussi à imposer certaines de ses préoccupations bien au-delà de ses propres groupes de militants. En fin de période apparaissent aussi les thèmes pacifistes et les manifestations contre l'utilisation de l'énergie nucléaire.

Un troisième courant exerçant une influence assez large au tournant des années 1970, en particulier auprès des jeunes, est ce qu'on a appelé la contre-culture. Sous cette étiquette se mélangent des tendances parfois très diverses, qui peuvent aller du psychédélisme à l'orientalisme, en passant par l'occultisme, le végétarianisme, la méditation transcendantale, etc. Ces tendances ont en commun leur origine californienne et l'accent qu'elles mettent sur la libération morale, sexuelle, psychologique ou spirituelle de l'individu et de la communauté. Leurs conceptions sociales et politiques sont peu articulées, et se bornent généralement à un anti-conformisme radical et au dédain des normes et des valeurs établies.

Enfin, parmi les autres courants, signalons les divers mouvements ultraconservateurs. C'est le cas, par exemple, du naturisme social, qui défend l'ordre et la discipline, et surtout des nombreuses variantes de l'intégrisme catholique, depuis le mouvement créditiste des Bérets blancs jusqu'à l'Association des parents catholiques qui lutte pour le maintien de la confessionnalité scolaire, en passant par certains groupements faisant campagne contre la libéralisation de l'avortement.

Narcissisme et résurgence du libéralisme

Le début des années 1980 semble marquer, au point de vue idéologique, une certaine rupture. Les grands thèmes qui ont passionné tant de groupes et de militants au cours des deux décennies précédentes, et suscité des débats si animés, paraissent s'épuiser. Le nationalisme québécois a du mal à se remettre de la morosité où l'a plongé la victoire du non au référendum. La confiance que le réformisme néo-libéral ou social-démocrate a mise dans l'État se refroidit. La gauche se tait. Le féminisme est en crise et arrive difficilement à mobiliser les jeunes. Le climat, parmi les militants de naguère, est à la désillusion, et d'aucuns parlent même de «la fin des idéologies». Cette évolution se produit dans la plupart des sociétés occidentales. Elle tient à divers facteurs, parmi lesquels la récession économique de 1981-1982 et le vieillissement de la génération du *baby boom* jouent sans doute un rôle important.

Quoi qu'il en soit, cette désaffection à l'endroit des idéologies qui valorisaient à la fois les mouvements collectifs et la contestation de l'ordre établi permet l'émergence, ou la réaffirmation, de deux courants qui semblent devoir marquer les années 1980. Le premier est celui des «idéologies du moi», qui accordent la primauté à la vie privée et au bien-être corporel ou psychologique de l'individu, sans remettre en question l'organisation de la société. La floraison des thérapies et des doctrines de «croissance personnelle», les diverses méthodes d'«auto-santé», le culte de la forme physique et de l'équilibre émotif sont quelques-unes des manifestations de ce courant hédoniste, dont le commerce et la publicité font un ample usage.

L'autre courant significatif est celui qui se donne l'étiquette de néo-libéralisme, mais qu'il ne faut pas confondre avec le courant du même nom qui a émergé durant les années 1930 et s'est affirmé dans l'après-guerre et au cours de la Révolution tranquille. Il s'agit plutôt d'une critique du néo-libéralisme keynésien et d'un retour aux valeurs du libéralisme classique: allégement de l'État, déréglementation, privatisation de l'économie, décroissance des programmes sociaux et foi en la liberté d'entreprise. Dans le sillage du mouvement provoqué aux États-Unis par l'élection du président Reagan, ce nouveau conservatisme se fait sentir dans l'ensemble de la vie sociale et politique, où il prône l'individualisme, la discipline, la stricte rationalité économique et, de façon générale, la stabilité plutôt que le changement.

ORIENTATIONS BIBLIOGRAPHIQUES

BALTHAZAR, Louis. «La dynamique du nationalisme québécois», G. BERGERON et R. PELLETIER, dir., *L'État du Québec en devenir*. Montréal, Boréal Express, 1980, p. 37-58.

BÉLANGER, André-J. *Ruptures et constantes. Quatre idéologies du Québec en éclatement*. Montréal, Hurtubise HMH, 1977, chap. III.

BRUNELLE, Dorval. *Les trois colombes*. Montréal, VLB éditeur, 1985. 308 p.

CALDWELL, Gary et Eric Waddell, dir. *Les anglophones du Québec: de majoritaires à minoritaires*. Québec, IQRC, 1982. 479 p.

CLIFT, Dominique et Sheila McLEOD ARNOPOULOS. *Le fait anglais au Québec*. Montréal, Libre Expression, 1979, chap. VIII et XI.

D'ALLEMAGNE, André. *Le RIN et les débuts du mouvement indépendantiste québécois*. Montréal, L'Étincelle, 1974, p. 13-25 et 31-44.

DÉSY, Marielle, Marc FERLAND, Benoît LÉVESQUE et Yves VAILLANCOURT. *La conjoncture au Québec au début des années 80: les enjeux pour le mouvement ouvrier et populaire*. Rimouski, Librairie socialiste de l'Est du Québec, 1980. 200 p.

DUMONT, Fernand, Jean HAMELIN et Jean-Paul MONTMINY, dir. *Idéologies au Canada français 1940-1976*. 3 vol. Québec, Presses de l'Université Laval, 1981.

En collaboration. *Histoire du mouvement ouvrier au Québec: 150 ans de luttes*. Nouvelle édition, Montréal, CSN / CEQ, 1984, chap. V et VI.

GAGNON, Alain G., dir. *Quebec State and Society*. Toronto, Methuen, 1984, Partie I.

LATOUCHE, Daniel et Diane POLIQUIN-BOURASSA. *Le manuel de la parole. Manifestes québécois*. Tome 3: *1960-1976*. Montréal, Boréal Express, 1979. 289 p.

LAURIN-FRENETTE, Nicole. *Production de l'État et formes de la nation*. Montréal, Nouvelle Optique, 1978, p. 104-171.

«Manifeste 1964-1965», *Parti pris*, II, 1 (septembre 1964), p. 2-17.

«Manifeste 1965-1966», *Parti pris*, III, 1-2 (août-septembre 1965), p. 2-41. Reproduit dans: En collaboration. *Les Québécois*. Montréal et Paris, Parti pris et Maspero, 1967, p. 249-280.

McROBERTS, Kenneth et Dale POSGATE. *Développement et modernisation du Québec*. Montréal, Boréal Express, 1983, chap. 6 à 8.

TRUDEAU, Pierre Elliott. «La nouvelle trahison des clercs», *Cité libre*, XII, 46 (août 1962), p. 3-16.

CHAPITRE 48

LA RÉFORME DE L'ÉTAT

La Révolution tranquille donne le signal de départ d'une réforme en profondeur des institutions étatiques. Elle accélère également un processus séculaire, la croissance de l'intervention de l'État dans de nombreuses sphères d'activités. En effet, si l'État québécois représentait encore bien peu de chose en 1867, il a été amené, au fil des ans, à élargir son rôle initial, augmentant en cours de route et de façon régulière ses ressources et ses moyens d'action. Le phénomène s'est d'ailleurs accentué dans l'après-guerre, entraînant une hausse marquée des effectifs de la fonction publique. De plus, il ne faut pas oublier qu'avant 1960 les administrations locales (municipalités et commissions scolaires) ont assumé une partie importante des responsabilités et des investissements étatiques. Par ailleurs, le gouvernement fédéral a, plus tôt que celui du Québec, développé et modernisé ses institutions administratives pour s'ajuster aux besoins nouveaux de l'État-providence.

En 1960, de nombreux observateurs perçoivent que le Québec accuse un retard par rapport à d'autres gouvernements au Canada. Sa fonction publique a grossi sans s'être modernisée. Ils souhaitent une revalorisation du rôle de l'État, non seulement par une intervention élargie, mais aussi par une réforme en profondeur de ses institutions. Ce thème domine toute la période.

L'élargissement de l'intervention étatique

Très tôt dans les années 1960, l'État québécois prend en charge des champs d'activités relevant surtout jusque-là de l'échelon local en concentrant à Québec certains pouvoirs et responsabilités des commissions scolaires et des municipalités. Il étatise en outre des domaines qui étaient depuis longtemps l'apanage du secteur privé, et singulièrement de l'Église, tels les hôpitaux, les services sociaux et certains segments du système scolaire. Ce faisant, il met en branle un processus de centralisation des décisions, de la gestion et des ressources qui, selon le politologue James Iain Gow, est l'une des caractéristiques fondamentales des administrations modernes.

Les gouvernements qui se succèdent à Québec ne se contentent pas de prendre en charge des institutions existantes. Ils multiplient les interventions dans de nombreux domaines, investissant beaucoup plus systématiquement des champs d'action comme l'économie et la culture et accentuant l'emprise de l'État sur la vie des citoyens. Ces interventions sectorielles et les politiques qui les sous-tendent sont examinées dans les autres chapitres de cet ouvrage.

Pour assurer ces nouveaux rôles, il faut mettre en place une machine administrative beaucoup plus complexe qu'auparavant. C'est ainsi que plusieurs nouveaux ministères sont mis sur pied, tels ceux des Affaires culturelles (1961), du Revenu (1961), des Affaires fédérales-provinciales (1961), de l'Éducation (1964), de l'Immigration (1968), des Institutions financières et coopératives (1968), de la Fonction publique (1969), des Communications (1969), du Loisir (1979), de l'Environnement (1979), de la Science et de la Technologie (1983). Certains reprennent en les élargissant des tâches assumées auparavant par des services gouvernementaux, d'autres témoignent de l'extension des préoccupations de l'État. La plupart des ministères existants sont réorganisés, scindés ou fusionnés, certains plus d'une fois; ainsi, par exemple, on crée d'abord un seul ministère avec l'Agriculture et la Colonisation, auquel on ajoute ensuite les Pêcheries et l'Alimentation, ou encore on regroupe la Santé et le Bien-être social dans le ministère des Affaires sociales. Pour assurer une meilleure coordination de l'ensemble, on multiplie au sein du cabinet les comités interministériels dotés de structures permanentes et on crée un Conseil du trésor dont l'emprise va croissant.

La période est caractérisée également par le foisonnement de nouvelles sociétés d'État, qualifiées de bras séculier de l'État, en particulier, comme nous l'avons vu précédemment, dans le champ économique. Les gouvernements, enfin, mettent sur pied ou réorganisent, en étendant leurs pouvoirs, un grand nombre de régies. Certaines sont chargées de contrôler les activités privées, dans des domaines aussi divers que la vente des alcools, les loteries et courses ou la fixation des loyers. D'autres sont créées pour gérer des programmes gouvernementaux spécifiques, comme le régime des rentes, l'assurance-maladie ou l'assurance-automobile.

L'examen de la répartition des dépenses gouvernementales selon les ministères fournit un indice de l'ampleur de ces transformations, même si les nombreux chambardements administratifs ne permettent pas toujours une comparaison parfaite. Ainsi, on constate qu'entre les années financières 1960-1961 et 1983-1984, certaines activités gouvernementales traditionnelles perdent de leur importance relative: l'Agriculture et la Colonisation voient leur part tomber de 8,3% à 1,7%; la Voirie, de 10,7% à 6,5%; les Travaux publics, de 3,4% à 1,2%. D'autres, comme les Finances ou la Main-d'œuvre et la Sécurité du revenu, pèsent d'un poids beaucoup plus lourd. Tout au long de la période, cependant, deux secteurs comptent à eux seuls pour plus de la moitié des dépenses de l'État: en 1960-1961, l'éducation accapare déjà 24,4% et les ministères de la Santé et du Bien-être social, 30,7%; en 1983-1984, l'Éducation prend 26,9%, alors que les Affaires sociales et la Régie de l'assurance-maladie ont ensemble 27,7%. Ces derniers chiffres indiquent bien que la mission éducative et sociale de l'État n'a pas attendu la Révolution tranquille pour se développer. Ce qui change dans ce cas, c'est moins le poids relatif que la façon dont cette mission est gérée et organisée. En effet, l'Éducation et les Affaires sociales témoignent, plus que tout autre service gouvernemental, du développement de la centralisation bureaucratique.

La bureaucratisation

Le succès ou l'échec de l'intervention étatique reposent en grande partie sur ceux qui sont chargés de l'appliquer. Le nombre et la qualification des fonctionnaires constituent en effet des paramètres fondamentaux de l'efficacité gouvernementale. Les chefs de file de la Révolution tranquille ne s'y trompent pas: la réforme de la fonction publique est perçue comme une pressante priorité et représente l'une des plus importantes mesures de «l'équipe du tonnerre». Cette réforme prend d'ailleurs l'allure d'un processus continu, auquel participent tous les gouvernements subséquents. Il en résulte une transformation quantitative et qualitative du corps des fonctionnaires de l'État.

Il n'est pas facile d'obtenir une mesure précise des effectifs à cause de la grande diversité existant dans les définitions de tâches et les statuts d'emploi. Les chiffres varient d'une source à l'autre. Globalement, la fonction publique au sens strict, c'est-à-dire le personnel des ministères et des régies, double presque pendant les années 1960, ses effectifs passant de 29 000 à 53 000 environ; la plus forte hausse survient entre 1966 et 1968, alors que l'État embauche près de 10 000 nouveaux fonctionnaires. Par la suite, l'augmentation est moins rapide, l'emploi atteignant environ 65 000 en 1983-1984; les mesures adoptées alors dans le but de comprimer la hausse de la masse salariale contribuent à ce ralentissement.

À la fonction publique proprement dite, il faut ajouter les employés des entreprises publiques, dont les effectifs grimpent en flèche au cours des années 1960, avec la multiplication des sociétés d'État et surtout la forte croissance d'Hydro-Québec. À la même époque, l'État prend également à sa charge les salaires des employés des réseaux de l'éducation et des affaires sociales, que l'on désigne désormais sous le vocable de secteur parapublic. Selon les chiffres compilés par Gow, la fonction publique québécoise représente déjà 3,4% de la main-d'œuvre en 1968 et l'ensemble des secteurs public et parapublic, 11,4%; si on y ajoute les employés municipaux et ceux du gouvernement fédéral travaillant au Québec, on atteint le chiffre respectable de 16,6%.

Si l'évolution quantitative est spectaculaire, les changements qualitatifs ne le sont pas moins. Le mode de recrutement, de rémunération et de gestion des employés de l'État en est complètement bouleversé. Sous Duplessis, comme le rappelle le politologue Jocelyn Jacques, «le favoritisme politique et le patronage constituaient les deux principales voies d'accès à la fonction publique». Le système était décentralisé et discrétionnaire, les tâches mal définies, la rémunération très faible et la sécurité d'emploi inexistante. La brève administration de Paul Sauvé permet un relèvement marqué des salaires, mais c'est le gouvernement Lesage qui entreprend la réforme en profondeur de la fonction publique. Il est d'ailleurs aiguillonné en ce sens par les fonctionnaires eux-mêmes, qui n'hésitent plus à élever la voix et dont les revendications sont maintenant canalisées par un syndicat.

La syndicalisation de la fonction publique représente, en effet, un événement majeur qui bouleverse les relations de travail entre l'État et ses employés. Elle est acquise en 1964, lorsqu'une forte majorité de ceux-ci choisit d'adhérer au Syndicat des fonctionnaires provinciaux, affilié à la CSN. D'autres groupes d'employés, tels les professionnels, sont représentés par des unités de négociation distinctes. Les premières tractations entre syndicats et gouvernement aboutissent, en 1965, à l'adoption d'une loi qui réforme la fonction publique et ses modes de gestion. Les fonctionnaires y obtiennent non seulement la reconnaissance syndicale, mais aussi le droit de négociation et de grève.

La loi de 1965 accorde la sécurité d'emploi aux employés permanents et les négociations ultérieures permettent aux fonctionnaires d'obtenir l'amélioration des conditions d'acquisition de la permanence. On révise de fond en comble la classification des emplois, qui permet dès lors un véritable cheminement offrant des possibilités de promotion et d'avancement. De plus, le régime de pension est amélioré et étendu graduellement à d'autres catégories d'employés de l'État ou des entreprises publiques. Ainsi la perspective de pouvoir faire carrière au service de l'État devient beaucoup plus tangible.

La nouvelle loi introduit également une gestion très centralisée des mouvements de personnel, de la classification, de la rémunération et des autres conditions de travail, ainsi que des relations de travail. Trois organismes se partagent cette tâche: la Commission de la fonction publique, qui remplace la Commission du service civil, le Conseil de la trésorerie, et le Conseil exécutif. Leurs tâches respectives sont modifiées à quelques reprises par la suite, en particulier en 1969, lors de la création du ministère de la Fonction publique, puis lors de la réforme administrative de 1978.

Si l'équipe libérale se préoccupe de réorganiser de façon systématique l'armée de fonctionnaires, elle porte une attention toute particulière à ceux qui la dirigent. Les hauts fonctionnaires acquièrent alors une importance et une visibilité nouvelles. Suivant l'exemple donné par l'administration fédérale, deux décennies auparavant, le gouvernement Lesage recrute à l'extérieur de la fonction publique une brochette de nouveaux sous-ministres, encore relativement jeunes, ayant une formation en sciences sociales. Vite identifiés par les médias comme des «mandarins», ils jouent un rôle fondamental dans la réforme de l'État et assurent une certaine cohésion à ses interventions. Lors de la campagne électorale de 1966, Daniel Johnson les dénonce avec vigueur, mais, parvenu au pouvoir, il prend conscience de leur importance et les maintient à leur poste. La réforme de la haute fonction publique ne se limite d'ailleurs pas aux sous-ministres; un nombre croissant de cadres supérieurs et intermédiaires, beaucoup plus jeunes que leurs prédécesseurs et ayant généralement acquis leur expérience à l'extérieur de l'administration québécoise, sont embauchés au cours des années 1960.

Le phénomène de rajeunissement et de renouvellement touche non seulement les cadres, mais également l'important corps des professionnels. La préoccupation d'améliorer le niveau de qualification et de compétence de la fonction publique et d'accroître le nombre de spécialistes y concourt. En 1959, on ne compte qu'un professionnel pour 15 employés de bureau et techniciens; ce rapport passe à un pour 6 en 1968 et à un pour 3 en 1978. La composition de ce groupe est profondément transformée, car on y fait une place beaucoup plus grande aux spécialistes des sciences sociales et de l'administration. Selon le sociologue Jean-Jacques Simard, le rapport entre les professionnels des techniques biologiques et physiques et ceux des techniques sociales et administratives est complètement inversé entre 1964 et 1971: les premiers passent des deux tiers au tiers des effectifs alors que les seconds connaissent une évolution inverse. Il estime à 420,5% le taux de croissance des professionnels identifiés à «l'ingénierie humaine et socio-économique» et à 246,7% celui des professionnels du «support juridico-administratif», contre seulement 20,5% pour ceux des techniques biologiques et physiques.

Ainsi, après 1960, l'administration gouvernementale québécoise devient non seulement plus bureaucratique, mais la présence de ces spécialistes la rend aussi plus technocratique. Les nouveaux technocrates ont désormais un intérêt à la fois collectif et individuel à la croissance de l'intervention étatique, qui valorise leur travail, étend leur pouvoir et rend plus intéressantes et diversifiées leurs possibilités de carrière.

De nouveaux modes de gestion

La technocratisation de l'appareil de l'État s'accompagne d'une volonté de rendre plus «scientifiques» et systématiques ses interventions. Pour ce faire, on s'appuie sur la recherche et la planification. Toute intervention majeure est désormais précédée d'une enquête approfondie sur les problèmes à résoudre, les besoins de la population et les diverses solutions qui peuvent être envisagées. Les méthodes de recherche des sciences sociales sont abondamment utilisées.

Les gouvernements recourent de façon beaucoup plus fréquente à un instrument fort ancien, la commission d'enquête, dont on modernise la composition et le fonctionnement. Les commissaires ne sont plus, comme auparavant, essentiellement des juges et des avocats, mais représentent en nombre croissant les nouvelles professions. Ils disposent de budgets de recherche substantiels et font appel à une foule d'experts et de spécialistes. Certaines de ces commissions ont une portée considérable à cause de l'ampleur et de la complexité des questions qu'elles ont à étudier. Parmi les plus importantes, il faut mentionner les commissions Parent, sur l'éducation, Bélanger, sur la fiscalité, April, sur l'agriculture, Castonguay-Nepveu, sur la santé et le bien-être, Gendron, sur la langue française, et Prévost, sur l'administration de la justice. Au total, le politologue Lionel Ouellet dénombre, entre 1960 et 1978, 176 commissions et comités d'enquête créés par le gouvernement du Québec. Il faudrait y ajouter les milliers de recherches et d'enquêtes menées régulièrement par des fonctionnaires, sur des sujets aussi divers que le classement d'une maison historique ou l'inventaire industriel d'une région. L'étude préalable fait désormais partie du processus de décision gouvernemental.

La perspective technocratique débouche tout naturellement sur la volonté de planification. Aux premières heures de la Révolution tranquille, on rêve d'élaborer un plan de développement économique du Québec, s'inspirant de l'exemple français. Le Conseil d'orientation économique se voit confier cette tâche en 1961, mais, dès 1965, il faut se rendre à l'évidence: un tel projet est irréaliste et irréalisable. Dans un espace économique dominé par l'entreprise privée et où les responsabilités étatiques sont partagées avec le gouvernement fédéral, l'administration québécoise n'a ni les ressources ni les moyens pour le mener à bien. L'échec de la tentative de planification régionale menée par le Bureau d'aménagement de l'Est du Québec le confirme quelques années plus tard.

Il faut dès lors se rabattre sur la planification sectorielle, dans des domaines où le gouvernement exerce un contrôle plus direct. C'est ainsi que plusieurs ministères sont dotés d'une direction de la planification et que se multiplient les énoncés de politique qui cherchent à donner une plus grande cohérence à l'action gouvernementale. Celle-ci se heurte toutefois au morcellement de l'autorité entre plusieurs centres de décision et ministères, qui arrivent mal à coordonner leurs interventions et leurs politiques. Malgré ces difficultés, on réussit néanmoins à donner plus de rigueur et de cohésion aux stratégies sectorielles, sans toutefois parvenir à les intégrer dans un véritable plan d'ensemble de l'intervention étatique. De plus, entre la conception des politiques et leur implantation surviennent de nombreuses difficultés d'application.

La création d'une administration moderne, technocratique et centralisée, risque d'accroître la distance qui sépare l'État des citoyens.

Les gouvernements tentent de résoudre cette difficulté par la mise en place de mécanismes d'information, de consultation et de participation et par la décentralisation des services.

Les progrès les plus importants sont enregistrés au chapitre de l'information. Le nombre et le rythme des publications gouvernementales connaissent une véritable explosion après 1960. Chaque ministère ou organisme a ses agents d'information qui publient bulletins et revues. De nombreux rapports sont rendus accessibles par un Éditeur officiel qui a pignon sur rue. La loi d'accès à l'information vient, en fin de période, accroître la transparence de l'administration publique. Mais c'est surtout l'information directe auprès des citoyens qui connaît un essor sans précédent, sous l'égide du ministère des Communications, véritable dispensateur de la publicité et de la propagande gouvernementales. Timidement dans les années 1960, et massivement à compter de la décennie suivante, on a recours aux médias écrits et électroniques pour faire connaître aux citoyens les programmes et les services qui sont à leur disposition et, par le fait même, partisannerie oblige, mettre en lumière les mérites de l'équipe au pouvoir.

L'information gouvernementale est cependant un mécanisme à sens unique. Le transfert de l'information des individus vers l'administration est moins réussi. Les gouvernements privilégient deux types de consultation. Le premier consiste à créer des conseils ou comités consultatifs dont les membres soient représentatifs des groupes d'intérêt. Plusieurs dizaines de ces organismes sont mis sur pied au cours des années 1960, dont le plus important est le Conseil supérieur de l'éducation; leur rôle et l'ampleur de leur mandat varient considérablement. La plupart des analystes s'entendent pour dire qu'ils sont assez peu représentatifs et qu'ils tendent à devenir des instruments au service de l'administration. De façon générale, les groupes constitués préfèrent faire valoir leur point de vue directement auprès des ministres et des hauts fonctionnaires plutôt que de passer par un comité consultatif.

L'autre voie est la consultation directe des citoyens au moyen des audiences publiques que tiennent les commissions d'enquête, les conseils, les commissions parlementaires ou même certains organismes permanents tels la Commission de refonte de la carte électorale ou le Bureau des audiences sur la protection de l'environnement. Là encore, ce sont surtout les groupes structurés qui font entendre leur voix et leurs propositions sont, de toute façon, médiatisées et interprétées par les enquêteurs. Les groupes contestataires sont mal représentés au sein des organes de consultation et leurs idées ont peu de chances d'être acceptées. Ils ont donc tendance à vouloir imposer leurs points de vue en s'adressant directement à l'opinion publique et au gouvernement par des actions d'éclat: manifestations, occupations de locaux, grèves sur le tas, qui deviennent monnaie courante à compter de la fin des années 1960.

La volonté de décentralisation s'exprime par la création de bureaux locaux ou régionaux de certains ministères et affecte des activités diverses, depuis l'aide sociale jusqu'aux archives nationales. Cette politique reste partielle: elle touche essentiellement la prestation des services, plus proche des citoyens, et ne concerne pas le processus de décision ni l'élaboration des politiques, qui restent centralisés à Québec. Dans certains cas, la décentralisation des activités s'accompagne de mécanismes de participation: création de comités d'usagers, reconnaissance des comités de parents, élections de représentants des usagers aux conseils d'administration d'organismes locaux, tels les CLSC, les hôpitaux ou les cégeps. Rapidement, ces postes sont monopolisés par des professionnels et les consommateurs profanes ont peu de chances d'y être représentés.

Tout au cours de la période, la centralisation technocratique provoque des tensions que les efforts de décentralisation, de régionalisation ou de participation ne parviennent pas à résoudre.

Les finances publiques

La croissance de la machine administrative de l'État se reflète dans la hausse rapide des dépenses publiques, qui se multiplient par 40 en moins d'un quart de siècle (tableau 1). Le cap symbolique du milliard de dollars est vite dépassé et, l'inflation aidant, la hausse des dépenses s'accélère dans les années 1970. Vers la fin de la décennie, le gouvernement tente de la ralentir au moyen de compressions budgétaires, tant la machine semble devenue incontrôlable. En effet, si les revenus augmentent rapidement eux aussi, ils n'arrivent pas à suivre le rythme des dépenses. D'abord relativement modestes, les déficits atteignent une ampleur considérable à compter de 1975-1976; frisant alors le milliard, ils grimpent rapidement à trois milliards, niveau auquel on parvient enfin à les stabiliser dans les années 1980.

Les sources de revenus se transforment, poursuivant une évolution amorcée pendant la période précédente et que James Iain Gow ramène

Tableau 1

Revenus et dépenses du gouvernement du Québec, 1960-1984
(en millions de dollars)

Année	Revenus bruts	Dépenses brutes
1960-1961	744,5	860,2
1961-1962	947,3	1 059,4
1962-1963	1 092,5	1 222,8
1963-1964	1 204,0	1 386,3
1964-1965	1 556,2	1 778,4
1965-1966	1 779,4	2 049,4
1966-1967	2 117,2	2 346,4
1967-1968	2 534,3	2 725,2
1968-1969	2 884,0	2 995,3
1969-1970	3 209,3	3 442,4
1970-1971	3 807,0	3 928,9
1971-1972	4 226,9	4 575,8
1972-1973	4 732,5	5 055,1
1973-1974	5 440,4	5 698,1
1974-1975	6 921,5	7 028,6
1975-1976	7 917,7	8 791,1
1976-1977	9 217,3	10 208,4
1977-1978	11 168,3	12 052,4
1978-1979	11 923,5	13 398,0
1979-1980	13 306,7	15 123,2
1980-1981	14 681,4	17 558,7
1981-1982	17 471,6	20 359,8
1982-1983	19 210,3	22 259,3
1983-1984	21 411,0	24 523,5

Source: *Annuaires du Québec* et *Comptes publics*.

à trois grandes tendances: «la baisse en importance des revenus para-fiscaux, la prédominance des revenus fiscaux et la recrudescence des revenus provenant du gouvernement fédéral». Les rentrées de fonds tirées des redevances sur les richesses naturelles, des permis de toutes sortes et du commerce des alcools, qui ont longtemps représenté une portion appréciable du budget, comptent encore pour près de 20% en 1960-1961, mais seulement pour 8% en 1983-1984. Les taxes à la consommation assurent toujours un apport substantiel, quoique leur proportion tombe de 29% à 19%. Les impôts sur le revenu et sur les biens prennent la part du lion et passent de 34% à près de 43%; la crois-sance la plus marquée vient de l'impôt sur le revenu des particuliers (de

10% à 32%) à la suite de la cession graduelle d'une partie appréciable (13% en 1960; 50% en 1970) de cette source fiscale du gouvernement fédéral à celui du Québec. De plus, les transferts directs du gouvernement canadien représentent 12% des revenus du gouvernement québécois en 1960-1961 et près de 30% en 1983-1984; les paiements de péréquation, qui dépassent les trois milliards de dollars à la fin de la période, fournissent un peu plus de la moitié de ces transferts.

Pour financer ses immobilisations et ses déficits, l'État québécois recourt massivement aux emprunts auprès du public et des institutions financières. La dette gouvernementale, qui n'est que de 300 millions de dollars en 1960, dépasse les 18 milliards en 1984; à ce dernier chiffre il faut ajouter les lourds emprunts, en particulier ceux d'Hydro-Québec, qui sont garantis par le gouvernement et qui comptent pour plus de 20 milliards.

* * *

Un quart de siècle après le début de la Révolution tranquille, l'État québécois occupe donc, dans la société et dans la vie quotidienne des citoyens, une place sans commune mesure avec celle qui était la sienne en 1960, même si la croissance de l'intervention étatique s'est amorcée bien avant. C'est néanmoins dans la gestion de cette intervention et dans l'appareil administratif qui la supporte que surviennent les changements les plus décisifs. La réforme québécoise ne se fait pas en vase clos. Elle s'inspire de l'exemple d'autres gouvernements: ceux de France et de Suède, que l'on examine attentivement, et celui du Canada, qui a l'avantage d'avoir commencé plus tôt l'ajustement aux exigences administratives de l'État-providence. Le gouvernement canadien poursuit d'ailleurs, au cours de la période, la mise à jour de ses méthodes de gestion, à la suite des recommandations de la commission Glassco. Tout comme celui du Québec, il connaît les difficultés de la planification et les tensions entre centralisation et décentralisation et il se heurte au problème que soulèvent des dépenses publiques et un déficit en hausse vertigineuse. La réforme administrative touche également les instances locales, particulièrement les municipalités.

La réforme de l'État ne va pas sans susciter des réactions. Si, au début de la Révolution tranquille, l'unanimité se fait assez rapidement autour de la nécessité de faire du Québec un État-providence, les conséquences de ce choix entraînent des remises en question. L'émergence d'un État employeur devenu le principal dispensateur d'emplois interpelle le secteur privé, tout en dramatisant les relations avec les syndicats. Le développement d'un appareil technocratique et bureaucratique permet une plus grande rationalité, mais entraîne une certaine inefficacité, de plus en plus dénoncée. Il impose des contraintes que ressentent lourdement les entreprises et les citoyens. Il profite à un corps de fonctionnaires renouvelé qui offre à la classe moyenne francophone des carrières intéressantes et rémunératrices, mais est perçu comme un groupe de privilégiés. La tension public-privé va croissant. Au cours des années 1980, l'intervention de l'État est vue de moins en moins comme une solution et de plus en plus comme un problème. Pour plusieurs acteurs sociaux, la situation est propice à une remise en question fondamentale du rôle de l'État.

ORIENTATIONS BIBLIOGRAPHIQUES

BERGERON, Gérard et Réjean PELLETIER, dir. *L'État du Québec en devenir*. Montréal, Boréal Express, 1980, chap. 3 et 4.

GAGNON, Gabriel et Luc MARTIN, dir. *Québec 1960-1980. La crise du développement. Matériaux pour une sociologie de la planification et de la participation*. Montréal, Hurtubise HMH, 1973. 500 p.

GOW, James Iain. *Histoire de l'administration publique québécoise, 1867-1970*. Montréal, Presses de l'Université de Montréal, 1986, chap. 6 et 8.

MCROBERTS, Kenneth et Dale POSGATE. *Développement et modernisation du Québec*. Montréal, Boréal Express, 1983. 350 p.

ORBAN, Edmond, dir. *La modernisation politique du Québec*. Montréal, Boréal Express, 1976, chap. 6 et 7.

SIMARD, Jean-Jacques. *La longue marche des technocrates*. Montréal, Albert Saint-Martin, 1979. 198 p.

CHAPITRE 49

LE RENOUVELLEMENT DES PARTIS

La période qui s'ouvre en 1960 est marquée par l'intensité et l'effervescence de la vie politique. On assiste à un renouvellement en profondeur de la lutte politique qui, jusqu'à la mort de Duplessis, a conservé des allures traditionnelles remontant parfois au 19e siècle. Le système des partis et le régime électoral se transforment, les organisations en place voient leurs structures bouleversées pendant qu'émergent plusieurs nouvelles formations.

La transformation du système de partis

D'ensembles peu structurés, contrôlés par le chef, le trésorier et quelques organisateurs, les partis politiques deviennent des organisations beaucoup plus encadrées, avec un personnel permanent et des instances démocratiques qui se réunissent régulièrement, ainsi qu'une large implantation au niveau local.

L'effort de démocratisation est indéniable. On cherche à créer des partis de masse, recrutant des milliers de membres individuels qui auront à se prononcer sur le choix des délégués et la définition des grandes orientations, qui contribueront au financement et qui constitueront une force de frappe en période électorale. Les programmes sont adoptés lors de congrès d'orientation, à partir de consultations à la base. Les chefs de partis, autrefois choisis par une poignée de députés et d'organisateurs, sont maintenant élus lors des congrès à la «chefferie» par des délégués de toutes les circonscriptions. En 1985, le Parti québécois va même jusqu'à faire élire son nouveau président par l'ensemble de ses membres.

À la base des nouvelles structures des grands partis se trouve l'association de comté, qui rassemble les membres au niveau local, délègue des représentants aux échelons supérieurs de la hiérarchie et choisit le candidat officiel aux élections. Les autres instances importantes sont le

Congrès du Parti québécois, 1981. (*Le Journal de Montréal*)

Conseil, dit général ou national, et le Congrès. Chaque parti a aussi ses comités ou commissions spécialisés s'occupant du programme, du financement, des jeunes, etc. L'élaboration de véritables programmes, écrits et largement diffusés, est aussi une nouveauté de la période.

Les partis, qui ne jouissaient auparavant que d'une reconnaissance tacite, sont, à compter de 1963, reconnus officiellement par l'État, qui contribue d'ailleurs au financement des plus importants d'entre eux et encadre de façon plus nette le jeu politique. Le gouvernement du Parti québécois cherche également à mettre fin au phénomène des caisses électorales occultes en faisant adopter, en 1977, une loi qui interdit les contributions d'entreprises ou d'organisations et limite le montant des contributions individuelles permises. Les partis deviennent ainsi des machines beaucoup plus complexes et exigent un personnel permanent formé de véritables technocrates de l'action électorale et partisane.

Au cours des années 1960 et 1970, un grand nombre de nouveaux partis sont créés, mais la plupart n'ont qu'une audience limitée. Malgré ce foisonnement, en effet, le système politique québécois reste fondamentalement bipartisan, avec, d'un côté, le Parti libéral et, de l'autre, l'Union nationale bientôt remplacée par le Parti québécois. On observe néanmoins une brève période de multipartisme parlementaire, à l'occa-!sion d'un réalignement en profondeur des allégeances qui se réalise entre 1970 et 1980. Les élections de 1981 et de 1985 témoignent nettement du retour au bipartisme.

Le phénomène électoral

Les élections marquent des temps forts de la vie politique. Les conditions dans lesquelles elles se déroulent se modifient sensiblement, grâce à la correction de certaines inégalités et à l'assainissement des mœurs électorales, mais aussi à cause de l'allure différente des campagnes.

La représentation adéquate de la volonté des électeurs n'est jamais parfaite et des inégalités se glissent dans le système. On cherche néanmoins à en corriger quelques-unes et à accentuer le caractère démocratique de la lutte politique. C'est ainsi que le corps électoral est élargi par l'abaissement de 21 à 18 ans de l'âge minimum pour voter (1964) et par l'élimination de certaines interdictions frappant des groupes spécifiques: Amérindiens (1969), juges (1978), détenus (1979). Plus fondamentale encore est la réforme graduelle de la carte électorale. Celle-ci affiche toujours, au début des années 1960, des distorsions importantes: surreprésentation des régions rurales et écarts considérables dans le nombre d'électeurs par circonscription. Dans un premier temps, le nombre de circonscriptions urbaines est augmenté. Puis on abolit en 1970 une clause de la constitution de 1867 qui rendait difficile la modification des limites de certains comtés protégés. Au cours des années 1970, les règles régissant le nombre d'électeurs par comté sont précisées et on met sur pied une commission permanente, indépendante du gouvernement, ayant pour tâche de proposer à intervalles réguliers la refonte de la carte électorale. Le nombre de circonscriptions, de 95 pour les élections de 1960 et 1962, passe à 108 pour celles de 1966 et 1970, à 110 pour celles de 1973 et 1976, puis à 122 pour les élections de 1981 et 1985.

La réforme de la carte n'élimine toutefois pas une autre distorsion, qui fait que le pourcentage des sièges détenu par un parti ne correspond pas à celui des votes qu'il a obtenu. Cette situation est le résultat du mode de scrutin uninominal à un tour. Au cours des années 1970, on discute abondamment de réformes à cet égard et surtout de l'introduction d'éléments de représentation proportionnelle, mais aucun des gouvernements ne se décide à agir en ce sens.

On constate aussi un indéniable assainissement des mœurs électorales. À la suite des élections de 1956, les abbés Dion et O'Neill ont dénoncé la corruption électorale et, à compter de 1960, les divers gouvernements renforcent graduellement les contrôles. On parvient ainsi à éliminer un grand nombre de fraudes qui entachaient le processus électoral. On identifie les candidats avec le nom de leur parti, on limite le montant des dépenses électorales autorisées, en permettant même aux partis reconnus de s'en faire rembourser une proportion par l'État. On améliore le mode de confection de la liste électorale qui devient permanente en 1972.

Les campagnes électorales passent aux mains des spécialistes de la publicité et de la communication, de sorte que l'image y occupe une place importante. Les médias électroniques — radio et télévision — sont au cœur des stratégies électorales, même si on cherche également à renouveler l'intervention personnelle auprès des électeurs grâce à des pratiques nouvelles comme les «assemblées de cuisines». Mais l'époque est aux grands rassemblements dans les centres sportifs, avec un large recours aux techniques audio-visuelles.

Le personnel politique

En cette ère de bouleversements, un aspect de la vie politique ne change pas: l'élitisme de la représentation. Comme c'est le cas dans la plupart des pays à démocratie parlementaire, la composition sociale de la députation québécoise n'est absolument pas représentative de celle de la population en général. Les agriculteurs, les ouvriers et les petits employés y sont à peu près absents, les femmes sont sous-représentées et le personnel politique se recrute au sein d'une élite. Les caractéristiques de cette élite sont toutefois en mutation, reflétant celle de la société.

Étudiant les élus au Parlement québécois de 1956 à 1966, le politologue Robert Boily constate que, même s'ils sont majoritairement nés dans le milieu rural ou dans les petites villes, ils ont reçu un niveau d'instruction élevé (58% ont une formation universitaire). Ils se recrutent surtout au sein des professions libérales (53%) — en particulier chez les avocats et les médecins — et parmi les commerçants

Les députés québécois en session à l'Assemblée nationale, 1977.

(17%) et les industriels (13%). Ils sont fortement ancrés dans le milieu local, et 40% d'entre eux ont déjà siégé à un conseil municipal ou à une commission scolaire. Ces caractéristiques, déjà présentes auparavant, évoluent, surtout à partir des élections de 1966. Ainsi, la députation a un niveau d'instruction encore plus élevé et est moins massivement d'origine rurale. Les ouvriers et les agriculteurs disparaissent presque complètement, la position relative des industriels et des commerçants s'affaiblit, tandis qu'émerge un groupe de députés venant du milieu de l'enseignement et des professions connexes.

Ces traits nouveaux s'accentuent au cours de la période, en particulier avec l'arrivée au pouvoir du Parti québécois en 1976: 80% des députés péquistes ont une formation universitaire et la moitié d'entre eux œuvrent dans le champ intellectuel, éducation (40%) ou culture (10%). Seulement 18% viennent des professions libérales et moins de 6% sont des hommes d'affaires. En cela, comme le montre le politologue Jean-Pierre Beaud, la députation péquiste reflète plus le parti lui-même que l'ensemble du personnel politique. Le Parti libéral, en effet, continue à recruter une plus forte proportion de ses élus dans les milieux d'affaires et les professions libérales ainsi que chez les cadres administratifs supérieurs. L'étude des élus de 1981, faite par Réjean Pelletier, confirme ces tendances: le PQ recrute surtout dans les champs culturel et social et les libéraux dans les champs économique et social. Dans l'ensemble, cependant, on constate que le personnel politique témoigne de la diversité accrue des cheminements professionnels au sein de l'élite québécoise, qu'il affiche un niveau de scolarité plus élevé et qu'il est devenu massivement urbain.

Tout en restant fortement sous-représentées, les femmes arrivent à se tailler une place dans cet univers masculin. La partie n'est pas facile. Il faut attendre 1961 pour voir une première femme (Claire Kirkland-Casgrain) élue à l'Assemblée législative, puis accéder au cabinet en 1964. Mais ce n'est qu'avec les élections de 1976 que le phénomène prend de l'ampleur: 5 élues, puis 8 en 1981 et 18 en 1985. On voit aussi s'accroître la présence féminine au cabinet, mais les progrès restent modestes puisqu'en 1985 on ne compte que quatre femmes ministres.

Le Parti libéral

Durant les années 1950, le Parti libéral du Québec amorce un virage important; d'organisation de notables, il se transforme graduellement en parti de masse. Cette évolution significative, commencée sous Georges-Émile Lapalme, se poursuit avec son successeur, Jean Lesage, choisi chef du parti en 1958. Elle suppose l'élaboration de structures nouvelles ayant des fonctions différenciées ainsi qu'un élargissement du membership. Elle sert de modèle aux autres formations. Un autre changement notable est la distinction beaucoup plus nette entre les niveaux fédéral et provincial, jusqu'alors confondus. Le Parti libéral du Québec affirme son autonomie en mettant sur pied des institutions propres, ce qui forcera son homologue fédéral à faire de même.

Le Parti libéral représente, au début des années 1960, l'incarnation des forces réformistes qu'il a su rassembler. Cependant, des tensions apparaissent bientôt entre ses différents éléments: aile réformiste et aile conservatrice, tendances nationalistes variées. Le départ de René Lévesque en 1967 apaise un moment les tensions, permettant au parti de se définir comme fédéraliste et provoquant un certain affaiblissement de l'aile réformiste.

L'arrivée de Robert Bourassa en 1970 s'accompagne d'un certain nombre de changements. Le parti devient plus centralisé autour de ses dirigeants. Son orientation résolument fédéraliste est tempérée par la défense de l'autonomie du Québec face aux libéraux fédéraux, ce qui ne l'empêche pas de mener une vive lutte au Parti québécois. Le parti se caractérise par une certaine pensée gestionnaire, qui laisse cependant place à la poursuite d'objectifs qualifiés de socio-démocrates par ses dirigeants. Après la défaite de 1976, c'est un parti démoralisé et un peu sclérosé qui choisit comme chef Claude Ryan. Ce dernier tente d'insuffler un renouveau à la fois de la pensée et de la démocratisation des structures. Il remobilise le parti à l'occasion du référendum et des élections partielles mais s'avère incapable de résoudre les tensions entre les idéaux poursuivis et les réalités de la vie politique quotidienne.

Le retour de Robert Bourassa en 1983 est marqué par la réapparition de certains traits antérieurs: le parti veut renforcer son image de gestionnaire et mise sur l'efficacité en matière de développement économique. Cependant, les modèles sont maintenant résolument empruntés au monde des affaires.

L'Union nationale

En 1960, l'Union nationale représente l'archétype du parti traditionnel de notables usé par l'exercice du pouvoir. Les décès successifs de Duplessis (1959) et de Sauvé (1960), puis les rivalités entre factions

Jean-Jacques Bertrand, premier ministre du Québec (1968-1970), entouré de ses principaux ministres. (*Le Soleil*)

durant le mandat d'Antonio Barrette (1960-1961) donnent une impression de flottement. De plus, les révélations de l'enquête Salvas, instituée par le gouvernement Lesage, sur les malversations du régime antérieur le couvrent de discrédit. Le choix difficile de Daniel Johnson lors du premier congrès à la chefferie en 1961 marque le début d'une période de ressaisissement. Le parti cherche aussi à se renouveler en modernisant ses structures, mais il y éprouve beaucoup de difficultés, d'autant plus que le choix de Daniel Johnson est associé à une victoire de la vieille garde. Néanmoins, en 1965, la tenue du premier congrès d'orientation politique permet de mesurer les changements survenus, marqués en particulier par un rajeunissement des cadres.

Après sa victoire aux élections de 1966, l'Union nationale est divisée par la tension entre les fédéralistes et les partisans d'options nationalistes plus radicales. L'ambiguïté du chef, avec son slogan «Égalité ou indépendance», n'est d'ailleurs pas de nature à clarifier le débat. Après la mort de Johnson en 1968, la lutte autour de sa succession, entre Jean-Guy Cardinal et Jean-Jacques Bertrand, mine le parti. La faiblesse du leadership de ce dernier, tant au sein du parti que face aux problèmes politiques de l'heure, donne l'impression d'un certain épuisement. C'est un parti qui semble complètement dépassé par les événements, qu'il s'agisse de la contestation étudiante de 1968 ou de la crise linguistique. Discrédité, il n'arrive pas à inspirer confiance à l'électorat, au scrutin de 1970.

Quelques mois après sa défaite, Jean-Jacques Bertrand démissionne de la direction et son successeur, Gabriel Loubier, ne parvient pas à redresser la situation. Il tente bien de modifier l'image de l'Union nationale, mais ni le changement de nom pour «Unité-Québec», entre 1971 et 1973, ni le renouvellement de l'entourage du chef ne réussissent à contrer la dégringolade. N'ayant fait élire aucun candidat en 1973, le parti se cherche vainement un chef. Coincée entre les libéraux et les péquistes, l'Union nationale ne trouve plus de raison d'être, perdant ses membres au profit des uns et des autres. Malgré un sursaut au moment des élections de 1976, sous la direction de Rodrigue Biron, le parti est rayé de la carte en 1981 et mène une existence moribonde par la suite.

Les créditistes

S'ils n'apparaissent sur la scène politique provinciale qu'en 1970, les créditistes sont néanmoins implantés au Québec depuis les années 1930. C'est d'abord un mouvement politique de protestation s'inspirant des théories économiques d'un Britannique, le major Douglas, et de l'idéologie traditionaliste. Il parvient à prendre pied dans les régions rurales et semi-urbaines de l'Abitibi, du Saguenay-Lac-Saint-Jean et des Cantons-de-l'Est. Après quelques tentatives électorales peu fructueuses, il devient de plus en plus, dans les années 1950, un mouvement religieux, bientôt connu sous le vocable de «bérets blancs». Un groupe dissident, dirigé par Réal Caouette, met sur pied en 1957 un parti politique, le Ralliement des créditistes, qui œuvre sur la scène fédérale. Il y fait une entrée fracassante en 1962 en obtenant 26% des voix au Québec et en envoyant 26 députés à Ottawa. Malgré des scissions en 1963 et 1966, le parti réussit à faire élire des députés à chaque scrutin fédéral jusqu'en 1979.

La tentation d'intervenir sur la scène provinciale est forte, mais Caouette s'y oppose pendant longtemps. Aux élections québécoises de 1966, des dissidents se présentent sous l'étiquette du Ralliement national, mais sans succès. En 1970, on met sur pied le Ralliement créditiste du Québec, sous la direction de Camil Samson qui, avec 11% des voix, obtient 12 sièges à l'Assemblée. À compter de 1972, le parti est divisé par des schismes successifs et, après n'avoir fait élire que deux députés en 1973, disparaît rapidement de la scène politique.

Le Rassemblement pour l'indépendance nationale

Le Rassemblement pour l'indépendance nationale constitue un bon exemple de parti issu d'un mouvement d'opinion. À sa fondation, à Montréal, en 1960, son but en est un d'éducation populaire, pour promouvoir la cause de l'indépendance du Québec. Après beaucoup d'hésitations, le RIN décide de se transformer en parti en 1963. De ses origines, il garde certains traits qui apparaissent relativement nouveaux dans le contexte québécois: utilisation de la manifestation populaire, financement par les membres, militantisme très poussé, assemblées de cuisines. Durant sa courte vie, il connaît très rapidement une certaine radicalisation, ce qui entraîne une scission de l'aile droite en 1964. Aux élections de 1966, le RIN témoigne de sa vitalité en recueillant près de

Une assemblée du Rassemblement pour l'indépendance nationale.

6% des voix. Cependant, l'arrivée sur la scène, l'année suivante, du Mouvement souveraineté-association provoque une crise qui amène le parti à se saborder en 1968, à la suite de la fondation du Parti québécois. La plupart de ses quelque 14 000 membres vont rejoindre la nouvelle formation.

Le Parti québécois

Le Parti québécois parvient très rapidement à réunir, autour d'un projet commun, les forces indépendantistes. Né en 1968, de la fusion du Mouvement souveraineté-association créé l'année précédente par René Lévesque et d'un groupe plus marginal, le Ralliement national, il recueille ensuite les militants du RIN. Il accueille également une grande partie des nationalistes insatisfaits du régime fédéral. Cette diversité dans le membership est rendue possible par l'ambiguïté du concept de souveraineté-association, qui permet la coexistence et la collaboration de multiples tendances quelquefois opposées, depuis les indépendantistes purs et durs jusqu'aux tenants d'un fédéralisme décentralisé. Le PQ devient ainsi un parti de rassemblement et doit à ce caractère une grande partie de sa force.

Le rôle et la personnalité de son fondateur et président, René Lévesque, constituent un autre élément de cette force. Pendant 17 ans, ce dernier s'identifie au parti, auquel il apporte sa caution et beaucoup de sa popularité. Communicateur hors pair, il réussit à mobiliser les membres en vue de la prise du pouvoir. De plus, il parvient à asseoir solidement son leadership en apparaissant longtemps comme le seul capable d'assurer la cohésion nécessaire aux gains électoraux. Sur ce plan, la stratégie développée à partir de 1973 s'avère judicieuse. Pour éviter d'effaroucher un électorat dont la majorité ne désire pas l'indépendance, on mise sur la carte du bon gouvernement, en promettant de ne pas amorcer le processus menant à l'indépendance sans avoir tenu au préalable un référendum. Cette stratégie conduit à la prise du pouvoir en 1976.

Par certains côtés, le Parti québécois apparaît comme une formation nouvelle où l'on retrouve beaucoup d'intellectuels et de personnes œuvrant dans le domaine culturel. Il s'identifie également avec une certaine jeunesse, issue du *baby boom* de l'après-guerre. Son militantisme est très particulier. Héritier de mouvements d'opinion comme le RIN, il en a conservé certains traits: enthousiasme, égalitarisme, assemblées de cuisine, manifestations publiques.

Cependant, le passage au pouvoir entraîne une différenciation très nette entre l'aile parlementaire et le parti. En dehors des périodes électorales, la première tient le haut du pavé et cette situation entraîne un certain refroidissement de l'ardeur des militants. Le choc de la défaite lors du référendum de 1980, ainsi que l'opération du rapatriement de la constitution en 1982, accentuent également la démobilisation. La décision du gouvernement péquiste de réduire les salaires dans la fonction publique en 1982, ainsi que la crise économique, affectent une part importante de sa clientèle et réduisent ses appuis. Enfin, la mise en veilleuse de l'idée d'indépendance en 1984 entraîne une véritable scission, provoquant le départ des éléments les plus indépendantistes et de plusieurs ministres vedettes. Il en résulte un désarroi que ne parviennent pas à corriger avant les élections de 1985 la démission de René Lévesque et son remplacement par Pierre-Marc Johnson. En butte aux tensions internes, ce dernier doit à son tour céder sa place. L'élection de Jacques Parizeau à la tête du parti marque un retour à la primauté de l'idée d'indépendance.

Les autres partis

Après 1960, le phénomène de la multiplication des tiers partis devient marquant. Leur nombre et leur variété progressent avec les années, ce qui reflète le pluralisme idéologique et une plus grande politisation de la société.

Les partis de gauche n'ont jamais réussi à s'implanter profondément, même si des militants des organisations ouvrières expriment régulièrement le besoin d'un parti qui représenterait les intérêts des travailleurs. En dépit de plusieurs tentatives, cet objectif n'est pas atteint, comme en témoignent les vicissitudes du Parti communiste au Québec, la faiblesse du NPD, tant au niveau fédéral qu'au niveau provincial, ainsi que les diverses générations de partis socialistes. Durant les années 1970, des petits groupes de militants marxistes tentent, de leur côté, de mettre sur pied un parti qui vise la clientèle ouvrière, mais sans aucun succès.

Sur la droite, d'autres partis, tout aussi éphémères ou faibles, voient le jour. Généralement organisés autour d'un individu, ils ne vivent que quelques mois ou le temps d'une élection, comme le Parti présidentiel d'Yvon Dupuis en 1974 ou le Parti national populaire de Jérôme Choquette en 1975-1976.

Même si ces divers partis témoignent de l'ouverture et de la diversité des possibilités de revendication politique, ils ne rejoignent que des cercles restreints et n'arrivent pas à obtenir une fraction significative du vote.

L'action terroriste et la crise d'octobre

En dehors de la vie politique légale, il faut signaler l'apparition d'un phénomène nouveau, l'action terroriste. Se réclamant pour la plupart du Front de libération du Québec (FLQ), de petits groupes choisissent la violence politique comme moyen d'accélérer le processus d'accession à l'indépendance du Québec. Le politologue Marc Laurendeau identifie onze réseaux terroristes qui se manifestent à tour de rôle entre 1963 et 1970. Chacun d'eux a une existence assez courte, conséquence de l'intervention policière et de l'arrestation de plusieurs militants. Au début, le FLQ s'attaque à des institutions fédérales, comme l'armée ou les postes, symboles à ses yeux du colonialisme. À partir du milieu des années 1960, cependant, il devient plus sensible aux luttes sociales et intervient lors de conflits ouvriers.

Attentat terroriste à la Bourse de Montréal, 1969. (*La Presse*)

L'action terroriste atteint son point culminant avec la crise d'octobre 1970. Une cellule du FLQ enlève alors un diplomate britannique en poste à Montréal, James Richard Cross, exigeant entre autres la libération des prisonniers politiques et la diffusion d'un communiqué expliquant ses revendications. Les autorités refusant de négocier, une autre cellule enlève le ministre Pierre Laporte; il sera retrouvé mort quelques jours plus tard. Le Québec vit une situation de crise sans précédent. Les gouvernements québécois et canadien choisissent de tenir tête aux felquistes. L'armée est appelée en renfort au Québec, puis le gouvernement canadien remet en vigueur la loi des mesures de guerre qui limite considérablement les droits démocratiques. Des milliers de perquisitions sont effectuées, des centaines d'arrestations sont faites. Près de deux mois après l'enlèvement de Cross, ses ravisseurs sont repérés par la police et obtiennent un sauf-conduit vers Cuba en échange de la libération du diplomate.

Les felquistes qui bénéficient, au début de la crise, d'une certaine sympathie chez une partie de la population, voient le vent tourner après la mort de Laporte. Leur action s'avère un échec et entraîne à toute fins utiles la fin du terrorisme. L'intervention policière laissera toutefois des séquelles chez les centaines de personnes injustement arrêtées.

Il est difficile d'évaluer l'impact de l'action terroriste qui se manifeste au Québec entre 1963 et 1970. Les premières bombes du FLQ contribuent certainement à accentuer la prise de conscience de la situation qui est faite aux francophones et à accélérer les changements. Au cours de son histoire mouvementée, le FLQ ne parvient toutefois pas à susciter un large appui dans la population. Quant à la crise d'octobre, ses effets paraissent divers. Elle amène probablement un certain nombre de militants à privilégier la voie démocratique vers l'indépendance par l'appui au Parti québécois. Elle contribue peut-être aussi à la radicalisation d'un certain nombre d'autres, préoccupés de changement social, et au développement des groupes d'extrême-gauche, d'inspiration marxiste-léniniste, au cours des années 1970.

Le Québec et les partis fédéraux

Sur la scène fédérale, la période est d'abord marquée par la domination du Parti libéral au Québec. Après leur défaite cuisante de 1958, les libéraux retrouvent leur château-fort d'antan et, de 1962 à 1980, arrivent au premier rang à chaque élection, tant pour le nombre de sièges que pour le pourcentage des voix. L'accession de Pierre Elliott Trudeau à la tête du parti se traduit, à compter des élections de 1968, par un appui populaire encore plus considérable.

Le poids de la députation québécoise permet au Parti libéral de se maintenir au pouvoir de 1963 à 1979 et de 1980 à 1984. Cette situation donne aux représentants québécois à Ottawa une voix plus forte que jamais dans la direction des affaires canadiennes. Sur le plan de l'organisation, le Parti libéral du Canada, section Québec, est amené à se doter de structures distinctes de celles de son homologue provincial.

Quant au Parti conservateur, il est discrédité par suite de la piètre performance du gouvernement Diefenbaker et de ses lieutenants québécois. Malgré d'indéniables efforts d'ouverture au Québec et au fait français, manifestés par ses deux chefs subséquents, Robert Stanfield et Joe Clark, le parti n'arrive pas à reconstruire une base solide au Québec, ne recueillant qu'environ le cinquième des voix et moins de dix députés après 1963. L'arrivée à la direction du parti d'un Québécois bilingue d'origine anglophone, Brian Mulroney, couplée au retrait de

Trudeau de la vie politique, permet aux conservateurs de renverser la vapeur et de remporter une majorité de sièges en 1984.

Pendant presque toute la période, la véritable opposition au Parti libéral fédéral, au Québec, vient des créditistes qui, de 1962 à 1979, obtiennent plus de sièges que les conservateurs, grâce à la concentration géographique de leur vote. Jouissant d'un appui populaire indéniable, ils recueillent entre 16% et 27% du vote au cours de cette période.

Quant au Nouveau parti démocratique, il ne parvient pas à faire élire un seul député au Québec. Il réalise ses meilleures performances aux élections de 1965 et de 1988.

* * *

La multiplication des partis et l'intensité de la vie politique caractérisent la période. Le phénomène le plus important est néanmoins l'assainissement des pratiques électorales et la démocratisation accrue qui se manifestent à tous les niveaux de la vie politique.

ORIENTATIONS BIBLIOGRAPHIQUES

BELLAVANCE, Lionel. *Les partis indépendantistes québécois de 1960-73*. Montréal, Les anciens canadiens, 1973. 98 p.

BERNARD, André. *Québec: élections 1976*. Montréal, Hurtubise HMH, 1976. 173 p.

CARDINAL, Mario, Vincent LEMIEUX et Florian SAUVAGEAU. *Si l'Union nationale m'était contée...* Montréal, Boréal Express, 1978. 348 p.

D'ALLEMAGNE, André. *Le RIN et les débuts du mouvement indépendantiste québécois*. Montréal, L'Étincelle, 1974.

LATOUCHE, Daniel, Guy LORD et Jean-Guy VAILLANCOURT, dir. *Le processus électoral au Québec: les élections provinciales de 1970 et 1973*. Montréal, Hurtubise HMH, 1976. 288 p.

LAURENDEAU, Marc. *Les québécois violents*. Montréal, Boréal Express, 1974, 240 p.

«Le gouvernement du Parti québécois», numéro spécial de *Recherches sociographiques*, XXV, 1 (janvier-avril 1984).

LEMIEUX, Vincent, dir. *Quatre élections provinciales au Québec, 1956-1966*. Québec, Presses de l'Université Laval, 1969. 246 p.

LEMIEUX, Vincent, Marcel GILBERT et André BLAIS. *Une élection de réalignement. L'élection générale du 29 avril 1970 au Québec*. Montréal, Éditions du Jour, 1970. 182 p.

LEMIEUX, Vincent. *La fête continue. La vie politique au Québec depuis la Révolution tranquille jusqu'au référendum*. Montréal, Boréal Express, 1979. 201 p.

LEMIEUX, Vincent, dir. *Personnel et partis politiques au Québec*. Montréal, Boréal Express, 1982. 350 p.

McROBERTS, Kenneth et Dale POSGATE. *Développement et modernisation du Québec*. Montréal, Boréal Express, 1983. 350 p.

MURRAY, Vera. *Le Parti québécois: de la fondation à la prise du pouvoir*. Montréal, Hurtubise HMH, 1976.

PELLETIER, Réjean, dir. *Partis politiques au Québec*. Montréal, Hurtubise HMH, 1976. 299 p.

— *Partis politiques eet société québécoise. De Duplessis à Bourassa. 1944-1970*. Montréal, Québec / Amérique, 1989. 397 p.

TRAIT, Jean-Claude. *FLQ 70: offensive d'octobre*. Montréal, Éditions de l'Homme, 1970. 230 p.

CHAPITRE 50

GÉRER LE CHANGEMENT

La vie politique au Québec entre 1960 et 1988 est ponctuée de dix-neuf consultations populaires: dix élections fédérales, huit élections provinciales et le référendum de 1980. Elle est caractérisée aussi par un changement plus rapide des équipes dirigeantes que pendant la période précédente. Cinq gouvernements différents se succèdent à Québec, dont aucun n'obtient plus de deux mandats consécutifs. Autour de 1970, se produit un important réalignement des forces politiques, qui se traduit principalement par l'éviction de l'Union nationale et la montée du Parti québécois. Du côté d'Ottawa, la période s'ouvre et se referme par la présence au pouvoir du Parti conservateur, mais le phénomène majeur de ces années est la domination du *French power* libéral de Pierre Elliott Trudeau. Globalement, on peut dire que la scène politique québécoise, aussi bien fédérale que provinciale, est d'abord caractérisée, pendant les années 1960, par les réformes et le thème de la modernisation, pour ensuite faire de plus en plus de place, au cours des années 1970, à la question nationale, qui culmine lors du référendum sur la souveraineté-association.

1960-1966: les libéraux de Jean Lesage

Depuis seize ans, l'Union nationale régnait sans interruption. Dominé par Maurice Duplessis, ce gouvernement très conservateur apparaît de plus en plus comme un régime anachronique, contre lequel se liguent plusieurs groupes désireux de moderniser le Québec. Rassemblant autour de lui ces forces d'opposition, le Parti libéral dirigé par Jean Lesage élabore un programme résolument réformiste et attire des figures prestigieuses comme le journaliste René Lévesque et le juriste Paul Gérin-Lajoie. Le slogan «C'est le temps que ça change» lancé par «l'équipe du tonnerre» symbolise ce renouveau qui devient le thème central des élections du 22 juin 1960.

Assemblée électorale en 1960. (*The Gazette*, ANC, PA-145477)

La victoire libérale inaugure ce qu'on a appelé la Révolution tranquille. Pourtant, elle n'a rien d'un balayage, et les résultats sont très serrés (tableau 1). Malgré ses divisions et la faiblesse de son leadership incarné par Antonio Barrette, l'Union nationale recueille en effet des appuis importants. De plus, sur les 95 députés élus, 61 le sont avec une majorité inférieure à 10% des voix. La victoire du Parti libéral vient de ce que celui-ci, tout en conservant sa force dans les comtés urbains, augmente ses appuis dans les régions rurales, où il obtient près de la moitié des sièges.

Dès 1962, toutefois, le gouvernement décide de tenir des élections anticipées, alléguant qu'il doit consulter directement la population à

TABLEAU 1

RÉSULTATS DES ÉLECTIONS QUÉBÉCOISES, 1960-1985

Élections	Partis	% du vote obtenu	Nombre de sièges
1960	Parti libéral	51,3	51
	Union nationale	46,6	43
	Autres	2,1	1
1962	Parti libéral	56,5	63
	Union nationale	42,2	31
	Autres	1,3	1
1966	Union nationale	40,9	56
	Parti libéral	47,2	50
	RIN	5,6	—
	RN	3,2	—
	Autres	3,1	2
1970	Parti libéral	45,4	72
	Parti québécois	23,1	7
	Union nationale	19,6	17
	Ralliement créditiste	11,1	12
	Autres	0,8	—
1973	Parti libéral	54,7	102
	Parti québécois	30,2	6
	Ralliement créditiste	10,0	2
	Union nationale	4,9	—
	Autres	0,2	—
1976	Parti québécois	41,4	71
	Parti libéral	33,8	26
	Union nationale	18,2	11
	Ralliement créditiste	4,6	1
	Parti national populaire	0,9	1
	Autres	1,1	—
1981	Parti québécois	49,2	80
	Parti libéral	46,1	42
	Union nationale	4,0	—
	Autres	0,7	—
1985	Parti libéral	56,0	99
	Parti québécois	38,7	23
	Autres	5,3	—

Source: Rapports du directeur général des élections.

propos de la nationalisation des compagnies d'électricité privées. Il espère également consolider ainsi ses positions en profitant de la désorganisation de l'Union nationale. Axée sur le slogan «Maîtres chez nous» et sur la forte personnalité du ministre des Richesses naturelles, René Lévesque, la campagne libérale exalte le nationalisme économique et le mouvement de réforme commencé en 1960, alors que l'opposition fait appel à la prudence et au «bon sens» conservateur. Les résultats (tableau 1) répondent aux attentes des ministériels, qui augmentent nettement leur nombre de sièges et leur part du vote.

Jean Lesage entouré de René Lévesque et Paul Gérin-Lajoie, 1962. (*La Presse*)

Au cours de ses six années de pouvoir, le gouvernement Lesage se distingue par les nombreuses réformes parfois spectaculaires qu'il entreprend. Dans le but de moderniser et de démocratiser les structures de la société et de favoriser l'affirmation du Québec, il utilise le levier privilégié que constitue l'État, dont les structures administratives font l'objet de réformes majeures.

L'intervention étatique transforme en profondeur plusieurs secteurs. Le gouvernement confie à la commission Parent le mandat de repenser tout le système d'enseignement, et crée en 1964 un ministère de l'Éducation. Il accepte de collaborer avec le fédéral pour la mise en œuvre d'un programme d'assurance-hospitalisation, redéfinit l'ensemble des politiques de sécurité sociale et inaugure le Régime des rentes du Québec. Parmi les autres mesures importantes, mentionnons l'adoption d'un nouveau code du travail, la reconnaissance de l'égalité juridique des femmes mariées et la création d'un ministère des Affaires culturelles. Sur le plan économique, le gouvernement s'intéresse à la planification et à l'aménagement du territoire et se montre beaucoup plus interventionniste: formation de la Société générale de financement, projet d'une aciérie québécoise, renforcement d'Hydro-Québec, création de la Caisse de dépôt et placement. Ces mesures sont également vues comme des moyens d'accroître la maîtrise des francophones sur le développement économique du Québec.

Ces politiques intérieures s'accompagnent d'une affirmation beaucoup plus revendicative face au gouvernement fédéral, ainsi que d'une ouverture sur la scène internationale qui se traduit notamment par la création de plusieurs délégations à l'étranger et par des accords de coopération avec la France.

1966-1970: l'Union nationale de Daniel Johnson et de Jean-Jacques Bertrand

Les irrégularités de la carte électorale et les effets du mode de scrutin uninominal à un tour se manifestent avec éclat aux élections de 1966 (tableau 1). Paradoxalement, quoique l'Union nationale y obtienne une part des suffrages inférieure à celle des libéraux et même à celle qu'elle avait recueillie lors des deux élections précédentes, elle réussit à former un gouvernement majoritaire dirigé par Daniel Johnson.

Mais les libéraux aussi perdent des appuis. Leur campagne électorale est marquée par l'essoufflement et les divisions internes que provoquent les nombreuses réformes des années précédentes. Les coûts de ces dernières, et leur succès parfois mitigé, répandent dans certaines couches de la population une insatisfaction habilement exploitée par l'Union nationale. De plus, la présence de deux partis indépendantistes, le Rassemblement pour l'indépendance nationale et le Ralliement national, vient brouiller quelque peu le jeu du bipartisme et enlève aux libéraux une part de leurs appuis, permettant ainsi à l'Union nationale de gagner des sièges.

Une fois au pouvoir, celle-ci est d'ailleurs forcée de tenir compte de l'état de l'opinion qu'expriment les résultats du scrutin. Aussi le nouveau gouvernement, dirigé d'abord par Daniel Johnson puis par Jean-Jacques Bertrand, poursuit-il les grands objectifs de la Révolution tranquille. En éducation, il ouvre les cégeps et l'Université du Québec; en économie, il complète la mise sur pied de la Sidérurgie du Québec

Daniel Johnson, premier ministre du Québec (1966-1968).

(SIDBEC) et crée Rexfor pour l'exploitation forestière; il continue aussi la réforme de l'État en créant un ministère de la Fonction publique, en abolissant le Conseil législatif et en donnant à l'Assemblée législative le nom d'Assemblée nationale. Parmi les nouvelles mesures réformistes, il instaure l'assurance-récolte, met au point un régime québécois d'allocations familiales, crée un ministère de l'Immigration et lance Radio-Québec.

Par ailleurs, le gouvernement unioniste, en particulier sous Daniel Johnson, se montre plus sensible à la montée du nationalisme. Il revendique auprès d'Ottawa une réforme en profondeur du système constitutionnel et du partage des pouvoirs, et il accroît le rayonnement international du Québec, notamment à l'occasion d'Expo 67 et de la visite du Général de Gaulle.

Sous la direction de Jean-Jacques Bertrand, toutefois, le gouvernement est de plus en plus débordé par le ralentissement économique qui suit Expo 67 et par la montée de la contestation étudiante et ouvrière. Enfin, son incapacité à répondre adéquatement au problème linguistique, et en particulier l'adoption en 1969 de la loi 63 autorisant le libre choix de la langue d'enseignement, provoquent un vaste mouvement d'opposition qui affaiblit considérablement le régime.

1970-1976: les libéraux de Robert Bourassa

Aux élections de 1970, pour la première fois dans l'histoire du Québec, quatre formations importantes se font la lutte. Le Parti libéral de Robert Bourassa, qui axe sa campagne sur la relance de l'emploi et la défense du fédéralisme rentable, perçoit que son véritable adversaire n'est pas le parti au pouvoir, l'Union nationale, qui n'arrive pas à se redéfinir, mais bien le Parti québécois de René Lévesque nouvellement fondé. Celui-ci essaie de mobiliser les forces nationalistes en proposant un projet de souveraineté-association et en faisant appel à la fierté nationale et aux réalisations de la Révolution tranquille. Enfin, le Ralliement créditiste de Camil Samson mise sur les bases régionales du Crédit social fédéral et prône une politique très conservatrice.

Les résultats (tableau 1) illustrent cet éclatement des forces politiques entre divers courants ayant chacun des assises assez solides pour perturber momentanément le bipartisme traditionnel. À cause de la répartition du vote parmi quatre partis, les libéraux, même s'ils recueillent un pourcentage des votes moindre qu'aux élections précédentes, s'installent confortablement au pouvoir. L'Union nationale voit fondre ses appuis mais réussit tout de même à former l'opposition officielle à l'Assemblée. Quant aux créditistes, la concentration régionale de leurs votes leur permet d'obtenir un nombre relativement élevé de députés. Mais le phénomène le plus frappant est le succès remporté par le Parti québécois, qui obtient une plus grande part des votes que chacun des deux autres partis d'opposition et devient ainsi, malgré le nombre réduit de ses élus, le principal adversaire du Parti libéral.

Cela se confirme d'ailleurs aux élections de 1973, alors que l'Union nationale, devenue Unité-Québec sous la direction de Gabriel Loubier, est évincée de l'Assemblée nationale, tandis que le Ralliement créditiste n'y obtient que deux sièges, laissant ainsi au Parti québécois le rôle d'opposition officielle. Les libéraux, en axant leur campagne sur la

Robert Bourassa, premier ministre du Québec (1970-1976 et 1985-   ), lors de la crise d'octobre 1970. (*La Presse*)

lutte contre la «menace séparatiste», réussissent à polariser l'opinion et à remporter une victoire écrasante. Le Parti québécois, malgré le peu de sièges qu'il obtient, continue néanmoins d'élargir ses appuis et de s'implanter dans l'ensemble du Québec.

Au cours de ses deux mandats, le gouvernement Bourassa accorde une grande importance aux questions économiques et cherche à stimuler la croissance en utilisant à cette fin les grands travaux publics: construction d'autoroutes et d'édifices publics, développement de la baie James, participation à la mise en place des équipements olympiques. En même temps, il réorganise les sociétés d'État et rationalise la gestion des ressources forestières. Dans le domaine de la santé et de la sécurité sociale, il implante l'assurance-maladie, modernise le système hospitalier et crée les centres locaux de services communautaires (CLSC). Il innove également dans le secteur de la justice: création de la cour des petites créances et de l'aide juridique, charte des droits, protection du consommateur.

Refusant d'abandonner au Parti québécois le monopole du nationalisme, le gouvernement libéral se pose aussi en défenseur des pouvoirs constitutionnels et de ce qu'il appelle la souveraineté culturelle du Québec à l'intérieur du Canada. Ainsi, il rejette le projet de charte de Victoria, il affirme ses compétences en matière de communications et de culture, il adopte la loi 22 faisant du français la langue officielle du Québec, et il consolide la présence québécoise sur la scène internationale.

En dépit de ces réalisations, le gouvernement Bourassa doit faire face à de sérieuses difficultés. Dès l'automne de 1970, la crise d'octobre le met à rude épreuve. Par la suite, ses démêlés avec les syndicats se multiplient et ne cessent de s'envenimer: front commun de 1972 et emprisonnement des chefs syndicaux, saccage du chantier de la baie James, grèves dans les services publics et au chantier olympique. Par ailleurs, le régime paraît de plus en plus coupé de la population, ses relations avec les médias se détériorent, et il arrive mal à contrer les rumeurs de corruption et de maladministration qui circulent à son sujet. Même ses alliés le critiquent: les libéraux fédéraux trouvent ses positions trop autonomistes, tandis que plusieurs anglophones et allophones sont indignés par la loi 22. En général, une impression de chaos politique et social se répand, devant laquelle le gouvernement, malgré ses 102 députés, paraît de plus en plus impuissant.

1976-1985: les péquistes de René Lévesque; le référendum de 1980

La désaffection à l'endroit du gouvernement Bourassa se manifeste clairement lors des élections suivantes, déclenchées avant terme. Les libéraux essaient à nouveau d'évoquer la «menace séparatiste», mais sans succès. Le Parti québécois, en effet, déjoue cette stratégie grâce à ce qu'on appelle l'étapisme: il renonce à son intention de réaliser la souveraineté-association dès son accession au pouvoir et promet la tenue préalable d'un référendum sur cette question. Il se présente à l'électorat comme un parti capable de former un «bon gouvernement» et de ramener la paix sociale et le progrès.

C'est ainsi que le 15 novembre 1976, pour la première fois, un parti prônant la souveraineté accède au pouvoir, ce qui provoque un choc à l'intérieur comme à l'extérieur du Québec. La victoire du Parti québécois tient à la fois à l'efficacité de sa campagne, au discrédit dans lequel est tombé le gouvernement Bourassa, et à l'opportunisme de l'Union nationale de Rodrigue Biron, qui connaît un regain inattendu en recueillant l'appui de certains groupes fédéralistes, anglophones et francophones, mécontents du gouvernement libéral.

Si éclatante qu'elle soit par le nombre de sièges et par sa signification symbolique, la victoire péquiste est loin de reposer sur un appui populaire majoritaire. Durant les quatre années suivantes, le Parti québécois espère, grâce au dynamisme de ses politiques et aux moyens de persuasion dont il dispose comme gouvernement, augmenter cet appui en vue de gagner le référendum à venir. Tout en repoussant cette échéance d'année en année, il s'y prépare par l'adoption d'une loi sur les consultations populaires qui veut encadrer fermement le processus référendaire, par la publication de livres blancs explicitant sa doctrine et enfin par la formulation d'une question qu'il veut aussi habile que possible:

> *Le gouvernement du Québec a fait connaître sa proposition d'en arriver avec le reste du Canada à une nouvelle entente fondée sur le principe de l'égalité des peuples.*
>
> *Cette entente permettrait d'acquérir le pouvoir exclusif de faire ses lois, de percevoir ses impôts et d'établir des relations extérieures, ce qui est la souveraineté, et, en même temps, de maintenir avec le Canada une association économique comportant l'utilisation de la même monnaie.*
>
> *Tout changement de statut politique résultant de ces négociations sera soumis à la population par référendum.*
>
> *En conséquence, accordez-vous au gouvernement du Québec le mandat de négocier l'entente proposée entre le Québec et le Canada?*

Le référendum est annoncé pour le 20 mai 1980, et les deux camps se lancent dans une bataille ardente, qui polarise plus que jamais l'opinion. Le camp du «oui», dirigé par René Lévesque, mène une campa-

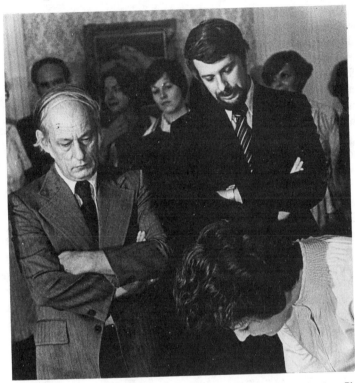

René Lévesque, premier ministre du Québec (1976-1985), et son successeur, Pierre Marc Johnson (1985).

gne plutôt défensive. Celui du «non», dirigé par le chef libéral Claude Ryan, reçoit un fort appui politique et financier du gouvernement fédéral et du premier ministre Trudeau; on y invoque la solidarité canadienne et les risques de la souveraineté, tout en promettant un renouvellement du système fédéral. Lors de la consultation, où plus de 85% des Québécois expriment leur choix, l'option péquiste recueille 40,4% de oui, contre 59,6% de non. L'écart en faveur du non paraît donc décisif, mais il y a des différences selon les groupes ethniques. Si les anglophones et allophones, comme il faut s'y attendre, votent massivement contre le projet de souveraineté-association, les francophones se divisent en deux blocs à peu près égaux, n'accordant, selon certains analystes, qu'une très légère majorité au non.

Bien que l'électorat refuse ainsi le projet constitutionnel du gouvernement, sa satisfaction à l'endroit de celui-ci demeure élevée, de même que le prestige du premier ministre Lévesque, nettement supérieur à celui du chef libéral, Claude Ryan. Cela se manifeste aux élections de 1981. Durant la campagne, le Parti libéral, que sa victoire référendaire rend confiant, fait appel de nouveau à l'anti-séparatisme. Mais le Parti québécois réplique en promettant de ne plus soumettre son option à la population au cours d'un second mandat et en présentant les libéraux provinciaux comme subordonnés à ceux d'Ottawa. Cette stratégie permet au PQ d'obtenir près de la moitié des suffrages et de former à nouveau le gouvernement (tableau 1). Ses appuis s'étendent cette fois à toutes les régions et à presque tous les groupes de la population. Ces élections, où le Parti libéral augmente lui aussi sa part du vote et où les tiers partis, y compris l'Union nationale, sont éliminés de l'Assemblée, marquent donc la fin du processus de réalignement des forces politiques commencé depuis le tournant des années 1970.

Au cours de ses neuf années au pouvoir, et en particulier durant son premier mandat, le gouvernement Lévesque continue de s'inscrire directement dans le prolongement de la Révolution tranquille, en poursuivant des réformes amorcées depuis plusieurs années et en accordant un rôle privilégié à l'État. Il se signale toutefois par un style de gestion qui se veut davantage axé sur la concertation et sur l'utilisation des mass médias, ainsi que par l'orientation plus résolument nationaliste et social-démocrate de ses politiques.

Dans le domaine économique, il nationalise une grande partie du secteur de l'amiante et maintient un contrôle québécois sur Quebecair, mais surtout il cherche à soumettre davantage les sociétés d'État aux priorités gouvernementales. En même temps, il appuie la montée des entreprises francophones en valorisant l'entrepreneurship et en aidant le développement des PME et du mouvement coopératif par de multiples programmes, dont le soutien à l'exportation et l'aide à la capitalisation et au financement. En agriculture, il se préoccupe d'accroître le degré d'autosuffisance agro-alimentaire et adopte une politique de protection du territoire agricole.

Dans le domaine social, il élargit et diversifie les responsabilités de l'État en étatisant partiellement l'assurance-automobile, en promulguant une loi de protection du consommateur et en s'intéressant de plus près à la jeunesse et aux personnes âgées. Il met aussi l'accent sur la promotion de l'égalité pour les femmes, notamment en instituant les congés de maternité, en révisant le droit de la famille et en développant le réseau des garderies. Avouant au départ un «préjugé favorable» envers les travailleurs, il relève substantiellement le salaire minimum, édicte des normes minimales de travail, adopte une loi contre les briseurs de grèves, dite loi «anti-scab», et améliore les règlements relatifs à la santé et à la sécurité au travail.

Dans le domaine culturel, le gouvernement du Parti québécois s'attaque énergiquement, et avec un sentiment d'urgence, au problème de la langue. Dès 1977, il adopte la loi 101 qui assure la primauté du français dans tous les secteurs, y compris l'intégration des immigrants, les milieux de travail et l'affichage public. Parallèlement, il multiplie ses interventions à l'égard des communautés ethniques minoritaires, met l'accent sur les dimensions économiques et industrielles de la culture, et s'intéresse au développement de la science et de la technologie. Sur le plan de la vie politique, le gouvernement Lévesque innove par la loi sur le financement des partis, par la réorganisation du processus parlementaire et par la revalorisation des institutions municipales. Enfin, il se préoccupe fortement de la présence culturelle et économique du Québec sur la scène internationale.

Malgré sa victoire éclatante aux élections de 1981, le gouvernement se heurte rapidement à des difficultés de tous ordres qui font chuter sa popularité. Dès 1981-1982, il est aux prises avec la crise économique mondiale, qui se traduit au Québec par un chômage très élevé et une crise sérieuse des finances publiques. Cette situation oblige à des coupures parfois draconiennes dans plusieurs secteurs et amène un affrontement brutal avec les syndiqués des secteurs public et parapublic. En même temps, cette crise rend plus perceptibles à de vastes couches de la population la lourdeur et les coûts élevés de l'appareil bureaucratique auquel s'est largement identifié le Parti québécois. Une fois la crise résorbée, le gouvernement n'arrive pas, malgré ses efforts, à retrouver son dynamisme et ses appuis. Entre-temps, ses échecs, d'abord au référendum puis dans les négociations avec le fédéral, qui impose la nouvelle loi constitutionnelle de 1982, entraînent le Parti québécois vers des prises de position qui rejoignent de moins en moins la population et créent de fortes dissensions internes. Cet effritement aboutit à une crise majeure et au départ de plusieurs figures prestigieuses, suivi de celui de René Lévesque lui-même.

À la veille des élections de 1985, le nouveau premier ministre, Pierre-Marc Johnson, hérite d'un parti désorienté et considérablement affaibli. De son côté, le Parti libéral, solidement réorganisé autour de Robert Bourassa, mise sur la lassitude de l'électorat face au Parti québécois et sur le désir, très largement répandu, de voir le gouvernement réorienter son action dans un sens beaucoup moins interventionniste. Même si les péquistes tiennent un discours analogue, proposant eux aussi une réduction du rôle de l'État et une valorisation des questions avant tout économiques, l'électorat fait davantage confiance aux libéraux pour réaliser un tel programme (tableau 1). Ces thèmes, défendus par les deux partis, semblent indiquer une rupture avec l'esprit hérité de la Révolution tranquille et peut-être l'entrée dans une nouvelle phase de la vie politique québécoise.

Les gouvernements fédéraux

Tout au long de la période, l'évolution politique et l'affirmation nationale du Québec ont des répercussions directes sur la scène fédérale, où le Québec se trouve ainsi à jouer un rôle de premier plan. On peut distinguer à cet égard deux grandes phases.

À gauche: Lester B. Pearson, premier ministre du Canada (1962-1968). (Duncan Cameron, ANC, PA-57932). *À droite:* Pierre Elliott Trudeau, premier ministre du Canada (1968-1979 et 1980-1984).

L'arrivée à Ottawa des «trois colombes» (Pierre Elliott Trudeau, Jean Marchand, Gérard Pelletier) marque les débuts du *French Power*.

Pendant la première, qui va de 1960 à 1968, les gouvernements fédéraux sont perçus comme peu sensibles à la réalité et aux aspirations du Québec. En témoigne notamment l'appui appréciable que les électeurs accordent aux créditistes de Réal Caouette lors des élections de 1962, de 1963 et de 1965 (tableau 2). Cet appui a pour effet, en diminuant la majorité que les libéraux obtiennent traditionnellement au Québec, de contribuer à l'élection de trois gouvernements minoritaires successifs.

Au pouvoir depuis 1957, le gouvernement conservateur de John Diefenbaker, en plus d'être aux prises avec une récession économique dont les retombées au Québec sont lourdes, a peine à saisir les enjeux et la portée de la Révolution tranquille. Il projette l'image d'un gouvernement anglophone, où la représentation francophone, de fait, est peu influente. Par contre, sous le premier ministre libéral Lester B. Pearson, qui accède au pouvoir en 1963, apparaît une volonté de mieux répondre aux préoccupations du Québec et d'accorder plus de place à ses repré-

TABLEAU 2

RÉSULTATS DES ÉLECTIONS FÉDÉRALES AU QUÉBEC ET AU CANADA
1962-1984

Élections	Partis	Québec		Autres provinces		Canada	
		% vote obtenu	Sièges	% vote obtenu	Sièges	% vote obtenu	Sièges
1962	Conservateur	29,6	14	40,1	102	37,3	116
	Libéral	39,2	35	36,5	65	37,4	100
	Crédit social	25,9	26	6,3	4	11,6	30
	NPD	4,4	—	16,9	19	13,5	19
	Autres	0,9	—	0,2	—	0,2	—
1963	Libéral	45,6	47	40,3	82	41,7	129
	Conservateur	19,5	8	37,7	87	32,8	95
	Crédit social	27,3	20	6,3	4	11,9	24
	NPD	7,1	—	15,4	17	13,1	17
	Autres	0,4	—	0,4	—	0,4	—
1965	Libéral	45,6	56	38,2	76	40,2	132
	Conservateur	21,2	9	36,4	88	32,4	97
	NPD	12,0	—	20,0	21	17,9	21
	Crédit social	17,5	10	5,0	3	8,3	13
	Autres	3,7	—	0,3	2	1,2	2
1968	Libéral	53,6	56	42,5	99	45,5	155
	Conservateur	21,4	4	35,1	68	31,4	72
	NPD	7,5	—	20,4	22	16,7	22
	Crédit social	16,4	14	0,0	—	4,4	14
	Autres	1,1	—	1,9	1	1,7	1
1972	Libéral	49,1	56	34,5	53	38,5	109
	Conservateur	17,4	2	41,5	105	35,0	107
	NPD	6,4	—	21,9	31	17,7	31
	Crédit social	24,4	15	1,4	—	7,6	15
	Autres	2,7	1	0,6	1	1,2	2

sentants à Ottawa. À cette fin, le gouvernement crée dès 1963 la commission d'enquête Laurendeau-Dunton sur le bilinguisme et le biculturalisme et, conformément au modèle du fédéralisme dit coopératif, accepte plusieurs des revendications du Québec en matières fiscales et sociales. De plus, afin de renforcer l'aile francophone de son parti, Pearson recrute en 1965 trois personnalités québécoises prestigieuses, qu'on appellera bientôt les «trois colombes»: le syndicaliste Jean

TABLEAU 2

RÉSULTATS DES ÉLECTIONS FÉDÉRALES AU QUÉBEC ET AU CANADA
1962-1984 (SUITE)

Élections	Partis	Québec		Autres provinces		Canada	
		% vote obtenu	Sièges	% vote obtenu	Sièges	% vote obtenu	Sièges
1974	Libéral	54,1	60	39,3	81	43,2	14
	Conservateur	21,2	3	40,4	92	35,4	95
	NPD	6,6	—	18,5	16	15,4	16
	Crédit social	17,1	11	0,9	—	9,1	11
	Autres	1,0	—	0,8	1	0,9	1
1979	Conservateur	13,5	2	44,6	134	35,6	136
	Libéral	61,7	67	31,7	47	39,8	114
	NPD	5,1	—	22,8	26	17,8	26
	Crédit social	16,0	6	0,2	—	4,5	6
	Autres	3,8	—	0,6	—	2,3	—
1980	Libéral	68,2	74	35,5	73	44,1	147
	Conservateur	12,6	1	39,8	102	32,3	103
	NPD	9,1	—	23,7	32	19,7	32
	Crédit social	5,9	—	0,1	—	1,7	—
	Autres	4,2	—	0,8	—	2,2	—
1984	Conservateur	50,2	58	49,7	153	50,0	211
	Libéral	35,4	17	25,1	23	28,0	40
	NPD	8,8	—	22,5	30	18,8	30
	Autres	5,6	—	2,7	1	3,2	1

Note: ce tableau ne tient pas compte des résultats obtenus par les candidats indépendants ou par ceux des autres formations politiques.

Sources: *Statistiques historiques du Canada* et Rapport général du directeur des élections.

Marchand, et les co-fondateurs de la revue *Cité libre*, les intellectuels Gérard Pelletier et Pierre Elliott Trudeau. Cette politique d'ouverture accrue à l'endroit du Québec permet aux libéraux d'augmenter sensiblement leur nombre de députés et de prendre le pouvoir en 1963 et 1965 (tableau 2).

Après la démission de Pearson, Pierre Elliott Trudeau, devenu chef du parti et premier ministre, remporte une éclatante victoire aux élections de 1968, alors que la «trudeaumanie» se répand dans toutes les régions du Canada.

À gauche: Joe Clark, premier ministre du Canada (1979-1980). (ANC, PA-116450). *À droite:* Brian Mulroney, premier ministre du Canada (1984-   ).

Dès lors commence une seconde phase, qui s'étend jusqu'en 1984. Sauf pendant neuf mois en 1979-1980, les libéraux demeurent au gouvernement sans interruption et jouissent au Québec d'appuis sans cesse croissants, responsables pour une large part de leur maintien au pouvoir (tableau 2).

Venus à la politique fédérale pour faire contrepoids au nationalisme québécois qu'ils jugent excessif et provincialiste, Trudeau et son équipe estiment que les francophones du Québec doivent se définir d'abord comme Canadiens et trouver dans le régime fédéral un instrument servant aussi leurs intérêts. À cette fin, tout en prônant un nationalisme canadien multiculturel et des politiques sociales progressistes, ils adoptent une loi des langues officielles en 1969 et cherchent à rendre bilingues les institutions fédérales et à accroître le poids des francophones dans l'administration, phénomènes que traduit l'expression *French power*. En même temps, ils luttent farouchement contre toute érosion du pouvoir central et contre toutes les attaques à l'endroit du fédéralisme. Cela se traduit, notamment, par l'imposition de la loi des mesures de guerre en octobre 1970 et par une participation vigoureuse à la campagne référendaire de 1980.

Ayant le sentiment d'avoir atteint ses principaux objectifs avec le rapatriement de la constitution de 1982, et devant la baisse de popularité de son parti dans l'ensemble du Canada, Pierre Elliott Trudeau quitte la vie politique en 1984. Quelques mois plus tard, les conservateurs prennent le pouvoir et, pour la première fois depuis 1958, reçoivent un appui majoritaire des Québécois (tableau 2). Le chef du nouveau gouvernement, Brian Mulroney, prône une politique de détente dans les relations fédérales-provinciales et un certain allègement de l'État au profit de l'entreprise privée. Les questions sociales et constitutionnelles, qui ont dominé pendant le règne libéral, passent au second plan, derrière les préoccupations économiques et le thème du libre-échange avec les États-Unis.

ORIENTATIONS BIBLIOGRAPHIQUES

BARBERIS, Robert et Pierre DROUILLY. *Les illusions du pouvoir, les erreurs stratégiques du gouvernement Lévesque*. Montréal, Sélect, 1980. 238 p.

BECK, J.M. *Pendulum of Power. Canada's Federal Elections*. Scarborough, Prentice-Hall, 1968. 442 p.

BERNARD, André. *Québec: élections 1976*. Montréal, Hurtubise HMH, 1976. 173 p.

BERNARD, André et Bernard DESCOTEAUX. *Québec: élections 1981*. Montréal, Hurtubise HMH, 1981. 229 p.

DROUILLY, Pierre. *Le paradoxe canadien. Le Québec et les élections fédérales (1963-1974)*. Montréal, Parti pris, 1978. 235 p.

— *Statistiques électorales du Québec, 1867-1981*. Québec, Bibliothèque de l'Assemblée nationale, 1982. 687 p.

— *Statistiques électorales fédérales du Québec 1867-1980*. Montréal, Université du Québec à Montréal, 1983. 937 p.

DUPONT, Pierre. *15 novembre 76...* Montréal, Quinze, 1976. 205 p.

En collaboration. *Québec, un pays incertain: réflexions sur le Québec post-référendaire*. Montréal, Québec / Amérique, 1980. 312 p.

LAURIN-FRENETTE, Nicole et J.-F. LÉONARD. *L'impasse: enjeux et perspectives de l'après-référendum*. Montréal, Nouvelle Optique, 1980. 162 p.

LEMIEUX, Vincent. *Une élection de réalignement: l'élection du 29 avril 1970 au Québec*. Montréal, Éditions du Jour, 1970. 182 p.

— *Le quotient politique vrai: le vote provincial et fédéral au Québec*. Québec, Presses de l'Université Laval, 1973. 274 p.

LEMIEUX, Vincent *et al*. *Quatre élections provinciales au Québec 1956-1966*. Québec, Presses de l'Université Laval, 1969. 246 p.

MONIÈRE, Denis. *Pour la suite de l'histoire*. Montréal, Québec-Amérique, 1982. 182 p.

MURRAY, Don et Vera MURRAY. *De Bourassa à Lévesque*. Montréal, Quinze, 1978. 264 p.

CHAPITRE 51

L'AFFRONTEMENT QUÉBEC-CANADA

En matière de relations intergouvernementales, la période qui s'ouvre en 1960 marque à la fois un prolongement et une rupture par rapport aux décennies précédentes. Conformément à la position traditionnelle, en effet, tous les gouvernements québécois continuent à revendiquer le respect de l'autonomie provinciale prévue dans la constitution de 1867. Mais cet autonomisme, à la différence de celui de Duplessis, ne se limite plus au fait de réagir contre les politiques d'Ottawa au nom d'une conception légaliste de la constitution. On adopte désormais une attitude beaucoup plus pragmatique et affirmative, qui conduit, d'une part, à réclamer une révision de la constitution qui accorderait plus de pouvoirs au Québec, et, d'autre part, à prendre de plus en plus d'initiatives qui remettent en question le fonctionnement traditionnel du fédéralisme. À partir de 1976, le gouvernement péquiste va jusqu'à contester l'existence du système fédéral lui-même. Ce changement tient pour une large part à la nouvelle conception du rôle de l'État et de son rapport avec la collectivité, de même qu'à la montée du nouveau nationalisme et de l'indépendantisme.

Cette nouvelle attitude a, bien sûr, des effets considérables sur les relations du Québec avec le gouvernement fédéral. Mais elle se traduit aussi par la volonté d'établir des relations avec les autres provinces du Canada, de même qu'avec les gouvernements étrangers. Ce qu'on peut appeler la politique extérieure du Québec prend ainsi, au cours de la période, une ampleur et une importance sans précédent.

Une nouvelle dynamique fédérale-provinciale

Vers la fin des années 1950, la nouvelle Politique nationale mise en œuvre par Ottawa depuis la guerre n'a pas donné tous les résultats escomptés. Au lieu de corriger les inégalités entre les régions du Canada, les interventions économiques globales d'inspiration keynésienne ont souvent pour effet de les accentuer. Elles n'empêchent pas non plus l'augmentation du chômage et de l'inflation, comme on le constate lors de la récession qui commence en 1957. Par ailleurs, les provinces doivent faire face à des responsabilités accrues dans les domaines de l'éducation et des affaires sociales, qui relèvent de leurs compétences, mais le partage fiscal ne leur accorde pas les ressources suffisantes pour le faire. Même le gouvernement fédéral se rend compte qu'il est impossible de réaliser une politique économique cohérente sans la collaboration active des provinces.

De là résulte une modification sensible dans le climat des relations fédérales-provinciales. Insatisfaits de la gestion d'Ottawa, et persuadés de mieux connaître les besoins de leur population, les gouvernements provinciaux estiment avoir droit à plus de pouvoir et d'autonomie. Ils se font revendicateurs et défendent une vision moins centralisée du système fédéral. Ces tensions culminent lors de la crise mondiale de l'énergie, qui pose le problème de la gestion des ressources naturelles et met en jeu des intérêts économiques considérables. Particulièrement important dans certaines provinces comme l'Alberta et Terre-Neuve, le mouvement se traduit aussi par la mise sur pied d'un véritable front commun interprovincial face à Ottawa. Cette résurgence des régionalismes et des revendications autonomistes au sein du Canada, que la nouvelle Politique nationale des années 1940 et 1950 avait négligés, devient une donnée majeure du fédéralisme contemporain.

Le gouvernement québécois participe activement à cette remise en question du centralisme fédéral. Allant au-delà des revendications qu'il partage avec les autres provinces, il se définit comme le gouvernement d'une société ou même d'une nation distincte à l'intérieur du Canada. Il réclame donc des pouvoirs étendus et les ressources correspondantes, surtout en matière de culture, de communications, de services sociaux, de développement régional et d'immigration. Dans certains cas, comme l'assurance-hospitalisation, l'assurance-maladie ou l'aide à l'enseignement supérieur, il adhère à des programmes à frais partagés conçus par Ottawa, mais en s'y assurant un contrôle aussi large que possible. Dans d'autres cas, il refuse de participer à de tels programmes et préfère créer les siens propres. Il obtient pour cela qu'Ottawa institutionnalise, en 1964, le principe de l'*opting out*, c'est-à-dire le droit pour une province de ne pas participer à des programmes fédéraux, et de recevoir en échange des compensations fiscales qui lui permettent d'élaborer ses propres politiques. Le Québec est seul à s'en prévaloir, décidant dès cette année-là de se retirer de 28 programmes, comme les prêts-bourses et les allocations aux étudiants ou l'aide aux municipalités. En outre, il choisit de ne pas participer au Régime de pension du Canada, auquel adhèrent les autres provinces, et de créer son propre Régime des rentes, ce qui lui permet de faire gérer de façon autonome les sommes considérables ainsi accumulées et confiées à la Caisse de dépôt et placement. Il obtient également des pouvoirs spéciaux dans certains domaines comme l'immigration ou la télédiffusion. Sans que la constitution en soit officiellement modifiée, tous ces acquis finissent par donner au Québec une sorte de statut particulier au sein du Canada.

Face à ces tendances autonomistes du Québec et des autres provinces, la réaction du gouvernement fédéral évolue. Dans un premier temps, il accepte que le partage fiscal accorde plus de ressources aux provinces et fait même des concessions importantes au Québec. Cependant, l'esprit de la nouvelle Politique nationale n'est pas disparu pour autant et Ottawa tient à demeurer actif et présent auprès des citoyens en inaugurant plusieurs nouveaux programmes d'envergure «nationale». Il cherche aussi à s'affirmer comme le gouvernement de tous les Canadiens, par exemple en adoptant l'unifolié comme drapeau canadien. Bientôt, toutefois, devant l'inquiétude que suscite en certains milieux les risques de «balkanisation» du pays, le gouvernement est amené à durcir ses positions et à défendre farouchement ses pouvoirs, ses ressources et son leadership face aux provinces. Au fédéralisme «coopératif» de la première moitié des années 1960 succède une période de concurrence effrénée entre les deux niveaux de gouvernement, de confrontations et de querelles incessantes. Bien qu'elle oppose de quelque manière Ottawa à toutes les provinces, cette politique crée un état de conflit permanent avec le gouvernement du Québec. La tension atteint son paroxysme à l'approche du référendum de 1980.

En dépit de ces affrontements politiques et des débats constitutionnels souvent orageux entre les gouvernements, ceux-ci sont forcés, par la nature même du système fédéral, de collaborer les uns avec les autres pour la gestion du pays, d'autant plus que l'État est plus actif que jamais dans tous les secteurs de la société. C'est l'une des caractéristiques majeures de la période que la multiplication et l'intensification des échanges intergouvernementaux de toutes sortes. Ainsi, le Québec prend l'initiative de faire revivre les conférences interprovinciales, où les premiers ministres provinciaux se rencontrent pour essayer de coordonner leurs politiques. Des réunions régionales ont également lieu entre certaines provinces comme celles de l'Ouest ou de l'Atlantique. Les provinces, à l'exemple du Québec, se dotent d'un ministère ou d'un service des affaires intergouvernementales. Quant aux échanges fédéraux-provinciaux, ils prennent une ampleur sans précédent. Ils donnent lieu non seulement à de nombreuses conférences officielles entre Ottawa et les provinces, mais aussi à des centaines de rencontres entre ministres ou fonctionnaires fédéraux et provinciaux pour administrer au jour le jour l'ensemble des programmes où s'imbriquent et souvent chevauchent les responsabilités de chaque ordre de gouvernement. Le fédéralisme canadien prend ainsi l'aspect d'un vaste mécanisme de concertation et de confrontation permanentes, où le rôle du Québec est particulièrement important.

Cette nouvelle dynamique fédérale-provinciale permet aux provinces d'accroître sensiblement leurs ressources financières. Elles disposent notamment d'une part plus grande des impôts versés par les contribuables canadiens. Cela est particulièrement vrai au Québec, où le gouvernement choisit de se retirer de plusieurs programmes fédéraux en échange de compensations fiscales. Mais cette croissance ne doit pas faire illusion, car la dépendance à l'égard du gouvernement central demeure forte. En 1983-1984, près de 30% des revenus du gouvernement québécois proviennent de transferts fédéraux, sous forme de péréquation ou de programmes à frais partagés, dont les règles sont définies en dernière instance par Ottawa, qui garde aussi des pouvoirs majeurs en matière fiscale. Du gouvernement fédéral relèvent en outre les grands instruments d'intervention économique que sont la Banque du Canada, la politique monétaire et le contrôle du commerce international. Enfin, Ottawa a toujours le droit de recourir à tout mode ou système de taxation et dispose d'un pouvoir de dépenser dit illimité, c'est-à-dire celui d'affecter ses dépenses à quelque fin que ce soit. En somme, c'est lui qui conserve le rôle prépondérant dans la gestion de l'économie canadienne.

Le débat constitutionnel

Le grand débat ouvert depuis la crise et la guerre à propos de la constitution se poursuit et même s'intensifie après 1960. Un point tournant est franchi autour de 1980, avec le référendum québécois et la nouvelle loi constitutionnelle promulguée à Ottawa en 1982. Ce débat oppose d'une façon particulière le gouvernement fédéral et celui du Québec, chacun essayant d'obtenir pour lui-même l'appui des autres provinces. Ultimement, celles-ci se rallient à Ottawa et le Québec fait cavalier seul.

La position du Québec, telle que défendue par tous ses gouvernements, consiste à demander un statut spécial au sein de la fédération canadienne. Déjà, la constitution stipule que son administration est bilingue, qu'il a un code civil distinct et que trois des juges de la Cour suprême doivent être originaires de son territoire. Ce principe a inspiré l'autonomisme traditionnel, mais il est poussé beaucoup plus loin après 1960, alors que les gouvernements québécois non seulement continuent à défendre l'autonomie, mais réclament une nouvelle constitution qui donnerait au Québec des pouvoirs et des ressources accrus, lui permettant de s'affirmer pleinement comme une société distincte dotée d'un État capable de jouer son rôle de foyer national des Canadiens français. C'est là le seul moyen, estime-t-on, d'éviter que des décisions prises par la majorité anglophone du Canada n'affectent les caractères essentiels de la minorité de langue française concentrée au Québec. Dans cette optique, la constitution réformée ferait du Canada un régime décentralisé, fondé sur le principe de l'égalité des deux grands groupes ethniques. Dans l'opinion québécoise, cette idée reçoit diverses formulations et étiquettes: «deux nations» ou «peuples fondateurs», «États associés», «statut particulier», «souveraineté culturelle», «souveraineté-association». Le contenu de ces expressions peut varier, mais leur inspiration première reste l'affirmation de la spécificité québécoise.

Le gouvernement fédéral entretient une tout autre vision du Canada. À ses yeux, il n'y a qu'une seule nation canadienne, dont les différences ethniques ou culturelles n'ont pas à se traduire en termes constitutionnels, au-delà de ce que prévoit déjà la loi de 1867. C'est à Ottawa que loge le gouvernement «national» qui, pour jouer pleinement son rôle intérieur et extérieur, doit conserver une prépondérance sur les gouvernements provinciaux, y compris celui du Québec. Certes, la conjoncture des années 1960 l'oblige à certains accommodements permettant au Québec de jouir d'une certaine mesure d'autonomie, compte tenu de sa particularité culturelle et ethnique. Mais il refuse dereconnaître formellement au Québec un statut constitutionnel particulier, recevant en cela l'appui des provinces et de l'opinion canadiennes-anglaises. À partir de la seconde moitié des années 1960, en particulier avec l'arrivée du *French power*, cette position se double de la volonté de répliquer aux revendications québécoises en accordant

Une assemblée du «oui», 1980. (*Le Journal de Montréal*)

une place plus grande aux francophones dans les institutions fédérales
et en étendant le bilinguisme à l'échelle du Canada, de manière à ce
qu'Ottawa soit vu aussi comme le gouvernement des Canadiens français. La prééminence du gouvernement fédéral en serait d'autant légiti-
mée, et le Québec demeurerait, sur le plan constitutionnel, une province
comme les autres.

Le débat constitutionnel a une très large portée. Toutefois, il se
cristallise autour de quelques enjeux plus particuliers. Pour le Québec,
il s'agit surtout, comme on l'a dit, d'obtenir une révision majeure de la
constitution. Ottawa, par contre, n'en voit pas la nécessité, mais tient à
ce que celle-ci soit rapatriée au Canada, assortie d'une formule permettant de l'amender sans passer par le Parlement de Londres. Fondamentalement, le Québec ne s'oppose pas au rapatriement, ni à une formule
d'amendement qui lui reconnaisse un droit de veto; mais il refuse son
accord aussi longtemps qu'il n'aura pas obtenu satisfaction sur la
répartition des pouvoirs. Au cours des années 1970, le gouvernement
fédéral veut aussi que soit ajoutée à la constitution rapatriée une charte
des droits de la personne qui s'appliquerait à l'ensemble des citoyens,
au-delà des pouvoirs législatifs usuels des gouvernements, et dont

Une partisane du «non», 1980. (*Le Journal de Montréal*)

l'application relèverait ultimement de la Cour suprême. Là encore, y voyant une menace à certains de ses pouvoirs traditionnels, le Québec, qui possède déjà sa propre charte des droits, s'objecte à ce projet, d'autant plus que les juges de la Cour suprême sont tous nommés par Ottawa.

Ce débat fait rage pendant toute la période. On peut néanmoins y distinguer trois étapes majeures: 1964, 1971 et 1980-1982. En 1964, lors d'une conférence fédérale-provinciale, Ottawa propose le rapatriement de la constitution et l'adoption de la formule d'amendement dite Fulton-Favreau, qui rendrait obligatoire un accord des provinces, tantôt unanime tantôt majoritaire, pour tout amendement les concernant, mais sans donner de droit de veto formel au Québec. Le gouvernement Lesage, qui vient d'obtenir l'*opting out*, se rallie d'abord aux autres provinces et accepte la proposition fédérale. Mais les milieux nationalistes et l'opposition officielle dénoncent vivement l'entente, qui ne donnerait au Québec ni une nouvelle répartition des pouvoirs ni une protection suffisante de ses droits. Devant cette réaction, le gouvernement doit finalement battre en retraite et bloquer ainsi l'adoption de la formule fédérale.

Un scénario analogue se déroule en 1971, lors de la conférence de Victoria. Revenant à la charge, le gouvernement fédéral propose de nouveau le rapatriement, mais en accordant cette fois un droit de veto au Québec. Cependant, il se montre intransigeant sur la question du partage des compétences dont le Québec, pour sa part, continue de réclamer une révision en sa faveur. Encore une fois, le gouvernement du Québec est tenté d'accepter, mais doit céder aux pressions de l'opposition péquiste et d'une large partie de l'opinion qui, tout en reconnaissant l'importance du droit de veto, y voient cependant une arme purement négative, qui risque de laisser le Québec prisonnier du statu quo constitutionnel. Pour la deuxième fois, le Québec se retrouve seul dans son opposition au projet fédéral et le fait échouer.

Les discussions constitutionnelles connaissent alors un temps d'arrêt. Puis, pressé par les revendications croissantes des provinces auxquelles il ne veut pas céder, Ottawa se déclare prêt à rapatrier la constitution, unilatéralement si nécessaire. Des négociations serrées reprennent, dans lesquelles le gouvernement Lévesque, mettant en veilleuse son objectif de souveraineté-association, fait front commun avec les autres provinces, qui réclament une décentralisation du système fédéral. Devant cette situation et la montée du mouvement souverainiste au Québec, le gouvernement Trudeau crée la commission Pépin-Robarts sur l'unité canadienne, dont il ignore cependant les conclusions, à son gré trop favorables aux revendications des provinces et au concept de la dualité canadienne. Au Québec, pendant ce temps, diverses solutions et formules sont proposées, notamment par le Parti libéral qui veut offrir une alternative au projet souverainiste du gouvernement. À la veille du référendum, sans donner plus de précision, le premier ministre Trudeau promet solennellement qu'advenant la victoire du non, une nouvelle constitution sera adoptée. Dès novembre 1981, il convoque donc à cette fin une conférence fédérale-provinciale, qui se solde par un revirement spectaculaire: toutes les provinces anglophones, même celles qui jusque-là s'étaient alliées au Québec pour refuser le projet fédéral, donnent leur accord, et le Québec se retrouve complètement isolé. Cette fois, cependant, le refus québécois n'empêche pas Ottawa de passer aux actes et de faire approuver son projet par Londres, après avoir obtenu l'assentiment de la Cour suprême du Canada. La nouvelle loi constitutionnelle est promulguée officiellement en avril 1982, en l'absence des représentants du gouvernement québécois.

Pour l'essentiel, cette loi laisse intactes les dispositions de la constitution de 1867. Toutefois, celle-ci peut désormais être modifiée par le Parlement fédéral, pourvu qu'au moins sept provinces représentant 50% de la population canadienne y consentent. En outre, si un amendement provoque le transfert au gouvernement fédéral de compétences provinciales en matière d'éducation ou de culture, une province peut refuser pour elle-même un tel transfert et recevoir une juste compensation financière. Par ailleurs, la loi de 1982 ajoute à celle de 1867 une reconnaissance officielle des droits des autochtones, une consécration du principe de la péréquation, et surtout une charte des droits fondée sur les principes d'une société libre et démocratique, semblables à ceux que reconnaissent les autres grands pays occidentaux. La charte canadienne a toutefois ceci de particulier qu'elle traite explicitement des droits linguistiques et scolaires: elle fait de l'anglais et du français les langues officielles du Canada, possédant chacune un statut et des privilèges égaux dans toutes les institutions fédérales; elle stipule aussi que les citoyens ayant reçu leur éducation primaire au Canada en français ou en anglais ont le droit de faire instruire leurs enfants dans la même langue, même si celle-ci est minoritaire dans leur province.

Pourquoi le gouvernement Lévesque s'objecte-t-il alors à cette nouvelle loi? D'abord, il n'admet pas qu'on abandonne ce qu'il considérait comme le principe de l'accord unanime des provinces pour toute modification fondamentale à la constitution. En second lieu, il estime risqué de confier à la Cour suprême, institution exclusivement fédérale et majoritairement anglophone, l'interprétation de la charte des droits, dont plusieurs dispositions pourraient éventuellement affecter ses propres compétences. Une troisième objection concerne le domaine scolaire, où il refuse de se voir imposer des règles allant à l'encontre de ses propres politiques, telles que définies dans la loi 101. Enfin, la limitation du principe de la compensation financière aux seuls secteurs de l'éducation et de la culture lui paraît inacceptable.

Malgré les protestations du gouvernement Lévesque et son refus d'entériner la constitution de 1982, celle-ci, sauf exceptions prévues dans la loi elle-même, s'applique néanmoins au Québec comme à l'ensemble du pays. Les gouvernements Mulroney et Bourassa tentent par la suite de relancer les négociations afin d'obtenir, à certaines conditions, que le Québec reconnaisse officiellement la nouvelle constitution. C'est notamment ce que vise l'entente dite du Lac Meech, de 1987, dont la ratification par les provinces suscite de nombreux débats.

Le Québec et le monde

Jusqu'aux années 1960, le gouvernement du Québec n'a eu que peu d'intérêt pour les relations internationales, où sa présence demeurait épisodique et limitée. Dès les débuts de la Révolution tranquille et tout au long des deux décennies suivantes, cependant, ses efforts dans ce domaine ne cessent de s'intensifier. Devant l'ampleur que prennent les liens économiques, culturels et politiques à l'échelle internationale, le gouvernement québécois estime qu'il lui revient d'intervenir en ce domaine au nom des Québécois, dans les secteurs qui relèvent de sa compétence. C'est dans cette optique que tout un réseau de délégations et de bureaux du Québec à l'étranger est progressivement mis sur pied, d'abord en Europe de l'Ouest, puis dans les grandes villes des États-Unis, et enfin dans plusieurs autres parties du monde. En 1985, ces agences sont au nombre de 25, réparties dans 14 pays et 4 continents. Leur rôle est de représenter les intérêts du Québec en favorisant les échanges commerciaux et culturels, en participant sur place à la sélection des immigrants qui se dirigent vers le Québec et, dans certains cas, en pilotant divers projets de coopération.

De toutes ces agences, la plus importante est la Délégation générale du Québec à Paris, ouverte en 1961 et qui jouit auprès du gouvernement français d'une reconnaissance diplomatique. Dès les premières années de la Révolution tranquille, en effet, le gouvernement Lesage, imité en cela par tous ses successeurs, veut insister sur l'affirmation du Québec comme société de culture et de langue françaises et voit donc dans la France un interlocuteur privilégié, avec qui il s'applique à nouer des liens étroits, notamment en matière d'éducation et de culture. Cette politique, que la France accueille très favorablement, se traduit par la signature de divers accords de coopération, par la mise sur pied d'un

Le Général de Gaulle à l'hôtel de ville de Montréal, 1967. (Archives de la ville de Montréal)

Office franco-québécois pour la jeunesse, par l'échange de nombreux fonctionnaires, enseignants et experts, par des ententes commerciales et industrielles, par des visites d'hommes politiques et, de façon générale, par une intensification continue des relations de toutes sortes entre Français et Québécois.

Les accords entre le Québec et la France ne sont pas sans soulever au Canada un problème constitutionnel majeur. Pour le Québec, il ne s'agit là que d'un prolongement vers l'étranger de ses propres compétences internes. Pour Ottawa, par contre, le Canada ne doit avoir qu'une seule voix sur la scène internationale, et seul le gouvernement fédéral est habilité à conclure des ententes avec d'autres pays. C'est ainsi que l'accord France-Québec de 1965, première entente internationale signée par le Québec, est chapeauté par une entente cadre entre Paris et Ottawa. Et par la suite, le gouvernement fédéral se montre très vigilant face aux initiatives québécoises à l'étranger, tentant même, à certaines occasions, de les empêcher ou d'en limiter la portée. Plusieurs luttes de drapeaux et conflits protocolaires s'ensuivent.

Ce problème prend une tournure particulière quand le Général de Gaulle, au cours de sa visite à l'Expo 67, prononce son fameux «Vive le Québec libre!» et entreprend, par la suite, de soutenir systématiquement le Québec dans ses initiatives sur la scène internationale, créant ainsi pendant quelques années un conflit ouvert entre Paris et Ottawa. Sans désavouer leur prédécesseur, les présidents français qui succèdent à de Gaulle continuent à appuyer le Québec mais évitent les confrontations directes avec le gouvernement canadien, pratiquant à l'endroit du Québec ce que le président Giscard d'Estaing définit comme «une politique de non-ingérence et de non-indifférence».

Parallèlement à ses relations avec la France, le Québec s'efforce d'établir des liens avec les autres pays de la francophonie, notamment en encourageant de multiples échanges culturels, techniques ou économiques avec les communautés de langue française d'Europe ou d'Afrique. En Amérique même, il se voit comme le foyer de la culture française et s'efforce de multiplier les liens avec les francophones de la Louisiane, de la Nouvelle-Angleterre, de Haïti et des autres provinces du Canada. Plus officiellement, il obtient un statut de gouvernement participant au sein de l'Agence de coopération culturelle et technique des pays francophones créée en 1970, ainsi que lors du premier Sommet de la francophonie tenu en 1986. L'action internationale du Québec force le Canada à se donner une politique et des programmes de coopération extérieures faisant une part plus large que par le passé à l'élément francophone.

L'affirmation internationale du gouvernement du Québec n'est qu'un aspect d'un phénomène beaucoup plus profond, qui touchait déjà la société québécoise depuis la Deuxième Guerre mondiale au moins. Par les voyages, par la radio et la télévision, par les échanges culturels, commerciaux ou religieux, les Québécois, en effet, s'étaient largement ouverts sur le monde, et cette tendance, à compter de 1960, ne cesse de s'accentuer, de se diversifier et de rejoindre de plus en plus de groupes au sein de la population. Or l'action gouvernementale, en plus de la renforcer encore, donne à cette ouverture une signification politique plus marquée, permettant aux Québécois, comme collectivité nationale, d'être présents dans le monde.

* * *

En utilisant les pouvoirs que lui reconnaît la constitution de 1867, et par ses négociations avec le gouvernement fédéral et ceux des autres provinces, le Québec réussit donc, au cours de la période, à faire évoluer le système fédéral dans le sens d'une certaine décentralisation et d'une concertation accrue entre les niveaux de gouvernement. Il parvient même à se donner une présence internationale significative. Cette évolution amène l'État fédéral à s'ouvrir davantage aux attentes des francophones, mais elle ne l'empêche pas de conserver une prééminence certaine, tant à l'intérieur qu'à l'extérieur du pays. Au terme du débat constitutionnel, le Québec ne parvient pas à obtenir le réaménagement en profondeur qu'il réclame depuis vingt ans. Au contraire, la loi de 1982 marque le triomphe des vues fédérales.

ORIENTATIONS BIBLIOGRAPHIQUES

BEAUDOIN, Gérald. *Essais sur la constitution*. Ottawa, Éditions de l'Université d'Ottawa, 1979. 422 p.

HAMELIN, Jean. «Québec et le monde extérieur, 1867-1967», *Annuaire du Québec 1966-1967*, p. 2-36.

McWHINNEY, Edward. *Quebec and the Constitution, 1960-1978*. Toronto, University of Toronto Press, 1979. 170 p.

— *Canada and the Constitution, 1979-1982. Patriation and the Charter of Rights*. Toronto, University of Toronto Press, 1982. 227 p.

OTTAWA. *Rapport du groupe de travail sur l'unité canadienne*. 3 vol. Ottawa, Ministère des Approvisionnements et services, 1979. (Rapport Pépin-Roberts).

PATRY, André. *Le Québec dans le monde*. Montréal, Leméac, 1980. 167 p.

RÉMILLARD, Gil. *Le fédéralisme canadien*. Tome I. *Éléments constitutionnels de formation et d'évolution*. Montréal, Québec/Amérique, 1980. 553 p.

— *Le fédéralisme canadien*. Tome II. *Le rapatriement de la constitution*, Montréal, Québec/Amérique, 1985. 721 p.

ROY, Jean-Louis. *Le choix d'un pays: le débat constitutionnel Québec-Canada, 1960-1976*. Montréal, Leméac, 1978. 366 p.

SABOURIN, Louis, dir. *Le système politique du Canada. Institutions fédérales et québécoises*. Ottawa, Éditions de l'Université d'Ottawa, 1970. 517 p.

SIMEON, Richard. *Federal-Provincial Diplomacy: the Making of Recent Policy in Canada*. Toronto, University of Toronto Press, 1972. 324 p.

SMILEY, Donald V. *Canada in Question. Federalism in the Seventies*. Toronto, McGraw-Hill-Ryerson, 1972. 190 p.

Chapitre 52

EXPLOSION DE LA CULTURE DE CONSOMMATION

Urbanisation généralisée, prospérité, augmentation du temps de loisir, large implantation du réseau de radio-télévision, montée de la jeunesse: toutes les conditions sont réunies, à partir de 1960, pour que le développement de la culture de consommation, amorcé depuis l'entre-deux-guerres, connaisse une accélération sans précédent. La Révolution tranquille crée plus que jamais un climat propice au rejet des modèles traditionnels et à l'adoption des nouvelles pratiques de consommation culturelle, où l'influence des États-Unis joue un rôle déterminant. Cette hausse de la consommation aboutit, dans les années 1970 surtout, à une véritable industrialisation du champ culturel, dominé par une production de masse échappant largement au contrôle local.

La radio et la télévision

Le Québec entre pleinement dans l'âge des médias électroniques, qui deviennent les instruments par excellence de la culture de grande diffusion. Loin de s'opposer ou de se faire concurrence, la radio et la télévision s'articulent efficacement l'une à l'autre et composent ensemble une immense toile électronique qui s'étend sur tout le territoire, transformant celui-ci en ce «village global» décrit par le prophète de la culture médiatique, l'universitaire torontois Marshall McLuhan.

Comme le montre le tableau 1, même si la quasi-totalité des foyers du Québec possèdent déjà en 1961 une radio et un téléviseur, le rythme d'acquisition se maintient et même s'accentue par la suite. D'une part, la multiplication des appareils reflète un changement dans les habitudes d'écoute qui, de familiales, deviennent plus individuelles; ce changement se produit d'abord pour la radio dès les années 1960, puis pour la télévision à compter des années 1970. D'autre part, les innovations technologiques permettent, quand un champ d'exploitation est saturé,

TABLEAU 1

ÉQUIPEMENT AUDIO-VISUEL DES MÉNAGES QUÉBÉCOIS, 1961-1983

Proportion des ménages québécois possédant:	Pourcentages					
	1961	1965	1970	1975	1980	1983
I. RADIO						
au moins un récepteur	97,6	96,4	97,5	98,4	98,9	99,2
deux récepteurs ou plus	29,3	34,6	53,8	64,6	64,4	69,7
au moins un récepteur MF	7,4	24,1	56,9	81,7	90,4	96,0
au moins une radio d'auto	34,5	47,2	62,3	70,1	75,1	n.d.
au moins une radio d'auto MF	n.d.	n.d.	n.d.	22,1	42,4	n.d.
II. TÉLÉVISION						
au moins un appareil (tous types)	90,8	95,5	97,7	97,8	98,6	99,1
deux appareils ou plus (tous types)	3,7	12,1	26,0	37,2	44,7	50,6
au moins un appareil couleurs	n.d.	n.d.	9,7	49,7	80,3	90,9
un abonnement au câble	n.d.	n.d.	17,1	28,7	40,4	51,3
au moins un magnétoscope	n.d.	n.d.	n.d.	n.d.	n.d.	22,8
III. AUTRES						
au moins un tourne-disque	43,9	57,9	68,1	75,5	77,7	n.d.
au moins un magnétophone	n.d.	n.d.	n.d.	26,9	38,3	n.d.

n.d.: données non disponibles

Source: estimés annuels de Statistique Canada (64-202).

d'en ouvrir un autre aussitôt: c'est le cas de la radio MF pendant les années 1960, de la télécouleur (apparue en 1966) et de la câblodistribution pendant les années 1970. D'autres facteurs ne sont pas non plus à négliger, comme la miniaturisation et l'informatisation des appareils, qui augmentent le rendement tout en réduisant les coûts, de même que la commercialisation des magnétophones et magnétoscopes, qui permettent à chaque individu d'enregistrer les émissions de son choix.

À cette capacité de réception considérablement accrue correspond un système de production et de diffusion qui fait lui aussi des progrès importants. La loi fédérale de 1958, adoptée à la suite du rapport Fowler, enlève à Radio-Canada ses pouvoirs de réglementation, transférés à un Bureau des gouverneurs de la radiodiffusion qui deviendra en 1968 le CRTC (Conseil de la radio-télévision canadienne, rebaptisé

Une émission du matin fort populaire, «Chez Miville», à Radio-Canada, 1963. (Archives de l'Université du Québec à Montréal)

Conseil de la radiodiffusion et des télécommunications canadiennes en 1976), et elle ouvre largement la voie à l'entreprise privée. Celle-ci en profite pour augmenter sa présence déjà importante dans le secteur radiophonique. Le rapport Fowler ayant préconisé le développement de la radio en modulation de fréquences, la plupart des stations privées MA se doublent d'une antenne MF et des stations privées diffusant seulement en MF voient le jour. En même temps, deux grands réseaux radiophoniques privés sont créés à partir des postes montréalais CKAC (Télémédia) et CJMS (Radio-Mutuel), modifiant ainsi la programmation de nombreuses radios régionales. En 1982, le Québec compte plus de 160 stations MA et MF, dont les trois quarts sont francophones. Massivement, cette radio est de type commercial, à l'exception de celle de Radio-Canada, qui élimine la publicité en 1975, et de quelques radios communautaires ou scolaires, dont la puissance et l'auditoire sont limités.

C'est en télévision, cependant, que la privatisation et la libéralisation

des ondes ont les effets les plus spectaculaires. En 1960, Paul
L'Anglais et J.-A. de Sève, magnats du cinéma local, fondent Télé-
métropole, le canal 10, qui se dotera bientôt d'un réseau (TVA) rejoignant 94% de l'auditoire québécois en 1977. La télévision privée de
langue anglaise CFCF entre également en ondes en 1961. Ainsi, après
avoir été les spectateurs unanimes et captifs de Radio-Canada, qui
continue d'étendre son réseau à l'ensemble du territoire, les Québécois
découvrent la télévision à canaux multiples. Cette diversification
s'accélère rapidement au cours des années 1970, avec l'utilisation de la
bande UHF qui permet de capter Radio-Québec (1975), et surtout avec
la câblodistribution, qui rend accessibles les grands réseaux américains.
De plus, les innovations techniques, depuis le convertisseur jusqu'au
magnétoscope, ne cessent d'améliorer la qualité de réception du petit
écran et d'en multiplier les usages.

Radio et télévision se complètent à plusieurs titres. Tandis que la
radio s'adresse surtout aux auditeurs de la matinée et de l'après-midi,
notamment les femmes à la maison et les automobilistes des heures de
pointe, la télévision occupe les soirées, qui se prolongent de plus en
plus avant dans la nuit. Un partage analogue caractérise la programmation. Au cours des années 1960, la radio délaisse complètement le
divertissement parlé, pour se concentrer encore plus fortement sur ses
deux domaines de prédilection que sont l'information et la musique,
surtout la musique populaire enregistrée, à quoi s'ajoute bientôt l'utilisation massive du téléphone pour les émissions dites de «lignes
ouvertes». Grâce à sa légèreté technique et à sa rapidité, la radio
devient un organe d'information privilégié. Quant à la musique, déjà
très présente sur les ondes MA depuis les années 1950, elle connaît un
nouveau regain avec l'expansion du MF, qui augmente la qualité
sonore et favorise une véritable spécialisation de plusieurs stations.

Du côté de la télévision, le contenu de la programmation évolue peu.
Il tend plutôt à se concentrer sur le pur divertissement. Certes, l'information reste présente; elle devient même plus spectaculaire, grâce aux
satellites transmettant en direct des images du monde entier, et même
de la lune. Mais en 1976 comme au début des années 1960, l'information et les affaires publiques ne comptent que pour 15% environ du
temps d'écoute. L'essentiel va aux émissions d'agrément: variétés, téléromans, séries dramatiques, films, auxquels s'ajoute le sport dont la
part dans le temps d'écoute passe de 6,7% en 1967 à 15,2% en 1976,
et ce, sans compter les reportages sportifs présentés en après-midi pen-

dant la fin de semaine. Ce qui change donc surtout, c'est la quantité de ces émissions de divertissement, grâce à la multiplication des canaux. C'est par elles, également, que la télévision d'origine américaine, malgré les règlements fédéraux en matière de contenu canadien, occupe une place sans cesse grandissante sur les écrans québécois, soit par les canaux américains captés directement, soit par les chaînes locales diffusant, en langue originale ou en traduction, des émissions ou des films américains, soit enfin par la production d'émissions locales imitant les modèles et standards conçus aux États-Unis.

La télévision demeure avant tout commerciale, ce qui provoque une certaine uniformisation. Pour assurer sa rentabilité, chaque poste doit obtenir les plus hautes cotes d'écoute, et donc disputer âprement l'auditoire de ses concurrents en offrant le même type d'émissions qu'eux. Des essais de télévision alternative, parallèle, éducative ou communautaire ont lieu au cours des années 1970, mais leur succès reste mitigé, sauf pour Radio-Québec qui réussit à se tailler une place modeste.

À la fin de la période, la radio et la télévision sont devenues omniprésentes dans la vie des Québécois, et leur rôle dans la culture de grande diffusion est central. La télévision, en particulier, règne en maître: une enquête de 1978 révèle que les Québécois passent en moyenne 25 heures par semaine devant leur téléviseur. Celui-ci est donc le canal obligé par lequel doit passer, s'il veut rejoindre les masses, tout produit culturel quel qu'il soit.

La presse

La croissance rapide de l'audio-visuel laisse peu de place à celle des médias traditionnels, en particulier la presse quotidienne, qui connaît une période de stagnation, sinon de recul. L'information et la publicité n'étant plus son apanage, elle a peine à conserver sa clientèle. Des quotidiens bien implantés disparaissent, comme *Montréal-Matin*, *Montreal Star*, *L'Action* ou *L'Événement-Journal*, tandis que d'autres, nés dans l'enthousiasme de la Révolution tranquille (*Le Nouveau Journal*) ou du mouvement indépendantiste (*Le Jour*), n'arrivent pas à survivre plus de quelques années. Parmi ceux qui se maintiennent, aucun n'augmente son tirage de façon significative, malgré la hausse de la population et du niveau général de scolarité. Seuls prospèrent vraiment les nouveaux tabloïds du matin comme le *Journal de Montréal* (1964)

Le *success story* dans le monde des quotidiens: *Le Journal de Montréal*.

ou le *Journal de Québec* (1967), qui se mettent systématiquement à la remorque de l'actualité télévisuelle.

À l'exception peut-être du *Devoir*, dont près de la moitié du faible tirage est diffusée hors de Montréal, aucun quotidien ne peut prétendre à la qualité de journal national. Même lue dans d'autres régions, la presse quotidienne reste un phénomène lié d'abord aux grands centres. Dans l'ensemble du territoire, ce sont plutôt les journaux de fin de semaine, dont le nombre et le tirage total augmentent d'environ 50% entre 1957 et 1972, qui sont le plus lus. Publiés pour la plupart à Montréal, ces journaux sont abondamment illustrés et font une large place à l'actualité sportive et radio-télévisuelle. Signalons aussi la transformation des hebdomadaires régionaux et de la presse de quartier. Certains de ces journaux offraient jusqu'alors une information locale riche et de qualité; après 1960, ils se multiplient et se regroupent, mais leur contenu tend à se banaliser et ils servent surtout de véhicules publicitaires. Enfin, la presse dite ethnique, qui se concentre à Montréal, voit son tirage passer de 80 000 exemplaires en 1957 à plus de 250 000 en 1972.

Dans le secteur des magazines, les années 1960 et 1970 sont dures pour les mensuels de fabrication québécoise. Les annales religieuses, encore florissantes pendant les années 1950, et les publications agricoles disparaissent ou végètent, tandis que le nombre des périodiques d'intérêt général se réduit considérablement. Certains réussissent à survivre en fusionnant et en passant sous le contrôle d'entreprises canadiennes-anglaises (*Châtelaine*, *L'actualité*); ils subissent une forte concurrence des magazines français et américains. Par contre, durant les années 1970, on assiste à la montée des revues et magazines spécialisés, qui se consacrent à des sujets bien précis comme le sport, le loisir scientifique, la décoration intérieure, la musique, les affaires, la bande dessinée, l'informatique, etc. Si certains de ces nouveaux périodiques émanent du Québec, plusieurs, et souvent les plus populaires, sont d'origine étrangère, française et américaine surtout.

Enfin, au domaine de la presse appartient aussi, dans une large mesure, le livre à grand tirage, qui connaît une forte croissance due, d'un côté, à l'élargissement du public lecteur sous l'effet de la scolarisation massive, et, d'un autre côté, à la modernisation des structures de production et de commercialisation. Dans la littérature populaire de fiction, récits d'aventures, romans policiers, histoires vécues, romances sentimentales ou occultisme, cette croissance profite surtout aux éditeurs de l'extérieur du Québec, qui dominent largement le marché de la lecture de masse. S'adressant à d'importantes couches de la population, leur production prend des formes variées: collections de poche comme «Marabout», «J'ai lu» ou «Harlequin», albums de bandes dessinées, puis, durant les années 1970, volumineux best-sellers, souvent traduits de l'américain. Les chiffres de vente dépassent de loin ceux qu'atteignent quelques rares succès québécois de la fin de la période, comme *Pélagie-la-Charrette* d'Antonine Maillet, *Le Matou* d'Yves Beauchemin ou les romans montréalais de Michel Tremblay. C'est plutôt dans le livre d'actualité, les biographies d'artistes populaires et le livre pratique (cuisine, sexologie, sport, jardinage, épanouissement personnel, etc.) que réussissent à s'affirmer quelques éditeurs montréalais: L'Homme (1957), Le Jour (1961), Héritage (1968), Stanké (1975). De manière générale, l'expansion du livre populaire, à consommation rapide et massive, transforme l'ensemble du milieu éditorial québécois, où les préoccupations d'ordre culturel cèdent de plus en plus le pas aux considérations économiques et commerciales.

Le cinéma

Le cinéma met du temps à se relever de la crise où l'a plongé depuis 1952 l'avènement de la télévision. La fréquentation des salles continue de diminuer. En 1975, elle se situe à 20 millions d'entrées, pour ensuite chuter jusqu'à 14 millions en 1984. Le cinéma est ainsi amené à redéfinir son rôle et sa place dans l'ensemble de la consommation culturelle. Jusqu'aux années 1960, il était un divertissement de masse. Les salles étaient vastes, les prix d'entrée relativement bas, et les films, visant à plaire au plus large public, exploitaient généralement des thèmes et des formes aussi populaires que possible. La télévision ne pouvait que nuire directement à ce type d'exploitation et le condamner au déclin. Pour survivre, le cinéma en salle devait donc s'adapter lui aussi aux nouvelles conditions créées par la télévision, ainsi que la radio avait su le faire dès les années 1950.

Une telle adaptation se produit à partir de la fin des années 1960. Elle se reflète dans la hausse des prix d'entrée, la disparition progressive des «programmes doubles», et divers changements dans les modes d'exploitation. L'ouverture des ciné-parcs à partir de 1969 en est un exemple. Plus significatives encore seront, au cours des années 1970, la fermeture de nombreuses salles de quartier traditionnelles et l'apparition, dans les centres-villes ou les centres commerciaux de banlieue, des cinémas à écrans multiples, présentant plusieurs films à la fois mais pour des publics plus réduits. Ce phénomène fait passer le nombre de salles de la région de Montréal de 58 en 1965 à 81 en 1975. En même temps, la programmation se transforme. Elle tend à se distinguer de plus en plus de celle qu'offre la télévision, entre autres avec la montée des films «pour adultes», rendue possible par la libéralisation de la censure en 1967: à titre d'exemple, 42% des films visés par le Bureau de surveillance du cinéma en 1975-1976 sont réservés aux «18 ans et plus», contre 22% seulement en 1969-1970.

La spécialisation se reflète également dans la place grandissante accordée aux films dits de répertoire, qui ont la faveur d'un public d'amateurs de plus en plus nombreux et avertis. Issu en bonne partie des ciné-clubs scolaires, ce public de cinéphiles, grand consommateur de cinéma en salle, favorise une certaine diversification de la programmation: films de la «nouvelle vague» française, films d'art et d'essai ou de contestation sociale et politique, reprises des classiques du cinéma international, toutes choses auxquelles la télévision fait peu de place et

Un rendez-vous pour les cinéphiles, le Festival des films du monde de Montréal. (*Le Journal de Montréal*)

qui trouvent donc leur canal de diffusion à travers les salles de répertoire, les festivals, ou les services de la Cinémathèque québécoise créée en 1971.

Malgré ses difficultés, le cinéma reste très présent dans la vie culturelle. Des enquêtes de 1977 et de 1983 situent la fréquentation des cinémas en tête des divertissements pratiqués par les adultes du Québec à l'extérieur de leur domicile. Même si les salles sont souvent peu occupées, des films à grand succès continuent de les remplir régulièrement, entre autres les super-productions américaines. Il faut aussi, pour évaluer correctement l'impact du cinéma, tenir compte du fait qu'il emploie de plus en plus, pour rejoindre son public, d'autres canaux que la projection en salles: la télévision, la télévision à péage, et surtout la vidéocassette. Celle-ci se répand si rapidement au début des années 1980 qu'elle tend à devenir un instrument privilégié de la diffusion cinématographique, faisant ainsi du film, à son tour, un produit culturel destiné de plus en plus à la consommation individuelle.

Le marché cinématographique québécois reste largement dominé par les productions internationales. De tous les nouveaux longs métrages projetés dans le circuit commercial, la quasi-totalité vient de l'étranger, dont plus du tiers des États-Unis, environ 20% de France et 12% d'Italie; entre 1975 et 1983, la part des films en langue française y diminue de 71% à 57%, tandis que celle des films de langue anglaise passe de 28% à plus de 40%. À la télévision, près de la moitié des films sont d'origine américaine, proportion qui est encore plus élevée aux étalages des vidéo-clubs. À peu près inexistante depuis 1953, la production québécoise ne commence à se réorganiser que dans la seconde moitié des années 1960, essentiellement grâce à l'appui grandissant de l'État, seul capable, dans un domaine où les contraintes financières sont déterminantes, de faire quelque peu contrepoids à la puissance des industries étrangères.

Le renouveau vient d'abord de l'ONF, où les réalisateurs francophones, rassemblés en 1964 dans une section autonome, ravivent le documentaire par le recours au cinéma «direct», à forte incidence sociale et politique. Des courts métrages comme *Golden Gloves* de Gilles Groulx (1961) ou *Les bûcherons de la Manouane* d'Arthur Lamothe (1962) en sont des modèles, mais le film le plus marquant de cette tendance est *Pour la suite du monde* de Pierre Perrault et Michel Brault (1963), dont la technique et le sujet produisent un effet de choc sur le public et les cinéastes. Tout au long de la période, l'ONF reste ainsi le haut lieu du documentaire: des films comme *On est au coton* (Denys Arcand, 1970), *L'Acadie, l'Acadie* (P. Perrault et M. Brault, 1971), *Action* (Robin Spry, 1974), *Derrière l'image* (Jacques Godbout, 1978) et beaucoup d'autres ne cessent de dresser un portrait critique de la société québécoise et de sa culture. Parallèlement, plusieurs «onéfiens» passent à la fiction et ouvrent la voie à une nouvelle cinématographie québécoise.

Celle-ci connaît sa période faste autour de 1970. Entre 1968, l'année de *Valérie* (Denis Héroux), et 1973, celle de *Kamouraska* (Claude Jutra), de *Réjeanne Padovani* (Denys Arcand) et de *La mort d'un bûcheron* (Gilles Carle), près de 120 longs métrages voient le jour, dont plusieurs obtiennent un succès appréciable, comme *Deux femmes en or* (Claude Fournier, 1970), *Mon oncle Antoine* (Claude Jutra, 1971), *Les Colombes* (Jean-Claude Lord, 1972) ou *La vraie nature de Bernadette* (Gilles Carle, 1972). Dans cette production, où l'ONF continue à jouer un rôle important, le secteur privé s'affirme de plus en plus. Mais il dépend largement de l'aide gouvernementale. En 1968, Ottawa crée un organisme de financement, la SDICC (Société de développement de l'industrie cinématographique canadienne, devenue ensuite Téléfilm-Canada), et adopte des mesures fiscales favorisant les investissements cinématographiques privés. Radio-Canada devient aussi un important bailleur de fonds pour l'industrie privée. À cela s'ajoute, à compter de 1977, l'argent que l'État québécois distribue par l'intermédiaire de son nouvel Institut du cinéma, devenu plus tard la Société générale du cinéma. Ces diverses interventions publiques permettent donc la création d'une industrie cinématographique locale, dont l'existence toute-fois est quelque peu artificielle. D'ailleurs, les films ainsi produits réussissent rarement à atteindre des niveaux de rentabilité suffisants pour faire vraiment concurrence à ceux des producteurs étrangers, les-quels contrôlent en outre la distribution et l'essentiel du réseau d'ex-ploitation.

Ces problèmes deviennent évidents à partir du milieu des années 1970. Tandis qu'un cinéma d'auteur se poursuit avec peine (*Les ordres*, Michel Brault, 1974; *Les bons débarras*, Francis Mankiewicz, 1979), ou se réfugie de nouveau à l'ONF (*J.A. Martin photographe*, Jean Beaudin, 1977), le gros de la production québécoise s'oriente vers le film purement commercial, souvent sous forme de coproductions inter-nationales, dont plusieurs en langue anglaise, ou bien sous forme de séries destinées à la télévision (*Les Plouffe*, Gilles Carle, 1981). Un succès comme celui du *Déclin de l'empire américain* (Denys Arcand, 1986) demeure un phénomène isolé.

Le public joue aussi un rôle dans cette évolution. Autour de 1970, l'ambiance est au nationalisme culturel; on est sensible à la création d'un cinéma québécois et heureux de se reconnaître dans les histoires, les personnages, le langage que proposent tous ces films, quitte même, dans bien des cas, à pardonner les faiblesses techniques ou artistiques. Par la suite, cet enthousiasme et cette indulgence paraissent fléchir, peut-être à cause de la lenteur avec laquelle la production locale se renouvelle, peut-être parce que les goûts et les critères du public sont de plus en plus influencés par les standards internationaux.

La musique populaire et le spectacle

Depuis que la radio, le disque, le cinéma et les spectacles ont com-mencé à la répandre, la musique populaire a toujours trouvé auprès des jeunes son public le plus fervent. À partir des années 1960, ce phéno-mène prend une ampleur toute nouvelle, avec l'arrivée à l'adolescence

Un concert de musique populaire, 1986. (*Le Journal de Montréal*)

des enfants du *baby boom*. La musique populaire devient le signe par excellence de ce «phénomène jeunesse», son moyen d'expression et d'identification privilégié.

On peut y distinguer trois courants principaux. Le premier, et le plus important en termes quantitatifs, est la musique rock, d'origine américaine et britannique, qui connaît diverses variantes, mais demeure le bruit de fond de toute la période. Cette musique, incarnée par des super-vedettes internationales comme les Beatles et associée à des modes vestimentaires, des danses ou des courants idéologiques qui se renouvellent rapidement, est fondée avant tout sur le rythme et l'ambiance sonore, créée à l'aide de moyens acoustiques puissants et sophistiqués. Omniprésente à la radio, répandue par le disque 33 tours, la cassette puis le «vidéo-clip», elle représente un commerce gigantesque, où la part des producteurs et des artistes locaux est négligeable.

Dans le deuxième courant, celui de la ballade sentimentale, l'accent est mis sur la mélodie et la voie de l'interprète. Issue des cabarets, cette musique se répand non seulement chez les jeunes, mais aussi parmi le public plus âgé. Elle est véhiculée, dans les années 1960, par le disque 45 tours. Puis la radio MA et une partie de la radio MF en font un ample usage au cours des années 1970. Quoique en bonne partie d'origine anglophone, cette musique est surtout le fait d'interprètes français et québécois.

Enfin, un troisième courant est celui de la chanson dite québécoise, produite par des auteurs-compositeurs locaux qui sont généralement leurs propres interprètes. Cette chanson évolue en deux temps. D'abord se manifestent, au début des années 1960, ceux qu'on appelle les chansonniers. Influencés par la chanson française de l'après-guerre, celle des Ferré, Brassens, Brel et du Québécois Félix Leclerc, ils se révèlent par le groupe montréalais des Bozos (1960). Mais c'est l'ouverture des boîtes à chansons un peu partout au Québec qui leur donne accès à un

Le chansonnier Gilles Vigneault.

large public aussi jeune qu'enthousiaste. Avec pour seul accompagnement leur guitare sèche ou leur piano, les Claude Léveillée, Jean-Pierre Ferland, Gilles Vigneault, Claude Gauthier font entendre leurs appels au pays, à la femme, à la grande nature et à la solidarité. Imprégnées de tradition folklorique et de poésie, souvent engagées, leurs chansons s'inscrivent dans le nouvel esprit d'affirmation nationale et culturelle qui caractérise la Révolution tranquille.

Ce mouvement dure jusqu'à la seconde moitié des années 1960 environ. Par la suite, ceux des chansonniers qui continuent de se produire sont obligés de commercialiser davantage leur travail, qui passe de l'artisanat au professionnalisme et tend à se dépolitiser. C'est que les temps ont changé. Depuis 1968 se fait jour, en effet, un nouveau type

Une star québécoise des années 1980: Diane Dufresne. (*Le Journal de Montréal*)

de chanson et de musique québécoises, introduit cette année-là par la révélation de Robert Charlebois, dont l'influence s'étend rapidement parmi la jeune génération d'auteurs-compositeurs, d'interprètes et de groupes musicaux. Marqués par le rock et la contre-culture californienne, ils exploitent une thématique nettement plus urbaine que leurs devanciers et, plutôt que la poésie du texte, visent la production d'un son nouveau et l'expression d'une sensibilité mieux en accord avec la violence de l'époque, l'esprit contestataire et les réalités de la société de consommation. La guitare s'électrifie ou fait place au synthétiseur, la rivière Natashquan est remplacée par les rues de Rosemont, la chemise à carreaux par les costumes extravagants des vedettes «punks».

Au tournant des années 1980, la musique populaire québécoise offre une grande diversité de styles et de tendances. Toutefois, depuis la fin du mouvement des chansonniers, elle n'a cessé de se rapprocher des courants internationaux. Perdant ainsi une part de sa singularité, elle subit de plus en plus la concurrence de la production française et surtout américaine, qui domine largement le marché. Au Québec, les ventes de musique enregistrée représentent, en 1973, 60 millions de dollars, mais la part de la production locale n'y dépasse guère les 25%, et cette proportion ne cesse de décroître par la suite.

Une survivance: le Théâtre des Variétés de Montréal. (*Le Journal de Montréal*)

Quant au monde du spectacle, il se transforme radicalement au cours de la période. On y observe d'abord l'extinction rapide, au début des années 1960, de divertissements urbains comme le cabaret et les salles de danse, remplacées un peu plus tard par les discothèques. Le théâtre populaire, pratiquement disparu depuis le début des années 1950, revit en partie au Théâtre des Variétés de Montréal, ouvert en 1967, et à travers les nombreux théâtres d'été qui s'installent dans les lieux de villégiature: tout en s'inspirant de la tradition burlesque et du boulevard, ce théâtre est surtout un prolongement des émissions de télévision, dont il embauche les vedettes et reprend les techniques dramatiques. La seule véritable innovation est à chercher du côté des monologuistes, imitateurs et humoristes, dont la popularité, aidée par le disque et la télévision, ne cesse de se répandre au cours des années 1970.

Les spectacles les plus nombreux et les plus fréquentés restent, tout au long de la période, les récitals et concerts de musique populaire, mettant en vedette les artistes et les groupes québécois ou étrangers les plus en vogue. Au début, ces spectacles sont plutôt modestes: à Montréal, ils se donnent à la Comédie canadienne; ailleurs, dans les boîtes à chansons, les salles de collèges ou les cinémas. Puis on dispose de salles mieux équipées: la Place des Arts, le Grand Théâtre, ou les nombreux centres culturels érigés à l'occasion du centenaire de la Confédération en 1967. Dans les années 1970, enfin, s'ajoutent les spectacles-événements prenant la forme de vastes rassemblements populaires, inspirés à l'origine par celui de Woodstock: festival de Manseau, fêtes de la Saint-Jean au parc du Mont-Royal, Chant'août et Superfrancofête sur les plaines d'Abraham, suivis bientôt par les spectacles géants au Forum ou au Stade olympique de Montréal, qui restent toutefois des hauts lieux du sport professionnel, devenu spectacle médiatique. Aux *Canadiens* de Montréal s'ajoutent, entre autres, les *Nordiques* de Québec et, au baseball, les *Expos* de Montréal.

Industrialisation et américanisation

Qu'il s'agisse de la radio-télévision, du disque, du film, de la littérature populaire ou du spectacle, une même tendance caractérise l'évolution récente de la culture de masse, au Québec comme dans les autres sociétés avancées: une croissance extrêmement forte et rapide de la consommation. Du côté de la production, de la diffusion et de l'exploitation, le phénomène majeur est ce qu'on peut appeler l'industrialisation, c'est-à-dire l'introduction, dans le domaine culturel, des mêmes règles, façons de faire et modes de concurrence que ceux qui prévalent dans les autres secteurs de l'économie. Ce faisant, la production culturelle accroît le rythme et la quantité de son rendement, raffine ses moyens de diffusion et se réorganise. Échappant de plus en plus aux producteurs individuels et aux entreprises de type artisanal, elle devient l'apanage de vastes organisations jouissant de moyens financiers et techniques puissants. Dans le livre, par exemple, la société Sogides rassemble plusieurs maisons d'édition, une imprimerie et une compagnie de distribution. Dans la presse, des empires comme Power Corporation, Unimédia ou Quebecor regroupent la plupart des journaux et périodiques importants. Dans la radio et la télévision privées, peu de postes échappent à l'emprise des réseaux québécois ou canadiens. Et partout, y compris dans les entreprises d'État, on adopte des méthodes industrielles de production et de commercialisation de la culture.

Un aspect encore plus marquant de ce phénomène est l'ouverture, la libéralisation du marché culturel québécois, où les produits étrangers, et principalement américains, occupent une place sans cesse grandissante, appuyés qu'ils sont par des structures commerciales et publicitaires omnipuissantes et par un prestige qui s'étend à la grandeur de la planète. Dans ce contexte, et même si l'État s'efforce de leur venir en aide, les industries culturelles québécoises n'ont pas la partie facile. Même sur le marché local, leur position reste toujours précaire, et elle tend même à se détériorer à mesure qu'augmente la demande pour des films, des disques, des vidéocassettes ou des émissions de télévision en plus grande quantité, qualité et diversité. Quant à l'étranger, les producteurs québécois n'arrivent guère à s'y imposer. Même avec la France, où ils réussissent, dans la musique populaire surtout, quelques percées plus spectaculaires que profondes, les échanges demeurent très inégaux.

À ces difficultés d'ordre économique s'ajoutent les pressions que l'américanisation progressive de la culture de masse fait subir à la spécificité de la culture québécoise elle-même. Plusieurs y voient un processus d'acculturation qui ne peut aller qu'en s'intensifiant, à mesure que le français le cède à l'anglais, langue dominante de la culture de masse. On observe d'ailleurs qu'une proportion croissante de francophones, en particulier parmi les jeunes, non seulement préfèrent la musique américaine et britannique, mais consomment de plus en plus de télévision, de cinéma et de périodiques de langue anglaise. Selon d'autres, par contre, tout cela représente pour le Québec un nouveau défi à relever. Quoi qu'il en soit, c'est là un aboutissement du long processus de modernisation et de rattrapage culturel dans lequel le Québec s'est engagé dès l'entre-deux-guerres, qui s'est accentué au cours des années 1940 et 1950, et qui ne fait, à partir de 1960, que s'accélérer et s'étendre comme jamais auparavant.

ORIENTATIONS BIBLIOGRAPHIQUES

BAILLARGEON, Jean-Paul, dir. *Statistiques culturelles québécoises 1971-1982*. Québec, IQRC, 1986.

CAU, Ignace. *L'Édition au Québec de 1960 à 1977*. Québec, Ministère des Affaires culturelles, 1981. 229 p.

Conseil de la radiodiffusion et des télécommunications canadiennes. *Rapport spécial sur la radiodiffusion au Canada 1968-1978*. Ottawa, 1979.

DE LA GARDE, Roger. «La presse québécoise», *Annuaire du Québec*, 1973, p. 685-704.

En collaboration. «Les littératures fast-food» (dossier), *Nuit blanche*, 15 (octobre-novembre 1984), p. 40-60.

Haut Commissariat à la jeunesse, aux loisirs et aux sports. *La participation des Québécois aux activités de loisirs*. Québec, 1978.

HOULE, Michel et Alain JULIEN. *Dictionnaire du cinéma québécois*. Montréal, Fides, 1978. 366 p.

LACHANCE, Denise. *La chanson: un art, une industrie*. Québec, Ministère des Affaires culturelles, 1975.

LACHANCE, Gabrielle, dir. «La culture: une industrie?» Numéro spécial de *Questions de culture*, 7, 1984. 214 p.

LAMONDE, Yvan et Pierre-François HÉBERT. *Le cinéma au Québec: essai de statistique historique (1896 à nos jours)*. Québec, IQRC, 1981, p. 35-154.

PAGÉ, Pierre et Jacques BELLEAU. *Jalons pour une histoire de la radio du Québec 1940-1965*, Communication et information, IV, 2 (hiver 1982), p. 116-122.

PROULX, Gilles. *L'aventure de la radio au Québec*. Montréal, Éditions La Presse, 1979. 143 p.

Rapport du comité spécial du Sénat sur les moyens de communication de masse, Ottawa, Imprimeur de la Reine, 1970. (Commission Davey).

ROY, Bruno. *Panorama de la chanson au Québec*. Montréal, Lemeac, 1977, p. 75-156.

SAINT-AMOUR, Robert. «La chanson québécoise: hier, aujourd'hui et demain», *Annuaire du Québec, 1975-1976*, p. 576-583.

STATISTIQUE CANADA. *Statistiques de la culture, radio et télévision, 1978*. Ottawa, 1979 (n° 87-630).

CHAPITRE 53

L'ÉBULLITION CULTURELLE

Les changements qui se produisent à compter de 1960 dans la littérature et les arts sont spectaculaires et extrêmement rapides. Ils concernent globalement toute la situation faite à la culture dans la société québécoise. À la modernisation esthétique et idéologique des années 1940-1960, qui ne touchait qu'un milieu assez restreint, succède en effet un important mouvement de modernisation institutionnelle qui permet à la première de se poursuivre, de se renforcer et de s'étendre largement. Cette évolution, dont le moteur principal est l'intervention grandissante de l'État dans le champ culturel, se traduit par au moins quatre phénomènes: l'élargissement du public et l'augmentation rapide de la consommation; la création de nouveaux équipements; l'amélioration du statut des créateurs; et enfin la multiplication et la diversification de la production.

Même si elle se poursuit pendant toute la période, on peut distinguer dans cette évolution deux grands moments. Le premier correspond en gros aux années 1960, qui sont une phase intense de rattrapage, de mise en place et de transformation: un nouveau public émerge, l'État fait son entrée dans le secteur, l'amélioration des infrastructures se met en marche. Puis ce climat de réforme et d'innovation fait place, à partir de 1970 environ, à une phase marquée surtout par la consolidation et la croissance de ce qui a pris forme au cours de la décennie précédente.

Le public

Le nombre de personnes intéressées par la littérature, la musique classique, le théâtre ou les arts visuels s'accroît de manière significative. L'accessibilité plus grande à l'éducation fait d'abord augmenter considérablement ce bassin de consommateurs particulièrement actifs qu'a toujours représenté le milieu étudiant. De plus, le relèvement du niveau général de scolarisation entraîne un élargissement du public cultivé. En même temps, la hausse des revenus et l'allongement du temps libre allègent pour certaines couches de la population les contraintes qui leur rendaient jusqu'alors difficile, sinon impossible, l'accès aux livres, aux œuvres d'art, aux concerts ou aux pièces de théâtre. Il se produit, en un mot, un phénomène de démocratisation: ce qui était réservé jusqu'alors à un tout petit nombre d'amateurs, concentrés dans les couches urbaines les plus favorisées, rejoint maintenant des groupes plus étendus et d'origine sociale plus variée.

Mais l'évolution n'est pas seulement d'ordre quantitatif. Les mentalités, les attitudes, les goûts se modifient aussi, en particulier grâce à la nouvelle génération de l'après-guerre qui forme bientôt la partie la plus considérable et la plus influente du public. En plus d'être très nombreuse, cette génération accorde à la lecture, à l'écoute de la musique, à la fréquentation des spectacles et des expositions plus de temps et d'argent que ne le faisaient ses aînés, et la consommation culturelle fait plus intimement partie de son mode de vie, à Montréal et Québec comme dans les villes de moindre importance. En outre, moins soumise à l'autorité cléricale, moins attachée aux valeurs traditionnelles et plus au fait des nouveaux courants et des modes venus d'autres pays, cette génération accepte et même privilégie les idées et les œuvres modernes, les manifestations de rupture, les contestations.

Tel est le cas surtout durant les années 1960, alors que ce nouveau public appuie à la fois l'innovation esthétique, l'engagement politique, l'affirmation de la «québécitude» et bientôt l'émergence de la« contre-culture». Avec le vieillissement, toutefois, a lieu après 1970 une certaine accalmie: tout en continuant de consommer beaucoup, et même encore davantage, on recherche moins l'audace formelle ou idéologique que la qualité, l'originalité et la diversité. Les productions «authentiquement québécoises», qu'un sentiment d'inspiration nationaliste tendait à favoriser durant les années 1960, ne jouissent plus de la même préférence ni de la même ferveur. En même temps, la relative unanimité de goûts et d'intérêts qui caractérisait la jeunesse de la Révolution tranquille le cède de plus en plus à la segmentation, c'est-à-dire à la formation, au sein du public cultivé, de groupes d'amateurs plus spécialisés mais qui sont souvent plus passionnés et plus exigeants que par le passé.

Les équipements

De ces changements résulte, au fur et à mesure que progresse la période, une hausse continue de la demande et de la consommation de biens et de services culturels, aussi bien d'origine locale qu'étrangère. Visant à satisfaire et à stimuler ces besoins croissants, des efforts sont accomplis par l'État québécois pour corriger les retards flagrants dont souffrent les équipements de diffusion et de promotion culturelle.

L'un des secteurs où ces efforts sont le plus visibles est celui des bibliothèques publiques. L'ancienne bibliothèque Saint-Sulpice devient en 1967 la Bibliothèque nationale du Québec, avec le mandat de conserver et de mettre en valeur les imprimés québécois. Par ailleurs, le réseau des bibliothèques municipales s'améliore notablement. De 71 en 1960, leur nombre passe à 114 en 1967 et à 138 en 1983. S'y ajoutent, vers la fin des années 1970, une douzaine de bibliothèques centrales de prêt qui, en 1983-1984, desservent près de 750 municipalités rurales dans les diverses régions du Québec. Dans les grandes villes, les bibliothèques municipales multiplient leurs succursales: en 1982, elles sont au nombre de 21 à Montréal et de 6 à Québec. Ainsi, le taux de la population desservie par une bibliothèque publique, de 45% qu'il était

Le Grand Théâtre de Québec.

en 1960, passe à 63% en 1970, puis à 83% en 1984. Pour le commerce du livre, Québec met sur pied, comme suite au rapport Bouchard (1963), un système d'accréditation qui brise le quasi-monopole des communautés religieuses et des institutions d'enseignement au profit des librairies indépendantes; celles-ci doivent être de propriété québécoise et offrir un fonds de qualité. En 1985, ces librairies agréées sont au nombre de 172, dont 91 à Montréal et 26 à Québec.

L'amélioration touche également les salles de concerts et de spectacles. Les années 1965-1975, en particulier, sont une période intense de construction et de mise en place, qui permet de combler les lacunes les plus graves à ce chapitre. Montréal et Québec, là encore, sont évidemment favorisées. On y érige notamment les complexes de la Place des arts (1961-1967) et du Grand-Théâtre (1967-1971), qui servent à la fois pour la musique, l'opéra, la danse, le théâtre et les spectacles de variétés. En même temps, d'anciennes salles de moindre importance, des cinémas ou d'autres édifices publics sont rénovés ou réaffectés, la plupart du temps avec l'aide de l'État. Dans plusieurs villes moyennes, des centres culturels sont construits à la faveur des célébrations du centenaire de la Confédération. Ainsi se crée un réseau que peuvent parcourir les troupes, les orchestres ou les solistes québécois et étrangers en tournées.

Pour les arts visuels, quelques nouveaux musées et centres d'exposition voient le jour, en particulier pour l'art moderne comme le Musée d'art contemporain (1965) ou le centre Saidye-Bronfman (1967), tandis que se développe tout un réseau de galeries dites parallèles. En 1972, le gouvernement du Québec transforme le Musée des beaux-arts de Montréal, de privé qu'il était, en institution mixte, ce qui lui permet de s'agrandir et d'accueillir de grandes expositions internationales. Dans les villes moyennes, la plupart des centres culturels ont aussi leur galerie d'art, où se multiplient les expositions d'artistes locaux. Quant aux galeries commerciales, leur nombre augmente rapidement durant les années 1960, de même que la variété des styles auxquels elles se consacrent.

Signalons aussi, pendant les années 1970, la multiplication des grandes manifestations à la fois artistiques et commerciales qui, à Montréal et dans d'autres villes, attirent régulièrement un vaste public: salons du livre, festivals de cinéma, de vidéo, de musique classique, de jazz, de théâtre, etc. Là encore, l'aide financière et technique de l'État joue un rôle déterminant.

Enfin, on ne peut avoir une idée complète de la multiplication et du développement des équipements culturels sans tenir compte de l'apport, partout au Québec, des établissements scolaires. Les polyvalentes, cégeps et institutions universitaires, en effet, possèdent des bibliothèques, des auditoriums, des galeries d'exposition utilisés aussi bien par le public que par les étudiants.

Au total, l'infrastructure culturelle du Québec fait en vingt ans des progrès considérables. Certes, de nombreuses carences demeurent. Mais si on compare la situation à ce qu'elle était avant 1960, le contraste est tel qu'on peut parler d'une véritable naissance: l'apparition, surtout à Montréal mais aussi dans l'ensemble du territoire, d'un réseau commercial et institutionnel offrant à presque toute la population des activités et des biens culturels jusqu'alors réservés à une minorité. Jamais, par le passé, n'ont été accessibles une telle quantité ni une telle variété de livres, de disques, de spectacles, de concerts ou d'expositions.

Cette accessibilité accrue, cependant, ne signifie pas nécessairement que tous les citoyens profitent des services culturels ainsi mis à leur disposition. Même si la consommation augmente largement, des facteurs économiques et surtout éducatifs continuent de la limiter. Ainsi, malgré la plus grande disponibilité des livres, une enquête de 1979 révèle que 77% des Québécois ne vont jamais dans les bibliothèques publiques, que 50% ne sont jamais entrés dans une librairie, et que 44% ne lisent pour ainsi dire jamais, ce dernier pourcentage passant à 49% en 1983. Même constatation pour les musées d'art, que fréquentent moins de 25% des adultes. Ces proportions représentent malgré tout un progrès par rapport aux périodes antérieures. Mais depuis les années 1970, elles semblent varier peu, si bien qu'on peut globalement évaluer le public intéressé à la culture dite d'élite, dans les meilleurs des cas, à quelque 20% de la population, ce qui est comparable à ce qui se passe dans les autres sociétés occidentales.

Les créateurs

L'ébullition culturelle se traduit aussi par la «dé-marginalisation» des créateurs, dont le statut et les conditions de vie s'améliorent, en particulier à partir de la fin des années 1960. Leur nombre, d'abord, connaît une hausse importante, due à la demande accrue, à la multiplication des moyens de production et à la plus grande diffusion de l'éducation artistique à travers le sytème d'enseignement. À titre d'exemple, les comédiens professionnels, de moins de 400 en 1971, passent à plus de 1000 en 1981, tandis qu'on dénombre, en 1975, 2770 créateurs en arts visuels, dont 1800 habitent Montréal et 560, Québec. En même temps, l'origine sociale des créateurs se diversifie, et la proportion de femmes augmente sensiblement.

Les autodidactes, par contre, deviennent plus rares, avec la modernisation, l'extension et la réorganisation des écoles de formation spécialisée. Ces dernières, d'autonomes et plutôt marginales qu'elles étaient, s'intègrent au système collégial et universitaire, ce qui leur permet de jouir de meilleures ressources et de s'implanter à la grandeur du territoire. En même temps, les séjours de formation à l'étranger se multiplient, de même que les participations aux grands concours d'envergure internationale.

Plus nombreux et mieux formés, se percevant de plus en plus comme des professionnels, les créateurs et les autres agents culturels prennent aussi une meilleure conscience de leurs intérêts socio-économiques. Dans le domaine du théâtre, de la radio-télévision et de la musique, ils sont représentés par des syndicats déjà bien implantés, dont l'influence augmente à mesure que s'étend le marché. À cela s'ajoutent, après 1970, divers regroupements de peintres, de graveurs, d'écrivains et d'autres créateurs indépendants s'occupant ensemble de leurs revendications auprès de l'État et de la promotion de leurs œuvres.

Au point de vue financier, rares demeurent les créateurs qui peuvent vivre uniquement du produit de leur art. Quelques écrivains, peintres ou comédiens connus y parviennent cependant, surtout durant les années 1970. Pour les autres, qui forment la grande majorité, le revenu qu'ils tirent de leur création, soit sous forme de droits, de cachets ou de ventes d'œuvres, soit grâce aux bourses, subventions, récompenses et commandes gouvernementales, tend à augmenter, mais demeure faible. Presque tous doivent donc compter sur un «second métier», mais celui-ci est généralement plus proche que par le passé de leur champ d'expression: à la radio-télévision et au journalisme s'ajoutent en effet des emplois de type pédagogique, comme l'animation culturelle et surtout l'enseignement collégial ou universitaire, où leurs activités de création peuvent se poursuivre assez librement. Dans l'ensemble, toutefois, selon une étude réalisée en 1979 pour le Conseil des arts du Canada, les conditions matérielles dans lesquelles vivent les créateurs restent

Les écrivains du groupe *Parti pris*: André Major, Gérald Godin, Claude Jasmin, Jacques Renaud, Laurent Girouard, Paul Chamberland.

encore loin de celles dont profitent d'autres groupes ayant un niveau de formation comparable au leur.

Enfin, on note une évolution sensible en ce qui concerne le rôle et les positions politiques ou idéologiques que les intellectuels et les artistes ont tendance à assumer. Jusqu'au tournant des années 1970 environ, ils se voient et sont vus le plus souvent comme des contestataires. Ils militent dans les mouvements d'opposition, les syndicats, les groupes indépendantistes ou marxistes; ils critiquent ouvertement les institutions; et ils cherchent volontiers à donner à leurs œuvres une portée subversive. Les écrivains de *Parti pris* (1963-1968), les peintres et sculpteurs adeptes de la démocratisation de l'art, les comédiens œuvrant dans les troupes de quartiers ou d'usines en sont des exemples. D'ailleurs, certains d'entre eux inquiètent les autorités, au point d'être appréhendés lors des événements d'octobre 1970. Par la suite, toutefois, cette attitude s'atténue, pour faire place progressivement à une forme de désengagement et de repli sur la spécialisation. De plus en plus, les créateurs délaissent les luttes socio-politiques et se préoccupent strictement de questions esthétiques ou professionnelles.

Les années 1960

Pour rendre compte de l'abondance et de la diversité de la production contemporaine, le plus commode est de distinguer, pour l'ensemble des secteurs, deux grandes phases, marquées chacune par des pratiques, des conceptions et un climat assez particuliers.

Pendant les années 1960, les moyens de la production locale demeurent plutôt modestes, et cette dernière, bien qu'elle s'accroisse nettement par rapport aux décennies antérieures, est encore relativement peu abondante. Sa résonance dans le public, cependant, grandit et s'intensifie. Sur le plan des thèmes et des formes, les œuvres présentent une certaine unité, qui les situe dans le prolongement du mouvement de modernisation esthétique des années 1940-1960, avec cette différence qu'elles se veulent beaucoup plus engagées socialement et politiquement. Stimulées par le climat de la Révolution tranquille, elles visent à s'affirmer en tant que culture «québécoise» et à favoriser une prise de conscience nationale. Tout en se rattachant à des courants avant tout français, et tout en valorisant la modernité formelle, elles cherchent à s'enraciner dans les traditions, le langage et les réalités du «pays». Cet esprit, qui anime aussi la chanson et le cinéma de cette époque, s'exprime notamment dans des revues comme *Liberté* (fondée en 1959), *Situations* (1959-1962) ou *Parti pris* (1963-1968).

Littérature. Le secteur le plus actif est incontestablement la littérature. Sortant enfin du marasme où l'a plongée la fin de la guerre, l'édition connaît un nouveau départ et le nombre annuel des parutions augmente sensiblement (voir tableau 1). Plusieurs nouvelles maisons voient le jour, dont Leméac (1957), HMH (1960), Déom (1960), Boréal Express (1963), Parti pris (1964), les Éditions du Jour (1961). Ce dernier éditeur combine la littérature avec la publication d'ouvrages populaires à grand tirage et compte pour beaucoup dans le renouveau romanesque qui est un des phénomènes importants de la décennie.

Jusque-là, en effet, le roman québécois était resté plutôt en marge du courant qui avait transformé dans le sens de la modernité d'autres champs d'expression comme la poésie et la peinture. Or durant les années 1960, les romanciers se mettent à enfreindre de plus en plus les codes traditionnels: non-respect de la chronologie, fusion de plusieurs points de vue différents, défis à la vraisemblance, recours au joual, érotisme, invention de personnages en révolte ouverte contre l'ordre, la religion et la morale. C'est ce que Gilles Marcotte appelle «le roman

TABLEAU 1

NOMBRE MOYEN D'OUVRAGES LITTÉRAIRES EN LANGUE FRANÇAISE
PUBLIÉS CHAQUE ANNÉE AU QUÉBEC, 1962-1982

Genre	1962 à 1965	1966 à 1969	1970 à 1973	1974 à 1977	1978 à 1982
Romans et récits	40	57	74	83	155
Poésie	40	42	81	87	110
Théâtre	7	15	19	26	33
Littérature de jeunesse	21	10	29	43	86
Essais					
a) Littérature	21	33	45	47	66
b) Arts	5	13	25	24	33
c) Histoire-géographie	18	36	59	47	91
d) Sciences sociales	20	37	70	58	91

Source: Bibliographies annuelles de la revue *Livres et auteurs canadiens / québécois* (incluant un certain nombre de rééditions).

à l'imparfait». Ces œuvres audacieuses, inattendues, heurtent souvent de front les habitudes des lecteurs. Ceux-ci pourtant se laissent convaincre, comme en témoignent l'augmentation des tirages et le prestige accordé à ces nouveaux romanciers, parmi lesquels plusieurs continueront d'occuper l'avant-scène jusqu'aux années 1980: Gérard Bessette (*Le libraire*, 1960), Jacques Ferron (*Contes du pays incertain*, 1962), Jean Basile (*La jument des Mongols*, 1964), Réal Benoît (*Quelqu'un pour m'écouter*, 1964), André Major (*Le cabochon*, 1964), Andrée Maillet (*Les remparts de Québec*, 1964), Jacques Renaud (*Le cassé*, 1964), Hubert Aquin (*Prochain épisode*, 1965), Marie-Claire Blais (*Une saison dans la vie d'Emmanuel*, 1965), Claude Jasmin (*Pleure pas, Germaine*, 1965), Claire Martin (*Dans un gant de fer*, 1965), Réjean Ducharme (*L'avalée des avalés*, 1966), Jacques Godbout (*Salut Galarneau*, 1967), Roch Carrier (*La guerre, yes sir!*, 1968).

Marqué par le bouillonnement idéologique et politique, en particulier chez Aquin et Godbout, le roman l'est moins cependant que la poésie, où triomphe la thématique du pays et de la «fondation du territoire». Celle-ci s'exprime d'abord chez les poètes de la génération de l'Hexagone — Paul-Marie Lapointe (*Arbres*, 1960), Jean-Guy Pilon (*Recours au pays*, 1962), Gaston Miron (*La vie agonique*, 1963), Roland Giguère (*L'âge de la parole*, 1965) — dont les œuvres

Une réunion d'écrivains, dont Michel Beaulieu, Pierre Morency, Michèle Lalonde, Gaston Miron, Hubert Aquin, Paul-Marie Lapointe, Roland Giguère, 1976. (Kèro)

connaissent alors un grand retentissement. Elle se retrouve aussi dans les recueils des nouveaux venus comme Gatien Lapointe, qui publie *Ode au Saint-Laurent* (1963), ou Paul Chamberland, qui chante la *Terre-Québec* (1964). Cette poésie volontiers militante donne lieu à des manifestations collectives comme les «Poèmes et chants de la résistance» de 1968, où Michèle Lalonde clame son *Speak white*. Quant aux Jacques Brault (*Mémoire*, 1965), Fernand Ouellette (*Le soleil sous la mort*, 1965), Gilbert Langevin (*Pour une aube*, 1967), leurs œuvres sont marquées par un lyrisme plus personnel et moins directement engagé. Dans la seconde moitié de la décennie, toutefois, la thématique du pays commence à être contestée par les poètes plus jeunes, comme Michel Beaulieu, Nicole Brossard, qui participe à la fondation de la revue *La barre du jour* en 1965, ou les tenants de la contre-culture. Il s'ensuit un véritable éclatement des formes et des thèmes, annonciateur de la décennie suivante et qui se manifeste avec éclat lors de la «Nuit de la poésie» organisée par l'ONF en 1970.

La fièvre de changement et le nouveau climat de liberté qui caractérisent la Révolution tranquille rendent l'époque particulièrement propice aux remises en question, aux discussions, aux réflexions de toutes sortes, donc à l'essai. Celui-ci prend parfois la forme de livres, comme ceux de Gilles Leclerc (*Journal d'un inquisiteur*, 1960), Pierre

Les principales représentantes de l'écriture de femmes, dont Madeleine Ouellette-Michalska, Madeleine Gagnon, Yolande Villemaire, Nicole Brossard, Suzanne Paradis, Madeleine Ferron. (Kèro)

Vadeboncœur (*L'autorité du peuple*, 1965), Fernand Dumont (*Le lieu de l'homme*, 1968) ou Pierre Vallières (*Nègres blancs d'Amérique*, 1968). Mais le plus souvent, il s'agit de textes courts, ponctuels, à tendance polémique, qui paraissent dans les revues ou les journaux au gré des circonstances et des préoccupations du milieu. Certains de ces textes sont le fait d'écrivains, comme Fernand Ouellette, Pierre Maheu, Jacques Ferron, Hubert Aquin. D'autres viennent de journalistes comme Jean-Louis Gagnon, André Laurendeau, André Langevin. D'autres encore sont signés par des spécialistes des sciences humaines qui interviennent dans les débats de l'actualité, comme Pierre Elliott Trudeau, Marcel Rioux, Michel Brunet, Léon Dion. La multiplicité et la variété de ces essais, de même que l'intérêt souvent passionné qu'ils suscitent chez les lecteurs, illustrent l'intense circulation d'idées et d'expressions qui fait des années 1960 une période de véritable déblocage idéologique et intellectuel.

En somme, à aucune autre époque peut-être la littérature et les écrivains n'auront occupé une position aussi centrale dans la vie culturelle du Québec ni n'auront joui d'un tel rayonnement. Par eux passent directement les débats, les prises de conscience, les inquiétudes et les attentes qui définissent l'esprit des nouvelles élites cultivées. D'ailleurs, cette «littérature en ébullition», comme l'appelle Gérard Bessette, affirme de plus en plus son autonomie et sa spécificité. Elle devient matière d'enseignement; des revues universitaires lui sont consacrées; ses œuvres anciennes sont rééditées et réinterprétées; et elle fait l'objet de synthèses nouvelles. Quant aux parutions courantes, des critiques, Gilles Marcotte, Pierre de Grandpré, Jean Éthier-Blais, les suivent attentivement.

Théâtre. Le théâtre des années 1960 prolonge assez directement celui de la décennie précédente, si ce n'est que ses activités continuent de croître et que la dramaturgie locale y prend une place grandissante. Aux troupes professionnelles bien implantées comme le Rideau-Vert et le TNM s'ajoutent bientôt la Nouvelle compagnie théâtrale (1964) et le Théâtre populaire du Québec (1966), qui visent à élargir le public par

Le dramaturge Marcel Dubé.

les tournées et les représentations destinées aux étudiants. Ces troupes offrent un théâtre traditionnel de qualité et réservent une large place au répertoire classique. De leur côté, d'autres groupes comme l'Egrégore (1959) ou les Saltimbanques (1962) s'intéressent plutôt à l'expérimentation et aux nouvelles formes de théâtre insolite ou politique. Dans

La pièce *L'impromptu d'Outremont* de Michel Tremblay. (André Le Coz)

beaucoup de villes du Québec, enfin, des troupes amateurs s'organisent, souvent autour des collèges. En général, toutefois, l'on continue de pratiquer un théâtre d'auteur, où le texte demeure l'élément central. La principale nouveauté est la position de premier plan que se mettent alors à occuper les créations québécoises, dans lesquelles s'exprime une thématique de la révolte et de l'interrogation. Ce mouvement émane en bonne partie d'auteurs chevronnés: Gratien Gélinas (*Bousille et les justes*, 1960), Jacques Ferron (*La tête du roi*, 1963), Jacques Languirand (*Klondyke*, 1965), Anne Hébert (*Le temps sauvage*, 1967), et surtout Marcel Dubé, qui connaît alors sa grande période, avec des pièces comme *Les beaux dimanches* (1965) et *Au retour des oies blanches* (1966). Mais il est aussi le fait d'auteurs plus jeunes, dont plusieurs participent aux activités du Centre d'essai des auteurs dramatiques fondé en 1965. Parmi eux se détachent Françoise Loranger (*Une maison...un jour*, 1965), Robert Gurik (*Hamlet, prince du Québec*, 1968), Sauvageau (*Wouf-wouf*, 1969) et surtout Michel Tremblay, dont *Les belles-sœurs*, créées en 1968 dans une mise en scène d'André Brassard, ouvrent la voie à un nouveau théâtre marqué par le recours au joual et à la culture populaire.

Arts visuels. En peinture aussi, les années 1960 restent généralement dominées par les artistes qui ont émergé au cours de l'après-guerre et qui font maintenant figure de classiques. De grandes rétrospectives sont consacrées à Pellan, Borduas, Riopelle, Lemieux par le Musée des beaux-arts de Montréal, au sculpteur Robert Roussil et à Jean-Paul Mousseau par le nouveau Musée d'art contemporain. En même temps, le marché de l'art se développe, grâce à l'arrivée de nouveaux amateurs plus jeunes gagnés à l'art moderne. Selon Guy Robert, il se tient à Montréal environ 300 expositions par année entre 1960 et 1967, dont 90% présentent de l'art non figuratif. Des deux tendances, lyrique et géométrique, par lesquelles celui-ci continue à s'illustrer, c'est la seconde qui a le vent dans les voiles, grâce au mouvement néo-plasticien des Guido Molinari, Claude Tousignant, Yves Gaucher, bientôt renforcé par l'influence de l'*Op art* et du *Hard edge* américain. Quant à la veine lyrique, beaucoup de femmes la pratiquent en la renouvelant, comme Marcelle Ferron, Lise Gervais, Rita Letendre, Marcella Maltais; mais assez vite, elles s'orientent dans d'autres directions. Après avoir émergé difficilement depuis les années 1930, l'esthétique non figurative est maintenant si largement admise et diffusée qu'elle en vient presque à être perçue comme un nouvel académisme, contre lequel des réactions se dessinent au cours de la décennie. Ainsi, Edmund Alleyn ou Marcella Maltais, après avoir pratiqué l'automatisme, s'intéressent, le premier à la figuration d'inspiration machinique, la seconde au paysage et au portrait. Mais la critique de l'abstraction, considérée un art bourgeois et décadent, est principalement le fait de jeunes artistes qui, comme Serge Lemoyne ou Jean Sauvageau, organisent dès 1964 des «happenings» et autres événements artistiques s'inspirant à la fois de l'idée de synthèse des arts et de la volonté de créer un art de participation. Ce mouvement, qui se poursuivra au-delà de 1970, a de nombreuses ramifications, depuis l'occupation de l'École des beaux-arts de Montréal en 1968 et les regroupements d'artistes voulant promouvoir un art plus engagé jusqu'aux tendances les plus radicales de la contre-culture. Il alimente les galeries parallèles et se traduit par une contestation des institutions analogue à celle qui se produit alors dans d'autres domaines.

Les années 1960 marquent aussi le développement décisif de la gravure et de l'estampe. À la différence du tableau, il s'agit d'une œuvre d'art à exemplaires multiples, qui se prête facilement à l'expérimentation et peut être largement répandue dans le public. Elle convient donc à l'esprit de démocratisation qui anime l'époque. Formés par Albert Dumouchel à l'École des beaux-arts de Montréal, de jeunes graveurs comme Richard Lacroix, Pierre Ayot, Marc Dugas, René Derouin, Janine Leroux-Guillaume, fondent des ateliers d'où sortira une abondante production. Fondés en 1966, la Guilde graphique et le centre de conception GRAFF jouent dans ce domaine un important rôle d'animation et de diffusion. La volonté de démocratisation n'est pas étrangère non plus aux diverses expériences qui visent à mieux insérer l'œuvre d'art dans l'environnement social. Ainsi a lieu, en 1964, le premier symposium de sculpture en plein air, au parc du Mont-Royal. Ainsi, également, les artistes sont mis à contribution pour l'aménagement des lieux publics, comme en témoignent la murale lumineuse en fibre de verre que Mousseau réalise au siège social d'Hydro-Québec (1962) ou les verrières, murales, reliefs et sculptures qui ornent les stations du métro de Montréal. Encouragée par les politiques gouvernementales, cette intégration des arts connaîtra tout son essor au cours des années 1970.

Musique. Dans le domaine musical, enfin, le modernisme continue de s'affirmer. En 1961 a lieu à Montréal, sous la direction du compositeur Pierre Mercure, la Semaine internationale de musique actuelle, qui révèle aux mélomanes les recherches les plus neuves et les plus surprenantes de la musique contemporaine. À la promotion et à l'exécution de cette dernière se voue d'ailleurs, à partir de 1966, la Société de musique contemporaine du Québec. Sous ses diverses formes — électroacoustique, dodécaphonie, musique aléatoire, musique multimédia — cette nouvelle esthétique est illustrée au Québec par des compositeurs comme Gilles Tremblay, Jacques Hétu, François Morel, Clermont Pépin, Micheline Coulombe-Saint-Marcoux, Claude Vivier et surtout Serge Garant. Le public mélomane, dont une bonne partie reste attachée au répertoire classique et romantique, est plus nombreux et mieux servi qu'auparavant, par le disque, la radio MF, les visites d'or-

La salle Wilfrid-Pelletier de la Place des arts de Montréal.

chestres, de chefs ou de solistes étrangers, et les concerts donnés par les
formations locales. Tandis que se fondent des chorales, des orchestres
de chambre, des compagnies de ballet, que débute en 1965 le Concours
international de Montréal pour le piano, le violon et le chant, l'Orchestre symphonique de Montréal s'installe à la Place des arts et prend
un nouvel essor grâce au jeune chef Zubin Mehta (1961-1967).

Depuis 1970

Entre les années 1960 et celles qui suivent la coupure n'est pas absolue,
loin de là. Par bien des côtés, les années 1970 ne sont que le prolongement et l'intensification du mouvement lancé au cours de la décennie
précédente. Mais le climat général et les conditions où se déroule la

production culturelle se transforment suffisamment pour qu'on puisse considérer qu'une nouvelle phase de création commence. Préparée dès la fin des années 1960 par divers phénomènes comme la création des cégeps, l'ouverture de l'Université du Québec, la contestation étudiante et le mouvement hippie, préfigurée en quelque sorte par cette grande fête de la jeunesse et de la consommation culturelle que constitue en 1967 l'Exposition universelle de Montréal, cette nouvelle phase se distingue de la précédente par au moins deux aspects.

Le premier concerne la quantité des œuvres et l'organisation du marché. La croissance est spectaculaire. Par exemple, le service du dépôt légal de la Bibliothèque nationale recevait en 1968 un total de 653 livres publiés au Québec; en 1976, ce nombre s'établit à 2446, puis à 4336 en 1982. De la même manière, on compte une dizaine de compagnies de danse professionnelles en 1982, contre trois seulement en 1970. Dans les arts visuels, enfin, les expositions se multiplient, à tel point que Guy Robert parle même de saturation. Cette explosion quantitative ne va pas sans une transformation profonde du marché culturel, qui fait place à des pratiques plus nettement commerciales: publicité accrue, recours aux agents de promotion et de vente, fondation de revues et de magazines spécialisés, émissions de télévision, tenue de festivals et de grandes manifestations locales ou internationales, etc. Même les réseaux dits parallèles, qui se multiplient au début des années 1970, ne demeurent que très partiellement à l'écart de ce marché, auquel la plupart finissent par s'intégrer d'une façon ou d'une autre. De plus en plus, la culture dite d'élite appartient elle aussi au circuit normal de l'économie. À ce titre, elle est soumise aux fluctuations de la conjoncture. En 1981-1982, par exemple, la crise entraîne une chute de la consommation de livres et d'œuvres d'art dont on mettra quelques années à se relever.

L'autre changement significatif est la diversification sans précédent dont s'accompagne cette multiplication des œuvres. À la relative unité qui caractérisait encore les années 1960 succède en effet une variété de tendances, de thèmes, d'inspiration, un foisonnement de styles et de discours qui va sans cesse en s'accentuant. Toutes les expériences, toutes les conceptions, toutes les formes et tous les contenus se côtoient, des plus nouveaux aux plus anciens, dans une profusion d'où aucun courant central ou dominant ne semble se détacher. L'influence française et européenne devient moins exclusive, remplacée en bonne partie par les modes et les idées d'origine américaine. Parmi les effets de cette diversification, on observe dans l'art et la littérature un recul du nationalisme, qui perd sa position centrale au profit de tendances comme le mysticisme, l'écologisme, le marxisme ou le féminisme. À partir de 1975, ce dernier devient une préoccupation majeure et une source d'inspiration pour beaucoup de créateurs, aussi bien en littérature, en arts visuels, en théâtre, qu'en histoire et en sciences humaines.

Pour avoir une idée de la prolifération et de l'éclectisme qui caractérisent la production récente, il suffit de constater ce qui se passe dans le monde des revues culturelles. Après la prépondérance relative exercée durant les années 1960 par *Parti pris*, *Liberté* et *La barre du jour*, c'est l'éclatement. Les nouvelles revues — parfois éphémères — se multiplient, chacune exploitant un champ privilégié: psychédélisme et contre-culture (*Mainmise*, 1970-1978; *Hobo-Québec*, 1972-1981), socialisme et nationalisme (*Presqu'Amérique*, 1971-1973; *Possibles*, depuis 1976), théorie et critique marxiste (*Stratégie*, 1972-1977; *Chroniques*, 1975-1978), tiers-mondisme (*Dérives*, depuis 1978), féminisme et nouvelle morale (*Le temps fou*, 1974-1983; *La vie en rose*, 1980-1987).

Littérature. Croissance et diversification marquent à quelque degré tous les secteurs de création, à commencer par la littérature. Comme le montre le tableau 1, dans tous les genres l'augmentation du nombre des parutions est rapide au début de la décennie, ralentit quelque peu vers 1975, puis reprend de plus belle autour de 1980. Par contre, les ventes de chaque titre ont tendance à diminuer: selon la Bibliothèque nationale, le tirage moyen, pour l'ensemble des livres publiés au Québec, passe de 5406 en 1968 à 2733 en 1982.

Si l'on tient compte à la fois du nombre de titres publiés, des tirages et de la réception accordée par la critique et le public, le roman devient, au cours des années 1970, le genre littéraire majeur. Il prend ainsi une position qui, depuis les années 1950 et jusqu'au milieu de la décennie 1960 environ, a appartenu plutôt à la poésie. Une telle évolution n'est pas sans rapport avec le phénomène de commercialisation signalé précédemment. Cette production romanesque est très variée. Mais les œuvres les plus remarquées sont largement le fait d'auteurs qui ont fait leurs débuts auparavant: Gabrielle Roy, Anne Hébert, Jacques Godbout, Réjean Ducharme, Gérard Bessette, Roch Carrier, Antonine Maillet, André Major, Marie-Claire Blais, Gilles Archambault. Parmi les nouveaux venus, se détachent les noms de Jacques Poulin, Victor-Lévy Beaulieu, Jacques Benoît, Louis Caron, Michel Tremblay, Yolande Villemaire, Yves Beauchemin. Quoique la recherche formelle soit encore pratiquée, elle tend à s'atténuer, au profit d'un type de roman où l'histoire, les personnages, la description du milieu retrouvent une place prépondérante. On parle même d'un retour du réalisme.

Même si elle n'occupe plus l'avant-scène, la poésie est plus abondante que jamais. Les recueils, tirés à peu d'exemplaires et ne circulant guère en dehors des milieux spécialisés, forment un paysage extrêmement divers. Le formalisme rejette l'expression personnelle en faveur de textes hautement expérimentaux et férus de théorie. D'autres poètes pratiquent une littérature «intervenante» et dénonciatrice. D'autres encore s'inspirent de la culture de masse et de l'univers de la musique rock, tandis que s'affirme ailleurs un nouveau spiritualisme puisant aux sources de la mystique orientale et californienne. Ces multiples courants, qui souvent s'interpénètrent, font une large place à ce qu'on appelle «l'écriture de femmes». Enfin, cette avant-garde audacieuse et bruyante n'empêche pas un lyrisme plus rigoureux et dépouillé de se maintenir et même, au tournant des années 1980, de connaître un regain de faveur auprès de plusieurs jeunes poètes.

Deux genres en particulier se développent rapidement à partir de 1970. D'abord, le livre pour enfants et adolescents, où les coûts de fabrication élevés ont empêché jusque-là l'édition québécoise de faire concurrence aux importations européennes; or la modernisation des structures de production et de diffusion, ainsi que l'appui du milieu scolaire, permettent de corriger quelque peu la situation, et les publications se multiplient à partir de 1975. L'autre secteur en expansion est celui des essais et des ouvrages sur la littérature, les arts, l'histoire et les sciences sociales, à quoi s'ajoute l'essor des revues savantes. Ce phénomène s'explique en partie par la croissance des universités et autres établissements de recherche, où se produisent et se consomment une grande quantité de thèses, d'études et d'ouvrages de référence. Il provient aussi du bouillonnement méthodologique et conceptuel dont profitent ces diverses disciplines depuis les années 1960: le structuralisme, la psychanalyse et la sociocritique renouvellent les études littéraires et esthétiques, la «nouvelle histoire» économique et sociale s'impose en historiographie, tandis que de nouveaux modèles d'analyse font leur apparition en sociologie, en politologie, en démographie, en sciences économiques. La majorité de ces ouvrages, dont plusieurs rejoignent le grand public lecteur, portent sur des sujets d'intérêt québécois, en particulier à l'approche du référendum.

Théâtre. Le théâtre est un des domaines où les années 1970 apportent des changements particulièrement significatifs. Il s'y produit, jusqu'en 1975 surtout, ce que d'aucuns considèrent comme une crise d'identité. Celle-ci se traduit d'abord par le rejet des pratiques traditionnelles que l'on juge inadaptées à la sensibilité contemporaine. Même si elles poursuivent leurs activités, les grandes troupes institutionnelles subissent directement les effets de cette contestation: leur prestige diminue, et le public plus jeune les déserte. Il leur préfère ce que Laurent Mailhot appelle le «nouveau théâtre québécois» alors en pleine émergence, comme en témoigne l'éclosion de nombreuses troupes de jeunes pratiquant un théâtre volontiers expérimental, audacieux, d'une grande liberté de langage, d'inspiration et de jeu. Créés l'un et l'autre en 1969, le Grand Cirque ordinaire et le Théâtre du Même Nom jouent à cet égard un rôle de leaders. Au point de vue thématique, ce nouveau courant privilégie la contestation, la critique sociale et politique, l'engagement, parfois même la propagande pure et simple, et il cherche à se rapprocher des réalités les plus immédiates. Il vise aussi à rejoindre un public nouveau, en se produisant, avec plus ou moins de succès, dans les usines, les quartiers populaires, les écoles. Mais les innovations les plus marquantes sont d'ordre formel et scénique: on récuse le texte et la primauté de l'auteur au profit du comédien et du spectateur, d'où l'importance accordée à la création collective, à l'improvisation et à la participation du public. De plus en plus, le théâtre s'éloigne de la littérature pour devenir un pur spectacle.

Ce bouillonnement dure assez peu. Dès la seconde moitié des années 1970, les conceptions introduites par le nouveau théâtre ont perdu de leur mordant: elles sont maintenant admises et considérées comme normales. Mais l'effervescence aura été bénéfique. Elle aura permis notamment au théâtre québécois de se diversifier et de se singulariser fortement. Elle aura aussi révélé une nouvelle génération de comédiens, de metteurs en scène et d'«écrivains scéniques» tels que Michel Tremblay, Jean Barbeau, Jean-Claude Germain, Michel Garneau. Au début des années 1980, le théâtre de pur divertissement reste assez populaire, tandis que plusieurs troupes continuent, parfois avec difficulté, à se vouer à la recherche et à l'innovation.

Arts visuels. Pour illustrer l'extrême diversification de la production culturelle depuis le début des années 1970, aucun secteur n'offre un meilleur exemple que celui des arts visuels. Avec la multiplication des œuvres, des artistes, des lieux d'exposition, tout, littéralement, s'exprime. C'est la fin des écoles et des styles dominants. En peinture, par exemple, l'avant-garde revient à la figuration par l'intermédiaire du *Pop art*, puis de l'hyperréalisme. Ce mouvement, pourtant, ne disqualifie nullement l'abstraction, toujours largement pratiquée, mais qui ne jouit plus de la suprématie théorique et commerciale qu'elle détenait encore durant les années 1960. En fait, c'est l'opposition même entre figuratif et non-figuratif qui perd de plus en plus de sa pertinence. Certains peintres s'en tiennent à l'abstrait, d'autres à la représentation, mais un grand nombre vont librement de l'un à l'autre ou tentent de les conjuguer.

Par ailleurs, d'autres disciplines, comme la sculpture, la photographie ou la tapisserie, multiplient leurs formes et leurs matériaux. Elles profitent, d'une part, des manifestations collectives de plus en plus fréquentes, symposiums, biennales, rétrospectives, et, d'autre part, du mouvement d'intégration de l'art à l'environnement, auquel participent les gouvernements et de plus en plus de sociétés privées. Les murales, fresques, mobiles, objets sculptés, et bientôt les «installations» ornent l'intérieur ou l'extérieur des édifices, les places publiques, les parcs. Ces œuvres heurtent parfois certains groupes conservateurs, comme c'est le cas à Québec en 1971 pour la murale du Grand-Théâtre exécutée par Jordi Bonet, ou à Montréal en 1976 pour les réalisations du projet Corridart. Même si des artistes cherchent encore à provoquer, par exemple en tournant l'art et ses institutions en dérision, en général la portée subversive des créations s'émousse quelque peu, au profit de l'expression personnelle ou de la recherche purement formelle. Enfin, de nouveaux médiums se répandent, qui rompent avec les catégories traditionnelles: dessin au laser ou à l'ordinateur, créations vidéo, environnements cinétiques ou conceptuels, utilisation du corps et de la voix pour la «performance» ou l'«intervention». Certaines de ces manifestations s'inscrivent dans un nouveau courant qui, apparu d'abord en Europe et à New York, s'impose peu à peu au début des années 1980: la post-modernité, c'est-à-dire la critique du modernisme par le recours à des pratiques dominées par l'expression de la pure subjectivité de l'artiste.

Cet éclatement des disciplines et des styles, cette prolifération d'expositions et de signatures créent un certain encombrement du marché de l'art. Pour les artistes, la concurrence devient très vive, et chacun doit chercher avant tout à imposer sa marque propre, soit par une thématique singulière, soit par une manière aisément identifiable, soit encore par l'invention d'une technique inédite. Quant au public, cette confusion l'incite à la prudence; certains ne s'intéressent qu'à un champ très restreint de la production, d'autres se rabattent sur les valeurs sûres, d'où, vers 1980, les hausses de certaines cotes comme celles de Marc-Aurèle Fortin, Léo Ayotte ou Jean Dallaire.

Musique. Pour la musique, enfin, deux phénomènes principaux marquent les années 1970. D'abord, la vie musicale s'intensifie, en particulier à Montréal, avec l'augmentation du nombre, de la qualité et de la variété des productions offertes. Les grands organismes se consolident et accroissent leur rayonnement aussi bien sur place qu'à l'étranger. C'est le cas, notamment, de l'Orchestre symphonique de Montréal. La crise financière qu'il traverse en 1973-1974 l'amène à se réorganiser et à s'ouvrir sur un plus large public, en majorité francophone. À partir de 1978, sous la direction de Charles Dutoit, sa présence s'affirme avec éclat: concerts plus nombreux, popularité grandissante, tournées internationales, et multiples enregistrements. Une évolution semblable, quoique moins spectaculaire, se produit aussi pour les grandes troupes de ballet, pour l'Opéra de Montréal fondé en 1980, et pour l'Orchestre symphonique de Québec. En même temps, de nombreuses autres formations locales de type professionnel ou semi-professionnel, orchestres de chambre, ensembles vocaux, orchestres de jeunes, offrent aussi des saisons régulières. Cette multiplication d'organismes, de concerts et de spectacles sert autant les mélomanes que les instrumentistes, chanteurs, danseurs et compositeurs qui trouvent ainsi à s'employer davantage.

Le second phénomène à signaler est la tendance à une certaine spécialisation. De plus en plus, en effet, s'ajoutent aux manifestations destinées à l'ensemble du public des activités intéressant des groupes de mélomanes plus restreints. L'orgue, par exemple, ou la musique baroque, jouée souvent sur des instruments d'époque, ou les divers types de musique contemporaine, dont le jazz, ou même la musique et la danse folkloriques, forment ainsi de véritables réseaux où se retrouvent un public, des organismes et des artistes spécialement voués à leur pratique et en contact étroit avec les réseaux semblables de l'extérieur du Québec.

* * *

Comparée à l'atmosphère plutôt raréfiée où se trouvaient la littérature, les beaux-arts, le théâtre ou la musique dans le Québec des années 1930, atmosphère qui n'a que peu changé jusqu'à l'aube de la Révolution tranquille, l'ébullition des dernières décennies offre un contraste frappant. Parmi les nombreux facteurs qui expliquent une telle ébullition, trois méritent d'être soulignés. Le premier, sur lequel nous reviendrons dans le chapitre suivant, est l'appui de l'État. Le deuxième est l'effervescence du contexte idéologique et politique, qui, jusqu'à la seconde moitié des années 1970 environ, est non seulement une toile de fond permanente, mais une incitation directe à la création et à l'innovation. Enfin, un troisième facteur est le développement des moyens de communication, qui permet à la fois une meilleure circulation des œuvres sur le marché local et une communication plus intense et suivie avec l'étranger. Grâce aux livres, aux films, aux disques, aux expositions et aux tournées en provenance d'Europe ou des États-Unis, grâce aussi aux voyages et aux échanges plus fréquents, les créateurs et le public québécois participent plus directement aux grands courants culturels internationaux. En même temps, les productions locales commencent à être mieux diffusées et reconnues au dehors, notamment en France. L'internationalisation, toutefois, n'est pas sans poser des défis: le public ayant davantage accès aux meilleurs éléments de la production étrangère, les œuvres locales perdent ainsi une partie de leur privilège et font face à une concurrence accrue, dont dépendent largement les standards de qualité et de contenu.

ORIENTATIONS BIBLIOGRAPHIQUES

ALLARD, Pierre, Pierre LÉPINE et Louise TESSIER. *Statistiques de l'édition au Québec 1968-1982*. Montréal, Ministère des Affaires culturelles et Bibliothèque nationale du Québec, 1984. 200 p.

BESSETTE, Gérard. *Une littérature en ébullition*. Montréal, Éditions du Jour, 1968. 317 p.

CAU, Ignace. *L'édition au Québec de 1960 à 1977*. Québec, Ministère des Affaires culturelles, 1981. 230 p.

DAIGNEAULT, Gilles et Ginette DESLAURIERS. *La gravure au Québec (1940-1980)*. Saint-Lambert, Héritage, 1981. 268 p.

DIONNE, René, dir. *Le Québécois et sa littérature*. Sherbrooke, Naaman, 1984. 462 p.

FOURNIER, Marcel. *Les générations d'artistes*. Québec, IQRC, 1986, chap. 4.

GAUVIN, Lise et Laurent MAILHOT. *Guide culturel du Québec*. Montréal, Boréal Express, 1982. 535 p.

GODIN, Jean-Cléo et Laurent MAILHOT. *Le théâtre québécois, introduction à dix dramaturges contemporains*. Montréal, HMH, 1970. 254 p.

GODIN, Jean-Cléo et Laurent MAILHOT. *Théâtre québécois II: nouveaux auteurs, autres spectacles*. Montréal, HMH, 1980. 248 p.

LEMIRE, Maurice, dir. «Introduction à la littérature québécoise (1960-1969)». *Dictionnaire des œuvres littéraires du Québec*, tome IV. Montréal, Fides, 1984. IX-XLI.

MAILHOT, Laurent. «Orientations récentes du théâtre québécois. Archives des lettres canadiennes», tome V: *Le théâtre canadien-français*. Montréal, Fides, 1976, p. 319-340.

MAILHOT, Laurent et Pierre NEPVEU. *La poésie québécoise des origines à nos jours, anthologie*. Montréal, Hexagone, 1980. 714 p.

MARCOTTE, Gilles. *Le roman à l'imparfait*. Montréal, La Presse, 1976. 195 p.

PELLETIER, Jacques, dir. «L'avant-garde culturelle et littéraire des années 70 au Québec», *Cahiers du département d'études littéraires* (5). Montréal, UQAM, 1986. 193 p.

«Petit manuel de littérature québécoise». *Études françaises*, 13, 3-4 (octobre 1977), p. 189-393.

POTVIN, Gilles, Helmut KALLMAN et Kenneth WINTERS. *Encyclopédie de la musique au Canada*. Montréal, Fides, 1983.

QUÉBEC, Ministère des Affaires culturelles. *Les bibliothèques publiques au Québec*. Québec, 1982. 87 p.

QUÉBEC, Ministère des Affaires culturelles. *La politique de la danse au Québec*. Québec, 1984. 68 p.

QUÉBEC, Ministère des Affaires culturelles. *Chiffres à l'appui, bulletin du service de la recherche et de la planification*. Québec, 1983-1986.

Québec Underground, 1962-1972. Montréal, Médiart, 1973. 3 vol.

ROBERT, Guy. *Art actuel au Québec depuis 1970*. Mont-Royal, Iconia, 1983. 256 p.

CHAPITRE 54

L'ÉTAT ET LA CULTURE

L'un des aspects majeurs de l'histoire culturelle récente est le rôle grandissant joué par l'État dans le soutien et l'encadrement des activités de production et de diffusion. Ayant émergé au cours de l'après-guerre, cette nouvelle réalité ne cesse de s'étendre après 1960, tout en changeant peu à peu d'orientation. Ainsi, comme on a pu le noter à l'occasion dans les chapitres précédents, les gouvernements de Québec et d'Ottawa deviennent des intervenants aussi actifs qu'indispensables dans tous les secteurs de la vie culturelle.

La prise de conscience

Jusqu'aux années 1950, l'État n'a pas été complètement absent du domaine culturel. Québec et Ottawa, par exemple, finançaient modestement quelques écoles d'art et des institutions de conservation. À l'occasion, ils commandaient ou achetaient des œuvres à certains artistes, ou bien leur accordaient des bourses ou des récompenses, comme les Prix littéraires et scientifiques de la Province ou ceux du Gouverneur général du Canada institués respectivement en 1922 et 1937. Mais ces actions, dépourvues d'envergure et de plan d'ensemble, ne visaient qu'à répondre à des besoins partiels et limités. Aucun ministère n'avait pour tâche spécifique de les coordonner ou de les orienter, si bien qu'elles dépendaient du bon vouloir de quelques membres éclairés du gouvernement.

Deux facteurs peuvent expliquer cette situation. Le premier est la conception générale que les milieux politiques et l'ensemble des classes dirigeantes se faisaient de la culture. Dépourvue de rentabilité évidente, celle-ci était vue soit comme un produit de luxe réservé à quelques cercles d'amateurs, soit comme une activité suspecte, où l'on critiquait la morale et l'ordre établi. Dans un cas comme dans l'autre, elle relevait strictement du domaine privé. Seuls la radio et, dans une moindre mesure, le cinéma faisaient l'objet d'un peu plus d'attention, car, rejoignant beaucoup plus de gens, ils apparaissaient comme des services publics, des moyens d'information et même, au besoin, des instruments de propagande. Une autre raison aux réticences éprouvées non seulement par les gouvernants mais aussi, cette fois, par une bonne partie des milieux intellectuels tient au fait que les seuls exemples d'intervention étaient alors ceux des pays totalitaires, comme l'Allemagne nazie ou l'URSS, où la liberté d'expression, se plaisait-on à répéter, avait cédé la place au dirigisme culturel et à la censure.

Pendant et après la guerre, toutefois, l'idée de la responsabilité de l'État en matière culturelle commence à émerger. Des groupes d'artistes, d'écrivains, de représentants d'organismes locaux dénoncent le piètre état des infrastructures culturelles et réclament une action du gouvernement. En même temps, un peu partout en Occident les idées évoluent, quant au rôle de l'État, d'une part, et quant à la culture, d'autre part. Celle-ci tend à ne plus être perçue comme un simple ornement ou comme l'apanage de quelques privilégiés, mais, de plus en plus, comme une dimension essentielle de la vie en société, où se manifestent des solidarités, des visions du monde, des valeurs qui concernent l'ensemble de la collectivité. Ces changements se traduisent notamment, en 1945, par la création en Grande-Bretagne du Arts Council présidé par l'économiste J.M. Keynes, et, l'année suivante, par la fondation de l'UNESCO (Organisation des nations-unies pour l'éducation, la science et la culture).

À cela s'ajoute, dans le contexte canadien, une circonstance déterminante: la forte recrudescence du nationalisme culturel, favorisée, d'une part, par la reconnaissance internationale qu'a apportée au Canada sa participation à la guerre, et, d'autre part, par le désir de plus en plus répandu, parmi les groupes scolarisés et dans les milieux politiques fédéraux, de voir le Canada affirmer sa propre personnalité. La mise sur pied, en 1949, de la commission Massey chargée d'enquêter sur les arts, les lettres et les sciences au Canada répond à cette préoccupation. Le rapport, publié en 1951, exprime le souhait que des écrivains, des peintres, des musiciens de qualité reconnue expriment par leurs œuvres la sensibilité, l'histoire, les paysages, l'âme même du Canada, aussi bien à l'étranger qu'aux yeux de tous les Canadiens d'un océan à l'autre.

Mais deux obstacles, selon les commissaires, empêchent la culture canadienne de s'épanouir. Le premier est le nombre réduit et la dispersion de la population, qui rendent impossibles la rentabilisation ou même l'autofinancement des activités culturelles locales. Le second est l'omniprésence de l'influence étrangère, principalement américaine: les écrivains canadiens doivent se faire éditer à Londres, Paris ou New York; les peintres vivent et exposent à l'étranger; les musiciens s'exilent. Par ailleurs, la recherche en sciences humaines est largement subventionnée par les fondations privées américaines, d'où proviennent aussi les bourses aux étudiants et aux créateurs de même que l'aide aux musées, aux bibliothèques et aux universités. Enfin, les produits culturels étrangers livrent à la production locale, sur son propre marché, une concurrence que celle-ci n'est nullement en mesure d'affronter. Dès lors, il faut faire, pour l'ensemble de la culture, ce qui a déjà été fait pour la radio dès les années 1930: assigner à l'État un double rôle de protecteur et de bailleur de fonds pour la production locale. En 1957, après bien des résistances, le gouvernement fédéral se rend aux recommandations du rapport Massey et crée le Conseil des arts du Canada.

Au Québec, le maintien de l'identité culturelle a toujours préoccupé les élites. Mais deux facteurs retardent l'engagement de l'État dans ce secteur. D'abord, le gouvernement Duplessis, fidèle à son idéologie anti-interventionniste, s'élève contre l'action d'Ottawa et ne se sent pas concerné par la culture. Par ailleurs, la menace de l'assimilation culturelle américaine est moins fortement perçue au Québec que dans le reste du Canada. Néanmoins, dès les années 1950, les milieux d'opposition réformistes commencent à réclamer l'intervention de l'État. Pour les intellectuels proches de *Cité libre*, il est normal et même préférable que celle-ci vienne d'Ottawa, étant donné, d'une part, le conservatisme et l'autoritarisme qui règnent dans les institutions québécoises, et, d'autre part, le pluralisme et même le progressisme culturel dont font preuve au même moment des agences fédérales telles que Radio-Canada et l'ONF. Les néo-nationalistes, quant à eux, voient d'un mauvais œil le concept de culture canadienne auquel recourt le rapport Massey et craignent que des politiques émanant d'Ottawa ne portent atteinte à l'identité du Québec; ils voudraient que l'État québécois s'implique lui-même dans l'action culturelle plutôt que de laisser le fédéral agir seul.

Le Parti libéral de Georges-Émile Lapalme, s'inspirant du modèle français conçu par l'écrivain-ministre André Malraux, inscrit donc à son programme la création d'un ministère des Affaires culturelles. Mais il faut attendre 1961 pour que celui-ci voie le jour. Là encore, l'inspiration nationaliste est déterminante: il s'agira, au dire du premier

ministre Lesage, d'«un ministère de la Civilisation canadienne-
française, (qui sera) le plus efficace serviteur du fait français en Amérique, c'est-à-dire de l'âme de notre peuple».

Les instruments d'intervention

Au début des années 1960, la culture est donc devenue une affaire
publique, où l'État se sent justifié d'intervenir. Durant les deux décennies suivantes, cette intervention ne cesse de s'étendre et de se diversifier, à mesure que les activités culturelles prennent une place grandissante dans la vie sociale et économique, et que les professionnels de la
culture, se présentant comme les défenseurs de l'intérêt collectif,
réclament toujours plus fortement l'aide de l'État. Celui-ci devient
ainsi, dans le champ culturel, beaucoup plus qu'un simple partenaire:
un agent privilégié, indispensable, sur qui reposent presque entièrement
les bases matérielles du développement culturel dans le Québec
contemporain.

Ce rôle, que jouent de façon marginale quelques grandes municipalités, est assumé à la fois par les deux principaux paliers de gouvernement, qui possèdent chacun un ou des organismes spécifiques. Québec
a son ministère des Affaires culturelles, tandis qu'à Ottawa, le Conseil
des arts et les autres agences s'occupant de culture sont regroupés, en
1963, sous la responsabilité du Secrétariat d'État, puis, après 1980, du
ministère des Communications. Jusqu'au milieu des années 1970, on
peut dire que les services fédéraux, dans l'ensemble, l'emportent par
leur dynamisme. Leurs activités sont mieux orchestrées et plus visibles,
elles emploient plus de ressources humaines et financières, et se veulent
plus attentives aux revendications des créateurs. Ceux-ci s'en montrent
d'ailleurs largement satisfaits, tout en en réclamant toujours davantage.

Le ministère des Affaires culturelles, en comparaison, fait figure de
parent pauvre. Il manque de moyens et d'initiative. Les déclarations
d'intentions ont beau s'y multiplier, peu d'actions concrètes sont entreprises. Même si les dépenses du ministère augmentent sensiblement,
passant de 2,7 à 38,9 millions de dollars entre 1960-1961 et 1975-1976,
leur part dans les dépenses totales de l'État, qui était de 0,46% en 1960-
1961, stagne ou même diminue par la suite: en 1975-1976, elle est de
0,43%. L'insatisfaction du milieu ne cesse donc d'augmenter, et en
1975 un groupe d'artistes et d'intellectuels rédige un accablant *Rapport
du Tribunal de la culture*. Dès l'année suivante, le ministre Jean-Paul

L'Allier publie un livre vert intitulé *Pour l'évolution de la politique culturelle*, où des redressements sont annoncés. Le Parti québécois reprend à son compte cette volonté de changement: le développement culturel devient l'un des quatre grands secteurs de l'administration gouvernementale; les crédits affectés au ministère des Affaires culturelles sont majorés du tiers en une seule année, pour approcher les cent millions en 1980-1981, soit 0,56% des dépenses totales de l'État; et un volumineux livre blanc sur *La politique québécoise du développement culturel* voit solennellement le jour en 1978. Progressivement, l'administration et l'action du ministère s'améliorent, et ses interventions deviennent plus nombreuses et plus pertinentes. Au tournant des années 1980, un certain équilibre entre Québec et Ottawa se trouve ainsi atteint, quoique plusieurs chevauchements subsistent encore.

Mais l'intervention culturelle de l'État est loin de se limiter à l'action des seuls ministères ou services officiellement voués à la culture. Plusieurs autres organismes gouvernementaux y sont directement ou indirectement impliqués, dont l'apport peut même dépasser en importance celui des instances proprement culturelles. Pour le Québec, c'est éminemment le cas, tout au long de la période, du ministère de l'Éducation, dont le rôle est fondamental pour la diffusion des œuvres, la formation des artistes et du public, la mise en place des infrastructures et même l'aide directe à la création. Il en va de même, pendant les années 1970, de ministères comme ceux de l'Immigration, du Loisir, des Affaires intergouvernementales ou même des Travaux publics. Du côté d'Ottawa, des organismes comme la Commission du centenaire de la Confédération ou le Commissariat aux langues officielles, ainsi que les ministères des Affaires extérieures, des Affaires indiennes ou de l'Expansion économique régionale, interviennent dans le champ culturel. Enfin, des organismes publics tels que les comités organisateurs d'Expo 67 ou des fêtes du 450e anniversaire de la venue de Jacques Cartier consacrent à leur tour des fonds importants aux activités culturelles.

Une telle dispersion rend extrêmement difficile la planification d'une politique d'ensemble, qui n'a jamais été tentée par Ottawa et guère plus qu'esquissée par Québec. Même en fin de période, il règne dans ce domaine une grande confusion. On ne s'entend, en effet, ni sur la délimitation exacte du secteur culturel, ni sur les méthodes d'enquête ou d'intervention à employer, ce qui empêche pratiquement toute mesure fiable du phénomène. À titre d'exemple, l'historien Bernard

Ostry estime que les dépenses du Québec en matière de culture et de loisir auraient progressé de 5,9 à 24,6 millions de dollars entre 1957-1958 et 1967-1968, pour ensuite grimper à 197,4 millions en 1977-1978. Pour leur part, les statisticiens de l'Institut québécois de recherche sur la culture évaluent ces mêmes dépenses, pour 1976-1977, à quelque 238,4 millions de dollars, et, pour 1980-1981, à plus de 428,2 millions. Des désaccords semblables caractérisent aussi le calcul des dépenses fédérales au Québec, qui seraient comparables, estime-t-on, à celles du gouvernement québécois. Tout ce qu'on peut retenir, par conséquent, c'est la croissance rapide des crédits, en particulier durant les années 1970. Autour de 1980, on estime à environ un milliard de dollars les dépenses combinées des deux gouvernements touchant le secteur de la culture au Québec.

Les grandes orientations

Malgré ce que B. Ostry appelle une absence de politique culturelle cohérente, on peut dégager une évolution sensible dans les grandes orientations qui inspirent les interventions gouvernementales. Durant les années 1960, les objectifs concernent presque uniquement la pratique professionnelle des arts. Il s'agit de créer les conditions propices à l'émergence d'œuvres locales de qualité, auxquelles aient accès le plus grand nombre possible de citoyens. Quoique les deux gouvernements tiennent à favoriser ainsi l'expression d'une culture nationale que chacun définit différemment, une large confiance est faite au milieu lui-même. Vu l'exiguïté de ce dernier, et vu aussi le peu de ressources alors disponibles en regard des besoins variés et pressants, la culture n'est guère perçue comme un enjeu politique significatif. Cela explique du reste que peu d'affrontements ou de querelles de juridiction, pourtant si nombreux dans d'autres secteurs, opposent Québec et Ottawa en ce domaine.

Avec les années 1970, la pression exercée par le climat idéologique et politique, ainsi que l'élargissement du concept de culture, entraînent certaines réorientations importantes. La première est une extension considérable du champ d'intervention, qui tend à englober maintenant, au delà des arts et des lettres, toutes sortes d'autres activités touchant un nombre accru de citoyens: artisanat, théâtre et musique amateurs, histoire locale, mouvements communautaires, et tout le domaine dit du loisir socio-culturel. Tout en continuant d'encourager les arts professionnels, l'État consacre plus d'attention et de ressources à ces phénomènes, pour lesquels il renouvelle aussi son langage et ses méthodes d'action. Ainsi apparaissent des thèmes et des préoccupations comme l'animation, la participation, la démocratisation. Ottawa, par exemple, lance ses programmes «Connaissance du Canada» (1971) et «Explorations» (1973), tandis qu'une large part des subventions «Perspectives-jeunesse» et «Initiatives locales» vont à des animateurs ou des groupes culturels œuvrant dans les quartiers ouvriers, les zones rurales ou les régions éloignées. Dans la même ligne s'inscrivent les efforts plus marqués vers la décentralisation des services culturels, qui aboutissent par exemple, en 1977, à la création par Québec des Conseils régionaux de la culture.

Un autre changement important, à la fois suite logique et élargissement du précédent, est l'émergence d'une nouvelle notion: celle du développement culturel, qui inspire notamment le livre blanc québécois de 1978. Elle implique trois choses. D'abord, chaque citoyen et groupe de citoyens est vu comme un agent culturel de plein droit, à la fois comme consommateur, producteur et participant. Ensuite, la culture devient un axe central de toutes les activités qui font la vie en société, se reflétant et se créant non seulement dans les arts et la littérature, mais aussi dans l'éducation, la langue, les communications, le loisir et jusque dans les manières de travailler, de se nourrir, de s'amuser, etc. Enfin, et surtout, l'État ne doit plus se contenter d'un rôle de mécène et de protecteur de la culture, mais devenir l'initiateur et le planificateur d'un tel développement, notamment en assignant à chacune de ses interventions, quelles qu'elles soient, une préoccupation et une portée culturelles.

Dans la seconde moitié des années 1970, on assiste également à une politisation croissante des interventions culturelles de l'État. Sans qu'on puisse parler de dirigisme, Ottawa et Québec, en effet, tendent, d'une part, à se disputer les responsabilités et les pouvoirs, comme en témoigne la lutte pour le contrôle de la câblodistribution, et, d'autre part, à donner à leur action un contenu idéologique et politique plus marqué. C'est le cas, notamment, à la veille du référendum, alors que le cabinet fédéral resserre son contrôle sur Radio-Canada et sur ses autres agences culturelles, en leur rappelant qu'elles ont pour mandat de favoriser l'expression et le renforcement de l'unité canadienne. Les fêtes nationales du 24 juin et du 1er juillet deviennent ainsi de véritables combats livrés à coups de subventions «culturelles». Chaque gouvernement cherche à augmenter sa visibilité et son influence, en particulier dans la culture de grande diffusion, télévision, spectacles à grand déploiement, foires et salons de toutes sortes.

Les secteurs d'intervention

Malgré la pauvreté des données et le peu d'études consacrées jusqu'ici à cette question, il est possible de donner une rapide vue d'ensemble des interventions culturelles de l'État, au moins dans le domaine des arts et de la culture professionnelle, en y distinguant quatre principaux secteurs.

Le premier englobe les activités assumées directement par l'État, soit comme conservateur, soit comme producteur de biens culturels. Quoique ce secteur soit déjà ancien, il fait l'objet d'importants efforts de modernisation et se voit allouer de nouvelles ressources. En ce qui concerne la conservation, Québec et Ottawa s'emploient en effet à restructurer leurs institutions telles que bibliothèques nationales, dépôts d'archives ou musées, dont ils élargissent les mandats, augmentent le personnel et favorisent l'expansion. En même temps, ils améliorent leurs services responsables de l'inventaire et de la gestion du patrimoine historique et naturel. En ce qui a trait à la production, Ottawa domine nettement, grâce à ses deux grandes agences que sont Radio-Canada et l'ONF, qui connaissent l'une et l'autre un essor rapide jusqu'à la fin des années 1970. Par la suite, toutefois, l'État fédéral tend à vouloir se retirer de la production directe, en tâchant plutôt de financer les activités du secteur privé. Quant au Québec, il se dote d'une chaîne de télévision, Radio-Québec (1969), met sur pied un timide Office du film (1961) et réactive le mandat de son Éditeur officiel, mais il demeure peu actif comme producteur direct.

Un deuxième secteur est celui de l'action législative. Les gouvernements, en effet, adoptent tout au long de la période diverses mesures et lois cadres concernant les arts, la culture et les communications. Certaines d'entre elles visent à susciter la production et la vente d'œuvres locales. Ainsi, la loi dite du 1%, que Québec adopte en 1961 et Ottawa en 1966, rend obligatoire, lors de la construction des édifices publics, l'affectation d'une partie des coûts à l'achat d'œuvres d'art. D'autres lois ont pour objet de réglementer certains marchés, comme le commerce du livre, l'exploitation des salles de cinéma ou la câblodistribution. Mais les mesures les plus importantes sont celles qui tentent de limiter l'influence des industries culturelles étrangères: dans l'édition, le cinéma, la radio-télévision, plusieurs de ces mesures protectionnistes sont adoptées par les deux gouvernements.

Les deux autres secteurs impliquent des dépenses plus importantes. Il s'agit, d'une part, des investissements dans l'infrastructure et les équipements culturels, et, d'autre part, de l'aide à la création. Dans la mise en place des grands instruments de diffusion et de consommation des biens culturels, bibliothèques publiques, salles de concerts et de spectacles, musées, centres culturels, l'État joue en effet un rôle directeur. Bien que la contribution du gouvernement fédéral soit loin d'être négligeable, le gros des efforts, dans ce domaine, provient du Québec, qui finance la construction d'installations et la mise sur pied d'organismes dont il assume ensuite l'essentiel des frais de fonctionnement.

Enfin, l'État exerce une fonction, quasi exclusive, de mécène, par l'aide directe qu'il accorde à la création ainsi qu'à la recherche scientifique. Une partie de cette aide est versée aux individus, sous forme de bourses et subventions, de récompenses ou d'achats directs. Une autre partie va aux organismes, comme les orchestres, les troupes de théâtre, d'opéra ou de danse, les compagnies privées de films, de disques, d'édition, etc., ainsi qu'aux universités et groupes de recherche. Jusqu'au milieu des années 1970, le gouvernement fédéral est le plus actif dans ce secteur. Le Conseil des arts, de la petite organisation un peu philanthropique qu'il était à ses débuts, devient vite un large dispensateur de bourses et de subventions, grâce à ses divers programmes d'aide directe et à des initiatives comme la Banque d'œuvres d'art (1972) ou l'Office des tournées (1973). Ses dépenses à cet égard passent, pour l'ensemble du Canada, de 1,4 à 10,3 millions de dollars entre 1960-1961 et 1970-1971, pour monter ensuite à plus de 43 millions en 1980-1981. Le Conseil finance aussi la recherche en sciences humaines et les études supérieures de nombreux jeunes Canadiens au pays et à l'étranger, contribuant ainsi, durant les années 1960 surtout, à la formation de toute une nouvelle génération de professeurs et de chercheurs universitaires. Ces programmes, à partir de 1978, relèvent d'une autre agence fédérale, le Conseil de recherches en sciences humaines.

À compter de 1975 environ, deux changements notables se produisent dans ce secteur. Le premier est l'implication grandissante du gouvernement québécois, qui augmente sensiblement ses bourses et subventions à la création, aux études supérieures et à la recherche, notamment par le biais du FCAC, devenu ensuite FCAR (Fonds pour la formation des chercheurs et l'aide à la recherche), et qui met sur pied un organisme spécialisé, l'Institut québécois de recherche sur la culture. L'autre est l'accent nouveau mis par les deux gouvernements sur la notion d'industries culturelles. De plus en plus, on favorise, parfois au détriment des initiatives individuelles, l'émergence et la consolidation d'entreprises privées, auxquelles sont appliqués des critères de type plus nettement économique: rentabilité, autofinancement, efficacité des méthodes de gestion et de commercialisation. En témoignent la mise sur pied de la Société de développement des industries culturelles du Québec en 1979, et l'esprit qui anime le rapport du comité fédéral Applebaum-Hébert de 1982.

Au total, le Québec — comme le Canada — devient, au cours de ces deux décennies, l'une des sociétés occidentales les mieux pourvues en fait de programmes d'encouragement aux arts et à la production culturelle. Cette situation, qui se justifie par la faiblesse du secteur privé local face à la concurrence internationale, n'est pas sans poser un certain nombre de problèmes.

L'un des premiers vient de ce que le mécénat gouvernemental, au fur et à mesure qu'il s'exerce, se trouve sans cesse à créer de nouveaux besoins, dont l'augmentation a tôt fait de dépasser celle des ressources disponibles. On peut d'ailleurs observer une évolution sensible dans la fonction que remplit un tel mécénat. À peu près jusqu'au début des années 1970, il privilégie les œuvres en émergence, l'innovation, souvent même l'audace et la contestation. Par la suite, toutefois, la nécessité de continuer à soutenir ce qui a ainsi émergé laisse de moins en moins de ressources pour encourager les nouvelles manifestations, avec le résultat que l'aide de l'État, de stimulante qu'elle a pu être, tend à se faire plus prudente et, dans le domaine de la recherche, souvent même contraignante.

Mais le problème le plus grave est la dépendance des créateurs et des institutions à l'égard de l'État. Il n'est guère en effet de théâtre, de maison d'édition, de producteur cinématographique qui n'ait absolument besoin des fonds publics pour survivre. Ce sont les bourses et les subventions, très souvent, qui décident de la viabilité d'une entreprise ou même de la carrière d'un créateur. Et il suffit, comme cela se produit au début des années 1980, que l'État restreigne ses dépenses pour que s'installe aussitôt, dans le milieu culturel, un climat de crise.

* * *

Il est difficile de dresser le bilan de l'intervention culturelle de l'État dans le Québec d'après 1960. Chose certaine, la réussite en est incontestable dans le domaine des arts et des lettres où, sans elle, l'ébullition observée depuis la Révolution tranquille n'aurait sûrement pas eu cette ampleur. Dans la littérature, les arts visuels, le théâtre, le cinéma d'auteur, la musique classique ou la danse, le soutien des gouvernements permet, en effet, l'affirmation et le développement d'une production locale abondante et d'une conscience culturelle de plus en plus sûre de son originalité et de sa qualité. Par contre, cette réussite est beaucoup moins évidente en ce qui concerne les communications et la culture de grande diffusion — télévision, cinéma de masse, musique et édition populaires. Dans ces domaines, en effet, l'action de l'État ne peut être que défensive: loin d'empêcher la pénétration massive des productions culturelles étrangères, essentiellement américaines, elle permet tout au plus de maintenir à flot quelques fragiles îlots de culture dite nationale.

ORIENTATIONS BIBLIOGRAPHIQUES

BAILLARGEON, Jean-Paul, dir. *Statistiques culturelles québécoises 1971-1982*. Québec, IQRC, 1986, chap. 19.

CANADA. *Rapport de la Commission royale d'enquête sur l'avancement des arts, lettres et sciences*. Ottawa, Imprimeur du Roi, 1951. 600 p. (Rapport Massey).

CANADA. *Rapport du Comité d'étude de la politique culturelle fédérale*. Ottawa, Ministère des Approvisionnements et services, 1982. 392 p. (Rapport Applebaum-Hébert).

GRANATSTEIN, J.L. «Culture and Scholarship: The First Ten Years of the Canada Council», *Canadian Historical Review*, LXV, 4 (décembre 1984), p. 441-474.

LEVASSEUR, Roger. *Loisir et culture au Québec*. Montréal, Boréal Express, 1982. 192 p.

MAILHOT, Laurent et Benoît MELANÇON. *Le Conseil des arts du Canada, 1957-1982*. Montréal, Leméac, 1982. 400 p.

OSTRY, Bernard. *The Cultural Connection*. Toronto, McClelland & Stewart, 1978. 240 p.

PAULETTE, Claude. «Le ministère des Affaires culturelles: bilan d'une décennie», *Annuaire du Québec*, 1971, p. 320-323.

QUÉBEC. *Pour l'évolution de la politique culturelle*. Québec, Ministère des Affaires culturelles, 1976. 258 p. (Livre vert).

QUÉBEC. *La politique québécoise du développement culturel*. 2 vol. Québec, Éditeur officiel, 1978. (Livre blanc).

«Rapport du Tribunal de la culture», *Liberté*, 101 (septembre-octobre 1975), p. 3-85.

CONCLUSION GÉNÉRALE

Au terme de ces deux tomes de l'*Histoire du Québec contemporain*, quelles conclusions peut-on dégager à propos de l'évolution de la société québécoise? Celle-ci a été façonnée par un certain nombre de processus fondamentaux qui ont lentement et graduellement déployé leurs effets et redéfini les rapports entre, d'une part, les individus et la nature et, d'autre part, les individus entre eux. Parmi ces processus, il faut signaler: l'industrialisation et la tertiarisation; l'urbanisation et l'exode rural; les innovations technologiques; la transition démographique et l'immigration; le développement du capitalisme et de la classe ouvrière; l'alphabétisation, la scolarisation et le développement culturel; le nationalisme et le fédéralisme; l'intervention étatique; l'affirmation des femmes. Ces processus ont agi concurremment, mais à des rythmes divers, dans une dynamique interactive, contribuant à façonner le Québec d'aujourd'hui.

Notre démarche a permis de démontrer que toute étude qui ferait démarrer le Québec actuel avec la Révolution tranquille ou même la Deuxième Guerre mondiale serait une analyse à courte vue. La société québécoise d'aujourd'hui, en effet, plonge ses racines loin dans le temps. Certains phénomènes tels la présence française, la concentration de la population dans la vallée du Saint-Laurent ou la polarisation sur Montréal et Québec remontent aux premières heures de la Nouvelle-France. D'autres prennent une importance significative dans la seconde moitié du 19e siècle, alors que s'amorce la période contemporaine.

Les étapes

Cinq grandes périodes scandent cette histoire du Québec contemporain. La première, de 1867 à 1896, est caractérisée par le lent et difficile ajustement de la société québécoise à un ensemble de transformations économiques, sociales et politiques qui ont commencé à se manifester avec une certaine force dans les années 1840. La plus importante est sans doute l'industrialisation qui, en plus de modifier en profondeur la structure de la production, transforme les rapports sociaux, entraînant l'affirmation d'une nouvelle bourgeoisie capitaliste et la formation d'une classe ouvrière et de son instrument de défense qu'est le syndicalisme. L'industrialisation s'appuie sur la révolution des transports qu'entraînent la disparition graduelle du voilier en bois et surtout l'implantation du chemin de fer, principal secteur d'investissement à long terme. Elle stimule l'urbanisation, un processus fort ancien qui prend une ampleur considérable après 1850. La lente conversion de l'agriculture québécoise à la spécialisation offre un début de réponse à la crise profonde qui affecte ce secteur depuis plusieurs décennies. La croissance économique suscitée par ces transformations reste cependant trop faible pour soutenir la forte croissance démographique: même si l'immigration est très faible après 1867, une partie importante de l'exode rural doit se diriger vers les villes de la Nouvelle-Angleterre. Le Québec doit également s'ajuster au contexte nouveau créé par la Confédération de 1867. Celle-ci oriente vers l'ouest l'axe du développement économique et intègre un marché intérieur structuré par la Politique nationale. Elle met aussi en place un État québécois, jouissant d'une autonomie limitée, et au sein duquel les francophones sont majoritaires; elle consacre également la mise en minorité des Canadiens français dans l'ensemble du Canada. Ce nouvel État doit, à tâtons, s'organiser et se définir des orientations. La période, enfin, est marquée par la consolidation du pouvoir de l'Église catholique sur les institutions et sur la culture.

La période suivante, de 1896 à 1929, est celle de l'expansion. La longue phase d'ajustement est terminée et, malgré quelques voix discordantes, on entre avec enthousiasme dans l'ère de la croissance rapide, perçue comme synonyme de progrès économique et social. Le développement des richesses naturelles devient le fer de lance de la stratégie économique de l'État, étendant l'industrialisation, l'urbanisation et la prolétarisation aux anciennes régions de colonisation. L'industrie traditionnelle profite par ailleurs de l'expansion, quantitative et qualitative, du marché intérieur canadien, en particulier du peuplement des Prairies. La croissance de l'emploi attire à nouveau en grand nombre les immigrants tout en réduisant l'impact de l'exode vers les États-Unis. Le mouvement de concentration modifie en profondeur la structure des entreprises, lançant le processus de tertiarisation et amorçant une centralisation accrue du pouvoir économique. La prospérité nouvelle reste cependant très inégalement répartie et les

conditions de travail et de vie de la classe ouvrière sont encore difficiles, malgré une certaine amélioration des équipements collectifs et de
la santé publique. Sur le plan politique, le Québec vit une période de
grande stabilité, caractérisée par la domination du Parti libéral, par l'accroissement des ressources de l'État et par l'«âge d'or» de l'autonomie
provinciale. La sérénité est cependant troublée par de vifs débats autour
de la question nationale et par l'émergence d'un mouvement nationaliste qui tente sans succès de faire accepter son programme politique
teinté de conservatisme. La période voit aussi les premiers efforts pour
ajuster les institutions aux nouvelles réalités économiques: timides
débuts des politiques sociales; réformes partielles du système d'éducation qui reste néanmoins entravé par le fouillis des structures et des programmes et qui accuse un net retard face à l'Ontario. L'Église catholique conserve une forte emprise sur la société et tente tant bien que
mal de s'adapter aux mutations culturelles, accélérées par l'influence
américaine, qui affectent la société urbaine et le monde du travail.

À l'optimisme des premières décennies du siècle succède, de 1930
à 1945, une période troublée, frappée successivement par la crise et la
guerre. La crise paraît signifier l'échec du mode de développement qui
a prévalu jusque-là et provoque une remise en question fondamentale
du capitalisme. Cette décennie agitée, propice à un foisonnement idéologique sans précédent, entraîne un réalignement politique dont les
effets se feront sentir longtemps. La production est désorganisée, le
chômage massif, l'insécurité et la misère généralisées. Les programmes
de travaux publics, de secours directs et de colonisation n'offrent
qu'une réponse partielle et inefficace. La crise remet aussi en question
le fonctionnement du fédéralisme canadien et annonce un réalignement
des forces en faveur du gouvernement fédéral. Le mouvement nationaliste, quant à lui, affiche une vigueur nouvelle mais n'arrive toujours
pas à la transposer en gains politiques à long terme. La guerre remet
l'économie sur ses rails et relance le Québec sur le sentier de la croissance. Pour les Québécois, elle signifie un retour à la prospérité et au
plein emploi et une amélioration des conditions de travail et de vie. Elle
ébranle toutefois l'équilibre politique de la fédération canadienne en
permettant une concentration des ressources et des pouvoirs de décision
entre les mains de l'État fédéral. Celui-ci en profite pour effectuer sa
conversion définitive au keynésianisme et pour instaurer les premières
politiques de l'État-providence. Le gouvernement québécois amorce lui
aussi des réformes sociales fondamentales mais tombe en 1944, victime

du sursaut nationaliste provoqué par la crise de la conscription.

La prospérité baigne la période 1945-1960, pendant laquelle les Québécois connaissent une amélioration notable de leur niveau de vie. Les processus d'industrialisation et d'urbanisation retrouvent leur rythme de croisière, après le cran d'arrêt de la crise. La prospérité s'obtient cependant au prix d'une intégration économique et culturelle accrue dans l'orbite des États-Unis. La croissance démographique est forte, alimentée par le *baby boom* et la reprise de l'immigration. Conjuguée à la hausse du niveau de vie, elle entraîne une forte croissance de la demande de services sociaux, sanitaires et éducatifs. Les institutions en place sont mal ajustées pour y répondre et le conservatisme du gouvernement retarde les réformes nécessaires. À l'ombre de Duplessis et sous l'emprise cléricale, le climat social et culturel paraît étouffant et suscite l'expression d'un courant réformiste qui réclame une modernisation des institutions et de l'État. Le nationalisme officiel, identifié au conservatisme, se mobilise autour de la défense de l'autonomie provinciale face au fédéralisme centralisateur pendant que s'articule un nouveau nationalisme qui veut faire de l'État un instrument de développement au service des Canadiens français. Cette contradiction éclate en 1960.

La Révolution tranquille marque toute la période qui s'amorce en 1960. Partisans du néo-libéralisme et de l'État-providence, les nouveaux dirigeants politiques amorcent une réforme en profondeur de l'appareil étatique et des institutions d'éducation, de santé et de services sociaux. C'est une nouvelle classe dirigeante, issue des classes moyennes de l'après-guerre et de la bourgeoisie francophone, qui s'installe au pouvoir, bénéficiant de larges appuis au sein de la population. Elle défend un nationalisme conquérant qui tente de modifier les rapports de force existants: au sein du Québec elle veut assurer aux francophones une voix prépondérante dans la direction de l'économie et de la société; au sein du Canada, elle ne se contente pas de s'opposer à la centralisation fédérale mais réclame des pouvoirs accrus pour le Québec, aussi bien dans la fédération canadienne que sur la scène internationale. L'État, maintenant conçu comme maître d'œuvre du développement, pousse l'interventionnisme dans tous les domaines, profitant en particulier d'une décléricalisation rapide de la société. Férue de démocratie, la nouvelle classe dirigeante veut accroître l'accessibilité aux services, faire participer la population et ouvrir le système politique. Les tensions et les contradictions ne tardent pas à apparaître. Sur la question nationale, le degré d'autonomie souhaité pour le Québec divise bientôt cette nouvelle élite, avec la montée de l'indépendantisme. Sur le plan social, les oppositions entre les grandes centrales syndicales et l'État débouchent sur des affrontements alors que le poids du chômage et de l'aide sociale va en s'alourdissant. Sur le plan démographique, la chute de la natalité entraîne le vieillissement de la population. La croissance économique a du plomb dans l'aile à mesure que le centre de gravité se déplace vers Toronto et que décline le poids du Québec dans l'ensemble canadien. Les processus séculaires d'industrialisation et d'urbanisation arrivent à leur terme à la fin des années 1960; les activités tertiaires dominent plus que jamais l'économie et la culture de masse s'impose partout. Le Québec connaît un essor culturel considérable et voit s'affirmer de nouveaux créateurs et interprètes. La francisation de l'économie s'effectue à un rythme accéléré et permet l'essor de la bourgeoisie francophone. Cela ne se fait pas sans heurts, comme en témoignent la crise linguistique et l'exode des anglophones. Le mouvement des femmes constitue un autre point fort de la période et provoque une redéfinition des rapports entre les sexes.

Certaines des réformes renversent des tendances séculaires, telle l'emprise du clergé sur la société et l'idéologie. Le terrain avait néanmoins été préparé au cours des décennies précédentes; la plupart des réformes sont l'aboutissement ou l'accélération de processus en marche depuis longtemps, telles l'intervention de l'État ou l'affirmation d'une bourgeoisie francophone. Il y a également des tendances lourdes que la Révolution tranquille n'arrive pas à modifier, comme la dépendance économique et technologique du Québec ou le poids considérable de Montréal par rapport aux autres régions. La Révolution tranquille est en définitive un moment d'accélération dans une évolution à long terme marquée par des périodes de transformations rapides auxquelles succèdent des phases de ralentissement, d'ajustement ou de recul. Les remises en question des années 1980 en témoignent.

Le sens de l'évolution

Une œuvre de synthèse comme l'*Histoire du Québec contemporain* n'aurait guère été possible au cours des années 1960. Depuis ce temps, la recherche a fait des pas de géant et nous a découvert des pans complets de ce passé récent. Même si les dimensions de cet ouvrage ne permettaient pas d'en rendre compte dans toute leur richesse et leurs nuances, les milliers d'études publiées par les historiens et les spécialistes des sciences humaines ont appuyé notre démarche et permis d'interroger le sens de l'évolution du Québec.

Une première conclusion se dégage de ce survol de plus d'un siècle d'histoire: l'image d'un Québec monolithique et unanime est sérieusement battue en brèche. La société québécoise est complexe, à l'instar des autres sociétés. La diversité est d'abord attestée par la coexistence sur son territoire de groupes ethniques et culturels qui sont en interaction et ne manquent pas de s'influencer les uns les autres. Toute l'histoire du Québec est marquée par les tentatives diverses et parfois divergentes des francophones de se définir par rapport aux autres.

Mais même si l'on n'observe que les Canadiens français, on découvre là encore la complexité des situations et l'absence d'unanimité. Les travaux des dernières décennies ont mis en lumière certains de ces facteurs de division ou de distinction. On relève en particulier une perception plus aiguë des différences et des oppositions de classes, de régions, de sexes, de secteurs d'activité ou même de générations, avec tout ce que cela signifie de relations de domination et de dépendance, de tentatives d'affranchissement et de quête d'autonomie.

Un deuxième mythe a pris du plomb dans l'aile: celui du caractère unique et original d'un Québec observé en vase clos. La société québécoise vit des processus qui se déploient à l'échelle occidentale ou même mondiale, tels l'industrialisation ou l'urbanisation. Société d'emprunts, elle voit la transposition sur son territoire de la technologie britannique ou américaine, des débats européens sur le libéralisme et l'ultramontanisme ou encore des courants artistiques contemporains. Cette transposition s'accompagne évidemment, à des degrés divers, d'une adaptation au contexte québécois, comme cela se fait dans toutes les autres sociétés. L'adaptation peut même varier en divers points du territoire, entre la ville et la campagne, ainsi qu'entre les groupes sociaux et culturels. Cette dynamique constante entre la transposition et l'adaptation, entre l'emprunt et la création, entre l'universalité et la spécificité marque toute l'évolution du Québec.

Un troisième mythe s'avère inadéquat pour expliquer l'histoire récente du Québec: celui d'une société traditionnelle projetée brutalement dans l'ère moderne. La modernisation apparaît au contraire comme un processus d'évolution et, qui plus est, en redéfinition constante. Cette évolution n'est pas linéaire: elle est ponctuée d'avancées et de reculs, de changements brusques et de crans d'arrêt. Sa diffusion est marquée de rythmes différents selon les phénomènes, mais aussi selon les régions, les groupes sociaux, les sexes ou les générations.

Une quatrième conclusion concerne le nationalisme, qui transparaît à toutes les étapes de l'histoire du Québec. Même si, à divers moments, des groupes ont formulé des projets de société centrés sur la nation et se sont approprié l'étiquette nationaliste, ils n'ent ont jamais eu le monopole. Le nationalisme de fond, presque viscéral, qui est présent dans toutes les couches de la population francophone, doit être distingué des projets nationalistes spécifiques, formulés et portés par des groupes bien identifiés. Au-delà de ces projets, l'histoire du Québec contemporain est indéniablement marquée par l'affirmation des francophones et leur vontonté de reconquête. Ce processus social résulte d'une évolution à la fois démographique, économique, politique, idéologique et culturelle. Comme tous les processus, il n'est jamais définitif.

Ainsi, en quelques années on est passé d'une perception figée et monolithique à une perspective d'évolution et de complexité; d'un Québec perçu comme folklore à un Québec analysé comme société, avec tout ce que cela comporte de hiérarchies, de luttes, de différences et de transformations.

BIBLIOGRAPHIE GÉNÉRALE

Ne sont mentionnés ici que quelques ouvrages de base, de nature générale; on trouvera à la fin de chaque chapitre des titres plus spécialisés permettant d'approfondir une question particulière.

Les instruments de travail

Les gouvernements publient annuellement des recueils de données statistiques couvrant une gamme très variée de sujets et qui s'avèrent de précieux instruments de travail. *L'annuaire du Québec* paraît chaque année jusqu'en 1976; par la suite il est publié de façon irrégulière et devient *Le Québec statistique*, avec l'édition de 1985-1986. *L'Annuaire du Canada* paraît annuellement jusqu'en 1980-1981, puis fait un saut jusqu'en 1985-1986. De plus, l'une des grandes sources d'information sur la population, l'économie et la société est constituée des résultats des *Recensements du Canada*, qui paraissent tous les dix ans jusqu'en 1951, puis tous les cinq ans par la suite. Par ailleurs, tant Statistique Canada que le Bureau de la statistique du Québec ont de nombreuses publications spécialisées fournissant des séries de données très variées. Il existe aussi un recueil présentant de grandes séries statistiques dans une perspective historique:

LEACY, F.H., dir. *Statistiques historiques du Canada*. 2e édition. Ottawa, Statistique Canada, 1983.

Une série de guides bibliographiques s'avère un outil indispensable pour la période étudiée ici:

AUBIN, Paul. *Bibliographie de l'histoire du Québec et du Canada 1946-1965*. 2 vol. Québec, IQRC, 1987.
— *Bibliographie de l'histoire du Québec et du Canada 1966-1975*. 2 vol. Québec, IQRC, 1981.
— *Bibliographie de l'histoire du Québec et du Canada 1976-1980*. 2 vol. Québec, IQRC, 1985.

Au chapitre des encyclopédies l'ouvrage le plus utile est:

The Canadian Encyclopedia. 3 vol. Edmonton, Hurtig, 1985. Deuxième édition, 4 vol. Edmonton, Hurtig, 1988.

— Version française: *L'encyclopédie du Canada.* 3 vol. Montréal, Stanké, 1987.

Ouvrages généraux

Il faut d'abord mentionner la monumentale *Histoire de la province de Québec* de Robert Rumilly, publiée chez divers éditeurs montréalais entre 1940 et 1969. Cette vaste chronique en 41 volumes est d'abord centrée sur la vie politique québécoise mais elle aborde aussi une foule d'autres aspects. Les volumes 31 à 41 couvrent la période 1930-1945.

Pour replacer l'histoire québécoise dans son contexte canadien, quelques ouvrages sont particulièrement utiles:

THOMPSON, John Herd et Allen SEAGER. *Canada 1922-1939. Decades of Discord.* Toronto, McClelland and Stewart, 1985. 438 p.

BOTHWELL, Robert, Ian DRUMMOND et John ENGLISH. *Canada since 1945: Power, Politics and Provincialism.* Toronto, University of Toronto Press, 1981. 489 p.

GRANATSTEIN, J.L. *et al. Twentieth Century Canada.* Toronto, McGraw-Hill Ryerson, 1983. 440 p.

Ajoutons-y un bilan annuel de l'actualité:

Canadian Annual Review of Public Affairs. Toronto, University of Toronto Press, depuis 1960.

Enfin, il existe en français plusieurs grandes synthèses d'histoire du Canada ou du Québec. Nous en mentionnons quatre à titre indicatif:

BROWN, Craig, dir. *Histoire générale du Canada.* Édition française sous la direction de Paul-André Linteau. Montréal, Boréal, 1986, 694 p.

CHARPENTIER, Louise, René DUROCHER, Christian LAVILLE et Paul-André LINTEAU. *Nouvelle histoire du Québec et du Canada.* Montréal, Boréal Express — CEC, 1985. 448 p.

ROBERT, Jean-Claude. *Du Canada français au Québec libre. Histoire d'un mouvement indépendantiste.* Paris et Montréal, Flammarion, 1975. 323 p.

HAMELIN, Jean, dir. *Histoire du Québec.* Toulouse, Privat, 1976. 538 p.

INDEX

— A —

— B —

— C —

— D —

— F —

— G —

— H —

— Q —

— R —

— S —

— T —

— U —

— V —

Sigles

ANC: Archives nationales du Canada

ANQM: Archives nationales du Québec à Montréal

TABLE DES MATIÈRES

DEUXIÈME PARTIE
À L'OMBRE DE DUPLESSIS
1945-1960

Troisième partie
SOUS LE SIGNE DE LA RÉVOLUTION TRANQUILLE
DE 1960 À NOS JOURS

MISE EN PAGES ET TYPOGRAPHIE :
LES ÉDITIONS DU BORÉAL

CE HUITIÈME TIRAGE A ÉTÉ ACHEVÉ D'IMPRIMER EN AOÛT 2007
SUR LES PRESSES DE MARQUIS IMPRIMEUR
À CAP-SAINT-IGNACE (QUÉBEC).